학술연구총서 1

옥동 이서의 삶과 시세계 그리고 성호학

윤재환 지음

학자원

깊어가는 주름만큼이나 무거워져만 가는

세월의 무게를 함께 견뎌주는

당신에게 이 책을 드립니다.

학술연구총서 간행사

한국 고전문학 텍스트 연구소는 창조와 혁신이라는 인문학의 정신을 바탕으로 대중들의 관심에서 버려져 있는 우리 고전의 가치를 새롭게 밝혀, 현대를 살아가는 사람들에게 삶의 지표와 미래의 희망을 제시하기 위해 설립되었습니다.

현대 사회를 인문학의 종말기라고 할 만큼 우리 주변에서 고전에 대한 관심은 찾아보기 어렵고, 인문학에 대한 홍미는 점점 옅어져 가고 있습니다. 그러나 현대 사회에 팽배한 인문학에 대한 폄하나 고전에 대한 그릇된 인식은 그 연원이 오래되었습니다. 인류의 역사를 되돌아보면 고전이 그 자체로 가치와 의미를 인정받았던 시기를 찾기 어렵고, 인문학이 위기가 아니었던 시대가 없었습니다. 만약 그와 같은 인식이 진실한 것이라면 우리 사회에서 고전과 인문학은 이미 자취를 감추었어야 하지만 사회가 첨예해지고 기술 문명이 발달할수록 고전과 인문학에 대한 대중들의 갈망은 커지기만 합니다. 이와 같은 모습은 고전과 인문학이 우리 사회에서 결코 소외될 수 없는 본질적이고 중차대한 것임을 보여주는 것입니다.

한국 고전문학 텍스트 연구소는 고전에 대한 왜곡된 인식과 인문학에 대한 그릇된 편견을 교정하는 마중물이 되고자 설립된 연구소입니다.

우리 연구소에서는 인문학 고전을 다양한 사회의 변화에 부응할 수 있도록 새롭게 가공하여 현대인들에게 고전과 인문학의 가치를 일깨우고 흥미를 부여하고자 합니다. 이를 위해 우리 연구소에서는 자료의 정리와 번역 가공, 개인 학술 연구, 연구소 기획 연구라는 네 방향에서 우리 고전과 인문학에 접근하고자 합니다.

학술연구총서는 이와 같은 우리 연구소의 운영 방향에 의해 발간되는 책입니다. 한 사람의 연구자가 하나의 주제에 대해 긴 시간 동안 심도 깊은 관찰과 탐색을 진행한 결과로, 연구자의 오롯한 정성과 노력이 담긴 책입니다. 그런 점에서 학술연구총서는 다양한 가치에 대한 고려를 바탕으로 학계와 대중에게 그다지 알려지지 않은 인물을 선택하여 1년 동안 공동 연구와 기획 발표라는 엄밀하고 정치한 연구를 진행한 뒤 발간하는 우리 연구소의 기획연구총서와는 여러 지점에서 변별적 의미와 가치를 가지는 것입니다.

학술연구총서를 출간하기 위해 연구자는 기나긴 불면의 밤을 보내며 수없는 고민과 갈등을 겪었을 것이고, 셀 수 없이 많은 글들을 썼다 지우면서 보이지 않는 길을 찾기 위해 헤매는 시간을 보냈을 것입니다. 책을 출간한 뒤에도 여전히 풀리지 않고 남아 있는 의문이 머리에 맴돌고 가슴을 짓누르겠지만, 마음 한편에서는 그간 무겁게 이고 왔던 묵은 짐을 내려놓는 후련함도 느낄 것입니다.

우리 연구소의 학술연구총서는 학계와 일반 대중뿐만 아니라 연구자들을 위한 책이기도 합니다. 일반 대중에게는 한 분야의 전문가가 오랜 시간 고민해 온 결과물을 통해 지식의 범주를 확장시킬 수 있도록 도울 것이고, 학계에는 오랜 시간 진행된 연구자의 진지하고 깊이 있는 고민을 통해 새로운 시각과 진전된 논의가 시작될 수 있는 계기를 제시할 것이며, 연구자에게는 혼자 짊어져 왔던 무겁고 큰 숙제를 세상에 풀어놓는 자유를 제공할 것입니다. 그런 점에서 우리 연구소의 학술연구총서는 다른 누구보다 연구자를 위한 것이라고도 할 수 있습니다. 연구자에게 나에서 우리로, 혼자에서 같이로, 다 함께 하는 논의와 논쟁의 장을 만들어 홀로 걸었던 외로움을 벗어버리고 자유로우면서도 깊이 있고 다양한 논의를 통해 더 깊은 시야를 제공할 수 있을 것이기 때문입니다.

우리 연구소의 학술연구총서 1권은 옥동 이서라는 인물을 대상으로 한 것입니다. 이 책에서 연구자는 옥동 이서의 삶을 통시적인 시각에서 바라보고 그의 시문학 세계가 가지는 다양한 양상에 대해 논의하였으며, 그 양상이 가지는 의미를 밝히기 위해 노력했습니다. 그리고 그의 삶과 동생 성호 이익의 관계를 살펴 성호의 학문이 형성되는 과정에 대한 단서를 찾으려고 했습니다. 20여 년의 고민이 녹아있는 이 책의 출간으로 연구자는 가슴 후련한 자유로움을 느끼겠지만 한편으로는 진한 아쉬움도 가질 것입니다. 어떤 것이 더 클지는 모르지만, 이 책의 출간으로 연구자는 그간의 고민을 정리하고 새롭게 출발하는 계기를 가지게 되었을 것입니다.

우리 연구소의 학술연구총서는 연구자가 학계와 일반 대중에게 소통과 공감을 구하는 것입니다. 그런 만큼 우리 연구소의 학술연구총서는 인문학 관련 전문 연구자뿐만 아니라 일반 대중들에게도 적지 않은 가치가 있을 것이라고 생각됩니다. 이후로도 이와 같은 학술연구총서의 발간이 충실하게 이루어지기를 기대하며, 학술연구총서의 집필을 위해 애써 주신 연구자와 간행에 물심양면으로 도움을 주신 도서출판 학자원의 김병환 사장님께 깊은 감사의 마음을 전합니다.

2020년 3월

단국대학교 부설 한국 고전문학 텍스트 연구소장

책을 펴내면서

옥동玉洞 이서李漵(현종顯宗 3~경종景宗 3, 1662년~1723년)는 조선 중기 이후 정국이 서서히 노론老論 중심으로 정리되어 가던 시기, 당대 유력한 남인南人 가문家門에서 출생한 인물이다. 그는 인조반정仁祖反正 이후 가문에 몰아닥친 정치적 파란과 숙종肅宗 6년 생부生父 매산梅山 이하진李夏鎭(1628~1682)의 유배와 숙종 32년 둘째 형 섬계剡溪 이잠李潛(1660~1706)의 장살杖殺로 본격화된 가문의 몰락을 직접 목도하였지만 그다지 굴곡진 삶을 살지 않았다. 가문의 몰락과 정치적 곤경에도 불구하고 옥동은 평생을 독서와 강학, 심성 수양에 매달렸던 당대의 지식인이자 학자였고, 서도書道와 거문고에 바친 예능인이었다.

물론 그렇다고 해서 옥동의 삶이 겉으로 드러난 그의 행적처럼 한 평생 자수自修하며 자오자락自娛自樂하는 자신만을 위한 것이었다고 보기는 어렵다. 오히려 옥동이 당대의 현실에서 한 걸음 물러나 있었던 것은 그 자신이 원했던 것이 아니라 그럴 수밖에 없었던 절박한 상황에 기인한 것으로 보는 것이 옳을 것이다. 옥동은 젊은 시절 청운靑雲의 꿈을 품고 있었고, 그의 능력은 그 꿈을 실현시키기에 충분한 것이었지만, 그의 가문으로 몰아쳐오는 매서운 풍파風波가 옥동에게 꿈을 접고 현실에 드리운 발을 물리게 했다고 생각된다. 어쩌면 그것이 얼마 남지 않은 가세家勢라도 지켜 미래를 도모하기 위해 당시 옥동이 할 수 있었던 유일한 방법이었을지도 모른다.

현실을 떠날 수밖에 없어서였든, 아니면 정말 원해서 그런 것이었든 옥동의 삶은 수도修道하는 은자隱者의 그것과 흡사하다. 그래서 독서와 강학, 서예와 거문고를 빼고 옥동의 삶을 설명할 수 없다. 더욱이 옥동은 그의 가문 안에서 전해지던 가학家學의 전통傳統에 강한 자극과 충격을 주는 가학家學 변화의 시작점으로 인식되고 있다.[1] 옥동 이전까지 그의 가문은 문학으로 성가聲價를 얻었고, 서예書藝로 명성을 구가하던 문한가文翰家였다. 이런 가문의 학문 경향이 옥동에 의해 경학經學 중심으로 변화되었다. 온전한 것은 아니지만 현재 전하는 그의 문집에 수록되어 있는 글도 대부분 경전經典과 학문, 수양에 관한 것이다. 그런 점에서 옥동을 지식인, 학자, 수도자로 규정할 수 있다.

그렇지만, 옥동을 이렇게만 규정하기에는 석연치 않은 부분이 적지 않다. 옥동은 조선 최초의 서예 이론서인 「필결筆訣」을 저술하였으며, '동국진체東國眞體'라는 우리의 독특한 서체書體를 창시한 인물로 평가받고 있다. 서예 이론가이자 비평가로 옥동의 위상은 확고하다. 이 뿐만이 아니다. 현재 전하는 옥동의 문집 12권에는[2] 1,300여 수의 시詩와 260여 편의 잡저雜著를 비롯해 다양한 형식의 다채로운 글이 남아있다. 62년이라는 그의 생애를 고려해도 옥동이 남긴 시문詩文의 양은 상당한 것이다. 독서와 강학, 심성 수양에 매달리면 매달릴수록 옥동에게는 그 반대편에 놓여 있었던, 이전까지 문한가로 자부하던 가학의 전통이 다가왔던 것인지도 모른다.

---

1 李是鈇, 「弘道先生 行狀 草」, 『弘道先生遺稿』 「附錄」.

2 성호에 따르면 최초 옥동의 문집은 『弘道先生集』으로 모두 10권이었지만(李瀷, 「弘道先生遺稿序」, 『弘道先生遺稿』, "於是題門人合聚遺稿, 爲弘道先生集丨卷, 屬余序之."), 현재 전하는 옥동의 문집은 12권 11책이다. 『옥동니션싱힝녹』에 따르면 현재 전하는 문집은 火災로 소실되고 남은 옥동의 글을 다시 편집하고 淨寫한 것이라고 한다.

옥동의 가문은 선대先代부터 그 자신에게 이를 때까지 특별히 다른 스승을 찾아가 학문을 익히지 않고 족부族父와 가형家兄에게 학문을 익히는, 가학에 의한 학문의 전수라는 학문 전통을 지니고 있었다. 이런 가학의 전승 과정에서 보면 옥동의 위치는 그리 단순하지 않다. 그것은 옥동이 조선 후기 당대 실학계를 대표하는 성호星湖 이익李瀷과 문단을 선도했던 혜환惠寰 이용휴李用休의 셋째 형과 족부叔父였기 때문이다.

옥동 이후 그의 가문을 대표하는 인물로 알려진 성호와 혜환에게 미친 옥동의 영향은 상당하다. 그것은 옥동이 당시 집안의 정신적이고 상징적인 중심 역할을 했기 때문이다. 옥동은 25세의 젊은 나이에 집안의 몰락을 직접 겪으며 두려움에 떨어야 했던 성호가 학문을 익힐 수 있었던 유일한 형이었고, 생후 5년 만에 부친을 잃었던 혜환에게는 집안의 가장 큰 어른으로 가문의 중심이었다.[3] 성호의 학문이 이전부터 집안에서 전해지던 가학家學의 전통을 바탕으로 미수眉叟를 거쳐 퇴계退溪를 사숙하여 이룩한 것으로, 혜환의 문학관이 성호를 통해 가학을 계승하여 일가一家를 이룬 것이라고 한다면 성호와 혜환에게 미친 옥동의 영향을 무시할 수 없다. 그런 점에서 옥동은 그의 가문 내 후예들의 학문적 기초가 되는 인물이라고도 할 수 있다. 따라서 옥동에 대한 접근은 옥동이라는 한 인물에 대한 해명일 뿐만 아니라 옥동 이후 성호를 거쳐 그의 가문 후예들에게 전해진 여주이씨 가문의 학문 전통을 확인하는 방법이라고

3 玉洞 형제의 생몰년도는 다음과 같다. 青雲 李溰(1647~1673), 剡溪 李潛(1660~1706), 鵝亭 李沈(1671~1713), 星湖 李瀷(1681~1763). 큰형 청운은 27세의 나이로 요절했고, 둘째 형 섬계는 47세의 나이로 장살 당했다. 동생 아정은 혜환의 親父이지만 둘째 섬계의 장살 사건 이후에 세상과의 인연을 끊고 예산에서 은둔해 살다가 43세로 운명했다. 이런 점으로 보아 옥동은 성호에게 수학기뿐만 아니라 이후까지도 지속적으로 영향을 미친 인물이었다고 생각된다. 또 혜환의 출생 당시 46세로, 그때까지 살아남은 형제들 중 가장 윗사람이었던 옥동은 혜환의 학문 형성에도 직·간접적으로 상당한 영향을 미칠 수밖에 없었으리라고 생각된다.

할 수 있다.

이 책은 이와 같은 의미를 지니고 있는 옥동에 대해 살펴보기 위해 기획된 것이다. 그런데 이 책에서 지식인·학자로 규정되는 옥동을 시문학 중심으로 살펴보고자 하는 것은 옥동의 시가 감추어진 그의 내면을 보다 선명하게 보여준다고 생각해서이다. 옥동은 지식인·학자로 높은 수준의 성취를 이루었지만, 문예적 노력 역시 게을리 하지 않았다. 붓과 거문고는 그의 삶에서 빼놓을 수 없는 것이었고, 현실의 충격이 다가올 때마다 시詩에 기대는 모습을 보여주었다. 그의 문집에 수록되어 있는 1,300여 수의 시는 옥동의 정신세계가 추구하는 드높은 이상향理想鄕과 함께 현실에 발붙인 그가 느꼈던 고뇌를 느낄 수 있게 한다. 옥동의 시에서 찾을 수 있는 다층적인 양상들은 옥동의 심리와 내면세계에 다가서기 위해서는 그의 시문학에 주목해야만 한다는 것을 보여준다.

필자가 처음 옥동을 접한 것은 지금부터 20여 년도 더 된, 옥동의 생부 매산 이하진을 대상으로 박사학위를 준비하던 때였다. 그때는 지금같이 옥동에 매달리게 될 것이라는 생각을 전혀 하지 못했었다. 매산을 거쳐 성호로 이어지는 가학家學과 성호라는 인물이 지닌 가치와 무게만 눈에 들었었다. 그러나 성호에게 다가가면 다가갈수록 보이지 않는 거리는 자꾸만 커졌다. 눈앞에 보이는데, 손을 뻗으면 잡을 수 있을 것 같은데, 성호는 자꾸 멀어져갔다. 그때 눈을 돌리게 된 인물이 옥동이었다. 그렇게 옥동에 대한 접근과 탐색은 성호에게 다가서기 위한, 보이지 않는 틈을 매우기 위한 방편으로 시작되었다. 그런데 옥동을 가까이하면서 묘한 끌림과 매력을 느꼈다. 옥동의 처지와 상황이 가슴에 와 닿았고, 그의 삶에서 느껴지는 안타까움에 많은 시간을 서성이기도 했었다. 시 속에서 들리는 울림이 시선을 사로잡았다. 그렇게 20여 년의 시간이 지나 이제는 옥동을 정리해야 되겠다는 생각이 들었다. 놓아주고 놓여날 때가 되어서인지는 모르겠지만, 그간 혼자만 가지고 있었던 옥동에 대한 집착과 미련을 거둘 때가 된 것 같아 보인다.

하지만 옥동을 정리해야겠다는 것이 이제 옥동을 놓아버릴 수 있다는, 또 그러겠다는 뜻은 아니다. 아직 옥동에 대해 아는 것보다 모르는 것이 더 많고, 순간순간 그에 대해 떠오르는 생각들도 적지 않다. 옥동에 대해 정리해 보겠다는 것은 놓아버리겠다는 것이 아니라 그것보다 오히려 혼자 쥐고 있었던, 나만 갖고 있었던 옥동이라는 인물을 세상에 내보여 많은 사람들과 함께 하고 싶다는 뜻이다. 이런 마음은 어쩌면 옥동이라는 골 깊고 높은 산을 혼자 오르기 어려워 같이 올라줄 사람을 구하는 것인지도 모른다. 돌이켜보면 부족한 능력으로 이만큼이라도 끌어오고 버텨온 것이 스스로 장하게 생각되기도 한다.

옥동에게 관심가진 사람들뿐만 아니라 성호와 그의 가문, 그의 학파와 학문에 관심가진 많은 사람들에게 이 책을 선보인다. 그 많은 사람들에게 이 책이 어떻게 읽혀질지 모르지만, 나름 혼자 가지고 있었던 옥동에 대한 20여 년의 관심을 담아보려고 노력했다. 보잘 것 없는 책이지만, 이 책을 접하는 모든 사람들에게 이 책이 옥동을 환기喚起시켜 그에 대한 관심을 이끄는 마중물이 되었으면 한다.

2020년 3월

저자

차례

제1부

옥동玉洞 시문학詩文學의 배경背景

1. 옥동玉洞의 가계家系와 삶의 행적行蹟

옥동玉洞 이서李漵(현종顯宗 3~경종景宗 3, 1662년~1723년)는 조선 중기 이후 정국이 서서히 노론老論 중심으로 정리되어 가던 시기, 당대 유력한 남인南人 가문家門에서 출생한 인물이다. 자字를 징지澄之, 호號를 옥동玉洞이라 하고, 사후 식산息山 이만부李萬敷(1664~1732)의 건의에 따라 제자들이 올린 사시私諡를 홍도弘道라고 한다. 그는 여주이씨驪州李氏 가운데 고려조에 인용교위仁勇校尉를 지낸 교위공校尉公 이인덕李仁德을 시조로 하는 교위공파校尉公派의 19세손으로, 부친 매산梅山 이하진李夏鎭(1628~1682)의 다섯 아들 중 전배前配인 증정부인贈貞婦人 용인이씨龍仁李氏 유수留守 이후산李後山의 따님에게서 태어난 세 아들 중 세 번째였다. 옥동은 인조반정 이후 가문에 몰아닥친 정치적 파란과 숙종肅宗 6년 부친인 매산의 유배와 숙종 32년 둘째 형 섬계剡溪 이잠李潛(1660~1706)의 장살杖殺로 본격화된 가문의 몰락을 직접 목도하였지만 그다지 굴곡진 삶을 살지 않았다.

옥동은 당시 그의 가문이 처했던 정치적 상황이나 여주이씨 가문이 남인계열 내에서 차지하고 있었던 위치에서 한 걸음 비켜나 평생을 독서와 강학, 심성 수양에 매달렸던 당대의 지식인이자 평생을 서도書道와 거문고에 바친 예능인이었다. 그렇지만 옥동의 삶이나 시문詩文은 남인 계열의 실세와 함께 일어난 가문의 몰락 때문인지 아니면 일평생 특별한 정치적 비중 없이 처사處士로 살아간 그의 행적 때문인지 그동안 별다른 주목을 받지 못했다.

옥동이 태어났을 무렵 그의 부친 매산은 당대의 정치적 격변 한가운데에서 남인계열의 관료로 시대의 혼란을 몸소 겪으며 남인정권南人政權의 중심에서 활동하였다. 옥동은 집안을 일으켜 명가名家의 반열에 올려놓았던 그의 증조부 소릉공少陵公이 운명한 이후 비록 가세家勢가 조금 기울기는 했지만, 부친에 의해 여전히 명가名家의 위상을 유지하고 있었던 가문에서 태어나 부친의 유배 이전까지 그다지 큰 어려움을 겪지 않고 살았다. 이처럼 부친 매산의 유배 이전까지 그의 가문은 상당히 번성한 가문이었지만 옥동의 가계를 살펴보면 그의 가문이 이처럼 번영을 누린 것이 그리 오래지 않았음을 알 수 있다.

옥동의 가계인 여주이씨 가문家門은 조선 후기 근기 남인계열을 대표하는 명문거족名門巨族 중의 하나이다. 고려조 경기 지역의 지방 호족에서 시작하여 조선 후기 우리나라를 대표하는 가문으로 성장한 여주이씨 가문은 시조始祖를 달리하는 3파로 구성되어 있다. 이인덕李仁德을 시조로 하는 교위공파校尉公派와 이은백李殷伯을 시조로 하고 이규보李奎報를 중시조中始祖로 하는 문순공파文順公派, 이세정李世貞을 시조로 하는 경주파慶州派가 여주이씨 가문의 세 계파이다.

여주이씨 가문 세 계파의 선조들은 모두 고려 중기 경기도 여주驪州에 정착하여 대대로 호장중균戶長中尹・향공진사鄕貢進士 등의 향직鄕職을 세습하면서 세력을 떨치던 호족豪族이었는데, 이들의 후손들은 선대의 연원을 분명하게 가리지 못하고 서로 뿌리가 같은 동족同族이라 생각하여 조선 시대에는 대동보大同譜를 함께 간행하기도 하였다. 하지만 여주 이씨 가문의 세 계파는 관향貫鄕을 각기 달리 표기하였는데 교위공파에서는 문중에 전하는 「개성호적開城戶籍」에 따라 고려 시기에는 황려黃驪, 조선 시기에는 여흥驪興 또는 여주驪州, 혹은 영의永義라고 했으며, 문순공파에서는 고려조 이래 대체로 여주驪州라는 단일관향을 썼으나 이규보의 후손 중에는 하음河陰(지금의 강화江華)을 관향으로 삼기도 하였다. 경주파에서는 『을축대동보乙丑大同譜』부터 여강驪江이라고 하였다.

여주이씨 가문은 고려조에서부터 조선조에 이르기까지 상당한 명망을 갖춘 인사들을 지속적으로 배출한 당대의 명문가名門家였지만, 현재 우리들에게 가장 큰 주목을 끄는 가계는 옥동과 그의 동생 성호星湖 이익李瀷의 가계로, 여주이씨 교위공파 중에서 경헌공敬憲公 이계손李繼孫을 중시조中始祖로 하는 경헌공파이다. 이 가계는 여주이씨 교위공파가 본격적으로 중앙정계에 진출할 수 있는 토대를 만들어 준 경헌공 이계손에서부터 시작하여 제천공堤川公 이지시李之時, 계공랑공啓功郎公 이공려李公礪, 수은공睡隱公 이사필李士弼, 첨정공僉正公 이우인李友仁, 소릉공少陵公 이상의李尙毅, 지평공持平公 이지안李志安, 그리고 매산을 거쳐 옥동과 성호에게까지 이어진 가계를 말한다.

『여주이씨세보驪州李氏世譜』와 『여강세승驪江世乘』, 성호星湖 및 담촌澹村의 기록에 따르면 옥동의 가문은 여주이씨 세 계파 가운데 고려조에 인용교위를 지낸 교위공 이인덕을 시조로 하는 교위공파에 속하며, 그 선대는 중국의 산동山東 지역 사람으로 보인다.[1] 선대에 대한 기록이 불분명하기에 언제인지 분명히 알 수는 없지만 옥동의 선조는 강화江華

1 『驪江世乘』 卷1의 「李姓本源」과 「書李相國集序」를 보면 星湖는 先代의 근원을 정확히 알지 못하지만 중국에서 온 것이 아닌가 유추하고 있다.

에서 여주驪州로 세거지世居地를 옮긴 뒤 몇 대에 걸쳐 호장군戶長軍 윤尹・호장戶長 중윤中尹 등 향직鄕職을 세습하던 호족豪族이었다.

이후 4세조 중랑장공中郎將公 이교李喬에 와서 하급무관이기는 하지만 처음으로 중앙관계에 진출하며 개성開城 북부 흥국리興國里로 거처를 옮겼다. 옥동은 중랑장공 이교의 세 아들 중 둘째 이수해李秀海의 후손인데, 이수해의 자손들은 수해의 손자 중추원사공中樞院事公 이윤방李允芳 대에 와서 다시 세거지를 수성隋城(지금의 수원水原)의 광교산光教山 아래로 옮겼다. 고려의 멸망 이후 이윤방의 아들 한림공翰林公 이고李皐가 조카 봉화공奉化公 이유李猷와 함께 벼슬에 대한 뜻을 버리고 광교산의 남쪽 팔달산八達山 아래에 은거했는데, 옥동은 봉화공 이유의 후손이다.[2] 하지만 이때까지도 그의 가문은 중앙정계에서 정치적으로 별다른 위치를 차지하지 못했던 지방의 한미한 가문이었다. 그의 가문이 본격적으로 중앙정계에 진출한 것은 봉화공 유의 손자인 경헌공 이계손에서부터 시작되었다.

경헌공은 아버지 충간공忠簡公 이의인李依仁과 어머니 연안송씨延安宋氏 사이의 2남 1녀 중 둘째 아들로, 세종世宗 5년(1423) 조부인 봉화공 이유가 은거한 팔달산 서남쪽 20여 리에 있는 병곡丙谷(지금의 경기도 화성군 매송면京畿道 華城郡 梅松面)에서 태어났다. 자字는 인지引之, 호號는 귀헌龜軒 또는 귀봉龜峰이라고 하는데 본격적인 학문 수학은 19세 때 포은圃隱 정몽주鄭夢周의 손자인 장인 설곡雪谷 정보鄭保의 문하에서 시작했다. 세종 29년(1447) 생원시生員試에 합격한 후 그해 바로 식년 문과式年文科에 합격하면서 관직생활을 시작한 경헌공은 교서관校書館 교감校勘・예조정랑禮曹正郎을 거쳐 세조世祖 원년에 병조좌랑兵曹佐郎으로 원

2 『驪江世乘』 卷1부터 卷3까지에 先代의 기록이 정리되어 있다.

종공신록原從功臣錄 이등二等에 올랐다. 경헌공은 당시의 실세實勢였던 한명회韓明澮를 싫어하여 한때 좌천되기도 하였지만 곧 사면되었다.[3]

세조 8년(1462) 강원도 관찰사로 부임하여 백성들의 진휼에 공을 세워 가선대부嘉善大夫에 오른 뒤, 형조·예조참판을 지냈고, 예종睿宗 1년(1469) 함경도 관찰사로 부임하여 이시애李施愛의 난亂 뒤 동요된 민심을 수습하고 향교를 적극 후원하여 교학敎學을 진흥시켰다. 성종成宗 2년(1471)에는 이조참판·평안도 관찰사를 거쳐 형조판서로 명明나라에 다녀오기도 하였다. 그 뒤 지중추부사·황해도 관찰사·대사헌·경기도 관찰사·한성부 판윤·병조판서 등을 역임하며 세종대에서 성종대에 이르기까지 여섯 임금 아래에서 벼슬을 하여 사첩史牒에 이름을 남겼다.

경헌공의 업적은 주로 그가 관찰사 직에 있을 때 이루어졌는데,『성종실록成宗實錄』의 경헌공 관련 기록을 살펴보면 성종 원년 평안도平安道 관찰사觀察使 겸 영흥부永興府 윤尹으로 부임하였을 때 영흥부의 향안鄕案을 일으킬 구체적인 방안을 치계馳啓하여 전적典籍과 노비奴婢·전지田地를 사급賜給받았다는 기록이 나온다. 이를 통해 경헌공이 북방 지역의 유화儒化와 교도敎導에 큰 공을 세웠음을 알 수 있다.[4]

---

3 「墓誌銘」,『驪江世乘』卷3,「敬憲公 條」, "歲庚辰, 上黨君韓明澮, 以兩界巡察使, 辟公爲從事, 公以母病告上黨, 啓以私託謫熊川." 이 기록을 보면 당시 韓明澮가 敬憲公의 장인 雪谷 鄭保의 庶妹壻여서 敬憲公과 韓明澮 사이에 직접적인 친분관계와 교류가 있었지만, 雪谷과 敬憲公이 모두 韓明澮를 멀리했음을 알 수 있다.

4『朝鮮王朝實錄』成宗 1년 3월 5일, "李繼孫, 嘉靖, 永安道觀察使, 兼永興府尹."; 成宗 1년 6월 15일, "永安道觀察使李繼孫馳啓曰; "禮曹受敎內; '諸邑鄕校儒生數少, 學舍頹廢, 敎授·生徒或僑居私第, 監司慢不致察, 有違國家興學之意. 儒生勿定額, 學舍令觀察使巡視修治.' 臣竊謂學校, 風化之源, 人才之盛衰, 世道之升降, 係焉. 殿下卽位之初, 首擧先務, 修明學校, 增廣儒生, 可謂斯文之一中興, 斯道之一人幸. 臣叨承方面之寄, 欲副委任之意, 興學之方, 晝思夜度, 期效一得之愚. 臣妄意, 本道非他道比, 我祖宗誕興之地, 如周之岐·漢之沛, 朝鮮億萬年根本之地. 而距京城隔絶, 漕道

경헌공에 대해 성호는 “처음으로 북방을 유화儒化시켜 그 지방의 궁도지속弓刀之俗을 의관지향衣冠之鄕으로 바꾸어, 북방에서 경헌공은 동국東國에서의 태사太師와 중화中華에서의 당우唐虞와 같은 사람으로 인식되고 있다.”라고 하고, 또 “그 공열功烈이 3백 년 동안 변함없이 추앙되어 함경도의 문회서원文會書院(함흥咸興)·흥현서원興賢書院(영흥永興)·옥동서원玉洞書院(안변安邊)에 배향되었다.”라고 했다.[5] 성호의 언급과 『여

不通, 有奴婢者亦少, 負笈芹宮, 從仕王朝者, 百無一二. 朝廷禮讓之風·文物之美, 耳目所不及, 局於氣習, 一以强悍爲俗, 弓馬爲業. 學文之事, 父兄不以訓子弟, 子弟不以爲己任. 書僅記名, 得爲土官則曰幸矣; 力能挽弓, 充爲甲士則曰足矣. 以爭功得賞, 爲媒進之計; 急功利, 喜誇詐, 棄禮義, 尙氣力, 習以成風, 遂爲驕兵. 向者, 逆賊一唱, 擧道靡然從之, 無他, 不學無識, 鬪功爭利之習爲階也. 變氣習·明敎化之術, 不過興學校·育英才耳. 臣到任以後, 巡歷再三, 每至鄕校, 講校生所讀書, 雖六鎭僻遠, 資質英敏者, 往往有之. 但任敎授者非人, 敎誨不精, 監司一二日巡察之效, 亦安能振起士習? 由是, 爲校生者, 率皆孤陋·寡聞, 無所成就, 終不免爲馬前之卒, 非天之降才然也. 十室之邑, 必有忠信, 況於岐·沛之鄕, 豈無地靈人傑? 第因敎養未得其道耳. 臣竊思之, 敎授非一, 難以盡得其人, 儒生雖多, 可與進取者蓋寡. 永興一府, 我太祖誕生之鄕, 今陞爲留守府, 以監司兼府尹, 爲一道首. 乞於本府鄕校, 以學業精博, 有聞望文臣, 特差敎授, 擇諸邑年少聰敏, 有將來學生, 少不下五·六十, 多不過百人, 常聚不罷. 敎授, 如范文正公, 夜課諸生, 皆立時刻; 胡安定公雅樂·詩書, 乙夜乃分. 監司·首領官, 亦於留營暇日, 常誘掖勸奬, 提撕警覺. 積以歲月, 則庶幾有造有德, 全才輩出, 進爲朝廷之用, 自然一道觀感, 薰陶漸染. 齊變至魯, 魯變至道, 棄誇詐, 成禮俗, 不期然而然者矣. 但永興鄕校, 無一奴婢, 諸邑遠居儒生, 贏糧亦難, 其支供之費, 計無所出. 臣更思之, 以曾革預原郡奴婢四十餘口及諸賜給外道內亂臣奴婢, 竝屬鄕校, 又以諸邑曾罷國屯田及道內亂臣田, 亦屬鄕校, 爲學田, 以上項奴婢, 鄕校差備外及監司營當番衙前, 本營差備外人, 耕治學田, 將其所出花利, 以爲儒生朝夕供饋之資. 又將道內年稅神布·魚鹽等物, 從市直貿穀補添, 則不必費國廩·傷民力, 養育儒生, 有餘矣. 如是五·六年之後, 若無見效, 臣當伏欺妄之罪.” 傳曰; “給預原奴婢及亂臣奴婢中, 居近地者三十口, 革罷國屯田·亂臣田各十八結餘, 依監司所啓, 使之隨宜措辦, 俟有成效. 歲貢有將來者一·二人, 赴成均館, 使加進益, 其餘諸邑鄕校, 亦令無弊措置, 益加勸學.”; 成宗 2년 7월 26일, “先是, 永安道觀察使李繼孫請賜『四書』·『五經』·『通鑑』, 以訓都會儒生. 至是, 命依所啓賜之. 又賜『小學』·『楚辭』·『柳文』·『古文眞寶』等書.”

5 李瀷, 「送李通判來慶赴任鏡城序」, 『星湖先生全集』 卷51, “我先祖敬憲公, 以文化, 一變弓刀之俗, 爲衣冠之鄕. 遺澤之入人者, 久而深固. 君子慕戴, 小人樂利, 殆與天地同其攸遠, 是以隨地俎豆, 享祠不替, 此北人之願也.”; 李瀷, 「丙谷祠堂記」, 『星湖

강세승』 등의 기록으로 보아 옥동의 가문에서 경헌공이 차지하는 비중은 재론할 필요가 없을듯하다.

표 1 경헌공 이후 옥동가문 세계도

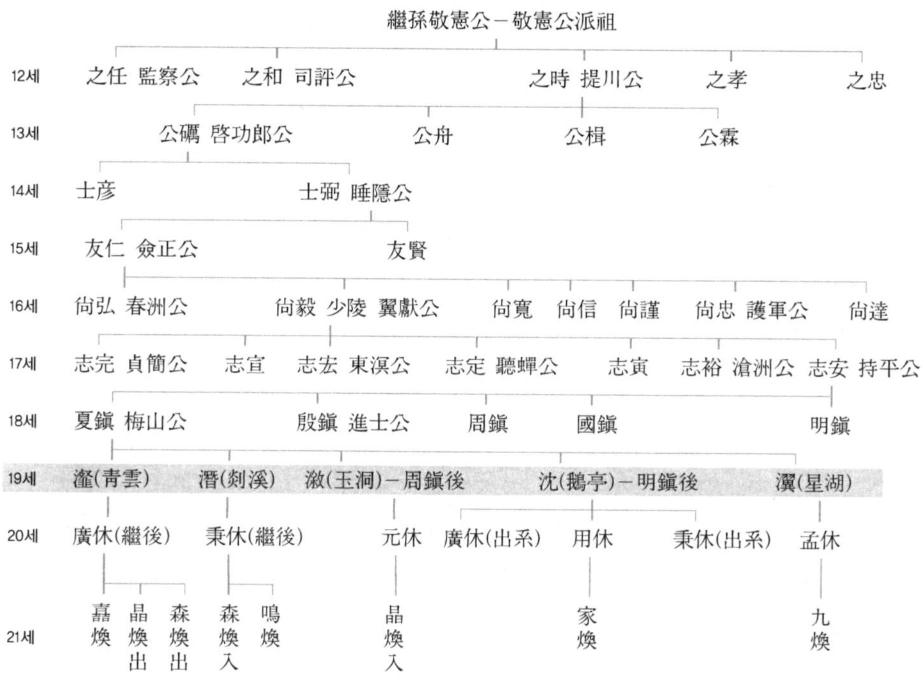

성호의 은거지로 잘 알려진 경기도 안산安山의 첨성리瞻星里와 옥동의 가문이 인연을 맺게 된 것도, 경헌공이 계유정난癸酉靖難 이후 정난원종공신靖難原從功臣 2등에 책훈되어 선친 충간공 이의인의 묘소가 있는

先生全集』 卷53, "今我八世祖敬憲公, 事我惠莊大王, 首闡北路儒化, 書之史乘則爲名臣, 俎豆鄕閭則爲樂祖, 薦紳學士, 津津說功烈, 三百年不替, 其義可以爲始基祖矣."; 李瀷, 「文會書院故事錄跋」, 『星湖先生全集』 卷56, "故北路之有敬憲公, 猶夫東國之有太師, 中華之有唐虞."

안산에 상당한 규모의 사패지를 하사받아 선영과 향저鄕邸를 안산에 꾸미면서부터 안산의 첨성리가 옥동 가문의 새로운 세거지가 되었기 때문이다.[6] 그러나 옥동의 가문이 본격적으로 번성을 누리게 된 것은 경헌공에서부터 다시 5대가 지나고 난 뒤이다.

옥동의 가문에서는 경헌공 이후 다시 5대가 지날 때까지 중앙관계에서 현달한 인물이 나오지 않았다. 경헌공의 4남 2녀 중 3남인 제천공堤川公 이지시李之時가 제천堤川 현감직縣監職에 올랐으나, 아들 계공랑공啓功郎公 이공려李公礪가 연산군燕山君 10년(1504) 26세의 젊은 나이로 요절하자 그 충격으로 이듬해 임지에서 사망하면서 옥동의 가문은 한동안 침체기를 맞게 되었다. 이 시기에 옥동의 가문은 계공랑공의 부인 전주 이씨全州李氏에 의해 부지되었다.

이씨부인은 정종定宗의 후손 청연수淸淵守 이숙의李淑義의 따님으로 25세의 젊은 나이에 한 집안의 가장이 되어 집안을 일으키기 위해 각고의 노력을 다했다. 그는 두 아들 이사언李士彦과 이사필李士弼의 교육을 부친에게 의탁하고 시숙媤叔에게 서울의 재산 관리를 위임한 뒤, 서울과 부친의 은거지인 남원南原을 수시로 내왕하며 두 집안의 살림을 보살폈다.[7]

모친의 이러한 노력으로 장남 이사언은 중종中宗 17년(1522) 사마시司馬試에, 차남 이사필은 중종 20년(1525) 생원시生員試에 합격한 후 중종

6 「要覽」, 『驪江世乘』 卷3, 敬憲公 條, "安山先塋, 或云公爲京畿方伯時, 親所卜得者, 而塋下舊有村家甚盛, 公給資令移居而用之, 至今世葬."

7 李瀷, 「外姓七世祖考妣墳塋改修記」, 『星湖先生全集』 卷53, "金氏本居南原古達里, 通贊及配高靈申氏之墓在於家後, 申氏卽府使松舟之女. 啓功公早歿, 安人歸于其外氏南原鄉, 二孤從焉. 長佐郎士彦, 次卽我五世祖應教公也. 後卒反于京第. 佐郎之子友直官禮曹判書, 爲宣明間名臣, 應教公子僉正, 僉正公四子, 長校理次左贊成次郡守次禮曹參判, 子孫遂爲盛族大家, 皆安人誨養成立之力."

33년(1538) 문과文科에 합격하였다. 비록 이사필의 관직도 목사牧使에서 그치기는 했지만 그의 문과 합격은 경헌공 이후 3대만에 이루어진 가문의 경사였다. 이 수은공睡隱公 이사필이 옥동의 5대조이다.

수은공의 아들 첨정공僉正公 이우인李友仁은 생원·진사시를 거쳐 음직蔭職으로 관직에 진출했다. 문과 출신도 아니고 고관을 지내지도 않았기 때문에 가세는 보잘 것 없었지만 치가治家와 교자敎子에 남다른 공을 들여 옥동의 가문은 중흥의 계기를 맞게 되었고, 그 주역이 된 인물들이 바로 첨정공의 일곱 아들 중 이상홍李尙弘·이상의李尙毅·이상관李尙寬·이상신李尙信 네 사람이다. 첨정공의 일곱 아들 중 둘째 소릉공少陵公 이상의가 옥동의 증조부인데, 옥동의 가문은 소릉공에 의해 최고의 전성기를 맞게 되었다.

옥동의 가문에 중앙정계 진출의 토대를 만들어 준 인물이 경헌공이라면 그의 5대손인 소릉공은 그 토대 위에 번영의 꽃을 피운 인물이었다. 소릉공은 명종明宗 15년(1560) 2월 23일 외조부 수찬 허경許坰의 집인 한성부漢城府 서부 반송방盤松坊 아현阿峴에서 아버지 첨정공 이우인과 어머니 양천허씨陽川許氏 사이에서 태어났다. 자는 이원而遠, 호는 소릉少陵·오호五湖·서산西山·파릉巴陵·심산深山, 시호諡號는 익헌翼獻이다. 선조宣祖 18년(1585) 가을 을유사마시乙酉司馬試에 합격하였고, 그해 겨울 정시庭試를 거쳐 이듬해 별시문과別試文科에서 전시殿試에 직부直赴하여 급제하였다. 승문원承文院 정자正字로 관직을 시작한 소릉공은 승정원 주서·성균관 전적·지평·교리·장령·병조정랑 등을 역임하였다. 선조 25년(1592) 임진왜란이 일어나자 검찰사檢察使 이양원李陽元의 종사관으로 활약했고, 진위사陳慰使의 서장관書狀官으로 명나라에 다녀왔다. 이 외에도 성균관 사예·사간·홍문관 직제학·좌부승지·병조참의·형조참의·도승지·병조참판·이조참판 등을 지냈다.

소릉공의 현달에 의해 선조대부터 광해군 때까지 최고의 전성기를 누렸던 옥동의 가문은 17세기에 들어서 시작된 정치적 격변 속에서 위기를 맞이했다. 선조의 뒤를 이어 왕위에 오른 광해군光海君과 그의 세력기반이었던 대북大北계열의 전횡은 당시 서인西人을 중심으로 한 반대세력에게 반정反正의 명분을 제공하였고, 이에 따라 서인들의 주도로 능양군綾陽君 이종李倧을 왕으로 옹립하는 인조반정仁祖反正이 일어나 대북세력은 일시에 정권에서 배제되었다. 이 인조반정으로 인해 옥동의 가문은 적지 않은 타격을 입었다. 그것은 가문을 잠영簪纓의 반열에 올려놓은 옥동의 증조부 소릉공이 인조반정으로 인해 광해군에게서 받은 위성공신衛聖功臣 여흥부원군驪興府院君 보국숭록대부輔國崇祿大夫의 공신호功臣號와 훈봉勳封이 삭탈되고 1품계 강등되어 지중추부사知中樞府事로 좌천되었기 때문이다.[8]

인조반정이 일어나기 전까지 옥동의 가문은 정권의 실세로 당시 정치권의 중심에서 활동하고 있었다. 당대 소릉공의 정치적 위상은 그의 집안이 맺고 있었던 인척관계姻戚關係를 통해서도 잘 알 수 있다.[9] 옥동 가문의 인척관계로 보아 당시 소릉공의 집안은 그 시대를 좌우하던 명문

8 「少陵公 墓誌」, 『驪江世乘』 卷5, "丙辰正月, 進階輔國崇祿, 封驪興府院君, 兼工曹判書. ……(중략)…… 癸亥春, 仁祖反正, 衛聖功罷, 除勳封, 降一資, 夏辭遞贊成, 拜知中樞府事."

9 少陵公 당대 옥동 가문의 인척 관계를 정리하면 다음과 같다. 少陵公의 형 春洲公 李尚弘이 당시 大北의 영수였던 鵝溪 李山海의 사위였고, 少陵公도 西人의 名家인 海平尹氏 尹斗壽의 조카 尹晛의 따님과 혼인하였다. 또 그의 첫째 아들 李志完은 全州李氏 僉正 李潔의 따님과, 둘째 아들 李志宣은 北人의 名家인 幸州奇氏 領議政 奇自獻의 따님과, 셋째 李志宏은 西人 綾城具氏 牧使 具思欽의 따님과, 넷째 李志定은 北人의 名門인 韓山李氏 李慶深의 따님과, 다섯째 李志寅은 大北의 權臣이었던 豊川任氏 判書 任就正의 따님과, 여섯째 李志裕는 少陵公의 동생 湖山淸隱公 李尚信의 후사로 出系하였지만 南人의 名門 安東權氏 都承旨 權憘의 따님과, 막내 李志安은 宗親 寧堤君 李錫齡의 따님과 혼인하였다.

권신가와 다양한 인척관계를 맺고 있었던 북인계열의 명가였다고 할 수 있는데,[10] 옥동 가문은 인척관계뿐만 아니라 다양한 방면에서 번성을 누렸다.[11]

하지만 옥동의 가문은 인조반정으로 서인계열이 정권을 장악하자 소릉공과 소릉공의 큰 아들 정간공 이지완의 공신호와 훈봉이 삭탈되는[12]

10 玉洞의 先代가 北人이었다는 명확한 기록은 없다. 그러나 여기서 살펴본 것과 같이 당대 옥동 가문이 맺고 있었던 婚姻關係로 보아 옥동의 선대는 정치적으로 北人과 상당히 긴밀한 관계를 유지하고 있었다고 보아야 할 것이다. 옥동 가문의 이런 혼인 관계는 『朝鮮王朝實錄』, 仁祖 1년 3월 23일의 기사에서 "憲府啓曰; "左贊成李尙毅, 本以鄙夫連姻逆魁, 得罪公論久矣, 請命遞差." 答曰; "李尙毅先朝舊臣, 別無過失. 今日之論, 無乃過乎!"라고 한 기록에서 알 수 있듯이 仁祖反正 이후 少陵公이 탄핵을 받는 한 원인이 되었다.

11 당대 玉洞 가문의 번성은 少陵公의 장남 貞簡公 李志完이 少陵公과 함께 上卿의 지위에 올랐던 것과, 少陵公 당시 周易校正廳에 참여한 당대의 傑鉅人이 모두 60명이었는데 이 가운데 少陵公이 都承旨로 21번에, 막내 동생 參判公이 兵曹參知로 25번에, 장남 貞簡公이 吏曹佐郎으로 51번에 참여하여 한 집안에서 부자형제 모두 세 사람이 동시에 주역교정청에 뽑히는 영예를 누리기도 했다는 기록이나 선조 23년(1590)에서 광해군 3년(1611)까지 22년 동안 文科 및 重試 합격자가 11명, 進士 및 生員試 합격자가 18명, 武科 합격자가 4명이 나와 중복된 사람을 제외하고도 모두 26명의 합격자가 그의 가문에서 나왔다는 기록을 통해서도 충분히 짐작할 수 있다.

12 少陵公 尙毅는 光海君代에 衛聖功臣 驪興府院君 輔國崇祿大夫의 功臣號와 勳封을 받았고, 그의 큰아들 貞簡公 志完은 翼社功臣 驪城府院君 正憲大夫의 功臣號와 勳封을 받았으나 모두 仁祖反正 이후 削奪된다. 그러나 志完은 이미 光海君 9년 11월 23일 53세로 운명하였기 때문에 그의 功勳 삭탈은 仁祖反正 이후 玉洞 家門에 실질적인 타격을 미치지 못했다. 『朝鮮王朝實錄』 光海君 8년 1월 14일, "前正吳靖·應教李挺元·舍人丁好善·興海郡守丁好寬·永川郡守南橃·載寧郡守韓汝溭·司僕寺正柳希亮·典翰朴自興·直提學柳希發·左通禮鄭榮國皆加通政, 咸鏡監司柳公亮·工曹判書李尙毅·知事閔馨男皆加崇祿, 大司成趙存世·禮曹參判南瑾·護軍宋錫慶皆加嘉義, 義寧君宋諄·帶原君尹孝全·驪城君李志完皆加正憲."; 『朝鮮王朝實錄』 仁祖 1년 9월 2일, "諫院啓曰; 光海位嗣之初, 翼社元勳之徒, 懷逢君規利之心, 縱使熒惑, 無所不至. 臨海喬桐之酷禍, 誠天下萬古之至冤. 此手旣滑, 骨肉餘幾, 連累冤死之人不, 知其幾家, 人皆側目, 臥不貼席者, 此輩之作俑也. 反正之後, 卽已昭雪臨海之冤, 削去僞勳之籍, 則癉惡之典, 義當劃施, 迄今寥寥, 國言藉藉. 且其時三司, 爲其元勳等所脅持, 未免告變之歸, 亦不無其罪. 請翼社元勳, 追削官爵, 三司官竝罷職不敍. 廢朝諸僞勳, 已行削罷, 則戊申以後凡干捕捉罪人, 隨參鞫廳, 奔走微勞, 明受賞加賞職者, 所當逐

정치적 위축을 겪었다. 그러나 광해군 때 북인정권의 한 축으로 정치에 참여하였으나 당파에 연연하지 않고 소신을 지켰던 소릉공의 행적과[13] 인조반정 때 소릉공이 궁으로 들어가는 인조를 기다려 따랐던 일로 인해[14] 더 이상의 큰 피해를 입지는 않았다.

소릉공의 처신이 인조반정이라는 정치적 격변에서 가문이 더 이상 큰 화난을 당하지 않도록 구제할 수는 있었지만, 이후 옥동의 가문은 그의 부친 매산이 관직에 진출할 때까지 정권의 중심에 들어가지 못했고, 정치적 성향도 남인계열로 변화했다.[15]

소릉공은 명종明宗 15년(1560)에 태어나 인조仁祖 2년(1624) 65세의 나이로 운명하기까지 임진왜란·동서분당東西分黨·폐모살제廢母殺弟·인조반정仁祖反正·이괄李适의 난까지 굵직굵직한 역사적 사건의 한가운데에 있으면서 영예와 시련을 몸소 겪었다. 그가 이런 어지러운 시기에 내·외의 여러 요직들을 거치며 가문의 번영을 이루어 그의 가문이 전성기를 맞이하도록 할 수 있었던 것은 그의 가문에서 대대로 후손들에게

一改正, 以淸仕路, 而前日臺諫所啓, 只擧癸丑而不及於其前, 事同而異施, 物情皆以爲不均. 請令該曹, 從速査出, 一體施行. 上只從三司罷職之請. 其後累爭, 乃從. 翼社元勳許筬·金信元·柳希奮·崔有源·尹孝先等, 竝追奪官爵. 三司之官, 副提學宋應洵·典翰崔有源·應敎李志完·校理黃敬中·奇協修撰成時憲·正字睦大欽·掌令尹讓·持平閔德男·獻納尹孝先·正言李士慶·任章等, 竝罷職不敍."

13 「少陵公 家狀」, 『驪江世乘』 卷5, "仁祖改玉時, 反正勳臣, 秉柄用舍, 參以私好惡, 多所抉摘, 擧世難爲完人, 獨於公 復擬銓衡之望, 無敢有貳議. 公之處濁世, 持身謹嚴, 如此可知." 家傳의 기록 이외에 『朝鮮王朝實錄』에서도 反正功臣들이 少陵公 가문의 혼인문제를 거론하며 少陵公의 파직을 청하지만 '先王朝의 舊臣으로 큰 허물이 없다'고 거절하는 仁祖의 批答을 볼 수 있다.

14 「少陵公 家狀」, 『驪江世乘』 卷5, "先是公呈病, 審知反正之擧, 以素服伏於西宮道傍. 上問之卽命隨駕, 因居貳公之位."

15 『朝鮮王朝實錄』 肅宗 1년 6월의 기록을 보면 南人의 계보를 논하며 玉洞의 부친 梅山을 淸南에 가까운 南人 속에 포함시키고 있다. 『朝鮮王朝實錄』 肅宗 1년 6월 4일, "穆老而巧密, 或左或右, 積尤老於涉世, 伸縮有術, 內扶大運等, 而外若中立. 宇遠初黨於鏴·穆, 後歸大運之黨. 如夏鎭·沃·威明·聃命等, 首鼠兩間, 而諂事穆·鏴尤甚."

강조해왔던 엄격한 자기수양自己修養의 가학家學 전통傳統과 그 가학家學을 바탕으로 한 관직생활의 결과라 생각된다.

소릉공은 자신의 현달을 바탕으로 그의 가문이 중앙정계에서 최고의 전성기를 누릴 수 있게 하였을 뿐만 아니라, 그의 가문이 서울의 세거지를 확정하는 데에도 결정적인 역할을 하였다. 경헌공 이후 다시 중앙정계에서 미미한 역할에 그쳤을 뿐이었던 옥동의 가문은 비록 경저京邸를 가지고는 있었지만 그들이 뿌리내릴 확고한 지역을 확보하지는 못하고 있었다. 그러나 소릉공이 서울의 서부 황화방皇華坊 소정동계小貞洞契 소릉골에 거주하여, 가문의 대大·소가小家가 이곳에 모여 살게 되면서부터 정동貞洞은 이들의 세거지가 되었다. 성호에 따르면 "이곳은 세상 사람들이 정동의 이씨 댁이라 하였으니 대대로 현재賢才가 많고 사환자仕宦者가 끊이지 않았으며, 선조의 유훈을 잘 지켜 대가의 풍모를 잃지 않는 곳"으로[16] 가문의 본거지였다고 한다.

인조반정 이후 옥동의 가문은 정치적 위기를 맞기는 하였지만 여전히 정권의 한 부분에 자리 잡고 있었다. 소릉공의 7남 4녀 중 사위 네 사람이 모두 등제登第·현사顯仕하였고, 소릉공의 내·외손 60여 명과 그의 증·현손 중에서 가문을 빛낸 자가 허다했다는 기록을[17] 보면 비록 옥동의 가문이 광해군 때와 같은 번영을 누리지는 못했지만 여전히 정치권의 한 부분에 위치하고 있었음을 알 수 있다. 하지만 이 시기 옥동의 가문은 정권의 중심에서 비켜서 있었다. 그것은 소릉공의 후손들이 관직에 몸담

16 李瀷, 「檀軒記」, 『星湖先生全集』 卷53, "惟我李, 自我曾王考, 貳相公之宅于貞陵之洞, 人目爲貞洞之李. 世多賢才, 簪組不絶, 亦能佩持遺訓, 不失大家風裁者, 莫非吾先祖, 樹業貽謀之餘韻也, 其可忘乎."

17 李瀷, 「先祖少陵公簡帖跋」, 『星湖先生全集』 卷56, "維我曾王考貳相公, 有七子四女, 四子暨四女壻, 皆登第顯仕, 而長子判書公同升爲上卿. 世以爲榮, 有內外孫男女六十餘人, 以至於曾玄, 其麗許多, 此何等德業, 何等福祿, 必有以也."

고는 있었지만 권력의 핵심에서 한 걸음 물러서 있었기 때문이다. 이들은 대부분 소릉공의 뒤를 이어 관직에는 진출했으나 옥동의 부친 매산이 정계에 진출할 때까지 그다지 고위직에 오르지 못하고 대부분 지방관을 전전하면서 관직생활을 마감했다. 이에 따라 옥동의 가문은 이 시기 당쟁의 회오리에 말려들지 않고 가문을 부지할 수 있었다.

이런 정치적 혼란기에 힘겹게 가문을 부지했던 소릉공의 일곱 아들 중 막내가 바로 옥동의 조부 지평공持平公 이지안李志安이다. 지평공은 소릉공과 해평윤씨海平尹氏 사이의 7남 4녀 중 막내아들로, 선조 34년(1601) 6월 29일 소정동小貞洞 경저京邸에서 태어났다. 자는 존오存吾, 호는 성천成川이다. 지평공이 출생했을 당시 소릉공은 홍문관 부제학을, 큰형 정간공貞簡公은 사헌부 지평을 지내고 있었기 때문에 지평공은 여유 있는 환경 속에서 성장할 수 있었다.

타고난 자질이 영민하고 기량이 커서 약관의 나이에 벌써 노성한 기풍이 있었고, 희노喜怒의 감정을 얼굴에 드러내지 않았다고 한다. 언제나 부모님 곁을 떠나지 않고 경사經史의 서적에 심취하였는데, 그중에서도 특히 『대학大學』과 『중용中庸』을 즐겨 읽어 아침에 읽고 저녁에 외우기를 만년까지 게을리 하지 않았다. 어려서 몸이 약해 부모님께서 늘 걱정하시는 것을 알고는 건강관리에 최선을 다했으므로 부모님께서 더욱 애지중지하셨고, 작은 일에는 구애받지 않았으나 큰 시비에서는 언제나 의연하여서 사람들이 함부로 범할 수 없었다고 한다. 조금 자라 총산蔥山 정언옹鄭彦瓮의 문하에서 미수眉叟 허목許穆 등과 함께 수학하였는데 동문들의 추중을 받았다.[18] 이때 그가 맺은 미수와의 인연이 이후 아들 매산에게 이어져 손자 성호에게까지 전해졌다고 생각된다.

18 李瀷, 「祖考司憲府持平 贈吏曹參判府君行狀」, 『星湖先生全集』 卷67, "旣而登鄭蔥山彦瓮之門, 同學如眉叟許公穆之倫, 咸推重焉."

24세 되던 인조 2년(1624)과 3년(1625) 연이어 부친과 모친의 상을 당해 삼년상을 마쳤으며, 인조 11년(1633) 사마시에 4등으로 합격하여 다음해에 선릉참봉宣陵參奉에 제수되었으나 나가지 않았다. 5년 뒤인 인조 17년(1639) 금정찰방金井察訪에 제수되어 외직에 나가 임기가 만료되어 돌아왔는데, 역민驛民들이 선정을 기리는 거사비去思碑를 세워주었다. 이어 의금부도사 · 동몽교관 · 공조좌랑을 거쳐 효종 2년(1651) 겨울 별시문과에서 병과로 급제한 뒤 정언 · 지평 · 형조좌랑 · 부윤 등을 역임하였다.

지평공은 사헌부와 형조에서 근무하면서, 상하를 막론하고 법을 지켜야 함을 진언하는 등 강직한 자세로 관직생활을 일관했다. 특히 그가 효종 3년(1653) 형조좌랑에 임명되어 궁가宮家의 범법犯法을 엄격히 금해야 함을 밝히는 진언을 하여 효종으로부터 궁가와 사대부를 막론하고 법을 범하는 경우가 있으면 일체를 법에 따라 처리하라는 명을 받은 것과[19] 성천도호부사成川都護府使로 재직할 당시 청정한 정사政事 처리와 문학에 의한 교도에 감복한 부민府民들이 효종 7년(1656) 그가 임기를 마치고 서울로 돌아갈 때 추모비를 세워 공적을 기록한 것은 그의 관직생활을 보여주는 대표적인 일화이다. 특히 성천의 추모비는 부친 소릉공과 넷째 형 청선공聽蟬公의 추모비 옆에 세워진 것이기에 더욱 큰 의미를 지닌다고 할 수 있다. 하지만 지평공은 성천도호부사를 마지막으로 더 이상 관직생활을 이어가지 못하고 효종 8년(1657) 2월 10일 소정동 경저에서 57세를 일기로 운명했다.

성호의 지평공 행장과 이맹휴李孟休의 가전家傳에서는 지평공의 모습

19 『朝鮮王朝實錄』 孝宗 4년 3월 11일, "上召見諸司輪對官. 刑曹佐郎李志安進曰; 臣曹掌禁, 而法有所不行. 事涉宮家, 則禁吏不敢下手, 若或執而告之, 則乃反侵毒禁吏, 請明降指揮, 俾無此弊. 上曰; 以侍從爲法官, 其意有在. 不論宮家及士大夫, 犯禁者一切如法治之."

을 관인보다는 엄격함과 인자함을 고루 갖춘 덕인德人으로 묘사하고 있는데, 이는 그가 17년의 관직생활 동안 그다지 비중 있는 관직에 나가지 못했기 때문이기도 하겠지만, 그보다는 그가 추구한 삶의 자세 때문이었다고 생각된다. 지평공이 지니고 있었던 삶의 자세는 아들 매산을 거쳐 후손들에게 그대로 이어졌다.

옥동의 부친 매산梅山 이하진李夏鎭은 인조 6년(1628) 무진년戊辰年 봄 2월 10일 오시午時에 소정동 경저에서 아버지 지평공 이지안과 어머니 전주이씨全州李氏 사이의 5남 1녀 중 장남으로 태어났다. 자는 하경夏卿, 호는 매산 혹은 육우당六寓堂이라고 한다. 매산은 타고난 자질이 영민하였고 잡기보다는 독서와 서예를 즐겨 일찍부터 당대의 명필로 추앙받던 중부仲父 청선공聽蟬公 이지정李志定에게 서예의 자질을 인정받았다. 매산의 서예 자질은 그의 셋째 아들 옥동玉洞에게 이어져 '동국진체東國眞體'라는 새로운 필법으로 꽃을 피웠다. 어려서부터 엄격한 부친의 훈도와 여러 족부의 가르침, 종형들의 영향 아래 학문을 시작한 매산은 27세가 되던 효종 5년(1654) 정월 광주廣州의 매산梅山(지금의 수원시 권선구 매산동)에 작은 별장을 짓고 글을 읽으며 손수 매화를 심고 매화의 고고한 절개를 보고 배우겠다는 자신의 의지를 밝혔는데, 이 마음가짐은 그의 일생을 두고 관류하는 것이 되었다.

이 해에 매산은 동생 이은진李殷鎭보다 나이로는 10년, 햇수로는 8년 뒤늦게 진사시에 합격하여 성균관에 입학했지만 이듬해에 모친상을 당했고, 그 2년 뒤에는 다시 부친상을 당했다. 당시 매산의 다섯 형제 가운데 셋째 이주진李周鎭과 넷째 이국진李國鎭이 각각 20세와 17세의 젊은 나이로, 모친상을 당하기 3년 전인 효종 3년(1652) 운명하였기 때문에 매산은 둘째 이은진과 함께 시묘살이를 했지만, 이은진도 삼년상을 마친 뒤 병석에 누워 이듬해 5월 운명했다.

현종 3년(1662) 겨울 매산은 34세로 내시교관內侍教官에 임명되면서 관직생활을 시작했지만 실직實職은 아니었다. 다음해 중양과重陽科에 수석으로 합격한 그는 전시殿試에 직부直赴할 수 있는 자격을 얻게 되었으나, 당시 재신宰臣 가운데 그의 합격을 저지하는 사람이 있어 관직 진출이 어려웠다.[20] 당시 북인계열을 거쳐 남인계열로 바뀐 가문의 정치적 성향은 그의 관직 진출을 순탄치 않게 만들었다. 당대의 정치적 상황으로 인해 관직 진출이 어려워지자 매산은 학문과 심신의 수양에 많은 시간을 할애했다. 특히 그는 학문의 여가에 명승을 유람하여 견문을 넓히는 일에 힘을 썼는데, 현종 5년(1664) 고종형 정랑正郎 이정악李挺岳, 전적典籍 이익상李翊相과 함께 금강산을 유람한 것이 그 대표적인 예이다.

이후 매산은 현종 7년(1666) 봄 39세의 나이로 전시에서 갑과의 2등을 차지하여 가주서假注書로 입시하면서 본격적인 관직생활을 시작했다. 그는 사옹원 직장·성균관 전적·사헌부 감찰·예조좌랑·병조좌랑 등의 관직을 거쳤지만, 본격적인 관직생활 2년 만에 부인 용인이씨龍仁李氏가 운명했다. 다음해 매산은 사헌부 지평에 임명되었고, 11월에는 병조랑이 되었다가 얼마 뒤 지평으로 옮겼으나, 대관臺官 김징金澄의 무고에 의해 체직되자 물러나 다시 광주廣州의 매산별업梅山別業에 들어가 3년의 퇴거생활退去生活을 했다. 이 퇴거기간 동안 매산은 스스로 부족하다고 여겼던 자신의 내면을 보다 정치하게 갈고 닦는 수양에 몰두했고, 또 안동권씨安東權氏를 두 번째 부인으로 맞이하였다.

약 3년간의 퇴거기를 거친 뒤 현종 12년(1671) 3월 병조좌랑에 서용敍用되면서부터 매산의 관직생활은 다시 시작되었다. 얼마 뒤 정랑 겸 진휼청감賑恤廳監을 거쳐 간원의 정언·태학의 직강과 사예·춘방의 사서

20 李瀷, 「先考司憲府大司憲府君行狀」, 『星湖先生全集』 卷67, "至癸卯魁重陽科. 宰臣有不說者, 欲乘機阻撓, 俾不得出身, 天意已定, 終無奈何."

를 지냈으며, 현종 13년(1672) 봄에는 삼도의 해운을 맡아 일체의 폐단을 혁파하였고, 이 해 9월에는 황해도 관찰사가 되어 재해를 당한 백성들의 전정田政을 살폈다. 이 무렵 마침 김징金澄이 뇌물죄에 걸려 평산平山으로 찬축竄逐되었는데, 매산이 김징이 있는 곳을 지나다가 이전의 무고를 잊고 찾아보고 환대하자 김징이 부끄러워하면서 감격했다고 한다.

다음 해 여름 매산은 다시 내직으로 들어와 춘방의 필선, 문학·보덕으로 중앙 관직생활을 시작하였으나, 이 해 8월 16일 장남 이해李瀣가 겨우 27세의 젊은 나이로 요절하는 슬픔을 겪었다. 이듬해 그는 장령·수찬·헌납·교리·사간·사성·집의·부교리·부응교·응교를 거듭하여 한 해 동안 무려 20여 번이나 자리를 옮겨가며 관직생활을 계속했다. 이 해 8월 현종이 승하하고 좌의정 김수항金壽恒이 수렴청정垂簾聽政을 주장하자, 매산은 조금의 주저함도 없이 불가함을 역설하였고 끝내 수렴청정은 실행되지 않았다.[21]

숙종이 즉위한 뒤 정국의 주도권이 잠시 남인계열로 넘어오게 되었는데, 남인계열이 정국의 중심에 선 숙종 즉위 초부터 경신대출척庚申大黜陟이 있기까지 6년 동안은 매산에게 정치적 황금기였다. 매산은 숙종 즉위 이후 남인계열이 정권의 중심에 서게 되자 남인계열의 중진으로 활동했다. 이 기간 동안 매산은 중앙부처의 요직을 두루 거치면서 미수 허목과 백호 윤휴의 출사를 강력하게 건의하여 실행시켰고, 이들의 정국 운영에 동조했다. 당시 매산은 남인의 중진으로 병권兵權의 향배와 서인에 대한 대책을 둘러싸고 분열된 청남과 탁남 사이에서 남인의 융화를

---

21 李瀷,「先考司憲府大司憲府君行狀」,『星湖先生全集』卷67, “是年八月, 顯廟禮陟, 左議政金壽恒倡垂簾之議, 與諸大臣同坐政事堂, 召玉堂諸員問可否. 時聖嗣冲年, 戚畹强大, 權奸林立覬覦, 炙手加熱. 公乃抗言曰; 嗣君春秋已長, 聖明日進, 公輩以顧命大臣, 自可左右輔翼, 大妃亦宜從中周旋, 何至垂簾爲哉. 未知誰執此論, 而獨不見撤簾之難乎. 在今孰爲韓魏公. 人皆縮頸, 而公不少沮, 議遂寢.”

위해 노력했지만,[22] 허적許積의 정치적 행적을 못마땅하게 여겨 점차 청남계열에 가까워졌다. 또 훈척권신인 김석주金錫胄와 사사건건 마찰을 일으켰다. 이 시기 허적·김석주와의 반목은 이후 그의 관직생활을 위태롭게 했고, 특히 김석주와의 불화는 그가 운산雲山으로 유배되는 결정적인 원인으로 작용했다.

매산은 숙종 즉위 이후 중학교수·부응교·수찬·사도시 정·사간·승지·동부승지·좌부승지 등의 직책을 거치며 여러 차례 경연의 강관으로 참여하여 자신의 학문적 견해를 피력하며 숙종의 인정을 받았다. 숙종 2년(1676) 매산은 공조참의·대사간·우승지·홍문관 부제학·예조참의·대사성·이조참의 등의 요직을 두루 거치며, 당파의 이익을 위한 대립보다는 스스로 정한 기준을 지키고자 노력했다. 당시 청풍부원군清風府院君 김우명金佑明의 상이 있자, 그가 비록 서인의 영수로 백호 윤휴나 남파南坡 홍우원洪宇遠과는 원수같이 지냈지만 매산은 그를 위해 임금에게 "신하의 상에 임금이 친히 임어臨御하는 예에 따라 청풍부원군의 상에 나아가 자성慈聖의 마음을 위로"[23]하도록 청했고, 우암의 처벌에 관한 의론에서는 "옳고 그른 것이 어떤 것인지 따질 것 없이 그도 예禮에 대해 말한 것일 뿐인데, 죄가 어찌 죽음에까지 이르겠는가."[24] 하며 사사賜死에 대해 반대하였다. 또 대흥산성大興山城을 쌓자는 건의에 대해서는 "성을 쌓는 것이 도리에 합당하다해도 오히려 백성들을 구제하지 못

22 『朝鮮王朝實錄』 肅宗 1년 6월 4일. 앞의 15) 각주 참고.

23 『朝鮮王朝實錄』 肅宗 2년 12월 27일, "上仍視都目政. 以李堂揆爲大司憲, 尹鑴爲左參贊, 尹揩爲修撰, 權大載爲大司諫, 吳挺昌爲大司成, 柳命堅爲修撰, 朴廷薛爲獻納. 政畢後宣醞. 兵曹參議李夏鎭請依君臨臣喪禮, 一幸清風府院君喪, 以慰慈聖之心. 上不答."

24 李瀷, 「先考司憲府大司憲府君行狀」, 『星湖先生全集』 卷67, "及時烈按律之論發, 公曰; 郎毋論是非之如何, 彼亦繫言禮, 罪豈至死."

할까 두려운데, 하물며 외지고 쓸모없는 땅에 한갓 백성들의 원망만을 모아서야 되겠는가."[25] 하며 반대하였다.

다음해에 부제학 · 예조참의 · 대사간 · 호조참의 · 좌승지 등을 거쳤고 그해 겨울 중국으로 사신을 가라는 명을 받고 특별히 가선嘉善의 품계에 올랐다. 매산의 중국 사행에 대해 허적이 "매산은 문학으로는 넉넉하지만, 응대의 능력이 부족하다."고 반대하였으나 숙종의 간택으로 사행의 부사가 될 수 있었다.[26] 숙종 4년(1678) 도승지와 부제학을 거친 뒤 3월 중국으로 가기 위해 조정을 나서 평양에 도착했으나, 중국에 국상이 있자 조정에서는 정사正使인 복평군福平君을 돌아오게 하고 매산을 상경上卿으로 삼아 진향정사進香正使를 맡겼다. 사행을 마치고 되돌아올 때 매산은 전례에 따라 청나라 황제가 준 궤사은단饋賜銀段으로 수천 권의 고서를 사가지고 왔다.[27] 이때 사온 도서가 그의 네 아들의 학문세계에 지대한 영향을 미쳤다고 생각된다.

이후 매산은 형조참판 겸 예문관 제학 · 오위도총부 부총관을 지냈고, 겨울에 대사간 · 예조참판 · 사헌부 대사헌을 지냈다. 이듬해 매산은 병조참판 · 대사간 · 동지의금부사 · 한성부 우윤 · 예조참판 · 대사성 · 한성부 좌윤 등의 요직을 두루 거쳤다. 이렇게 그가 요직을 거치며 실무를 담당하던 중인 숙종 5년(1679) 3월 허적의 아들 허견許堅이 서억만徐億萬의 처 차옥次玉을 겁탈한 사건이 일어났다. 이때 판의금 오시수吳始壽와

25 李瀷, 「先考司憲府大司憲府君行狀」, 『星湖先生全集』 卷67, "時有建議築大興山城. 公曰; 築城當道, 猶恐不濟, 況僻隅無用之地, 徒取民怨者哉."

26 李瀷, 「先考司憲府大司憲府君行狀」, 『星湖先生全集』 卷67, "將擇專對之材, 赴訴辨誣, 以親王孫福平君㮒, 充正使, 當以亞卿中有才德文望者, 爲之副价, 特以事有至難, 不拘資格, 惟其人是擢. 上意屬公, 問於相臣許積曰; 李某何如. 積嗛之曰; 李某文學有餘, 短于酬應. 上曰; 文學有餘則可. 遂膺是揀也."

27 李瀷, 「先考司憲府大司憲府君行狀」, 『星湖先生全集』 卷67, "及將還, 例有饋賜銀段, 乃擧以買古書數千卷以歸."

지의금 목래선睦來善이 허적을 위해 사태를 무마하려 하자 당시 정국에서 소외되어 있었던 서인뿐만 아니라 청남의 영수였던 미수眉叟 허목許穆도 차자箚子를 올려 허적 부자의 불법을 성토하다 쫓겨났다. 당시 매산은 대사간으로 동지의금부사를 겸하고 있었는데, 실권을 갖지 못해 적극적으로 이 문제의 처리에 참여하지 못했다.[28]

4월에는 강화도 돈대구축墩臺構築 공사현장에서 이유정李有湞의 역모사건이 발생했다. 이 역모사건이 정리된 뒤 김석주가 대제학으로 고묘문告廟文을 지었는데, 글의 내용이 자세하지 않아 수정하는 작업에 매산이 참여하게 되었다. 애초 매산은 고묘문의 수정에 참여하지 않았으나 상신相臣들의 강권에 못 이겨 어쩔 수 없이 참여하였지만 어떤 일도 하지 않았으나, 끝내 이 일의 결과에서 벗어나지 못했다. 이 두 사건은 매산의 관직생활이 파탄을 맞게 되는 결정적인 계기로 작용했다.

처음부터 반대했던 돈대공사에서[29] 일어난 역모사건에 대해 김석주가 쓴 고묘문을 수정하는 작업에 매산이 참여하면서 애초 사이가 좋지 않았던 김석주와의 관계가 극도로 악화되었다. 매산과 김석주는 과거의 동방同榜이었으나 관직생활 동안 항상 대립관계에 있었다. 매산과 김석

28 『朝鮮王朝實錄』 肅宗 6년 5월 11일, "司諫安垕·正言安後泰啓曰; 上年次玉獄事時, 其時禁府堂上, 周遮掩護, 用奸反案之狀, 敗露於今此推覈之日. 判義禁吳始壽·同知鄭維岳, 特施竄置之罰, 則睦來善·李夏鎭, 俱是佐貳之官, 終始同參奏讞文案, 無不相議, 則比諸擔當主張者, 雖或有間, 而循私罔上之罪, 畢竟同歸, 其所負犯, 不可罷職而止. 請前判書睦來善·前牧使李夏鎭竝命遠竄. ……(중략)…… 答曰; 不允. 睦來善·李夏鎭削奪官爵, 門外黜送. 削版事, 依啓." 이후 실록의 기록을 살펴보면 庚申大黜陟 이후 서인계열에서 梅山이 당시 獄事에 적극적으로 참여하지는 않았지만 左貳의 관원으로 책임을 면할 수 없다고 하며 유배를 청하는데, 이를 보아 당시 梅山이 獄事의 처리에 적극적으로 개입할 위치에 있지 않았다는 것을 짐작할 수 있다.

29 李瀷, 「先考司憲府大司憲府君行狀」, 『星湖先生全集』 卷67, "先時, 錫胄議築江華墩臺. 公曰; 墩臺之內, 不過容人數百, 勢分力弱, 不足以捍外侮, 況役非其時, 厚招民怨, 誠恐國家之憂, 不在海寇也."

주의 관계에 대해 성호는 "석주가 공과 함께 과거를 관장할 때마다 객사客師를 위하여 은밀히 사사로움을 두도록 명하여 여러 차례 갑과甲科로 발탁하고자 하였으나 곧 공에게 발각되었기 때문"[30]이라고 했다. 이런 관계가 매산이 김석주의 고묘문 수정에 참여하면서 표면적으로 분출되었다.

숙종 6년(1680) 2월 25일 매산은 대사간으로 있으면서 강화도 돈대구축의 잘못과 윤휴의 사직, 허목의 해직, 홍우원의 원찬遠竄에 대해 항소를 올렸다. 이 항소는 바로 숙종의 진노를 불러와 매산은 그 당일 특명으로 진주목사晉州牧使에 좌천되었다. 당시 매산의 좌천에 대해 지나치다는 논의가 계속되었지만 정국의 흐름은 매산의 좌천을 막지 못했다.[31] 이런 상황에서 얼마 뒤 일어난 경신대출척庚申大黜陟은 당시 남인의 중진으로 활동하고 있었던 매산에게 큰 영향을 미쳤다. 매산은 경신대출척이 있기 전 항소를 올려 진주목사로 좌천되었지만 이후 일어난 경신대출척으로 인해 다시 삭탈관직削奪官職·문외출송門外出送되어 마포의 상수동 근처에 있는 서호西湖 주변에서 생활하게 되었다. 이 무렵 허적·윤휴가 사사되었고, 매산은 다시 김석주를 비롯한 서인들의 연이은 상소로 인해 이해 10월 평안북도平安北道 운산군雲山郡으로 원배遠配되었다.

그런데 경신대출척 이후 서인이 주도하고 있던 삼사三司에서 남인 중신들에 대해 일일이 거명하며 정사政事의 잘못을 들어 탄핵하였지만, 남인의 중진으로 활동했던 매산은 정사의 잘못에 의한 탄핵의 대상으로

30 李瀷, 「先考司憲府大司憲府君行狀」, 『星湖先生全集』 卷67, "蓋錫胄每與公同考試, 錫胄爲其客師命有秘私, 屢欲擢之魁, 輒爲公所覺, 錫胄色赧然, 銜公日甚, 遇諸朝, 必以白眼, 其射影之毒, 未嘗一日忘于心也."

31 『朝鮮王朝實錄』 肅宗 6년 2월 25일, "大司諫李夏鎭上疏曰; ……(중략)…… 疏上, 上特遞其職. 又以疏中, 容悅巧進, 猛虎蔡藿, 龍虎鰌鱔等語, 謂出於私護黨論, 凌蔑廷臣之意, 黜補晉州牧使, 使之給馬發送. 政院繳還, 憲府爭論, 竝不聽."

거명되지 않았다. 이런 사실은 매산에 대한 탄핵이 매산의 실정보다 그가 허견의 옥사와 김석주의 고묘문 수정에 참여했다는 감정적 이유에 의해 이루어진 것임을 보여준다.

운산으로 유배된 이듬해 10월 매산은 계비 안동권씨에게서 막내 성호 이익을 낳았다. 매산은 유배지에서 자신의 울적한 심회를 달래기 위해 시작詩作과 서예에 몰두하여 『천금물전千金勿傳』이라는 10권의 서첩을 남겼으며, 『주문공가례朱文公家禮』를 산절刪節하여 자식들에게 전했다. 그러나 그는 운산에서의 유배생활을 채 2년도 넘기지 못하고 숙종 8년(1782) 6월 14일 55세의 일기를 끝으로 유배지에서 운명하였다. 매산의 시신은 둘째 아들 섬계와 셋째 아들 옥동에 의해 이 해 가을 고양군高陽郡 혜음령惠陰嶺 아래에 반장返葬되었다.

이후 매산은 숙종 15년(1689) 기사환국己巳換局으로 잠시 남인이 집권하자 관작官爵을 회복하였고, 묘소도 양주楊州로 옮겨졌다가 숙종 18년(1692) 정부인 용인이씨와 함께 원주原州의 백운산白雲山 분지동分池洞 오좌午坐로 이장되었다. 숙종 41년(1715) 6월 20일 후배後配인 정부인 안동권씨가 70세로 사망하자 역시 공의 곁에 안장되었다.

매산은 모두 5남 3녀를 두었는데 전배前配인 용인이씨에게서 3남 2녀를, 후배後配인 안동권씨에게서 2남 1녀를 두었다. 이들은 모두 당대 정치참여에 대한 강한 욕구를 가지고 있었지만 현실의 상황은 이들의 관직 진출을 철저히 막았고, 이에 따라 이들은 울분과 좌절감을 안은 채 초야를 떠도는 세외의 삶을 살아야 했다.

매산의 장남 청운青雲 이해李瀣(인조 25~현종 14, 1647~1673)는 시문詩文에 능했고 학식도 출중했으나 27세의 젊은 나이로 일찍 죽어, 동생 아정鵝亭 이침李沈의 아들 이광휴李廣休가 후사를 이었다. 자를 원해元海, 호를 청운青雲 혹은 청운거사青雲居士라고 하는데, 매산의 다섯 아들 가운데, 전배前配인 용인이씨龍仁李氏에게서 태어난 세 아들 중 첫 번째로 인조仁祖 25년(1647) 12월 초 4일 서울의 소정동小貞洞에서 태어났다. 청운이 태어났을 당시 매산은 20세로 과거를 준비하고 있었다.

청운靑雲은 타고난 자질이 총명하여 겨우 말을 배울 무렵 문자를 해독할 수 있었고, 약관에 이미 문예가 출중하여 동료들이 모두 사문의 종장宗匠으로 추대하였다. 특히 기억력이 뛰어나 한 번 본 책은 곧 암송하여 잊어버리는 일이 없었고, 남과 수창酬唱할 때 붓을 쥐면 막히는 곳 없이 글이 나와 남을 놀라게 했다. 이런 재주를 가지고 있었지만 재주를 믿고 교만하게 행동하지 않고 언제나 글을 가지고 벗을 모았기 때문에 당대의 문사들이 앞 다투어 그를 따랐다.[32]

청운은 뛰어난 재주를 가지고 있었지만 평탄하지 못한 삶을 살았다. 그의 나이 6세가 되던 해에 숙부 이주진李周鎭과 이국진李國鎭이 5개월 간격으로 운명하였고, 11세가 되던 해에는 집안의 살림을 책임지던 조부 지평공持平公 이지안李志安이 운명하였으며, 15세가 되던 해에는 큰 숙부 이은진李殷鎭이 운명하였다. 그가 14세가 되던 해에 동생 섬계剡溪 이잠李潛이, 16세가 되던 해에 옥동玉洞 이서李漵가 태어나는 기쁨도 맛보았지만, 그로부터 불과 5년 뒤인 21세 때에 모친 용인이씨가 운명하였고, 그 4년 뒤인 25세 때에는 그와 동갑내기인 부인 밀양박씨密陽朴氏까지 후사를 두지 못하고 세상을 떠났다. 이렇게 주변 사람들의 죽음을 가까이에서 지켜보고 쌓인 우울함 때문인지 청운은 매산이 본격적인 관

32 李瀷, 「伯兄靑雲居士行狀」, 『星湖先生全集』卷67, "公甫學語, 卽解文字, 未弱冠已裒然成章, 儕流咸推爲宗匠. 先考公見其所屬文, 歎曰; 此兒所作, 先乎其所見, 恐不祥. ……(중략)…… 其與人應酬, 曁把筆摛藻, 滔滔未嘗遺也. 判書始驚服曰; 不道元海恁地聰明, 無其神鬼歟. 又敏速絶人, 擊鉢成詩, 或曰; 文文山對策異才歟. 公曰; 試效之. 俾人命題, 謂曰; 余詞陋不及古人, 當以多敵之. 卽立草就篇, 實浩浩累數萬言, 見者莫不吐舌. 公生長華閥, 而不屑爲挾才驕人, 常以文會友. 故一時韻士追躡後塵.."

직 생활을 시작한 3년 뒤, 부인이 죽은 지 2년 만에 운명했다. 청운은 부인 밀양박씨와의 사이에서 후사를 두지 못하였고, 후배後配를 맞지도 않았기 때문에 셋째 동생 아정鵝亭 이침李沈의 첫째 아들 죽파竹坡 이광휴李廣休가 후사를 잇게 되었다.

뛰어난 자질을 가지고 있었지만 27세의 젊은 나이에 세상을 등져야 했던 청운靑雲은 많은 양은 아니지만 두 권의 문집을 남겼다. 현재 청운의 문집으로는 두 종류의 필사본이 국립중앙도서관에 소장되어 있는데, 『청운거사유고靑雲居士遺稿(한 古朝 46-가1812)』와 『정신록精神錄(성호 古 3643-643)』이다. 이 가운데 『정신록精神錄』은 성균관대학교 부설 대동문화연구원에서 간행한 『근기실학연원제현집近畿實學淵源諸賢集』의 제2권에 실려 처음으로 공간公刊되었다. 이 두 종류의 책은 모두 불분권不分卷 1책의 필사筆寫 초고본草稿本인데, 시와 문이 같이 실려 있으나 시가 중심이 된다. 정서淨書되지 않고 군데군데 결오缺誤·낙자落字가 있으며, 교정矯正의 흔적과 심지어 제목題目만 있고 시가 없는 작품이나 작품의 앞이나 끝 몇 구가 빠진 시도 있는 것으로 보아 출간을 전제로 시문詩文을 모아 정리하고 편집한 것은 아니라고 생각된다.

둘째 섬계剡溪 이잠李潛(현종 1~숙종 32, 1660~1706)은 경학과 예학에 밝았고, 의론議論이 명백하며 기상이 엄격하여 근기近畿 남인계열南人系列의 사표師表로 인정받았다. 16세의 나이로 사마시에 합격할 만큼 뛰어난 능력과 관직에 대한 강한 욕구를 가지고 있었으나, 매산이 유배지인 운산에서 운명하자 과거科擧와 현실에 대한 욕구를 꺾고 평생 초야를 떠돌며 울분에 가득한 삶을 살았다. 울분에 찬 방외의 삶을 살아가던 섬계는 그가 47세 되던 해에 당시 원자元子의 보호를 주청하는 항소抗訴를 올렸다가 장살되었는데, 사후 기절氣節로 근기 남인계열에서 절대적인 추앙을 받는 인물이 되었다. 그러나 그의 항소는 이후 그의 동생들과 후손들에게 정치적 곤경을 가져다주는 결정적인 계기가 되었다. 아들이 없어 동생 아정鵝亭 이침李沈의 셋째 아들 이병휴李秉休가 후사를 이었다.

섬계는 매산의 다섯 아들 가운데, 전배前配인 용인이씨龍仁李氏에게서 태어난 세 아들 중 둘째로 서울의 소정동小貞洞에서 태어났다. 자는 중연仲淵, 호는 섬계剡溪 혹은 서산西山이라고 한다. 형인 청운 이해가 출생한 지 13년이 지난 뒤에 태어났고, 섬계가 태어난 이후 매산의 관운官運이 트이기 시작했기 때문에 섬계는 유년 시절을 비교적 순탄한 가정환경에서 부모의 남다른 사랑을 받으며 성장할 수 있었다.

섬계의 학문은 부친 매산과 13세 연상인 형 청운, 16세 연상인 매부 목창명睦昌明에 의해 이루어졌다. 섬계는 16세가 되던 숙종 1년 진사시進士試에 응시하여 합격했지만 부친 매산의 경계에 따라 대과大科의 응시를 미루었다. 당시 매산은 섬계가 재주만 뛰어나고 덕이 부족할까 염려하여 "큰 그릇은 일찍 이루어지는 것을 꺼린다[大器忌早成]."고 경계하였다. 하지만 이로부터 불과 5년 뒤에 일어난 경신대출척庚申大黜陟으로 매산이 평안북도 운산雲山으로 유배되고, 2년 뒤 유배지에서 운명하자 섬계는 22세의 젊은 나이로 과거의 꿈을 완전히 접었다.

이 후 섬계는 비분과 강개에 가득 찬 삶을 살았다. 비록 기사환국己巳換局 이후 6년간 남인 재집권 시기가 있었지만, 얼마 지나지 않아서 일어난 갑술환국甲戌換局으로 다시 노론계열이 정권을 전제專制하자 정치권에서 소외된 남인의 후예로써 섬계는 강한 좌절감을 느꼈다. 이런 좌절감 속에서 섬계는 무명옷과 짚신 차림으로 산수간山水間을 방랑하며 주변의 연소한 자제들을 훈육하는 것으로 그의 삶을 일관하였다. 섬계는 매산의 운명 이후 계모繼母 안동권씨安東權氏에게 문안을 드리고 막내 동생 성호星湖 이익李瀷의 학업을 지도하는 것 이외에는 방랑 생활을 했다.

이렇게 방외方外의 삶을 살던 섬계는 경상도 유생 임부林溥가 김춘택金春澤의 처벌과 국정의 쇄신을 건의하는 상소를 올려 귀양 가자 적극적으로 현실에 뛰어들었다. 평소 노론계 김춘택의 행위에 강한 울분을 느꼈던 그는 김춘택이 희빈 장씨의 소생인 원자元子 윤昀(경종景宗)의 세자 책봉을 미루는 것이 원자인 윤을 제거하고 연잉군延礽君(영조英祖)을 후사로 삼기 위한 것이라고 생각하였다. 이에 주위의 만류를 뿌리치고 숙종 32년(1706) 9월 17일 5,000여 자에 이르는 만지장서滿紙長書의 상소문을 지어 올렸다. 이 상소는 당시 국정을 장악하고 있던 노론계열의 거센 반발과 숙종의 진노를 불러와 섬계는 참혹한 국문을 당했다. 9월 18일부터 25일까지 8일 동안 계속된 국문 아래에서도 끝내 자신의 주장을 굽히지 않았던 섬계는 마침내 25일 47세의 나이로 생을 마감했다. 하지만 섬계의 상소는 이후로도 계속 첨예한 정치적 쟁점이 되었고, 섬계에 대한 평가도 정치적 입장에 따라 양 극단으로 나누어졌다.[33]

섬계는 불과 47년이라는 짧은 삶을 살았지만 그의 행적은 그가 죽은 이후로도 남인계열을 중심으로 계속 유전되었다. 그는 당대 남인계열의 사표師表로까지 인정받은 인물이었지만 당쟁에서 실세하여 몰락했던 가문의 일원으로, 국문鞫問 도중 장살杖殺되는 비참한 죽음을 맞이했기 때문인지 남아 전하는 작품이 얼마 되지 않는다.

현재 섬계의 문집으로 세 종류의 필사본이 국립중앙도서관에 소장되어 있다. 『섬계선생유고剡溪先生遺稿(성호 古 3648-62-905)』 건乾·곤坤 2

33 섬계의 상소에 대한 평가는 당색과 정치적 처지에 따라 달리 나타난다. 그러나 그의 氣節과 삶에 대한 평가는 대부분 일치하여 당색을 초월한다. 특히 『朝鮮王朝實錄』의 肅宗年間을 살펴보면 당시 鞫問에 참여했던 노론 인사들까지도 그의 氣節에 대해서는 높이 평가하고 있음을 알 수 있다.

책冊, 『섬계선생유고剡溪先生遺稿(성호 古 3648-62-907)』, 『섬계선생유고剡溪先生遺稿(섬계유고剡溪遺稿; 성호 古3648-62-906)』인데, 이 가운데 『섬계선생유고剡溪先生遺稿』 건乾·곤坤 2책본冊本이 성균관대학교 부설 대동문화연구원에서 간행한 『근기실학연원제현집近畿實學淵源諸賢集』의 제2권에 『섬계유고剡溪遺稿』라는 제목으로 처음 공간公刊되었다. 이외에도 『가장家藏(섬계선생유사剡溪先生遺事)』와 『섬계선생사실剡溪先生事實』 두 종류의 필사본이 전한다. 국립중앙도서관에 소장되어 있는 세 종류의 필사본을 비교해 보면 수록된 작품의 수와 편차에서 약간의 차이가 있을 뿐 내용은 모두 대동소이하고 기본적인 편집 체계가 일치하여 어느 본이 선행본이고 선본인지 판단하기 어렵다. 또 현재 전하는 문집 속의 작품이 섬계의 저작 전체라고 확언하기도 어렵다.

넷째 아정鵝亭 이침李沈(현종 12~숙종 39, 1671~1713)은 매산의 계비繼妃 안동권씨安東權氏에게서 난 두 아들 중 첫째로, 매산의 다섯 아들 중 넷째인데, 계부季父 이명진李明鎭의 후사로 들어갔다. 일찍 학업을 성취하여 숙종 29년(1703) 사학유생四學儒生의 대표로 이미 사사당한 우암을 신변伸辯하는 상소를 올려 당대 명망을 얻었다.[34] 그러나 숙종 32년(1706) 둘째 형 섬계가 왕세자의 보호를 주청하는 상소를 올렸다가 장살

34 『朝鮮王朝實錄』 肅宗 29년 7월 17일, "四學儒生李沉等, 上疏爲先正臣宋時烈申辨, 答曰; 爲大老辨誣之誠, 溢於言表, 予甚嘉尙焉. 後, 時烈門人執義李箕洪·平市令鄭纘輝·忠淸道儒生蔡之涵等, 俱上疏辨誣, 上嘉納之." 『朝鮮王朝實錄』에 수록된 이 기사 속의 李沈에 관한 家門內의 기록을 찾을 수 없다. 그러나 『朝鮮王朝實錄』 속에 등장하는 李沈을 모두 찾아 생몰연대로 추정하여 보았을 때, 매산의 넷째 아들 李沈이 이 무렵 33세여서 가장 가까운 인물로 유추할 수 있다. 또 매산의 행적 부분에서 서술한 것과 같이 그의 부친 매산 역시 尤庵에 대한 私憾을 가지지 않았고 무엇보다 이 시기는 둘째 剡溪의 장살 사건이 일어나기 이전이었다. 따라서 『朝鮮王朝實錄』의 이 기사 속 李沈을 매산의 넷째 鵝亭으로 볼 수 있다고 생각한다. 다만, 李沈의 이와 같은 행동이 이 시기 남인계열 인물들이 지니고 있었던 우암에 대한 보편적 인식과 상당한 차이를 가지고 있다는 점에서 보다 명확한 근거를 확보해야 할 필요가 있을 것이다.

당하자 과거를 전폐하고 현실에 대한 모든 욕구를 접은 뒤 계부인 양근공楊根公 이명진의 후사로 충청남도忠淸南道 예산군禮山郡 덕산현德山縣 고산면高山面 장천리長川里에 내려가 수신修身으로 일생을 보냈다. 아정鵝亭에 관한 문헌 자료가 존재하지 않아 드러난 학문적 업적을 찾아보기는 어렵지만, 그의 세 아들 중 두 아들이 형의 양자로 집안의 혈통을 이었고, 세 아들이 모두 성호학星湖學의 중추적인 인물로 자리 잡았기 때문에 근기 남인 학통, 특히 성호星湖 학통學統의 가계家系 내內 전수라는 측면에서 볼 때 결코 가볍게 볼 수 있는 인물이 아니다.

막내 성호星湖 이익李瀷(숙종 7~영조 39, 1681~1763)은 조선 후기 근기 남인 학파의 태두이자 실학파의 하나인 경세치용학파經世致用學派의 창시자로 거론된다. 부친 매산의 유배지인 운산에서 태어났으나 이듬해 매산이 운명했기 때문에 매산에게 직접 학문을 전수받지 못했다. 성호는 둘째 형 섬계와 셋째 형 옥동을 통해 가학家學을 익혔고, 이후 퇴계를 사숙하며 자신의 학문을 완성했다. 성호는 퇴계에서 한강寒岡 정구鄭逑·미수 허목으로 이어지는 근기 남인계열의 학문 전통을 후대 안정복安鼎福·권철신權哲身 등에게 전수하여 이후 근기 남인계열 뿐만 아니라 조선 후기를 이끄는 정신적 지주가 되었다.

성호도 섬계에게서 학문을 시작할 당시 과거에 대한 큰 꿈을 가지고 있었지만 섬계가 상소로 인해 장살되자 안산安山의 첨성리瞻星里로 몸을 피해야만 할 정도로 정치적 곤경을 겪게 되었고 이후 과거를 단념하였다. 섬계의 장살사건은 당쟁의 와중에서 운명한 매산의 죽음과 함께 이후 그의 가문이 정치적으로 곤경을 겪는 중요한 원인이 되었다. 성호의 학문은 그의 자질子姪들에게 그대로 이어졌다. 특히 경학은 아들 만경萬頃 이맹휴李孟休와 조카 정산貞山 이병휴李秉休에게 전해져 목재木齋 이삼환李森煥, 장천長川 이철환李嚞煥, 청계淸谿 이정환李晶煥에게 이어졌고, 문학은 혜환惠寰 이용휴李用休를 거쳐 금대錦帶 이가환李家煥, 낙하생洛下生 이학규李學逵에게 이르렀다. 이후 성호의 학문은 다산茶山 정약용丁若鏞에게 집대성되면서 우리 민족의 학술사에 거대한 획을 그었다.

매산은 아들 외에 네 딸을 두었는데, 장녀는 판서 목창명睦昌明에게, 둘째는 처사 조하주曹夏疇에게, 셋째는 사인士人 정득주鄭得柱에게 시집갔고, 측실부인에게서 난 딸 하나는 권홍權訌에게 시집갔다.

옥동玉洞 이서李漵(현종 3~경종 3, 1662~1723)는 부친 매산의 5남 4녀 중 부친과 첫 번째 부인인 용인이씨龍仁李氏 사이에서 태어난 세 아들 중 셋째로, 현종顯宗 3년(1662) 12월 초 3일 서울의 황화방皇華坊 소정동小貞洞에서 부친 매산이 35세 되던 해에 태어났다. 자를 징지澄之, 호를 옥동玉洞 혹은 옥금산인玉琴山人[산인散人]이라고 하는데, 청성靑城(포천抱川)의 옥금산玉琴山 아래에서 살았기 때문에 이렇게 자호한 것이다. 또 옥금산에 있는 옥동의 거처 앞에 맑은 개울이 있어서 옥량포玉涼浦라고 불렀는데, 이 때문에 청포淸浦라고 칭하기도 한다. 청포淸浦라는 호는 옥동과 함께 옥동의 사손嗣孫인 이정환李晶煥(1726~1764)도 사용하였다. 옥동의 사후 식산息山 이만부李萬敷의 건의에 따라 제자들이 올린 사시私諡를 홍도弘道라고 한다. 옥동은 '동국진체東國眞體'의 창시자로 서예 방면에서 대단한 성취를 이루었다. 생전에 윤두서尹斗緖, 이만부李萬敷, 심득경沈得經, 최원경崔元慶 등과 깊이 교유하였다.

옥동이 태어났을 당시 매산은 35세로 처음 관직에 나가 내시교관內侍敎官을 맡고 있었다. 이 무렵 태어난 옥동은 모친 이씨부인이 꿈에 여덟 색 별의 서기를 보고 낳아 소자小字를 '서瑞'라고 했다. 옥동은 어려서 조급해하는 성벽이 있었으나 장성하여 학문에 뜻을 두면서 이런 기질이 변했다고 한다. 또 타고난 자질이 지극히 효성스러워 늘 부모에게 효도

하였고, 이런 효성으로 인해 주변에 널리 알려졌다. 어려서부터 옥동은 부모님께서 편치 않으시면 늘 곁에서 모시고 잠시도 떠나지 않으면서 근심하고 조심하기를 어른같이 하였는데, 이런 옥동의 효심에 대해서는 어려서 유모와 같이 바깥에 나가 놀 때 유모가 과일을 주었는데, 곱고 좋은 것을 골라 가지고 그보다 못한 것을 먹은 뒤에 집으로 돌아와 부모님께 가지고 온 좋은 과일을 드려 보는 사람들이 모두 탄복하고 기이하게 여겼다는 일화가 전한다. 옥동은 천성이 총명하여 조금 자라서 모친 이씨부인이 입으로 천자문을 알려주자 한 글자도 놓치지 않았고, 천지가 귀속되는 것과 일월의 움직임·음양과 풍우의 변화를 처음부터 끝까지 추구해 이씨부인에게 물어 이씨부인이 말문이 막혀 답할 수 없었다고 한다. 또 매산이 대시臺侍로 있으면서 진봉進奉한 지필묵紙筆墨과 부채 등을 받아 가지고 와서 골라 가지라고 하면 옥동은 지필紙筆을 가지고 나머지는 돌아보지도 않았다.

옥동은 뛰어난 재주와 효성을 가지고 있었지만 6세에 모친 이씨부인을 여의는 슬픔을 맞았다. 이 때 옥동이 모친을 사모하여 애통해 하는 것이 몸을 상할 정도가 되자 매산이 밤낮으로 보살피며 위로하였으나 옥동을 달랠 수 없었다. 하지만 곧 옥동은 부친의 마음을 상하게 할까 걱정되어 슬프지 않은 것처럼 하였으나 매산이 조정에 들면 이내 눈물을 흘려 그치지 않았다. 이렇게 옥동이 지나치게 슬퍼하자 두 형이 부친과 의논하여 옥동을 저동苧洞에 있는 외가에 보내 잠시 지내게 하였다. 당시 외조모 김씨부인과 외삼촌 형제들이 아끼고 위로하여 옥동의 마음을 달래려고 애썼으나 옥동의 애통해하는 정성과 사모하는 마음은 시간이 지나도 줄어들지 않았다. 이런 옥동을 보고 세상 사람들이 "아이는 부모를 여의어도 쉽게 잊어 슬픔을 모르는데, 이 아이를 보니 천생대효天生大孝이다."라고 하였다.

그런 얼마 뒤에 외조모가 별세하자 옥동은 계부季父 이명진李明鎭의 집으로 가게 되었다. 당시 이명진은 자식이 없어 옥동을 데려가 친자식 같이 보살폈는데, 옥동은 이후 매산이 안동권씨安東權氏 권대후權大後의 따님과 재가한 뒤에 집으로 돌아왔다. 계비 권씨부인은 옥동의 효순孝順한 성품에 감동하여 옥동을 자애慈愛로 대했고, 옥동 역시 지효至孝로 권씨부인을 섬겼다. 이후 학문을 시작한 옥동은 슬기와 총명聰明이 특별히 뛰어나 한 번 배운 것은 두 번 묻지 않았고, 한 번 본 것은 잊는 일이 없었으며, 직접 배운 것을 봉승奉承하여 미치지 못할 것 같이 하였다. 이 무렵 옥동이 눈병을 앓아 부모님께서 근심하셨는데, 매산이 눈을 감아 안력眼力을 허비하지 말고 조리하라고 하자 옥동은 한 해를 마칠 때까지 눈을 뜨지 않고 지내며 조금도 행동거지와 태도에 변함이 없었다. 이를 보고 사람들이 기이하게 여겨 "이런 정심精審은 어른도 못할 어려운 일이다."라고 하였는데, 식견 있는 사람들은 이때 이미 옥동이 정력定力을 가졌음을 알았다고 한다.

이 당시 매산이 부제학副提學 겸 도승지都承旨로 청요직清要職에 있어 입번入番이 잦았고, 대소과大小科의 시관試官을 빠진 적이 없어 집을 자주 떠나 있었는데, 옥동은 늘 대궐과 집을 오가는 하인들에게 매산의 기거起居와 먹고 자는 것이 어떤지 물었고, 매산이 물러나 집으로 돌아올 때가 되면 반드시 문 밖에서 공손히 기다리기를 한 번도 빼먹는 일이 없어, 여러 관청의 하급관리들이 모두 감탄하여 "우리들이 여러 관장官長의 집을 출입해 보았지만 일찍이 이 공자와 같은 아이는 본 적이 없다."고 하고 집으로 돌아가 그 자제들에게 "반드시 이부제학李副提學 댁의 공자를 배워라."라고 했다고 한다.

이듬해인 현종顯宗 12년(1671) 10세의 옥동은 숙부叔父 학생공學生公 이주진李周鎭의 후사後嗣가 되어 명례동明禮洞으로 나가 홀로 된 숙모 윤씨부인을 봉양하게 되었다. 이 해에 동생 아정鵝亭 이침李沈이 태어났다. 이전에 옥동의 숙부 이주진이 19세의 나이로 아들 없이 딸 하나를 두고 운명하자 숙모 윤씨부인은 딸을 당원위唐原尉의 종손 홍린洪潾에게 시집보내 외손外孫으로 제사를 이을 생각을 했으나 딸이 1남 1녀를 낳은 뒤에 요절하였고, 그 자식들도 모두 일찍 죽어 제사를 이을 수 없었다. 그렇게 되자 숙모 윤씨부인은 애초 남편 이주진이 운명했을 때 매산이 옥동을 데려가 후사를 삼으라고 했으나 자신이 스스로 자신의 팔자가 기구하여 자식을 제대로 보호하지 못할 것이라고 거절했던 것을 떠올리고 후회하여 이때 다시 매산을 찾아와 옥동으로 후사 삼기를 청했다. 이렇게 하여 19세의 나이에 요절한 숙부 이주진의 후사로 들어간 옥동은 어린 나이에 홀로된 양모養母 윤씨부인을 위로하기 위해 백방으로 노력하였다. 윤씨부인이 언서고사諺書古史에 마음을 붙이자 다방면으로 책을 구해 드렸으며 옆에서 모시고 같이 책 읽어주는 것을 듣거나 간혹 직접 자신이 곁에서 읽어드리며 윤씨부인을 위로하기 위해 애썼다. 또 옥동은 매형 홍린을 대접待接할 때 누이가 살아계신 듯하였는데, 홍린은 윤씨부인이 친자식처럼 아껴주는 사랑을 입은 데다 옥동의 우애에 감격하여 비록 상처喪妻한 뒤이지만 윤씨부인에게 왕래하여 사위의 도道를 지극히 하였고, 옥동에 대한 정도 골육동기骨肉同氣와 같았다. 그래서 윤씨부인은 사위와 아들 옥동을 통해 서러움을 잊을 수 있었다. 옥동은 윤씨부인이 아침저녁으로 드시는 음식의 양과 방의 온도를 살폈고, 좋은 음식이 있으면 자신이 먹지 않고 윤씨부인에게 드렸다.

12세가 되던 현종 14년 8월 16일에는 큰형 청운靑雲 이해李瀣가 운명하는 슬픔을 겪었고, 이로부터 불과 2년 뒤인 숙종肅宗 1년 5월에는 모친을 잃고 힘들어하던 자신을 돌봐준 외조부 설파雪坡 이후산李後山의 상을 낭했다. 이해 여름에 종남산終南山을 유람했다. 이후 17세가 되던 숙종 4년에 건천동乾川洞에 있던 초계정씨草溪鄭氏 참판參判 정윤鄭錀의 둘째 따님을 부인으로 맞이하였는데, 팔계군八溪君에 봉해진 정종영鄭宗榮의 현손玄孫으로 옥동과 나이가 같았다. 옥동의 부인 초계정씨는 덕행德行을 갖추어 효순孝順하였고, 시어머니를 지성至誠으로 섬겨 언제나 윤씨부인의 봉양奉養에 최선을 다했다. 옥동의 장인인 참판 정윤鄭錀의 집이 부유하여 늘 옥동에게 좋은 옷을 선사했는데 옥동은 좋아하지 않았으며 해진 솜옷을 부끄럽게 여기지 않았다. 이 무렵 옥동은 날마다 윤씨부인에게 음식이 입에 맞는지 의복이 편안하신지를 물어 음식을 입맛에 맞추고 의복을 여유 있게 준비하여 쓰임에 대비하였는데, 혹시라도 원하시는 것이 있으면 그 즉시 드려 마치 미리 알고 있었던 사람 같이 하였다. 윤씨부인이 남편을 잃고 슬픔이 쌓여 병을 앓게 되자 옥동은 침식寢食을 잊고 몸소 간병하여 밤낮과 추위·더위를 가리지 않고 직접 약을 달여 드렸으며, 한겨울 깊은 밤일지라도 의대衣帶를 벗지 않았고 잠시도 졸지 않았다. 이런 생활을 오래 하였으나 옥동은 한 번도 게으른 적이 없었다. 윤씨부인이 잠깐 눈을 떠서 보고는 옥동이 병이 날까 걱정되어 물러가 쉬라고 하자 옥동은 잠깐 나갔다가 바로 돌아와 잠시도 그 곁을 떠나지 않았다. 이런 옥동을 보고 윤씨부인이 탄식하여 "내가 보니 효자 대부분이 수壽를 누리지 못했는데, 지금 이 아이의 효심이 이와 같으니 내가 심히 걱정스럽다."고 했다. 주변 사람들 중에서 부모님께 무심한 사람들도 옥동의 이야기를 듣고는 곧 부모님을 생각하는 마음이 생겼으며, 아래의 천한 종들도 옥동에게 교화敎化되어 불효하고 패역悖逆하지 않았다.

이 해 8월 20일 진위겸진향사陳慰兼進香使로 연경燕京에 갔던 생부 매산이 청淸나라 황제가 준 궤사은단饋賜銀段으로 수천 권의 고서와 왕희지 필첩의 선본善本인 「낙의론樂毅論」 등을 구해 오자 옥동은 이를 강학

講學과 필법筆法 학습의 자료로 삼았다. 옥동은 생부인 매산이 연경燕京에서 가져온 수 천 권의 책을 통해 경사자집經史子集의 모든 분야를 폭넓게 익혔다. 옥동은 『소학』에서 시작하여 『중용』·『대학』·『논어』·『맹자』의 순서로 공부하였으며, 효제충신孝悌忠信의 도道와 천인성명天人性命의 이치를 먼저 깨우쳐야 한다고 여겼다. 어려서부터 박사업博士業을 좋아하지 않고 성현의 학문에 뜻을 두어, 경전을 손에서 놓지 않고 부지런히 공부했는데 어떤 때는 밥 먹는 것도 잊을 정도였다. 덕기德器가 두루 이루어져 충신근독忠信勤篤하여 밤낮으로 부지런히 힘써 한 가지 사물의 이치도 끝까지 추구하지 않은 것이 없어 마침내 천지인天地人 삼재三才에 관통하게 되었다. 이런 학문적인 소양은 훗날 경세치용학파經世致用學派의 종사宗師가 된 동생 성호星湖에게도 자연스럽게 이어졌다고 보인다.

하지만 2년 뒤 숙종 6년(1680) 19세가 되던 때에 생부 매산이 진주목사晉州牧使로 강등되었다가 경신대출척庚申大黜陟으로 삭탈관직削奪官職되자, 마포麻浦 서호西湖의 현석촌玄石村에서 함께 거주하였는데, 그해 10월에는 매산이 김석주金錫胄 등 서인西人의 상소로 인해 평안북도平安北道 운산군雲山郡으로 유배되는 일을 겪었다. 이 일은 옥동 가계 정치적 몰락의 시작을 알리는 일이었다.

20세가 되던 숙종 7년(1681) 10월 18일에 생부의 유배지인 운산雲山에서 막내 동생 성호星湖 이익李瀷이 태어났는데, 다음해 6월 18일 생부 매산이 유배지에서 운명하는 슬픔을 맞았다. 이때 옥동은 중형 섬계와 함께 별을 이고 밤길을 달려 유배지로 찾아가 부친의 시신을 수습하였고, 이해 가을에 고양군高陽郡 혜음령惠陰嶺 아래에 반장返葬하였다. 생부 매산이 운명했을 때가 6월 한여름이어서 옥동이 청천강淸川江에 도착하자 강의 물이 불고 풍랑이 거세 사람들이 모두 감히 강을 건널 생각을 하지 못했지만, 옥동은 일행 중 가장 어린 나이임에도 불구하고 부친을 잃은 슬픔에 자신이 죽고 사는 것을 개의치 않고 강을 건널 굳은 뜻을 가지고 있어 눈물을 흘리며 배를 탔다. 그러나 배가 강의 중간쯤에 이르자 풍파가 몹시 거세서 배가 기울어져 건널 수 없을 것 같았는데 갑자기 일진광풍이 불어 기울어질 듯한 배가 순식간에 건너편 언덕에 닿았다. 당시 사람들이 모두 깜짝 놀라며 지극한 효성에 하늘이 감동한 것이라고 했다. 매산의 유배지로 가서 권씨부인과 통곡한 뒤 옥동이 슬픔에 못 이겨 연이어 피를 토하여 기식氣息이 엄엄하자 권씨부인은 옥동에게 미음을 먹이고 조리하도록 한 뒤 장사葬事지낼 때 죽을 먹지 못하도록 하여 옥동을 부지했다. 옥동은 매산을 반장한 이후 시묘侍墓살이를 하려고 하였으나, 연로한 두 모친의 만류로 그만둘 수밖에 없었다. 하지만 소채蔬菜를 먹으며 상복喪服을 벗지 않았고, 이 기간 동안 비록 집안사람들이라고 하더라도 옥동이 웃는 것을 보지 못했다.

이렇게 삼년상을 마친 뒤 겨우 23세밖에 되지 않았지만 옥동은 세상을 버릴 뜻을 가지고 과거科擧의 업을 버린 뒤 궁리窮理와 격치格致에 몰두하여, 칠서삼례七書三禮에서부터 제자백가諸子百家에 이르기까지 공부하여 관통하지 않은 것이 없었다. 이즈음 서울을 떠나 시골로 낙향落鄕하고자 했으나 윤씨부인이 경저를 떠나지 않으려고 하여 서울에 머물 수밖에 없었다. 옥동은 서울에 머물면서 매일 새벽에 일어나 세수한 뒤 사당에 배알하고 모친께 문안을 드린 이후 의관을 정제하고 띠를 두른 뒤 온종일 꿇어앉아 칠서삼례七書三禮 등의 책을 익혔으니 도道에 마음을 두어 정신과 뜻이 두루 합치되었다.

이에 따라 자연스럽게 옥동의 이름이 세상에 널리 알려지게 되자 당시 문장이 넓고 학식이 고명高明한 사람들이 옥동의 학문을 시험해보고자 하여 옥동을 만났으나 곧 탄복하고 경탄하여 시험해 보고자 하는 생각이 사라졌다. 이들은 옥동을 여러 번 만나 머물며 고금古今을 토론하고 평생 배운 것을 단련鍛鍊하면서 비로소 옥동이 태산泰山의 높음과 하해下海의 넓음과 같아 측량하기 어렵다는 것을 알고 평생 자부하며 세상을 아련히 내려다보던 이야기들을 하루아침에 버렸다. 옥동의 이야기가 인의예지仁義禮智와 효제충신孝弟忠信에 이르면 이들은 자연스럽게 무릎을 꿇고 안색을 바루어 공경하였고, 옥동이 물욕物慾을 벗어난 것을 보고 자신의 몸을 돌아보며 고칠 곳을 생각하였다. 물러나 주변에 "이모李某를 보니 진실로 요즘의 성학도聖學徒로 옛날의 유현儒賢에 비길 수 있으니 모든 선비의 스승이 아니겠는가. 우리들이 찾아가 배우는 것이 좋겠다."고 했다. 이 이후로 옥동의 명성이 일세를 울리니 경향京鄉 원근遠近의 박식한 노유老儒라고 하더라도 예문禮文에 관한 일은 옥동에게 문의한 뒤에 행했고, 아들을 둔 사람들은 옥동에게 수학受學하기를 청하여 몇 년 사이에 제자들이 모두 사림士林이 되었으나 옥동은 우러러보는 것을 기뻐하지도 않았고 괴로워하는 것도 없어 모든 일을 진심으로 하였다. 옥동은 성품이 순수하고 덕德스러운 기운이 맑고 진중하여 도道를 즐기고 학문을 좋아하는 마음을 욕심慾心을 즐기는 것 같이 하였으며, 충신근독忠信謹篤하여 삼재三才를 통했다.

학문을 크게 이룬 뒤 옥동은 더욱 경화京華의 명리名利를 싫어하여 마침내 부친 이주진이 묻혀 있는 포천抱川 옥금산玉琴山의 청량포淸凉浦에 은거하여 '옥동玉洞'이라고 자호自號하고 학문 연구와 후진 양성에 힘을 기울였다. 이 이후 옥동은 독서와 서예, 거문고와 시작詩作으로 한평생을 보내며 세상에 대해 미련을 두지 않았고, 제자들은 더욱 모여들었다. 이렇게 23세 이후 옥동의 삶은 세상의 흐름에서 한 발 물러선 것이었다. 옥동은 포천에 은거한 이후 가계 내 친·인척과 관계된 일이거나 자신의 학문이나 교유交遊에 관계된 일이 아니면 세상에 나가지 않았고 세상에 관심을 보이지도 않았다. 그러나 옥동이 산림山林에 자취를 감추어 세상에 이름나기를 구하지 않았어도 그의 이름은 날로 알려졌고, 그 때문에 당시의 홍유거장鴻儒巨匠들이 멀리서 찾아와 모였고 옥동의 순수한 덕용德容과 넓은 의론을 한 번 보고는 탄복하여 물러나 "오늘 처음으로 참된 유자儒者를 만났으니 진실로 우리들의 사표師表이다."라고 하지 않는 사람들이 없었다. 처사處士 이익희李益熙가 감탄하면서 "날마다 선생을 곁에서 모셨는데, 문밖으로 나서 길에서 호화로운 높은 벼슬아치를 만나도 일찍이 초개草芥와 같이 여기지 않은 적이 없었다."고 했다.

옥동은 한결같이 성신誠信과 이치에 가까운 것으로 가르쳤으며 만일 배우고자 하는 마음으로 찾아오면 반드시 양단兩端의 가르침을 다했다. 초학初學을 가르칠 때에는 반드시 『소학』을 제일 먼저 가르쳐서 천 번을 읽은 뒤에야 다른 책을 읽게 했고, 다음으로 『중용中庸』·『대학大學』·『논어論語』·『맹자孟子』을 읽혀, 효제충신孝悌忠信의 도道와 천인天人·성명性命의 이치를 먼저 안 뒤에 다른 책을 읽도록 했다. 민첩한 사람은 일찍 깨우쳤으나 노둔한 사람은 백 번 천 번을 반복하여 지치도록 가르쳐 반드시 우유자득優遊自得의 경지에 이르게 했으나 옥동은 힘들어 하는 기색이 없었다. 옆에서 보는 사람들이 "일찍 깨우치지 못하는 아이들을 혹 회초리로 깨우치면 반드시 두렵고 조심해서 쉽게 깨우칠 수 있을 것이니 어찌 이렇게 힘들게 가르치십니까."하고 회초리로 깨우쳐주라고 권하면 옥동은 "회초리로 가르치는 것이 어린 아이들의 어리석음을 깨우치기는 쉬우나 사람의 천품天品에는 각기 그 장단점이 있으니 민첩한 사람도 있고 노둔한 사람도 있으며, 총명한 사람도 있고 노둔한 사람도 있으며, 성취成就가 빠른 사람도 있고 늦은 사람도 있으니 지각이 늦되어 깨우치지 못하는 사람을 어떻게 채찍으로 총명하게 바꿀 수 있겠는가. 채찍질하지 않더라도 용렬하고 어리석은 사람도 가르치면 오랜 후에는 깨우칠 것이니, 채찍질하는 것이 그 정신精神을 손상하지 않는 것보다 못하다. 어린 아이들의 성품은 봄 동산에 심은 풀 같으니 배운지 오래되어 슬기가 두루 펴고 문리文理가 나는 날에 노둔하고 늦은 사람이 끝내 민첩하고 또 빠른 사람보다 못하다고 어찌 알겠는가. 민첩하고 빠른 사람보다 나은 이가 있을 것이다."라고 하였다.

이는 옥동의 호생지덕好生之德을 보여주는 것으로 어린 아이의 정신을 누르면 기운이 훼손되는 것을 안타까워하여 교화로 인도한 것이니, 옥동의 덕량德量이 너그러운 것으로 보통 사람들은 못할 것이다. 가르치는 공부는 끝없이 수고로운 듯하지만 옥동은 훤하게 알아서 도리어 쉽게 이뤄내니 토목土木 같던 아이도 자라서 선비가 되어 한 두어 가지 일이라도 남보다 나은 것이 있고 각자 그릇을 이뤄 먼저 깨쳐 재예才藝 있는 무리를 넘어 박람군자博覽君子가 되는 사람도 있었다. 이는 진실로 옥동의 이야기와 같아 제자들의 성취가 나중에는 모두 같았다. 옥동에게 배우는 제자들은 화기和氣를 상하지 않았으며, 옥동이 한 번 허락하는 빛이 있으면 일신一身의 영화로 삼았고 옥동이 묵묵히 허락하지 않는 것을 두렵고 부끄러워하며 몸에 큰 죄가 있는 듯이 하였으니 태만방자怠慢放恣한 뜻을 가질 겨를이 없었다. 옥동은 또 "사람이 태어나 10세 이전은 소양少陽에 속하니 한 때 호탕하게 놀 수 있는 것이다. 그렇지만 태만怠慢해서는 안 된다."고 했다. 모든 제자들이 의리義理를 숭상하며 학업學業에 부지런한 것을 사업事業으로 삼아 옥동 알기를 정情은 부자父子같고, 의義는 사부師父의 엄嚴함을 겸하였으니 공경하고 자애慈愛하는 가운데 자별自別한 정성이 다른 사제지간師弟之間과 달랐다.

옥동이 28세 되던 숙종 15년(1689) 양졸재養拙齋 심재沈梓의 주청으로 생부 매산의 관작이 회복되었지만 옥동의 삶은 그 이전과 다를 것이 없었다. 옥동은 이 해 식산息山 이만부李萬敷와 『소학』을 상론하였고, 비호

渼湖를 주유舟遊하고 몽오정夢烏亭에 올라 오촌 당숙 태호太湖 이원진李元鎭을 기리는 시를 지었다. 33세가 되던 숙종 20년(1694)에는 명망이 더욱 커져 명곡明谷 최석정崔錫鼎과 현석玄石 박세채朴世采가 '경학고명經學高明'으로 천거하여[35] 기린도찰방麒麟道察訪에 제수되었으나 나가지 않았다. 이때 윤씨부인도 옥동이 평소 청산백운靑山白雲의 뜻을 가지고 유유자적하게 살고자 한다는 것을 잘 알아 억지로 권하지 않았다.

35세가 되던 숙종 22년(1696)에는 식산 이만부와 호서湖西의 4군四郡인 청풍淸風·단양丹陽·영춘永春·제천堤川을 유람하였고, 5월에는 생모 용인이씨의 상 때 자신을 돌봐주었던 계부 이명진李明鎭의 상을 당했다. 하지만 이 해 9월에는 아들 이원휴李元休가 태어나는 기쁨을 맛보았다. 이 무렵 미호渼湖에서 조의징趙儀徵이 찾아오는 일이 있었다. 옥동은 35세가 될 때까지 자식을 두지 못했는데, 이 때 아들 이원휴를 얻자 윤씨부인이 크게 기뻐하여 비할 수 없는 사랑을 베풀었다. 이원휴는 예모禮貌로 어른들을 섬겼고, 일람첩기一覽輒記하는 총명함으로 수고롭게 가르치지 않아도 문명文名과 효행孝行이 옥동의 뒤를 잇기에 충분했다. 효孝와 품성·행실이 군자의 품격을 가졌고, 뛰어난 용모와 훤칠한 기상이 높고 시원스러워 선조先祖를 닮았으며, 미목眉目은 흡사하였다. 20세가 되기 전에 지은 시책詩策과 외모가 사람들에게 회자되어 인망人望이 높았으니, 당시의 노사숙유老士宿儒와 일대의 명유名儒들이 모두 이원휴와 사귀고자 했다.

다음해인 숙종 23년(1697)에는 상주尙州로 낙향하는 식산 이만부와 상

35 『朝鮮王朝實錄』 肅宗 20년 8월 15일, "左議政朴世采上疏言; '老母之病, 不可違離, 且在朝七十餘日, 起行者僅二旬耳. 前所謂疾病難强, 才力不逮, 到此已驗, 乞命退歸在野, 亦當因事獻忠, 仍薦靈巖人梁得中, 大丘人朴振仁, 海州人沈梯, 靈巖人尹揆, 忠州人李溆, 羅州人羅斗甲, 南原人房斗天、崔是翁, 高城人愼懋, 龍仁人李之老, 陰竹人李后潛, 水原人李東耉.' 上賜批勉留, 仍命錄用其所薦諸人."

사喪事로 해남海南에 내려가는 공재 윤두서를 송별하였다. 39세가 되던 숙종 26년(1700) 가을에는 권명언權明彦, 변의완邊醫完과 금강산과 고성高城을 유람하고 「동유록東遊錄」과 「동유편東遊編」을 지었는데, 이 두 권의 책은 옥동의 생부인 매산이 1664년 8월에 한 달여 동안 금강산과 고성을 유람하고 쓴 기행시문집인 『금강도로기金剛途路記』와 편성 방식이 유사하다. 그로 보아 생부 매산의 기행 경험이 옥동에게 적지 않은 영향을 미쳤다고 생각된다.

45세가 되던 숙종 32년(1706) 9월에는 중형仲兄 섬계剡溪 이잠李潛이 노론의 김춘택金春澤을 논척하고 장희빈張禧嬪을 두둔하는 상소를 올렸다가 국문鞫問을 받는 도중에 장살杖殺되는 화禍가 일어났다. 섬계의 장살은 그 자신뿐만 아니라 이후 그의 가문 전체를 정치적 곤경으로 몰고 가는 엄청난 사건이었다. 15세의 성호가 이 사건 이후에 일어날 일에 두려움을 느껴 서울의 집을 정리하고 안산의 첨성리로 몸을 피해야 했을 정도였다. 하지만 세상에 관계하지 않았던 옥동은 그 자신의 삶에 별다른 변화를 보이지 않았다. 그러나 이와 같은 표면적인 모습과 달리 옥동은 이 사건을 계기로 더욱 당대의 정치 현실과 담을 쌓고 자신의 검속과 단속에 주의했다고 보인다. 이때까지 평생을 같이 했던 당시 유일한 동모형同母兄인 섬계에 관한 기록을 그의 문집 어디에서도 찾아볼 수 없다는 것은 이 시기 옥동이 느꼈던 위기감을 그대로 보여주는 것이다. 이와 같은 모습은 가문의 존속存續을 위한 옥동의 불가피한 행동이었다고 생각되는데, 그만큼 섬계의 장살 사건은 그의 가문을 흔드는 엄청난 사건이었다. 이 시기 이후 옥동은 안산으로 몸을 피해 있었던 계모 권씨부인에게 문안드리고 동생 성호의 학문을 지도하기 위해서가 아니라면 세상에 나가지 않았다.

옥동은 섬계의 상살 다음 날인 10월에 양모 파평윤씨의 상을 당했는데, 거상居喪을 한결같이 생부인 매산의 상喪 때와 같이 했고 묘 옆에 여막을 세워 시묘侍墓살이를 하면서 아침저녁으로 곡을 하여 비록 심한 비바람과 눈보라가 내리치더라도 한 번도 거른 적이 없었다. 시묘살이를 하는 중 첫 기일이 지난 어느 날 옥동이 급히 집에다가 육즙肉汁을 가지고 오라고 했는데, 다음날 병이 나서 기운을 수습하지 못했다. 아들 이원휴李元休가 급히 의원을 불러 진맥하니 의원이 "며칠 전에 이 병을 진맥하지 못한 것이 한이다."라고 하여 그 이유를 물으니 "진원眞元이 고갈되었으니, 며칠 전에 보원補元하지 못한 것이 안타깝다."고 했다. 이원휴가 며칠 전에 육즙을 가지고 오라고 하셨다고 하니 의원이 기뻐하며 힘을 다해 병을 치료하고 탕약을 올리니 옥동은 보름 만에 병이 나아 다시 소식素食과 집례執禮를 병이 나기 전과 같이 했다. 상을 마친 뒤에도 날마다 묘에 찾아가 절하기를 죽을 때까지 그치지 않았으니 묘 앞으로 옥동이 다닌 자취가 완연히 길을 이룰 정도였지만 묘를 찾는 정성은 해가 가도 줄지 않았다. 마을 사람들이 옥동을 가리키며 다함께 감탄하면서 "사람으로 누가 부모가 없겠는가마는 옥동 이선생과 같은 사람은 없다."고 했다. 옥동이 포천으로 내려와 거주하는 마을에 처사處士 최원경崔元慶이라는 사람이 있었는데 은거하여 곤궁하게 살면서도 자신의 몸을 깨끗하게 지켰고, 죽도 제대로 먹지 못하면서 과일과 소박한 야채를 가지고도 정성을 다해 제사를 모시니 옥동이 특별히 벗으로 교분을 허여하여 왕래하면서 최원경에게 토지를 나누어 주어 가솔들의 생활을 돕고 제사를 모시게 했다.

옥동은 제사를 모실 때 반드시 정성과 공경으로 하여 제수祭需가 미진하지 않도록 늘 때에 따라 필요한 것을 미리 장만해 두었고, 묵은 것을 새로운 것으로 바꾸어 올렸다. 제사 지내기 전에 영묘靈廟에 올라 부모를 다시 뵐 것 같이 했고, 지성至誠으로 정성을 위주로 하니 부인이 봄 얼음을 디딘 것 같이 하였고, 종들도 감히 떠들지 못했다. 제사 지내는 날에는 제사상과 그릇을 씻고 삶아 반드시 정결하고 좋게 하였고 내외·상하가 감히 시끄럽게 떠들지 않아 조용하고 화목한 것이 마치 사람이 없는 것 같았다. 의복은 화려한 것을 좋아하지 않았고 음식은 진수성찬을 귀하게 여기지 않았으니 어렸을 때 생부 매산이 붓과 먹, 종이와 부채 등 여러 가지 물건을 펼쳐놓고 스스로 고르도록 하면 옥동은 반드시 그 것 중에서 보잘 것 없는 것을 가졌다. 부인의 집이 상당히 부유하여 좋은 옷을 드리면 좋아하지 않았고, 돈과 보물 같은 재물과 이익, 기묘한 애호물들을 개의치 않아 뜻에 두지 않았다. 집안 생활은 화려한 꾸밈을 힘써 제거하여 초가집의 창문이 망가지고 자리는 거적을 깔아 사람들이 감내하지 못할 상황인데도 자신은 깨닫지 못했다. 옥동은 독서하고 강도講道하며 한가할 때 거문고를 타고 초서와 예서를 써서 정신을 넉넉하고 여유롭게 가졌으며 집안이 가난하여 얼마 되지 않는 곡식도 잇지 못했으나 그것을 근심으로 여기지 않았다. 거친 밥과 나물국이라도 공부하는 사람들과 함께 나누었고, 흉년이 들면 음식과 의복을 줄였지만 주리고 추운 줄을 몰랐다. 모든 일에 물욕物慾이 없어서 담박하여 문인이 드리는 것이 있으면 일체를 물리쳤지만 종이 세 폭은 받았으니 속수束脩의 예를 대신한 것이고, 노인을 부축하는 지팡이와 울퉁불퉁 공이가 박힌 영목침癭木枕 같은 것은 받았다.

옥동이 예로써 집안을 다스려 내외內外가 손님같이 공경하였고, 출입할 때는 반드시 서로 절하였다. 또 평소 거처할 때 다급한 말과 황급한 기색이 없었으며 종들을 잘 다스려 시키지 않아도 행했으니 손으로 창을 열면 그 소리를 듣고 바로 달려왔고 수저 소리를 들으면 더운 물을 올렸다. 종들도 멋대로 행동하지 않아서 모두 남녀男女·노소老少의 분별과 차례를 알았으니 일을 할 때 감히 순서를 넘어서지 않았다. 종들의 말이 공손하고 행동거지가 공경하고 겸손하여 비록 처음 보는 사람들도 그들이 옥동 집안의 종들임을 알았다. 옥동은 불을 피울 때는 반드시 용모를 고쳤고 음식이 이르면 반드시 낯빛을 바루었으며 밥 먹을 때마다 손을 씻고 제를 올렸고 물건은 싸서 보관했다.

옥동은 친족과 벗에게 의탁할 곳이 없는 고아가 있으면 거두어 가르쳤고 생업에 보탬을 주었으며, 가난하여 상례와 혼례를 치르기 어려우면 힘써 도움을 주었다. 주린 사람과 거지 아이에게는 먹을 것을 주었으며, 길을 가다가 굶어 죽은 사람이 있으면 반드시 묻어주어 그 사람의 시신이 땅에서 뒹굴지 않게 했다. 문하생 중에서 몹시 가난한 사람에게는 양식을 가지고 오지 않도록 하였다. 이전에 옥동이 때때로 종형從兄과 성 안의 거리를 다니다가 당시 권귀權貴의 집 앞에 이르면 종형은 부채를 들어 얼굴을 가렸으나 옥동은 무심히 그냥 지나쳤다. 옥동은 모든 일을 공평하게 대해 거리낌이 없었으며 경조사慶弔事에서 조사弔事는 빨리하였고 경사慶事는 즉시 하였는데, 친지의 경조사는 남에게 뒤늦지 않았으며 조사弔事에 더욱 힘을 썼다. 남과 사귈 때에는 예禮로 교유하여 가난하거나 천하다고 하여 소홀히 하지 않아 가난하고 천한 사람이라고 하더라도 만나고자 하면 한결같이 접했다. 때로 산옹山翁, 야로野老와 해가 기울도록 한담을 나누었는데 이들과 잘 어울리며 기뻐하였다. 이 몇 가지 일들이 비록 모두 옥동의 자잘한 행동이고 별것 없는 예이지만, 이런 것들에서도 평소 옥동이 작은 일에도 공경하고 삼가지 않는 경우가 없었던 단서를 볼 수 있다.

옥동이 연곡蓮谷에서 거주할 때 남쪽의 이름난 선비가 여러 번 찾아왔으나 병으로 회사回謝를 못하다가 병이 조금 나아 회사를 하려고 가다가 이현梨峴을 지나게 되었는데, 어떤 조그마한 아이가 종이를 접어 만든 관을 쓰고 대를 엮어 만든 마차를 타고 여러 아이들을 지휘하며 길가에서 노는데 정신과 골격이 빼어나고 모습이 출중한 것을 보고 옥동이 불러서 물으니 "이현梨峴 윤진사의 아이인데, 부친이 일찍이 돌아가셔서 홀로 어머니와 산다."고 하였다. 쓰고 있는 것이 무엇인가 물으니 와룡관臥龍冠이라고 하고 타고 있는 것이 무엇이냐고 물으니 사륜거四輪車라고 했다. 나이를 물으니 7세라고 하여 누구에게 수업을 받았느냐고 물으니 일찍 부친을 잃어 7세이지만 아직 배우지 못했다고 했다. 옥동이 불쌍하게 여겨 말하기를 "네가 너의 어머니께 말씀드리고 나에게 배우러 오지 않겠느냐."고 했다. 다음날 옷을 단정하게 입고 기氣를 낮춰 찾아와 옥동이 책을 주고 가르쳤으나 기상은 예리하지만 마음이 허황되어 처음에는 책을 자세히 살피지 못했다. 옥동이 더욱 부지런하고 근엄하게 가르치니 이후 총명과 슬기가 나타나 박람博覽한 선비가 되었다. 장성하여 부인을 맞아 가정을 이룰 때와 어머니의 상에서 장례를 치를 때에 가세家勢가 빈한貧寒하여 제대로 일을 치를 수 없자 옥동이 힘을 다해 도와주고 자식같이 대해 주었다. 마침내 이 아이는 문학과 학식·수행修行으로 세상에 이름난 군자가 되었다. 옥동이 운명한 이후 죽을 때까지 사생지의師生之義를 져버리지 않고 해마다 옥동의 묘를 찾아뵙고 옥동의 부인 초계정씨를 문안하였으며, 아무리 먼 곳에 있더라도 옥동의 제사에 빠지지 않고 70여 년을 살았으니, 세상에서 명산처사鳴山處士 지치당知恥堂 윤규일尹揆一이라고 하는 사람이 이 사람이다.

경향京鄉 원근遠近의 사대부士大夫 자식으로 글을 버리고 다른 길에 빠진 많은 사람들에 대한 이야기를 들으면 옥동은 그가 선비의 업을 버린 것을 불쌍히 여겨 그 사람의 친척을 통해 만나보고자 했다. 그 이야기를 들으면 누구라도 옥동의 명성을 알아서 몸을 거두어 옥동을 찾아왔는데, 이들을 만나면 조용히 성현의 가르침을 이끌어 증명하여 패도覇道의 잘못과 유도儒道의 바름을 이야기해 주고, 선비가 글을 해서 입신양명立

身揚名하여 현양부모顯揚父母하는 것이 남아의 사업이라는 것을 통렬히 깨우쳐 경계했다. 옥동의 이야기를 들은 이들은 머리를 굽히고 기운을 낮추어 물러나 집으로 돌아가 이전의 잘못을 버리고 글에 힘써 선비의 구실을 하였으며 나중에 그때를 이야기했다. 이들은 옥동이 운명한 뒤 옥동의 집안이 쇠락하여 볼 것이 없으니, 외지外地로 부임할 때면 그들이 가진 것을 갖추어 정리해서 옥동의 부인에게 드렸는데, 부인은 어떤 이는 기억하고 어떤 이는 기억하지 못하는 경우도 있었으나 나중에 들으면 모두 옥동의 교화敎化를 입어 글을 하여 이정도에 이르렀다고 하였다. 이렇게 옥동에게 배우고 간 제자들을 부인이 모르는 경우도 많았다.

또 남쪽 사족士族의 자식으로 부모가 모두 돌아가시고 가산家産이 남김없이 사라져 가까이 할 친척 없이 이리저리 떠돌아다니는 사람이 있으니 옥동이 이를 불쌍하게 여겨 거두어 글을 가르쳐 포천 땅에 장가들게 하여 집안을 이뤘는데, 옥동이 운명하고 옥동의 부인 초계정씨가 살아있을 때 그 선비에게 의지한 것이 많았다. 초계정씨가 운명한 뒤 그 선비도 죽어 그 자식이 아비의 본토本土로 돌아갔으니 옥동의 인의지심仁義之心을 입어 학문에 나아가고 집안을 이룬 사람이 하나 둘이 아니었다.

옥동의 학문은 충신忠信을 위주로 해서 정진하여 나아가는 곳이 주공周公 · 공자孔子 · 정자程子 · 주자朱子였는데, 옥동은 사설師說을 지키다 도달하지 못할지언정 보기에 그럴듯한 작은 도道는 돌아보지 않았다. 또 옥동이 일삼아 지은 글이 책 상자에 넘쳤는데, 옥동이 저술한 글은 심신心身 · 국가國家 · 치가治家 · 치민治民에서부터 율력律曆과 천문天文 · 의술醫術에까지 이르러, 대소가 서로 맞물리고 본말이 아울러 구비되어 상호 드러나 밝히니, 모두 육경六經과 사서四書에 귀의되어 안택安宅, 정로正路가 되었다. 옥동의 문인이 되어 아침 문안을 할 때면 모든 제자들이 의관을 정제整齊하여 차례로 기러기가 날개를 편 듯이 당堂으로 들어와 배알拜謁하고 좌우로 모시고 앉은 뒤에 차례로 강독講讀을 하였는데, 제자들을 가르칠 때도 예의염치禮義廉恥와 충효忠孝를 이야기하여 충효가 없으면 다른 행실이 있어도 인도人道가 어그러진다고 하였다. 옥동은 부박浮薄하고 교묘하게 속이는 사람들에게는 정직하고 신중함을 경계하였고, 재주가 뛰어나지만 덕德이 부족한 사람들에게는 순박淳樸하기를 권하였고, 자질이 노둔老鈍한 사람들에게는 재주로 이끌었다.

옥동은 세상에서 추구하는 일체의 화려한 명리를 일소一掃하여 뜬구름같이 여겼고, 오직 삼대三代의 예악禮樂과 여러 성인들의 전적典籍을 걸음걸음 좇으며 마음을 부지런히 하고 뜻을 돈독하게 하여 마치 본성에 따라 도道를 즐기고 선善을 좋아하는 것 같이 하였다. 옥동은 한 가지 이치도 궁구하지 않은 것이 없었고 하나의 사물도 끝까지 파고들지 않은 것이 없었으니, 옥동이 뛰어난 것은 홀로 있을 때에 삼가서 근본에 힘쓰는 것이었고, 일삼는 것은 하늘을 즐거워하고 명命을 편안하게 여기는 것이었다.

옥동이 평소 거처할 때는 과묵하여 말수가 적었으나, 경전을 토론할 때가 되면 의리를 강구하고 연마하여 도도한 것이 강수江水와 한수漢水같아 날이 저물고 밤이 새는 줄을 잊은 적이 많았다. 의리義理를 이야기할 때는 더욱 의론議論이 서릿발 같았으니, 그 이야기를 들으면 도성 안에서 시끄럽게 소리 지르는 위의威儀도 초개草介 같아 마음속으로 그 위의威儀를 사모하는 뜻이 없어졌다. 옥동은 위로 이기理氣·조화造化·성명性命의 근원에서부터 아래로 일상사에 이르기까지 두 끝을 잡아 다했으며, 밤낮 화기애애한 기운으로 부지런히 힘써서 스스로 피로한 줄을 몰랐다.

옥동은 흉금이 툭 트여 넓고 큰 하늘과 바다 같아 거리끼거나 막힌 곳이 없었고, 널리 만물을 아껴 온화한 기운이 가득했다. 그는 자신을 속이는 일이 있으면 억측하지 않고 말하기를 "지혜에 맡겨 판단할 생각을 하면 천하의 교활하게 속이는 일들을 이루 다 막을 수 없으니, 모두 나의 성신誠信으로 대하는 것만 못하다. 그러므로 나는 예단하지 않고 한결같이 성誠으로 대한다."고 했다. 이 때문에 한 번이라도 그의 문하를 거쳐 간 사람은 죽을 때까지 기뻐 사모하지 않는 사람이 없었다.

옥동은 널리 사랑하는 성품을 지녀 남의 장점을 보면 그 단점을 잊고, 남의 악행을 보면 반드시 선행을 떠올려, 누가 사랑이 지나쳐 속는 것을 허물해도 후회하지 않았다. 옥동은 오직 부지런히 인도하고 가르치기를 자애로운 어미가 병든 아이를 돌보듯이 하였다. 그래서 비록 문하의 어린아이라고 하더라도 진실로 한 가지 선善함이 있으면 기뻐하는 모습을 낯빛에 나타내며 그 이전의 잘못을 잊었다. 그렇기 때문에 단순하고 오만하며 완고하여 사리에 어두운 아이들도 처음에는 옥동의 말을 귀담아 듣지 않았지만 끝내 그 성의에 감복하지 않는 아이가 없었다. 비록 망령되고 패역한 사람이라고 하더라도 진실로 이런 마음으로 찾아오면 옥동은 곧 성심誠心으로 이끌어주고 그 잘못을 덮어주었으니 이 때문에 소식을 듣고 문하에 모인 선비들이 성난 사람은 평정심을 찾고 거만한 사람은 공손해지고 완고하고 미혹된 사람은 깨닫게 되었다. 마치 대장장이가 큰 그릇을 주조하고 온화한 바람이 사물에 불어오는 것과 같아 한번이라도 강론하는 자리에서 모시고 있으면 흐뭇하게 심취해서 충만해져 얻는 것이 있어 죽을 때까지 사모하여 마치 칠십 제자가 공자에게 심복하는 것과 같았으나 또 스스로 그렇게 되는지를 몰랐다. 이것은 소리와 음색, 웃는 낯빛으로 그렇게 할 수 있는 것이 아니다. 옥동의 학문이 성誠으로 이루어진 것이기 때문에 그럴 수 있는 것이다. 그래서 당시 옥동을 찬미하는 자들의 말에 깊고 얕고 치우치고 온전한 차이가 있었으나 배우기를 싫어하지 않고 가르치기를 게을리 하지 않는다는 것은 모두 같았다.

옥동은 성학聖學 이외에도 천문天文과 지리地理, 필체筆體나 하도河圖·낙서洛書에 관통하여, 모든 일을 경륜經綸할 수 있도록 사람들을 각기 그들의 업業에 따라 가르쳤다. 직사職士는 충忠으로 마음을 가다듬어 벼슬에서 탈이 없도록 하였고, 농인農人은 우마牛馬를 치고 농사의 때를 잃지 않도록 권농勸農하여 농업의 묘리를 가르쳤다. 농업과 상공商工에 익숙한 사람이 찾아와 만나면 옥동은 밭 갈고 김매는 방법과 장사하는 요령을 각각 그들의 업에 따라 가르쳤는데, 이들은 처음에는 전혀 믿지 않았지만 돌아가 시험해보면 이익이 반드시 곱절은 남았다. 옥동이 가르치는 대로 농사를 지으면 오곡五穀이 풍등豊登하였고, 나물을 심으면 나물이 무성했다. 말 부리는 사람이 옥동의 가르침대로 말을 기르면 말이 번식하였고, 사냥꾼은 매를 잘 놓아 사냥에 실수하는 일이 없었다. 마麻를 풍성히 심도록 하여 의복의 부족함을 면하도록 했다. 옥동이 물정物情에 소략한 것 같지만 사람을 가르치는 부분에서는 경륜經綸과 식견이 이렇게 밝았다. 그래서 사람마다 생계가 넉넉하고 의식衣食이 궁핍하지 않도록 가르쳤으니 대부大夫나 사士·서인庶人이 모두 감격하여 옥동의 가르침을 마음과 골수에 새겼다. 사람들은 이것으로 옥동의 궁리窮理·격치格致의 공이 환히 통하지 않는 곳이 없음을 알았고, 옥동을 세상에서 쓸 수 없음을 애석하게 여겼다. 당시 사람들은 옥동이 몸을 일으켜 조정에 서서 그 도道를 행했다면 임금과 백성을 요순시대의 임금과 백성으로 만들 수 있었을 것인데, 옥동이 세상에 나가 그러지 않는 것을 애석하게 여겼다. 이 때 옥동의 문하에 찾아온 사람들로 간간이 뵙고 가르침을 받은 이들은 천 명 정도가 되었고 처음부터 끝까지 수업을 받은 사람은 수백 명이 되었다.

옥동은 필법에서도 오묘한 경지에 이르렀는데, 생부 매산이 연경으로 사신 갔을 때 왕우군王右軍이 직접 쓴 『낙의론樂毅論』을 사가지고 왔기 때문에 이 책에서 힘을 얻은 것이다. 대자大字와 해서체楷書體, 행서行書, 과초窠草 모두가 진정한 정체正體였는데 글자가 커질수록 획이 더욱 웅걸차 마치 은 갈고리 쇠사슬처럼 종횡으로 치달려도 어지럽지 않고 태산처럼 우뚝하여 높은 하늘에 우뚝 솟은 것 같았다. 기세가 웅장하고 글자의 모습이 엄정하여 나라 사람들이 글씨를 얻으면 글자마다 보물처럼 중히 여겨 동국진체東國眞體라고 불렀으니 동국진체東國眞體가 실은 옥동에서 시작된 것이다. 그 뒤로 공재恭齋 윤두서尹斗緖, 백하白下 윤순尹淳, 원교圓嶠 이광사李匡師는 모두 옥동을 이은 사람들이다. 원교는 일찍이 "옥동의 필법은 논의하여도 감히 이를 수 있는 경지가 아니다."라고 하였다.

옥동은 평생 거문고를 좋아하여 한가할 때가 되면 늘 거문고를 탔는데, 그 곡조가 세상의 평범한 가락과 달랐다. 옥동의 거문고는 어떤 사람이 금강산 만폭동 바위 가에 있는 벼락 맞아 죽은 오동나무를 얻어 옥동에게 드려 옥동이 거문고로 만든 것이다. 옥동이 아침저녁으로 조용하고 한가할 때 고요히 앉아 현을 어루만지며 곡조를 타서 옛 가락을 끌어다가 지금의 곡조에 조화시키면 소리가 몹시 맑고 청량하며 그 선율이 도도하고 아름다워 늙음이 닥쳐오는 것도 알지 못해 성정性情에 맞고 정신이 펼쳐져 당시 사람들이 군자금君子琴이라고 했다. 서당의 글소리와 옥동의 거문고 소리가 조화하여 성대盛代의 태평太平 소리를 내면 곧 물욕이 사라지고 부귀공명이 뜬 구름같이 여겨졌다.

양모 파평윤씨의 상을 마친 뒤 49세 되던 숙종 36년(1710) 아들 이원휴의 관례冠禮를 치렀다. 이원휴의 관례를 치를 때 도성의 진신搢紳으로 명위名位에 있는 사람들이 옥동 집 관례의 연석宴席에 찬贊이 되는 것을 영광으로 여겨 바랬었는데, 옥동은 "내가 포의한사布衣寒士이니 선비 집안에서 관冠을 쓰는 데 명공名公 귀인貴人을 어떻게 청할 수 있겠는가."

하고 유학幼學으로 빈찬儐贊을 청했는데, 빈은 식산 이만부였고, 찬도 저명한 선비였다. 이 해 가을에 옥동은 강화도를 유람하고 정재定齋 심득경沈得經의 상에서 곡했는데, 이후 그의 생에서는 주변의 죽음에 곡하는 일이 대부분이었다.

50세가 되던 숙종 37년(1711) 아들 이원휴의 혼례를 올렸다. 신부는 진선군進善君 강석빈姜錫彬의 둘째 아들로 성서城西의 신문新門 바깥에 살고 있던 강학姜滈의 셋째 따님이었다. 강학은 기개가 고상하여 공명을 구하지 않아 과거를 보지 않았고, 장인이 오랫동안 이부총재吏部冢宰로 있으면서 강학의 가난이 마음에 쓰여 부귀하게 하고자 하였으나 굳이 막으면서 자신의 생활에 대해 언급하지 않았다. 강학은 번화부귀繁華富貴를 마음에 두지 않아 장인과 이야기를 나눌 때 직론直論을 기탄없이 하였다. 옥동이 이런 이야기를 듣고 강학의 기개를 좋게 여겨 그 딸을 며느리로 삼았다. 이원휴가 소과小科에 급제하였을 때 옥동은 잔치하는 번거로움을 싫어하여 잔치를 열지 않았으나 청하지 않은 손님들이 구름같이 몰려들어 이들을 일일이 대접하지 못했다.

54세 되던 숙종 41년(1715)에는 본생 계모인 안동권씨의 상을 당했고, 그해 겨울에는 공재 윤두서를 곡했다. 옥동은 평생 별도로 좋아하는 것이 없었고, 산천 경물로 벗을 삼아 만년에 산천에 집을 두었는데, 사방의 창을 통하게 하여 거문고를 타며 세상을 잊은 듯이 살았다. 하지만 양자로 들어가 포천에 살게 되어 계비 권씨부인을 떠나게 된 뒤로는 늘 적적하게 여겨 자주 찾아뵈었으나 길이 멀어 아침저녁의 문안을 폐하게 되니 마음이 즐겁지 않았다. 권씨부인이 돌아가시자 애통해하며 생부의 상과 같이 장례를 지냈다. 상을 모두 마친 뒤로는 두 집의 어머니 문안이 모두 끝나버려 옥동의 얼굴이 수척해 옛날의 화기和氣가 사라졌고, 생부 매산의 상 뒤로는 간간히 피를 도하였는데 부모님이 모두 돌아가신 이후에는 탕약을 먹지 않고 아침마다 생강과 육회수肉膾水를 먹을 뿐이었다.

이즈음에 이르러 옥동의 이름이 더욱 널리 알려지자 하루는 문하의 제자들이 모여 옥동의 진상眞像을 그려 후학들이 우러러 사모하는 정성에 부합하자고 하여 옥동에게 청하려고 했으나 허락하지 않고 오히려 책망할까 걱정하였다. 혹 각처의 제자들이 모두 모여 청하면 허락할까 하여 각처의 제자들이 모두 모여 화상畫像을 그릴 뜻을 청하니 옥동은 좋아하지 않고 한참 있다가 "유생儒生이 무슨 화상을 두겠는가."하고 허락하지 않았다. 제자들이 재삼 청하면서 옥동의 춘추가 높으니 화상을 그려 자손에게 전하는 것이 좋겠다고 하자 옥동은 더욱 좋아하지 않고 지필紙筆을 거두라고 한 뒤에 자제와 문인들에게 "화상을 그리는 것은 명공귀인의 일이다. 나는 일개 유생이니 화상을 그리는 것이 어찌 참람되지 않겠는가. 너희들은 유업儒業에 힘쓰고 화공畫工의 잡술雜術과 같은 것은 이후 다시 입 밖에 내지 말라."고 하고 끝내 허락하지 않았다. 문인들이 물러나와 옥동의 봄바람 같은 기상氣象과 존엄한 체위體位를 후인들이 알지 못하게 될 것을 탄식했다.

옥동은 희노애락喜怒哀樂에 동요되는 일이 없었으나 이야기가 두 집안의 선군先君과 선비先妣에 이르면 눈물을 떨구며 오열하지 않은 적이 없었고, 몸은 비록 산림山林에 있었으나 위국충성爲國忠誠이 가득하여 조정에 경사가 있으면 기쁜 빛을 얼굴에 나타냈고, 나라에 근심과 상휘喪諱가 있으면 눈썹을 펴지 않고 책을 덮었으며 거문고를 타지 않아서 시름하기를 부모의 일과 같이 하였다. 숙종肅宗의 상을 당하자 외당外堂에 거처하면서 장례 때 소식素食을 하였고, 자제와 문인들의 문안과 술자리를 금하였다. 옥동이 나라의 대소상大小祥에 육식肉食을 하지 않으니 주변 사람들이 국상國喪 동안 박혁博奕 놀이를 감히 하지 못했다.

경종 2년(1722)에 옥동 부부가 회갑이 되었는데, 옥동은 자녀들이 잔치를 할까 걱정되어 막았으나 막냇동생 성호星湖가 사람을 보내 간곡히 권하여 끝내 회갑연을 거절하지 못했다. 잔칫날에 자제와 벗, 제자들이 모여 헌수獻壽하고 모두 즐거워했으나 옥동이 종일 서글퍼하며 즐기지 못하자 동생 성호가 옥동의 마음을 알아 슬퍼하였으나 좋은 낯빛을 억지로 만들어 좋은 말로 옥동을 위로하였다.

옥동에 관한 일화로 대표적인 것은 종실宗室 남원군南原君에 관한 것이다. 옥동이 이전 명례동에서 살 때 종실에 남원군이 있었는데, 준걸俊傑로 학문을 좋아하는 사람이었다. 남원군이 옥동의 도덕道德을 깊이 사모하여 자주 옥동이 사는 명례동의 거처를 찾아왔었는데, 찾아올 때마다 반드시 외문 밖에서 말에서 내렸다. 옥동이 거처를 옮겨 집의 주인이 바뀌었는데도 남원군은 그 집 문을 지날 때면 오히려 말에서 내려 "이곳은 대현大賢의 옛 거처이니 감히 공경하지 않겠는가."라고 했다. 남원군이 포천으로 옥동을 찾아올 때도 옥동의 집을 멀리서 바라보고는 곧 말에서 내려 걸어왔는데, 돌아갈 때도 옥동의 집이 보이지 않는 곳이 되어서야 말을 탔으니 옥동이 사람을 감화시키는 것과 남원군이 현인을 높이는 것이 이와 같았다고 했다.

또 옥동이 운명한 뒤에 남원군이 옥동의 군자금君子琴(옥동금玉洞琴)을 빌려가면서 "이것은 천하의 둘도 없는 보물이다. 어찌 천한 종의 손에 맡길 수 있겠는가."하고 말 위에서 가로로 안고 갔다. 남원군이 옥동이 손수 쓴 옥동금玉洞琴 세 글자를 널리 찾았으나 옥동玉洞 두 글자만 얻어 거문고의 배에 새겼고 또 옥동의 거문고 명名을 가져다가 옥동의 문인 도사都事 윤덕희尹德熙에게 그 아래에 써 달라고 부탁하여 새긴 뒤에 금으로 메워 늘 어루만지며 스스로 유쾌하게 여겼다. 남원군이 병들어 죽게 되었을 때 탄식하여 "옥동의 곡조가 끝내 끊어졌구나."라고 하고 마침내 옥동금을 옥동의 집에 돌려보냈다. 남원군이 이전에 중국으로 사신을 갔을 때 중국 사람이 고금의 명필을 자랑하며 등급에 따라 진열하였는데, 옥동의 대자大字 서른여섯 장이 미불米芾의 필적 위에 걸려 있었다. 남원군이 놀랍고 기뻐 공경히 완상하며 "이것은 우리나라의 학행 군자 이모의 필적이다."라고 하니 중국 사람도 깜짝 놀라 탄복하였다고 한다.

이렇게 생부 매산이 유배지에서 운명한 이후 일평생을 독서하는 지식인·학자로, 서예와 거문고를 즐기는 예능인으로 살았던 옥동은 경종景宗 3년(1723) 3월 12일 62세의 나이로 운명하였다. 이 해 초춘初春에 이원휴가 옥동에게 아침 문안을 드리러 가서 지난밤의 꿈에 대해 물으니 옥동은 "몸이 황룡을 타고 구천에 올라 옥경玉京에 들어가니 모든 선관仙官들이 금관金冠 패옥佩玉으로 나란히 문무文武 반열班列을 이뤄 조회를 마쳤는데, 옥황상제가 '전殿 위에 올라 자리 가까이에서 평신平身하라.' 하고, 이어 '오늘 너를 부른 것은 글을 지으라고 하기 위해서이다.'라고 하였다. 시신侍臣이 명을 이어 주필연朱筆鉛과 황간黃柬을 앞에 놓아 종이를 펴고 붓을 들어 제題를 청하려고 하다가 눈을 드니 백옥 현판에 있는 태청太淸 두 글자가 눈에 들어 이것으로 제목을 삼아 붓을 휘날려 써서 받들어 드리니 옥황상제가 내려 보고 '잘 지었다.'고 하여 배사拜謝하고 물러나오다가 좌우로 일월이 걸려있는 것을 괴이하게 여겨 손으로 만져보니 그 정광精光이 몸에 내리쬐어 놀라 깨었다."고 했다. 옥동의 부인이 꿈에 지은 것을 외워보라고 하였으나 옥동은 아무런 답도 하지 않았다. 부인은 꿈에서 지은 글의 제목이 청허淸虛한 것이 마음에 걸렸으나 좋게 해몽하여 이원휴에게 "네가 올 봄에 대과大科를 하여 용각龍閣의 군왕을 시위할 징조이다."라고 하였으나 이원휴는 부인이 염려하는 기색을 보고 마음속으로 불안하게 여겼다.

이해 봄에 이원휴가 대과 초시를 하여 삼월에 회시會試를 보러 갈 때 옥동의 집 앞을 지나 말을 타고 가니 옥동이 바라보기 어려워 막대를 집고 멀리 떠나는 이원휴의 모습을 그윽이 보다가 조용히 안으로 들어가 거문고를 타니 곡조가 몹시 처량하였다. 부인이 "아이가 회시를 보아 계수나무 가지를 꺾어 돌아오려 하는데, 슬퍼하시는 것은 무엇 때문입니까."하고 물었으나 옥동이 대답하지 않았다. 며칠 뒤에 옥동에게 갑자기 작은 병이 있는듯하였으나 크게 아파하는 곳이 없고 마치 잠에 취한 것 같았다. 이렇게 며칠이 지나 서울로 기별을 하려고 하였으나 옥동은 회시가 임박하였으니 회시가 지난 뒤에 하라고 하였지만, 점차 기운이 어둡고 피곤하여 밤낮으로 자는 것 같았다. 이에 가까이 있는 제자들이 모두 약을 드렸고, 급히 서울에 기별하였으나 점점 기운은 없어졌다. 옥동은 태어난 뒤로 충효忠孝의 마음을 우뚝하게 가졌는데, 임종할 때에는 국가를 근심하였다. 옥동의 품성과 정력으로 보아 향수享壽할듯하였으나, 효성이 극진하여 약관에 못 미친 나이로 생부를 분상奔喪하기 위해 천리 먼 길을 다니느라 몸을 상하여 죽을 때까지 피를 토하는 병이 있어 수壽를 누리지 못했다. 이 때 옥동에게 자의資義의 품계를 내리자는 의망擬望이 있었는데, 옥동의 부음이 들리자 모두 놀라고 탄식했다.

이원휴는 옥동의 병환 소식을 듣고 황급히 집으로 오다가 길에서 옥동이 운명했다는 소식을 듣고 놀라 말에서 떨어져 오랫동안 깨지 못했는데, 깨어난 뒤로도 놀라 어찌할 줄을 몰랐다. 이 때 고향 사람이 서울로 가다가 이 모습을 보고 급히 구호하여 이원휴를 데리고 집으로 돌아왔다. 원근의 제자들이 다 분곡奔哭하여 애통해 하기를 부모의 상과 같이 하였다. 명산鳴山 처사處士 윤규일尹揆一과 윤덕겸尹德謙(1687~1733)의 형제들과 남하덕南夏德의 다섯 형제 등 여러 제자들이 모두 스승의 상복을 입고 심상心喪 3년을 지냈다.

옥동이 운명한 뒤 문하의 제자들이 모여 사시私諡를 의논했다. 판서判書 심단沈檀은 명도明道 두 글자가 옥동의 실상에 부합하는 것이지만 이미 정명도程明道가 있으니 시호는 정도正道로 하는 것이 좋겠다고 했고, 식산 이만부는 옥동의 학문과 도덕이 우리 도道를 넓고 크게 하였으니 홍도弘道로 시호를 삼는 것이 좋겠다고 하였는데, 문인들이 모두 식산의 말을 따라 시호를 '홍도선생弘道先生'이라고 정했다. 이때 동생 성호는 유자儒者에게 사시私諡를 붙인다는 것을 옳지 않게 여겨 따르지 않고 "죽은 자보다 나이 어린 자가 시호를 정하는 것은 예가 아니니, 정 그렇게 해야겠다면 차라리 정명도程明道의 예에 따라 시호를 호로 고치는 것이 좋겠다."고 했지만 문인들이 따르지 않았다. 장례를 치를 때에 옥동의 묘지墓誌에 '징사徵士 홍도弘道 이선생李先生의 묘墓'라고 하였다. 후인들이 옥동을 포천현 서쪽의 호병산虎炳山에 장사 지냈다가 근래에 원주군原州郡 홍업면興業面 매지리梅芝里 백운산白雲山의 매산공원梅山公園으로 이장했다.

옥동의 문집 서문은 막냇동생 성호가 지었는데, 식산 이만부가 옥동과 오랜 벗으로 깊은 교유가 있어 집안 사이의 행적과 옥동의 평생 사적을 하나도 남김없이 알아서 늘 "예부터 이름난 사람의 만년 절개가 한결같기 어려운데, 옥동은 만년의 절개가 더욱 새롭고 충효가 천성天性이니 옥동의 일생 행사行事와 소싯적의 일은 자제子弟나 질서姪壻라고 하더라도 나만큼 자세하게 알지 못할 것이다. 그러니 옥동의 행장行狀과 비명碑銘은 다른 사람은 지을 수 없고 나만 지을 수 있다."고 했다. 그래서 이원휴가 옥동의 행장과 비명碑銘을 모두 식산에게 맡기려고 했으나 실행하지 못하고 옥동이 운명한 다음해에 운명하였다. 이에 식산이 탄식하여 "옥동 부자가 운명하니 이제 사림士林이 비고 동방에 빛이 없구나."라고 했다.

옥동의 부인 초계정씨草溪鄭氏는 참판參判 정윤鄭錀의 따님으로 팔계군八溪君 정종영鄭宗榮의 현손玄孫이다. 임인년壬寅年 3월 초8일에 태어나 옥동과 나이가 같았는데, 부인으로 정숙하고 단아한 덕德이 있었다. 시어머니를 모시고 제사를 받들 때 한결같이 옥동의 뜻을 따랐으며, 옥동이 운명한 22년 뒤인 을축년乙丑年(영조 21, 1745)에 운명하여 84세의 수를 누렸다. 옥동의 무덤 자리가 좋지 못하다는 근심이 있어서 합장하여 이전 옥동의 무덤 옆에 묘를 썼는데, 뒤에 다시 그 옆으로 무덤을 옮겼다가 옥동이 매산공원으로 이장될 때 함께 옮겼다. 옥동은 부인 초계정씨와의 사이에서 1남 1녀를 두었는데, 아들 금화자金華子 이원휴李元休(숙종肅宗 22~경종景宗 4, 1696~1724)는 문학文學과 행의行誼에서 뛰어난 재능을 가져 가문을 일으킬 후예로 인정받았고, 일찍이 사마시司馬試에 올랐으며 문과文科 초시初試에 합격했으나 옥동이 운명한 다음해에 불과 29세의 나이로 생을 마쳐 재주를 세상에 드러내지 못했다. 딸은 사천목씨泗川睦氏 목건중睦建中에게 시집갔다.

성호의 제문祭文을 살펴보면 이원휴는 당대 성호 가문의 문미요 들보요 옥돌로 인정되었고, 기상과 의지는 어릴 때부터 기대를 모았으며 재질이 빼어났다고 칭찬받았다. 그러나 집안이 가난하여 노친을 봉양할 맛있는 음식을 잇지 못하는 것 때문에 관직에 몸을 담아 녹봉으로 봉양하고자 하여[36] 경종景宗 3년(1723) 식년 사마시에 올라 진사가 되었다. 이원휴에 대한 평가를 보면[37] 이원휴는 빼어난 자질을 가졌지만 평소 쇠약한 몸으로 부친의 부고를 듣고 돌아오는 길에 몸을 상하였고, 일찍

36 李瀷, 「附祭文選」, 『金華集』, "如君, 吾家之門楣棟砆也. 氣像意志, 垂髫而屬望 材具則遠矣. 只緣家貧親老, 甘旨不繼, 於是有發身綠養之願."

37 權基彦, 「附祭文選」, 『金華集』, "貞甫鍾卓異之氣, 受詩禮之訓, 文足以華國, 器足以任重, 明足以決疑, 勇足以敢事, 風流襟韻, 自足以輝暎於一代. 以至筆藝筭數之法, 醫藥卜筮之技, 莫不通其妙而解其趣. 吾儕平日之與貞甫遊者, 無不愛之悅之敬之重之, 皆以爲不可及人. 如貞甫則亦足以稱豪於今之世矣." ; 許采, 「附祭文選」, 『金華集』, "其韙器高才, 果有如貞甫者乎, 無也. 其高文絶筆, 亦有如貞甫者乎, 無也. 其機穎超發, 風采峻邁, 若神鋒之決雲, 秋鷹之睨空者, 孰有如貞甫者乎, 亦無有也."

부친을 여읜 후 가진 지나친 슬픔과 시묘살이로 병을 얻어 상喪을 이기지 못하고 옥동의 첫 번째 기일이 되기 전인 경종 4년(1724) 2월 7일 29세로 요절하였다. 성호는 이원휴의 제문에서 이원휴가 늘 곡하는 소리에 행인行人이 서글퍼했고, 늘 눈물을 흘려 옷깃이 마를 때가 없었으며, 간肝과 폐肺가 말라 조용하였다고 했다. 이원휴의 죽음에 온 세상 사람들이 모두 애통해 하며, "옥동의 음덕蔭德으로도 어찌 복선福善의 이치가 없는가."라고 했다.

이원휴에게 아들 없이 딸 둘만 있어서 이원휴가 운명한 뒤에 옥동의 부인 초계정씨와 이원휴의 부인 진주강씨는 이원휴의 서종제庶從弟 이함휴李咸休에게 의탁하였다. 옥동의 막냇동생 성호가 이틀 정도 떨어진 거리에서 살아 집안일을 보살피지 못해 서종제 이함휴에게 옥동 집안을 맡겼는데, 이함휴는 옥동에게 양육되어 성장한 사람이었고, 열의熱意를 가진 사람이어서 진심으로 두 부인을 섬기고 조카들을 돌보았다.

이원휴의 부인은 진주강씨晉州姜氏 강학姜欅의 따님이고 강석빈姜碩賓의 손녀로 숙종肅宗 23년(1697)에 태어나 영조英祖 38년(1762)에 운명하였다. 장인 강학의 제문에 따르면 슬하에 아들 없이 연이어 네 딸을 낳았다고 했지만, 『여주이씨세보驪州李氏世譜』에 사위로 남양홍씨南陽洪氏 문지사文知事 홍주만洪周萬과 동복오씨同福吳氏 오석좌吳錫佐만 기록되어 있는 것으로 보아 두 딸은 조몰早歿한 듯하다. 이원휴는 조부 매산의 묘소 오른쪽 언덕에 묻혔으나, 후에 옥동과 함께 원주 흥업면 매지리의 매산공원으로 이장되어 부인과 함께 묻혔다.

『여주이씨세보驪州李氏世譜』에 따르면 이원휴의 두 딸 중 장녀는 남양홍씨南陽洪氏 문과文科 지사知事인 홍주만洪周萬에게 시집갔고, 차녀는 동복오씨同福吳氏 오석좌吳錫佐에게 시집갔다. 젊은 나이로 하나 있는 아들 이원휴가 운명하여 옥동의 후사를 이을 수 없게 되자 동생 아정

鵝亭 이침李沈의 첫째 아들 죽파竹坡 이광휴李廣休(옥동의 큰 형 청운靑雲 이해李瀣의 계자繼子)의 둘째 아들 이정환李晶煥으로 옥동의 후사를 잇게 되었다. 이정환은 문예와 학업이 가업家業을 잇기에 충분했지만 이정환도 일찍 운명했다. 이정환은 2남 2녀를 두었는데 첫째는 진사進士 이재중李載重으로 문행文行과 언론이 사림의 중망을 받았고, 둘째는 이재상李載常으로 출계出繼하여 숙부季父 목재木齋 이삼환李森煥의 후사로 들어갔다. 두 딸은 각각 광주이씨廣州李氏 이성억李星億과 평강채씨平康蔡氏 채홍벽蔡弘璧에게 시집갔다. 이정환의 첫째 아들 이재중에게 아들이 없어 둘째 이재상의 장남 이시광李是鑛을 자식으로 들였다. 이재상은 네 아들을 낳았는데 첫째 이시광은 형의 양자로 보냈고, 둘째는 이시홍李是鉷(1789~1862), 셋째는 이시흠李是欽, 넷째는 이시린李是鏻이다. 이시광은 1남 4녀를 두었는데, 아들은 이방영李邦永이고 네 딸은 파평윤씨坡平尹氏 윤정규尹挺圭, 순흥안씨順興安氏 진사進士 안세영安世英, 남양홍씨南陽洪氏 홍미환洪嵋煥, 진주유씨晉州柳氏 유일로柳日魯에게 시집갔다. 이시홍은 2남 2녀를 두었는데, 아들은 이찬영李贊永, 이교영李敎永이고 두 딸은 함평이씨咸平李氏 이유상李儒翔, 한산이씨韓山李氏 이재화李在和에게 시집갔다. 이시흠은 딸만 하나 두었는데, 청주한씨淸州韓氏 한철동韓哲東에게 시집갔다. 이시흠은 아들이 없어 형 이시홍의 둘째 아들 이교영李敎永을 아들로 삼았다. 이시린은 자녀를 두지 못해 종제從弟 이시경李是鏡의 둘째 아들 이치훈李治勳을 후사後嗣로 들였다.[38]

38 玉洞의 生涯는 李瀷의 『星湖先生全集』 卷68의 傳에 나오는 「三兄玉洞先生家傳」과 李瀷이 『弘道先生遺稿附錄』에 쓴 「家傳」, 李孟休가 『弘道先生遺稿附錄』에 쓴 「家傳」, 李是鉷이 『弘道先生遺稿附錄』에 쓴 「行狀草」, 許傳의 『性齋先生文集』 卷29의 行狀에 나오는 「弘道先生玉洞李公行狀」, 그리고 『옥동니션싱힝녹(저자미상, 국립도서관 소장 필사본; 성호古2511-62-199』과 『驪州李氏世譜』를 바탕으로 필자가 종합하여 再構하고 정리한 것이다. 따라서 옥동의 생애에 대한 서술에서 출처가 위에 언급된 글에 있는 것은 별도의 각주를 달지 않았다.

이렇게 옥동의 생애를 살펴보면 옥동은 독서와 서예, 거문고와 시작詩作으로 한 평생을 보내며 세상에 대해 미련을 두지 않았던 학자이자 예능인이었다. 옥동은 도덕道德과 경학經學, 의학醫學과 천문天文·지리地理는 물론이고 음악에도 조예가 깊어 직접 만들어 연주한 '옥동금玉洞琴'이 지금까지 전하고 있으며, 서예에는 특별한 성취를 보였다. 특히 옥동은 조선 시대 최초로 서예 이론서인 「필결筆訣」을 저술하여 서예書藝 이론의 확립에 기여했다는 점에서, 옥동에 대해 언급할 때 그의 서법書法을 빠뜨릴 수 없다. 옥동의 가계家系는 누대累代 명필名筆로 이름이 났었는데, 증조曾祖인 익헌공翼獻公·종조從祖인 청선공聽蟬公·생부 매산이 모두 당대의 명필로 이름났다. 이런 가계의 전통이 옥동에게 이어져, 옥동은 후대 조선의 특색을 잘 담아낸 '동국진체東國眞體'의 창시자로 추앙받았다. 성재性齋 허전許傳(1797년~1886)의 「옥동이선생홍도공행장玉洞李先生弘道公行狀」에도 나와 있는 것처럼 '동국진체東國眞體'의 전통은 옥동에서 시작하여 공재 윤두서·백하 윤순·원교 이광사로 이어졌다. 우리나라 서법書法의 이론적 전승에 대해 청성靑城 성대중成大中도 옥동을 시작점으로 들고 있다는[39] 점에서 옥동의 서예 이론이 우리나라 서예사에서 차지하는 위상을 충분히 짐작할 수 있다. 특히 옥동의 「필결筆訣」은 서예 이론서일 뿐만 아니라 서예 비평서로도 가치를 가지며, 「필결」에서 서예를 역리易理로 풀이한 것은 서예를 도학과 같은 위치에 올려놓은 것이라고도 할 수 있다. 「필결」을 보면 옥동이 왕희지에 경도된 것으로 보이는데, 옥동이 왕희지에 경도된 것은 그가 생부 매산이 연경에서 구해온 왕희지의 「낙의론樂毅論」을 통해 필력을 얻었기 때문이라고 보

39 成大中, 「羅仲興 杰 筆經序」, 『靑城集』 卷5, "我東筆家非不多也. 惟金生·韓濩爲最, 然彼直以工力勝, 非由學而至也. 學自玉洞李漵始, 識者謂漵工力不及濩, 而學則勝之, 今之以書名者, 幷其派也."

인다. 이렇게 볼 때 옥동의 서법은 부친 매산을 통해 전해진 가계 내의 서풍書風에 왕희지의 필첩을 통해 옥동이 자득한 내용이 더해지면서 이룩된 것이라고 할 수 있다.

일평생 독서하는 선비, 강론하는 학자, 수양하는 지성인이자 서예와 거문고를 즐기는 예능인으로 살았던 옥동은 62세라는 생애에 걸맞게 적지 않은 양의 문집을 남겨 놓았다. 현재 옥동의 문집으로는 필사본 한 종류가 국립중앙도서관에 소장되어 있는데, 『홍도선생유고弘道先生遺稿(성호古3648-62-923)』가 그것이다. 이 책은 성균관대학교 부설 대동문화연구원에서 간행한 『근기실학연원제현집近畿實學淵源諸賢集』의 제1권에 실려 처음으로, 이후 한국고전번역원의 『한국문집총간』 속 54집으로 다시 공간公刊되었다.

옥동의 문집은 12권卷 11책冊의 간행되지 않은 필사본筆寫本이지만 정사본淨寫本으로, 10행行 20자字에 오자誤字나 탈자脫字·낙자落字가 거의 없고 필체筆體가 고른, 간행을 위해 정리한 정고본定藁本이다. 규격은 23.3×16.5(cm)로 권수제卷首題는 홍도선생유고弘道先生遺稿이고, 판심제版心題와 어미魚尾가 없으며, 필사 연도도 정확하지 않다.

옥동의 문인인 윤덕겸尹德謙과 지치당知恥堂 윤규일尹揆一 등이 옥동의 운명 이후 옥동의 문집을 간행 하고자 하여 유문遺文을 모아 정고본定稿本을 만들어 가장家藏하여 두었으나, 옥동의 아들 이원휴李元休의 삼년상 뒤 실화失火로 인해 다수의 저술이 소실되거나 망실되었다. 이에 남은 유고를 수습하여 다시 10여 권으로 정서精書하였으나 재력을 맡은 윤덕겸이 운명하여 간행하지 못했는데, 이 2차 정리본에 성호가 1754년 서문을 지어 집안에 보관해 오던 것이 현재 전하는 옥동의 문집 『홍도선생유고』이다.

『옥동이선생행록』에 따르면 이원휴가 운명한 뒤에 옥동의 문인들이

숙의熟議하여 윤덕겸이 재력財力을 내고 모든 문인들의 힘을 모아 옥동의 문집을 내려고 결정하였으니 윤규일의 자제 형제는 문식文識이 보통 선비와 남달랐고, 이익희는 학문, 남윤은 조행操行이 뛰어났으며, 남하덕南夏德과 윤덕겸은 선비의 아망雅望이 있었다고 한다. 이 해에 이원휴의 삼년상을 겨우 마쳤는데, 천만뜻밖에 온 집이 불에 타서 갑자기 서책書冊을 옮겼다. 당시 옥동이 평생의 정력을 쏟아서 진정眞情으로 지은 글을 서당에 별치別置해 두었는데 화재가 진압된 뒤에 살펴보니 다른 책은 말할 것도 없고, 옥동이 생부 매산이 운명한 뒤로부터 들어앉아서 공부하여 운명할 때까지 종사從事하여 짓고 만든 예서禮書의 미묘한 것을 베풀고 경서經書를 의논하며 고금古今을 논란하여 충신忠臣·열사烈士와 군자君子·소인小人을 분별하여 단정하고 경륜經綸한 책과 비명碑銘을 지어주고 서찰을 주고받은 것, 만장輓章과 제문祭文 천여 장 등 무수히 많은 글들이 온데간데없이 사라졌다고 한다. 불에 타버렸다고도 하고 집안사람이 잃어버렸다고도 하니 제자들이 듣고 깜짝 놀라 옥동의 부인 초계정씨에게 이야기하고 책을 점검하니 만세萬世에 이름을 남겨 동방東方의 스승이 될 만한 옥동이 지은 여러 권의 책들이 타버렸다고 한다. 이에 여러 사람들이 통탄하면서 "옥동의 학업은 성현의 유풍을 이었고, 모든 행실이 보통 사람들보다 빼어난데 그의 저작이 하루아침에 사라져 성학聖學이 어느 경지에 이르렀는지 후세 사람들이 아득하여 모를 것이니 이것이 어찌 천리天理이겠는가. 슬프다. 고금古今이 달라 여러 세대를 뛰어넘는 뛰어난 재주와 온화하고 넓으신 덕德을 도리어 조물주가 꺼리는 것이다."라고 하고 탄식하면서 남은 것을 거두니 많지 않아 개벽開闢 이후 만물의 이치를 풀이하고 팔괘八卦와 주역周易을 풀이한 십여 권 정도의 책만 남아있어서 가져다 정서精書하여 간행하려고 하였다.

옥동의 본생本生 모부인母夫人 용인이씨의 형제가 칠 남매여서 표종表從과 이종姨從이 많았고, 옥동이 어려서 외가外家에서 자라 이들과 각별한 정이 있었는데, 옥동이 운명한 이후 후사後嗣가 없고 문집도 흩어져 없어진 것을 가슴 아프게 여겼으나 표종과 이종들이 재상의 반열에 있거나 음사蔭仕를 하였더라도 벼슬이 청한淸寒해서 마음을 쓰지 못한 것을 한탄하였었는데, 이 때 옥동의 문집을 간행한다는 말을 듣고 기뻐 이세최·이세대·박사한이 직접 와서 정씨부인을 만나 물력物力이 필요한 것을 돕겠다고 했고, 옥동이 살아있을 때 우러러 공경하고 사모하던 사람으로 외임外任에 있는 사람이 종이를 골라 보내니 거의 이루게 되었는데 윤덕겸이 세상을 떠나 의논이 풀어지고 물력物力이 흩어져 문집을 간행하지 못했다고 한다. 당시 처사處士 윤규일은 힘이 미치지 못하여 문집을 간행하지 못한 것을 죽을 때까지 한으로 여겼다.

이 기록을 보면 현재 전하는 옥동의 문집은 전사轉寫 경위經緯가 불분명한 필사본이다. 이런 상황이 옥동의 가문이 당시 실세失勢한 근기 남인 가문이었다는 가문의 정치적 상황과 관련 있는 것인지는 모르겠지만, 옥동의 부친 매산 이하진의 문집인 『육우당유고六寓堂遺稿』도 성호가 1743년경 약산藥山 오광운吳光運에게 서문을 받아 고본稿本 상태로 가장家藏하고 있던 것이 현재 전하는 것이다. 옥동이나 매산의 문집과 같이 여주이씨 가문의 문집 40여 종이 현재 대부분 간행되지 못한 필사본으로 전한다. 현재 전하는 옥동의 문집은 원집原集과 부록附錄의 지질紙質과 필체筆體가 다르고, 부록에 현손玄孫인 육회당六悔堂 이시홍李是鉷이 지은 행장초行狀草가 실려 있는 것 등으로 보아 가장家藏되어 있던 정고본定稿本에 부록 등을 증보하여 덧붙인 것으로 보이는데, 현손 이시홍의 운명 시기를 감안하면 대략 19세기 중반 이후에 필사筆寫된 것으로 추정된다.

국립중앙도서관의 성호문고에는 성호학파의 계승자인 성재性齋 허전許傳이 지은 필사본 「옥동이선생홍도공행장玉洞李先生弘道公行狀(성호古2511-62-197)」과 옥동 가문의 집안 내력에 밝은 여성이 지은 「옥동니션싱힝녹(성호古2511-62-199)」이 소장되어 있다. 이 중 「옥동니션싱힝녹」은 저자 미상의 순 한글본으로, 문인들이 옥동의 문집 간행을 시도한 일화 등 현손 이시홍이 지은 행장초나 허전이 지은 행장에는 실리지 않은 내용이 수록되어 있고 마지막 부분에 옥동의 사손嗣孫 이정환李晶煥의 죽음에 대한 언급이 있어 별도의 저술로 1764년 이후에 필사된 것으로 추정된다.

옥동의 문집 『홍도선생유고』는 12권 11책으로 구성되었으며, 권수에 성호가 1754년에 지은 서序가 있다. 성호의 서문으로 보아 옥동의 애초 문집은 10권이었으나 후대 문인들에 의해 현재와 같이 12권으로 편차된 것이라 생각된다. 문집은 몇 부분으로 나누어 볼 수 있는데, 형식적으로 보아 권1부터 권9까지는 상上·하下 구분이 없는 단권이나 권10부터 권12까지는 상上·하下로 나누어진다. 또 권12 뒤에는 부록附錄이 첨부되어 있다.

내용상으로 보면 권1부터 권3까지는 전부가 시이고, 권4는 시와 부賦 3편, 조操 27제題 37편, 명銘 8제題 20편, 찬贊 6제題 7편이 실려 있다. 권5에는 금강산 기행시문집인 「동유록東遊錄」과 서序 3편, 기記 2편, 논論 1편, 제문祭文 13제 14편, 잡저雜著 9제 11편이 실려 있다. 권6부터 권11의 상上까지는 모두 잡저편雜著編인데, 수록된 작품의 양을 살펴보면 권6이 75편, 권7이 60편, 권8이 47편, 권9가 17편, 권10의 상이 34편, 하가 18편, 권11의 상이 3편이다. 권11의 하에는 행장 1편, 묘갈명 1편이 실려 있고, 권12의 상에는 서찰 14편이 실려 있다. 권12의 하는 「필결筆訣」이다. 「필결」의 뒷부분은 부록으로, 여기에는 회갑연서回甲宴序와 제문祭文 3편, 가전家傳 2편, 발서첩跋書帖, 행장초行狀草가 있는데 모두 옥동의 주변에서 옥동을 두고 쓴 글들이다.

조금 더 자세히 살펴보면 권1~4는 시詩(779제題), 부賦 3편, 조操 37편, 명銘 20편, 찬贊 7편이다. 시詩는 시체詩體의 구분 없이 저작 연대순으로 편차되어 있으며 자주自註를 달아 시의 이해를 도왔다. 성리학적 사유를 주제로 지은 도학시道學詩가 대부분으로 오언절구 연작과 장편고시가 많은 편이며, 윤태일尹兌一, 이관징李觀徵, 이보만李保晩, 김석견金碩堅, 오주백吳伯周에 대한 장편의 만시가 있다. 절제된 시어로 주변 경물을 담담하게 묘사하였으며, 주요 교유 인물로는 윤두서, 이만부, 재종형再從兄 이육李淯 등을 들 수 있다.

주요 작품들을 살펴보면 권1의 〈속전자면續前自勉〉은 잘못을 할 때마다 시를 지어 책망하면서 명경지수와 같은 마음을 닦고자 자신을 독려한 것이고, 〈학學〉은 학문과 수양의 방법을 개괄한 시이다. 〈차운영송학도次韻詠松鶴圖〉는 졸고 있는 학이 봉황의 나라로 비상하는 꿈을 꿀 것이라는 내용으로 자신의 마음을 의탁하여 읊었으며, 이 외의 제화시로 〈제연강첩장도題烟江疊嶂圖〉 등이 있다. 〈영민자詠閔子〉, 〈영안자詠顔子〉에서 〈영퇴계詠退溪〉까지는 유가儒家의 성현 13인과 퇴계를 제재로 삼아 이들이 유가를 발전시킨 공을 기렸다. 그 밖에 장편의 영사시 〈역대가歷代歌〉와 운산雲山, 미호渼湖, 도봉道峯·삼각산三角山, 호서湖西 사군四郡 등지에서 지은 시가 있다.

권2의 〈자경自警〉 16수에서는 외물에 대한 물욕의 싹을 단호하게 제거해야 한다는 등 수신修身을 주제로 읊어 성찰의 의지를 보여주었으며, 〈과도봉삼각유영過道峯三角有詠〉에서는 두 산의 장대한 산세와 한양의 진산鎭山으로서 보국안민輔國安民한 공을 칭송하였다. 〈계폐戒弊〉 24수는 사회 현실의 폐난 및 노老·불佛 등에 의한 학문의 폐단을 비판한 것이고, 〈계계교이해戒計較利害〉 22수와 〈구순양동한지실救荀楊董韓之失〉 17수는 역대 인물과 사상에 대하여 평가한 것이다.

권3의 〈동유편 증고성사군권여앙기기제여중여구東遊篇. 贈高城使君權汝仰暨其弟汝重汝久〉는 금강산 유람 후에 지은 장편의 고잡체시古雜體詩로 유람을 도와준 고성 군수 권세태權世泰와 그의 두 아우에게 준 것으로, 옥동이 지은 서문과 발문에서 유람의 의미와 작시의 동기 등에 대하여 상세히 서술하였다. 〈청량유거淸凉幽居〉는 포천의 복거지에서 은해銀海를 이룬 달밤에 정좌하여 청정한 심경을 노래한 것이고, 〈제공재윤효언신룡도가題恭齋尹孝彦神龍圖歌〉는 조선 후기 선비화가의 선구적 역할을 한 윤두서의 그림에 적은 시로, 옥동은 이 시에 이어 장편의 〈신룡가神龍歌〉를 지었다. 〈차노곡장가행운次魯谷長歌行韻〉은 지기知己 이만부가 자신과 재종형 이육에게 지어준 〈장가행기백아문장청포도형長歌行寄白鵝文丈淸浦道兄〉에 차운한 것이고, 〈여이십이시, 이두상오세녀성영, 금사십삼, 우이두역상오세녀맹교, 괴재. 위작일시, 이지비회余二十二時, 以痘喪五歲女星英, 今四十三, 又以痘亦喪五歲女孟敬, 怪哉. 爲作一詩, 以識悲懷.〉에서는 마마를 앓다 요절한 두 딸에 대한 단장斷腸의 아픔을 적었다.

권4의 〈애도변한걸인곡성哀道邊寒乞人哭聲〉은 죽은 이에게 군포를 매기고 백성을 떠돌게 하는 현실을 비판한 시이고, 〈자외방래사정재심사상유감自外方來思定齋沈士常有感〉 7수는 심득경의 사후 그의 빈자리에서 느끼는 처연한 그리움을 읊었다. 이 외에 권4의 조操는 거문고를 위해 지은 곡이며, 명銘 중에서 〈봉래금명蓬萊琴銘〉은 벼락 맞은 금강산 만폭동 바위가의 오동나무로 거문고를 만들어 '봉래금蓬萊琴', '벽력금霹靂琴', '감리금坎离琴' 등의 이름을 지은 내력과 천리天理를 담은 거문고의 효용을 새긴 것이다. 찬贊의 〈정재처사심공상찬定齋處士沈公像贊〉은 1710년

11월에 윤두서가 그린 심득경의 전신좌상全身坐像에 붙인 것이다.

권5는 「동유록東遊錄」과 서序 3편, 기記 2편, 논論 1편, 제문祭文 14편, 잡저雜著 11편이다. 「동유록」은 1700년 8월 17일에 금강산 유람을 떠나 10월 12일 본가에 돌아올 때까지의 여정을 기록한 일기체 기행시문으로, 55일 간의 여정을 사실적으로 상세하게 기록하면서 여정 중에 지은 188수의 시를 같이 수록하였다. 옥동의 생부 매산도 1664년 8월에 한 달여간 금강산을 유람하고 기행시문인 「금강도로기金剛途路記」를 남겼는데 「금강도로기」와 「동유록」의 편성 방식이 유사하다. 서序 중에서 〈송이사문중서지거영남지상주送李斯文仲舒之居嶺南之尙州」는 서울에서 부친의 삼년상을 마치고 상주 노곡魯谷 식산息山 아래로 낙향하는 이만부를 위한 송서이고, 〈재종질익서효장서再從姪益瑞孝狀序〉는 19년간 부친의 병수발을 들고 집상執喪 중에 운명한 재종질 이증휴李增休를 위해 지은 것이며, 〈송오군상원지영남送吳君尙遠之嶺南〉은 부모처자를 잃은 후 이만부를 의지하여 노곡의 천운당天雲堂으로 내려가는 오상원을 송별한 것이다. 기記 가운데 〈초연대기超然臺記〉는 포천 운악산 감암紺巖에 살고 있는 벗 홍추경洪樞卿에게 지어 준 것이다. 〈지안와기知安窩記〉는 한강 뚝섬[독도纛島]에 있는 이휘동李輝東의 거처에 '지명안분知命安分'의 뜻을 담아 지어 준 것이다. 제문祭文은 장모 윤씨, 윤성지尹誠之, 재종질 이몽휴李夢休, 정백기鄭伯紀, 문인 안창후安昌後, 윤덕상尹德相, 권갑만權甲萬, 한종택韓宗澤, 심득경沈得經, 윤효징尹孝徵, 악사 홍경신洪慶臣, 서종자庶從子 이갑휴李甲休, 윤두서에 대한 것이다.

권6~11 상은 잡저雜著 266편이다. 잡저는 경학적 사유 체계를 서술한 것이 대부분이며, 경전의 문구 해설, 성리설에 관련된 소주제, 문학, 역사, 음악 등 다방면에 걸쳐 수시로 차록箚錄한 것이 실려 있다. 권6의 「논금의論琴意」, 「탄법彈法」, 「속논금악繼論今樂」 등은 거문고를 즐긴 예능인으로 옥동이 가진 철학과 예술의 관계를 논한 것이다. 성선설을 기저로 전개한 인성론인 권5의 「심경설心鏡說」과 권6의 「논성論性」에서는 본연지성本然之性과 기질지성氣質之性에 대해 문답식으로 설명하고 송대의 정주학적程朱學的 인성론을 수용하였다. 이기理氣에 관해서는 권6의 「이기理氣」와 권7의 「변이기사단칠정辨理氣四端七情」 등에서 퇴계의 '이기호발설理氣互發說'을 수용하는 입장을 보였다. 권7의 「시체詩體」에서는 도연명을 '충담고박沖淡古朴'하며 허문虛文을 숭상하지 않고 풍아風雅의 격조가 있다고 평하여 존숭하고, 풍아정신의 구현 여부에 준거하여 이백, 두보, 백낙천, 한유, 위응물 등 당시인唐詩人의 단점을 비평하였다. 옥동은 재도론載道論의 시각에서 문장해도론文章害道論을 펼쳐 이단의 문장을 배격하였는데 권8의 「논노자겸논장자論老子兼論莊子」에서 문장가는 기예를 싣는 그릇이요 도를 어지럽히는 그릇이라고 규정하였고, 「비조충문장가非雕蟲文章家」에서는 유가를 제외한 노자, 장자, 열자, 사마천, 불교 등의 문장이 세상을 현혹시키고 도를 어지럽혀 인간을 속화俗化시키는 비윤리적인 해악을 끼쳤다고 주장하였다. 옥동이 자신의 문학관을 밝힌 권8의 「논문체論文體」와 권9의 「논작문論作文」 등에서는 문예 창작에 있어 육경사서六經四書의 문장을 전범으로 삼아 현재에 맞는 언어 문자로 통변通變시켜 도체道體를 밝히는 문장을 구사하는 것이 올바른 문장의 작법이라고 했다. 권10 상에는 경세經世에 관한 소주제를 다룬 「양사養士」, 「교양敎養」, 「정전편井田篇」 등이, 권10 하에는 역대 인물과 사건에 대한 사론史論으로 「제환공관중齊桓公管仲」, 「곤鯀」, 「논무씨사論武氏事」 등이 실려 있다. 권11 상은 하도河圖와 낙서洛書, 사상四象과 팔괘八卦에 관한 설이 실려 있다.

권11 하는 행장行狀 1편, 묘갈명墓碣銘 1편이다. 행장은 요절한 제자 한종택韓宗澤에 대한 것으로 기존의 형식과 다르게 옥동과 한종택의 문답을 주요 내용으로 서술한 장편 행장이며, 묘갈명은 포천 출신 무인 오백주吳伯周에 대한 것이다.

권12 상은 서찰書札 11편이다. 편지는 이만부, 사제舍弟, 권돈權敦, 김광운金光運, 오상원吳尙遠 등에게 보낸 것으로, 성리설과 예설에 대한 문목에 답한 것이 있다. 권12 하는 「필결筆訣」인데, 「필결」의 앞에 획의 생성원리를 역리易理에 근거하여 도해한 「혼원분판생화도混圓分判生畫圖」가 있다. 「필결」은 『주역周易』의 구조를 도입하여 태극과 음양오행론을 서론書論에 접목시키고, 유가儒家의 심법心法을 익혀 '중화中和'와 '중정中正'을 구현하는 것을 서론의 궁극적인 지향점으로 삼은 독자적인 이론서이자 비평서이다. 신채神彩보다 외형의 모방에 급급하여 송설체와 석봉체가 유행하는 조선 서단書壇에 성찰을 촉구하여 서書를 천도와 인도가 합일되는 도道의 경지로 높이고자 하였다. 관념적인 내용 이외에 획의 원리나 글씨의 구성 등의 이론과 붓을 잡는 법이나 움직이는 법 등의 실기를 서술하였으며, 필법의 중도를 터득하고 모든 서체를 집대성한 왕희지王羲之를 정통으로 설정하고 중국의 종요鍾繇, 장지張芝, 조맹부趙孟頫 등과 우리나라의 김생金生, 안평대군安平大君, 성수침成守琛, 황기로黃耆老, 양사언楊士彦, 한호韓濩 등의 서예가들에 대한 품평을 실었다.

부록附錄에는 막냇동생 성호가 지은 「회갑연서回甲宴序」・제문祭文 2편・가전家傳과 조카 이맹휴李孟休가 지은 가전, 조카 이병휴李秉休가 1764년경에 지은 「제청계공문략祭淸谿公文略」과 정덕여鄭德輿가 소장하고 있던 옥동의 대자大字 서첩에 붙인 「발서첩跋書帖」, 현손 이시홍李是鉷이 지은 「행장초行狀草」가 실려 있다.40

40 玉洞의 문집인 『弘道先生遺稿』에 관한 설명 중 편찬 및 간행과 구성, 각 권의 내용에 대한 개괄적인 소개는 한국고전번역원의 한국고전종합DB 『弘道遺稿』의 해제에 있는

이렇게 보면 옥동의 문집은 시詩와 잡저雜著가 중심이 된다는 것을 쉽게 알 수 있다. 실제로 옥동의 문집에는 741제題 1,114수首의 시가 권1에서 권4까지에 실려 있고, 권5의 「동유록東遊錄」에도 모두 188수(모두 189수가 수록되어 있으나 1수는 옥동이 지은 것이 아니다)의 시가 실려 있어 수록된 시는 모두 741제 1,302수이다. 잡저雜著도 모두 263제 265편이 실려 있어 수록된 문의 대다수를 잡저가 차지한다.

문집에 수록된 시에 대해 보다 구체적으로 살펴보면 다음과 같다. 권1에 수록된 시는 모두 205제 277수이고, 권2에는 153제 314수, 권3에는 123제 161수, 권4에는 262제 362수가 실려 있어 권1부터 권4까지 수록된 시는 모두 741제 1,114수이다. 그리고 권5의 「동유록東遊錄」에 제목 없이 금강산 기행에서 느낀 감회를 밝힌 시가 모두 188수 나온다.

문집 안에서 양적으로 가장 큰 비중을 차지하는 옥동의 시는 몇 가지 눈에 띄는 특징을 지닌다. 첫 번째가 고시가 상당한 비중을 차지한다는 것이다. 옥동의 문집 속에 수록된 시 가운데 절반 이상이 고시이다. 이런 특징 때문인지 옥동의 문집에는 5언시五言詩가 335제 515수, 7언시七言詩가 235제 439수 실려 있어 7언시 보다 5언시가 많고, 4구시四句詩가 647수(5언五言 454수, 7언七言 193수), 8구시八句詩가 192수(5언 101수, 7언七言 91수) 실려 있어, 문집 안에서 가장 많은 양을 차지하는 시 형식이 5언의 4구시라는 것을 알 수 있다. 이런 형식적 특징은 일반적으로 우리나라 문인들의 문집에서 가장 많은 양을 차지하는 시형식이 7언율시七言律詩인 것과는 상당한 대조를 이룬다. 또 이 고시古詩는 대부분이 연작시連作詩로 이루어져 있고, 만시輓詩의 경우 장편長篇 고시古詩가 대부분이라는 특징도 보여준다. 이런 특징은 옥동이 『문선文選』의 영향을 강하게

李美實의 글을 기초로 수정·보완·정리한 것이다. 해제를 작성해 준 李美實 선생님께 감사드린다.

받았으리라는 유추를 가능하게 한다.

두 번째는 시의 내용이 주로 도학道學과 성리性理, 수양修養을 위한 개인의 심경 표출을 중심으로 한다는 것이다. 옥동의 시는 대부분이 외부의 경물이나 자극에 의해 그 스스로가 느낀 내면의 정서, 혹은 스스로가 터득하고 깨달은 도道의 경지나 상황, 스스로에 대한 경계警戒를 중심으로 하고 있어 차운次韻이나 화운和韻·화답和答·증여시贈與詩는 별로 찾아볼 수 없다. 이것은 옥동에게 시란 사교社交나 교유交遊를 위한 수단이 아니라 그 자신의 내면을 드러내는 사의寫意와 언지言志의 수단으로 우선 작용하였다는 것과 함께 평생을 독서와 강학, 심성 수양에 매달렸던 그의 삶과 정신세계를 보여주는 것이다. 이런 두 번째 특징이 바로 첫 번째에서 살펴 본 특징인 그의 시가 고시古詩 위주의 창작 경향을 가지게 된 이유가 아닐까 생각된다.

세 번째는 옥동에게 시란 자연스러운 행위로 삶의 일부분과 같은 것이었다는 것이다. 옥동은 시의 소재를 삶의 여러 상황에서 접하는 모든 것에서 찾아내어 별다른 가공이나 조탁을 거치지 않고 자연스럽게 시로 만들어냈다. 그렇기 때문에 옥동의 시는 정제되거나 단련되지 않은 뻣뻣하고 거친 맛은 있으나 자연스럽고 쉽게 다가온다.

마지막으로 네 번째 특징은 옥동의 시에는 유람과 기행의 도중에 지은 시가 많다는 것이다. 대표적인 것으로 옥동이 38세 되던 숙종肅宗 26년(1700) 8월 17일부터 그해 10월 12일까지 권명언權明彦, 변의완邊醫完 두 사람과 금강산을 유람하고 쓴 일기체 기행시문집 「동유록東遊錄」을 들 수 있다. 8월 17일부터 10월 12일까지이니 불과 57일인데, 이 기간 동안 쓴 시가 모두 188수이다. 산술적으로 하루에 평균 3수를 조금 더 쓴 것이라고 볼 수 있다. 이런 특징은 그가 기행과 유람 도중 접한 경물에 상당한 호기심과 흥미를 느꼈다는 것을 말해주는 것으로, 옥동이 가진 박학

博學 취향과도 관련되는 것이다.

문집의 잡저편雜著編에 수록된 글은 모두 263제 265편이다. 일반적으로 잡저雜著라고 하면 다양한 문체로 쓴 산문을 편집한 것으로 작자가 쓴 글에서 형식이나 내용의 일관성을 찾지 못할 경우 주로 붙이는 명칭이다. 옥동의 잡저 역시 형식의 제약을 벗어나 자유로운 필치로 쓴 글들로 이루어져 있다. 그런데 형식적으로는 이렇게 자유로운 글이지만 내용면에서는 경학經學에 관한 것으로 경도되어 있다. 문집의 잡저편에 수록된 기사의 제목을 살펴보면 이런 특징을 분명하게 알 수 있다. 즉 옥동의 잡저는 경학적인 내용을 기록한 글들을 중심으로 하나의 표제어를 붙이고 이를 나름의 원칙에 따라 모아 배열해 놓은 것이다. 물론 그렇다고 해서 그 글들이 모두 완벽하게 유기적인 관계 속에서 배열된 것이라 보기는 어렵다. 그것은 같은 제목을 가진 글들이 여기저기에서 반복하여 보인다는 것이나, 앞 편과 뒤편의 글이 형식적으로나 논리적으로 혹은 내용적으로 연관관계를 갖지 못한다는 것에서 쉽게 알 수 있다.

옥동의 잡저는 그의 독서가 유가의 경전을 중심으로 이루어 졌음을 보여준다. 물론 옥동은 성호가 서문에서 밝힌 것과 같이 일상생활에서부터 치민治民에 이르기까지 다양한 분야에 대해 폭넓은 관심을 가지고 있었고,[41] 그 내용을 문집의 잡저편 여러 곳에서 충분히 찾아볼 수 있다. 그렇지만 옥동의 잡저편을 보면 그가 다양한 분야에 대해 관심을 가졌던 이면에는 육경六經과 사서四書라는 경전에 바탕을 둔 그 자신의 확고한 기준이 있었고, 이 기준은 다양한 관심 분야 사이의 유기적 결합이나 새롭게 접하는 여러 분야에 대한 이해와 해명을 위한 기준으로도 절대적 가치를 발휘했다고 할 수 있다. 이에 따라 옥동은 그 기준에 부합하지

41 李瀷, 「家傳」, 『弘道先生遺稿』, 「附錄」.

않는 사상이나 이념·행동·현상에 대해서는 극단적인 배척과 비난도 주저하지 않았으며 이런 그 자신의 의식을 잡저 속에 고스란히 옮겨 놓았다. 옥동의 문학관도 이 잡저편에서 찾을 수 있다.

이 외에 옥동의 작품으로 『대동시선大東詩選』 속에 7언율시七言律詩 1수가 〈육신묘六臣墓〉라는 제목으로 전하고 있는데, 문집 안에 같은 제목으로 같은 내용의 시가 있어 현재까지는 문집 이외에 달리 전하는 옥동의 작품은 찾을 수 없다.

2. 옥동玉洞의 인식認識과 사유세계思惟世界

옥동玉洞의 문집 『홍도선생유고弘道先生遺稿』는 시詩와 잡저雜著를 중심으로 구성되어 있는데, 이 시나 잡저들을 살펴보아도 옥동의 학문이 형성되어간 과정이나 학습 과정, 또 그가 가학家學의 전통을 변화시키게 된 이유나 과정에 대해서 확인하기가 쉽지 않다. 그것은 무엇보다 옥동이 자신의 학문이 형성되어 간 구체적인 과정을 밝히지 않았기 때문이지만, 옥동과 그의 가문 구성원들이 가학家學의 전통을 중심으로 자신들의 학문세계를 형성했었다는 가학家學 계승繼承의 학문 전통을 지니고 있었기 때문이다.

가문 바깥의 스승에게서 학습하지 않았던 가문의 일반적인 학문 수학 과정 때문인지는 모르지만, 현재 옥동이나 그 선조들의 학문 태도나 과정, 혹은 주된 학문 경향을 확인할 수 있는 자료나 기록이 남아 있지 않다. 옥동 가문 선조들의 사적을 담고 있는 『여강세승驪江世乘』에서도 그들의 학문에 대해 구체적으로 밝히지 않아 그들의 학문세계를 명확히 확인할 수 없다. 그러나 독서를 통한 박학의 추구와 『대학』과 『중용』을 중심으로 생활 속의 수양과 실천을 중시한 학문 태도나 서예書藝와 시문학詩文學을 위주로 했던 예술관은 공통된 경향이었다.

『여강세승』에서 찾아볼 수 있는 옥동 선조들의 학문에 대한 언급은 옥동의 9대조 충간공忠簡公 이의인李依仁이 시서詩書를 중시했다는[42] 짧은 한마디에서 시작된다. 물론 그 이전에도 학사공學士公 이고李皐와 봉화공奉化公 이유李猷의 학문이 상당했었다는 언급이 있기는 하지만 구체적으로 어떤 것이었는지는 알 수 없다. 이후로도 확인할 수 있는 옥동 선조들의 학문 전수과정은 경헌공敬憲公 이계손李繼孫이 장인인 설곡雪谷 정보鄭保에게 수학하였다는 것과[43] 이후 옥동의 5대조 형제인 이사언李士彦·이사필李士弼 형제가 외조부인 청연수淸淵守 이숙의李淑義에게 수학하였다는 기록,[44] 조부 형제들이 총산蔥山 정언옹鄭彦瓮을 찾아가 배웠다는 것이[45] 전부이다.

문학에 대해서도 이와 비슷하게 간략히 언급되어 있을 뿐이다. 그러나 『여강세승』을 살펴보면 옥동 가문의 명성이 주로 문학 방면에서 이루어졌음을 쉽게 알 수 있다. 시서詩書를 즐겼다는 이의인 이후로 옥동의 5대조인 이사필, 고조대의 이우직李友直·이우인李友仁 형제, 증조대의 이상홍李尙弘·이상의李尙毅·이상신李尙信 형제, 조부대의 이지안李志安·이지완李志完·이지굉李志宏·이지정李志定·이지천李志賤 형제가 모두 문학으로 당대에 명성을 떨쳤다.[46] 이 가운데 옥동의 종조부인 청선聽蟬

42 李石亨, 「忠簡公 陰刻」, 『驪江世乘』 卷 3, "事母至孝, 教子甚勤, 惟事詩書, 不求聞達者, 有年矣."

43 金益容, 「敬憲公 神道碑銘」, 『驪江世乘』 卷 3, "配延日鄭氏, 監察號雪谷保女, 文忠公圃隱先生曾孫女."

44 李瀷, 「外姓七世祖考妣墳塋改修記」 『星湖先生全集』 卷 53. 앞의 7) 각주 참조.

45 李瀷, 「持平公 行狀」, 『驪江世乘』 卷 8, "既而登鄭蔥山彦瓮之門, 同學如眉叟許公穆之倫, 咸推重焉." ; 李瀷, 「祖考司憲府持平 贈吏曹參判府君行狀」, 『星湖先生全集』 卷67. 앞의 18) 각주 참조.

46 李尙毅, 「應教公 士弼 墓誌」, 『驪江世乘』 卷4, "拜承政院注書, 例遷典籍, 諸承旨咸

이지정은 서예 방면에서도 남다른 성취를 이루어 높은 평가를 받았는데, 특히 초서에서 뛰어난 경지를 이루었다는 평가를 받았다.[47]

그러나 이들의 학문이나 문학에 대한 언급은 대개 한두 줄의 짤막한 정도에 불과하다. 따라서 이들의 학문이나 문학세계에 대해 구체적으로 알아보기 위해서는 그들의 문집을 직접 확인해 볼 수밖에 없지만, 현재 문집이 전하지 않는 경우가 대부분이고, 전한다고 하더라도 소략해 분명히 밝히기 어렵다. 그렇지만 학문이나 문학에 대한 언급과 달리 옥동의 선조들이 가졌던 독서와 내수內修를 중심으로 실천하는 삶의 자세는 『여강세승』 속에 비교적 자세하게 드러나 있다.

특히 이들이 지녔던 삶의 자세는 이들의 생활 속에서 드러난 모습이나 후손들에게 남긴 유훈을 통해 잘 알 수 있다. 이 가운데에서도 옥동의 고조인 첨정공僉正公 이우인이 자손들에게 남긴 유훈은 이후 자손들의 삶과 학문의 지표로 자리 잡았다. 이우인의 유훈은 독서·수도守道·신

歎曰, 如公文筆, 不可多得, 右遷雖不可止, 恨不得久留也." ; 李尙毅, 「僉正公 友仁墓誌」, 『驪江世乘』 卷4, "明廟釋喪, 大妃祔廟, 館學進歌謠, 公籍東庠掌其事, 應對明亮, 酬酢得宜, 年未弱冠, 黌堂動目, 一時士林, 皆自以爲不及也." ; 李震休, 「少陵公尙毅 家狀」, 『驪江世乘』 卷5, "秋以東宮冕服奏請使, 如京師. 時李芝峯睟光爲副使, 芝峯文章士也. 以公居常謙恭, 不以翰墨自居, 故芝峯亦未深知. 至是與之酬唱, 大驚服曰, 少陵文章, 當代罕敵. ……(중략)…… 公於詩律, 不事雕鎪, 自臻於妙綽, 有正始韻格, 談詩者, 以爲讀之, 可知其吉人語也. 公於晩年, 悉取少時詩稿焚之曰, 文藝者末也, 何足示後, 故有詩集, 如干編刊行." ; 李瀷, 「持平公 志安 行狀」, 『驪江世乘』 卷8, "文詞典雅, 乃曰, 吾家恥以文人得號, 安用此爲. 故篋衍無留, 後輯得近體詩若干篇, 藏於家." ; 李瀷, 「先考司憲府大司憲君行狀」, 『星湖先生全集』 卷67, "公生有異表, 額上有文曰文. 目炯炯夜能辨細字, 氣魄充完, 嘗視族人之病鬼祟者, 鬼輒避. 記性絶人. 然亦不恃才而自怠, 對卷必以熟深沛然爲度. 故至于衰晩, 猶背誦甚多. 爲詩不屑爲組織之工, 下筆源源, 頃刻累數篇. 或問詩應曰, 詩以欲解未解間爲高. 蓋爲言語可造, 而眞賞難諭也."

47 李瑞雨, 「通政大夫行永興大都護府使聽蟬李公墓碣陰記」, 『聽蟬詩稿』, "聽蟬公生而魁偉, 幼學于蔥山鄭公彦瞀, 以文詞名, 爲詩有高格, 尤工於書, 作小楷得晉法, 旣而弃之不爲曰; 是翦翦者, 何以後乃公也. 爲於是, 興到意會, 一以草書發之, 快健飛活, 見者惝怳, 久之神化."

교신교慎交 · 애군愛君의 정신과 독서를 통한 박학의 추구, 서예를 중시하는 의식, 근검절약의 생활 자세를 강조한 것으로[48] 이후 후손들의 삶과 학문세계에서 중요한 생활 지표로 작용했다. 소릉공도 자식들에게 보낸 편지에서 누차 독서와 내수內修의 중요성을 강조했는데,[49] 이 역시 이우인과 같은 것이다.

이런 경향은 옥동의 부친 매산도 같았다. 매산은 선조들을 통해 이어진 가학家學을 바탕으로 자기 학문의 기초를 닦았다. 특히 매산은 부친과 중부仲父 청선 이지정, 종형從兄 태호太湖 이원진李元鎭의 영향을 가장 많이 받았다.[50] 매산은 가학의 전통을 바탕으로 한 위에 광지廣志와 양재養才의 박학을 추구했는데, 그의 학문은 당대 성리학자들의 일반적인 관심사였던 개인의 내면을 수양하는 심성 중심에서 벗어나 사회 현실에 대해 열려 있었고, 성현聖賢을 사표師表로 삼고는 있었지만 성현과 자신과의 거리를 다가설 수 없는 간격으로 여기지 않았으며, 성현의 경전經典에 대한 후현後賢들의 주소註疏를 절대적인 것으로 신봉하지도 않

48 李尙毅, 「僉正公 遺訓」, 『驪江世乘』 卷 4, "其教戒必以讀書守道愼交愛君之意爲先. 又嘗曰; 數日不讀書, 意思便不好, 不可不多識, 前言往行, 以畜其德. 又曰; 至於必劃, 亦六藝之一, 讀書之暇, 從事於斯, 務令楷正. 及諸子相繼登第, 乃戒之曰; 吾觀近世文臣, 纔經六品, 便生驕侈, 土木興妖, 傑搆連雲, 吾不願, 汝等無效也."

49 『少陵集』 卷 3의 簡牘에 자식들에게 보내는 편지가 15편 실려 있는데, 그 내용은 한결같이 독서에 대한 강조, 나태와 게으름에 대한 경계이다. 이중 아들 志定에게 보낸 것이 5편, 志完에게 보낸 것이 2편, 志寧에게 보낸 것이 2편, 손자 元鎭에게 보낸 것이 1편이다. 대상을 특정하지 않은 「寄兒輩書」가 5편 있다.

50 李瀷, 「先考司憲府大司憲府君行狀」, 『星湖先生全集』 卷 67, "家庭唯諾之暇, 只以讀書習字爲務. 公仲父聽蟬堂以筆法譁世, 見公字畫歎曰; 此兒必將以筆名. ……(중략)…… 公從兄太湖公名德尊一世, 平生靳許可, 獨於公裒然稱賞, 事無大小, 必咨訪焉." ; 李瀷, 「從叔父太湖公行錄」, 『星湖先生全集』, 卷 67 "公平生居家也理, 故宗黨仰若泰山." 당시 梅山이 從兄 太湖에게 받은 영향이 어떤 것인지는 분명하지 않지만 星湖의 언급으로 보아 梅山보다 34세가 많았던 太湖는 父親代가 모두 사망한 이후 梅山 家門의 정신적 지주 역할을 했다고 생각된다.

왔다. 외적外的으로 박학博學을 통한 학문의 현실적 효용성에 주목했던 매산은 내적內的으로 하늘이 자신에게 부여해 준 본성을 지키기 위해 '경敬'을 통한 약례約禮의 수양을 추구했다. 매산의 학문 태도는 '경敬'을 통한 수양과 현실적 효용가치를 강조한 박학의 추구, 성현과 경전에 대한 객관적 접근으로 요약할 수 있는데, 이것은 엄격한 자기 수양을 강조한 가학의 전통 위에 매산이 스스로 닦은 수양과 학문을 더하여 이룬 것이다.

이와 함께 옥동 가문의 가학 전통에서 주목해 보아야 할 것은 사행使行의 경력이다. 옥동의 가문은 유달리 많은 사행 경력을 가지고 있었다. 옥동의 가문에서는 경헌공 이계손 이후 옥동의 부친 매산에 이르기까지 모두 5대 7명의 인물들이 대를 이어 빠짐없이 중국에 다녀왔다.[51] 옥동의 선조들이 이처럼 사행에 많이 참여하게 된 것은 당대 그들이 갖고 있었던 문학에 대한 명성 때문이었다고 생각되는데, 이러한 사행 경험은 자연히 후손들에게 전해져 그들의 학문세계에 영향을 미쳤으리라 생각된다. 특히 옥동과 그의 막냇동생 성호가 조선을 벗어난 적이 없었으면서도 중국의 문물에 대해 폭넓은 이해를 가지고 있었으며, 중국에서 나온 다양한 서적들을 열람할 수 있었던 것은 이와 같은 가문의 사행 경력에 기인한 것이라 생각된다.

이렇게 보았을 때 옥동의 학문 역시 그의 선조들과 같이 가학의 전통

51 옥동 가문의 사행 이력을 『朝鮮王朝實錄』과 『驪江世乘』을 통해 구체적으로 살펴보면 다음과 같다. 敬憲公 李繼孫이 성종 6년(1475) 12월 誥命奏請使의 副使, 성종 14년(1483) 正朝進賀使로 중국을 다녀온 이래 李士弼이 명종 3년(1548) 千秋使의 書狀官으로, 李友直이 선조 18년(1585) 謝恩使로, 李尙毅가 선조 30년(1597) 陳慰使의 書狀官, 광해군 3년(1611) 東宮告命冕服奏請使의 正使로, 李尙信이 선조 38년(1605) 冬至使로, 李志完이 선조 36년(1603) 書狀官, 광해군 5년(1613) 恭聖王后 策封奏請使로, 李元鎭이 인조 18년(1640) 世子侍講院 弼善으로 瀋陽에 가서 당시 태자 昭顯世子를 모셨다. 옥동의 부친 매산도 숙종 4년(1678) 윤 3월 陳慰兼進香使로 중국을 다녀왔다.

을 바탕으로 하여 이루어졌을 것이라고 생각되지만, 그의 문집을 통해서는 이에 대한 구체적인 내용을 확인할 수 없다. 현재 그의 문집을 통해 확인할 수 있는 것은 그의 사유세계思惟世界에 대한 단서에 불과하다.

그의 문집을 살펴보면 옥동의 사유세계는 전통적이고 보수적인 유가적儒家的 사상의 보편적인 색채를 보여준다. 그런 점에서 옥동의 사유세계는 기본적으로 유가적 성선설性善說을 바탕에 두고 있다고 할 수 있다. 특히 옥동은 맹자孟子 이후 유가儒家의 제현인諸賢人들을 거쳐 주자朱子와 퇴계退溪에 의해 확립된 유가적 인성론人性論에 근거한 사유세계를 지니고 있었다고 보이는데, 이렇게 생각하는 것은 옥동이 세계를 이理와 기氣의 대립으로 바라보는 이기이원론적理氣二元論的 사유체계를 지니고 있었기 때문이다. 옥동의 이기이원론적理氣二元論的 사유세계는 퇴계의 사상에[52] 상당한 영향을 받았다고 보이는데,[53] 옥동도 퇴계와 같이 이理와 기氣가 언제나 함께 하는 것이라고는 보았지만, 이理와 기氣에 경중輕重·정추精麄·현미顯微의 차이를 두었다.

> "理가 있으면 氣가 있고, 氣가 있으면 理가 있다. 합하여 나누어짐이 없으면 구분할 것이 없고, 나누어져서 합함이 없으면 하나가 될 수 없으니, 합해지지만 나누어지고 나누어지지만 합해진다." 또 말하기를 "氣는 바깥에서 감싸고 理는 안에서 주재한다."고 하니 理가 없는 氣가 없고, 또 氣가

52 退溪의 理氣思想을 이렇게 단순하게 정리해도 되는 것인지 필자로서는 단정하기 힘들다. 다만 필자가 이 글을 작성하기 위해 접했던 퇴계의 사상에 관한 다수의 글들이 이와 같이 정리하고 있어 이를 참조하였다. 이 글은 그 중 金吉煥, 『朝鮮朝 儒學思想 研究(一志社, 1980)』의 249~253면을 참고하였다.

53 李漵, 「辨理氣四端七情」, 『弘道先生遺稿』 卷7, 「雜著」, "昔者不量才質之魯鈍, 見識之昏昧, 竊欲推究於理氣之說, 乃取觀朱子書及退溪答奇高峯書, 繼觀石潭李氏答成氏而斥退溪書, 妄自斷於心曰; '石潭是而退溪非矣'. 厥後不復經意, 置之者久矣. 今者友生金公以甲甫袖石潭集以來, 講明得失, 愚不量僭猥, 黽勉而酬應, 因復取晦翁及退陶兩夫子理氣書, 披閱考證, 較其非是, 今乃覺退溪之是而石潭之非也."

없는 理도 없다. 그 미묘한 것을 알고자 한다면 정밀하고 거칠며 드러나고 미묘한 것을 구분하지 않을 수 없으니 이미 정밀하고 거칠며 드러나고 미묘한 것을 구분하였다면 장수와 졸개를 구분하지 않을 수 없다.[54]

형상이 없는 것이 장수가 되고 형상이 있는 것이 졸개가 되니 어째서인가. 형상이 있는 것은 형상이 없는 것이 드러난 것(결과)이고, 형상이 없는 것은 형상이 있는 것의 원인이다. 理와 氣는 先後가 없는 것인데, 어떤 사람이 "理가 먼저이고 氣가 나중인 것은 어째서인가."하여 "드러나는 것이 있어야 이을 수 있는 것이니 이것이 理가 드러나 氣가 합하는 오묘함이 아니겠는가." 하였다.[55]

옥동이 이理와 기氣를 경중輕重·정추精麤·현미顯微의 대립 관계로 바라보고 인식했던 것은 인간, 특히 인간의 심心을 이해하고 해명하기 위해서였다. 인간은 모두 선한 본성을 타고 태어났다는 맹자孟子의 인성론人性論에 따르면 세상 모든 사람들이 선해야 하지만, 옥동이 살고 있는 현실 세계의 모습은 그와 달랐다. 이 문제를 이해하기 위해 옥동은 세상을 이理와 기氣의 대립체로 보았고, 그 중에서도 인간의 심心을 이理와 기氣의 대립으로 해명하고자 했다. 따라서 옥동의 이기理氣 개념은 다음 순간 인간의 심心에 관한 인식의 기본 틀로 확장된다.

"理는 형상이 없으나 氣는 형상이 있다. 道心과 人心이 모두 氣이다.

54 李溆, 「理氣」, 『弘道先生遺稿』 卷6, 「雜著」, "有理則有氣, 有氣則有理. 合而無分則無所別, 分而無合則無所一, 合而分分而合. 又曰; '氣包于外, 理宰于中.'未有無理之氣, 亦未有無氣之理. 欲知其妙, 不可不分精麤顯微, 旣分精麤顯微, 則不可不分主卒."

55 李溆, 「理氣先後」, 『弘道先生遺稿』 卷6, 「雜著」, "無象謂之帥, 有象謂之卒, 何謂也. 有象者, 無象之所發也, 無象者, 有象之所以也. 理與氣無先後, 而或曰; '理先氣後者何也' 有所以發之者, 則有所能繼之者, 此非理發而氣合之妙歟."

그런데 道心을 理가 드러난 것이라고 하고 人心을 氣가 드러난 것이라 하는 것은 어째서인가."라고 하여, 말하기를 "性命에 근원한 것이기 때문에 理가 드러난 것이라고 하고, 形氣에서 나온 것이기 때문에 氣가 드러난 것이라고 한다."라고 하였다[56]

理가 움직이면 氣도 움직이고, 氣가 움직이면 理는 그 속에 있으니, 理가 움직이면 氣의 움직임을 알 수 있고, 氣가 움직이면 理가 그 속에 있다는 것을 알 수 있다고 말하는 것이다. 朱子께서 "四端은 理가 드러난 것이고, 七情은 氣가 드러난 것이다."라고 하셨는데, 退溪께서 "四端은 理가 드러난 것인데 氣가 따르는 것이고, 七情은 氣가 드러난 것인데 理가 올라탄 것이다."라고 첨가하여 말씀하셨다. 理가 드러난 것이라고 말하면 氣가 따르는 것을 알 수 있고, 氣가 드러난 것이라고 말하면 理가 올라타고 있음을 알 수 있으니, 理가 發用할 때에 氣가 따름이 없고, 氣가 發用할 때에 理가 올라탐이 없음을 말하는 것이 아니다. 이것은 그 苗脈의 다름에 기인하여 각각 그 주장하는 것이 있음을 분명히 한 것에 불과할 뿐이다. 「舜典」에 "人心은 위태롭고 道心은 미약하다."고 하였다. 이것은 그 원래 타고난 것에 따라 각각 그 이름을 세워서 四端과 七情의 진면목이 다름을 드러낸 것에 불과할 뿐이니 運用이 다른 것이다. 朱子의 말씀이 아니면 四端과 七情이 원래 타고난 까닭을 밝힐 수 없으니, 원래 타고난 것을 알지 못하면 위태롭고 미약한 까닭을 밝힐 수 없다. 退溪의 말씀이 아니라면 朱子의 남은 뜻을 드러내 밝힐 수가 없으니 이 말씀이 바로 비단 위에 꽃을 수놓은 것이라고 하는 것이다. 栗谷도 理氣의 주장이 있으나 이 맛을 알겠는가? 어찌 상반됨이 이렇게 심한가.[57]

56 李漵, 「理氣人道心」, 『弘道先生遺稿』 卷8, 「雜著」, "理無形而氣有象. 道心人心皆氣也. 道心曰理之發, 人心曰氣之發者, 何也. 曰; '原於性命, 故曰理之發, 生於形氣, 故曰氣之發.'"

57 李漵, 「辨理氣四七說」, 『弘道先生遺稿』 卷8, 「雜著」, "理動而氣動, 氣動而理在其中, 言理動則氣之動可知矣, 氣動則理在其中可知矣. 朱子曰; '四端理之發, 七情氣之發,' 退溪足之曰; '四端理發而氣隨之, 七情氣發而理乘之.' 言理發則氣之隨可知矣,

이 두 편의 글을 통해 옥동이 주자朱子를 거쳐 퇴계退溪에 의해 확립된 이기이원론理氣二元論을 적극적으로 수용했고, 율곡栗谷의 이기론理氣論을 부정했음을 알 수 있다. 옥동은 도심道心과 인심人心, 사단四端과 칠정七情을 이理와 기氣에 분속分屬시켰는데, 여기서 생각해보아야 할 것은 옥동이 이기이원론理氣二元論을 인간의 심心에 적용한 이유이다. 옥동은 주자朱子와 퇴계退溪의 말을 인용하여 이理와 기氣가 분리될 수 있는 것은 아니지만 주장하는 것이 다르다고 했다. 즉 이理는 사단四端, 기氣는 칠정七情을 주관하게 되며 도심道心은 사단四端의, 인심人心은 칠정七情의 진면목이 된다고 했다. 정리하자면 이理는 도심道心의 근원으로 사단四端의 진면목이 되고, 기氣는 인심人心의 근원으로 칠정七情의 진면목이 된다는 것이다. 그런데 이理와 기氣가 주장하는 것이 다르지만 분리될 수 없다고 했다는 점에서 도심道心과 인심人心, 사단四端과 칠정七情 역시 발용發用의 모습이 다르고 묘맥苗脈이 다르지만 언제나 함께하는 것이 된다.

이 이론을 인간의 심心에 적용해 보면 모든 인간의 심心에는 이理와 기氣에 근원한 도심道心과 인심人心, 사단四端과 칠정七情이 함께 있는데, 도심道心이 작용할 때는 사단四端이, 인심人心이 작용할 때는 칠정七情이 발용發用된다는 것이다. 이 이론은 맹자의 성선설性善說을 보다 조직화하고 구조화한 것이다. 맹자는 모든 사람이 선한 본성을 타고나지만 모두 선한 사람이 되지 못하는 것은 사람의 본성이 달라서가 아니라 선善의 단서端緖를 배양培養하고 확충擴充한 사람과 그렇지 못한 사람의

言氣發則理之乘可知矣. 非謂理發用時, 無氣之隨, 氣發用時, 無理之乘. 此不過因其苗脉之異, 明其各有所主也. 舜典曰; '人心惟危, 道心惟微.' 此不過因其原生而各立其名, 以著四七頭面之殊, 運用之異. 非朱子之言, 無以明四七原生之故, 不知原生, 無以明危微之故, 非退溪之言, 無以發明朱了之餘意, 此諺所謂錦上生花也. 栗谷亦有理氣之說, 能知此味乎否, 何相反之甚也."

차이에 의해 그러한 것이라고 보았다. 이런 이론을 옥동이 수용한 것은 인간의 본성本性은 긍정하지만, 그 본성의 발용發用은 개인적인 수양에 따라 얼마든지 달라질 수 있고, 수양을 통해 누구나 선한 본성을 지킬 수 있다고 생각했기 때문이었다.

> 天理의 公을 道心이라 하고 形氣의 私를 人心이라고 하니 天理는 微妙하여 드러나기 어렵고, 形氣는 위태로워서 편안하기 어렵다. 오직 정밀함으로 가려내고 한 마음으로 보존한다면 위태로우나 편안해지고 미묘하나 드러나 고요하지만 사악함이 없고 움직여도 반드시 중도에 맞는다. 어떤 이가 "程子께서 情欲을 人心이라고 하셨으니 어째서입니까?" 하기에 "血氣의 감응이 人心이니 情欲도 血氣의 감응이다. 그러므로 人心이다." 라고 하였다. 어떤 사람이 또 "감히 묻겠습니다. 주자께서 '비록 上智라 하더라도 人心이 없을 수 없다.'고 하셨으니 어째서입니까?" 하기에 "비록 上智이지만 血氣의 감응이 없을 수 없는 것이다."라고 하였다. "血氣의 감응에도 公과 私가 있습니까?" 하기에 "있다. 性命에게 命을 듣는 것을 公이라 하고 性命에게 命을 듣지 않는 것을 私라고 한다."고 했다. "감히 上智와 中人 이하의 사람에 대해 묻겠습니다."하여 "맑고 중도에 맞는 사람은 上智이고, 탁하고 치우친 사람은 中人 이하의 사람이다."라고 하였다.[58]

태어난 모든 것은 形氣의 감응이 없을 수 없는 것이다. 그러므로 비록

58 李漵, 「人心道心」, 『弘道先生遺稿』 卷6, 「雜著」, "天理之公, 謂之道心, 形氣之私, 謂之人心, 天理微妙而難著, 形氣危殆而難安. 惟精以擇, 惟一而存, 危而安微而著, 靜而無邪, 動必得中. 或曰; '程子以情欲爲人心, 何也.' 曰; '血氣之感, 是人心也. 情欲亦是血氣之感, 故曰人心也' 或又曰; '敢問朱子曰雖上智不能無人心, 何謂也.' 曰; '雖上智, 不能無血氣之感也.' 曰; '血氣之感, 亦有公私乎.' 曰; '有. 聽命於性命則公也, 不聽命於性命則私也.' '敢問上智與中人以下.' 曰; '淸而中者, 上智也, 濁而偏者, 中人以下之人也."

> 上智라고 하더라도 人心이 없을 수 없는 것이다. 그러나 바름에 머물러서 사악함으로 흐르지 않으니 비록 人心이라고 하더라도 곧 道心이라고 할 수 있는 것이다. 天理의 公은 미묘하여 잊어버리고 살피지 않으면 私에 가려버리기 쉽다. 血氣의 私는 위태로운 것이니 따라서 살피지 않으면 사악함으로 흐르기 쉽다. 오직 정밀함으로 뒤섞이지 않고 오직 한 마음으로 게으르지 않아야 비록 위태롭더라도 반드시 편안하고 비록 미묘하더라도 반드시 드러나는 것이다. 태어난 모든 것은 지혜롭고 어리석음을 구별할 것 없이 다 같이 天理를 부여받았다. 그러므로 비록 下愚라고 하더라도 道心이 없을 수 없다. 그러나 下愚에 그치는 것은 대체로 自暴自棄하기 때문이다.[59]

이 글들을 통해 인간에 대한 옥동의 의식을 확실하게 파악할 수 있다. 위에서 인용한 첫 번째 글에서 옥동은 도심道心과 인심人心의 개념을 정리하고 이어서 최상등급의 지혜를 가진 사람에게도 인심人心이 없을 수 없다고 했다. 어떤 사람에게도 인심人心이 없을 수 없다는 것은 형기形氣의 사私와 정욕情欲을 벗어날 수 있는 사람이 없다는 말이다. 인간은 누구나 인심人心에 의해 사욕私欲과 정욕情欲에 빠질 수 있음을 밝힌 것이다. 그러나 다음 글에서 옥동은 상지上智의 사람은 인심人心을 가지지만 바름에 머물러서 사악함으로 흘러가지 않아 그가 가진 인심人心은 도심道心이 된다고 했다. 그리고 이어서 또 지혜롭고 어리석음을 가릴 것 없이 사람은 모두 천리天理를 부여받았기 때문에 비록 하우下愚라고 하더라도 도심道心을 가진다고 했다. 하지만 하우下愚가 하우下愚에 그치는

59 李漵, 「論人心道心」, 『弘道先生遺稿』 卷6, 「雜著」, "凡有生則不能無形氣之感, 故曰雖上智不能無人心, 然止於正而不流於邪, 雖人心便可謂道心也. 天理之公微, 忘而不省, 則易爲私蔽, 血氣之私危, 徇而不察, 則易流於邪. 惟精不雜, 惟一不怠, 雖危必安, 雖微必著矣. 凡有生, 無智愚, 同禀天理, 故曰雖下愚, 不能無道心, 然其止於下愚者, 盖由於自暴自棄也."

것은 자포자기自暴自棄하기 때문이라는 것이다.

이 글을 통해 옥동은 인간의 가능성과 한계를 동시에 밝혔다. 상지上智에 해당하는 사람도 형기形氣의 사私와 정욕情欲을 벗어날 수 없다는 것은 분명한 인간의 한계이다. 부여받은 천리天理 그 자체에 이理와 기氣에 근거한 도심道心과 인심人心이 존재하며 태어난 모든 사람에게 형기形氣의 감응이 없을 수 없다는 것은 인간이란 누구나 사욕私欲과 정욕情欲에 빠질 수밖에 없음을 의미하는 것이다. 그러나 다른 한편으로 성명性命의 명命에 따라 맑고 중도에 맞게 행할 수 있는 사람은 바름에 머물러서 사악함으로 흐르지 않기 때문에 인심人心을 이理에 근거한 도심道心으로 바꿀 수 있다고 했다. 이것은 인간의 가능성이다. 본질적으로 인간이라는 존재는 이理와 기氣에 근거한 도심道心과 인심人心을 동시에 가지지만, 인간의 행위 여하에 따라 도심道心에 근거한 상지上智가 될 수도 있고 인심人心에 근거한 하우下愚가 될 수도 있다는 것이다. 그렇다면 문제가 되는 것은 상지上智가 되기 위한 인간의 행위이다.

> 天理가 나에게 부여해 준 것을 性이라고 하니 性에는 善하지 않은 것이 없다. 그런데 善하고 善하지 못한 것이 있는 것은 氣質에 구속되고 私慾과 習俗에 빠져서 그런 것이다. 무엇을 氣라고 하는가? 氣에는 두 종류가 있으니 陽氣와 陰氣이다. 陽氣는 맑고 밝은 것이고, 陰氣는 어둡고 탁한 것이다. 맑고 밝은 기운만 받아 부여받은 바른 이치를 온전히 할 수 있으면 聖人이고, 맑은 기운이 대부분이지만 탁한 기운이 뒤섞여 있어 배워서 온전히 할 수 있으면 賢人이고, 昏濁한 기운만 부여받으면 어리석고 어두우며 밝지 못하다. 혹 뛰어난 재주를 가지고 있지만, 自暴自棄하니 이것이 바로 사욕에 빠져 天理를 滅하는 것이다. 옛사람이 "自暴自棄를 가장 어리석은 사람"이라고 하였으니, 그 재주를 살펴보면 무엇인가를 할 수 있지만, 작은 성취에 안주한다. 사사로운 욕심을 이익으로 여기며, 게으름을

> 이기지 못하고 습관에 구속되니 진실로 가장 어리석은 사람이다. 性 아닌 것이 없으나 天理의 온전함을 군자는 性이라고 하고, 氣質에 구속된 것을 군자는 性이라고 하지 않는다.[60]

이 글에서도 옥동은 인간의 본성이 선善함을 강조하였다. 옥동은 인간이 천리天理에서 부여받은 성性은 모두 선善한 것이지만, 기질氣質과 사욕私慾, 습속習俗에 빠져 본성本性의 선善을 잃어버리게 된다고 했다. 따라서 인간이 본성本性의 선善을 지켜 상지上智와 지선至善의 경지에 머물기 위해 필요한 것은 그 본성本性을 지키는 것이다. 본성本性을 지켜 부여받은 맑고 밝은 기운과 바른 이치를 온전히 할 수 있으면 성인聖人이 될 수 있고, 탁한 기운이 뒤섞여 있더라도 배워서 온전히 할 수 있으면 현인賢人이 될 수 있다. 이를 위해서는 작은 성취에 안주하여서는 안 되는 것이고, 사사로운 욕심을 이익으로 여기거나 게으름에 빠져 습관에 구속되어서도 안 되는 것이다.

따라서 옥동은 인간이 본성本性의 선善을 지켜 상지上智와 지선至善의 경지에 머물기 위해서는 부단한 노력이 필요하다고 보았다. 부여받은 천리天理 그 자체에 이理와 기氣에 근거한 도심道心과 인심人心이 존재하며 태어난 모든 사람이 형기形氣의 감응에 의한 사욕私欲과 정욕情欲에 빠질 수 있지만, 성명性命의 명命에 따라 맑고 중도에 맞게 행동할 수 있다면 인심人心을 이理에 근거한 도심道心으로 바꿀 수 있다고 했다

60 李漵, 「性善說」, 『弘道先生遺稿』 卷6, 「雜著」, "天理賦於我, 謂之性, 性無有不善. 惟其有善與不善者, 拘於氣質, 陷於私慾與習俗也. 何謂氣. 氣有二焉, 曰陽與陰. 陽淸而明, 陰昏而濁, 全稟淸明者, 能全所賦之正理, 聖者也, 淸氣多而濁氣雜者, 由學而後能, 賢人也, 全稟昏濁之氣者, 愚暗不明. 或有才高而自暴自棄, 此卽汩於欲而滅天理者. 古人有言曰; '自暴自棄, 謂之下愚' 觀其才, 可以有爲而安於小成, 利於私欲, 不勝於惰怠, 拘於習熟, 誠下愚也. 莫非性也, 天理之全, 君子謂之性, 其拘於氣者, 君子不性焉."

는 점에서 옥동이 인간의 부단한 노력을 강조하고 있음을 쉽게 알 수 있다. 이와 같은 생각을 가지고 있었던 옥동은 심心의 가치를 중시했다.

> 心이라는 것은 理와 氣가 오묘하게 합한 것이니 살아 움직이지만 신령하여 신묘한 지각이 있음을 명명한 것이다. 性이라는 것은 心에 갖추어진 이치이다. 仁義禮智라고하면 그 속에 端緖가 있는 것이니, 端緖가 바로 仁義가 드러난 것이어서 七情의 情과 뒤섞어 부를 수 없다. 七情이라는 것은 形氣가 드러난 것이고 또 心이 感應한 것이다. 이것은 人心이니 性이 發用하여 情이 된 것과는 다른 것이다. 心은 性을 주관할 수 있으나 性은 心을 주관할 수 없고, 心은 情을 檢束할 수 있으나 情은 心을 檢束할 수 없다. 心을 말하면 性과 情은 그 속에 포함되어 있는 것이다. 張子가 "心이 性과 情을 통솔한다."고 하였으니 통솔한다는 것은 통제하고 주관하는 것을 가리키는 것이다.[61]

심心은 이理와 기氣가 합해진 것으로 성性과 정情을 통솔하고 주관하는 것이다. 따라서 심心이 어떻게 작용하느냐에 따라 인간은 지선至善의 경지에 머무른 상지上智가 될 수도 있고, 정욕情欲과 사욕私慾에 빠진 하우下愚도 될 수 있다. 결국 인간이 다다른 경지는 심心이 이르고 도달한 경지에 의해 좌우되는 것이니만큼 심心을 다스리는 것은 인간이 인간답게 되기 위해 가장 중요한 것이다.

"私意가 한 번 싹트면 天理는 곧 끊어지는 것이니, 막 싹이 터 올랐을

61 李漵, 「心」, 『弘道先生遺稿』 卷9, 「雜著」, "心者理氣妙合, 活運流通, 而有虛靈神知之名. 性者心之所具之理也. 言仁義禮智則端在其中, 端乃仁義之發也, 不可與七情之情混名. 七情者, 形氣之發, 亦心之感也. 此人心也, 與性發爲情者異. 心能主性, 性不能主心也, 心能檢情, 情不能檢心也. 言心則性情包在其中. 張子曰; '心者統性情者也', 統者統主之稱也."

> 때에 살펴서 제거하여야 한다. 바로 제거하면 곧 잊을 수 있는 것이고, 바로 잊을 수 있으면 곧 엄격하게 경계할 수 있고, 바로 엄격하게 경계할 수 있으면 天理가 절로 드러나 보존되는 것이니, 바로 天理가 드러나고 보존되면 곧 무젖어 기를 수 있는 것이다. 무젖어 기름이 오래되면 자연히 연원이 깊어지고 쓰임이 폭넓어 지는 것이니 무젖어 기르는 것은 경계하며 두려워하고 살펴 푹 잠겨서 무젖어듦을 말하는 것이다." 또 말하기를 "마음을 보존하고 본성을 기를 때의 氣象은 고요하고 움직임이 없어 삼라만상이 삼엄하고 위엄이 있다. 경계하고 두려워하는 것은 마음을 보존하고 본성을 기르는 것이고, 전전긍긍하는 것은 살피는 것이다. 경계하고 두려워하는 것은 전전긍긍하는 뜻이나 고요하고 움직임이 없는 것이니 이것은 형체가 없으나 실상은 형체가 있는 것이고, 전전긍긍하는 것은 경계하고 두려워하는 뜻이나 드러난 것이니 이것은 형체가 있는 것이나 본래는 형체가 없는 것이다."라고 하였다. 이로 보건데 경계하고 두려워하는 것은 고요한 속에서 전전긍긍하는 것이고, 전전긍긍하는 것은 움직임 속에서 경계하고 두려워하는 것이다.[62]

이 글은 옥동이 심心을 다스리는 방법에 대해 밝힌 것이다. 사의私意가 한 번이라도 싹트게 되면 천리天理가 끊어지기 때문에 사의私意가 싹트는 그 순간 바로 제거해야 한다. 살펴서 사의私意의 싹을 제거하면 천리天理가 드러나고 보존되어 무젖어 기를 수 있는 것이다. 이와 같은 상황을 만들기 위해 인간이 해야 할 일은 경계하고 두려워하는 것[戒懼]과 전전긍긍하는 것[戰兢]이다. 이렇게 경계하고 두려워하며 전전긍긍하기

62 李漵, 「治心」, 『弘道先生遺稿』 卷9, 「雜著」, "私意一萌則天理便間斷, 才萌宜省察以克去之. 才克去便可忘也, 才忘便可戒嚴也, 才戒嚴理自著存, 才著存便可涵養. 涵養之久, 自然源深而用周, 涵養者, 戒懼省察而沉潛涵泳之謂也. 又曰; '存養時氣象, 寂然不動, 萬象森然. 戒懼, 存養也, 戰兢, 省察也. 戒懼以戰兢之意而寂然也, 是無形而實有形也, 戰兢以戒懼之意而顯然也, 是有形而本無形也.' 以此觀之, 戒懼靜中之戰兢也, 戰兢動中之戒懼也."

위해 옥동이 추구한 것은 경敬과 성誠을 통한 수양이었다.

> 心이 性과 情을 주관하는 것이니 和는 用이고 中은 體이다. 그 用을 지극히 하고자 하면 반드시 먼저 그 體를 지극히 하여야 한다. 이 때문에 君子는 그 보지 못한 것을 경계하고 조심하는 것이며, 그 듣지 못한 것을 두려워하는 것이다. 心은 性과 情을 포괄하며 性과 情을 주관한다. 주관하는 것은 敬이니 敬은 動과 靜을 관통한다. 敬이 動과 靜을 관통할 수 있으면 中和에 이르는 것이니 中은 道의 體이고 和는 道의 用이다. 性을 따르는 것을 道라고 하니 道라는 것은 잠시라도 떨어질 수 없는 것이다. 이 때문에 군자는 마음을 보존하고 본성을 기르는 것을 귀하게 여긴다. 中和에 이를 수 있는 것을 敬이라고 하니 언제나 敬에 이를 수 있는 것이 지극히 하는 것이요 지극함에 이르는 것을 敬을 지킨다고 하니 오직 誠만이 敬을 지킬 수 있는 것이다.[63]

이 글에서 옥동은 성誠과 경敬에 대해 개략적으로 서술하였다. 심心이 성性·정情을 포괄하고 성性·정情을 주관하는데, 심心이 성性·정情을 주관하는 행위를 경敬이라고 한다. 성性·정情을 주관하는 경敬이 동動·정靜을 관통하면 중화中和에 이르는데, 중화中和는 도道의 체體·용用이라는 점에서 경敬이 극치에 이르면 그 자체로 도道에 이르게 된다는 것이다. 그런데 이 경敬의 경지를 이루고 지키는 것은 성誠으로만 할 수 있는 것이라고 했다. 결국 성誠으로 경敬의 경지를 극치에 이르게 하고 지킬 수 있으면 도道에 이르게 된다는 뜻이고, 성誠과 경敬을 통하지 않

63 李漵, 「心主性情」, 『弘道先生遺稿』 卷9, 「雜著」, "心主性情, 和者用也, 中者體也. 欲致其用, 必先致其體. 是故君子戒愼乎其所不覩, 恐懼乎其所不聞. 心包性情而主性情者也. 主者敬也, 敬貫動靜. 敬能貫動靜則中和矣, 中者道之體, 和者道之用也. 率性之謂道, 道也者不可須臾離也. 是故君子貴乎存養. 能中和之謂敬, 常能敬是致也, 致之謂持敬, 唯誠者能持敬."

고는 도道에 다가설 수 없다는 뜻이다.

> 誠과 敬을 합하여 논하는 사람이 있고 나누어 논하는 사람이 있다. 합하고 나누지 않으면 안 되는 것이고, 나누고 합하지 않아도 안 되는 것이다. 합하여 말하기 때문에 誠이라고 말하고 敬이라고 말하지 않지만 敬이 그 속에 있는 것이고, 敬이라고 말하고 誠이라고 말하지 않지만 誠이 그 속에 있는 것이다. 나누어 말하기 때문에 誠이라고 말하지만 반드시 敬을 말하는 것이며 敬이라고 말하지만 반드시 誠을 말하는 것이다.[64]

> 하나라는 것은 마음을 보존하는 요체이니 하나에는 세 가지 뜻이 있다. 하나를 오로지하여 다른 것에 마음을 두지 않는 것과 한결같아 게으르지 않는 것, 순수하여 틈이 없는 것이다. 하나를 오로지 한다는 것은 理를 오로지하여 邪에 나아가지 않음을 말하는 것이고, 한결같다는 것은 처음부터 끝까지 독실하여 끊어짐이 없음을 말하는 것이며, 순수하다는 것은 안팎으로 진실하여 잡된 것이 없음을 말하는 것이다. 한결같은 것이 誠이고, 한결같기를 주장하는 것이 敬이니 언제나 敬한 것이 誠이다. 敬이 아니면 誠을 보존할 수 없고, 義가 아니면 邪를 막을 수 없다. 고민하고 두려워하는 것은 畏이고, 막고 제재하는 것은 義이다. 敬이 아니면 義를 지킬 수 없고 義가 아니면 敬을 이끌 수 없으며, 誠이 아니면 仁과 義의 실상이 없고 敬이 아니면 誠을 주장할 수 없으며, 誠이 아니면 늘 敬할 수 없고 義가 아니면 誠을 진작시킬 수 없다. 敬은 하나를 주장하는 것이고 義는 裁斷하는 것이니 敬은 理를 주장하여 邪를 막고 義는 邪를 물리치고 理에 나아가게 한다(自註; 이것은 理이고 저것은 邪이다.). 理를 주장하는 것은 邪를 막는 것이니 경계하고 삼감을 말하는 것이고, 邪를 물리치고

64 李溆, 「論誠敬之不可合而爲一, 不可分而爲兩」, 『弘道先生遺稿』 卷6, 「雜著」, "夫誠與敬, 有合而論者, 有分而論者. 合而不分則不可也, 分而不合則亦不可也. 合而言, 故有言誠不言敬而敬在其中者, 有言敬不言誠而誠在其中者也, 分而言, 故有言誠而必言敬, 言敬而必言誠."

> 理에 나아간다는 것은 제재하여 떨치고 뽑아버림을 이르는 것이다. 두려워해야 邪를 막을 수 있고, 義라야 邪를 물리칠 수 있으니(自註; 畏는 두려워함을 말한다.), 두려워한 뒤에야 물리칠 수 있다. 敬하면 誠을 보존할 수 있고 두려워하면 邪를 막을 수 있으니 두려워함이 敬에 가까운 것이다.[65]

이 글을 통해 옥동은 성誠과 경敬의 관계와 방법 그리고 그 효용에 대해 구체적으로 밝혔다. 성誠과 경敬의 관계 역시 이理와 기氣의 관계와 같이 떨어질 수 없는 것이라고 했으니, 옥동이 성誠과 경敬을 한 몸의 두 작용과 같은 것이라고 생각하였음을 알 수 있다. 한결같은 것이 성誠이고, 한결같기를 주장하는 것이 경敬이니 언제나 경敬한 것이 성誠이고 경敬이 아니면 성誠을 보존할 수 없다는 말이다. 경敬이란 이理를 오로지 하여 사邪에 나아가지 않고, 처음부터 끝까지 독실하여 끊어짐이 없으며, 안팎으로 진실하여 잡된 것이 없는 것이고, 성誠은 그와 같은 상태를 유지하는 것을 말한다. 경敬을 통해 의義를 지켜 사악함을 막을 수 있고, 성誠을 통해 인의仁義를 실현할 수 있으니 경敬해야 성誠을 주장할 수 있고, 성誠해야 언제나 경敬할 수 있는 것이다.

옥동의 주장과 같이 경敬은 마음을 한 가지 일에 집중시킨 상태를 유지하는 것으로, 언제나 깨어 있는 수양방법이다. 경敬은 인간의 본성本性

65 李漵, 「誠敬辨」, 『弘道先生遺稿』 卷8, 「雜著」, "一者存心之要乎, 一有三義. 專一無他也, 如一無怠也, 純一無間也. 專一謂專於此而不之於彼也, 如一謂篤於始終而不斷也, 純一謂內外眞實而無雜也. 一者誠也, 主一者敬也, 恒敬者誠也. 非敬無以存誠, 非義無以閑邪. 慮懼者畏也, 防制者義也. 非敬無以守義, 非義無以提敬, 非誠無以實仁與義, 非敬無以主誠, 非誠無以恒敬, 非義無以振誠. 敬主一也, 義裁斷也. 敬主此而防彼也, 義却彼而進此也(自註 此理也, 彼邪也.). 主此防彼, 戒愼之謂也, 却彼進此, 克制振拔之謂也. 畏能閑邪, 義能却邪(自註 畏恐懼之謂也), 畏然後能却之. 敬能存誠, 畏能閑邪, 惟畏近敬."

을 이理의 상태에 가깝게 유지하기 위한 것이라는 점에서 순수하게 인간의 내면적인 수양 원리이지만, 경敬이 외면의 엄숙함을 유지하는 것에서 시작된다는 점에서 외면적인 수양과 분리될 수 없는 것이다. 성誠이란 이와 같은 경敬의 상태를 유지시켜 주는 행위의 근원이다. 그렇기 때문에 성誠이 없으면 경敬의 경지를 유지할 수 없는 것이다.

이렇게 성誠과 경敬의 의미를 정리해보면 옥동이 추구한 "성誠과 경敬을 통한 심心의 수양"은 외적인 행위의 엄격한 절제를 통해 이루어진 내면의 엄숙함을 끝까지 유지하여 흔들리지 않고 일관되게 지속하는 것이라고 할 수 있다. 이와 같은 모습은 도덕적道德的 완전성完全性 혹은 완결성完結性을 의미하는 것이다. 옥동은 어느 한 순간이라도 내·외면의 엄숙함이 흔들리지 않는 절대 수양과 도덕을 추구해 나가는 것이 인간이 해야 할 일이고, 그 방법이 인간의 학습이고, 그 학습을 통해 이루어진 것이 바로 참된 인간이라고 생각했었다.

그런데 이렇게 옥동이 "성誠과 경敬을 통한 심心의 수양"을 추구한 것은 분명 어떤 이유가 있었기 때문이다. 물론 기본적으로 옥동이 인간이 인간다운 모습을 지키기 위해, 또 그 모습을 유지하여 인간다운 인간이 모여 사는 사회를 만들기 위해 이와 같은 수양이 절대적으로 필요하다고 생각했기 때문이라고 할 수 있다. 하지만 인간을 바라보는 옥동의 시선은 단순히 전통적이고 보수적인 수양의 관점을 넘어 엄격한 절제를 추구하고 있다. 그와 같은 시선은 옥동이 당대 사회를 부조리한 것으로 여기고 있었다는 생각을 하게 한다.

법이라는 것은 나라에서 쓰는 것이다. 군자가 쓰여지면 이 법을 사용하여 백성을 다스리고, 쓰여지지 않으면 물러나 스스로를 수양하는 것이니 이 법을 가르치고 전할 뿐이다. 국가 이외에 별도로 사사로운 법을 두는

> 것은 안 되는 것이다. 그러므로 社倉에 의구심이 없을 수 없다. 이 법이 행해진 뒤에 혹 이익만을 추구하여 원망을 남기는 폐단이 있으니 법이 이와 같이 훌륭하지만 폐단이 있는 것은 어째서인가. 윗사람의 권세가 아랫사람에게 있는데, 권세를 나눔이 바르지 못해 힘센 사람이 권세를 얻어 사사로이 권력을 농단해서이다. 나라가 다스려지면 鄕約을 기다릴 필요 없이 절로 교화의 법이 있는 것이고, 나라가 어지러우면 비록 이 법이 있더라도 폐단이 생김을 면할 수 없다. 아니면 법을 집행하는 사람이 구속되고 급박함을 면하지 못해서인가? 그것도 아니면 권세를 나눔이 그 바름을 얻지 못해 그런 것인가? 군자는 등용되면 배운 것을 실행하고 버려지면 감추는 것이니 감춘 뒤라면 가르치고 전해주는 일을 하는 것에 불과하다. 각자가 스스로 물러나 행할 뿐이니 하필이면 나라의 법을 사사로이 휘두르겠는가? 그러므로 공자께서 법을 논하실 때 행할 만한 뜻은 보여주시되 감히 사사로이 멋대로 행하지 않으셨다. 만약 『春秋』와 같다면 萬古의 임금과 신하에게 경계함을 드리울 것이니 얽힌 것이 중대한 것이다. 권세가 있는 곳은 자기 마음대로 할 수 있는 것이 아니다.[66]

이 글을 보면 옥동이 당대 사회의 폐단에 대해 분명하게 인식하고 있었으며, 이를 심각하게 생각하고 있었다는 것을 알 수 있다. 특히 이 글에서 비판의 대상이 되고 있는 것이 국법을 빙자하여 권력을 멋대로 휘두르는 인물과 사창社倉 제도이다. 이 글에서 옥동이 현실의 제도와 인물에 대한 비판을 동시에 가하고 있지만, 비판의 초점이 인물에게 놓여

66 李漵, 「論法」, 『弘道先生遺稿』 卷7, 「雜著」, "法者國之用. 君子得用則用以治民, 不用則退以自脩, 以是法教授而已. 國家之外, 不可別有私法. 故不能無疑於社倉. 此法行之於後, 或有專利貽怨之弊, 法美如此而有弊何也. 上權在下, 分不得其正, 豪强者得以弄私權. 國治則不待鄕約而自有敎化之法, 國亂則雖有此法, 未免生弊. 抑行之者, 未免拘束急迫而然耶, 抑分不得其正而然耶. 君子用之則行, 舍之則藏, 旣藏則不過敎授. 各自退行而已, 何必私擅國法. 故孔子論法, 示可行之意, 不敢私自擅行. 若春秋則垂戒萬古君臣, 所繫重大. 權之所在, 非得已也."

있는 것은 제도를 만들고 집행하는 것이 사람이기 때문이다. 이 말을 돌이켜 보면 인간다운 인간이 모여 사는 사회라면 이와 같은 문제가 없을 것이라고 생각했다는 뜻이 된다.

옥동의 문집 속 잡저편雜著篇에 사회 제도와 현실에 대한 비판의식을 찾아볼 수 있는 글들이 지속적으로 기술되어 있다는 것은 옥동이 당대 사회의 다양한 문제점을 충분히 인식하고 있었음을 알 수 있게 한다. 그런 점에서 옥동이 추구한 "성誠과 경敬을 통한 심心의 수양修養"은 이와 같은 사회의 다양한 문제점들을 교정矯正하기 위한 수단이었다고도 할 수 있다. 물론 옥동이 당대 사회를 부조리하다고 바라보았던 이유 중의 하나로 당대 사회에서 고폐固閉된 자신과 가문의 처지를 들 수 있지만, 옥동이 끝내 현실 정치에 뛰어들기를 거부했고, 현실의 문제를 직접 교정矯正하기보다 현재를 살아가는 인간 개개인의 모습을 바꾸고자 했다는 점에서 정치적으로 고폐固閉된 자신과 가문의 처지가 이와 같은 의식의 유일하거나 직접적인, 또 완전하거나 전적인 원인이라고 하기에는 부족한 점이 있다.

옥동은 기본적으로 인간을 긍정하고 인간의 가치를 인정하였다. 그렇기 때문에 인간의 가치를 인간 사회에서 온전하게 구현해 내기 위해 보다 철저한 수양을 추구하였고, 그 수양을 방해하는 어떤 것에 대해서도 서슴없는 비판을 가했다. 특히 문장文章을 꾸미기만 할 줄 아는 자잘한 기예技藝를 가진 문장가를 비판하기 위해 쓴 「비조충문장가非雕虫文章家」라는 글에서[67] 옥동은 이단異端의 문장가를 직접 비판했다. 옥동이 이단의 문장가가 세상을 현혹하고 도를 어지럽힌다고 생각한 것은 이단의 문장가들이 세상의 사정에 아주 밝고 사람들을 즐겁게 하며 뜻을 쓰

67 李漵, 「非雕虫文章家」, 『弘道先生遺稿』 卷8, 「雜著」.

는 것이 몹시 교묘하고 문장이 뛰어나기 때문이었다. 그렇기 때문에 옥동은 사람들이 자기도 모르게 이단의 문장에 빠져들어 경전經典을 외면하고 속화俗化된다고 생각했다.[68]

당대 사회와 당대 사회를 살아가는 사람들의 타락한 모습을 강하게 비판했던 옥동은 유가적儒家的 도덕관념道德觀念이 구현된 이상적인 사회와 인간을 추구했다. 그가 추구한 사회는 한마디로 효제孝悌·충신忠信이 구현된 사회였고, 인간은 도덕적 수양을 멈추지 않는 인간이었다.

> 부친과 조부가 나를 나았으니 사랑하고 공경하지 않을 수 있겠는가? 형제와 친척은 한 기운을 같이 받아 그 몸을 마음보다 먼저 하나로 보니 귀중하게 여기지 않을 수 있겠는가? 자손이 나의 기운을 이어 선조를 받드니 사랑하지 않을 수 있겠는가? 사랑하지만 가르치지 않는다면 사랑하지 않는 것이다. 어떤 사람이 "자식을 가르치는 것이 너무 이르면 자식이 혹 병들어 죽을 수도 있으니 가르치는 것을 너무 빨리 할 수 없다."고 하여, 말하기를 "죽고 사는 것은 명이 있으니 비록 일찍 가르치지 않더라도 죽을 수 있지 않겠는가? 자식이 비록 不肖하더라도 가르치지 않아서는 안 되는 것인데, 하물며 자식이 남보다 뛰어난 자질을 가지고 있는 경우이겠는가? 장성한 뒤에 학문에 나아가면 반드시 대체로 헛되이 힘을 소비하고 뒤늦게 배운 후회가 있을 것이니 애석하지 않겠는가?"라고 하였다.[69]

자식 된 자는 힘써 배워 덕에 나아가야 하는 것이니, 힘써 배워 덕에

68 尹載煥, 「玉洞 李漵의 文學觀 研究」, 『東方漢文學』 27, 東方漢文學會, 2004, 231~234면.

69 李漵, 「述意」, 『弘道先生遺稿』 卷6, 「雜著」, "父與祖生我, 能勿愛敬乎. 兄弟親戚, 同稟一氣, 體先心而一視, 則能勿貴重乎. 子孫承我氣而奉祖先, 能勿愛乎. 愛之而不教, 非愛也. 或曰; '教子太早, 或致病死, 教之不可太早.' 曰; '死生有命, 雖不早教, 能勿死乎. 子雖不肖, 不可不教之, 況子有過人之資乎. 長而進學, 必多枉費晚覺之悔, 可不惜哉.'"

나아가는 자를 肖子라고 하고 힘써 배워 덕에 나아갈 수 없는 자를 不肖子라고 한다. 不肖子로 사는 것은 도리어 肖子로 죽는 것보다 못하다. 肖子는 부모의 형세를 지킬 수 있으니 우러러보아 하늘에 부끄러움이 없고 굽어보아 땅에 부끄러움이 없으며 귀신에게 부끄러움이 없고 사람에게 부끄러움이 없으며 先聖에게 부끄러움이 없다. 그러므로 형제·친척·鄕黨에서 효도하고 공경한다고 칭찬하는 것이고 남들이 부모·형제의 말을 비방할 수 없으니 자식 된 자로 즐겁지 않겠는가? 不肖子는 先代에 욕이 되고 부모를 거스르며 형제와 종족을 괴롭게 하니 슬프지 않겠는가? 부모를 거스르는 이유는 무엇인가? 도리에 어그러지고 악하여 순종하지 않기 때문이다. 순종하지 않기 때문에 부모에게 근심과 번민을 끼치는 것이고 부모의 진노를 번거롭게 하며 정신을 소비하게 하고 혈기를 손상시켜 生의 道를 상하게 하는 데 이른다. 자식 된 자가 부모를 돌아보지 않고 자신의 뜻만을 따라서는 되겠는가? 자식 된 자가 그 마음을 돌아봄이 없어서 되겠는가? 만약 사랑하고 순종할 줄만 알고 공경할 줄을 알지 못한다면 그 또한 안 되는 것이다. 사람이되 그 몸을 收斂할 줄 모른다면 이것은 부모의 몸을 모멸하는 것이고 천명을 업신여기는 것이다.[70]

경계를 바르게 하고 세금을 적게 걷으며 형벌을 간략하게 하고 옥사를 공평하게 한다. 농사와 잠업을 권장하여 농사의 때를 빼앗지 않으며 닭과 돼지·개를 기를 때 번식시킬 때를 놓치지 않게 하면 위로 충분히 부모를 섬길 수 있고 아래로 충분히 처자식을 기를 수 있다. 사는 곳을 편안히

70 李溵, 「戒人子」, 『弘道先生遺稿』 卷6, 「雜著」, "爲人子者, 當力學進德, 力學進德, 謂之肖子, 不能力學進德, 謂之不肖子. 不肖而生, 反不若肖而死. 肖則能踐父母之形, 上而無愧於天, 下而無愧於地, 無愧於鬼神, 無愧於人, 無愧於先聖. 故兄弟親戚鄕黨稱孝稱悌, 人不得間於父母兄弟之言, 爲人子者可不樂哉. 不肖則辱於先世, 忤於父母, 疾於兄弟宗族, 可不悲乎. 忤之因何. 悖惡而不順也. 不順故貽父母之憂惱, 煩其嗔怒, 耗其精神, 損其氣血, 以致傷生之道, 爲人子者, 其可不顧而循己而已哉. 爲人子者其可不瞿然於心乎. 若徒知愛順, 不知恭敬, 亦不可也. 人而不收斂身體, 是慢父母之體, 侮天之命."

> 여기고 일을 즐기며 덕에 감복하고 은혜를 품으면 늘 일정한 마음을 가져서 가르침 받기를 즐거워할 것이니 그 윗사람을 친히 여기지 않는 이가 없을 것이다.[71]

> 仁義·孝悌의 道로 가르치면 그 윗사람을 친히 여기고 그 어른을 위해 죽을 수 있다. 농사에 힘쓰고 재물을 운용하는 방법을 가르치면 힘써 농사짓고 근검절약할 것이니 곡식이 익어 쌓아둘 것이 있으면 산 자를 봉양하고 죽은 자를 장사지낼 때 한스러워할 것이 없어 늘 일정한 마음을 가질 수 있다. 무예를 講磨하도록 가르치면 勇力이 신장되고 기예가 정밀하여져, 나아가고 물러서는 법도를 앉아서 행하고 奇法과 正法에 따라 진을 쳐서 밝게 익히지 않는 것이 없을 것이고 변화에 응하거나 두루두루 움직임에 모두 뛰어날 것이다.[72]

이 글을 통해 옥동이 추구했던 사회와 인간의 모습을 확인할 수 있다. 복고적復古的이고 전통적傳統的이지만, 유가적儒家的 고도古道가 구현된 이상 사회와 인간의 모습이다. 이러한 사회를 이루기 위해서는 인간 개개인의 수양이 반드시 필요한 것이고, 범인凡人을 대상으로 한 수양된 인간의 교육이 반드시 이루어져야 한다.

옥동이 추구하는 인간과 사회의 최종적인 모습을 이렇게 본다면 옥동의 사유思惟 양식樣式은 크게 두 층위로 구분할 수 있다. 첫 번째는 개인적 차원의 것으로 인간이라는 존재의 본질을 선善하다고 보지만, 그 선善

71 李漵, 「養民」, 『弘道先生遺稿』 卷10 上, 「雜著」, "疆界正而稅斂薄, 刑罰省而獄訟平. 勸課農桑, 不奪其時, 鷄豚狗彘之育, 無失其時, 則仰足以事父母, 俯足以育妻子矣. 安土樂業, 感德懷恩, 有恒心而樂受敎, 則無不親其上矣."

72 李漵 「敎民」, 『弘道先生遺稿』 卷10 上, 「雜著」, "敎之以仁義孝悌之道, 則親其上而死其長矣. 敎之以務農用財之法, 則力農而節儉, 穀登而有貯, 養生喪死無憾, 而有恒心矣. 敎之以講武則勇力長而技藝精, 坐作進退之節, 布陣奇正之方, 無不明習, 而善於應變周旋之間矣."

한 본성本性은 성誠과 경敬을 바탕으로 한 심心의 수양을 통해 지킬 수 있다. 그러나 아무리 본성本性이 선善하다고 하더라도 그 본성本性을 그대로 방치하게 되면 그 선善한 본성本性은 정욕情欲과 사욕私欲에 가려 버리고 만다. 따라서 개인적 차원에서 옥동에게 중요한 것은 성誠과 경敬이라는 유가적儒家的 수양관修養觀에 따라 수양된 개인의 내면 수양이었다.

두 번째는 사회적 차원의 것이다. 옥동은 그 사회를 구성하는 인간이 얼마나 수양된 인간이냐에 따라 그 사회의 모습은 선善하게도 악惡하게도 바뀔 수 있다고 생각했다. 또 사회의 모습을 선善하게 유지해 나가기 위해서는 사회 구성원 전체의 내면 수양이 전제되어야 하고, 수양된 인간에 의한 범인凡人의 교육이 반드시 이루어져야 한다고 여겼다. 따라서 사회적 차원의 사유세계에서 옥동에게 중요한 것도 단순히 겉으로 드러난 현재 사회의 모습이 아니라 사회 구성원 개개인의 수양과 교육이었다. 이와 같은 개인적 차원과 사회적 차원의 사유세계는 모두 개인의 수양이라는 하나의 지점에서 만나게 되는데, 이 지점이 바로 옥동 사유세계의 근본이었다고 생각된다. 이와 같은 옥동의 사유 양식을 간단하게 도식화 해보면 다음과 같다.

표 2 개인적 차원의 사유와 수양 양식 및 체계

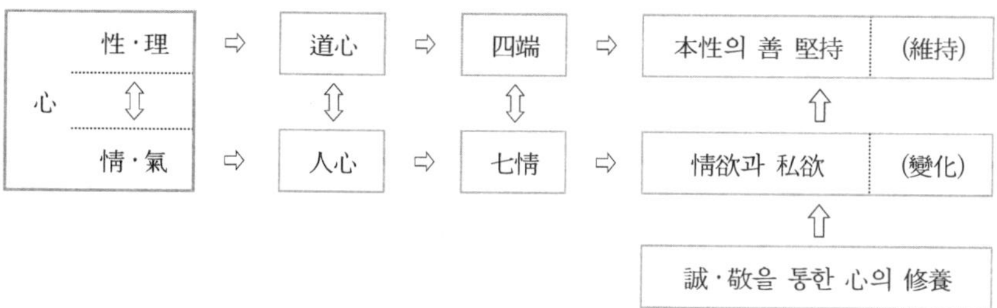

표 3 사회적 차원의 사유와 수양 양식 및 체계

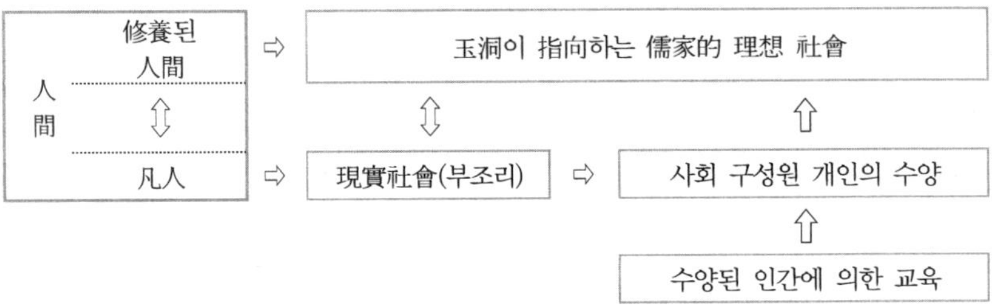

옥동은 그의 후손들에 의해 이전까지 그의 가문 안에서 전해지던 가학家學의 전통傳統에 강한 자극과 충격을 주는 가학家學 변화의 시작점으로 인식되고 있다. 옥동 이전까지 그의 가문은 문학으로 성가聲價를 얻었던 문한가文翰家였는데, 이 가문의 학문 경향이 옥동에 의해 경학經學 중심으로 변화되었다고 한다. 그렇다면 여기서 생각해 보아야 할 것은 두 가지이다.

첫 번째는 옥동의 이와 같은 학문과 사유세계思惟世界가 형성된 과정에 대한 파악이다. 옥동은 주자朱子를 거쳐 퇴계退溪에 의해 확립된 이기이원론理氣二元論에 입각한 성誠·경敬의 심성수양心性修養을 사유思惟의 중심에 두었다. 옥동의 이와 같은 사유세계思惟世界와 양식樣式이 이전까지의 가학家學 경향과 다르다면, 그의 학문과 사유세계는 이전까지의 가학 전수 방법과 다른 과정을 거쳐 성립되었을 가능성이 크다. 두 번째는 옥동의 사유세계가 이전까지의 가학家學 경향과 다르다면, 그의 학문이나 사유세계가 이전까지 전해지던 가학家學의 경향과 어떤 점에서 다른 것인가 하는 옥동의 학문과 사유세계가 지니는 가학家學 전통傳統과의 관계이다.

현재 옥동의 학문이나 사유세계가 형성된 구체적인 과정을 확인할 수 있는 방법은 없다. 옥동의 문집뿐만 아니라 그에게 가장 큰 영향을 받았던 동생 성호星湖 이익李瀷과 아들 금화자金華子 이원휴李元休의 문집 속에도 그에 관한 내용이 전혀 나오지 않는다. 다만, 옥동이 6세 이전 모부인母夫人인 이씨부인李氏夫人이 구술口述해주는 천자문을 익혔다는 것[73]과 23세 무렵 세상에 대한 뜻을 버리고 학문에 침잠했는데, 이때 칠서삼례七書三禮와 제자백가諸子百家에 두루 통달하게 되었다는 것,[74] 그리고 포천 청량포에 은거한 이후 주변 인물들의 다양한 질문에 적확한 답을 할 수 있을 정도로 다방면에 박식博識했었다는 것[75] 정도만 확인된다. 그의 문집을 살펴보면 옥동이 퇴계退溪에게 상당한 영향을 받았음을 짐작할 수 있지만, 그 과정이 어떠했는지 역시 확인하기 어렵다. 이와 같은 옥동의 학문과 사유세계에 대해 성호와 그의 후손 이시홍李是鉷은 다음과 같이 정리하고 있다.

> 선생의 학문은 忠·信을 위주로 하여 지향하고 따르는 바가 오직 周公·孔子·程子·朱子였다. 차라리 師說을 지키며 통달하지 못할지언정 보기 좋은 작은 도는 돌아보지 않았다. 저서에 힘을 써서 지은 책이 상자에 넘쳐났다. (저서는) 心身으로부터 그 바깥으로 나라를 다스리고 백성을 다스리는 것, 律曆의 서책, 천문과 의학의 술수에 이르기까지 크고 작은 것들이 서로 융합되어 本末을 겸비했으니 서로 참조하여 드러내 밝히지

73 李是鉷, 「行狀草」, 『弘道先生遺稿』, 「附錄」, "稍長李夫人口授千字文, 先生切問天地之依附, 日月之運行, 陰陽風雨之變化起止, 推究到底, 未嘗一字放過, 李夫人辭窮不能答. 六歲喪李夫人."

74 李是鉷, 「行狀草」, 『弘道先生遺稿』, 「附錄」, "年甫二十三, 澹然有遺世之志, 棄博士業, 一意窮格, 每晨起盥洗, 謁廟省親畢, 布衣韋帶, 危坐終日, 溫習七書三禮等書, 目擊道存, 神融意會. 旁及諸子百家, 無不貫穿. 學旣大成, 益厭京輦之名利, 遂隱居講道於抱川之淸凉浦, 卽學生公衣履之藏也."

75 李是鉷, 「行狀草」, 『弘道先生遺稿』, 「附錄」, "鄕隣農圃工商之老於其術者來謁, 則其耕耘之法, 貿遷之方, 各隨其業而敎之, 初不甚信, 故而試之, 贏必倍蓰. 識者以此知先生窮格之功, 無不通曉, 而惜其不得需於世也."

> 않은 것이 없었다. 이것이 六經과 四書에 귀결되어 그것을 安宅 · 正路로 삼았다.[76]

> 선생께서는 誠과 信을 이치에 가까운 것이라 여겼다. 가르칠 때는 반드시 먼저 소학을 천 번 읽도록 하고 다음으로 『중용』 · 『대학』 · 『논어』 · 『맹자』를 읽도록 하였으니 먼저 天人 · 性命의 이치와 孝悌 · 忠信의 도를 안 뒤에 다른 책을 보도록 하신 것이다.[77]

이 글들을 보면 성호와 이시홍李是鉷 모두 옥동의 학문을 유가儒家의 경전經典을 바탕으로 한 철저한 심성心性 수양修養을 중심으로 하는 것으로 평가하고 있다. 성호와 이시홍 모두 옥동의 학문에서 충忠 · 신信 · 성誠을 주목하고 있다는 점에서 그 사실은 의심의 여지가 없다. 그와 함께 옥동이 다양한 분야에 관심을 가졌고, 그 분야들에 대해 육경과 사서를 기준으로 참조하여 유기적으로 이해하려 했었다는 것도 알 수 있다.

이와 같은 옥동의 학문 경향은 그의 부친 매산梅山 이하진李夏鎭과 일정 부분 맥을 같이하고 있다. 옥동이 가학의 전통을 변화시킨 시작점이었다고는 하지만, 옥동 역시 다른 스승에게 나가 학문을 익힌 적이 없었다는 점에서 옥동의 학문은 부친을 통해 그에게 전해진 가학을 바탕으로 하는 것이라고 추정할 수 있다.

그러나 그의 부친 매산이 옥동에게 전해준 가학이 어떠한 것이었는지,

76 李瀷, 「家傳」, 『弘道先生遺稿』, 「附錄」, "其學忠信爲主, 步步趨趨, 維周孔程朱, 寧守師說而未達, 不顧小道之可觀. 業著書, 卷秩溢篋, 自心身, 以外至治家治民, 汎及於律曆之書, 甘石歧黃之術, 大小相銜, 本末兼該, 無不參互著明, 歸宿於六經四子, 爲安宅正路."

77 李是鉷, 「行狀草」, 『弘道先生遺稿』, 「附錄」, "先生以誠信近理, 爲敎必使先讀小學千遍, 次讀庸學論孟, 先知天人性命之理, 孝悌忠信之道, 然後及於他書."

또 그 가학의 전수 과정은 어떠했는지에 대해 확인할 수 있는 자료가 남아 있지 않다. 매산과 옥동의 관계에 대해서는 여섯 살의 어린 나이로 어머니를 잃은 옥동에 대한 매산의 안쓰러운 마음을 보여주는, 부자간의 인간적인 정에 관한 단편적인 기록을[78] 제외하고는 다른 기록을 살펴볼 수 없다.

이와 같은 자료의 한계를 감안해 볼 때 현재 옥동의 학문과 사유세계에 미친 가학의 영향을 확인할 수 있는 유일한 방법은 부친 매산과 옥동의 학문과 사유세계를 직접 비교하여 이들 사이의 동이점同異點을 찾아보는 것이다. 이렇게 찾아낸 동이점을 통해 옥동의 학문과 사유 양식이 보여주는 가학 전통과의 거리를 확인하는 것이 현재 취할 수 있는 옥동의 학문과 사유 양식이 지니는 가학 전통과의 거리를 살펴보는 가장 객관적인 접근 방법이라고 생각된다.

매산의 학문은 가학家學의 전통을 바탕으로 이루어졌는데, 매산이 32세 되던 효종 10년(1659) 부친의 삼년상을 마칠 무렵 쓴 「성궁편省躬篇」을 보면 그가 추구했던 학문세계를 대체적으로 짐작해 볼 수 있다.[79] 「성궁편」을 통해 매산은 병 없는 건강한 유자儒者라는 자신의 처지에 대한 자부심과 이 자부심을 바탕으로 세상과 자신에 대한 강한 책임감과

78 李是鉷, 「行狀草」, 『弘道先生遺稿』, 「附錄」, "六歲喪李夫人, 哀毁骨立, 梅山公晝置膝下, 夜置懷中, 百方撫慰."

79 李夏鎭, 「省躬篇」, 『六寓堂遺稿』 卷4, "今余之生也, 幸旣已不翼而不毛, 不草木龜魚, 冠儒衣儒, 居立乎廣居與正道, 幸之又幸, 而與癃疲殘病, 遽篨戚施者, 不同其形貌, 吾之所以得爲吾者, 其可不自多而自喜乎. ……(중략)…… 夫以六尺可用之軀, 生太平有道之世, 終無以自成就, 我則非人. 朝而思夕而念, 求其所以自副其形者, 宜莫如廣志而養才. 於是閉戶沈潛于廣之南麓曰; 梅山, 盡取古人所著編簡, 矻矻靜坐而讀之, 得以大. 肆力于博文窮格之事, 恥一書不通, 而一藝之或不能, 遍誦顔氏舜何人余何人之訓, 而其所以自期于身者, 亦不淺鮮. 服周公多才多藝之辭, 而汎濫于醫藥卜筮星曆種樹之術. ……(중략)…… 內焉贊揚儒化, 而謇諤朝端, 外焉專制方面, 而宣化雷封, 無不攷究其善道, 而思盡其任, 乃其志, 初亦不細矣."

성취 욕구를 드러냈다. 이에 따라 매산은 광지廣志와 양재養才의 박학博學을 추구했고 현실적 효용가치를 중심으로 하는 학문에 주목했다. 특히 매산은 의약醫藥 · 복서卜筮 · 성력星曆뿐만 아니라 종수種樹의 일까지 박학다예博學多藝를 추구했다.

이와 함께 매산은 성현聖賢을 학문의 기준이자 목표로 삼았지만, 성현의 경전에 대한 후현後賢들의 주소註疏를 절대적인 것으로 신봉하지도 않았다. 이는 매산이 경연에서 윤휴가 "『논어』의 주를 반드시 읽을 필요는 없다."고 하자 당시 검토관으로 윤휴의 말이 옳다고 하며[80] 윤휴의 경학관에 지지를 보냈다는 사실에서도 잘 알 수 있다. 외적外的으로 박학博學을 통한 학문의 현실적 효용성에 주목했던 매산은 내적內的으로 하늘이 자신에게 부여해 준 본성을 지키기 위해 경敬을 통한 약례約禮의 수양을 추구했다.

> 이어서 탄식하기를 "내 뜻이 옛 사람들에게 미치지 못하는 것이 아니고, 내 재주가 지금 다른 사람들만 못한 것이 아닌데 남들은 모두 성취한 것이 있지만 나 홀로 없으니 어찌 내가 지키는 것이 요약되지 않아서가 아니겠는가."하고 이에 백가의 서적을 다 버리고 眞德秀가 엮은 『心經』 한 권만을 가지고서 머리를 굽혀 궁구함을 더했다. 主一無適, 收斂惺惺이라는 말은 더욱 가슴속에 붙여두었고, 마침내 敬이라는 한 글자를 가지고 늘 두렵고 두려워하는 법도로 삼아 그 도리를 따라 정수를 헤아려 삼 개월이 지나서야 마치기를 고했다. 그런 뒤에야 이 마음이 몸속에서 지켜지고 있는 것 같았으나 이 학문은 글을 꾸미는 데는 이르지 않는 것 같았다.[81]

80 『朝鮮王朝實錄』 肅宗 1년 1월 18일, "御晝講. 尹鑴亦入侍, 鑴言論語註不必讀, 同知事金錫胄曰; '論語註不可舍.' 鑴曰; '異於科儒用工, 不必讀.' 檢討官李夏鎭曰; '鑴言甚是.'"

81 李夏鎭, 「省躬篇」, 『六寓堂遺稿』 卷4, "繼以歎曰; '余志非不及古人, 余才非不如今人, 人皆有所立, 而我獨無, 豈吾所操者, 有不約耶.' 乃悉屛百家語, 獨對眞氏所錄一

경敬을 중심으로 자신의 내면을 수양하고자 한 매산의 태도는 유자儒者로 태어났다는 것에 자부심을 느꼈던 그의 의식과 학문의 중심에 인간과 사회를 두고 박학을 추구했던 그의 학문 태도, 이 두 가지 의식과 밀접한 관련을 가진다. 그가 추구한 경敬 중심의 수양 자세는 '수기이경修己以敬'과 '경이직내敬以直內'의 수양 태도를 의미하는데, 이것은 인간의 본성을 긍정하는 성선性善 사상에 기반을 둔 심성心性 수양론修養論이다.

생각이나 헤아림을 중단한 상태에서 마음을 고요하게 간직하고자 하는 수양 자세인 경敬은 인간의 이기적 사유에 의해 선한 본성이 악하게 변질되지 않도록 하는 것이다. 따라서 경敬의 수양 태도는 근본적으로 인간의 본성을 긍정하고 인간 그 자체에 의미를 부여하는 것이다. 그렇기 때문에 매산은 인간에 대한 긍정과 자신에 대한 자부를 바탕으로 하늘이 자신에게 부여해준 것을 스스로 지켜나가기에 가장 합당한 실천 덕목으로 경敬을 선택하였다.[82] 매산이 가졌던 박학博學의 학문 경향이나 경敬에 의한 내면 수양은 옥동이 추구한 성誠과 경敬을 통한 심心의 수양 자세나 수양 중심의 철저한 도덕적 생활 태도, 독서를 통한 다양한 분야에의 관심에서 상당부분 일치한다.

하지만, 이와 같은 유사점에도 불구하고 옥동과 그의 부친 매산의 사유세계에는 본질적인 차이점 역시 존재한다. 그것은 현실에 대한 태도와 성현의 경전에 대한 인식에서 찾을 수 있다. 옥동이 비록 당대 현실 사회의 구조적 모순에 대해 비판 의식을 보이고는 있지만, 그는 현실 사회의

部書, 俯首而加硏窮焉. 其於主一無適, 收斂惺惺之說, 尤以着之於胸, 而卒乃以敬之一字, 爲常惺惺之法, 由其盤彛, 斟其淑粹, 越三月而告之畢. 然後此心, 似守於腔子, 此學似不至彌文矣."

82 尹載煥, 『매산 이하진의 삶과 문학 그리고 성호학의 형성』, 문예원, 2010, 70~81면.

직접적인 변화를 위해 노력하기보다 현실 사회를 살아가는 인간들의 의식 변화를 통해 현실 사회를 바꾸고자 했다. 옥동이 이러한 태도를 보인 것은 사회의 진정한 변화는 인간의 변화를 통해서만 이루어질 수 있다고 보았기 때문이다. 하지만 이와 달리 매산은 현실 사회의 변화는 현재의 사회를 바꿈으로써 이루어질 수 있다고 보았다. 이에 따라 매산은 현실적 효용가치를 중심으로 한 박학博學에 치중했고, 자신의 학문을 현실 사회에 직접 적용해 보고자 했다.

성현聖賢의 경전經典에 대한 태도 역시 옥동과 매산은 상당한 차이를 보인다. 옥동은 성현聖賢의 경전經典에 절대적 가치를 부여했고, 경전經典의 내용을 신봉하여 인간의 마음을 수양하고자 했으며, 자기 사상의 사상적·이론적 근거를 성현聖賢의 경전經典과 말씀에서 찾았다. 그가 주자朱子와 퇴계退溪의 이기이원론理氣二元論에 절대적 가치를 부여하고 조금도 의심하지 않았던 것에서 선현先賢에 대한 옥동의 인식을 확인할 수 있다. 그러나 옥동과 달리 매산은 성현聖賢의 경전經典을 절대적으로 신봉하지 않았다. 물론 매산 역시 성현聖賢을 학문의 기준이자 목표로 삼았고, 성현聖賢에 다가서기 위해 성현聖賢의 경전經典을 존숭했던 것은 사실이지만 이 경전經典을 무조건적으로 신봉하지 않았다. 특히 성현聖賢의 경전經典에 대한 후현後賢들의 주소註疏에 대해서는 그다지 큰 가치를 부여하지 않았다.

옥동과 매산의 사유세계를 비교해 보았을 때 옥동이 매산 보다 보수적이고 과거 회귀 현상을 보여주고 있음을 알 수 있다. 두 사람의 생존시기에 34년의 거리가 있는데, 34년 뒤에 태어난 옥동이 매산 보다 더 엄격한 보수적 사유를 견지했던 이유가 무엇인지는 현재 분명하게 확인하기 어렵다. 다만 옥동의 생애를 중심으로 하여 몇 가지 가능성을 유추해 볼 수 있다.

옥동의 생애를 돌이켜보면 유년 시절 그의 삶은 상당히 유복했었다고 보인다. 물론 6세가 되기 전 겪은 친모親母의 사망이 그에게 적지 않은 충격을 주었을 수는 있지만, 그 충격이 그의 사유세계 전반을 보수적으로 만들었다거나 엄격한 수양을 추구하게 하였다고는 보이지 않는다. 옥동의 사유세계에 변화를 가져온 첫 번째 사건이 경신대출척 이후 평안북도 운산으로 유배간 부친 매산의 운명이었다고 생각된다.

옥동의 나이가 20세가 되던 숙종 8년(1682) 55세의 일기로 운명한 부친 매산의 죽음은 이제 막 20대를 시작하던 혈기血氣 방장方壯한 옥동의 사유세계에 적지 않은 충격을 주었다고 생각된다. 명문거족으로 세상에 대해 큰 뜻을 품고 있었던 옥동이었지만, 경신대출척이라는 정치적 고난과 그 고난 속에서 힘없이 운명한 부친과 가문의 몰락을 바라보면서 그의 현실적 욕구는 점차 사그라질 수밖에 없었을 것이다.

부친의 3년상 이후 옥동은 양자로 들어간 학생공學生公 이주진李周鎭의 묘소가 있는 포천抱川의 청량포淸凉浦에 은거하였다. 23세 이후 옥동의 삶은 이곳을 중심으로 전개되는데, 그의 사유세계에 또 한 번의 큰 충격을 던진 사건이 그의 나이 45세 되던 숙종 32년(1706)에 일어났다. 그의 바로 위 형인 섬계 이잠의 장살 사건이다. 이 사건은 옥동에게만 영향을 미친 것이 아니라 그의 아들과 조카·손자들에게까지 영향을 미친 엄청난 사건이었다. 당장 동생 성호가 더 이상 서울의 집을 지키지 못하고 황급히 안산의 성호장으로 몸을 피해야 했고, 이 이후로 가계家系내의 수많은 후예들이 관직 진출을 포기해야만 했다.

이와 같은 일련의 사건들이 옥동의 사유세계에 영향을 미쳐 인간의 본성은 긍정하지만 현실의 모습을 부정하게 하였고, 부조리한 현실을 교정矯正하기 위해서는 현재 사회의 구성원 하나하나가 모두 수양된 인격체로 존재하여야 한다는 생각을 가지게 한 것이 아닐까 생각된다. 또 이와 같은 사유세계를 지니고 있었음에도 불구하고 옥동이 적극적인 현실 개혁의 의지를 드러내지 못한 것은 그가 겪었던 개인적인 경험에 의한 위기감 때문이 아닐까 생각된다. 적극적인 현실 비판과 교정矯正 작업을 현실 속에서 실행하고자 했을 때 접하게 될 곤경을 부친과 형을 통해 이미 경험했던 옥동이 자신과 가문의 미래를 담보한 적극적인 현실 비판을 과감하게 진행하기는 어려웠을 것이다. 이에 따라 옥동은 현실 개혁을 통한 사회 교정矯正보다 인간 수양을 통한 사회 교정을 지향했다고 생각된다.

이 과정에서 인간 수양의 방법과 목표를 구체화하고 자신과 가문의 정체성을 선명히 하기 위해 옥동은 주자朱子 이후 퇴계退溪에 의해 완성된 이기이원론理氣二元論을 수용하여 자기 사유세계의 이론적 근거로 삼았고, 이를 바탕으로 인간과 사회를 수양修養과 시속時俗의 두 세계로 엄격하게 이원화하여 바라본 것이라 여겨진다. 옥동은 이러한 과정을 통해 형성된 자신의 사유세계와 이에 기초한 학문을 당대 그의 가문 후예들에게 전하여 가문의 학문 전통에 충격을 준 변화의 시작점이 되었다고 생각된다.

이와 같은 옥동의 사유세계思惟世界와 사유양식思惟樣式에 대한 탐색은 몇 가지 점에서 적지 않은 의미를 지닌다. 그 첫 번째가 옥동의 학문과 문학세계에 대한 해명이다. 옥동의 학문은 유가적 심성 수양을 위한 심성론 중심으로 이루어졌고, 그의 문학세계 역시 수양을 위한 적극적인 도구로 기능하였다. 따라서 그가 창작한 문학 작품들은 기본적으로 중정中正한 성정性情의 세계를 드러내고 있다. 간혹 대상에 대한 잔잔한 흥을 보여주는 작품들도 있지만, 이 작품들 역시 수양된 내면세계에서 나오는 대상에 대한 애정을 보여주는 것이다. 옥동의 사유세계思惟世界와 사유思惟 양식樣式에 대한 탐색은 이와 같은 옥동의 학문과 문학세계 형성의 근원을 설명해주는 중요한 근거로 작용한다.

개인적인 학문과 문학세계에 대한 설명의 단서와 함께 옥동의 사유세계思惟世界와 사유思惟 양식樣式에 대한 탐색은 조선 후기 학문적 지표의 하나로 존재하는 성호와 성호학의 기본 골격을 확인할 수 있게 한다. 물론 이와 같은 기본 골격의 확인이 성호와 성호학의 내용이 옥동의 사유세계와 일치함을 의미하는 것은 아니다. 성호의 학문세계는 그의 두 형 섬계와 옥동을 통해 틀을 형성하였지만, 그 틀을 스스로의 학습 과정 속에서 변용하고 개량하면서 형성한 것이다. 따라서 옥동의 영향이 성호의 학문과 사상세계 속에 내재하여 있고, 학문과 사상세계의 형성에 일정 부분 영향을 미쳤음은 부정할 수 없지만 그 영향이 바로 성호의 학문과 사상세계를 설명해 준다고 할 수는 없다. 다만 옥동의 사유세계思惟世界와 사유思惟 양식樣式에 비추어 보았을 때 성호의 학문과 사상세계 역시 기본적으로 유가적 수양관修養觀에서 유리될 수 없는 것이고, 성誠과 경敬을 통한 심성心性의 수양을 중심으로 한다는 것을 알 수 있다. 또 이와 같은 옥동의 사유세계思惟世界와 사유思惟 양식樣式에 대한 분석은 조선 후기 당대 가문家門의 학문 전통이 변화된 과정과 이유를 설명하는 하나의 단서로도 기능할 수 있다.

그러나 옥동의 사유양식에 대한 분석이 가지는 보다 본질적인 의미는 퇴계退溪에 의해 확립된 이기이원론理氣二元論을 옥동이 수용하여 자기 사유의 근본 이론으로 적용하였다는 점에 있다. 그것은 퇴계退溪의 이기이원론理氣二元論이 퇴계에 의해 제시된 그 순간부터 상당한 논쟁의 대상이 되었기 때문이다. 고봉高峯 기대승奇大升과의 지난한 논쟁이나 율곡栗谷에 의한 비판을 옥동이 잘 알고 있었다는 점에서 옥동이 퇴계의 이기이원론理氣二元論을 수용하고 율곡栗谷을 비판했던 것은 퇴계의 이론이 지닌 장점을 수용할 필요가 있어서였다고 할 수 있다.

퇴계의 "이발이기수지理發而氣隨之, 기발이리승지氣發而理乘之"라는 이기이원론理氣二元論은 다양한 부분에서 현재의 연구자들에게 비판받고 있다.[83] 특히 그의 이론은 세계와 인간을 이理와 기氣의 대립 관계로 해명하고 있기 때문에 이理에 의해 유도된 도심道心을 지닌 사람이 성인·군자가 되고 기氣에 의해 유도된 인심人心을 지닌 사람이 범인凡人이 된다는 설명을 가능하게 하여 당대의 신분제 사회를 지탱하는 이념적 기반으로 전환이 가능하다. 이와 같은 점에서 이기이원론理氣二元論은 상당한 비판의 여지가 있다.

그러나 이러한 문제점이 있음에도 불구하고 퇴계의 이기이원론理氣二元論은 인간의 선한 본성을 인정하여 인간 본연의 모습을 찾으려고 했다는 점, 그래서 인간 사회에 질서를 가져오는 동시에 인간의 권위를 확립하려고 하였다는 점에서 상당한 의미를 가진다.[84] 옥동이 퇴계의 이기이원론理氣二元論을 수용한 이유도 여기서 찾을 수 있다고 생각된다.

인간의 본성은 긍정하지만 현실의 모습을 부정할 수밖에 없었던 옥동은, 부조리한 현실을 교정矯正하기 위해 인간의 내면 수양을 추구하였다. 인간 개개인이 자신의 내면을 수양하여 천리天理를 보존하고 인욕人慾을 막을 수 있다면 그런 사람들이 살아가는 사회는 완벽한 이상 사회가 될 수 있을 것이라고 생각한 것이다. 이와 같은 사유세계를 지녔던 옥동에게 인간의 본성을 긍정하고 이理·기氣의 대립을 근거로 한 엄격한 자기 수양을 통해 인간 본연의 선한 본성을 되찾고자 하는 이기이원론理氣二元論은 상당히 매력적인 이론이었을 것이라고 생각된다.

옥동은 17세기와 18세기의 교체기를 살았다. 이 시기 옥동은 부친 매산이 청나라에서 구입해 온 서적을 바탕으로 다양한 분야에 대해 폭넓은

83 金吉煥, 『朝鮮朝 儒學思想 硏究』, 一志社, 1980, 252~253면.
84 尹絲淳, 『韓國儒學論究』, 玄岩社, 1980, 125면.

지식을 쌓았으며, 점차 고폐固閉되어 가는 당대 가문의 현실적 난관을 타개打開하기 위해 새롭고 다양한 노력을 경주했으리라 생각된다. 이 가운데 옥동이 주력한 분야는 인간의 내면 수양이라는 유가적儒家的 심성론心性論이였다. 이 심성론이 옥동의 사유세계思惟世界와 사유思惟 양식樣式의 기본이 되었을 뿐만 아니라 이후 성호에게 전해져 성호학의 기초를 형성하였다고 생각된다.

제2부

옥동玉洞 시세계詩世界의 기저基底

1. 문학文學을 대하는 옥동玉洞의 시선視線

옥동玉洞 이전까지 옥동 가문의 명성은 주로 문학 방면에서 이루어졌다. 옥동 가문의 선조 사적을 기록하고 있는 『여강세승驪江世乘』을 살펴보면 옥동 가문의 가학家學 전통이 문학 중심이었던 사실을 쉽게 알 수 있는데, 옥동은 그의 후손들에 의해 이런 가문의 학문 경향을 경학經學 중심으로 전환시키는 시작점으로 평가받는다.

> 아아. 우리 집안의 성리학은 실은 선생이 창시하였다. 星湖 선생은 친히 그 문하에서 공부하여 斯文을 크게 열어놓으셨고, 貞山公·萬頃公·木齋公·可山公은 또 모두 星湖에게서 공부하여 덕을 이루었다. 例軒公·錦帶公·柿軒公은 모두 家學을 私淑하여 도를 이루었는데 詞藻에 치중하던 습속을 일변시켜 성대하게 詩禮의 집안이 되었다. 그 연원을 거슬러 올라가면, 선생이 그 실마리를 만들어 터전을 잡아놓은 공이 있다.[1]

1 李是鉷, 「弘道先生 行狀 草」, 『弘道先生遺稿』, 「附錄」, "嗚乎. 吾家性理之學, 實自先生刱始之. 星湖先生親炙其門, 而大闡斯文, 貞山公萬頃公木齋公可山公, 又皆親炙於星湖而成德, 例軒公錦帶公柿軒公, 皆私淑於家學而成道. 變詞藻之習, 蔚爲詩禮之家, 溯其淵源, 則先生實有造端肇基之功云."

후대에 의해 이런 평가를 받게 된 것은 옥동이 그 스스로의 삶과 학문의 기준으로 주공周公·공자孔子·정자程子·주자朱子를 두었고, 학문의 뿌리와 귀착점을 육경六經과 사서四書에 두었기 때문이다. 옥동은 자신의 학문 기준에 배치되는 노장사상老莊思想이나 불학佛學·양명학陽明學·공리주의功利主義·천주학天主學 등은 언제나 일관된 배척의 대상으로 여겼다. 그는 자신의 문집 속 잡저편雜著篇과 시문詩文에서 이러한 이단異端의 학문과 사상에 대해 조목조목 철저하게 비판하였는데, 다산茶山 정약용丁若鏞의 「정헌묘지명貞軒墓誌銘」을 보면 정조正祖가 내린 전교傳教에서 천주교도天主教徒로 몰린 남인南人 일부를 변호하기 위해 옥동의 시를 인용하고 있다.[2] 이런 모습은 옥동이 경전을 바탕으로 이단을 배척하는 데 진력했었던 실상을 분명하게 보여주는 것이다. 그런데 옥동이 이단을 배척할 때 가장 주의를 기울인 것은 다른 어떤 것이 아니라 이단의 문장文章이었다. 옥동에게는 이단의 문장이 선량한 백성들을 미혹하는 가장 큰 문제로 인식되었던 것이다. 이에 따라 옥동은 이단의 문장에 대해 완고한 문장해도론文章害道論을 제기했다.

> "말이라는 것은 마음이 드러나는 것이고, 글이라는 것은 말이 형상화된 것이다. 경전은 도를 싣는 그릇이고, 문장가는 술수를 싣는 그릇이다. 도를 실으면 순수하고 또 바르지만 술수를 실으면 邪와 正을 겸하게 된다. 순수하고 바르면 높일 뿐이지만 邪와 正을 겸하면 택해야 하는 것이다." 또 말하기를 "경전은 도를 싣는 그릇이고, 문장가는 도를 어지럽히는 그릇이다. 하지만 문장가가 비록 도를 어지럽히지만 그 말에는 취할만한 것도 있으니 다 버려서는 안 된다."라고 했다.[3]

2 丁若鏞, 「貞軒墓誌銘」, 『與猶堂全書』 卷15, "故察訪李溆詩, 至謂夷人傳異學, 恐爲道德寇."

3 李溆, 「論老子兼論莊子」, 『弘道先生遺稿』 卷8, 「雜著」, "言者心之符, 文者言之象.

이 글은 옥동이 노자와 장자를 비판하기 위해 쓴 「논노자겸논장자論老子兼論莊子」라는 글의 마지막 부분으로 노자와 장자의 문장에 대해 언급한 것인데, 여기에 이르면 노자와 장자의 문장에 대한 옥동의 배척 의식이 절제 없이 그대로 드러난다. 물론 여기서 옥동이 배척한 문장은 경전을 모태母胎로 한 상고尙古의 문장이 아니라 이단의 문장이었다. 그리고 그러한 문장이라도 취할 만한 것이 있기 때문에 다 버려서는 안 된다고 하기도 했다. 하지만 이단異端의 문장가文章家를 "난도지기亂道之器"라고까지 표현할 수 있었던 것은 그가 이단의 문장에 대해 지니고 있었던 완고한 부정 의식을 보여주는 것이다. 이런 의식은 잡저편 안의 다른 글에서도 얼마든지 확인할 수 있다.

> 주공은 비속한 말을 몰아냈고 공자는 鄭나라의 음악을 내쳤으니 그것이 덕을 어지럽힐까 염려해서다. 어떻게 후세의 비속하고 황당한 말로 아무렇지도 않게 문장을 짓는 일을 보통 일로 삼을 수 있는가. 절대로 안 된다.[4]

이런 생각을 가진 옥동은 올바른 문장이란 경전에 바탕을 두고, 성현의 뜻을 되살려 낼 수 있는 것이어야 한다고 여겼다. 자신의 삶과 학문의 기준으로 주공周公·공자孔子·정자程子·주자朱子를 두었고, 학문의 뿌리와 귀착점을 육경六經과 사서四書에 두었던 옥동으로서는 당연한 것이었다. 이런 기준을 가지고 있었던 옥동이었기 때문에 그의 문장 평가는 그 문장이 얼마나 경전의 본의와 닮아있느냐에 달려 있었다.

經傳載道之器, 文章家載術之器. 載道則純乎正, 載術則兼邪正. 純乎正則尊之而已, 兼邪正則擇焉可也. 又曰 經傳, 載道之器, 文章家, 亂道之器. 文章家, 雖亂道, 言有可取, 不可全棄."

4 李溆, 「論言與文詩」, 『弘道先生遺稿』 卷7, 「雜著」, "周公黜俚言, 孔子放鄭聲, 恐其亂德也. 如之何以後世鄙悖荒唐之言, 尋常掇文, 而以爲常事也. 甚不可也."

> 司馬遷의 학문은 오로지 권모술수와 이해득실을 이용하였으니 심하구나 사마천의 잡된 것이여. 글 짓는 방법을 繫辭傳에서 조금 얻었으나 老莊에 빠져, 말을 세운 것이 조리가 없고 화려한 수사가 지나쳐 지리하고 산만하여 심히 경전의 뜻이 아니다. 후세 사람으로 스스로 사마천을 배웠다고 하는 사람들은 그 章句와 文字만을 배울 뿐이고 篇法의 요령조차 배운 자가 없었다. 이백은 莊周에게서 風格을 조금 얻었으나 鄭聲과 衛聲에 빠져 淸虛境을 습관으로 삼아 방탕하여 조리가 없으니 가려내어 보는 것이 옳다. 한퇴지의 식견은 높으나 대체로 밝지 못하다. 그 문장도 비록 스스로 상서와 맹자를 닮았다고는 하나 宗法을 잃어버렸고, 노장과 사마천의 기습이 있다.[5]

문장을 꾸미기만 할 줄 아는 보잘 것 없는 재주를 가진 문장가를 비난하기 위해 쓴 위의 글에서 옥동은 예로부터 우리에게 문장으로 잘 알려진 인물들의 문장을 거론하며 한 사람씩 그 사람과 문장에 대해 차례대로 비판했다. 옥동의 비판과 평가의 기준은 그 사람의 문장이 얼마나 경전과 부합하고 있으며, 이전 성인의 뜻을 온전하게 지키며 수양된 자신을 드러내고 있느냐 하는 것이었다. 위의 글에서 옥동은 사마천司馬遷부터 구양수歐陽修·반고班固에 이르기까지 모두 9명의 문인과 그들의 문장에 대해 하나하나 비판했다. 옥동이 경전을 기준으로 문장을 평가한 것은 경전이 성현의 본뜻을 그대로 담고 있는 문장의 전범이라고 생각했기 때문이다.

이런 의식은 선대의 시인들과 그들의 시를 평가할 때에도 그대로 적용

5 李漵, 「非雕虫文章家」, 『弘道先生遺稿』 卷8, 「雜著」, "馬遷之學, 專用權謀利害, 甚矣, 馬遷之雜也. 其文法, 稍得繫辭. 然淫於莊老, 立言無倫, 詞華太溢, 支離汗漫, 甚非經意. 後世之人, 有自謂學馬遷者, 但得其章句與文字而已, 未有得其篇法之要領. 李白稍得風體於莊周, 淫於鄭衛, 淸虛爲習, 放蕩無倫, 擇焉可也. 韓退之識見高, 然多不明. 其文章, 雖自謂效尙書孟子, 失其宗法, 有老莊馬之習."

되었다. 선대의 시인들 가운데 옥동이 시인으로 거명한 인물들은 도연명陶淵明을 필두로 당대唐代의 시인 몇 사람에 불과했다. 그 중에서도 옥동은 도연명을 가장 높게 보았는데, 옥동이 도연명을 높게 본 이유는 그의 시가 충담고박沖淡古朴하며 헛된 글을 숭상하지 않아 풍아風雅의 격조가 있다고 보았기 때문이다. 그렇지만 도연명도 진晉나라의 습속習俗이 남아있어 진선진미盡善盡美한 것으로 볼 수 없다는 옥동의 평가는 그가 시에서 추구한 것 역시 문장과 다르지 않다는 사실을 알 수 있게 해준다.[6]

부드럽고 담박하며 예스럽고 질박하기 때문에 도연명의 시를 높게 본 옥동은 도연명 이후의 시인으로 당唐나라의 왕발王勃·양형楊炯·노조린盧照隣·낙빈왕駱賓王·고적高適·왕유王維·잠삼岑參·맹호연孟浩然·두목杜牧·진자앙陳子昂·심전기沈佺期·원진元稹·이백李白·두보杜甫·백거이白居易·한유韓愈·위응물韋應物 만을 거론하였다. 그러나 비록 옥동이 이들을 거론하기는 하였지만, 이들에 대한 평가는 그다지 좋은 편이 아니었다. 심지어 그는 후대 수많은 문인들에 의해 시선詩仙과 시성詩聖으로까지 추앙받았던 이백李白과 두보杜甫에 대해서조차도 고의古意에 가까운 사람이기는 하지만 허방虛放과 각야刻野라는 큰 병통을 지닌 인물이라고 하여 선택적 긍정을 가했다.[7] 옥동의 이런 태도는 "시는 풍아風雅의 고의古意를 추구하여 수양된 중정한 성정을 묘사해야 하며, 이를 위해 기교를 배제하고 진실한 자신의 내면을 되돌아봐야 한다."는 것이었다.

> 심하구나. 문장가가 세상을 현혹함이여. 심하구나. 문장가가 도를 해침이여. 물정에 깊고 골계를 잘하며, 뜻을 씀이 기교롭고 문장이 청신하니

6 李漵, 「詩體」, 『弘道先生遺稿』 卷7, 「雜著」.
7 李漵, 「詩體」, 『弘道先生遺稿』 卷7, 「雜著」.

> 사람들이 보면 곧 기뻐하고, 기뻐하면 곧 빠져들고, 빠져들면 그것에 융화된다. 이 때문에 문장이 있는 것은 알지만 경전이 있는 것은 알지 못한다. 알지 못하기 때문에 읽지 않는 것이고, 읽지 않기 때문에 궁구하지 않는 것이고, 궁구하지 않기 때문에 얻는 것이 없다. 얻지 못하니 싫어하고, 싫어하니 업신여기고, 업신여기니 배척하는 것이다. 옛사람들이 佛·老學의 잘못을 바로잡아 놓았으니 조금이라도 지식이 있는 사람이라면 그것이 도를 어지럽힌다는 것을 이미 알고 있다. 그러나 문장에 이르러서는 비록 大賢이라도 혹 이런 습성을 가지고 있다. 이 때문에 사람들이 믿고 의심하지 않는다. 의심하지 않기 때문에 이 법을 좋아하고 성인의 경전을 싫어하는 것이다.[8]

역시 문장을 꾸미기만 할 줄 아는 보잘 것 없는 재주를 가진 문장가를 비판한 글이다. 제목에서부터 쉽게 글의 내용을 짐작할 수 있는데, 이 글의 첫 부분부터 옥동은 이단의 문장가를 직접 비판했다. 옥동이 이단의 문장가가 세상을 현혹하고 도를 어지럽힌다고 생각한 것은 이단의 문장가들이 세상의 사정에 아주 밝고 사람들을 즐겁게 하며 뜻을 쓰는 것이 몹시 교묘하고 문장이 뛰어났기 때문이다. 옥동은 그렇기 때문에 사람들이 저도 모르게 이단의 문장에 빠져들어 경전을 외면하고 속화俗化된다고 여긴 것이다.

옥동이 이단의 문장을 철저하게 배격하고자 했던 것은 이단의 문장이 문학적으로, 특히 표현이나 수사 기법에 있어서 탁월하여 사람들이 쉽게 그 문장에 빠져들어 즐거워하고 그에 융화되기 때문이었다. 그런데 옥동

8 李漵, 「非雕虫文章家」, 『弘道先生遺稿』 卷8, 「雜著」, "甚矣, 文章家之惑世也. 甚矣, 文章家之害道也. 深於物情, 善爲滑稽, 用意奇巧, 文華淸新, 人見則悅, 悅則溺, 溺則化. 是故, 知有文章, 而不知有經傳. 不知故不讀, 不讀故不究, 不究故無得, 無得惡之, 惡之侮之, 侮之斥之. 古人正佛老之非, 稍有智識者, 已知其亂道也. 至於文章, 雖大賢亦或有此習. 是故, 人信而不疑, 不疑故, 喜此法, 而惡聖經也."

이 이렇게 이단의 문장과 문장가를 철저하게 배격하고자 했던 것은 다른 말로 그가 문장이 세상과 사람들에게 미치는 영향에 대해 깊이 이해하고 있었다는 뜻이 된다. 즉 문장이 현실 사회에 미치는 영향에 대해 깊이 자각하고 있었기 때문에 옥동은 인간을 속화俗化시키는 첫 번째 해악으로 다른 어떤 것이 아니라 이단의 문장을 꼽았다고 볼 수 있다. 이것은 옥동이 그만큼 문장의 현실적 가치와 의미에 대해 인식하고 있었고, 문장을 중시하였다는 말이 된다. 그렇기 때문에 그는 비난을 넘어 완고할 정도로 이단의 문장을 배척한 것이다.

문장의 가치를 분명하게 인식하고 있었던 옥동은 문장을 짓는다는 것에 그만큼 큰 의미를 두었다. 따라서 도를 해칠 수 있는 어떤 것도 문장이 되어서는 안 된다고 생각했고, 문장을 짓는 사람들은 스스로 그 자신의 행동과 문장에 대해 책임질 줄 알아야 한다고 생각했다.

> 雅에는 正雅가 있고 變雅가 있으니 正雅는 다스려진 세상에서 聖賢께서 지으신 것이고, 變雅는 어지러운 세상에서 賢人께서 지으신 것이다. 그러므로 正雅가 理致에 더욱 精密하다. 風에는 正風이 있고 變風이 있으니 正風은 다스려진 세상에서 지은 것이고, 變風은 어지러운 세상에서 지은 것이다. 그러므로 正風이 變風보다 정밀하다. 國風에는 바른 것이 있고 사악한 것이 있으니 鄭나라나 衛나라의 소리는 몹시 사악한 것이다.
>
> 어째서 사악하다고 하는가. 그 뜻이 사악하고 음탕하며 방탕하고 편벽되며 그 말하는 방법이 방탕하고 쓸데없이 잡스러워 교묘하고 편벽되며 허탄하고 패역·불경하여 엄격하게 살펴 힘써 추방하지 않으면 사람의 마음이 쉽게 빠져든다. 이 때문에 전국시대 이후로 이와 같은 기풍이 크게 행하여 몸에 배고 물들어 습관이 된 지 오래되었다. 그 사이에 哲人 君子로 옛 도에 뜻을 두어 돌이키려고 한 사람들이 있었지만 또 이런 습관에 빠져 있으나 살피지 못하는 경우를 면치 못하여 언어와 문자 사이에 일상적으로 사용하니 몹시 의심스러운 것이다. 만약 빌려 쓴 곳이 있으면 인용하여

쓰는 것도 괜찮고, 만약 사람들을 깨우치는 곳이 있으면 그 어세를 따라 반복하여 쓰는 것도 괜찮지만, 만약 이와 같은 것이 없는데도 일상적으로 사용한다면 멀리 내쫓는 뜻이 아니다.

혹 그 실상을 물리치지만 그 말하는 습관을 즐겨 사용하는 자가 있다면 이것은 그것이 싫어할 만한 것이라는 것을 알지만 그 말하는 습관을 즐겨 본뜨는 것이니 혹 본뜨는 것도 오히려 또 불가한데 하물며 일상적으로 사용하면서 살피지 않아서야 되겠는가. 이와 같으면서도 뉘우칠 줄 모른다면 시를 짓고 글이나 쓰는 문인들의 불경한 習俗과 무엇이 다르겠는가. 군자가 正雅와 正風을 높이는 것은 正道를 부지하기 때문이고 鄭나라 소리를 내쫓는 것은 사악하고 음란한 것을 억제하기 위해서이다. 부지하는 것은 잃을까 두려워해서이고, 억제하는 것은 빠질까 두려워해서이다.

혹 글로 인해 도를 깨닫는 사람이 있고, 혹 글로 인해 도를 잃는 사람이 있으며, 혹 因習으로 인해 도를 깨닫는 사람이 있고 혹 因習으로 인해 도를 잃는 사람이 있으니 이로 미루어 보건대 언어와 문자의 익힘은 엄하게 가리지 않을 수 없다. 혹 말은 삼가지만 글은 삼가지 않는 사람이 있고 또 글은 삼가지만 말은 삼가지 않는 사람이 있으니 모두 안 되는 것이다.

①시를 짓는 것은 언어와 문자로 형용할 수 없는 것이 있기 때문이다. 반복하여 형용해서 사람들로 하여금 읊조리고 완미하는 사이에 그 말 밖의 뜻을 터득하여 그 오묘한 뜻에 이르도록 하는 것이다. 군자의 동작 하나, 말 하나가 모두 사람의 師表가 되니 조심하지 않을 수 없는 것이다. 그러므로 ②군자는 시를 지을 때 비속하고 황당한 말을 사용하지 않으며, 터럭 하나만큼도 예에 맞지 않는 것을 자기에게 더하지 않고, 또 사람들이 이와 같은 것을 익혀 잘못된 지경에 들어갈까 두려워하는 것이다. 虛誕하고 鄙陋하고 悖逆한 사람은 말을 하고 글을 짓는 사이에 혹 이런 것들을 끌어다가 구실로 삼아 예에 어긋난 실상을 꾸미니 그 관계된 것이 또한 중한 것이 아니겠는가.

③옛사람들이 시를 통해 그 氣風을 본다고 한 것은 시가 뜻을 말하는 것이니 시를 통해 그 사악하고 바른 것을 알 수 있기 때문이다. 비록 이

사람이 바르다고 하나 불경한 말을 써서 글을 짓고 시를 쓴다면 보는 사람이 어찌 그 사람에게 불경한 싹이 없다는 것을 알겠는가. 만약 이 말이 옳지 않다 하고 반드시 불경한 어법을 사용하고자 한다면 시를 보고 기풍을 안다는 뜻이 무엇을 근거하여 시행되겠는가.

주공은 속된 말을 물리쳤고(자주-시속의 미쳐 날뛰는 자들의 패역하고 불경한 말이다) 공자는 정나라 소리를 내쫓았으니(자주-후세의 음란하고 방탕하며 황당하고 불경한 말이다) 덕을 어지럽힐까 두려워서이다. 그와 같은데 어찌 후세의 비루하고 패역하며 황당한 말을 일상적으로 사용하여 글을 짓는 것을 일상적인 일로 삼을 것인가. 절대로 안 된다.[9]

이 글은 말과 시문詩文의 관계에 대해 언급한 옥동의 글로 잡저 권7에

9 李溆, 「論言與文詩」, 『弘道先生遺稿』 卷7, "雅有正變, 正雅治世聖賢作也, 變雅亂世賢人作也. 故正雅尤精於理. 風有正變, 正風治世作也, 變風亂世作也. 故正風精於變風. 國風有正邪, 鄭衛之聲, 是邪之甚也. 何以謂之邪. 其意則邪淫放僻, 其語法則放蕩而浮雜, 巧僻虛誕, 鄙悖不經, 不猛省而力放之, 使人心易溺也. 所以自戰國以後, 此風大行, 浸染成習久矣. 間有哲人君子志於古而欲挽回者, 亦未免或溺於此習而不察也, 言語文字之間, 尋常用之, 甚可疑也. 若有借用處, 則引而用之可也, 若於曉人處, 因其語勢而反覆, 則用之亦可也, 若無此而尋常習用, 則非放遠之意也. 或有斥其實而喜用其語習者, 是知其可惡而喜效其語習也, 或效之猶且不可, 況尋常而不之察乎. 若此而不知悔, 則與風騷文人不經之流習, 何以異哉. 君子之尊正雅與正風者, 所以扶正道也, 放鄭聲者, 所以抑邪淫也. 扶之者, 恐其喪也, 抑之者, 恐其溺也. 或有因文而悟道者, 或有因文而喪道者, 或有因習而悟道者, 或有因習而失道者, 以此觀之, 則言語文字之習, 不可不謹擇也. 或有謹於言而不謹於文者, 亦有謹於文而不謹於言者, 俱不可也. 詩之作, 由於不能以言語文字形容者, 反覆而形容之, 使人於吟咏翫味之間, 得其言外之旨, 以達其奧妙之旨也. 君子之一動一言, 皆爲人師表, 不可不謹也. 故君子作詩, 不用鄙悖荒唐之言, 不欲以一毫非禮加乎己也, 且恐人之因此習而誤入也. 虛誕鄙悖者, 言語詩文之間, 或引而籍口, 以飾非禮之實, 所關不亦重乎. 古人以詩觀風者, 詩能言志, 由詩而知其邪正故也. 雖是正人也, 以不經之言, 掇篇與句法, 則觀之者安知其不有不經之萌孽乎. 若曰此言不是, 必欲用不經之語法, 則觀詩知風之意, 何據而施也. 周公黜俚言(自註, 流俗猖跛者, 鄙悖不經之言), 孔子放鄭聲(自註, 後世淫亂放蕩荒唐不經之言), 恐其亂德也. 如之何以後世鄙悖荒唐之言, 尋常掇文, 而以爲常事也. 甚不可也."

있는 「논언여문시論言與文詩」이다. 이 글을 통해서도 옥동이 문장文章과 시문詩文에 대해 가지고 있었던 의식을 쉽게 알 수 있다. 글 특히 이단異端의 사벽邪辟한 글은 쉽게 사람을 빠져들게 하기 때문에 자세히 살펴서 완전히 추방해야 하고, 그 만큼 시문詩文을 짓는 사람들은 스스로를 돌아볼 수 있어야 한다는 것이다. 그렇게 하지 않는다면 그 글로 인해 도를 잃게 되어 세상 사람들이 이단의 함정에 빠지게 될 것이기 때문이다. 결국 옥동에게 글을 쓴다는 것, 시문詩文을 짓는다는 것은 그만큼 큰 가치와 의미를 지니는 중대한 행위였다.

경전經典을 바탕으로 한 수양修養과 그에 따른 조행操行을 중시했던 옥동에게 문학, 특히 시문詩文이란 본질적인 것일 수 없는 것이지만, 옥동에게 그것이 가치를 가지는 이유는 인간의 본성을 순화하고 더 높은 경지의 세계를 터득할 수 있게 하기 때문이었다. 따라서 옥동에게 시문의 언어는 아무렇게나 마음대로 선택한 비속하고 황당한 언어여서는 안 되는 것이고, 그 표현과 수식 역시 예에 어긋난 비루하고 천박한 것이어서는 안 되는 것이었다. 그렇기 때문에 옥동은 시문詩文의 언어와 표현의 기준을 경전에서 찾았다. 하지만 옥동의 이런 의식은 결국 역설적으로 그가 얼마만큼 시문詩文에 큰 가치와 의미를 부여하고 있는지를 보여주는 것이다.

이 글의 다섯 번째 단락인 ①에서 옥동은 시를 짓는 이유에 대해 분명하게 밝혔다. 그런데 그 이유가 전통적인 도덕론에 완전히 부합한다. 물론 언어와 문자로 형용할 수 없는 것이 있다고 하여 시의 창작 과정이 정서적인 영향 아래 있을 수 있는 여지를 남겨두기도 했지만, 시 창작의 목적에 대해서는 "반복하여 형용해서 사람들로 하여금 읊조리고 완미하는 사이에 그 말 밖의 뜻을 터득하여 그 오묘한 뜻에 이르도록 하기 위해서"라고 단언했다. 이런 주장은 옥동에게 시가 도덕적 경지의 도달과 학습의 수단으로 기능하고 있음을 단적으로 보여주는 것이다.

시를 도덕적 경지의 도달 수단이자 학습의 도구로 인지하고 있었기 때문에 시 창작에서 옥동은 시어의 사용에 주의했다. 이 글의 ②에서 옥동이 강조한 것과 같이 비속하고 황당한 말을 사용하지 않는다는 것은 도덕적이지 못한 시어의 사용이 가지고 올 수 있는 폐해에 대한 극단적인 경계라고 할 수 있다. 특히 세상 사람들이 자신이 지은 시로 인해 잘못된 것을 익히고 이로 인해 잘못된 경지에 들어가게 될까 두려워한다는 것은 자신의 시문詩文에 대한 도덕적·교육적 책임을 강조하는 것이다.

이 글의 ③에서 언급한 것처럼 옥동은 아무리 바른 사람이라고 하더라도 불경한 말을 써서 시를 짓고 글을 쓴다면 그 사람에게 불경한 싹이 있을 수 있다고 하였다. 이 말은 시문詩文의 창작이나 언어의 구사가 도덕적 한계와 범주를 넘어서는 사람이라면 현재 그 사람이 아무리 바른 사람이라고 하더라도 그 사람의 본성 밑바닥에는 도덕을 부정할 수 있는 싹이 있다고 본 것이다. 옥동이 생각하기에 개인의 도덕성이나 도덕적 수양의 정도가 오롯하게 나타나는 것이 시이기 때문에 시를 쓴다는 것은 그만큼 어렵고도 힘든 일이며 또 아무나 시를 지을 수 없다는 것이다.

이렇게 성인의 경전經典을 시문詩文의 최고 전범으로 생각하고, 시문詩文이 인간과 사회에 미치는 영향에 대해 주목했던 옥동은 시문詩文의 가치를 중시한 만큼 그 작법에도 많은 주의를 기울였다. 옥동은 단순히 성현의 문장을 모방하거나 재현하는 것을 작문의 법도로 생각하지 않았다. 오히려 옥동은 성현의 문장을 흉내 내기만 하여 그 겉모습만을 본뜨려고 하는 행위가 더 큰 문제를 일으킨다고 보았다.

문체란 어떤 것인가. 자신이 겪게 된 상황에 따라 문자를 엮어서 형체를 만드는 것을 문체라고 한다. 후인들은 이것을 몰라 운용을 하지 못하니 이와 같다면 通變을 다할 수 없는 것이다. 만약 어떤 사람이 혹 그 겪게 된 상황에 따라 하나의 體格을 만든다고 해도 무방할 것이다. 글을 짓는 體格은 성인의 딱 들어맞는 뜻이 아니라면 비록 주공과 같은 아름다운 재주에 자공의 언어와 자하의 문장을 겸하여 가지더라도 지나치거나 부족한 차이가 없을 수 없는 것이다. 그렇기 때문에 스스로를 헤아리지 못하고 망령되게 짓는 것을 自用이라고 한다. 공자님께서 "저술하되 창작하지 않는다. 옛것을 좋아하고 민첩하게 구한다."고 하신 것은 배우지도 않고 성현을 업신여기는 자들을 경계하신 것이다. 自用은 진실로 본떠서는 안 되는 것이고, 또 성현의 본뜻은 알지 못해서는 안 되는 것이다. 단지 문자에만 의지하여 따라한다면 동쪽 마을의 추녀가 되지 않을 사람이 드물 것이다.

만약 이 편에서 이 문자를 사용하고 다른 편에서 또 쓴다면 이 문자만을 쓸 줄 알 뿐이다. 겪게 된 상황이 다르면 쓰는 말이 다른 법인데 앞으로 어떻게 그 말을 세운 기세에 따라 짐작의 묘를 다할 수 있겠는가. 이것을 拘泥라고 하는데, 그대에게 해당되지 않으니 중도를 취지 않겠는가. 사람들이 말하기를 "내가 비록 옛것을 법도로 삼기를 좋아하나 또 본뜨기를 좋아하지 않는다."고 하니 그 한 가지만을 고집하는 것을 싫어하는 것이다. 사람들이 말하기를 "성현의 법을 법칙으로 삼고, 성현의 뜻을 체득하여 작용도 없고 본뜨는 것도 없다."고 하니 이것을 중도를 얻었다고 한다.[10]

10 李溆, 「論文體」, 『弘道先生遺稿』 卷8, 「雜著」, "文體如何. 因所遇, 結搆文字, 成其形體, 謂之曰文體. 後人不知, 着於一法, 不能運用, 若此則無以盡通變. 若有人或因其所遇, 作一體格, 亦無妨也. 凡作文之體, 非聖人適中之意, 雖有周公之才之美, 兼以子貢之言語, 子夏之文章, 不能無過不及之差. 故不自量而妄作爲, 謂之自用. 子曰, 述而不作, 好古, 敏而求之者也, 所以戒夫不學而侮聖賢者也. 自用, 固不可依樣, 亦不可不知聖賢之本意. 只依文字而效嚬, 則不爲東隣之醜女者, 鮮矣. 設令此篇, 用此文字, 他篇又用之, 只知用此而已. 則所遇不同, 遣辭有異, 將何以因其立言之勢, 盡其斟酌之妙乎. 此之謂拘泥. 不幾於子, 莫之執中乎. 人之言曰, 余雖樂乎法古, 亦不樂乎依樣, 惡其執一也. 人之言曰, 則聖賢之法, 體聖賢之意, 無作用, 無依樣, 此之謂得中."

이 글은 옥동이 문체에 대해 논한 글의 일부분이다. 문체에 대해 논하면서 옥동이 주의를 기울인 것은 그 문장이 얼마나 경전과 같으냐 하는 문장의 외적인 형식에 관한 것이 아니었다. 옥동에게는 어떤 문체로 어떻게 글을 쓰느냐 하는 것은 본질적인 문제가 아니었다. 그에게 문체, 즉 글을 짓는 형식은 어떤 것이든 그다지 큰 의미를 지니는 것이 아니었고, 문장의 수사 역시 근본적인 문제가 되지 못했다. 그에게 보다 큰 의미를 가지는 것은 그것이 성인聖人의 적중지의適中之意에 합하느냐 합하지 않느냐 하는 것이었다.

성인의 적중지의適中之意에 합하지 않는다면 아무리 뛰어난 재주와 언사, 글 솜씨를 지녔다고 하더라도 반드시 지나치거나 모자라 문제가 될 수밖에 없을 것이라는 옥동의 언급은 문장의 본질적인 가치는 수사와 형식에 있는 것이 아니라 그 속에 담겨 있는 내용에 있는 것이고, 그 내용은 적중適中한 형식을 통해 분명하게 드러날 수 있다는 것이다. 또 이 적중適中한 형식을 얻기 위해서는 성현의 본뜻을 분명하게 알아야 한다고 했다. 그래야 성현의 법을 본받고 성현의 뜻을 체득하여 올바른 문장을 지을 수 있다는 것이다.

옥동의 이런 언급은 옥동이 경전을 문장의 전범으로 여기고는 있었지만 경전의 문장을 그대로 옮겨오기만 하는 표면적이고 형식적인 행위 역시 올바른 작법이라 생각하지 않았음을 말해준다. 옥동의 이런 태도는 경전을 그대로 본뜨기만 하는 행위는 현재의 사람들에게 어떤 감동도 줄 수 없기 때문에 옳은 것이 될 수 없다는 것이다. 결국 이것은 옥동이 문장이 현실에 미치는 가치를 인정하고 문장에 대해 큰 의미를 부여하고 있었음을 말해주는 것이다. 문장에 관한 옥동의 이러한 의식은 문장이란 경전을 전범적인 기반으로 하여 현실에 알맞게 변개變改하는 통변通變이 이루어질 때 실질적인 가치를 지닐 수 있다는 것이다. 그렇기 때문에 옥동은 단순히 경전의 문자와 표면적 수사법을 본뜨는 행위를 서시의 빈목矉目을 본뜨다 남들의 손가락질을 받게 된 동린東鄰의 추녀醜女에 비유한 것이다.

경전을 문장의 전범적典範的 가치로 인식하고 있었지만 시문의 창작에서 보다 중요한 것은 이 문장을 현실적 상황에 따라 변통變通할 수 있는 능력이라는 옥동의 의식은 문학이 현실에 보다 적극적으로 개입할 수 있어야 한다는 의미로 풀이된다.

> 글을 짓고 말을 하는 법은 옛 것을 근거로 지금을 헤아려서 때에 따라 마땅함을 얻는 것이 옳다. 지극한 이치를 요약해 말하여 그 묘체를 움직일 때는 절로 고인의 體格이 있지만, 반복하여 자세히 말하고 어리석은 풍속을 일깨울 때에는 절로 근대의 體格이 있는 것이다. 옛 것으로 할 만하면 옛 것으로 하고, 요즘 것으로 할 만하면 요즘 것으로 하는 것은 내가 일부러 하는 것이 아니라 그 때를 따라서이다. 선왕의 도를 따르지 않으면 도가 아니고 현재의 세상에 살면서 옛날의 도를 돌이킨다면 適中이 아니라 재앙을 가지고 온다. 요즘 사람을 대하여 고어로 말하는 것은 비유하자면 우리나라 사람을 대하고서 중국어를 말하는 것과 같으니 통할 수 있겠는가.
>
> 언어와 문장은 도체를 형용하고 밝히는 것을 귀하게 여긴다. 요즘 사람들을 대하고 고어를 말하는 것은 實理를 알지 못하고 한갓 고어를 숭상하는 것뿐이니 이것은 글을 숭상하고 기이한 것을 좋아하는 것이지 도덕이 되는 것이 아니다. 도덕이 아닌데도 헛된 글을 하는 사람은 고인의 도를 모르는 것이니, 비록 體를 본받고 싶어도 어떻게 얻을 수 있겠는가. 그 본의와 정신을 얻지 못하는 것을 비유하자면 시골 사람이 京師를 본받는 것과 같으니 속되지 않으면 속이는 것이고, 망령되지 않으면 괴이한 것이고, 비루하지 않으면 허탄한 것이다. 이것은 후대의 虛僞의 글이다. 이런 소견을 가지고 고인을 망령되이 논하니 불가하지 않은 것이 없다.[11]

문장을 지을 때 옥동에게 중요한 것은 '수시득의隨時得宜'였다. 옛것을 근거로 지금 세상을 헤아리고 이에 따라 현재의 상황에 적합한 언어를 구사하는 것은 시문을 짓는 사람이라면 반드시 생각해야 할 중요한 것이다. 그렇기 때문에 옥동에게는 글로 쓰고자 하거나 말하고자 하는 내용에 따라 취해야 할 언어와 표현 방법이 다른 것이다.

시변時變의 변통變通을 알지 못하고 무조건적으로 옛것을 따르는 것은 우리나라 사람 앞에서 중국어를 하는 것과 같고 시골에 살면서 경사京師를 흉내 내는 것과 같다. 이런 행위는 적중適中의 묘를 살려내지 못할 뿐만 아니라 오히려 재앙을 가져오는 것이고, 옛것을 숭상하는 태도가 아니라 기이함을 숭상하는 것이기에 도체道體를 드러내 밝히는 데 어떤 도움이 되지 못한다는 것이다. 결국 이런 행위는 실리를 얻을 수 없는 행위이기에 배격해야 하는 관행이라는 것이다.

옥동에게 시문의 창작이란 경전의 문장을 전범으로 하여 그 속에 담겨 있는 성인의 본의와 정신을 터득하여 현재에 맞게 변개하는 것이었다. 옥동이 시문詩文에 대해 이렇게 생각한 것은 그래야 현재의 인간들에게 실질적인 영향을 미치고 그들의 삶에 적극적으로 대응할 수 있다고 여겼기 때문이다. 실질적으로 옥동은 그의 문집 속 시문詩文과 잡저雜著에서 유가적 사상과 경학에 관한 내용뿐만 아니라 일상의 행동에서부터 치가治家와 치민治民의 문제에 이르기까지 생활 곳곳에 대한 견해를 다양하

11 李溆, 「論作文」, 『弘道先生遺稿』 卷9, 「雜著」, "作文言語之法, 證古酌今, 隨時得宜可也. 約言至理, 鼓動其妙, 則自有古人之體. 反覆詳說, 曉喩愚俗, 則自有近代之體. 可古則古, 可近則近, 非我故爲也, 因其時也. 不由先王之道, 則非道也. 居今之世, 反古之道, 則非中而有災矣. 對今人而語古語, 譬如對我國之人, 而語中國之語, 其能通乎. 言語文章, 貴其形容道體而明之也. 對今人而言古語, 不知實理而徒尙古語, 是尙文而好奇也, 非爲道德也. 不爲道德而虛文者, 不知古人之道, 雖欲效體, 何可得也. 不得其本意與精神, 則譬如鄕曲之人, 效京師矣. 不俗則詭, 不妄則怪, 不對則虛. 此後世虛僞之文也. 以此所見, 妄論古人, 無乃不可乎."

게 펼쳤다. 옥동의 이런 시문詩文들은 옥동이 비록 시문詩文의 전범으로 경전을 두었지만 그의 시문이 경전의 문장에 경도되어 현실과 멀어진 공리공론에 머무르는 것이 아니라 그가 살아가는 현재의 삶과 일치하고 있음을 보여주는 것이다.

결국 옥동의 시문詩文은 그가 강조한 '수시득의隨時得宜'를 위한 적중適中과 통변通變을 통해 현실적인 가치를 이루어내고자 한 것이었다고 볼 수 있다. 이 적중適中과 통변通變은 그에게 시문이 단순히 공리적이고 교조적인 구호와 표어를 넘어서 현실 속에서 의미를 가지고 일정한 역할을 할 수 있게 만드는 기본적인 창작 원칙이었다. 이렇게 옥동이 강조했던 적중適中과 통변通變은 이후 성호星湖가 주목했던 '문학의 현실적인 경세적 효용가치'나 '문학 창작에 있어서의 현실성과 주체성의 강조'로, 또 혜환惠寰의 '진眞의 강조와 추구'나 '기奇에 의한 개성의 표출'로 이어져 그의 후손과 후학들에게 문학의 가치와 효용성을 새롭게 인식하게 하는 계기로 작용했다.

이렇게 본다면 옥동의 문학관은 한마디로 현실적인 효용중심의 문학이라고 정의할 수 있다. 그것은 옥동이 이단을 배격하고 문장을 중시한 것이나, '수시득의隨時得宜의 통변通變'을 중시한 것이 모두 문장이 현실 사회에 미치는 영향에 대해 깊이 이해하고 보다 현실적으로 가치를 가지는 의미 있는 문장을 쓰기 위한 방안이 무엇인가 하는 실질적인 고민의 결과이기 때문이다. 그런 점에서 옥동 문학관의 구현 양상은 내적인 심성과 외적인 현실에 대한 대응으로 나누어 살펴볼 수 있다. 그것은 문학의 현실적 효용이란 결국 개인에 대해서는 내면의 심성 수양이고, 사회에 대해서는 현실의 비판과 극복일 수밖에 없기 때문이다.

그런데 옥동의 문학관이 구현된 양상을 직접적이고 구체적으로 살펴보기 위해 우선 주목해야 할 작품은 그의 시문학 작품이다. 그것은 옥동의 문집에서 그의 문학세계를 확인할 수 있는 주된 자료가 바로 시이기 때문이다. 현재 전하는 옥동의 문집 12권 11책 속에서 문학적이라거나 문예적인 단서를 찾을 수 있는 문장은 겨우 서序 3편, 기記 2편, 논論 1편, 제문祭文 14편에 불과하다. 비록 263제題 265편篇의 잡저가 있다고는 하지만 이 잡저의 글들을 순 문학적인 문장으로 보기에는 어려운 점이 많다. 오히려 그보다는 옥동이 가지고 있었던 경학적 혹은 철학적 사유를 문장으로 드러낸 글이 대부분이다.

옥동의 문집에서 가장 많은 양을 차지하고 있는 것이 시이다. 1,300여 수라는 시의 양은 문학을 전공한 문인이라고 해도 결코 작은 것이라 보기 어렵다. 이렇게 시를 중심으로 문학 활동을 해나가는 시문학 중심의 창작 경향은 옥동뿐만 아니라 그의 가문 구성원 대부분에게서 볼 수 있는 가문의 보편적인 문학 경향이다. 따라서 그의 문학세계는 시를 중심으로 살펴볼 수밖에 없다.

옥동의 시를 살펴보면 우선 접할 수 있는 시들이 개인적인 내면 수양의 한 방편으로 지어진 시이다. 이런 시들은 옥동에게 시가 수양을 위한 적극적인 도구로 작용하는 것이면서 동시에 도道의 체득을 표현하고 재현하는 구체적인 수단으로 의미를 지니는 것이었음을 보여준다.

夜深群生靜　　밤 깊어 모든 사물 고요해질 때
帶月挾冊歸　　달을 이고 책을 끼고 돌아오는데
無人如人見　　아무도 없지만 남이 보는 듯
恭立整冠衣　　공손히 서서는 의관 바룬다.[12]

月明風不動　　달 밝고 바람은 불지도 않고

12 李溆, 〈月夜〉, 『弘道先生遺稿』 卷1.

天無一點雲	하늘엔 구름도 한 점 없는데
靜極含動意	고요한 그 끝에 움직이려는 뜻 있어
森然怳有聞	오싹하게도 놀랍게 들리는 것 있네.[13]

이 시들은 옥동의 수양 자세가 잘 드러나 있는 시로 옥동 시의 전형적인 모습을 보여주는데, 여기서 볼 수 있는 옥동의 의식세계는 청정淸淨함과 고요함 그 자체이다. 이렇게 살펴본 두 편의 시를 통해 확인할 수 있는 옥동의 모습은 이상과 현실 사이에서 고뇌하는 현실적 인간이나 홍취에 젖어 어찌할 수 없는 정을 뿜어내는 낭만적 인간이 아니라 철저한 심성수양心性修養을 바탕으로 확립한 자신의 내면세계를 드러내는 수양인의 모습이다. 그러나 옥동의 시가 꼭 이런 모습만 보이는 것은 아니다.

山家犬吠白雲鄉	산 집에는 개 짖고 흰 구름 떠 있는 마을에
一點輕鷗下夕陽	한 점 갈매기 가볍게 석양에 내려오고
秋江日暮波紋滑	해 지는 가을 강에는 물결무늬 번지는데
風送菱花滿地香	바람은 마름꽃 보내 땅 가득 향기롭네.[14]

一鶴盤廻海上來	학 한 마리 바다 위를 휘돌아 오니
數聲時自月邊廻	몇 소리 때때로 달 가를 감싸고 들리며
簷花只是逢秋貴	처마 꽃은 가을 만나 귀해지고
詩興多因得友開	시흥은 대체로 벗을 만나 열리는데
窓外夜心將欲曙	창밖의 밤 새벽 되려 하니
床前燭淚已成堆	상 앞의 촛농 이미 한 무더기 되었네.

13 李溆, 〈月夜〉, 『弘道先生遺稿』 卷1.

14 李溆, 〈美陰〉, 『弘道先生遺稿』 卷1.

閒中自有悠然趣　한가한 그 속에 절로 그윽한 흥취 있어
移向東籬酌數杯　동쪽 울타리로 가 몇 잔 술 마시네.[15]

이 두 수의 시는 옥동이 바라본 경물과 벗과 함께 하고 있는 자신의 심경을 읊은 시이다. 마치 전원시田園詩라고 보아도 무리가 없을 정도로 자연과 하나가 되어 있는 담담한 옥동의 내면세계가 잘 드러나 있다. 이렇게 옥동의 시는 담담한 묘사 속에 은은한 흥을 드러내며 옥동이 접한 주변의 경물과 인물들에 대해 그가 가지고 있는 애정을 보여준다. 이런 시들은 시가 수양을 위한 적극적인 도구가 되거나 도의 체득을 표현하고 재현해내는 구체적인 수단이 되었다고 보기는 어렵다. 그렇지만 이 시에서 느낄 수 있는 옥동의 내면도 수양을 통해 정화된 세계이다. 그것은 이 시 속에 드러난 옥동의 흥이 흔히 접할 수 있는 자연시나 전원시 속의 흥취에 비해 보다 사색적이고 내면화되어 있기 때문이다. 특히 경물을 묘사한 첫 번째 시에서 볼 수 있는 담담한 묘사 속에 드러나는 옥동의 흥과 애정은 그의 시가 수양된 내면과 대상에 대한 애정을 바탕으로 이루어지고 있음을 말해준다.

옥동의 문학관을 현실적 효용중심의 문학이라고 한다면 그것은 개인의 내면을 수양하기 위한 것이기도 하지만 사회의 여러 부조리를 고발하여 바로잡고자 하는 작자의 의식을 드러내는 것이기도 하다. 특히 옥동이 스스로의 조행操行을 중시한 학자였고 그 조행의 기준이 유가적 세계관이었다는 점을 감안한다면 그에게서 대 사회적인 현실 비판의 시를 찾는 것은 당연하다고 할 수 있다.

天下蒼生水火中　천하의 백성들 물불 속에 빠져 있으니

15 李漵, 〈又次他韻〉, 『弘道先生遺稿』 卷1.

濟安深責在誰躬　세상 구제 백성 안정 그 큰 책임 누구에게 있나.
所以宣尼常憫隱　이 때문에 공자께서 늘 가엾고 애처롭게 여겨
幾年虛費轍環功　몇 년이나 세상 도는 그 공 허비 하셨던가.[16]

堯舜之君稷契臣　요순 같은 임금님 직설 같은 신하들에
和風長作萬邦春　따뜻한 바람 길이 불어 온 나라가 봄 같은데도
如何聖世多飢歲　어찌하여 성인 세상에 주리는 해 많기도 하여
未有含哺鼓腹人　실컷 먹고 배 두드리는 사람이 없나.[17]

이 두 수의 시는 옥동이 지닌 현실 비판 의식을 보여준다. 그러나 옥동은 시 속에서 구체적으로 비판의 대상을 명시하거나 비판의 내용을 밝히지 않았다. 옥동이 이렇게 표현한 것은 시란 수양된 중정中正한 성정性情의 표현이기 때문에 아무리 시 속에서 대상을 비판하고 현실을 고발한다고 하더라도 그 표현과 어조語調는 정도와 한계를 넘어서는 안 된다는 옥동의 시의식詩意識에서 기인한 것이라 보인다.

罔法設陷阱　법으로 얽는 것이 함정 만드는 것 같아
掩取都民財　백성 재물 남김없이 모두 뺏으니
親眷眞爲樂　친지들 참으로 즐겁다고 하지만
下民甚可哀　아래 백성들 정말 서글프구나.[18]

寒乞窮人呼哭聲　가난에 찌든 비렁뱅이 소리 높여 곡하니
聞聲不忍惻然情　그 소리 듣고서는 측은한 정 못 견디네.

---

16 李溆, 〈述懷〉, 『弘道先生遺稿』 卷1.
17 李溆, 〈丙子秋見餓殍〉, 『弘道先生遺稿』 卷2.
18 李溆, 〈無題〉, 『弘道先生遺稿』 卷3.

白骨有徵徵及族　백골에 세금 걷다 친척들까지 걷으니
孰哀無告彼蒼生　그 누가 하소연할 곳 없는 저 백성을 가련히 여기나.[19]

이 두 수의 시에서 볼 수 있는 옥동의 현실 비판 의식이 비록 앞의 시보다 강화되었다고 하더라도 여전히 시 속에 드러난 옥동의 비판은 격렬하거나 직접적이지 않다. 옥동의 비판은 언제나 일정한 기준을 넘지 않는다. 이런 모습은 옥동이 이룩한 내면 수양이 그 스스로의 비판 의식을 정제된 언어를 통해 시 속에 드러낼 만큼 이루어졌음을 뜻하는 것이다.

이렇게 보았을 때, 옥동의 문학관은 한마디로 현실적 효용중심의 문학이라고 정의할 수 있다. 또 옥동의 문학관이 구현된 문학세계는 심성의 수양을 중심으로 한 것과 현실에 대한 비판을 중심으로 한 것으로 나누어볼 수 있지만, 옥동이 시를 수양의 도구로 활용했기 때문에 그의 시가 보여주는 모습은 기본적으로 중정한 성정의 세계이다. 이와 함께 그의 시는 수양된 내면에서 나오는 대상에 대한 잔잔한 홍을 드러내기도 하는데, 이런 경향의 시들은 기본적으로 옥동의 수양된 내면과 대상에 대한 애정을 보여주는 것이다. 옥동의 시세계에서 확인할 수 있는 이런 성격은 현실에 대한 비판을 드러낸 시에서도 볼 수 있다. 그것은 옥동의 시가 현실을 비판하면서도 그 비판의 수위를 조절하고, 언어를 선별하여 격정적 감정을 내보이지 않기 때문이다. 이것은 옥동이 이룩한 내면의 수양 정도가 그 스스로의 비판 의식까지 정제된 언어를 통해 시 속에 드러낼 만큼 이루어졌음을 보여주는 것이다. 이렇게 옥동의 문학세계를 살펴보았을 때 옥동의 문학세계는 이전부터 전해 내려오던 가문의 문학 경향과 상당부분 일치한다. 특히 그의 문학세계 중에서도 시세계는 그의 부친

19 李溆, 〈哀道邊寒乞人哭聲〉, 『弘道先生遺稿』 卷4.

매산과 상당 부분 겹친다.[20] 그런 점으로 보아 옥동의 문학관이나 문학세계는 부친 매산과 그 선대의 영향 아래에서 기틀을 이룬 뒤, 시대의 영향과 학문적 성숙에 따라 점차 개인적인 특성을 이룬 것이라고 할 수 있다.

2. 옥동玉洞 시세계詩世界의 사상적思想的 기저基底

1) 시詩에 나타난 정신세계精神世界

옥동玉洞의 시詩 741제 1,302수 중 가장 많은 양을 차지하는 것이 5언五言의 4구시四句詩인데, 이 5언시에는 성리학적 사유세계를 읊고 있는 도덕적 내용의 연작시連作詩가 상당한 양을 차지한다.[21] 또 시의 내용은 대부분 개인의 심경 표출을 중심으로 이루어졌다. 이런 특징은 옥동에게 시란 그 자신의 내면을 드러내는 사의寫意와 언지言志의 수단이었으며, 평생을 독서와 강학·심성 수양에 매달렸던 자신의 삶과 정신세계를 보여주는 것이었음을 말해준다. 따라서 옥동에게 문학, 특히 시詩란 없을 수는 없는 것이었지만 그것이 가치를 가지는 근본적인 이유는 문학 작품으로서 시가 지니는 문학성보다 시가 인간의 본성을 순화하고 더 높은 경지의 세계를 터득할 수 있게 하는 도구와 자극의 기제로 작용할 수 있기 때문이었다.

옥동이 시문詩文의 효용적 가치와 의미에 주목했지만 그의 시에서 현

20 梅山의 詩文學에 대해서는 尹載煥, 『매산 이하진의 삶과 문학 그리고 성호학의 형성(문예원, 2010.)』에 정리되어 있다.

21 옥동의 5언 연작시 가운데 대표적인 것으로 卷1의 〈戒學者〉 18首, 卷 의 〈戒弊〉 24首, 〈戒計較利害〉 20首, 〈救荀楊董韓之失〉 17首, 〈勸勉〉 12首, 〈自省〉 12首 등을 들 수 있다.

실의 질곡이나 모순에 대해 강한 비판의식을 드러낸 시를 찾기는 쉽지 않다. 물론 그가 가지고 있었던 비판의식의 단초를 보여주는 시가 없는 것은 아니지만 이런 경향의 시에서도 옥동은 비판의 수위를 조절하고, 언어를 선별하여 격정적 감정을 내보이지 않았다. 이런 태도는 그 스스로가 시대의 박해를 벗어나지 못한 인물로, 부친의 유배와 유배지에서의 죽음, 중형 섬계의 장살과 그로 인한 가문의 몰락을 직접 목도하고 겪었다는 그 자신의 개인적인 경험과도 배치되는 것이다.

하지만 이런 개인적인 경험을 가지고 있는 옥동이기 때문에 그의 시가 보여주는 중요한 경향인 수양 의지를 가지고 옥동에게 적극적인 현실 비판을 통해 현실의 부정을 극복하고자 하는 현실 극복 의식이 결여되었다고 평가하기는 어렵다. 그것보다는 오히려 옥동이 이룬 수양이 스스로의 비판 의식을 정제된 언어로 시 속에 표현할 수 있을 만큼 이루어졌음을 뜻하는 것이라 보아야 한다. 즉 옥동은 그를 둘러싼 상황과 자신이 목도한 현실을 수양으로 극복하고, 현실을 넘어 그가 지향하는 최상의 경지와 그 경지에 다가설 방법을 시로 나타냈기 때문에 그의 시는 감정의 중정을 유지하면서 현실에서 한 걸음 물러날 수 있었다.

물론 옥동의 수양이 그 자신의 개인적인 경험이나 그를 둘러싼 현실적 상황, 혹은 당대의 정치적 환경에 영향을 받았고, 이 때문에 시문詩文의 창작에서도 옥동 스스로가 자기 검열을 수행하였을 것이라는 현실적인 제약도 배제할 수는 없다. 하지만 어떻게 규정하든 옥동의 시는 육경六經과 사서四書를 기준으로 수양을 추구하는 그 자신의 정신세계를 바탕에 두고 그가 지향하는 최상의 경지와 그 경지에 다가설 방법을 드러낸 것이라고 할 수 있다.

옥동의 시를 이렇게 보는 이유는 옥동의 시세계가 『시경詩經』을 시작으로 하여 그 당대까지 전해지고 있었던 전통적인 유가儒家의 도덕적 효용론에 뿌리를 두고 있기 때문이다. 그렇다면 그의 시세계는 크게 두 방향에서 살펴볼 수 있다. 첫 번째는 내적 수양을 추구하는 것이고, 두 번째는 수양된 내면을 바탕으로 주변과 사회에 대응하는 것이다. 이렇게 보는 것은 진정한 효용이란 개인의 수양과 발전만이 아니라 개인을 둘러싼 사회와 현실의 변화까지 이룰 수 있는 것이어야 하기 때문이다.

그래서인지 옥동은 그의 문집 속 잡저 안에서 몇 편의 글을 통해 '이단을 배격하고 문장을 중시하며, 수시득의隨時得宜의 통변通變을 강조'하는 자신의 문학관文學觀·시문관詩文觀을 밝혔다.[22] 옥동의 이런 문학관이나 시문관詩文觀은 그가 문학이 현실 사회에 미치는 영향에 대해 깊이 이해하고 있었고, 현실적으로 가치를 가지는 의미 있는 글을 쓰기 위한 방안이 무엇인가에 대해 깊이 고민하고 있었음을 보여 주는 것이다.

그런데 옥동의 문집에 수록되어 있는 시들을 살펴보면 우선 접할 수 있는 것이 시를 개인적인 내면 수양의 한 방편으로 이용한 것이다. 이런 시들은 옥동에게 시가 수양을 위한 적극적인 도구이자 삶의 원리와 기준을 보여주는 구현체이면서, 동시에 그가 체득한 도道를 표현하고 재현하는 구체적인 수단으로 의미를 지니는 것이었음을 말해준다. 옥동에게 내면 수양의 도구이자 삶의 원리를 밝히는 방편이었던 시들은 다시 그 자신의 수양 의지와 삶의 원리를 표출하고 있는 시와 수양에 의해 이룩한 청정한 정신세계를 묘사하고 있는 시로 나누어 볼 수 있다.

曉天猶有月	새벽하늘에 아직 달 떠있고
乾坤混澹虛	하늘과 땅 뒤섞여 담박하고 여유로운데
間中無雜事	그 사이 잡된 일 하나도 없어

22 옥동의 이런 문학관·문장관은 雜著 卷7의 「詩體」·「論言與文詩」, 卷8의 「論文體雜著」·「非雕虫文章家雜著」·「論古人詩格」, 卷9의 「論作文」 등에서 볼 수 있다.

靜坐念經書	조용히 앉아서 경서를 읊조린다.[23]

夜深群動定	밤 깊어 온갖 움직임 멈추어 쉬니
風月自悠然	바람과 달만 제 저절로 한가로운데
靜立西亭上	조용히 서쪽 정자 위에 올라서
朗吟大雅篇	낭랑하게 대아편을 읊조리누나.[24]

이 두 수의 시는 옥동이 지니고 있었던 수양 의지와 삶의 자세를 보여주고 있는 시이다. 이 시들이 지니고 있는 특성은 제목에서도 그대로 드러나는데, 〈신좌晨坐〉와 〈월야月夜〉라는 제목을 통해 시를 짓는 순간 옥동이 자리 잡고 있던 공간과 시간의 공통성을 살펴볼 수 있다. 즉 옥동이 그 스스로의 수양 의지와 삶의 자세를 드러낸 시들은 대체로 자신의 내면과 외부 상황이 일치하는 시·공간에서 창작된 것이고, 이런 시·공간에서 스스로의 수양 의지와 삶의 자세를 드러내는 시를 창작했다는 것은 옥동의 수양과 삶이 내면 지향성을 지니고 있었음을 말해준다.

첫 번째 시는 이른 새벽 홀로 앉아 쓴 시이다. 어스름 새벽빛이 겨우 밝아 올 시간이지만 아직 하늘에는 달이 떠 있어, 하늘과 땅은 맑고 밝게 다가온다. 낮을 누리고 사는 사람이나 동물이 모두 아직 잠에서 깨지 않았지만 천지는 그대로의 밝음과 맑음을 드러낸다. 이 시간에는 움직임 혹은 작위作僞가 존재하지 않는다. 그러니 욕심이 있을 수 없고, 욕심이 없으니 잡된 일도 있을 수 없다. 이런 청정한 시·공간에서 옥동은 경서를 읊조린다. 자연스럽게 그 자신의 내면세계가 청정 공간과 하나가 된 것이다.

23 李溆, 〈晨坐〉, 『弘道先生遺稿』 卷1.
24 李溆, 〈月夜〉, 『弘道先生遺稿』 卷1.

두 번째 시는 달 밤 홀로 일어나 자신을 되돌아보는 옥동을 느낄 수 있는 시이다. 깊은 밤, 만물의 움직임이 멈춘 시간, 바람과 달만 여유롭게 옥동과 함께 하고 있다. 이 시간은 옥동이 스스로를 되돌아보며 내면 속으로 침잠할 수 있는 시간이다. 이 시간에 홀로 깨어있는 옥동은 조용히 서쪽 정자 위로 올라가 『시경』 「대아편」을 읊조린다. 옥동이 자리 잡은 이 시·공간은 물욕을 전혀 느낄 수 없는 청정한 세계이고, 그 속에서 옥동의 삶과 정신세계는 시·공간과 하나가 된다.

이렇게 살펴본 시를 통해 확인할 수 있는 옥동은 이상과 현실 사이에서 고뇌하는 현실적 인간이나 흥취에 젖어 어찌할 수 없는 정을 뿜어내는 낭만적 인간이 아니라 철저한 심성心性 수양修養을 통해 확립한 자신의 내면을 드러내는 학자이자, 끊임없이 수양을 추구하는 수도자이다. 따라서 이런 시 속에서 볼 수 있는 옥동의 의식세계는 청정淸靜함과 고요함 그 자체로, 어떤 갈등이나 혼란, 격정도 드러나지 않는 흔들림 없는 담담한 세계이다. 이런 수양 중심의 삶과 의식세계는 옥동이 그 자신의 생활공간을 시 속에 옮겨 놓을 때도 그대로 유지되었다. 그래서 그의 시에서 볼 수 있는 생활공간은 인간의 물욕이 배제된 청정한 삶의 터전으로 묘사된다.

山家犬吠白雲鄉　산 집에는 개 짖고 흰 구름 떠 있는 마을에
一點輕鷗下夕陽　한 점 갈매기 가볍게 석양에 내려오고
秋江日暮波紋滑　해 지는 가을 강에는 물결무늬 번지는데
風送菱花滿地香　바람은 마름꽃 보내 땅 가득 향기롭네.[25]

心隨流水淡　마음은 흐르는 물 따라 담박하고

25 李漵, 〈美陰〉, 『弘道先生遺稿』 卷1.

興與白雲長　　　흥은 흰 구름과 함께 길기만 한데
隨陰移席坐　　　그늘 따라 자리를 옮겨 앉아서
終日自淸凉　　　온종일 제 저절로 청량함 속에 있네.[26]

和氣融融三月時　온화한 기운 가득한 삼월 이 시간
杏林十里景遲遲　십리 뻗은 살구 숲엔 날도 더디 가는데
兒童忽報新消息　아이가 갑자기 새 소식을 전하니
生意初形雨後枝　나려는 뜻 처음으로 비 뒤 가지에 얽혀있다 하네.[27]

이 세 수의 시는 모두 옥동이 그 자신의 생활공간, 삶의 터전을 대상으로 읊은 것이다. 세속의 욕망과 일상의 번잡함이 배제된 이 시들에는 자연과 하나가 되어 있는 담담한 옥동의 내면세계가 잘 드러나 있다.

첫 번째 시는 옥동이 포천의 우거지寓居地 근처에 있는 미음渼陰을 찾아보고 쓴 시이다. 가을 산골 마을의 정취를 담담한 필치로 묘사하고 있다. 개 짖는 산 집과 그 위에 떠 있는 구름, 석양 아래 가볍게 내려오는 갈매기, 강 위로 파문을 그리며 번지는 물결, 바람에 실려 오는 마름 향기는 옥동이 한적한 시골 마을에서 느끼는 여유를 그대로 보여주고 있다. 특히 '폐吠'와 '향香'은 이 시의 배경이 되는 시골 마을에서 느끼는 옥동의 여유가 시각적인 단일 감각에 의한 것이 아니라 공감각에 의한 것임을 보여준다.

두 번째 시는 여름 밤나무 동산에서 느끼는 자신의 감흥을 읊은 시이다. 감흥이라고는 했지만 이 시 속에서 찾아볼 수 있는 옥동의 흥취는 흥興이라기 보다는 한閑에 더 가깝다. 흐르는 물처럼 담박한 마음, 흰

26 李漵, 〈栗園晩興〉, 『弘道先生遺稿』 卷2.
27 李漵, 〈杏林春景〉, 『弘道先生遺稿』 卷3.

구름처럼 유장한 흥은 모두 흥을 의미하는 것이지만 물과 구름에 비유한 것과 같이 얽매이거나 집착하지 않는 자유롭고도 편안한 것이다. 그렇기 때문에 밤나무 동산에서 그늘을 따라 하루 종일 자리를 옮겨 앉으면서도 옥동은 언제나 청량한 마음을 유지할 수 있었다. 결국 밤나무 동산에서 느끼는 옥동의 흥은 밤나무라는 대상에서 나오는 것이 아니라 옥동의 순화된 정서가 밤나무 동산이라는 하나의 매개물에 투영되면서 드러나는 것이다. 이 시에서 옥동은 자신이 흥을 느낀 이유를 시 속에 직접 묘사하여 독자들이 그 상황을 구체적으로 인지할 수 있도록 하였다. 여유롭고 한적한 시간 더운 여름 해를 피할 수 있는 밤나무 그늘을 즐기는 옥동의 느긋한 흥이 눈에 선히 들어온다.

마지막 시는 살구 숲의 봄 풍경을 읊은 시이다. 온화한 기운이 가득한 삼월 봄, 십리 멀리 뻗어 있는 살구 숲의 경치는 화창하기만 한데, 갑자기 아이가 찾아와 비온 뒤 살구나무에서 꽃이 피려한다고 전해준다. 늦봄 숲을 이룬 살구나무 가지에서 연분홍 살구꽃이 몽우리를 터뜨리려는 모습은 해마다 볼 수 있는 것이지만 늘 사람의 마음을 설레게 한다. 변함없는 계절의 움직임, 자연의 법칙이라는 철학적 의미와 함께 소생, 탄생이라는 생명의 움직임은 유한한 삶을 살아가야 하는 인간에게는 언제나 경이로운 경험이기 때문이다. 옥동 역시 아이의 이야기를 듣고 잔잔한 흥취를 느낀 것이다.

이렇게 살펴본 옥동의 시들은 담담한 묘사 속에 은은한 흥을 드러내며 옥동이 접한 주변의 경물에 대해 그가 가지고 있는 애정을 보여준다. 이런 시들은 시가 수양을 위한 적극적인 도구가 되었다거나 수양을 위한 자신의 의지를 표현하는 구체적인 수단이 되었다고 보기는 어렵다. 그렇지만 이 시 속에서 느낄 수 있는 옥동의 내면세계도 수양을 통해 정화된 세계라 할 수 있다. 그것은 이 시 속에 드러난 옥동의 흥이 사색적이고 내면화되어 있기 때문이다. 특히 주변 경물에 대한 담담한 묘사 속에 드러나는 옥동의 흥은 그의 시가 수양된 내면 정서와 대상에 대한 애정을 바탕으로 이루어지고 있음을 말해준다.

시를 수양의 도구이자 삶의 기준을 밝히는 방편으로 생각했던 옥동은 시 속에 자신이 지니고 있었던 수양 의지나 삶의 자세뿐만 아니라 수련의 방법과 방향까지도 제시했다. 그런데 시 속에서 수련의 방법과 방향을 제시하기 위해 옥동이 먼저 힘쓴 것은 선인先人에 대한 평가였다. 그가 시 속에서 선인先人들을 평가한 것은 이 평가를 통해 후학들을 권계하기 위해서였다. 따라서 옥동의 시에서 평가의 대상이 되는 인물들은 그의 의식세계에서 놓여 있는 위치에 따라 포폄의 대상으로 시 속에 형상화된다. 그가 시 속에서 드높여 표창하고 모범으로 삼은 인물들은 당연히 유가 사상을 천명하고 확립한 유가적 인물들이고, 반대로 폄하하고 비판한 인물들은 이단의 사상과 학설을 내세워 세상의 인간들을 이단의 함정으로 몰고 간 이들이다. 그런데 여기서 주목되는 것은 이들이 옥동에게 비판의 대상이 된 것이 바로 이들의 문장 때문이라는 것이다. 이것은 옥동이 이단을 배척할 때 가장 주의를 기울인 것이 바로 이단의 문장이라는 것을 보여준다. 즉 옥동에게는 이단의 문장이 선량한 백성들을 미혹하는 가장 큰 문제로 인식되었던 것이다. 그래서 옥동은 "문장가는 도를 어지럽히는 그릇[文章家 亂道之器]"이라고까지 하였다.[28]

莊周作南華	장주는 남화경 지어
大演異端學	이단의 학문을 널리 열었지
其言切世情	그 말 세상 인정에 절실하니
爲禍千千億	화는 천 배 만 배 억 배가 되겠지.[29]

28 李漵, 「論老子兼論莊子」, 『弘道先生遺稿』 卷8, 「雜著」.

馬遷作貨殖	사마천이 화식전을 지은
其罪數如山	그 죄 세어보면 산 같으니
釀出無窮弊	끝없는 해악을 빚어내어
盈于宇宙間	우주 사이 가득 채우겠지.[30]

이 두 수의 시는 22수의 연작 고시 〈계계교이해戒計較利害〉의 제3수와 4수이다. 옥동이 선인들에 대해 평가하거나 그들의 사상과 학문에 대해 평가한 시는 대부분 연작連作 고시古詩이거나 장편長篇 고시古詩 형식을 띠고 있다.[31] 이런 형식적 특성은 수련의 방법을 제시한 시에서도 볼 수 있는데, 이 두 유형의 시에서 옥동이 주목한 것이 시 자체의 문예미보다 그 속에 담긴 내용이었기 때문이다. 즉 해야 할 많은 말들을 시로 풀어내야 했기 때문에 옥동은 자연스럽게 장편 고시, 혹은 연작 고시라는 시 형식에 주목할 수밖에 없었다고 생각된다. 그것은 고시가 사건이나 장면을 조직하고 언지言志와 사의寫意에 적절한 자유로운 체제이고, 연작시가 할 말이 많은 시인, 표현력이 풍부한 시인, 서술을 중시하는 시인이 주로 선택하는 시 형식이기 때문이다.

이 시에서 옥동은 장주와 사마천을 비판의 대상으로 삼고 있는데, 여기서 주목해 보아야 할 것은 비판의 이유이다. 옥동에게 장주가 비판의 대상이 되는 것은 『남화경』을 지었기 때문이고, 사마천이 비판의 대상이 되는 것은 「화식전」을 지었기 때문이다. 결국 장주와 사마천은 모두 『남

29 李漵, 〈戒計較利害〉 其 3首, 『弘道先生遺稿』 卷2.

30 李漵, 〈戒計較利害〉 其 4首, 『弘道先生遺稿』 卷2.

31 옥동의 시에서 가장 많은 분량을 차지하는 시가 이 장에서 언급한 수련의 방법이나 방향을 제시하고 있는 시와 인물과 사상에 대해 평가한 시이다. 이 가운데 인물과 사상에 대해 평가한 연작시의 대표적인 것으로 문집 卷2의 〈戒計較利害〉 22수, 〈救荀楊董韓之失〉 17수를 들 수 있다.

화경』과 「화식전」이라는 인정에 절실한 문장을 지었기 때문에 옥동에게 비판의 대상이 되었다. 이것은 세상의 도道가 점차 쇠퇴해지는 것이 이단의 문장가 때문이라는 옥동의 의식을 보여주는 것이다. 옥동은 이단의 문장가들이 세상의 사정에 아주 밝고 사람들을 즐겁게 하며 뜻을 쓰는 것이 몹시 교묘하여 사람들이 저도 모르게 이단의 문장에 빠져들어 경전을 외면하고 속화俗化된다고 보았다.[32] 결국 옥동이 이단의 문장과 문장가를 철저하게 배격하고자 했던 것은 세상 사람들이 쉽게 그 문장에 빠져들어 즐거워하고 그에 융화되기 때문이라고 할 수 있다.

溺乎文章家	문장가에 빠진 사람들
厭見聖賢籍	성현의 글 보기 싫어해
厭見斯不究	보기 싫어하면 탐구하지 않으니
不究將焉覺	탐구하지 않으면 어찌 깨달을까.[33]

經傳載道器	경전은 도를 싣는 그릇이니
自然爲文章	자연히 문장이 되는데
文章別有法	문장에 별도의 법을 두면
背道是老莊	도를 등져 바로 노장이 되네.[34]

文字而已者	문자만일 뿐인 사람을
古人所賤薄	옛사람들은 천박하게 여겼으니
千秋吾輩流	천년을 두고 우리 무리들이
烏得免其責	어찌 그 책망을 벗어날 수 있을까.[35]

32 李漵, 「非雕虫文章家」, 『弘道先生遺稿』 卷8, 「雜著」.
33 李漵, 〈戒弊〉 제 12수, 『弘道先生遺稿』 卷2.
34 李漵, 〈明經傳載道 後世所稱文章亂道〉 제1수, 『弘道先生遺稿』 卷2.
35 李漵, 〈自勉〉, 『弘道先生遺稿』 卷2.

이 세 수의 시는 모두 이단의 문장이 인간에게 미치는 해악에 대해 밝힌 것이다. 문장에 빠지면 성현의 경전을 멀리하게 되어 결국 도道를 깨우칠 수 없다고 한 첫 번째 시나 문장을 짓기 위해 경전을 멀리하면 바로 노장老莊이 된다고 한 두 번째 시, 그리고 문자에만 치우친 당세의 인간들을 강하게 비판한 세 번째 시 모두 비판의 중심에 문장이 놓여있다.

문장에 대한 비판 이외에도 옥동의 시에서 노老·불佛을 중심으로 이단의 사상에 대해 비판한 시 역시 적지 않지만 여기에서 문장에 대한 비판에 주목하는 것은 옥동의 이단 배격이 대부분 이단의 문장 배격에 초점을 맞추고 있기 때문이다. 이런 현상은 문장을 통하지 않고는 이단의 사상이 인간들에게 영향을 미칠 수 없다는 옥동의 인식에 바탕을 둔 것이다.

결국 옥동은 이단의 문장과 문장가를 배격함으로써 이단의 사상이 인간 사회에 젖어드는 것을 막고자 했던 것이라고 할 수 있다. 그런데 그가 이렇게 이단의 문장에 깊이 유의했던 것은 다른 말로 문장이 세상과 사람들에게 미치는 영향에 대해 깊이 이해하고 있었다는 뜻이기도 하다. 옥동은 문장이 현실 사회에 미치는 영향에 대해 깊이 자각하고 있었기 때문에 인간을 속화俗化시키는 첫 번째 해악으로 이단의 문장을 꼽았다.

문장이 현실 사회와 인간에 미치는 영향에 대해 깊이 인식하고 있었던 옥동은 이단의 문장을 배격한 만큼 도道를 찾아가는 수련의 방법과 방향에 대해서도 시 속에 구체적으로 밝혔다. 옥동의 이런 태도는 인간을 교화하고 변화시키기에 가장 좋은 방법을 문학이라고 생각한 것으로, 그만큼 문학의 가치에 대해 유의한 것이다. 특히 옥동이 시를 통해 수련의 방법과 방향을 제시했다는 것은 그가 시를 통한 교육이라는 시교詩教에 대해 깊이 인식하고 있었다는 것을 보여준다. 그것은 옥동이 만약 그 자신만을 위해 시를 쓴다면 구태여 시를 통해 이단이나 이단의 문장을 배격하거나 수련의 방법과 방향까지 밝힐 필요가 없기 때문이다. 결국 이런 경향의 시는 모두 옥동의 시가 전통적인 도덕적 효용론에 뿌리를 두고 있으며, 그가 시를 통해 현실 사회와 인간을 교화시키기 위해 노력했고 또 현재의 인간에게 가치 있는 시를 쓰기 위해 애썼다는 의미가 된다.

聖道大且深	성인의 도는 크고도 깊으니
茫然不可測	아득하여 헤아릴 수 없네.
博文與約禮	博文과 約禮
學莫斯要切	배움에서 이보다 긴요하고 절실한 것 없으니
所以靜之養	고요하게 기르는 까닭은
發恐有差失	어긋나고 잘못된 점 있을까 두려워서지.
差之是邪客	어긋나는 이것은 사악한 나그네니
不可容一髮	터럭 하나라도 용납 못하네.
所以大用工	큰 쓰임을 공교롭게 여기는 까닭은
精察而猛克	정밀하게 살펴서 엄격하게 이기기 위해서지.
邪去理自復	사악함이 제거되면 이치가 절로 회복되어
自有自然則	저절로 자연스러운 법칙이 있다네.
行之有生熟	행동에는 생경함과 익숙함이 있고
心之有虛實	마음에는 헛된 것과 참된 것이 있지.
一一論工效	하나하나 그 공과 효과를 논한다면
庶可有所的	거의 딱 들어맞는 것이 있지.
忠厚而篤確	침묵 속에 가지런하고 의젓하며
徙義而主一	의로 옮겨 하나를 주장하고
沉默而齊儼	충후하고 독실하며 굳건하여
精密而要實	정밀하게 실상을 구하며

靜一而澹虛	고요하고 한결같아 담박하고
雍容而不迫	온화하여 박절하지 않으며
油然沖和氣	거침없이 자연스레 온화한 기운을 채우면
藹然天地塞	무성하여 그 기운이 천지를 가득 메우리라.[36]

이 시는 모두 여섯 단락으로 이루어진 장편 고시이다. 옥동이 수련의 방법과 방향에 대해 밝힌 시는 대부분 연작連作 고시古詩이거나 장편 고시長篇古詩로 이루어져 있고, 시의 내용이 제목에 직접적으로 드러난다는 특징을 지니고 있다.[37] 이 시는 〈학學〉이라는 제목에 걸맞게 학문에 대한 옥동의 개괄적인 인식을 보여주고 있어 인용해 보았다.

이 시에서 확인할 수 있는 것은 옥동이 추구했던 학문의 개념에 관한 것이다. 옥동의 추구했던 학문은 성인의 도를 배우는 것이었고, 성인의 도를 배우기 위한 구체적인 방법으로 그가 추구했던 것은 박문博文과 약례約禮였다. 박문과 약례를 추구하여 고요하게 마음을 기르고 큰 쓰임을 공교롭게 여기며 충후독확忠厚篤確·사의주일徙義主一·침묵제엄沉默齊儼·정밀요실精密要實·정일담허靜一澹虛·옹용불박雍容不迫한 태도를 체득하여 온화한 기운을 마음속에 가득 채우고 천지를 메우는 것이 그가 추구하는 학문이었고 수양이었다. 말 그대로 유가적 수양의 완전체를 이루고자 한 것이다.

이 시의 첫 번째 단락은 박문博文과 약례約禮에 대해 언급한 것이다. 성현의 도는 크고 깊어서 헤아릴 수 없으니 학문을 하는 과정에서 박문博文과 약례約禮 만큼 중요한 것은 없다고 했다. 두 번째 단락은 정양靜

36 李漵, 〈學〉, 『弘道先生遺稿』 卷1.

37 이런 경향의 시로는 문집 卷1의 〈自警〉 6수, 〈戒學者〉 19수, 卷2의 〈自警〉 16수, 〈自省〉 7수 등의 聯作 古詩와 권 1의 〈續前自勉〉, 〈戒家長〉, 〈詠夜氣自勸戒〉, 卷2의 〈齊家〉, 〈悔戒勉〉, 卷3의 〈天人〉 등의 長篇 古詩를 들 수 있다.

養 혹은 양정養靜의 수양이 지니는 가치에 대해 언급한 것이다. 정情의 발로發露에 실상과 어긋나는 것이 있다면 그것이 바로 사邪가 되는 것이니 마음을 가라앉혀 조용히 수양하는 것만이 실정實情의 어긋남을 막을 수 있다는 것이다. 세 번째 단락에서는 정찰精察과 맹극猛克을 통한 사거邪去를 강조하였다. 정밀하게 살펴서 힘써 극복하고 이를 통해 사특함을 버린다면 본연의 이理가 저절로 회복될 것이라고 했다. 네 번째 단락은 행동과 심사에 대해 언급한 것이다. 행동에는 서툰 것과 익숙한 것이 있고, 마음 쓰는 것에는 허심虛心과 실심實心이 있으니 하나하나 그 공과 효과를 따져가다 보면 적확하게 들어맞는 것이 있을 것이라고 하여 행동과 심사의 두 면에 대해 모두 힘써야 함을 권면하였다. 다섯 번째 단락에서는 충후忠厚·독확篤確을 의리義理에 옮겨 두 마음을 가지지 않고, 조용하고 엄정하게 살펴서 실질을 찾으라고 했고, 마지막 여섯 번째 단락에서는 고요하게 마음을 비워두고 온화하고 넉넉함을 지닌다면 충화沖和한 기운이 천지를 가득 채울 것이라고 했다. 이 시는 옥동이 지니고 있었던 학문의 방법과 방향 그리고 궁극적으로 그가 추구했던 최상의 경지를 밝힌 것으로 그의 학문관과 수양관을 동시에 드러낸 시이다.

物欲初萌處	물욕이 처음 싹트는 곳에
宜加猛省功	맹렬히 살피는 공을 더해야 하니
譬如一點雪	비유하자면 한 조각 눈송이가
消釋紅爐中	붉은 화로 속에서 사라지듯.
心爲外物繫	마음이 외물에 얽매이게 되면
事事皆苟且	일마다 모두가 구차해지니
千般飾其非	천 가지로 그 잘못 꾸민다 해도
徒自重其過	한갓 스스로 그 잘못 더 하는 것뿐이지.[38]

이 시는 〈자경自警〉이란 제목의 16수 연작連作 고시古詩의 첫 번째와 두 번째 수이다. 스스로 경계한다는 제목과 같이 마음속에 싹트는 외물의 유혹에 대해 강한 경계의식을 보여주는 시이다. 첫 수에서는 마음속에 싹트는 물욕의 싹을 시초부터 철저히 제거해야 한다고 했고, 다음 수에서는 물욕에 얽매인 마음으로는 어떤 일도 구차할 뿐이니 과오를 꾸며 봐야 오히려 더 큰 잘못을 저지르게 된다고 했다. 일평생을 독서와 강학, 심성 수양에 매달렸던 당대의 학자이자 지식인인 옥동이었지만 언제나 그의 마음속에는 외물의 유혹, 감정의 편중에 대한 우려와 긴장감이 서려 있었고, 이를 벗어나기 위해 부단히 노력했음을 알 수 있다. 그래서인지 이런 경향의 시는 그의 문집 안에서 얼마든지 확인할 수 있다.

옥동의 문집 속에서 수양의 의지와 삶의 자세, 수양에 의해 이룩한 청정 세계를 묘사한 시와 함께 수양의 방법과 방향을 밝힌 시를 찾을 수 있다는 것은 다른 면에서 옥동이 그의 주변에 대해 지니고 있었던 관심과 애정을 말해주는 것이기도 하다. 그것은 옥동이 그 자신만의 삶과 수양을 위해 시를 썼다면 구태여 수양의 방법까지 시를 통해 밝힐 필요가 없기 때문이다. 또 시 속에서 제시된 수양의 방법이 타고난 인간의 본성을 지켜 존재하는 본연의 도道와 합하고자 하는 것이었다는 것은 옥동이 인간의 본성을 긍정하고 인간이라는 존재 자체의 의미와 가능성을 믿고 있었다는 뜻이 된다. 그렇기 때문에 옥동은 시를 통해 주변의 인물들을 교화하고자 했고, 이를 통해 현실의 변화를 추구했던 것이다.

一鶴盤廻海上來　학 한 마리 바다 위를 휘돌아 오니
數聲時自月邊廻　몇 소리 때때로 달 가를 감싸고 들리며

38 李漵, 〈自警〉 第 一 二首, 『弘道先生遺稿』 卷2.

簷花只是逢秋貴　처마 꽃은 가을 만나 귀해지고
詩興多因得友開　시흥은 대체로 벗을 만나 열리는데
窓外夜心將欲曙　창밖의 밤 새벽 되려 하니
床前燭淚已成堆　상 앞의 촛농 이미 한 무더기 되었네.
閒中自有悠然趣　한가한 그 속에 절로 그윽한 흥취 있어
移向東籬酌數杯　동쪽 울타리로 가 몇 잔 술 마시네.[39]

有菊兼佳友　국화꽃에 겸하여 좋은 벗 있어
詩興聳層層　시흥은 겹겹이 솟구쳐들고
開窓別有見　열린 창으로 특별히 눈에 드는 건
秋水漲前陵　앞산의 가을 물이 불어난 거지.[40]

이 두 수의 시는 옥동이 벗과 함께 하고 있는 자신의 심경을 읊은 시이다. 첫 번째 시는 가을 저녁 벗과 밤을 지새우는 자신의 심경을 읊은 시이다. 달빛을 타고 오는 학의 모습과 멀리서 들리는 학의 울음소리는 고요한 밤의 모습을 강조한다. 이 속에서 벗을 만나 즐거운 옥동의 심사는 '촉루이성퇴燭淚已成堆'라는 다섯 자 속에 집약되어 있다. 밤을 지새우며 보낸 시간도 짧아서인지 아침 해를 맞이하러 옥동은 벗과 함께 동쪽 울타리로 자리를 옮긴다. 이 시에서 옥동은 자신의 한적을 드러내기 위해 학의 모습과 울음이라는 시각과 청각의 공감각적인 표현을 사용했다. 두 번째 시도 벗과 함께하는 자신의 즐거움을 읊은 시이다. 국화꽃이 핀 가을, 벗과 함께 하는 옥동은 잔잔하지만 누를 수 없는 홍을 느낀다. 이 홍은 그에게 시심詩心을 유발하고, 홍에 젖어 창 밖으로 고개를 돌린 옥동은 자신의 홍과 같이 불어난 앞산의 물을 보게 된다.

39 李漵, 〈又次他韻〉, 『弘道先生遺稿』 卷1.
40 李漵, 〈次九日韻〉, 『弘道先生遺稿』 卷1.

이 두 수의 시는 모두 옥동이 벗과 만나 느낀 흥을 읊고 있는 것이다. 그러나 이 흥의 세계는 말 그대로 터져 나오는 즐거움을 의미하는 것이 아니라 잔잔하게 갈무리된 담담한 것이다. 그렇기 때문에 그의 흥은 시로 표현될 수 있을 뿐이다. 이렇게 담담한 묘사 속에 드러나는 옥동의 흥은 그의 시가 수양된 내면 정서와 대상에 대한 애정을 바탕으로 그의 주변 인물들에 대해 지니고 있었던 관심과 애정을 보여주고 있음을 말해준다. 이런 관심과 애정의 표출은 흥을 읊은 시 뿐만 아니라 서러움을 묘사한 시에서도 볼 수 있다.

生長一洞中　　한 마을에서 나고 자라
相期不相別　　헤어지지 말자고 약속했는데
浮萍忽飄散　　부평초 같이 갑자기 흩어져서는
雲峀空相憶　　구름 낀 산을 보며 부질없이 그리워만 했지.
何幸一夜話　　얼마나 다행인가 하룻밤 이야기로
庶可慰阻絶　　그간 헤어짐을 거의 위로할 수 있었는데
好事不可久　　좋은 일 오래 가지 않아
臨風但惻惻　　바람 맞으며 전전긍긍 괴로워하네.[41]

我來至自外　　내 저 먼 곳에서 찾아왔으니
旋卽有子音　　돌아오면 바로 그대 음성 들으리라 생각했는데
我來今已久　　내 찾아온 지 이미 오래 됐지만
胡不一來尋　　어찌하여 한 번 와서 찾지 않는가.[42]

이 두 수의 시는 옥동이 재종질再從姪 이숭문李崇文과 벗인 정재定齋

41 李漵, 〈贈崇文再從姪〉, 『弘道先生遺稿』 卷1.
42 李漵, 〈自外方來思定齋沈士常有感〉 제1수, 『弘道先生遺稿』 卷4.

심사상沈士常을 그리워하며 쓴 시이다. 이 두 수의 시에서 볼 수 있는 옥동의 정서는 그리움과 안타까움, 그리고 아쉬움이다. 첫 번째 시에서 '부질없이 그리워만 했다.'는 것이나 두 번째 시에서 '돌아오면 바로 그대 음성 들으리라 했지.'라고 한 것은 모두 옥동이 지니고 있었던 상대에 대한 진한 그리움을 보여주는 것이다. 또 첫 번째 시에서 '바람 맞으며 전전긍긍 괴로워한다.'고 한 것은 이별의 아쉬움과 안타까움을 표현한 것이고, 두 번째 시에서 '어찌 한 번 와서 찾지 않는가.'라고 한 것은 만나지 못하는 깊은 안타까움을 표현한 것이다. 주변 인물에 대한 그리움과 안타까움의 묘사는 그의 만시挽詩에서도 볼 수 있다.

仁厚之人淨正人	어질고 너그러운 맑고도 바른 사람
人於斯世鮮其倫	사람 사는 이 세상에서 짝할 사람 드문데
如何捨我先歸去	어찌하여 나 버리고 먼저 돌아가 버려
使我如亡半我身	내가 내 몸 절반을 잃은듯하게 하나.[43]

이 시는 옥동이 그의 벗 윤도일尹道一의 죽음을 접하고 쓴 시이다. 만시이기 때문에 기본적인 정조가 서러움이고 안타까움인 것은 당연하다. 그런데 이 시에서 주의해 보아야 할 것은 죽음을 접하고 서러움을 느끼는 옥동의 태도이다. 옥동 당대 만시挽詩의 보편적인 경향은 죽은 자의 평생 행적을 칭송하고 그와 자신과의 개인적 관계를 읊으며 슬픔을 토로하는 것이었다. 그런데 옥동의 만시는 이런 만시의 일반적인 경향을 탈피하고 있다. 옥동의 만시는 죽은 자로 인해 야기된 그 자신의 서러움을 표현하여 죽은 자의 빈자리를 강조하고 있는 것이다. 이 시에서 옥동이 서러움을 느끼는 것은 인자하고 후덕한, 깨끗하고 바른 그의 벗 윤도일

43 李漵, 〈哭尹友道一〉, 『弘道先生遺稿』 卷2.

이 죽었기 때문이 아니라 동류同類를 찾기 어려운 세상에서 겨우 짝할 만한 사람을 하나 얻었는데, 그가 자신을 버리고 세상을 떠났기 때문이다. 그래서 옥동의 몸은 반쪽이 된 것이고 이것은 뒤집어 윤도일은 절대로 죽어서는 안 된다는 것을 강조하는 것이다.

옥동이 그 주변의 인물들에 대해 자신의 관심과 애정을 드러낸 시는 정서의 표현에서 특징적인 모습을 보여준다. 그것은 관심과 애정 속에서 흥을 느끼거나 서러움을 느낄 때에도 옥동의 감정이 시 속에서 과장되거나 확대되지 않는다는 것이다. 이것은 그의 흥이 내면으로 갈무리된 잔잔하고 담담한 것이었고, 그의 서러움이 대상에 의해 촉발된 진실한 정서였기 때문이다. 이런 정서적 특징은 그의 시가 대상에 대한 애정을 바탕으로 한 수양된 정서의 작용에 의한 것임을 말해준다.

또 옥동의 시는 개인의 수양을 통한 현실 사회의 교화를 목적으로 한다. 그런데 현실 사회의 교화는 개인의 수양이나 이를 위한 교육만으로 이루지는 것이 아니다. 수양과 교육의 영향이 사회와 현실에 미쳤을 때 비로소 이루어지는 것이다. 즉 진정한 효용이란 개인의 수양과 발전만이 아니라 그 개인을 둘러싼 사회와 현실의 변화까지 이룰 수 있을 때 이루어지는 것이다. 옥동은 인간이라는 존재 자체를 긍정하고 그 인간이란 존재의 가능성을 믿고 있었다. 그렇기 때문에 그는 그의 주변 인물들에게 관심과 애정을 지녔고, 개개인의 수양을 통해 사회 전체의 변화를 유도할 수 있다고 여겼다. 이런 옥동에게 현실의 부조리란 묵과할 수 없는 것이다. 무엇이든 이룰 수 있는 존재가 스스로의 가치와 의미를 저버리는 것이기 때문이다. 따라서 그에게서 대 사회적인 현실 비판의 시를 찾는 것은 당연하다.

天下蒼生水火中　천하의 백성들 물불 속에 빠져 있으니

濟安深責在誰躬　세상 구제 백성 안정 그 큰 책임 누구에게 있나.
所以宣尼常惻隱　이 때문에 공자께서 늘 가엾고 애처롭게 여겨
幾年虛費轍環功　몇 년이나 세상 도는 그 공 허비 하셨던가.[44]

堯舜之君稷契臣　요순 같은 임금님 직설 같은 신하들에
和風長作萬邦春　따뜻한 바람 길이 불어 온 나라가 봄 같은데도
如何聖世多飢歲　어찌하여 성인 세상에 주리는 해 많기도 하여
未有含哺鼓腹人　실컷 먹고 배 두드리는 사람이 없나.[45]

이 두 수의 시 가운데 두 번째 시가 병자년 그러니까 숙종 22년(1696)에 지어진 시이니 그의 나이 35세 때 지은 것이고, 문집의 작품 배열 순서가 시간에 따라 이루어졌다는 점을 감안한다면 첫 번째 시는 그보다 이른 어느 시기에 지어졌을 것으로 추정된다. 이 두 편의 시는 옥동이 지닌 현실 비판 의식을 보여준다. 그러나 옥동은 시 속에서 구체적인 비판의 대상을 명시하거나 비판의 내용을 밝히지 않았다. 그것보다는 지금 나라의 모습이 위태롭고 백성들의 삶이 불안하기 때문에 정치를 담당하는 위정자들이 현실을 잘 파악하여 백성들의 삶을 안정시켜야 한다는 당위에 가까운 이야기를 하였다. 두 번째 시에서도 옥동은 나라에 요순 같은 임금, 직과 설 같은 신하가 있어서 온화한 바람으로 길이 온 나라를 봄으로 만들었다고 하여 위정자를 비꼬고 있지만 그의 시가 가을에 주려 죽은 사람을 보고 쓴 것이라는 점에서 현실 고발의 강도는 그가 접한 상황보다 오히려 약화된 것이다.

罔法設陷阱　법으로 얽는 것이 함정 만드는 것 같아

44 李漵, 〈述懷〉, 『弘道先生遺稿』 卷1.
45 李漵, 〈丙子秋見餓殍〉, 『弘道先生遺稿』 卷2.

掩取都民財	백성 재물 남김없이 모두 뺏으니
親眷眞爲樂	친지들 참으로 즐겁다고 하지만
下民甚可哀	아래 백성들 정말 서글프구나.[46]

寒乞窮人呼哭聲	가난에 찌든 비렁뱅이 소리 높여 곡하니
聞聲不忍惻然情	그 소리 듣고서는 측은한 정 못 견디네.
白骨有徵徵及族	백골에 세금 걷다 친척들까지 걷으니
孰哀無告彼蒼生	그 누가 하소연할 곳 없는 저 백성을 가련히 여기나.[47]

이 시는 각각 문집의 권3과 4에 실려 있는 시이다. 이 두 수의 시에는 옥동의 현실 비판 의식이 앞의 시보다 강화되어 있다. 비판의 대상과 내용이 시 속에 구체화되어 있고, 비판해야 할 대상에 대한 옥동의 자기 감정도 구체적이다. 이런 변화는 옥동의 개인적인 경험에서 온 것이 아닐까 생각된다. 그가 44세 되던 해에 겪은 중형 섬계의 장살 사건과 그 이후 일어난 가문의 몰락이 비록 표면적으로는 그의 삶에 어떤 변화를 주지 않았다고 할 수 있지만, 이런 상황들이 그의 심층적인 내면세계에도 아무런 영향을 미치지 않았다고 보기는 어렵기 때문이다.

백성을 그물질하여 백성이 가진 모든 것을 빼앗고는 즐거워하는 윗사람과 백골에도 세금을 걷다가 친척에게까지 그 사람의 세금 대납을 독촉하는 현실은 백성을 견딜 수 없게 만드는 질곡이었다. 이런 질곡을 옥동이 모를 리 없었고 여기에 대해 비판하지 않을 수 없었다. 그러나 시 속에 드러난 그의 비판은 격렬하거나 직접적이지 않다. 옥동이 당대의 현실을 바라보기만 한 것이 아니라 그 속에서 고통 받았다는 점을 생각

46 李漵, 〈無題〉, 『弘道先生遺稿』 卷3.
47 李漵, 〈哀道邊寒乞人哭聲〉, 『弘道先生遺稿』 卷4.

해 본다면, 그의 현실 비판이 이 시에 드러난 것보다 더 직접적이고 울분에 가득한 것이었다고 해도 이상할 것이 없다. 그렇지만 그의 비판은 일정한 기준을 넘어서지 않는다. 옥동이 당대 사회를 비판한 시를 살펴보면 사회 현실을 비판하면서도 비판의 수위를 조절하고, 언어를 선별하여 격정적 감정을 내보이지 않았다는 것을 알 수 있다. 이런 모습은 옥동이 이룩한 수양이 스스로의 비판 의식을 정제된 언어로 시에 드러낼 만큼 이루어졌음을 뜻하는 것이다.

이런 시를 보고도 옥동이 현실과 분리된 혹은 백성들과 괴리된 삶을 살았다고 보지 않는 것은 그 스스로가 시대의 박해를 벗어나지 못한 인물이었기 때문이다. 부친의 유배와 유배지에서의 죽음, 중형 섬계의 장살과 그로 인한 가문의 몰락 그 어느 것 하나 옥동이 직접 목도하지 않은 것이 없었다. 그렇기 때문에 그가 만약 자신이 느꼈던 현실에 대한 울분을 있는 그대로 다 토해냈다면 그것이 어느 정도가 되었을지는 짐작하기 어렵지 않다. 그렇지만 옥동은 자신을 둘러싼 상황과 자신이 목도한 현실을 수양으로 극복하여 시를 지었기 때문에 그의 시는 감정의 중정을 유지할 수 있었다. 물론 옥동의 이런 수양이 그 자신을 둘러싼 현실적 상황이나 당대의 정치적 환경에 영향을 받았고, 이 때문에 그가 스스로 자기 검열과 수양에 더욱 몰두하게 되었으리라는 점은 부정할 수 없다. 그러나 이런 상황들은 옥동을 더욱 수양 속에 매진하게 만드는 계기가 되었지, 수양을 핑계로 현실을 외면하거나 현실에 굴복하게 만들지 못했다. 이 밖에 사회 현실에 대한 옥동의 비판의식이 드러난 시로는 5언4구五言四句의 〈계폐戒弊〉 24수(권2)를 들 수 있다. 이 시 역시 평이한 시어로 사회와 학문의 폐단을 담담하게 논하고 있어 산문성까지도 느낄 수 있는 시이다.

옥동은 17세기와 18세기가 엇갈리던 전환기를 살다 간 인물이다. 옥동 당대의 시단은 17세기 시단의 복고주의와 낭만주의를 배격하고, 규범과 격식에서 탈피하여 개성과 진실을 표현하려 했던 18세기 시단으로의 전환을 시도하고 있었다.[48] 이런 전환기를 살았던 옥동이지만 그의 시에서는 당대 문단이 추구하고 있었던 변화의 단초나 이전 시기 시단을 풍미하고 있었던 낭만적이고 감성적인 색채를 찾아보기 쉽지 않다. 옥동 시의 이런 특성은 그가 평생을 독서에 바친 지식인이었고, 부친 매산梅山이 청나라에서 구입해 온 서적을 바탕으로 다양한 분야에 대해 폭넓은 지식을 쌓아 당대 조선과 중국의 문학경향과 변화에 대해 잘 알고 있었다는 점에서 볼 때 그 자신의 의도적 행위였다고 짐작된다.

옥동의 시는 수양에 의해 확립한 자신의 정신세계를 시의 중심에 두고 있다. 그렇기 때문에 시에 표출된 옥동의 정서는 언제나 일정한 정도를 유지한다. 이런 특징은 그의 시가 이전 시기 성리학적 수양을 추구했던 도학자의 시와 유사한 모습을 보여주고 있음을 의미한다. 그러나 이전 시기 도학자들은 대체로 "외물外物의 이치와 내아內我의 이치가 합일合一을 이루어 인욕人欲의 개재를 극복한 상태에서 일어나는 흥興의 표현이 바로 시"라는 철저한 도학적 시의식詩意識, 성리학적 형상사유形象思惟를 지니고 있었다. 그렇기 때문에 이들은 고아한 의경意境과 이취理趣의 미美를 갖춘 시를 최상의 경지로 보았다. 그런 점에서 이전 시기 성리학적 수양을 추구했던 도학자들의 시와 옥동의 시는 차이점을 지닌다.

옥동의 시가 감정의 중정을 추구하여 수양된 내면 정서를 드러내고 있다는 점에서는 이전 시기 도학자들의 시와 같다고 할 수 있지만 구체적인 표현 양상에서는 이들과 다른 모습을 보인다. 옥동은 자신의 시에서 시흥詩興이 일어나는 순간에 대해 수 없이 언급했고,[49] 시의 독립적

48 安大會, 『18세기 한국 한시사 연구』, 소명출판, 1999, 19~55면.

49 이런 언급은 그의 시 곳곳에서 나온다. "詩興正隨秋色遠(〈次九日韻〉, 『弘道先生遺稿』

가치를 인정하고 이를 연마하기 위해 노력했음을 밝혔다.[50] 또 그의 문집 속에 있는 두보杜甫와 이백李白의 차운시는[51] 그의 시 학습이 한때의 습작 행위가 아니었음을 보여준다.

이런 의식에 의해 옥동의 시는 당대의 보편적 시경향이나 이전 시기 도학자들의 시와 구분되는 그만의 독특한 시세계를 형성했다. 그의 시는 대상을 내면화하여 관조한 뒤, 관조의 결과 일어난 정감을 시 속에 표출한다. 따라서 옥동의 시에서는 옥동의 감정이 시의 표면에 직접적으로 드러나지 않는다고 하더라도 시 속에서 완전히 배제될 수 없다. 그렇기 때문에 옥동의 정서는 절제되고 순화된 모습으로 시 속에 모습을 드러내게 되고, 그의 시에서는 언제나 그를 찾을 수 있다. 이런 점에서 옥동의 시는 이전 시기 도학자들의 시와 다른 모습을 보여준다.

옥동 시의 이런 특성은 시의 형상화 방법에도 강한 영향을 미친다. 옥동의 시는 격정적인 감정이나 수사적인 수식을 배제하면서 절제되고 순화된 그의 정서를 드러내는데, 이에 따라 그의 시에서 찾을 수 있는 대표적인 형상화 기법은 회화성이다. 이 회화성은 옥동이 시 속에 그가 접한 대상을 그대로 재현하여 만들어낸 사실적 회화성이 아니라 대상을 내면화하여 관조한 뒤, 관조의 결과 일어나는 절제된 정감을 표출하여 만들어 낸 것이다. 이에 따라 옥동의 시에서는 동태적 시어의 사용이 드물다.

卷1)"이나 "詩與秋風隨雁起(〈次九日韻〉, 『弘道先生遺稿』 卷1)", "詩興多因得友起(〈又次九日韻〉, 『弘道先生遺稿』 卷1)", "霜月引詩興(〈又次九日韻〉, 『弘道先生遺稿』 卷1)", "風景解今詩興發(〈次永守堂壁上韻〉, 『弘道先生遺稿』 卷3)"과 같은 언급은 그가 시를 수양 방법의 하나로만 인식한 것이 아니었음을 말해주는 것이라 생각된다.

50 李溆, 「東遊篇幷序」, 『弘道先生遺稿』 卷3.

51 우선 찾을 수 있는 차운시로 〈次唐詩韻(『弘道先生遺稿』 卷3)〉, 〈次李白天馬歌(『弘道先生遺稿』 卷3)〉, 〈效青蓮體(『弘道先生遺稿』 卷3)〉 등의 시가 있다.

이런 옥동의 시는 낭만적이거나 감상적이라는 당대 시단의 주된 경향과도 어긋나 있지만, 후대 문단의 변화를 선도하는 것도 아니었다. 하지만 그의 시는 이런 한계에도 불구하고 몇 가지 점에서 유효한 의미를 가진다. 그것은 옥동이 당대 정권에서 배제된 남인계열의 지식인으로 성리학적 심성 수양을 추구했던 인물이라는 그의 처지와 그의 시 자체가 가지는 문학적 완성도에 기인한다. 옥동은 그 자신에 의해 변화된 가문의 학문 경향을 그의 동생 성호에게 전하여, 성호의 학문 토대 형성에 영향을 미친 인물이다.[52] 그래서인지 성호의 문학관과 문학 경향은 본질적으로 옥동의 그것과 유사한 모습을 보여준다. 이것은 옥동의 문학세계가 후대에도 여전히 의미를 가질 수 있다는 하나의 근거가 된다.

또 다른 면에서 옥동의 시는 성리학적 수양을 추구했던 도학자의 시세계가 변해가는 과정을 보여준다는 점에서 의미를 지닌다. 도학자의 시세계에 관한 탐구는 16세기 퇴계와 율곡의 시에 대한 접근 이후 더 이상 논의를 진척시켜 나가지 못했다. 그런데 옥동은 생전에 천여 명의 문인을 두었고, 그 가운데 오로지 그에게만 와서 수업을 받은 이들도 수백 명이 될 정도로 많은 제자를 두었고 학문적 명망을 지닌 인물이었다. 가문의 학문 내력과 그의 학문 성향으로 보아 옥동은 퇴계를 사숙하였다고 보이는데, 그렇게 볼 수 있다면 그가 이전 시기 퇴계를 필두로 한 도학자들의 시세계를 전범의 하나로 두고 시를 창작했으며, 이들의 시세계에 익숙했으리라고 생각할 수 있다. 이것은 그의 시가 보여주는 특성이 도학자들의 시세계가 변화해가는 과정에 대한 해명의 자료로 의미를 지닐 수 있다는 뜻이다.

이와 함께 옥동의 시는 절제된 정감의 시적 표현을 통해 그 자체로

52 윤재환, 『매산 이하진의 삶과 문학 그리고 성호학의 형성』, 문예원, 2010, 304~306면.

문학적 완성도를 지닌다. 특히 수양의지와 청정세계를 묘사한 작품들은 담담한 묘사 속에 은은한 흥을 드러내면서 삶과 대상에 대한 애정을 시의 이면에 담고 있는 뛰어난 문학 작품이라고 할 수 있다.

2) 문학文學 속의 도학적道學的 사유思惟

옥동玉洞의 시문詩文은 대부분 도학적 사유세계를 중심에 두고 있는 것이다. 하지만 그렇다고 하더라도 도학적 사유세계라는 하나의 명제로 옥동의 문학세계, 특히 그의 시문학 세계 전체를 규정하기는 쉽지 않다. 그것은 옥동이 비록 도학이라는 하나의 명제命題를 목표로 그 자신의 일생을 움직여 갔다고는 하지만, 인간이라는 본질적인 한계가 그 스스로의 삶 자체를 도학과 완벽하게 일치시킬 수 없게 하였기 때문이다. 따라서 옥동의 시세계는 도학적인 시를 중심으로 하지만, 인간적 정서를 내포한 시들도 포괄할 수밖에 없다.

그러나 옥동의 시세계에 인간적 정서를 내포한 시까지 포괄된다는 것이 옥동의 시세계가 지니는 도덕적·도학적 성격을 부정하거나 의심하게 만드는 것이라고 보아서는 곤란하다. 오히려 그것보다 옥동의 시세계가 지니는 도학적 속성이 그로 인해 더욱 강화된다고 보아야 한다. 그것은 인간이라는 근원적인 한계를 지닌 존재가 그 한계를 극복하고, 추구하고자 하는 고매高邁한 이상 세계로 나아가기 위해 스스로를 돌이켜 보며 쓰는 시가 도학적道學的인 시詩이기 때문이다.

'도학적道學的인 시詩'는 "설리시說理詩·철리시哲理詩·성리시性理詩·이지시理智詩·이취시理趣詩·도학시道學詩" 등 다양한 용어로 명명되는데, 이와 같은 용어들은 이理라고 하는 철학적哲學的 개념槪念의 시적 해명이나 풀이에 치중한 용어라고 생각된다. 따라서 이 책에서는 이러한 용어들을 모두 포괄할 수 있는 '도학적道學的인 시詩'라는 용어를 사용한다. 이 책에서 '도학적道學的인 시詩'라는 용어를 사용하는 것은 옥동의 시세계가 철학적 관념세계에서부터 현실 생활에 이르기까지 다양한 층위를 지니고 있기 때문에 그의 시가 지니고 있는 관념성과 현실성을 동시에 표현하기에 가장 적절한 용어가 '도학적인 시'라는 용어라고 생각해서이다.

옥동의 도학적인 시는 옥동이 그 자신을 갈고 닦아, 그가 추구하는 이상 세계로 나아가기 위해 쓴 시이다. 다양한 모습으로 구현되어 있는데, 지고지순至高至純한 청정 세계의 묘사를 통해 개인적인 수양 의지를 나타낸 시에서부터 실생활 속의 실수나 잘못을 방지하기 위한 경계警戒 의지意志를 드러낸 시, 전범으로써의 성현과 학문하는 사람이 주의해야 할 것에 대해 밝혀놓은 시에 이르기까지 그 층위와 범주가 하나로 규정하기 어려울 정도로 많다.

옥동의 문학관은 이단異端 배격排擊과 문장文章 중시重視, 수시득의隨時得宜의 통변通變 중시重視로 정리할 수 있고, 이 문학관은 심성心性과 현실現實 중심의 시세계詩世界로 구현되며,[53] 구현된 옥동 시세계의 구체적인 양상은 수양修養과 수련修練, 애정愛情과 비판批判으로 정리할 수 있다.[54] 이렇게 볼 때 옥동의 시세계에서 도학道學 혹은 도학적道學的이라는 개념을 배제하고는 논의를 진행하기 어렵다. 따라서 옥동의 시세계에 대해 확장된 논의를 전개하기 위해서는 먼저 옥동의 시문학관과 도학의 관계를 규명해야 한다.

조선시대라는 시기의 특성상 문인과 학자를 선명하게 구분하기는 어

53 尹載煥,「玉洞 李漵의 文學觀 硏究」,『東方漢文學』27, 東方漢文學會, 2004, 217~253면.

54 尹載煥,「玉洞 李漵의 詩에 나타난 精神世界」,『韓國漢詩硏究』13, 韓國漢詩學會, 2005, 288~321면.

렵지만, 옥동은 문인이라기보다는 학자에 가까운 인물이었다. 260여 편의 잡저雜著를 중심으로 다양한 양식의 다채로운 글을 지었지만, 그 글들의 대부분이 성리학적性理學的 수양修養에 관한 내용을 담고 있으며, 1,300여 수의 시도 상당수가 도학적이다. 그래서인지 옥동의 글 속에서 문학 혹은 시세계에 관해 언급된 글은 그다지 찾기 쉽지 않다. 문학에 관한 기록을 찾아보면 잡저 권7의 「논언여문시論言與文詩」, 「시체詩體」, 권8의 「비조충문장가非雕虫文章家」, 「논문체論文體」, 「논고인시격論古人詩格」, 권9의 「논작문論作文」 6편에 불과하다.

이 6편의 글 속에서 확인할 수 있는 옥동의 문학관은 문학을 도의 구현 수단으로 인식하고 있었던 도학적 문학관이라고 할 수 있다. 옥동의 문학관을 이와 같이 규정하였을 때 그의 시 문학관 역시 이 틀을 벗어날 수 없는 것이 당연하다. 옥동은 작자의 도덕성과 도덕적 수양의 정도가 오롯하게 나타나는 것이 시이기 때문에 시를 쓴다는 것은 그만큼 어렵고도 힘든 일이며 아무나 시를 지을 수 없다고 생각했다. 옥동은 이와 같은 인식을 바탕으로 고금의 시인詩人과 시체詩體를 평가했다.

> 西漢은 古代와의 거리가 멀지 않았기 때문에 오히려 上古의 풍습이 있어 그래도 취할 만한 것이 있으나 建安 년간에 이르러서는 옛 뜻이 없어졌고 晉나라에 이르러서는 취할만한 것이 없으나 오직 靖節(陶淵明) 한 사람이 있을 뿐이다. 靖節先生은 冲淡古朴하여 헛된 글을 숭상하지 않았으며 자못 風雅의 格調가 있었으나 그래도 晉나라 습속의 남은 기풍이 있었기 때문에 대체로 淡泊하고 浩蕩한 氣習이 있었고 또 俠士의 風貌가 있었으니 애석하다. 만약 이 사람과 같은 자질로 하여금 요행히 공자의 문하에서 직접 수업하게 하였다면 거의 이루었을 것이다. 唐나라에는 王勃·楊炯·盧照隣·駱賓王·高適·王維·岑參·孟浩然·杜牧·陳子昻·沈佺期·元稹·李白·杜甫·白居易·韓愈·韋應物 몇 사람이 있을 뿐

이고 그 나머지는 취할 것이 없다.

李太白(李白)은 너무 지나치고 杜甫·白居易·韓愈·韋應物은 미치지 못한다. 李太白은 허황하면서 방탕하고 杜子美(杜甫)는 각박하면서 괴롭고 白香山(白居易)은 공교롭지만 속되고 韓昌黎(韓愈)는 비루하면서 거칠고 韋蘇州(韋應物)는 좁고 약하며 靖節은 온화하면서 평담하니 靖節(도연명)·工部(두보)·青蓮(이백)이 古道에 가장 가깝다. 이태백은 淡逸豪爽하고 大杜(大杜는 일반적으로 杜甫를 지칭하는데, 이 글의 다음 구에 子美(杜甫)가 나오는 것으로 보아 이 부분의 大杜는 小杜로 지칭되는 杜牧을 가리키는 것이라 보인다.－필자주)는 平順宛轉하고 子美는 雄建懇切하고 香山은 懇切하고 昌黎는 質愿하고 蘇州는 清淡하다. 이태백은 신선을 숭상하기 때문에 飄逸淸虛한 기운이 많고 두자미는 儒家와 俠客을 숭상하기 때문에 慷慨激仰한 기운이 많으며 香山과 蘇州는 佛家를 숭상하기 때문에 空寂한 기운이 많으며 昌黎는 儒家를 숭상하기 때문에 端重한 기운이 많다.

이태백은 風을 숭상하나 風의 道를 잃어 허탄하고 방탕한 것으로 흘렀고, 두자미는 雅를 숭상하나 雅의 道를 잃어 각박하고 거친 것으로 흐른 것은 다른 이유가 아니다. 風雅의 道를 얻지 못하고 멋대로 내달렸기 때문이다. 만약 이 사람들의 자질로 큰 도를 듣게 하였다면 또한 거의 이루었을 것이다. 두자미의 5언시는 變雅에 합하는 것이 있고, 이태백은 變風에 합하는 것이 있다. 心氣가 中道에 들어맞은 뒤에 말이 나와야 지나치거나 미치지 못하는 것 없이 風雅에 합하는데, 이 두 사람은 마음을 잡는 방법을 알지 못했기 때문에 말에서 드러난 것이 이와 같았으니 애석하구나.[55]

55 李漵, 「詩體」, 『弘道先生遺稿』 卷7, “西漢去古未遠, 故猶有上古之習, 猶有所可取也, 至于建安而古意亡, 晉無可取者, 獨有靖節一人而已. 靖節先生冲淡古朴, 不尙虛文, 頗有風雅之格, 猶有所晉習之餘風, 故多有淡蕩底氣習, 亦有俠士之風, 惜哉. 若使如此之資, 幸而親炙於孔門則其庶幾矣. 唐有王楊盧駱高王岑孟杜陳沈元李杜白韓韋數子而已, 其餘無足可取也. 太白過也, 杜白韓韋不及也. 太白虛而蕩, 子美刻而苦, 香山巧而俗, 昌黎鄙而野, 蘇州狹而弱, 靖節和而淡, 靖節工部青蓮, 最近於古. 太白淡逸而豪爽, 大杜平順而宛轉, 子美雄健而懇切, 香山懇而切, 昌黎質而愿, 蘇州清而淡. 太白尙仚, 故多飄逸淸虛之氣, 子美尙儒而尙俠, 故多慷慨激仰之氣, 香山蘇州

이 글은 잡저 권7의 「시체詩體」이다. 이 글에서 옥동은 중국의 역대 시인에 대해 논했는데, 그가 평가의 대상으로 삼은 시인은 중당中唐시기까지의 시인 몇 사람에 불과했다. 중당中唐은 시의 격조格調에 따라 당唐나라를 네시기로 나눈 것 중 셋째시기로, 당나라의 8대 황제 대종代宗 때부터 14대 문종文宗 때까지의 약 70년간을 말한다. 이 시기에 한유韓愈・유종원柳宗元・백거이白居易 등의 시인이 나왔으며 고시古詩가 번창하였는데, 옥동이 이 시기 이후의 시인을 거론하지 않았다는 것은 그가 보기에 이 시기 이후의 시는 그가 추구했던 시도詩道를 구현하지 못했다는 뜻이 된다.

옥동의 생각으로는 후한後漢의 건안建安년간(196~220)에 이르게 되면 시문詩文에서 취할 만한 것이 없고 단지 몇 사람의 작자만 볼만하다는 것이다. 건안建安시기는 중국中國 문학사文學史 상上의 황금기로 손꼽히는데, 이 시기는 후한後漢이 위魏나라로 교체되는 과도기였으며 문화적으로 유교를 중심으로 하는 전통적인 가치체계가 전면적으로 재검토되었고 문학 또한 각 분야에 걸쳐 큰 변혁이 행해지던 시기였다. 특히 시형식이 확립되어 한漢나라 시기 민간가요의 형식으로 발달한 5언시五言詩 형식이 시 및 악부樂府의 주요 형식으로 정착하여 제1의 문학갈래로 공인된 시기였다. 또 문학의 서정화抒情化 현상이 일어나 시문詩文에서 개성적이고 서정적인 색채가 선명해졌으며, 문학의 개성화가 추구되었다. 이에 따라 그간의 질박무실質朴務實한 문학 경향이 기려화미綺麗華美한 경향으로 변모를 시도하는 시기였다. 이 시기부터 문학에

尙佛, 故多空寂之氣, 昌黎尙儒, 故多端重之氣. 太白尙風而失風流於虛放, 子美尙雅而失雅流於刻野, 無他. 不得於風雅之道而橫馳故也. 若使如此之資, 得聞大道則亦庶幾矣. 子美五言詩, 有合於變雅者有之, 太白有合於變風者有之. 心氣適中然後發於言者, 無過不過而合於風雅, 此兩人不知操心之術, 故發於言者如此, 惜哉."

서 고의古意가 사라졌다거나 취할 만한 것이 없다는 옥동의 언급은 형식적이거나 서정적인, 혹은 개성적인 문학의 가치를 부정하는 것이라고도 볼 수 있다.

옥동이 그나마 취할 만한 것이 있다고 거론한 시인들이 중당시기까지의 시인이었다는 것은 중당시기의 시문이 선진先秦 제자諸子와 진한秦漢을 전범으로 삼아 복고적 기풍을 추구하였으며 평이하고 담박한 표현을 통해 감성의 도야를 추구하였다는 시대적 문풍文風과 적지 않은 연관이 있다고 생각된다. 그러나 그와 같은 시대적 분위기와 시문학 경향을 견지한 중당의 시인들에 대해서도 옥동은 전면적으로 인정하지 않았다.

옥동은 그간의 시인 중 도연명을 가장 인정했고, 그 다음으로 두보杜甫와 이백李白을 추앙했다. 하지만 이들에 대해서도 "진晉나라 습속의 남은 기풍이 있었기 때문에 대체로 담박淡泊하고 호탕浩蕩한 기습氣習이 있었고 또 협사俠士의 풍모風貌가 있었으니 애석하다(도연명)."고 하거나 "허황하면서 방탕하다. 신선을 숭상하기 때문에 표일청허飄逸淸虛한 기운이 많다(이백)."고 하거나 "각박하면서 괴롭다. 유가儒家와 협객俠客을 숭상하기 때문에 강개격앙慷慨激仰한 기운이 많다(두보)."고 하여 이들의 시 경향이 지니고 있는 문제점을 하나하나 지적했다. 옥동이 이들의 시 경향에서 발견한 문제점은 풍아風雅의 도道를 얻지 못하고 멋대로 내달렸기 때문에 나타난 것이었다. 옥동은 심기心氣가 중도中道에 들어맞은 뒤에 말이 나와야 지나치거나 미치지 못하는 것 없이 풍아風雅에 합하는데, 이들은 마음을 잡는 방법을 알지 못했기 때문에 시에서 문제를 드러낸 것이라고 했다. 이들의 부족한 내면 수양이 시에 그대로 드러나 이들의 시에서 문제가 발견된다는 것이다. 옥동의 이와 같은 주장은 그의 문집 속 잡저 권8의 「논정율변율論正律變律」과 「논고인시격論古人詩格」에서도 그대로 볼 수 있다. 이렇게 보았을 때 옥동에게 시란 수양된 내면

세계의 문학적 표현으로, 시를 읊조리고 완미하는 사이에 독자들이 말 밖의 뜻을 터득하여 그 오묘한 뜻에 이르도록 하는 교육적 도구였다고 할 수 있다.

시를 도덕적 교육의 도구로 인식하고 있었다는 점에서 옥동의 시세계가 기본적으로 도학적 성격을 중심으로 하는 것은 당연하다. 그러나 옥동이 창작한 시들이 모두 도학적 수양세계에만 매몰되어 있는 것은 아니다. 물론 도학적 수양이 무엇보다 우선되었다는 것은 부정할 수 없는 사실이지만, 옥동이 1,300여 수의 적지 않은 시를 남겼던 만큼 그의 시문학 작품은 다양한 면모를 지니고 있다. 또 도학적 수양세계를 구현한 그의 시문학 작품들도 모두 동일한 양상을 보이는 것이 아니다.

옥동의 도학적 시문학 세계를 접하면 처음 마주하게 되는 양상이 자신의 수양 의지를 표출하고 있는 시들이다. 이런 양상은 옥동의 초기 시에서 주로 발견되지만, 후기 시에서도 여전히 볼 수 있다는 점에서, 이런 시들은 옥동의 생애를 관류했던 의식을 표현한 것이라 보인다. 대체로 혼자 있는 호젓한 밤 시간에 창작된 것이라는 점에서 남이 보지 않는 곳에 혼자 있을 때에도 도리에 어긋나지 않도록 조심하여 말과 행동을 삼가고자 했던 신독愼獨의 정신세계를 구상한 것이라 보인다. 다음으로 확인할 수 있는 것이 수양된 정신세계의 시적 표상으로 『논어論語』의 「위령공衛靈公」 편에서 공자가 "말이 성실하여 신의가 있고 행동이 돈독하여 공경스러우면 비록 오랑캐 나라에서라도 행할 수 있을 것이나 말이 성실치 못하여 신의가 없고 행동이 돈독하지 못하여 공경스럽지 않으면 비록 향리에서라도 행할 수 있겠느냐[言忠信行篤敬, 雖蠻貊之邦行矣. 言不忠信行不篤敬, 雖州里行乎哉]."라고 했던 것과 같이 말과 행동거지를 진실하고 공손恭遜하게 하고자 했던 독경篤敬의 수양세계를 구상한 것이다. 이 두 경향의 시문학 작품들을 동일한 양상으로 보기는 쉽지 않지만,

그렇다고 확연하게 구분하여 정리하기도 쉽지 않다. 따라서 이 두 경향의 시문학 작품들을 하나로 묶어 '신독독경愼獨篤敬의 추구'로 정리할 수 있다.

다음으로 확인할 수 있는 경향은 '검신경계檢身警戒의 의식세계'이다. 검신檢身은 개인의 몸가짐에 관한 것으로 율곡의 『성학집요聖學輯要』나 상촌象村의 「검신편檢身篇」을 통해 확인할 수 있는 것처럼 수기修己의 한 가지 방법으로 자신의 외면을 다스리는 것이고, 경계警戒는 말 그대로 대상이나 사건에 대해 옳지 않은 일이나 잘못된 일들을 하지 않도록 주의하고 조심하는 방법이다. '신독독경愼獨篤敬의 추구'가 자신에 관한 개인적 차원의 것이라면 '검신경계檢身警戒의 의식'은 개인적 차원의 수양을 바탕으로 대사회적 차원으로 대상과 범주를 확장해 나가는 것이다.

마지막으로 확인할 수 있는 경향은 '존성권학尊聖勸學의 장려奬勵'이다. 옥동이 평생의 사표師表로 삼고 있었던 유가儒家의 성인聖人을 추앙하고 이들을 따라 배우도록 권면勸勉하는 내용을 담고 있는 이 마지막 경향의 시들은 자신의 의지를 담고 있는 것이기도 하지만, 후학後學과 후진後進들을 권장勸奬하기 위한 것이기도 하였다는 점에서 시문학 작품의 창작 이유가 대사회적 차원으로 확장된 모습을 보여준다.

月明風不動	달 밝고 바람은 불지도 않고
天無一點雲	하늘엔 구름도 한 점 없는데
靜極含動意	고요한 그 끝에 움직이려는 뜻 있어
森然怳有聞	오싹하게도 놀랍게 들리는 것 있네.[56]

夜深群生靜	밤 깊어 모든 사물 고요해질 때

56 李溆, 〈月夜〉, 『弘道先生遺稿』 卷1.

帶月挾冊歸 달을 이고 책을 끼고 돌아오는데
無人如人見 아무도 없지만 남이 보는 듯
恭立整冠衣 공손히 서서는 의관 바룬다.[57]

乾坤正深夜 하늘과 땅 깊은 밤에 바루어지고
明月流銀波 밝은 달은 은하수를 타고 흐르는데
微風動蘋末 산들바람 마름 끝에 살랑거리니
溪水漾淸華 시냇물에 맑은 꽃이 한들거리네.[58]

이 세 수의 시는 모두 옥동의 문집 권1에 수록되어 있는 〈월야月夜〉라는 제목의 시이다. 연작시도 아니고 수록되어 있는 부분으로 보아 동일한 시기에 창작된 것이라고 보기도 어렵지만, 시의 내용과 시속에 묘사된 정서는 흡사하다. 첫 번째 시는 달 밝은 밤 혼자 일어나, 달 뜬 밤의 구름 한 점 없는 하늘이 주는 고요함을 맛보다가 갑자기 느껴지는 바람의 기운을 접하고 쓴 시이다. 이 시 속에서 옥동은 자신의 주변에 존재하는 사물의 미세한 움직임을 통해서도 천지에 충만한 기운의 움직임을 느끼고 있다. 옥동의 이런 자세는 삶의 모든 것이 수양의 도구이고 그 스스로의 수양 정도를 돌이켜 보게 하는 계기가 되고 있다는 것과 옥동이 아무도 없는 곳에서 스스로를 지켜나가는 행위의 가치에 대해 깊이 인식하고 있었음을 보여준다.

두 번째 시는 옥동의 수양 의지와 삶의 자세가 잘 드러나 있는 시로 신독愼獨을 추구한 옥동 시의 전형적인 모습을 보여준다. 이 시는 아무도 없는 달밤 책을 끼고 달빛을 받으며 돌아오는 도중 자신을 돌아보는

57 李漵, 〈月夜〉, 『弘道先生遺稿』 卷1.
58 李漵, 〈月夜〉, 『弘道先生遺稿』 卷1.

옥동의 심경을 읊은 시이다. 이 시는 "어두운 곳보다 더 나타나는 곳은 없으며 미미한 것보다 더 드러나는 것은 없다. 그러므로 군자는 그 혼자 있을 때에 삼간다[莫見乎隱, 莫顯乎微, 故君子 愼其獨也]."고 한 신독愼獨의 수양 자세를 옥동이 아무도 없는 달밤 혼자서 실천하며 쓴 것이다. 세 번째 시는 앞의 두 시보다 도덕적으로 더욱 수양된 이상적인 세계의 모습을 보여준다. 마치 소옹邵雍의 〈청야음淸夜吟〉에서 묘사된 "달은 하늘 한가운데 이르고 바람은 수면에 살랑 불어올 때[月到天心處, 風來水面時]" 느꼈던 맑고 상쾌한 맛[一般淸意味]과 같은 분위기를 느낄 수 있다. 수양된 사람이 아니라면 느낄 수 없는 고즈넉한 흥취의 묘사라고도 할 수 있는 시이다.

이렇게 살펴본 시에서 볼 수 있는 옥동의 의식세계는 청정淸淨함과 고요함 그 자체이다. 시 속에서 옥동은 어떤 갈등이나 혼란, 격정도 드러나지 않는 흔들림 없는 담담한 자신의 내면세계와 그 내면세계를 만들어 가기 위한 수양 태도를 보여주고 있을 뿐이다. 또 시를 구성하기 위해 어떤 수식修飾이나 조탁彫琢도 가하지 않았다. 그저 그의 내면을 있는 그대로 옮기고 있을 뿐이다.

定後羣動息	제 자리 찾은 뒤 온갖 움직임 그쳐
乾坤寂無聲	천지 적막하여 소리 없는데
琴歇一堂靜	거문고 연주도 끝나 온 집 고요하니
蟋蟀近人鳴	귀뚜라미만 내 옆에서 울고 있구나.[59]

靜中天理本昭昭	고요한 그 속에도 하늘의 이치 밝게 빛나는데
玩到義文細入爻	伏羲 文王 글을 즐겨 자세히 爻를 보네.

59 李漵, 〈夜坐謾吟〉, 『弘道先生遺稿』 卷1.

雪月滿窓房內白　달빛 눈빛 창 가득해 방 안이 환하니
不妨無燭坐深宵　촛불 없이도 깊은 밤에 앉아 있기 문제없네.[60]

日入群動息　해 지자 온갖 움직임 다 그쳐서
客懷正寥寥　나그네 마음 정녕 고요해만 져
夜深猶不寐　밤 깊어도 오히려 잠들지 못하고
兀坐聽寒潮　우두커니 앉아서 찬 물결 소리 듣네.[61]

이 시들은 앞서 살펴본 〈월야月夜〉 세 수와 같은 성향의 시로, 이런 경향의 시들이 옥동의 생애 중 특정한 한 시기에 집중적으로 창작된 것이라고는 보이지는 않는다. 그것은 여기에서 예로 든 세 수의 시 중 〈야좌夜坐〉 두 수가 문집 권4의 마지막 부분에 나오는데, 옥동의 문집이 옥동 사후 그의 문인들에 의해 간행되었고, 문집 속 작품의 배열순서가 생애, 즉 창작 시기에 따라 이루어졌다는 점에서 볼 때 이와 같은 유형의 시는 옥동의 생애 전 기간에 걸쳐 창작되었다고 생각할 수 있다. 여기에서 예를 든 첫 번째 시 〈야좌만음夜坐謾吟〉은 문집 속 시의 배열 순서로 보아 생애 초기에 창작된 듯하고, 나머지 시 〈야좌夜坐〉 두 수는 거의 마지막 시기에 창작된 것이 아닌가 생각된다. 그런 점으로 보아 옥동의 도학적 시세계에서 이와 같은 경향은 생애를 관류하는 것이었다고 볼 수 있고, 또 그가 신독愼獨의 수양과 삶을 얼마나 중시했는지를 익히 짐작할 수 있다.

첫 번째 시는 수양에 든 뒤 알게 된 자연의 모습을 읊은 시이다. 애초 자연은 스스로 그 모습을 감추거나 바꾸지 않았기 때문에 이 시에서 확

60 李漵, 〈夜坐〉, 『弘道先生遺稿』 卷4.
61 李漵, 〈夜坐〉, 『弘道先生遺稿』 卷4.

인한 자연의 모습은 자연의 재발견이라고 할 수 있다. 물론 그 재발견은 첫 구에서 '제 자리 찾은 뒤[定後]'라고 한 것으로 보아 아무 때나 할 수 있는 것이 아니라 세상 만물이 원래 그 자리를 찾아가 안식安息을 누릴 때 가능한 것이다. 인간의 경우도 마찬가지여서 평정심을 되찾아 사심 없이 세상을 돌아볼 때 이루어질 수 있다. 이 순간 그 속에서 듣게 되는 귀뚜라미 울음소리가 옥동에게 수양의 가치와 의미를 확인하게 해 준 것이다.

두 번째 시와 세 번째 시는 모두 문집 권4에 나오는 〈야좌夜坐〉라는 제목의 시이다. 제목은 같지만, 동일시기에 창작된 연작시는 아니다. 이 두 시에서는 밤이라는 시간이 옥동에게 주는 것과 그 시간 속에서 느끼는 옥동의 두려움을 느낄 수 있다. 두 번째 시에서 옥동은 밤 시간을 수양과 학문의 기회로 활용하고 있다. 세상 만물이 안식에 들어간 시간 홀로 일어나 주역에 침잠하는 모습을 통해 옥동이 밤 시간 홀로 있는 공간을 학문의 장으로 활용하고 있음을 확인할 수 있다. 그러나 이와 달리 세 번째 시에서 옥동은 밤이라는 시간 홀로 있는 공간을 통해 고요한 마음을 되찾지만, 이 시간과 공간을 활용하지 못한다. 이는 옥동이 가지고 있었던 신독愼獨의 두려움에 기인한 것이라 생각된다. 인간이라는 존재가 가지고 있는 근원적인 두려움과 노력하면 할수록 멀어져만 가는 도道의 경지에 대한 안타까움이 옥동에게 신독愼獨의 두려움을 야기한 것이고, 이 때문에 고요한 마음을 지니고 있으면서도 우두커니 잠들지 못하는 것이다.

弘寬惻隱本公平	너그럽고 불쌍히 여김은 본래 공평하여
輕重當來義自精	무겁고 가벼운 일에 義가 절로 정밀하니
涵養功深到仁熟	무젖어 기르는 공이 깊어 仁에 익숙히 이르러

淡然無慾是神明　담담하게 욕심 없는 이것이 바로 神明이네.

廣大含弘是至公　넓고 커 드넓음을 품는 이것이 지극한 공이어서
旣包荒穢自包蒙　거칠고 더러운 것 포용하고 어리석음 깨우치니
乾坤萬物皆吾度　천하의 만물들이 모두 나의 법도가 되어
始信至誠在篤恭　지극한 정성이 독실히 공경함에 있다는 것을 그제야 믿겠네.[62]

淵微莊默自從容　심오하고 은미하며 장중하고 고요하여 절로 유유자적한
涵養功徵省察工　무젖어 기르는 공이 살피고 깨닫는 공교로움을 부르니
從心所欲無非禮　그 마음 하려는 것 따라도 예 아님 없음을
始信川流出一中　냇물이 한 가운데로 흘러가는 것보고 그제야 믿겠네.[63]

수양을 추구했던 옥동의 시가 모두 앞에서 살펴본 시와 같은 모습을 지니는 것은 아니다. 옥동의 생애 초기부터 후기까지 옥동의 도학적 시세계는 신독愼獨의 추구를 바탕으로 하지만, 이와 함께 후기로 갈수록 내면의 침잠을 넘어서서 그 수양의 범주를 확장하고자 하는 모습을 보여주기도 한다. 이를 편의상 '독경篤敬'으로 개념화하여 살펴보고자 한다. '독경篤敬'은 행동을 강조하는 것이지만, 경敬은 행동과 함께 개인적인 수양의 도구[修己以敬]이기도 하다는 점에서 신독愼獨의 확장된 모습이라고도 할 수 있다.

위에서 인용한 세 수의 시 중 첫 두 수는 문집 권4의 〈자면自勉〉이라

62 李漵, 〈自勉〉, 『弘道先生遺稿』 卷4.
63 李漵, 〈自勸〉, 『弘道先生遺稿』 卷4.

는 제목의 연작시이다. 수양修養이라는 측면에서 보았을 때 앞에서 살펴본 시와 다름이 없지만, 이 시에서 강조하는 수양은 내면에 침잠하기만 하는 것이 아니다. 첫 번째 시에서 의義와 인仁을 추구하여 신명神明에 이르고자 하는 모습이나 두 번째 시에서 거칠고 더러운 것을 포용하여 어리석음을 깨우치고 독공篤恭을 통해 지성至誠에 이르고자 하는 모습은 옥동의 수양이 내면을 넘어서 외적으로 드러남을 말해주는 것이다. 두 번째 시의 거칠고 더러운 것을 포용한다[包荒]는 말은 『주역周易』「태괘泰卦」 구이九二의 효사爻辭로 "구이九二는 거칠고 더러운 것을 포용하고, 과단강결果斷剛決한 도량을 가지며 맨몸으로 황하를 건널 수 있는 용맹으로 분발해 개혁하며, 멀리 있는 인재를 버리지 않고 등용하며, 가까운 벗이라 하여 사정私情을 두지 않으면 중도에 맞을 것이다[九二, 包荒, 用馮河, 不遐遺, 朋亡, 得尙于中行]."는 말에서 온 것으로 몽매한 사람을 계발시키고 길러주는 것을 말한다.

세 번째 시는 문집 권4에 있는 〈자권自勸〉이라는 시인데, 앞 시와 같은 의미의 제목이라고 할 수 있다. 권勸과 면勉 모두 같은 의미의 다른 글자라는 점에서 동의이어同意異語 정도로 보아도 무난하다. 내용 역시 우유함양優遊涵養의 공功을 통해 존양성찰存養省察의 공工에 나아가고, 욕망하는 모든 것이 예禮에 들어맞기를 원하는 자신의 수양 의지를 담고 있다는 점에서, 앞에서 살펴본 두 수의 시와 별다른 차이를 찾기 어렵다.

'검신경계檢身警戒의 의식'에 해당하는 옥동의 시들은 앞에서 살펴본 시와 비교하여 상대적으로 외면화된 모습을 보여준다. '신독독경愼獨篤敬의 추구'에 해당하는 옥동의 시들이 모두 내면에 침잠하여 자신의 심성을 수양하고자 하는 시였다면, '검신경계檢身警戒의 의식'에 해당하는 시들은 대부분 내면의 수양을 바탕으로 자신의 몸가짐과 외적 행위를 수련하고자 하는 것이다. 이 두 유형의 시들은 수양이라는 근본적인 목적에는 차이가 없지만, 수양의 대상과 방법에서는 적지 않은 차이를 가진다.

母氏仁明愛我誠　어머니 어질고 밝아 나의 정성 사랑하셔서
掃除妖孽一家平　요망한 재앙 쓸어 없애 온 집안을 편안히 하시고
須於每事加三省　모든 일을 세 번 살피는 정성을 더하시고도
恐有餘根得再萌　남은 뿌리에 새 싹이 돋을까 근심하셨네.
屯所戒辭毋遽往　屯爻의 경계하는 말 급히 하지 말라는 것
比之爲德利居貞　比爻의 덕 됨은 利가 貞에 거하는 것
從今願革生平過　지금부터 평생의 잘못 바꾸기를 바라니
無復他時一髮生　다음에 터럭 하나만큼도 다시 자라지 말기를.[64]

自歎已無實　스스로 탄식해도 이미 아무런 실익 없으니
何憂人不知　남들 알아주지 않는 것 무엇이 걱정인가.
命乎何所悶　명이려니 무엇을 번민하는가.
隨遇自安之　가는 곳마다 스스로 편안히 여길 뿐이네.[65]

過而能改是無過　잘못한 뒤 고치면 이건 잘못 없는 것
過若飾之是重惡　잘못한 뒤 꾸미면 이건 잘못 더하는 것
我過如何常貳二　내 잘못 어찌하여 늘 두 번 반복되나.
默而自訟空怵惕　조용히 스스로 꾸짖으며 부질없이 두려워하네.

君子心如日月而　군자의 마음 해와 달 같아서
有時昏食大明輝　어둡거나 일식 월식 때에도 큰 밝음 빛내니
當其過也人皆見　잘못이 있을 때 사람들 모두 보고
更也人皆仰望之　고치면 사람들 모두 우러러 본다네.[66]

64 李漵, 〈自賀自戒自責自勉 自註, 占吉凶, 得屯比之爻〉, 『弘道先生遺稿』 卷1.
65 李漵, 〈自勉〉, 『弘道先生遺稿』 卷1.

여기에 인용한 네 수의 시는 모두 옥동의 문집 권1에 수록된 시이다. 앞에서 살펴본 독경篤敬에 관한 시와 유사한 모습을 보여주지만, 수양의 내용이 내면 심성에서 외적인 행위로 확장되어 있는 모습이다. 첫 번째 시의 제목이 〈자하자계자책자면自賀自戒自責自勉〉인데, 시의 내용으로 보아 옥동이 모친에게 인정받고 기뻐하면서 여기에 그치지 않고 자신의 수양을 한층 더하고자 하는 의지를 담은 것이라 보인다. 이 시에서 옥동은 자신의 정성을 모친에게 인정받았다는 것이 한없이 기쁘지만, 그만큼 더 수양해야 한다는 의지를 드러내었다.

두 번째 시는 남들의 인정에 근심하지 말고[憂人不知] 자신의 수양을 이어가고자 하는 의지를 표현한 것이다. 남들이 인정해 주느냐 아니냐 하는 것은 명命에 달려 있는 것이니 근심할 필요 없고 그보다는 어느 곳에 있든 스스로 편안할 수 있도록 수양해야 한다는 것이다. 마지막 두 수는 자기 스스로를 책責하는 시이다. 잘못을 고치면 잘못하지 않은 것이 되는데 자신을 돌아보면 늘 잘못을 반복하고 있다. 또 그 잘못은 하늘의 해와 달 같아서 누구나 볼 수 있는 것이니 감추거나 속일 수 없는 것이다. 잘못하지 않을 수 있는 방법이 있다면 잘못을 빨리 고쳐서 반복하지 않도록 노력하는 것뿐이다. 이렇게 볼 때 옥동은 인간의 삶 속에 개인의 수양 노력이 더해지지 않으면, 그리고 그 수양 노력이 현실 속에서 구현되지 않으면 수양이라는 행위가 관념적인 헛된 구호에 불과한 것이라고 여겼다고 생각된다.

옥동은 수양이 관념적 행위로 그치지 않고 실질적인 의미를 지니기 위해서는 내면을 다듬는 행위와 함께 외적 실천 역시 중요하다고 여겼다. 옥동의 이와 같은 의식이 그에게 신독愼獨과 독경篤敬의 내적 수양을

66 李溆, 〈自責〉, 『弘道先生遺稿』 卷1.

추구하는 자세와 함께 자신의 외면을 단속하는 검신檢身의 자세를 불러온 것이다. 또 옥동은 검신檢身을 위한 구체적인 실천 방안으로 다양한 사항에 대한 경계警戒를 추구했다.

人而有驕吝	사람이 교만하고 인색하면
餘外不足道	나머지는 말할 것도 없네.
非徒德不厚	단지 덕이 넓지 않을 뿐 아니라
詑詑人不付	속이고 속여서 남들 함께 않으니
不付必爲離	함께 않으면 반드시 헤어지게 되어
非謗則傾害	헐뜯지 않으면 기울이고 해치리.[67]

天心常在一	하늘의 마음은 항상 한 곳에 있으니
聖賢道統宗	성현의 도통이 그 근본이 되네.
扶陽斯爲大	양기를 돕는 것이 큰 일이 되니
何必一時功	어찌 꼭 한 때의 공에 매달리리.[68]

嗜欲貪驕必好爭	욕심 부리고 탐내고 교만하면 반드시 다투길 좋아하니
爭端多是慕虛名	다툼의 단서 대부분 헛된 명예 사모하여 생겨나네.
誠能謝絶名權利	진실로 명예와 권세 이익을 사양하여 끊을 수 있다면
渾軆生生是至誠	온 몸에 생겨나는 것 이게 바로 지극한 정성이라네.[69]

君子一失身	군자가 한번이라도 그 몸을 잘못두면
自陷千仞阱	제 스스로 천길 함정 속에 빠지는 것

67 李溆, 〈戒驕慢〉, 『弘道先生遺稿』 卷1.
68 李溆, 〈戒功利〉, 『弘道先生遺稿』 卷2.
69 李溆, 〈自戒〉, 『弘道先生遺稿』 卷4.

所以戰兢兢	이 때문에 전전긍긍하면서
察察又省省	살피고 살피고 또 돌이켜보고 돌이켜보는 것.[70]

옥동의 경계의식警戒意識은 그의 문집 속에 다양한 모습으로 나타나는데, 시의 경우 대부분 〈계戒〉나 〈계戒~〉와 같은 제목으로 수록되어 있다. 옥동의 문집 속에는 〈계戒〉나 〈계戒~〉라는 제목으로 창작된 시가 모두 87수 있는데, 이를 조금 더 구체적으로 살펴보면, 〈계교만戒驕慢〉이 2제 3수, 〈계기협戒氣俠〉이 1제 1수, 〈계가장戒家長〉이 1제 1수, 〈계학자戒學者〉가 1제 19수, 〈계불戒佛〉이 2제 2수, 〈계노戒老〉가 1제 1수, 〈계불명려가중戒不明厲家中〉이 1제 1수, 〈계인지구비어중인戒人之求備於衆人〉이 1제 1수, 〈계공리戒功利〉가 1제 1수, 〈계폐戒弊〉가 1제 24수, 〈계계교이해戒計較利害〉가 1제 2수이고, 〈계戒〉가 9제 22수, 〈자계自戒〉가 2제 3수이다. 또 이 외에 제목이 〈계戒〉나 〈계戒~〉로 되어 있지는 않지만 이와 유사한 의미를 지닌 〈자경自警〉이 모두 2제 22수이다.

물론 이와 같은 제목 이외의 시 중에서도 옥동의 경계의식警戒意識을 찾아볼 수 있는 시들은 많이 있지만, 경계의식警戒意識을 제목으로 내건 시는 이 정도이다. 이 시들을 살펴보면 옥동이 주된 경계의 대상으로 삼았던 것을 확인할 수 있다. 우선 들 수 있는 것이 교만驕慢이고 다음이 이해득실利害得失을 따지는 것이라고 할 수 있는데, 이런 것들은 모두 내면 수양의 부족에서 기인하는 것이라고 할 수 있다. 특히 교만이나 이해득실을 따지는 마음은 작은 지식을 과시하여 남의 위에 서고자 하는 마음에서 시작되는 것이라는 점에서 내면 수양에 직접적인 영향을 받는 것이기 때문에 수양하고자 하는 사람이 특히 주의해야 할 문제라고 할 수 있다.

70 李溆, 〈戒〉, 『弘道先生遺稿』 卷4.

위에서 인용한 첫 번째 시는 문집 권1의 〈계교만戒驕慢〉이다. 이 시에서 옥동은 교만하고 인색한 사람의 문제점과 그로 인해 야기되는 결과를 서술하여 교만한 마음의 싹이 자라지 않도록 경계하였다. 두 번째 시는 문집 권2의 〈계공리戒功利〉로, 작은 이익에 얽매여 본질을 잊어버리는 폐단을 경계한 시이다. 한 때의 작은 공功보다 근본이 되는 성현의 도道에 치중하라는 것이다. 세 번째와 네 번째 시는 문집 권4의 〈자계自戒〉와 〈계戒〉이다. 세 번째 시에서 옥동은 탐욕과 교만은 쟁패爭覇를 부르니 이를 끊을 수 있다면 지극한 정성에 이를 수 있다고 했고, 마지막 시에서는 군자의 몸가짐을 강조했다. 이 마지막 시에서 옥동이 말한 경계가 바로 옥동이 추구한 경계의식을 축약 정리한 것이라고 할 수 있다.

마지막 유형은 '존성권학尊聖勸學의 장려奬勵'인데, 이 유형의 시들은 이전까지의 시들이 대부분 내면 지향적인 것과 달리 대사회적인 성격을 강하게 지니고 있다. 물론 이 유형의 시에서 확인할 수 있는 대사회적인 성격 역시 그 자신의 수양을 기본적인 목적으로 하고 있다는 점에서 오로지 대사회적인 성격을 지닌 시라고만 하기는 어렵다. 또 대사회적인 성격을 지니고 있다는 점에서 이 유형의 시를 도학적인 시로 보기에 적지 않은 문제가 있을 수도 있다. 하지만, 도학의 목적을 개인의 수양을 바탕으로 사회의 개혁을 추구하는 것이라고 확장해 본다면 이 유형의 시 역시 도학적인 시로 보아 큰 문제가 없을 것이다.

이 유형에서 우선 살펴볼 수 있는 시는 선대先代의 성현聖賢을 높이는 시이다. 옥동의 문집 속에서 성현을 구체적으로 거론하고 있는 시는 모두 25수인데, 그 중 1수 이상의 시에서 거론된 인물은 공자孔子(2제 2수), 안자顔子(1제 7수), 소강절邵康節(옹雍; 2제 2수), 동자董子(중서仲舒; 2제 2수)이다. 1수의 시가 거론된 사람으로는 민자건閔子騫 · 증자曾子 · 자사子思 · 맹자孟子 · 백정자伯程子(정호程顥) · 숙정자叔程子(정이程頤) · 주자

朱子·주자周子·장횡거張橫渠(장재張載)·남헌장씨南軒張氏(장식張栻) 등이고 우리나라 사람으로는 퇴계退溪가 유일하다.

天地不可量　　천지로도 헤아릴 수 없고
春秋自推移　　봄 가을 따라 스스로 옮기시니
造化無定態　　조화의 무궁한 모습을
隨時屈伸之　　때에 따라 굽히고 펴시네.[71]

德高能救世　　덕이 높아 세상을 구제할 수 있는데
胡不眷斯民　　어찌 이 백성을 돌아보지 않았는가.
宣尼若不在　　공자 만약 계시지 않았다면
未應頓忘人　　응당 세상사람 잠시라도 잊지 않았으리.[72]

妙論超千古　　오묘한 논의 천고를 초월하고
豪氣盖九州　　드넓은 기상은 천지를 뒤덮는데
一部皇極說　　황극설 한편의 책은
能闡造化幽　　그윽한 조화를 열어놓았네.[73]

公正至篤實　　공정하고 지극히 독실하며
重厚自安詳　　중후하여 절로 편안하고 찬찬한데
得聞性命說　　성명의 학설을 들은 뒤로는
庶幾四聖行　　네 성인의 행동을 거의 익혔네.[74]

日和風不動　　일기 따뜻하고 바람도 불지 않으니

71 李漵, 〈詠夫子〉, 『弘道先生遺稿』 卷1.
72 李漵, 〈詠顏子〉, 『弘道先生遺稿』 卷1.
73 李漵, 〈詠康節〉, 『弘道先生遺稿』 卷1.
74 李漵, 〈詠董子〉, 『弘道先生遺稿』 卷1.

潭靜穩無波	깊은 못 고요하고 평안하여 물결 없구나.
尋源窮學海	근원을 찾아 학문의 바다 다 했으니
一棹濟東華	노 하나로 우리 동방 건너오셨구나.[75]

인용한 시들은 모두 문집 권1에 나오는 시이다. 성현을 직접 거론한 옥동의 시는 문집 권2에 수록되어 있는 소강절邵康節을 거론한 1제 1수와 동중서董仲舒를 거론한 1제 1수를 제외하면 모두 문집 권1에 수록되어 있다. 옥동의 문집 속 작품들이 창작 시기에 따라 배열되어 있다는 것을 감안할 때 이 시들은 비교적 초기에 창작된 것들이고, 이 시기는 옥동 스스로 개인의 수양에 매진할 때였다. 그런 점에서 이 시들은 옛 성현들의 장처長處를 시로 옮겨 자신의 전범으로 삼기 위해 쓴 것이라고 생각된다. 여기에서 예를 들어 살펴본 시는 2수 이상의 시 속에 거론된 인물들에 대한 시와 우리나라 사람으로는 유일하게 거론된 퇴계에 관한 것이다.

시들은 모두 대상 인물들의 특장점을 거론하여 그들에게 본받아야 할 점을 명시한 것이다. 공자의 수시득의隨時得宜나 안자의 고덕高德, 소강절의 논의와 기상, 동중서가 안자顔子·증자曾子·자사子思·맹자孟子 네 성인을 본받은 행동 등 옥동이 본받아야 할 것들이 시 속에 구체적으로 정리되어 있다. 그런데 퇴계에 대해서는 본받아야 할 점에 대해서라기보다는 그 경지의 뛰어남에 대한 찬탄으로 시가 구성되어 있다. 바람 불지 않는 따뜻한 날 물결도 일지 않는 깊은 못과 같은 퇴계의 경지는 학문의 바다를 다한 것이고, 유도儒道가 중화中華에서 동방東方으로 건너오게 만든 것이라는 옥동의 묘사는 퇴계에 대한 극도의 존경심을 느낄 수 있게 한다.

75 李漵, 〈詠退溪〉, 『弘道先生遺稿』 卷1.

이와 같이 성현을 존중하고 본받으려고 했던 옥동의 의식은 구체적으로 학문에 대한 권장으로 나타났다. 옥동 스스로 학문이란 어떤 것이고 또 어떻게 해야 한다고 명시하지 않았지만, 시 속에서 그 의식의 일단이 드러나 있어 주목을 요한다.

學若長私智	배워도 만약 사사로운 지혜만 커진다면
不如不讀人	책을 읽지 않은 것과 같지 않겠나.
堪笑荀文若	우습구나! 순욱같은 사람이
反爲孟德臣	도리어 조조의 신하 되었으니.
學若昧恭敬	배워도 만약 공경에 어둡다면
不如不學爲	배우지 않은 것과 같지 않겠나.
誰道聖賢訓	누가 성현의 가르침을 말하여
反爲怨上資	되려 윗사람 원망하는 자본으로 삼나.
學若長奸性	배워도 만약 간악한 성품을 키운다면
不如不學爲	배우지 않은 것과 같지 않겠나.
誰意賢聖訓	누가 성현의 가르침을 생각하며
反爲害正資	되려 바름을 해치는 자본으로 삼나.[76]
天地腥羶久	천지에 오랑캐 비린내 가득한 지 오래되었으니
吾道只在東	우리 도는 동방 우리나라에만 있네.
倘非忠實者	혹시라도 충실한 사람 아니라면
誰續古人功	그 누가 옛사람들의 공을 이을 수 있을까.[77]

76 李漵, 〈戒學者〉, 『弘道先生遺稿』 卷1.
77 李漵, 〈戒學者〉, 『弘道先生遺稿』 卷4.

여기에서 인용한 시는 문집 권1의 〈계학자戒學者〉 19수首 중 첫째, 셋째, 여섯째 시와 문집 권4에 나오는 〈계학자戒學者〉라는 같은 제목의 시이다. 첫 세 수의 시는 모두 학문하는 사람들이 주의해야 할 점에 대해 언급한 시이다. 한 수의 시에 하나의 잘못을 지적하여 만약 그와 같은 잘못이 있다면 학문하지 않은 것과 같다고 언급한 열아홉 수의 시 중의 세 수이다. 열아홉 수의 시에서 지적한 잘못은 각각 "장사지長私智 · 매경중昧輕重 · 매공경昧恭敬 · 매충의昧忠義 · 매명분昧名分 · 장간성長奸性 · 낙권리樂權利 · 호편벽好偏僻 · 감추비甘麤鄙 · 행흉악行凶惡 · 상염치喪廉恥 · 불안분不安分 · 불구실不求實 · 불평실拂平實 · 위화순違和順 · 불공정不公正 · 매명철昧明哲 · 유사기有私己"의 열여덟 가지이고 마지막 열아홉 번째 시에서는 학문하는 사람들이 지켜야 할 태도를 종합하여 정리하였다. 그런데 인용한 세 수의 시 중 첫 번째 시의 셋째 구에서 거론한 순문약荀文若은 후한後漢의 순욱荀彧으로, 절개를 굽혀 조조曹操의 막하幕下에 들어가 분무사마奮武司馬를 지낸 인물을 말하고, 마지막 구의 맹덕孟德은 조조曹操를 말한다. 이로 보아 옥동이 『삼국지三國志』를 읽은 듯한데, 그가 자신의 문집 속 잡저편雜著篇에서 문장가文章家와 소설가小說家를 강하게 비난했다는 점[78]에서 옥동의 문장가에 대한 비난을 전반적으로 재고해 볼 필요가 있다.

마지막에 인용한 시는 앞의 시와 달리 우리나라의 가능성에 대해 언급한 시이다. 우리나라에만 유도儒道가 남아 있다고 한 것은 우리나라 사람들의 분발을 촉구한 것이고, 유도儒道를 진작振作하고 유지해 나가야 할 책임이 우리나라의 학자들에게 있다고 강조한 것이다. 우리나라 학자들의 책임과 의무를 강조하면서 한편으로 가능성을 언급한 것은 앞에서

78 윤재환, 「玉洞 李溆의 文學觀 硏究」, 『東方漢文學』 27, 東方漢文學會, 2004, 228~237면.

성현에 대해 언급하며 퇴계를 거론한 것과 같은 의미가 있는 것이라고 생각된다.

옥동의 도학적인 시는 다양한 모습으로 문집 속에 형상화 되어있다. 옥동의 도학적인 시는 일반적인 도학시道學詩에서 볼 수 있는 것처럼 철저한 심성수양心性修養을 바탕으로 확립된 자신의 내면세계를 드러내는 시나 그와 같은 수양을 추구하는 시뿐만 아니라, 수양을 위한 구체적인 방법으로써 주의하고 조심해야 할 경계의 대상이나 내용은 물론 스스로 자기 자신을 돌아보고 단속해야 할 사항과 전범으로써의 성현과 그 성현에게 배워야 할 점, 그리고 학문의 방법과 학자가 주의해야 할 내용에 이르기까지 수양과 학습에 관한 전반적인 모든 것들을 시로 구상하고 있다. 옥동의 도학적인 시가 보여주는 이와 같은 특징은 옥동의 시가 도학시들이 추구할 수 있는 시적인 모든 유형을 포괄하고 있으며, 도학적인 경향의 시들이 지니는 보편적인 창작 목적과 형상화 방법을 충실히 구현해 내고 있음을 의미하는 것이다.

이와 같은 점에서 옥동의 도학적인 시는 수양을 추구하는 의식意識이나 목표로 삼고 있는 지고지순至高至純한 경지에 대한 시적 묘사와 같이, 관념적인 정신세계의 시적인 표출에서 그치는 것이 아니라 실질적으로 수양을 추구하는 사람이 마음에 두고 따라가야 할 교육적이고 실천적인 지침서의 기능까지도 동시에 수행하는 것이다. 이러한 모습은 옥동의 도학적인 시가 신독독경愼獨篤敬과 같은 방법을 통해 내면세계를 수양하고자 하는 시에서부터 검신경계檢身警戒를 통해 자신을 되돌아보고 현실의 삶 속에서 잘못을 최소화하고자 하는 시, 존성권학尊聖勸學을 통해 성인의 경지로 나아갈 수 있는 구체적인 방법을 밝힌 시까지 포괄하고 있다는 점에서도 확인이 가능하다.

옥동의 도학적인 시가 지닌 이와 같은 특징은 옥동의 시 문학관과 일치한다. 그러나 옥동이 수양된 세계라는 도덕적 경지에 이르기 위한 수단으로 시를 인식하였고, 그와 같은 옥동의 시 인식에 그의 도덕적인 시가 부합한다는 것은, 옥동의 도덕적인 시는 목적이 아니라 수단으로 기능한다는 뜻이다. 이 말은 옥동의 도덕적인 시에서 우선되는 것은 그의 시가 독자를 도덕적 경지로 이끌 수 있는가 하는 것이지 시 자체의 예술성이 아니라는 것이다. 이와 같은 문제는 시뿐만 아니라 문학이나 예술을 도구로 인식하였을 때 언제나 발생하는 것이다.

옥동의 도학적인 시 중 개인적 차원의 수양을 추구했던 신독愼獨과 독경篤敬에 관한 시에서부터 검신檢身과 경계警戒에 관한 시, 존성尊聖과 권학勸學에 관한 시들을 살펴보면 앞서 언급한 문제들을 구체적으로 확인할 수 있다. 시의 내용이 개인적 차원을 넘어서 사회적 차원으로 접근해 가면 갈수록 시의 내밀도와 시적 형상화가 약해진다. 시적 내밀도와 형상화의 이완 정도를 살펴보면 "신독愼獨 → 독경篤敬 → 검신檢身 → 경계警戒 → 존성尊聖 → 권학勸學"의 순으로 시적 내밀도가 완화되고 시적 형상화가 해체되고 있으며, 반대로 시 속에서 사용된 시어의 구체성과 선명성은 점차 강해지고 있음을 알 수 있다. 시가 가져야 할 기본적인 기교나 예술성을 버리는 대신 강한 교훈성과 교육적 효과를 얻기 위해 구체적이고 선명한 시어를 사용하여 시를 구상具象한 것이다.

이와 같은 시의 창작 방법에 따라 옥동의 도학적인 시는 그 내용이 대사회적인 방향으로 전환될 수 있는 것일 경우 보다 구체적이고 명확한 시어를 사용하여 시의 내용에 대한 이해를 높이고 있다. 따라서 옥동의 도학적인 시 중 대사회적인 내용의 시들은 쉽게 이해되면서 이론異論이나 반론反論을 제기 하기 어려운 내용으로 구성되어 있으며, 산문화되는 특성을 보여준다.

그런데 옥동이 시를 도덕적 경지에 도달하기 위한 수단이자 도덕적 경지를 익히기 위한 학습의 도구로 인식하였고, 이를 위해 대사회적 의미를 지닌 시의 경우 구체적이고 명확한 시어를 사용하여 산문화하는 경향을 보였다면, 옥동의 도덕적인 시 중 대사회적인 의미를 지닌 시의 경우 시詩보다 문장文章에 더 가까이 가 있는 시라고 할 수 있다. 그렇다면 옥동이 시보다 차라리 그 자체로 문장을 지어 대중의 학습과 교화를 추구하는 것이 더 효과적이지 않았을까 생각할 수 있지만, 옥동은 문장보다 시를 통한 대중의 교화와 학습을 추구했다. 옥동의 이와 같은 태도는 옥동이 시의 기능과 역할에 대해 깊이 이해하고 있었음을 보여준다.

이렇게 보았을 때 옥동의 도학적인 시는 시의 기능과 역할에 대해 깊이 인지하고 있었던 옥동이 자기 자신과 대중을 도덕적으로 교화하기 위해 사용했던 도구였다고 할 수 있고, 따라서 그는 개인적 차원에서 대사회적인 차원으로 시의 적용 범주를 확대시켜 나갈수록 예술성보다 교훈성을 강조하였다. 옥동의 도학적인 시가 이와 같은 모습을 지니게 된 것은 옥동 스스로가 지니고 있었던 자기 인식에 기인한 것이다.

옥동의 의식세계에서 본다면 옥동의 도학적인 시는 수양된 인간으로써 범인凡人을 교육해야 할 책임을 지고 있었다고 생각했던 그 자신의 책임의식을 다하고자 했던 수단이라고 할 수 있다.

그러나 이렇게만 본다면 옥동의 도학적인 시는 예술성을 도외시한, 오로지 목적 달성을 위한 수단으로만 전락해 버린다. 옥동의 도학적인 시가 비록 예술성을 목적으로 하는 순수한 문학 활동의 결과물이라고 하기는 쉽지 않지만, 옥동의 도학적인 시는 그 나름의 문학성을 지닌다. 특히 그의 도학적인 시에서 신독愼獨과 독경篤敬이라는 내적 수양을 추구하며 창작한 시의 경우 오로지 문학성을 위해 창작된 시와 비교하여 문학적으로 결코 뒤지지 않는 모습을 보여준다.

청정淸淨하고 고요한 의식세계를 담담하게 묘사하고 있는 옥동의 시는 한 폭의 그림과도 같이 맑고 깨끗한 모습을 보여준다. 이런 시 속에서 옥동은 흔들림 없는 담담한 자신의 내면세계와 그 내면세계를 만들어가기 위한 수양 태도를 보여주고 있으며, 시를 구성하기 위한 인위적인 수식修飾이나 조탁彫琢을 부정하고 그 자신의 내면을 있는 그대로 옮기고 있을 뿐이다. 따라서 신독愼獨과 독경篤敬을 추구한 옥동의 시들은 낭만적 음악성을 배격하고 회화성을 강조하여 대상을 눈에 보이듯 선명하게 그려내고 있으며, 감정의 절제를 통해 이성적이고 이지적인 시를 형성한다. 이와 같은 시를 창작할 수 있었던 것은 옥동이 그만큼에 시에 익숙했음을 보여준다. 옥동이 비록 한 시대를 대표하는 지성인의 한 사람이자 시대의 사표師表였고, 경학을 추구했던 도학자였다는 것은 부정할 수 없는 사실이지만, 그의 혈맥 속에는 그간 면면히 이어져 왔던 문학을 중심으로 하는 가문의 학문 경향이 남아 있었다고 할 수 있다.

제3부

옥동玉洞 시세계詩世界의 구현具顯 양상樣相

1. 흥興의 정서情緖와 시적詩的 형상화形象化

옥동玉洞은 학자였다. 그것도 성리학적 이상세계의 현실적 구현을 꿈꾸었던 도학자였다. 스스로를 그와 같이 인식하였던 옥동은 자신이 해야 할 일로 나날이 타락해 가는 세상 사람들의 의식을 유가적儒家的 도덕관념道德觀念에 충실하도록 바로잡는 것이라고 생각했다. 그래서 옥동은 문장文章이라는 것, 문학文學이라는 행위를 극도로 배척하는 여러 편의 글을[1] 썼을 뿐만 아니라 시를 통해서도 이와 같은 의식을 분명히 밝혔다.

經傳明道德	경전은 도덕을 밝히는 것이고
文章亂非是	문장은 옳고 그름을 어지럽히는 것인데
出此必入彼	여기서 나오면 반드시 저기로 들어가고
出彼必入此	저기에서 나오면 반드시 여기로 들어가네.[2]

東坡亂道人	소동파는 도를 어지럽힌 사람이니

1 尹載煥, 「玉洞 李漵의 文學觀 研究」, 『東方漢文學』 27, 東方漢文學會, 2004, 228~237면.

2 李漵, 〈戒弊〉 제16수, 『弘道先生遺稿』 卷2.

爲文眩是非　　글을 지어 옳고 그름을 어지럽게 하고
詭辭中世情　　궤변을 늘어놓아 세상의 마음에 합해
世人靡然歸　　세상 사람들이 그에게 쏠려가게 했지.[3]

千古異端文　　천년 세월 이단의 글은
皆祖遷與周　　모두 사마천과 장주를 원조로 여겼으니
洪水源派濶　　홍수의 근원 넓기도 하여
滔滔流不休　　넘실넘실 도도한 흐름 그치지 않네.[4]

인용한 시는 순서대로 옥동의 문집 권1에 나오는 24수 연작시 〈계폐戒弊〉의 16 · 18 · 20번째 수이다. 별다른 해석이 필요 없을 정도로 시의 내용이 분명한데, 내용은 문장文章 혹은 시문詩文이 우리 사회에 미치는 영향에 대한 언급이다. 그런데 위에서 인용한 시를 보면 옥동이 주목한 것은 문장文章이나 시문詩文이 우리 사회에 미치는 긍정적인 영향이 아니라 부정적인 것이었다.

그런데 이렇게만 본다면, 또 위에서 밝힌 내용으로만 본다면 옥동의 시는 유가적 도덕 교육의 도구로 전락해 버린다. 사실 옥동의 시 1,300여 수 중에서 도덕적인 내용을 담고 있는 시가 중심이 되는 것은 분명하다. 하지만 그렇다고 해서 옥동의 시세계를 오롯이 도덕적으로만 볼 수는 없다. 그가 스스로 문집 속 자신의 시에서 "시흥은 정녕 가을 빛 따라 멀어지고[詩興正隨秋色遠. 문집 권1, 〈차구일운次九日韻〉 3수 중 1수]", "시흥과 가을바람은 기러기 따라 일어나고[詩與秋風隨鴈起. 문집 권1, 〈차구일운次九日韻〉 3수 중 2수]", "시흥은 대체로 친구를 만나 펼쳐지고

3 李漵, 〈戒弊〉 제18수, 『弘道先生遺稿』 卷2.
4 李漵, 〈戒弊〉 제20수, 『弘道先生遺稿』 卷2.

[詩興多因得友開. 문집 권1, 〈우차타운又次他韻〉]", "국화꽃 피어 있고 좋은 친구 있으니 시흥은 켜켜이 솟아나네[有菊兼佳友, 詩興聳層層. 문집 권1, 〈차구일운次九日韻〉 6수 중 1수]", "서릿달 시흥을 이끄니 가을 구름 몇 천 층이나 솟아있나[霜月引詩興, 秋雲幾千層. 문집 권1, 〈차구일운次九日韻〉 6수 중 3수]"라고 한 것을 보면 그에게 시가 유가적 도덕 교육의 도구로만 작용했다고 보기는 어렵다.

我過不勝數	내 지은 잘못 헤아릴 수 없어
作詩以自責	시 지어 스스로 책망하네.
過多詩亦多	잘못이 많을수록 시도 많아져
所以贏六十	이 때문에 60수를 훌쩍 넘겼지.
餘意尙未盡	그래도 미진한 뜻 남아 있어서
續詩所以作	이 때문에 續詩를 지어본다네.[5]

이 시는 옥동의 문집 권1에 수록된 〈속전자면續前自勉〉이다. 이 시를 보면 옥동에게 시는 유가적 도덕 교육의 도구이자 수양의 방편일 뿐만 아니라 삶의 동반자로도 기능하고 있었다고 생각된다. 그래서인지 옥동의 문집을 살펴보면 흥興이라는 제목으로 창작된 시가 적지 않다.

옥동의 문집 속에 수록된 1,300여 수의 시 중 27제 33수의 시가 제목에서 흥興이라는 글자를 담고 있고, 19제 21수의 시가 우음偶吟·만음漫吟·만음謾吟이라는 제목으로 창작되었으며, 8제 8수의 시가 희喜라는 글자를 제목 속에 노출시켜 놓고 있다. 물론 제목에서 흥興이라고 했다고 해서 그 시들이 모두 현재 우리들이 생각하는 터져 나오는 흥취興趣를 담고 있다는 뜻이 아니고, 우음偶吟이나 만음漫吟이라고 해서 그 시들

5 李漵, 〈續前自勉〉, 『弘道先生遺稿』 卷1.

이 모두 서정적이거나 감상적인 것은 아니라는 점에서 이와 같은 제목의 추출이 반드시 유의미한 것은 아니다. 하지만, 이와 같은 제목의 추출은 최소한 옥동에게 시가 오롯이 유가적 도덕 교육의 도구나 수양의 방편으로만 작용하지는 않았다는 것을 보여주는 하나의 단서가 될 수는 있을 것이다. 또 흥興이나 우음偶吟 · 만음漫吟 · 만음謾吟, 또는 희喜와 같이 감정을 드러내는 단어를 제목에 노출시키지 않은 시에도 얼마든지 흥취를 표현할 수 있다고 본다면 옥동의 시세계에서 흥興의 정서情緖를 노래하고 있는 시는 얼마든지 많아질 수 있을 것이다.

단순하게 보아 흥興이란 "재미나 즐거움이 일어나는 감정"을 말한다. 따라서 흥興은 특별한 문예적 동기의 결과물이 아니라 살아가는 동안 인간이 자연스럽게 느끼게 되는 감정 중의 하나이다. 그렇기 때문에 흥을 느낀다는 것이 바로 문학 작품의 창작을 의미하는 것이라고 보아서는 곤란하다. 흥이라는 일상적 정서가 문학적 행위나 문학 작품 창작의 동인動因으로 전환되기 위해서는, 즉 문인이 문학 작품을 통해 자신이 느낀 흥의 정서를 외적으로 발현하고자 하기 위해서는 무의도적인 접촉에 의해 발생한 흥이 문인의 내면에 남아 미적인 표현 행위의 계기로 작용하여야 한다. 이와 같은 작용 이후라야 비로소 문인은 자신의 경험과 사고思考를 운용하고 재능을 발휘하여 자신이 느낀 흥을 언어 형식으로 가시화하게 된다. 따라서 문학 작품 속에 드러난 흥은 작자가 접한 대상에 의해 일어난 즉자적卽自的인 감정이 아니라 작자가 느낀 즉자적卽自的인 감정을 그 스스로 재해석하고 자신의 능력에 따라 구성한 결과물이라고 보아야 한다. 그렇기 때문에 동일한 상황과 유사한 정서를 배경으로 하는 수많은 문학 작품들이 작자에 따라 각기 다른 모습으로 형상화되는 것이다.[6]

문인이 느낀 흥의 정서는 외면적이고 동적인 터져 나오는 흥취興趣에서부터 정적靜的이고 내면적인 유흥幽興에 이르기까지 다양한 모습으로 작품 속에 구현된다. 문학 작품 속에 내재되어 있는 흥의 다양성은 작자가 처한 상황이나 접한 경물의 차이에 의해서만 아니라 작자가 살아온 환경·경험과 학습의 내용에 따라 얼마든 달라질 수 있는 것이고, 문학 작품 속에 구현되는 흥의 양상 역시 작자 개개인의 역량에 따라 상당한 편폭을 지닌다[7].

옥동은 성리학적 이상세계의 현실적 구현을 꿈꾸며 퇴계退溪를 사표師表로 삼아 따라 배우기를 염원했던 도학자였다. 도덕적 완전 세계를 최상의 목표로 추구했던 옥동이었지만, 그 역시 인간이었기에 흥을 느끼지 않을 수 없었다. 더욱이 옥동은 문한가文翰家에서 출생하고 성장하여 시문 창작에 익숙할 수밖에 없었다. 옥동의 시세계에서 흥을 중심으로 한 시들을 살펴보면 그의 흥이 의도적으로 만들어낸 계획적이고 인위적인 것이 아니라 무의도적인 순간에 자신도 모르게 일어난 자연스러운 것임을 쉽게 알 수 있다.

江上淸風陣陣來　강가 맑은 바람 끊임없이 불어오고
綠蘋魚躍浪花開　개구리밥 옆 고기 뛰니 물결이 일어나는데

6 興과 문학작품 창작의 연관성에 대해서는 정우봉의 다음 글에 보다 자세하게 나와 있다. 鄭雨峰, 「조선 후기 詩論에 있어 興과 그 연관 개념」, 『민족문화연구』 29, 고려대학교 민족문화연구원, 1996, 57~81면.

7 흥의 개념과 다양한 적용에 관해서는 다음의 논문들이 좋은 참고가 된다. 辛恩卿, 「興의 미학」, 『고전문학연구』 9, 한국고전문학회, 1994. ; 辛恩卿, 「興의 예술적·계층적·시대적 전개」, 『한국고전연구』 1, 한국고전연구학회, 1995. ; 鄭雨峰, 「조선 후기 詩論에 있어 興과 그 연관 개념」, 『민족문화연구』 29, 고려대학교 민족문화연구원, 1996. ; 辛恩卿, 「興과 '오카시'의 미학」, 『고전문학연구』 11, 1996. ; 김의정, 「興의 정서적 측면에 대한 고찰」, 『中國語文學誌』 10, 중국어문학회, 2001. ; 조융희, 「조선 중기 '興'의 詩論과 그 적용 양상」, 『정신문화연구』 28, 한국학중앙연구원, 2005. ; 김백균, 「'흥(興)', 그 우연성과 진성성에 대한 고찰」, 『철학탐구』 21, 중앙대학교 중앙철학연구소, 2007.

磯頭日暮漁歌起　낚시터 어귀 해 지자 어부 노래 들려오는 걸 보니
打得纖鱗得意回　작은 물고기 몇 마리 잡아 득의양양 돌아오는 모양일세.

千里雲烟拱檻前　천리 뻗은 구름 안개 난간 앞에 깔려 있고
一江風月兩無邊　강 가득히 바람과 달 가없이 펼쳐 있는데
此間春興知多少　이 사이의 봄 흥취 아는 사람 거의 없지만
好是羲軒皓皓天　복희 헌원 그 시대처럼 한없이 좋기만 하다네.[8]

이 두 수의 시는 문집 권1에 수록되어 있는 〈강상우흥차운江上偶興次韻〉 2수로 옥동이 강가에서 느낀 흥을 자연스럽게 읊은 시이다. 첫 수의 시에서 옥동은 자신의 심경에 대한 직접적인 어떤 언급도 하지 않았다. 이 시에서 옥동은 강가에 불어오는 맑은 바람, 개구리밥 옆에서 뛰는 물고기, 저물녘 들려오는 고기잡이 노래만을 담담하게 서술하였을 뿐이다. 그렇지만 그 담담한 서술 속에서 당시 옥동이 느꼈을 운치 깊은 흥을 느낄 수 있다. 이 시를 보면 옥동이 멀리서 들려오는 어부의 노래를 들으며 자기도 모르게 빙그레 웃음을 지었을 것 같기도 하다.

두 번째 시 역시 첫 번째 시와 흡사한 모습이다. 이 시의 마지막 두 구에서 "이 사이의 봄 흥취 아는 사람 거의 없지만 복희伏羲·헌원軒轅 그 시대처럼 한없이 좋기만 하다네."라고 하여 자신이 지금 흥의 세계에 빠져 있음을 직접적이지만 간결하게 서술하여 조금 차이가 있지만, 대체적인 부분은 유사하다. 두 번째 시에서 옥동을 흥으로 이끈 것은 난간 앞에 펼쳐져 있는 구름과 안개, 강에 가득한 바람과 달이다. 조용히 펼쳐진 자연 경관 앞에서 옥동은 고대 전설상의 제왕인 태호太昊 복희씨伏羲氏와 황제黃帝 헌원씨軒轅氏의 순수한 태고 시대를 떠올리게 되었고, 자

8 李溆, 〈江上偶興次韻〉 1~2, 『弘道先生遺稿』 卷1.

신이 마치 그 속에 있는 듯한 기분을 느끼게 되었다고 생각된다. 옥동은 세상 사람들 모르는, 혼자만 알고 있는 그 흥을 시로 옮긴 것이다.

日午風微岸柳邊　정오의 산들 바람 언덕 버들 곁에 들고
庭前青草細如烟　뜰 앞의 푸른 풀은 안개처럼 아스라한데
鳥啼谷口聲聲滑　골짜기 어귀 우는 새는 소리마다 교태롭고
雨下溪心點點圓　시내 가운데 내리는 비는 방울방울 물결지며
密樹交枝籠遠峀　빽빽한 나무 빗긴 가지는 먼 산을 가두고
淡雲流脚掃晴天　담박한 구름 뻗친 자취는 맑은 하늘 쓸고 있네.
花堤土潤淤泥足　꽃 핀 둑은 흙이 젖어 진흙 아주 충분하니
乳燕經巢好得便　어미 제비 집짓기에 참 편리 하겠네.

이 시는 문집 권1에 수록되어 있는 〈춘흥春興〉이라는 시이다. 옥동은 봄날 느낀 흥을 담담하고 여유롭게 시 속에 있는 그대로 옮기고 있는데, 이 시에서 옥동을 흥에 잠기게 하는 것은 옥동이 접한 봄날의 모든 풍경風景이다. 고개를 돌려 접한 모든 풍경이 그에게 흥의 근원으로 다가왔다는 것은 옥동의 감수성이 그만큼 풍부하다는 것을 보여준다. 특히 그가 시의 마지막 연에서 꽃 핀 둑에 젖어 있는 흙을 보고 어미 제비의 집짓기를 생각했다는 것은 그가 평소 주변의 여러 사물들을 세심하게 관찰하고 있었고, 그 사물들의 동작 하나하나에 적지 않은 의미를 부여하고 있었음을 알 수 있게 한다. 즉 옥동에게 흥을 느끼게 하는 대상들은 그의 주변에 언제나 존재하는 작은 것들이었지만, 옥동이 그 대상들에게 관심과 흥미의 시선을 옮기게 되면서 그 대상들이 옥동에게 흥의 원천으로 작용하게 되었다는 것이다.

愧來無德體生生　부끄럽구나 덕 없이 이 몸 그저 살아 가다가

一入蓬壺意自淸　봉래산에 한 번 드니 뜻이 절로 맑아지는데.
携杖獨登西嶺望　지팡이 짚고 혼자서 서쪽 고개에 올라 보니
密雲千疊壓重城　천 겹 두른 빽빽한 구름 겹진 성에 깔려있네.

蓬萊洞裡寄閒生　봉래산 골짜기 속 한가한 인생 깃들여 사니
學海波連鏡水淸　배움의 바다 물결 이어져 경수의 물은 맑기만 한데.
乘興獨尋幽靜處　흥을 타고 혼자서 그윽한 곳 찾아보니
雨餘溪瀑自新聲　비온 뒤 시내와 폭포 절로 새로운 소리 내네.

野色微茫入眼明　들 빛은 아스라하게 눈에 들어 환하고
萬山風靜霽嵐輕　온 산에는 바람 잔데 남기 걷혀 산뜻하니
蓬萊峯上披雲坐　봉래산 봉우리 위에 구름 헤치고 앉아보면
重疊芙蓉散太淸　겹겹이 핀 부용꽃이 태청에 흩어 있겠네.[9]

霽天如洗極淸凉　갠 하늘 씻은 듯 끝없이 맑디맑아서
淑氣澄虛泳四方　맑은 기운 청아하게 온 사방에 퍼지고
螺髻千重靑隱隱　천 겹 두른 산봉우리 푸른 빛 은은한데
琉璃萬里碧茫茫　만 리 뻗은 유리세계 벽옥 빛 아득하며
薄雲乍掃檳榔色　엷은 구름 슬며시 야자수 색 덧칠하니
落照斜含琥珀光　지는 해는 비스듬히 호박색을 머금었네.
溪路詠歸餘興足　노래하며 돌아오는 시냇길에 남은 흥 넉넉하니
一竿閒掛釣絲長　느긋하게 둘러멘 막대기엔 낚싯줄 길게 드리웠네.

七月淸郊白露寒　칠월 맑은 교외에 흰 이슬 써늘하니
滿畦珠玉淨團團　밭 가득 고운 옥이 동글동글 차갑구나.
白雲何處無心起　흰 구름 어느 곳에서 무심히도 피어나

9 李溆, 〈漫興〉 1~3, 『弘道先生遺稿』 卷1.

萬里晴空去去閒 만 리 뻗은 갠 하늘을 한가롭게 흘러가나.[10]

여기에서 인용한 시는 옥동의 문집 권1에 수록되어 있는 〈만흥漫興〉이라는 제목의 3수 연작시와 문집 권2에 수록되어 있는 〈한흥閒興〉이라는 제목의 2수 연작시이다. 앞의 시 3수는 모두 옥동이 일상의 공간을 떠나 산이라는 새로운 장소에서 접한 풍경에서 느낀 흥을 서술한 시이고, 다음 2수의 시는 옥동이 살아가던 일상의 생활공간에서 새롭게 느낀 흥을 서술한 것이다.

첫 세 수의 제목이 〈만흥漫興〉이지만, 이 시 속에서는 질탕하거나 터져 나오는 흥을 느끼기 쉽지 않다. 그러나 시 속에서 옥동의 터져 나오는 흥을 느끼기 쉽지 않다는 말이 이 시를 쓰는 순간 옥동이 그와 같은 흥을 느끼지 않았다는 것을 의미한다고 보아서는 곤란하다. 그것보다는 그가 느꼈던 터져 나오는 흥이 자연스럽게 내면으로 갈무리되면서 이 세 수의 시가 창작되었다고 보는 것이 타당할 것이다. 그렇기 때문에 옥동이 이 시의 제목을 〈만흥漫興〉이라고 한 것이다.

〈만흥漫興〉 세 수가 창작된 곳이 어디인지는 정확하게 확인하기 어렵지만, 마지막 세 번째 시의 자주自註에서 옥동이 '도봉산과 삼각산을 바라보았다[自註, 望三角道峯].'라고 한 것으로 보아 시의 창작 공간은 도봉산과 삼각산이 보이는 서울의 어디쯤이 아닌가 생각된다. 따라서 이 시의 첫 두 수는 도봉산과 삼각산 어딘가에 들어가 느낀 자신의 흥을 표현한 것이고, 마지막 세 번째 시는 그 스스로 자주自註에서 밝힌 것처럼 도봉산과 삼각산을 바라보면서 쓴 시라 보인다. 첫 두 수의 시에서 옥동이 흥을 느끼게 된 것은 봉래산蓬萊山으로 가탁假託된 도봉산과 삼각산

10 李溆, 〈閒興〉 1~2,『弘道先生遺稿』卷2.

에서 접한 비온 뒤의 청정한 경관과 그를 통해 느끼게 된 맑은 뜻 때문이다. 청정한 도봉산과 삼각산 속에서 옥동은 배움의 바다 물결이 이어짐을 느꼈고 거울 같이 맑은 물과 절로 새로운 소리를 내는 시내와 폭포를 보았다. 도봉산과 삼각산이 옥동에게 스스로를 돌아볼 수 있는 반추反芻의 계기를 제공하였고, 그 계기를 통해 옥동 스스로 학문의 의지를 다지게 되었다고 할 수 있다.

세 번째 시는 남기嵐氣가 걷혀 산뜻한 도봉산과 삼각산을 바라보고 느낀 청정세상에의 동경과 희망을 서술한 것이다. 아스라하지만 눈에 들어와 환한 푸른 들판과 잔잔한 바람 속에 이내가 걷혀 선명한 산의 모습을 보며 옥동은 태청경太淸境 동신교주洞神敎主인 도덕천존道德天尊이 거주하는 태청太淸을 생각했다고 보이는데, 시 속에서 옥동이 떠올렸던 선계仙界 태청太淸은 전설 속 상상의 공간이 아니라 비온 뒤 맑게 갠 인간계의 또 다른 모습이라고도 할 수 있다는 점에서 이 시는 현실세계에 대한 옥동의 기대와 희망을 보여주는 것이라고도 볼 수 있다.

이 세 수의 시에서 드러난 옥동의 흥은 우선적으로 도봉산과 삼각산의 경치에 의한 것이라고 할 수 있지만, 그와 함께 그 경치가 옥동에게 도덕적 각성의 계기가 되었기 때문에 일어난 것이라고 보인다. 이와 같은 점에서 옥동의 시 〈만흥漫興〉에서 확인할 수 있는 흥은 일반적으로 시인들이 시를 서술하게 되는 외부 경물과의 접촉 - 흥의 발현 - 시적 형상화의 3단계 과정이 아니라 외부 경물과의 접촉 - 도덕적 각성 - 흥의 인지 - 시적 형상화의 4단계 과정을 거친다고 생각할 수 있다.

다음의 〈한흥閒興〉 두 수에서 볼 수 있는 옥동의 흥은 앞의 시 〈만흥漫興〉에 비해 보다 정서적이다. 첫 번째 수의 다섯 번째 구에서 옥동은 "이때 구름 빛이 야자수 색이었기 때문에 형상한 것이다[是時雲光如檳榔色, 故象之也]."라고 주를 달았는데, 이로 보아 옥동은 이 시 속에 그가 접한 풍경을 있는 그대로 담아내기 위해 노력했다고 할 수 있다. 시 속에서 옥동은 고즈넉하고 담박한 풍경 속에 놓여 있는 자신의 여유와 한적을 담담하지만 운치 깊은 흥으로 묘사하였다. 두 번째 수 역시 담담한 언술로 자신의 정서를 표현하고 있지만, 앞의 시와 달리 이 시 속에서 옥동은 주변 풍경에서 배제된 객관적 관찰자의 위치를 지키고 있다. 앞 시의 옥동이 그려진 화폭 속의 인물이라면 이 시 속의 옥동은 그림 밖에서 화폭을 응시하며 감상하는 비평가의 모습이다. 따라서 이 시를 통해 느낄 수 있는 옥동의 흥은 앞의 시에서보다 이지적인 모습을 보인다.

지금까지 살펴본 옥동의 시를 통해 시 속에 드러난 옥동의 흥, 또는 옥동에게 시 창작의 계기가 된 흥의 대부분이 내적으로 침잠沈潛된 것임을 확인할 수 있다. 옥동의 시에서 확인할 수 있는 이와 같은 흥의 표출 양상은 옥동이 이상理想과 현실적 경험의 괴리, 인간적 욕구와 그에 상충하는 수양에 따른 것이라 보인다. 옥동은 도덕적 이상 사회를 현실적으로 구현하고자 하는 강한 의지를 지니고 있었지만, 그가 놓여 있는 현실적 여건과 당대의 정치적·사회적 상황은 그의 이상을 현실 속에 구현하기 어렵게 만들었다. 그러나 그와 같은 환경 속에서도 자신의 이상을 버릴 수 없었던 옥동은 인간의 본능적 욕구를 최대한 억제하는 도덕적 수양에 보다 집중할 수밖에 없었다.

도덕적 수양을 최고의 가치로 인식하고 매진했지만, 옥동 역시 삶의 시·공간 곳곳에서 자기도 모르게 일어나는 흥을 느꼈다. 특히 옥동은 주변 경물이나 상황이라는 대타적對他的이고 상대적相對的인 외부外部 대상對象이나 외적外的 자극刺戟에 의해서만 흥을 느낀 것이 아니라 자신의 수양 의지나 수양 과정, 또 수양 결과를 확인하는 개인적이고 내적인 상황에서도 흥을 느꼈다고 보인다. 이와 함께 외부 대상과 외적 자극이 옥동에게 도덕적 각성의 계기로 작용하였을 때 옥동은 그 대상과 자극을 보다 큰 흥의 원천으로 인지하였다고 생각된다. 즉 옥동은 주변 경물이나 상황 그 자체를 통해서도 흥을 느꼈지만, 스스로를 돌아보는 과정과 외부 대상을 통한 도덕적 각성의 과정에서도 흥을 느꼈다는 것이다. 이와 같은 점에서 옥동의 흥은 감각적感覺的이고 감정적感情的인 것이기도 하지만 다른 한 편으로는 이지적理智的이고 지성적知性的인 것이기도 하다는 특성을 지닌다.

옥동의 흥興이 지니고 있는 이와 같은 특성으로 인해 그의 시에 드러나는 흥은 대부분 외적으로 분출되는 터져 나오는 것이라기보다 내적으로 갈무리되어 침잠된 것이었다. 따라서 그의 시는 대부분 터져 나오는 감각적인 흥취興趣 보다 내적으로 갈무리되며 짙은 여운을 남기는 이지적理智的인 유흥幽興를 중심으로 흥을 형상화하였다.

寒燈耿耿曉光生　시린 등 가물가물하고 새벽 빛 일어나는데
靜聽丁丁殘漏聲　똑 똑 다 되어가는 물시계 소리 가만히 들으며
持衾蘊覆兒身上　이불 가져다 아기 몸 위에 따뜻하게 덮어주니
以此深知父母情　이로부터 부모의 정 깊이 잘 알겠구나.[11]

이 시는 옥동의 문집 권2에 수록되어 있는 〈아이를 낳지 못한 지 18년이 되었는데, 다행히 아들을 낳았다. 새벽에 이불을 덮어주고 기뻐서 쓴다[斷産十八年, 幸而生子. 曉覆衾, 喜題].〉라는 시로 옥동의 나이 35세가 되던 병자년丙子年(1696)에 태어난 아들 금화자金華子 이원휴李元休를 두고 쓴 시이다. 옥동은 초계정씨草溪鄭氏 참판參判 정약鄭錀의 따님과 혼인하였는데, 제목에서 알 수 있듯이 지난 18년간 후사를 두지 못하다가 그의 나이 35세가 되던 해에 아들을 낳았다. 18년만의 출산이고, 그 출산

11 李漵, 〈斷産十八年, 幸而生子, 曉覆衾, 喜題〉, 『弘道先生遺稿』 卷2.

에서 아들을 낳았다면 그 시간 옥동이 느꼈을 기쁨은 말하지 않아도 익히 알 수 있는 것이지만, 아들을 낳은 뒤 쓴 유일한 시에서 옥동의 기쁨은 시의 표면에 문자화되지 않고 문자 깊숙이 시의 행간 속에 숨어 있다.

아들을 낳아 길러본 사람이라면 이 시 속의 상황이 어떤 것인지 또 이 순간 옥동이 어떤 마음이었을지 말하지 않아도 알 수 있을 것이기 때문에 굳이 문자로 표현하는 것이 더 어색할 수도 있고, 말하지 않은 속에 더 큰 기쁨이 표현되었기 때문에 말하지 않는 것이 오히려 더욱 뛰어난 표현이라고 할 수도 있다. 하지만 이 순간의 감정을 시의 표면에서 숨길 정도라면 옥동이 일상에서 느낀 흥을 어떻게 표현할 것인지는 충분히 짐작할 수 있다. 그것은 옥동의 한평생에서 그에게 이 순간보다 더 큰 기쁨을 느끼게 한 순간이 그리 많지 않아 보이기 때문이다.

이와 같은 점에서 옥동의 시세계 속에서 확인할 수 있는 흥은 주변 경물이나 상황 그 자체에 의해 유도되는 것일 뿐만 아니라 그 자신을 반추하는 과정에서, 또 주변 경물과 상황에 의한 도덕적 각성에 의하여 일어나는 것으로, 감각적感覺的이고 감정적感情的인 것이기도 하지만 다른 한 편으로는 이지적理智的이고 지성적知性的인 것이기도 한 것이다. 따라서 그의 시는 대부분 외적으로 분출되거나 터져 나오는 감각적인 흥취보다 내적으로 갈무리되고 침잠되어 짙은 여운을 남기는 이지적인 유흥幽興을 형상화하고 있다는 특징을 보여준다.

이렇게 이지적理智的이고 지성적知性的인 유흥幽興을 중심으로 하는 옥동 시 속 흥의 정서는 시적 형상화의 방법에서도 특징적인 모습을 보여주는데, 이를 간단하게 정리하면 다음 세 가지로 설명이 가능하다. 옥동의 시에서 확인할 수 있는 흥興의 정서情緖 형상화 방법으로 가장 먼저 거론할 수 있는 것은 감정感情의 지성화知性化(Intellectualization of Feeling)이다. 감정感情의 지성화知性化는 개인이 스스로 느끼는 감정이나 감각을 지적으로 객관화시켜, 심리적 거리를 두고 대상을 바라보아 감정의 혼란이나 확장을 방지하고자 하는 행위를 말한다.

옥동의 시에서 흥의 정서를 형상화하는 기본적인 방법인 감정感情의 지성화知性化는 이와 같이 정서를 지적으로 객관화하는 방법을 의미한다. 시 뿐만 아니라 문학이라는 예술 행위는 기본적으로 인간의 감정을 문자화하는 것이다. 따라서 시의 창작은 본질적으로 정서적인 행위이고 대상에 대해 시인이 가지게 된 감각과 감정의 반응이다. 그러나 시의 창작이 감각과 감정이라는 정서적 행위에만 매몰될 경우 시는 자기 몰입과 감정의 확장에 의해 감상感傷에 빠지게 될 위험이 커진다.

옥동의 시에서 볼 수 있는 흥의 정서는 감정의 자기 확장을 통한 감상感傷을 극복하고자 한 것이다. 옥동은 흥의 정서를 억제하여 감정의 과다 노출을 방지하고자 하였다. 이 때문에 그의 시에 드러난 흥의 정서는 순화醇化되고 절제節制된 유흥幽興으로, 자기 정서의 객관화를 시도한 것이라고도 할 수 있다. 특히 옥동의 시 속에 드러난 흥의 정서는 그가 지니고 있었던 의식과 정서의 동질화를 통해 이룩한 것으로, 정서의 객관화를 바탕으로 하여 도달한 감정感情의 지성화知性化라는 점에서 때때로 형식적이거나 지나치게 이성적으로 인식될 수도 있다는 문제점을 지니기도 한다.

明光生戶牖	밝은 빛 창 안으로 환하게 드니
新月映簷茅	초승달 초가 처마 비추어 주고
靜來邪慮息	고요해진 뒤 사악한 생각 그치고 나니
天理自昭昭	하늘 이치 제 저절로 밝게 빛나네.[12]

12 李漵, 〈夜坐見初月喜作〉, 『弘道先生遺稿』 卷2.

閒中何所事	느긋하니 무슨 일을 할까나
靜自玩陰陽	고요하게 나 홀로 음양의 도 즐길 뿐.
野馬氤氳縝	아지랑이 자욱이 피어오르고
帝車轉運强	북두성 부지런히 움직이며
夕烟分野色	저녁 안갠 들판의 빛을 나누고
夜峀入天光	밤 산은 하늘빛에 들어가는데
默想無窮妙	끝없는 묘한 이치 조용히 생각하니
黯然是望洋	먹먹한 마음 이게 바로 望洋의 탄식.[13]

山月滿平野	산 달은 너른 들에 가득하고
乹坤氣浩然	하늘과 땅의 기운 넓고도 큰데
欲識無窮意	그 속의 끝없는 뜻 알고자 하니
雲生遠峀邊	저 먼 산 가에서 구름 피어오르네.[14]

水虛涵天影	빈 강물에는 하늘 모습 잠겨 있고
魚躍見天機	뛰어오르는 물고기에선 하늘의 기미 보이지만
最是難言處	이게 가장 말하기 어려운 것이니
長空一鳥歸	먼 하늘에 새 한 마리 돌아가네.[15]

四野稻新熟	사방 들에서 벼 이제 막 익어 오니
人人顔色欣	사람들 얼굴 빛 기쁘고도 즐겁구나.
悠悠雲出峀	아득하게 구름은 산 굴에서 일어나고
杳杳鶴歸雲	까마득히 학은 구름가로 돌아가는데
寓意神堯傳	신령한 요임금 전해주신 것에 뜻을 두고

13 李漵, 〈閒興〉, 『弘道先生遺稿』 卷2.

14 李漵, 〈漫興〉, 『弘道先生遺稿』 卷4.

15 李漵, 〈溪邊漫興〉, 『弘道先生遺稿』 卷4.

玩心大易文　　주역의 그 큰 글에 마음 담았네.
閒中無雜事　　한가한 그 속에 잡된 일 없으니
餘外更何云　　그 밖의 것 다시 무엇을 말하리.[16]

위에서 인용한 다섯 수의 시는 순서대로 문집 권1의 〈야좌견초월희작夜坐見初月喜作〉, 문집 권2의 〈한흥閒興〉, 문집 권4의 〈만흥漫興〉·〈계변만흥溪邊漫興〉·〈만흥漫興〉이다. 제목을 통해 알 수 있듯이 여기에서 인용한 시들은 모두 흥취興趣를 중심으로 하고 있는 시들이다. 제목으로만 본다면 흥에 겨워 어찌할 줄 모르는 순간 그 넘치는 흥에 이끌려 자기도 모르게 쓸 수밖에 없었던 시라고도 생각할 수 있지만, 시를 살펴보면 넘치는 흥은 고사하고 옥동이 흥을 느끼기는 했는가 하는 의구심을 가질 수 있을 정도로 옥동의 흥은 절제되어 있다.

첫 번째 시는 한 밤 창을 통해 스며드는 달빛을 보고 일어나는 감흥을 표현한 시인데, 이 시에서 주목해 보아야 할 것은 옥동이 흥을 느끼게 된 계기이다. 이 시에서 옥동이 흥을 느끼게 된 첫 번째 요인은 한 밤 창을 통해 스며드는 달빛이지만, 그가 흥의 정서에 젖어들게 된 것은 창을 통해 스며든 달빛을 통해 밝게 빛나는 하늘의 이치를 확인하게 되었기 때문이다. 그렇다면 두 번째 요인, 즉 하늘의 이치 확인 없이 첫 번째 요인, 즉 창으로 스며드는 달빛만으로는 옥동이 흥의 정서에 젖어들 수 없었을 것이라는 유추가 가능하다. 그와 같은 점에서 이 시는 정서의 객관화를 넘어 의식과 정서가 동질화된 것이고, 더 나아가 의식이 정서에 개입하여 정서를 흥으로 이끈 것이라고도 할 수 있다.

두 번째 시는 문집 권2에 수록되어 있는 〈한흥閒興〉이라는 시이다. 제목만을 본다면 한가롭고 여유 있는 순간 느끼는 흥을 묘사한 것이라고

16 李漵, 〈漫興〉, 『弘道先生遺稿』 卷4.

생각되지만, 이 시는 『장자莊子』「추수편秋水篇」에 나오는 망양지탄望洋之嘆을 인용하여, 무궁한 묘한 이치에 다가가고자 하지만 옥동 스스로 자기 자신의 힘이 미치지 못함을 깨닫고 탄식하는 것으로 끝을 맺고 있다. 그와 같은 점에서 이 시는 앞의 시 보다 더 강한 객관화 · 지성화가 이루어졌다고도 할 수 있다. 이 시에서 옥동이 흥을 느끼게 되는 이유는 일차적으로 느긋한 여유와 주변의 풍경 때문이지만, 더 본질적으로는 여유와 주변 풍경이 그에게 무궁한 묘한 이치를 생각하게 해서이다. 하지만 옥동을 홍에 이르게 한 무궁한 이치에의 침잠은 곧 자신의 부족함을 절감하고 탄식하게 만드는 요인으로 전환된다. 앞의 시에서 정서에 개입한 의식이 정서를 흥으로 이끈 것과 달리 이 시에서는 정서에 개입한 의식이 정서를 흥과 함께 탄식으로도 이끌었다는 점에서 정서가 의식에 의해 좌우되고 있음을 알 수 있다.

마지막 세 수의 시는 문집 권4에 수록되어 있는 시이다. 세 수의 시 모두 만흥漫興을 제목으로 하고 있다는 점에서 이 세 수의 시는 넘치는 흥을 담고 있는 시라고 할 수 있다. 그래서인지 앞에서 살펴본 두 수의 시와 정서에 개입한 의식의 정도를 비교해 보았을 때 의식이 현저하게 약화된 모습을 볼 수 있다. 한적한 자연 속에서 느끼는 여유와 각득기소各得其所한 사물들의 호연浩然하고 태연자약泰然自若한 모습에서 옥동이 느꼈을 깊고 운치韻致있는 흥을 짐작할 수 있다. 그러나 이 시에서의 흥도 의식을 완전히 벗어난 것은 아니었다. “끝없는 뜻 알고자 하니”나 “이게 가장 말하기 어려운 것이니” 또는 “신령한 요임금 전해주신 것에 뜻을 두고, 주역의 그 큰 글에 마음 담았네.”라는 표현에서 흥의 정서에 개입한 의식의 정도를 유추해 볼 수 있다. 이렇게 감정의 지성화를 흥의 정서 형상 기법으로 사용한 옥동의 시는 자기 정서의 객관화를 통해 순화醇化되고 절제節制된 유흥幽興의 세계를 묘사하고 있다.

감정의 지성화 다음으로 거론할 수 있는 홍興의 정서情緖 형상화 방법은 묘사描寫의 장면화場面化(Putting into the Scene of Description)이다. 묘사의 장면화는 시의 대상이 되는 인물·사건·배경 등이나 시로 인해 야기된 작자의 정서적 감각을 구체적이고 사실적으로 표현하여 독자들에게 생생한 이미지를 전달하는 묘사 방법으로, 보여주기라고도 할 수 있다. 특히 묘사의 장면화는 시어詩語를 통해 작자가 눈으로 보거나 마음으로 느낀 것을 표현하되 주제나 내용을 전달하는 것이 아니라 일정한 공간 안에서 접하거나 느낀 하나의 장면을 묘사하여 독자에게 감각적인 인상을 전달하는 묘사 방법이다. 이와 같은 묘사 방법은 소리를 억제하고 이미지를 강조하여 회화성을 강화하는데, 독자에게는 대상의 이미지를 전달하여 대상에 대한 감각적인 인상을 떠올리게 한다. 따라서 묘사의 장면화를 시의 형상 기법으로 이용한 시들은 대체로 시각적 효과를 강조하는 주지적主知的인 경향의 시들이 중심이 된다.

千園花翻紫錦輝　온 동산 꽃 무성해 붉은 비단처럼 빛나고
九陌柳拖黃金絲　골목마다 버들은 황금빛 가지 흔드니
春光淡蕩千萬里　봄빛 담박하게 천만리에 퍼져서
能令閒人興無涯　느긋한 사람 홍취가 끝없게 하는구나.[17]

霽天如洗泳春光　씻은 듯한 갠 하늘에 봄빛이 넘실대니
川上逍遙興味長　냇가를 거니는 홍미 더욱 진진한데
多意東君來習禮　정 많은 동군이 찾아와 예를 익히는지
萬山文物耀朝陽　온 산의 만물들이 아침 해에 빛나네.

17 李溆, 〈閒興〉, 『弘道先生遺稿』 卷2.

川上盡日逍遙遊	온종일 냇가에서 이리저리 거니니
紅白依俙映水流	희고 붉은 꽃 어슴푸레 물에 비쳐 흐르고
花擁層岩成妙畫	꽃을 두른 겹진 바위 기묘한 그림 만드니
怳疑春色護重樓	봄빛이 층층 누각 감싸는 듯 하구나.[18]

丹青眞意擬東君	붉고 푸른 색의 참된 뜻 동군을 본떠선지
畫得春光五色新	그린 듯한 봄빛에 오색이 새롭구나.
此間幽興知多少	이 사이의 그윽한 흥 아는 사람 없지만
好是羲皇世界人	복희씨 다스리던 세상의 사람처럼 좋구나.[19]

天圍大野衆星垂	너른 들판 두른 하늘에는 뭇 별들이 드리웠고
月浪西流漾素秋	서쪽으로 흐르는 달 물결은 가을에 일렁이니
怳疑萬里扶桑界	만 리 저 너머의 부상 세계 같아서
銀海茫茫灝氣浮	은빛 바다 아득한데 맑은 기운 떠오르네.[20]

山如隨馬去	산은 말 따라 가는 듯하고
水自向人來	물은 절로 사람 향해 오는 듯하니
無限秋容好	끝없는 가을 좋은 경치는
天然活畫開	자연스레 살아있는 그림 열었네.

水靜兼天色	물 맑아 하늘빛을 겸하였고
雲高自雪山	구름 높아 절로 눈 덮인 산 만드는데
依然秋色裡	여전한 가을 경치 그 속에 있으니
人在畫圖間	사람이 그림 속에 있는 듯하네.[21]

18 李漵, 〈暮春千山 百花滿發〉 1~2, 『弘道先生遺稿』 卷2.

19 李漵, 〈春興〉, 『弘道先生遺稿』 卷4.

20 李漵, 〈月夜漫興〉, 『弘道先生遺稿』 卷3.

인용한 일곱 수의 시는 순서대로 문집 권2의 〈한홍閒興〉·〈모춘천산백화만발暮春千山 百花滿發〉 2수, 문집 권4의 〈춘흥春興〉, 다시 문집 권3의 〈월야만흥月夜漫興〉, 문집 권4의 〈도중추흥途中秋興〉 2수이다. 이 일곱 수의 시를 모아 놓은 순서는 계절적 배경을 고려한 것이다. 시의 제목으로 보아 일곱 수의 시 모두 흥의 정서를 담고 있음을 쉽게 알 수 있는데, 이 시들이 흥의 정서 형상 기법 중 묘사의 장면화를 설명하기에 가장 적절한 시라고 생각하여 선별한 것이다.

첫 네 수의 시는 모두 봄의 정취와 그 속에서 느끼는 옥동의 흥을 묘사한 것이다. 첫 번째 시는 봄날 붉게 꽃 핀 동산과 푸른 버들 늘어진 거리의 풍경에서 느낀 느긋한 여유를, 두 번째 시와 세 번째 시는 제목에서도 알 수 있듯이 붉은 꽃 핀 산 속의 냇가를 거닐며 느낀 흥을, 네 번째 시는 붉은 꽃 푸른 나무 무성한 풍경에서 느낀 흥취를 서술한 것인데, 모두 붉은 색과 푸른색의 색채 대조를 주된 묘사 방법으로 하여 봄의 정취를 시각적으로 선명하게 느낄 수 있게 하였다. 또 시 속에서 '한인흥閒人興'과 '소요흥逍遙興', '유흥幽興'이라는 단어를 직접 거론하여 옥동 스스로 흥의 세계에 빠져 있음을 시의 표면에 노출시켰다. 그런데 이 시들에서 옥동은 그에게 흥을 일으킨 대상을 시각화된 하나의 장면으로 제공하여 자신의 흥을 독자들이 인지할 수 있게 하였다. 첫 번째 시의 붉은 비단처럼 빛나는 무성한 꽃과 황금빛 가지 흔드는 버들이 천만리에 퍼지는 담박한 봄빛을 보여준다는 것이나, 두 번째 시의 씻은 듯 갠 하늘과 아침 해에 빛나는 온 산의 만물들, 세 번째 시의 물에 비쳐 흐르는 희고 붉은 꽃과 꽃을 두른 기묘한 겹진 바위, 네 번째 시의 붉고 푸른색의 그린 듯한 오색 봄빛이라는 표현에서 독자들은 봄의 정경과 옥동이 흥을

21 李溆, 〈途中秋興〉 1~2, 『弘道先生遺稿』 卷4.

느끼게 된 이유를 시각화된 선명한 이미지로 인지할 수 있다.

다음 세 수의 시는 가을의 정경과 그 속에서 느낀 옥동의 홍을 묘사한 시인데, 묘사의 기법이 앞에서 살펴본 네 수의 시와 같다. 인용한 다섯 번째 시에서 들판을 두른 하늘에 드리워진 별들과 서쪽으로 흐르는 달, 그리고 그 달이 만든 부상扶桑 세계世界 같은 풍경이나 여섯 번째 시에서 말을 따라 가는 듯 늘어선 산과 사람을 향해 오는 듯 흐르는 물이나 마지막 시에서 하늘빛이 비친 맑은 물과 산 위를 덮고 있는 구름이라는 표현은 그가 시에서 스스로 밝혔듯이 시를 살아있는 한 폭의 그림으로 만들어 독자들에게 선명하게 보여준다.

여기에서 살펴본 일곱 수의 시에서 옥동이 사용한 묘사의 장면화라는 표현 기법은 많은 설명을 더하거나 수사적 기교를 가하지 않더라도 독자들에게 옥동이 홍을 느끼게 된 이유와 그 홍이 깊이를 구체적이고 선명하게 보여준다. 그런 점에서 이 시들이 감정의 지성화 부분에서 살펴본 시보다 옥동이 느낀 홍의 정서를 보다 뚜렷하게 보여주고 있으며 문학적으로도 우월한 성취를 이루었다고 할 수 있다. 그러나 그렇다고 하여 여기에서 인용한 시의 홍이 감정의 지성화를 넘어 섰다고 보아서는 곤란하다. 비록 옥동이 여기에서 인용한 시의 일부에서 '한인홍閒人興'이나 '소요홍逍遙興', '유홍幽興'이라는 단어를 직접 거론했다고는 하지만, 이 시에서도 옥동의 홍은 장면화된 시의 그림에 담겨 있을 뿐이다. 따라서 독자들이 옥동의 홍을 느끼고 이해하기 위해서는 장면화된 시 속의 그림을 이해하고 그 그림과 동화되어야 한다. 그와 같은 점에서 이 시 속에서 찾을 수 있는 옥동의 홍 역시 객관화되고 지성화된 것이다.

옥동의 시에서 사용한 홍興의 정서情緖 형상 방법의 마지막은 시어詩語의 단순화單純化(Simplification of a Poetic word)이다. 시어의 단순화란 문학적 재능과 기교를 통해 시어를 아름답게 꾸며내거나 시어를 요약하고 집약하여 시의 문학성을 확장하지 않고 일상적이고 보편적인 표현과 언어를 사용하여 시의 내용을 단순화시켜 독자들이 분명하게 이해할 수 있도록 하는 표현 방법을 말한다. 따라서 시어의 단순화는 간략하고 소박함을 의미하는 시어의 간소화簡素化나 간단하고 깔끔하면서 짜임새가 있음을 의미하는 시어의 간결화簡潔化, 단순하고 간략하며 간편하고 단출함을 의미하는 시어의 간단화簡單化와 유사한 의미라고 볼 수도 있지만, 간소화·간결화·간단화가 요약과 집약을 통한 시어의 압축을 전제한다는 점에서 차이점을 지닌다.

시어의 단순화는 문학적 기교를 통한 화려華麗함과 유려流麗함을 절제하여 꾸밈없고 순수한 아름다움을 추구한다는 점에서 소박미素朴美를 지향하는 묘사 방법이다. 문학적 기교에 의해 만들어진 새롭고 신선한 자극이나 다채로운 변화가 부족하다는 단점을 지니고 있지만, 시어의 단순화는 독자들에게 다채로움이 주는 복잡함과 새롭고 신선함이 주는 낯선 자극에 의한 부담감을 극복할 수 있는 안정감을 준다.

옥동이 흥의 정서를 묘사하면서도 시어의 단순화를 추구한 것은 문학적 기교에 의해 만들어진 화려함이나 유려함이 가지고 올 수 있는 정서의 왜곡을 극복하기 위해서였다. 단순화된 시어의 사용은 미적 자극의 정도를 약화시켜 문학성을 떨어트릴 뿐만 아니라 독자에게 순간적인 감흥을 불러일으키기 어렵다. 또한 평이하고 일상적인 언어의 나열로 인해 산문화되고 지루해지는 경향까지 지니게 된다. 따라서 문학적으로 보았을 때 시어의 단순화가 아무리 독자들에게 심리적 안정감을 제공할 수 있다고 하더라도 문학성에서는 부족한 모습을 보일 수밖에 없다. 이와 같은 문제점에도 불구하고 옥동이 단순화된 시어를 통해 흥의 정서를 묘사했다는 것은 그의 문학관에 기인한 것이라 생각된다.

옥동은 인간을 타락하게 만드는 가장 보편적인 행위가 문학이라고 생각했었고, 그에 따라 문학을 배척하고자 하는 의식을 지녔지만 일생동안 1,300여 수의 시를 지었다. 이것은 옥동이 문학을 배척하고자 노력했었지만, 실질적으로 불가능했었다는 것을 의미하는 것이기도 하다. 옥동의 시에서 확인할 수 있는 시어의 단순화는 여기에서 기인한 것이라 생각된다. 옥동은 배척이 불가능했기 때문에 문학의 창작을 용인할 수밖에 없었지만, 그렇다고 해서 문학이 독자를 자극하여 도덕적으로 타락하게 만드는 행위까지 인정할 수는 없었다. 옥동은 작자의 감정을 진실하게 드러내어 독자와 교감하는 행위는 필요하지만, 작자가 자극적이고 기괴한 언어를 사용하여 자신의 감정을 과장하거나 미화하고 이를 통해 독자를 부추기거나 이끌어서는 안 된다고 생각했다. 이와 같은 의식을 가졌기 때문에 옥동은 시어의 단순화라는 표현 방법을 선택한 것이다.

喜雨連日來　　고마운 비 몇 날을 이어지니
乾坤和氣中　　하늘과 땅에 온화한 기운 가득하고
羣動氣少蘓　　만물의 움직임 기운 조금 되살아나
草樹舞和風　　풀 나무들 따뜻한 바람에 일렁이네.[22]

明月照雪上　　밝은 달 눈 위를 비추어
玲瓏發光精　　영롱하게 정미한 빛을 밝히니
閒人中夜坐　　한갓진 사람 한밤중 일어나 앉아
涓涓聽溪聲　　졸졸 흐르는 시냇물 소리 듣네.[23]

雲間千行鴈　　구름 사이 천 갈래 기러기 날고
天際萬重山　　하늘 저 끝 만 겹의 산 둘렀으니

22 李漵, 〈喜雨〉, 『弘道先生遺稿』 卷1.
23 李漵, 〈旅舘翫雪聽溪〉, 『弘道先生遺稿』 卷1.

不知秋色裡　　모르겠구나 가을빛 그 속에서
神遊阿那間　　정신이 어디에서 노닐고 있는지.[24]

風潤雲千里　　바람 잘아 구름은 천 리에 뻗어있고
山高月仲秋　　산 높아 달은 중추 보름달인데
琴書吾自樂　　거문고와 책으로 내 절로 즐기니
餘外儘悠悠　　그 나머지는 모두 다 지리하기만.[25]

인용한 네 수의 시는 차례대로 문집 권1의 〈희우喜雨〉와 〈여관완설청계旅舘翫雪聽溪〉, 문집 권3의 〈추흥秋興〉, 문집 권4의 〈추흥秋興〉이다. 모두 주변 풍경을 통해 느낀 옥동의 흥을 묘사하고 있는 시로 유사한 표현 방법을 사용하고 있다. 첫 번째 시는 봄비에 고마움을 느껴 쓴 시이다. 봄 맞아 내리는 비가 만물을 소생시키는 모습을 보고 옥동은 그 비를 희우喜雨라고 했다. 희우喜雨라는 단어 자체가 가뭄 뒤의 단비 또는 봄비를 의미하는 것이기 때문에 봄비를 희우喜雨라고 한 것은 당연한 표현이기도 하지만, 옥동은 그 비가 만물을 소생시키는 비라고 보았고 그 비에 고마움을 느껴 이 시를 쓴 것이다. 그런데 옥동은 시 속에서 비에 대해 다른 어떤 수식을 가하지 않았다. 그저 비가 내리는 상황을 그대로 보여주면서 만물을 소생시켜 고마운 비라고 하여 그가 흥의 정서를 느낀 이유와 상황에 대해 아주 소박하게 밝히고 있을 뿐이다.

두 번째 시는 객사에 있으며 눈 내린 밤 흐르는 시냇물 소리를 들으며 느낀 자신의 흥을 묘사한 시이다. 이 시에서도 옥동은 당시 그가 접한 정경을 직접 묘사하여 독자들이 그와 같은 상황을 느낄 수 있도록 유도

24 李潊, 〈秋興〉, 『弘道先生遺稿』 卷3.
25 李潊, 〈秋興〉, 『弘道先生遺稿』 卷4.

하였다. 문학적인 수식이라고 할 수 있는 것이 눈 위에 비친 달빛이 영롱하게 정미한 빛을 발한다는 두 번째 구 정도이지만, 이 역시 옥동이 보고 느낀 그대로라는 점에서 문학적 수식이라기보다는 옥동이 접한 정경의 직접 묘사라고 보는 것이 타당하다.

세 번째와 네 번째 시는 가을날 옥동이 느끼는 흥에 대해 서술한 시이다. 구름 사이를 날아가는 기러기 무리와 하늘 저 멀리 둘러싼 산에서 느껴지는 가을의 정취를 서술한 세 번째 시나 하늘에 가득한 구름과 그 구름을 뚫고 비치는 달빛 아래 거문고를 켜고 책 읽는 옥동의 흥을 서술한 네 번째 시 모두 특별한 문학적 수식과 언어의 조탁彫琢이 보이지 않는다. 그렇지만 문학적 수식이나 조탁된 시어를 사용한 시에서는 느낄 수 없는 담박淡泊하고 여유로운, 그리고 편안하고 깊이 있는 흥을 느낄 수 있다.

흥의 정서를 형상화한 옥동의 시가 감정의 지성화나 묘사의 장면화, 시어의 단순화를 추구하였다고 해서 이 시들이 문학적으로 미치지 못하는 시라거나 문학성이 부족한 시라고 보기는 어렵다. 시가 운율에 맞게 배열한 언어를 통해 작자의 경험과 정서를 독자들에게 제공하여 독자를 자각하고 감동하게 만드는 문학 양식이라고 단순하게 정의하였을 때 시의 문학성은 독자를 얼마나 자각하고 감동하게 만드느냐 하는 것에서 찾을 수 있고, 좋은 시란 보다 많은 독자를 자각하고 감동하게 만드는 시를 의미한다고 할 수 있다. 이렇게 본다면 문학적 기교와 수사는 문학성을 확보하기 위한 수단으로, 보다 많은 독자들이 자각하고 감동할 수 있도록 하기 위한 시적 장치를 뜻한다.

옥동의 시에서는 흥의 정서가 이지적이고 객관적인 검증 과정과 인식세계와의 일치를 통해 지성화되었고, 동태적인 상황과 소리를 배제하여 한 폭의 그림 같이 장면화 되었으며, 화려하고 유려한 문학적 언사와 수식을 배격하고 평이한 일상적 언어를 나열하여 단순화되었다. 이와 같은 표현 양상만을 놓고 본다면 옥동의 시는 산문화된 이미지즘 계열의 주지주의 시라고 규정할 수 있고, 시 속에서도 문학적 감수성이나 자극을 찾기 어렵다고 판단하게 된다.

그러나 지성화되고 장면화되고 또 단순화되었다는 것이 문학적 기교의 부족을 의미할 수는 있지만, 그것이 바로 문학성의 부족을 의미한다고 보기는 어렵다. 그것은 문학적 기교와 수사는 문학성을 확보하기 위한 수단에 불과하기 때문이다. 따라서 문학성의 확보나 문학성의 수준 여부는 수단인 문학적 기교와 수사의 사용 여부에 의해서가 아니라 목적인 독자들에게 미친 자각과 감동의 여부에서 찾아야 한다. 그와 같은 점에서 옥동이 그 자신이 느낀 흥의 정서를 지성화·장면화하여 단순한 언어로 묘사했다는 것이 문학성의 부족을 의미한다고 보기는 쉽지 않다. 그것보다는 오히려 옥동이 그 자신의 문학관을 구현하기 위한 구체적인 방법으로 이와 같은 표현 방법을 선택한 것이고, 이와 같은 표현 방법을 통해 그 자신의 문학관을 훌륭하게 구현하였을 뿐만 아니라 문학적으로도 뛰어난 성취를 이룬 것이라고 생각된다.

옥동은 시 창작의 목적에 대해 "반복하여 형용해서 사람들로 하여금 읊조리고 완미하는 사이에 그 말 밖의 뜻을 터득하여 그 오묘한 뜻에 이르도록 하기 위해서"[26]라고 하여, 자신이 시를 도덕적 경지의 도달과 학습의 수단으로 인식하고 있음을 분명하게 밝혔다. 또 "언어와 문자로 형용할 수 없는 것이 있다."고[27] 하여 시의 창작 과정이 정서적인 영향 아래 있다는 것도 같이 언급했다.

26 李溆, 「論言與文詩」, 『弘道先生遺稿』 卷7, "反覆而形容之, 使人於吟咏翫味之間, 得其言外之旨, 以達其奧妙之旨也."

27 李溆, 「論言與文詩」, 『弘道先生遺稿』 卷7, "詩之作, 由於不能以言語文字形容者."

시를 도덕적 경지의 도달 수단이자 학습의 도구 중 하나로 인지하고 있었기 때문에 시 창작에서 옥동은 특히 시어의 사용에 주의했다. 옥동이 비속하고 황당한 말을 사용해서는 안 된다고 여긴 것은 도덕적이지 못한 시어의 사용이 가지고 올 수 있는 폐해에 대한 경계라고 할 수 있다. 특히 세상 사람들이 자신이 지은 시로 인해 잘못된 것을 익히고 이로 인해 잘못된 경지에 들어가게 될까 두려워했는데, 이것은 자신의 시문詩文에 대한 도덕적·교육적 책임을 강조하는 것이다. 또 아무리 바른 사람이라고 하더라도 불경한 말을 써서 시를 짓고 글을 쓴다면 그 사람에게 불경한 싹이 있을 수 있다고도 했다. 이 말은 시문詩文의 창작이나 언어의 구사가 도덕적 한계와 범주를 넘어서는 사람이라면 현재 그 사람이 아무리 바른 사람이라고 하더라도 그 사람의 본성 밑바닥에는 도덕을 부정할 수 있는 싹이 있다고 본 것이다.[28]

이와 같은 인식을 지니고 있었던 옥동이었기 때문에 옥동은 시 속에 자신이 느낀 흥의 정서를 묘사하면서도 그 정서를 이지적이고 객관적인 검증 과정을 거쳐 지성화하였고, 동태적인 상황과 소리를 배제하여 장면화 하였으며, 화려하고 유려한 문학적 언사와 수식을 배격하고 평이한 일상적 언어를 사용하여 시를 창작했다.

옥동의 시 속에 구현된 흥의 정서는 옥동이 자신의 문학관을 그 자신의 시 속에 구체적으로 적용한 결과이고, 그가 문학관이라는 관념적 의식과 시 창작이라는 실재적 행위에서 동일한 모습을 보여주고 있다는 것을 증명해준다는 점에서 기본적으로 의미를 지니는 것이지만, 이와 함께 옥동의 문학적 수준과 역량을 보여준다는 점에서도 적지 않은 의미가 있다. 그것은 옥동의 시가 문학적 기교와 수사적 행위를 배격하고

28 尹載煥, 「玉洞 李溆 文學 속의 道學的 思惟世界와 그 意味」, 『韓國漢詩研究』 21, 韓國漢詩學會, 2013, 259~260면.

있지만, 그 속에서 느낄 수 있는 흥의 깊이가 기교와 수사로 이루어진 시보다 더 깊고 크다는 점에서 그렇다.

화려한 수식과 새로운 언어의 사용을 통한 낯선 신기함이나 역동적이고 다채로운 변화에 의한 다양한 전개, 확장된 감상感傷에 의해 야기된 감정의 몰입은 없지만, 눈으로 직접 바라보는 듯한 구체적인 묘사와 누구나 이해할 수 있는 시어의 구사는 무기교의 기교와 같이 독자들을 편안하게 시 속으로 이끌고 시를 통해 잔잔하지만 깊이 있는 흥을 느끼게 해 준다.

문인의 속성을 바탕에 두고 도학적 수련을 통한 심성 수양을 추구했던 옥동은 문학이 지니는 사회적 차원의 효용과 개인적 차원의 가치를 누구보다 분명하게 알고 있었다. 그렇지만 그는 문학이 그 자체로 문학이 되어서는 안 된다고 생각했다. 문학이 지녀야 할 예술성과 깊이 있는 감동에 대해서는 동의했지만, 예술성과 감동을 위해 화려한 수사로 감정을 과장하고 실상을 왜곡하는 행위에 대해서는 부정했다.

그런 점에서 옥동의 시세계는 도학적 성격을 근본으로 하지만, 그의 시세계를 도학적 성격으로 일원화하기는 쉽지 않다. 그것은 그의 시세계에서 서정을 위주로 한 시 역시 적지 않기 때문이다. 물론 그의 서정시 역시 도학적 성향에서 완전히 자유롭다고 할 수는 없다. 특히 감정感情을 지성화知性化하는 형상 기법은 그의 시가 근본적으로 도학적 경향을 벗어나지 못하고 있음을 보여주는 것이기도 하다. 하지만, 장면의 묘사를 통해 제시된 이미지와 평이한 시어로 구성된 그의 시에서 볼 수 있는 깊고 그윽한 흥의 세계는 그의 시를 한 폭의 그림과도 같이 맑고 깨끗하게 만들어주고, 그 속에 담겨있는 옥동의 의식이 청정清淨하고 고요한 흥의 세계 속에서 노닐고 있음을 보여준다.

인위적 수식修飾이나 언어의 조탁彫琢을 부정하고 대상을 있는 그대로 옮기고 있을 뿐이지만, 그 속에서 느낄 수 있는 흥은 오히려 담담하고도 깊이 있는 것이다. 낭만적 음악성을 배격하고 회화성을 강조하여 눈으로 직접 보듯 선명하게 그려낸 대상이나 객관적이고 이지적으로 서술된 절제된 감정을 통해 느낄 수 있는 흥의 깊이가 오로지 문학성을 위주로 하여 창작된 시와 비교하여 문학적으로 결코 뒤지지 않는 모습을 보여준다는 것은 옥동의 시문학 창작 역량을 보여주는 것이라고 할 수 있다. 이 지점에 옥동 시의 가치와 의미가 놓여 있다고 생각된다.

2. 영물시詠物詩에 담아낸 인식세계認識世界

옥동玉洞은 성호星湖의 형으로 성호학星湖學의 성립에 중요한 영향을 미친 인물이었지만, 그를 실학자實學者로 규정하기는 쉽지 않다. 옥동을 실학자로 규정하기 어렵다는 것은 그가 창작한 시문학 작품을 살펴볼 때도 쉽게 확인할 수 있다. 옥동의 시에는 예리한 사회 비판의식이나 현실의 질곡과 모순에 대해 부정하고 저항하는 모습이 보이지 않는다. 비판의식이나 저항의식보다 옥동의 시는 대부분 수양과 도학을 추구하고자 했던 그 자신의 내면세계를 중심으로 한다.

옥동의 시가 보여주는 모습으로 볼 때, 옥동 시세계의 본령本領은 그의 도학적 의식세계를 읊고 있는 것이라고 할 수 있다. 이렇게 보았을 때 옥동의 의식세계와 시세계를 함께 살펴볼 수 있는 가장 중요한 경향의 시는 그의 영물시詠物詩이다. 그것은 영물시 속에 묘사된 대상이 존재하는 물상物像 그 자체가 아니라 작자에 의해 변용된, 작자의 심상心象과 관념觀念의 투사체일 뿐만 아니라 작자의 문학적 기교와 능력에 의해 새롭게 구현된 의식적 창조물이기 때문이다. 따라서 옥동의 영물시를 살펴보면 옥동의 내면 의식과 문학적 역량을 동시에 확인할 수 있다.

영물시詠物詩란 '물物이라는 특정한 대상을 상대로 읊은 시'를 말한다. 그런데 이 개념에 따라 영물시를 규정하려고 하면 '물物'의 개념과 범주에서 문제가 발생한다. 그것은 영물시의 창작 대상이 되는 '물物'이라는 단어가 기본적으로 '천지간의 모든 것[萬物]'을 의미하기 때문이다. 따라서 '물物'의 개념을 사전적으로 규정하여 영물시를 정의한다면 '존재하는 모든 것을 대상으로 한 시'가 영물시가 되어 한시漢詩뿐만 아니라 인간이 창작한 시문학 작품의 대부분이 영물시가 된다.

이와 같은 문제를 벗어나기 위해 '물物'의 개념을 '자연물自然物'로 규정하기도 하지만,[29] 이 경우 문방구나 악기, 의복이나 음식 또는 건물과 같은 '인공물人工物'의 경우 '물物'의 범주에 들어가지 않으며, 이들을 대상으로 한 시는 영물시가 될 수 없다는 문제가 생긴다. '물物'을 '형태를 가진 모든 것'[30]이나 '문학文學에서 제재題材로 삼는 것'[31]으로 규정하기도 하는데, 이 경우에도 '물物'의 의미는 '천지간의 모든 것'이라는 사전적 개념과 크게 달라지지 않는다. '물物'의 개념을 조금 더 구체화하여 영물시를 '구체적 형태로 특정할 수 있는 대상을 시화詩化한 것'[32]으로 규정하기도 하지만, 이 경우에도 일정한 형태로 특정하기 어려운 바람[風]이나 안개[烟] 등과 같은 자연 현상의 경우 '물物'의 범주에 포함시키기 쉽지 않다는 문제가 있다.

'물物'의 개념을 영물시의 창작 전통에서 찾을 경우 혼란은 더 커진다. 일반적으로 영물시의 창작 전통은 『시경詩經』에서 시작되었으며, 육조

29 金準玉, 「詠物詩의 性格 考察」, 『韓國言語文學』 29, 한국언어문학회, 1991, 161면.
30 李鍾建, 「詠物詩考」, 『士林語文研究』 1, 창원대학교 국어국문학과 사림어문학회, 1984, 78면.
31 金準玉, 「詠物詩의 性格 考察」, 『韓國言語文學』 29, 한국언어문학회, 1991, 262면.
32 김재욱, 『목은 이색의 영물시』, 다운샘, 2009, 29면.

시대六朝時代를 거치면서 본격화되었다고 알려져 있다. 한국과 중국의 유구한 한시사漢詩史에서 중국 영물시의 소재를 한 눈에 볼 수 있는 자료로 청淸나라 강희제康熙帝 45년(1706) 칙명으로 편찬된 『패문재영물시선佩文齋詠物詩選』을, 한국 영물시의 소재를 한 눈에 볼 수 있는 자료로 조선朝鮮 철종哲宗 12년(1861) 겸산兼山 유재건劉在建(1793~1880)이 편찬한 『고금영물근체시古今詠物近體詩』를 들 수 있는데, 이 책들을 살펴보면 자연물·인공물·동·식물뿐만 아니라 계절·기후·절기 등 구체적 형태를 지닌 대상으로 보기 어려운 것을 소재로 하여 창작된 시까지도 모두 영물시의 범주에 포함하고 있다.[33] 따라서 영물시의 창작 전통 안에서 '영물시詠物詩' 또는 '물物'의 개념을 찾을 경우 영물시의 개념이 모호해질 뿐만 아니라 자연시自然詩·산수시山水詩·경물시景物詩·풍월시風月詩·전원시田園詩·목가시牧歌詩 등과 같은 다른 많은 유형의 시詩에서 대상으로 하는 '물物'과 범주의 중복을 피하기 어렵다.

사실 자연 풍경의 아름다움과 자연물을 소재로 읊는 자연시自然詩나 산수시山水詩, 계절에 따라 달라지는 자연 경치를 읊는 경물시景物詩, 아름다운 자연 경치를 읊는 풍월시風月詩, 전원田園의 생활이나 정경을 읊는 전원田園(가家)시詩, 전원田園의 한가로운 목자牧者나 농부農夫의 생활을 읊은 서정적이고 소박한 시인 목가시牧歌詩는 영물시詠物詩와 시의 창작 대상에서 상당 부분 겹치는 개념이라고 할 수 있다. 그것은 이 시들이 모두 자연自然이나 전원田園 속에서 접할 수 있는 대상을 시의 소재로 사용하기 때문이다. 그런 점에서 이와 같은 용어들은 포괄 범주에서 영물시와 일정정도 교집합交集合을 형성한다.

결국 영물시의 개념을 규정하고자 할 때 가장 문제가 되는 것은 영물

33 김재욱, 『목은 이색의 영물시』, 다운샘, 2009, 26~28면.

시가 대상으로 하는 '물物'의 범주이다. 범박하게 구체적인 형태로 특정할 수 있는 대상을 '물物'로 규정하고, 이를 시의 소재素材와 제재題材로 삼은 시를 영물시라고 규정할 수도 있지만, 이 경우 형태를 특정할 수 없는 바람이나 안개 등과 같은 일부 자연 현상들을 포괄하기 어렵고, 또 구체적인 형태를 특정할 수 있는 대상과 함께 형태를 특정하기 어려운 자연 현상을 모두 포괄한다고 하더라도 그 범주에 계절이나 기후 등과 같은 시간적·환경적 요인들을 배제하기 쉽지 않기 때문이다.

영물시의 개념을 규정하는 핵심 요소인 '물物'의 범주는 기본적으로 시의 대상을 구체적인 형태로 특정할 수 있는 것이냐에 달려있다고 할 수 있다. 그런데 시 속에 특정되는 대상의 구체적인 형태는 존재하는 대상 그 자체의 객관적인 외양外樣을 의미하지 않는다. 오히려 시 속에 특정되는 대상의 외면은 작자에 의해 인식된 대상의 외적外的 형태形態라고 할 수 있다. 시 속에서는 바람이나 안개, 구름이나 비와 같이 구체적인 형태로 특정하기 어려운 자연 현상도 작자에 의해 인식된 일정한 형태를 가진다. 그런 점에서 영물시의 '물物'은 특정한 형태를 지닌 구체적인 대상 그 자체를 의미하는 것이 아니라, 시 속에서 특정한 형태로 구현된 대상을 의미하는 개념이라고 보아야 할 것이다. 이렇게 보았을 때 바람이나 안개, 구름이나 비와 같이 형태를 특정하기 어려운 자연 현상은 그 자체로 '물物'이 될 수는 없지만 영물시의 '물物'은 될 수 있다. 그러나 이와 달리 계절이나 기후 또는 절기는 일반적인 '물物'의 범주에 포함되기 어려울 뿐만 아니라 영물시의 '물物'이 되기도 어렵다. 그것은 계절이나 기후·절기는 시 속에서 그 자체의 형태를 지니기보다 다른 대상의 묘사를 통해 드러나기 때문이다. 즉 계절이나 기후·절기를 대상으로 한 시는 영물시보다 계절에 따라 달라지는 자연 경치를 읊는 경물시景物詩의 범주에 포괄하는 것이 적절해 보인다.

산山·수水·강江·바다 등과 같은 자연물의 경우도 특정한 형태를 지닌 구체적인 시의 소재와 제재로 사용되었을 경우 '물物'의 범주에 포괄될 수 있으므로, 이들을 대상으로 한 시도 그 형태가 시 속에 구체적으로 재현되었을 경우 영물시의 범주에 포괄할 수 있다. 다만 산山·수水·강江·바다 등과 같은 자연물이 특정한 형태로 구체화되지 않고 단순히 시의 소재로만 사용되었을 경우 이 시들은 자연 풍경의 아름다움과 자연물을 소재로 읊는 자연시自然詩나 산수시山水詩, 또는 아름다운 자연 경치에서 느낀 흥을 읊는 풍월시風月詩로 분류하는 것이 타당해 보인다.

자연물에 대한 '물物'의 범주 설정은 정자·누각·사당·묘·성곽 등과 같은 인공물에 대해서도 그대로 적용될 수 있다. 특정한 형태를 지니고 구체적인 시의 소재와 제재로 사용된 인공물의 경우 '물物'의 범주에 포괄될 수 있지만, 인공물이 단순히 시의 배경이나 소재로만 사용되었을 경우 '물物'의 범주에 포괄될 수 없으며 이러한 인공물을 대상으로 한 시는 영물시라 보기 어렵다. 그런 점에서 영물시의 대상이 되는 인공물의 경우 대부분 문방구나 악기, 의복이나 음식 등과 같은 생활 소품들이 중심이 된다.

영물시가 특정한 형태를 지닌 구체적인 대상을 시화詩化한 시일뿐만 아니라 작자가 시 속에서 특정한 형태로 구현하고자 한 대상을 시화詩化한 시이기도 하다는 것은 영물시의 성격을 암시하는 중요한 내용이다. 그것은 영물시가 시의 대상이 되는 물物을 시화詩化한 것이지만, 시화詩化의 방향을 크게 두 가지로 정리할 수 있기 때문이다. 첫 번째는 시의 대상이 되는 물상의 구체적인 형태를 묘사하는 것이다. 이 경우 영물시는 대상의 외면 묘사에 중점을 두어 대상의 형태를 시에 옮기게 된다.

凊艶看看抵死奇　맑고 고운 모습은 볼수록 기이하니

貞心只許月相知　곧은 마음은 달만이 알 수 있게 하는데
臨窗猶出橫斜影　창가에서는 비낀 모습을 떨쳐내고
帶雪招邀淡瘦姿　눈을 맞고는 청수한 자태를 뽐내며
好借暗香通鼻觀　은은한 향기는 냄새 맡기 좋고
剩分淸氣入詩脾　맑은 기운은 시상에 넣기 넉넉하니
等閑莫作羅浮夢　부질없이 나부산의 꿈을 꾸려 하지 말고
玉笛時拈滿意吹　옥 젓대 가져다 때로 실컷 불어나 봄세.[34]

이 시는 서거정의 영물시로 매화梅花를 읊은 것이다. 이 시가 매화의 외형을 핍진하게 묘사한 시라고 하기는 어렵지만, 시 속에 묘사된 매화는 서거정이 바라본 모습 그대로이다. 서거정은 볼수록 기이한 맑고 고운 매화를 보고 매화가 달만이 알 수 있는 곧은 마음을 가졌다고 생각했다. 서거정이 바라본 매화의 기이한 모습은 창가에서 삐뚤삐뚤하게 이리저리 기울어져 있는 모습과 눈을 맞고 있는 청수한 모습, 은은하게 풍겨오는 향기, 시상을 불러오는 기운으로 구체화 되어 있다. 이런 매화를 보고 서거정은 수隋나라 개황開皇 연간에 조사웅趙師雄이 나부산羅浮山 송림松林 사이의 술집에서 말쑥하게 단장한 소복素服 차림의 여인과 취하도록 술을 마시고 쓰러져 잔 뒤 일어나 보니 그곳이 바로 큰 매화나무 밑이었더라는 나부산羅浮山의 전설을 인용하여 스스로에게 부질없는 꿈을 꾸지 말고 매화를 두고 시나 읊으라고 권했다. 이 시의 미련尾聯에서 서거정이 나부산의 꿈과 고적곡古笛曲의 낙매화落梅花·매화락梅花落 등의 곡조를 인용하여 자기 스스로를 권면하고는 있지만, 전체적으로 볼 때 이 시는 서거정의 눈에 든 매화의 모습 묘사에 치중한 시라고 볼 수 있다.

34 徐居正, 〈梅花〉, 『四佳詩集』 卷4, 「詩類」, 詠物 43首.

이와 같은 첫 번째 시화詩化의 방향과 달리 두 번째 시화詩化의 방향은 시의 대상이 되는 물상物像의 구체적인 형태와 그리 큰 관계를 가지지 않는다. 물론 영물시라는 점에서 시 속에 묘사되는 대상의 모습이 물상物像의 외형과 괴리되거나 배치 또는 상반된다고 보기는 어렵다. 그렇지만 시 속에 묘사되는 대상의 모습은 물상物像의 구체적이고 사실적인 형태가 아니라 작자에 의해 인식되거나 관념화된 대상의 이면裏面으로, 실존이라기보다는 이념화된 이미지(image)이자 상징象徵(symbol)이다. 이 경우 시 속에 묘사된 물상物像은 대상에 대해 작자가 지니고 있었던 인식이나 관념 또는 대상에 부여하고자 하거나 대상을 통해 드러내고자 하는 작자의 내면內面이 된다.

暗室易欺心　　어두운 방에선 마음을 속이기 쉽고
冥途又擿埴　　어두운 길은 또 더듬어 가기 마련인데
爾性能不昧　　너는 천성이 어둡지 않아
夜行必以燭　　밤이면 꼭 등불을 밝히고 다니는구나.[35]

結網密復密　　빽빽이 그물을 치고 또 치니
用意一何深　　마음 씀이 어찌 그리 치밀한가.
經綸雖滿腹　　그 경륜 비록 뱃속 가득히 있지만
都是機巧心　　모두가 온통 교활한 마음뿐이지.[36]

이 두 수의 시는 안정복의 5언절구五言絶句 〈영물詠物〉 10수 중 3번째 반딧불과 6번째 거미이다. 두 수의 시 모두 반딧불과 거미라는 구체적인

35 安鼎福, 〈詠物〉 제3수, 『順菴集』 卷1, 詩.
36 安鼎福, 〈詠物〉 제6수, 『順菴集』 卷1, 詩.

대상을 시로 읊은 것이지만, 이 두 수의 시에서는 현실계에 존재하는 반딧불과 거미의 모습을 찾기 어렵다. 그것은 안정복이 이 시의 서문에서 "내가 한가한 생활 중 무료하여 언제나 여름에서 가을로 바뀌는 계절을 만나면 벌레들을 관찰하곤 하는데, 비록 지각없이 꿈틀대는 미물이긴 하지만 가져다가 경계 삼을 만한 점이 있기에 마침내 절구 열 수를 읊어 좌우명을 대신한다[余閒居無聊, 每當夏秋之際, 觀蟲豸之屬, 雖蠢蠢無知, 而亦有可以取爲鑑戒者, 遂成十絶, 以代座右之銘]."고 한 것에서도 알 수 있듯이, 이 두 수의 시가 반딧불과 거미의 본성과 그 본성에 대한 안정복의 이미지를 상징적으로 표현한 시이기 때문이다. 따라서 이 시는 영물시이지만 앞서 살펴본 시와 달리 대상의 외면 묘사에 관심을 두지 않을 수 있었던 것이다. 이와 같은 유형의 영물시에서는 실존하는 대상의 형태보다 대상의 속성과 속성에 대한 작자의 인식, 그리고 대상에 투영하고자 하는 작자의 내면 의식이 보다 더 중요하게 작용한다.

그런데 정도의 차이는 있지만 대부분의 영물시에는 두 번째 경향이 포함되어 있다. 그것은 유재건劉在建의 『고금영물근체시古今詠物近體詩』 서문에서 조희룡趙熙龍[37]과 장지완張之琓[38]이 언급한 것과 같이 영물시의 창작이 대상의 외면을 핍진하게 묘사하여 시 속에 대상을 재현해내기 위해서라기보다 작자에 의해 재인식된 대상을 시 속에 묘사함으로써 작자의 정서와 의식을 드러내고자 하는 목적에서 창작되기 때문이다. 이와 같은 영물시의 성격은 문인·학자들에게 영물시를 통해 자신들의 내적 지향과 정서를 표출하게 했고, 영물시는 작자의 의식세계를 표출하

37 趙熙龍, 「兼山堂詠物近體詩序」, 『古今詠物近體詩』, "此皆出於風月花酒汗漫之間, 而其模寫物性, 逼肖物象, 情思可觀者, 莫如詠物."

38 張之琓, 「兼山堂詠物近體詩序」, 『古今詠物近體詩』, "夫人起居飮食悲歡得失, 亦物也, 何獨江山風月昆蟲草木而物之乎. 然而彼取江山風月昆蟲草木, 詠歎之者, 所以淫液形容乎其起居飮食悲歎得失之情也."

는 대표적인 문학 양식으로 발전했다. 영물시의 개념과 성격을 이와 같이 규정하고 옥동의 영물시를 개략적으로 살펴보면 다음의 표와 같이 정리가 가능하다.

표 4 옥동 이서 영물시 일람표

대분류	소분류	수량				계	비고
		권1	권2	권3	권4		
산	산(山)	5제 6수	3제 3수	9제 13수	1제 1수	18제 23수	
	산(峯)	2제 2수				2제 2수	
	산(丘)			4제 7수	4제 4수	8제 11수	
	고개(嶺)	1제 1수			2제 2수	3제 3수	
	고개(峴)			1제 1수		1제 1수	
	언덕(崖)			1제 1수		1제 1수	
물	강(江)	4제 4수		1제 1수	3제 11수	8제 16수	
	시내(川)				1제 1수	1제 1수	
	호수(湖)	1제 2수		3제 4수	2제 2수	6제 8수	
	못(淵)			1제 1수		1제 1수	
	못(潭)	2제 2수				2제 2수	
	못(池)	1제 1수				1제 1수	
	여울(灘)	1제 2수	1제 2수	1제 1수		3제 5수	
	폭포(瀑)			1제 1수	1제 1수	2제 2수	
	물결(潮)			1제 1수	3제 6수	4제 7수	
	포구(浦)				1제 2수	1제 2수	
	물가(洲)	1제 1수			1제 1수	2제 2수	
자연물	무지개(虹)	2제 3수	2제 2수			4제 5수	
	눈(雪)	4제 4수				4제 4수	
	안개(烟)	1제 1수				1제 1수	
	안개(霧)	1제 1수				1제 1수	
	비(雨)	3제 3수	2제 2수		5제 5수	10제 10수	

자연물	번개(電)	1제 1수				1제 1수	
	우레(雷)	1제 3수				1제 3수	
	햇빛(日光)	1제 1수		1제 1수		2제 2수	
	달(月)	1제 1수	1제 1수	2제 2수	1제 1수	5제 5수	
	바람(風)	2제 2수	1제 2수		1제 1수	4제 5수	
	얼음(氷)				1제 1수	1제 1수	
	꽃(花)		1제 2수			1제 2수	
	들판(野)			2제 2수		2제 2수	
동물/곤충	솔개(鳶)	3제 3수				3제 3수	
	백로(鷺)	1제 1수				1제 1수	
	물고기(魚)	1제 1수		1제 1수		2제 2수	
	까치(鵲)			1제 1수		1제 1수	
	오리(鶩)			1제 1수		1제 1수	
	꾀꼬리(鸎)			1제 1수		1제 1수	
	매미(蟬)	1제 1수		1제 1수		2제 2수	
식물	복숭아(桃)	1제 1수		1제 1수		2제 2수	
	단풍(丹楓)	1제 2수			2제 2수	3제 4수	
	매화(梅)	1제 1수			1제 2수	2제 3수	
	살구(杏)			1제 1수		1제 1수	
	석류(石榴)				1제 1수	1제 1수	
	치자(梔子)				1제 1수	1제 1수	
	규화(葵花)				1제 2수	1제 2수	
	측백(側柏)				1제 1수	1제 1수	
	대나무(竹)				1제 1수	1제 1수	
	국화(菊花)				1제 2수	1제 2수	
	목련(木蓮)				1제 1수	1제 1수	
	월계(月桂)				1제 2수	1제 2수	
광물	괴석(怪石)				1제 1수	1제 1수	
계		44제 51수	11제 14수	35제 43수	39제 55수	129제 163수	

위의 표를 바탕으로 옥동의 영물시를 개관槪觀하여 정리하면 다음과 같다. 옥동의 영물시는 그의 전체 시작품 1,300여 수 중 대략 12.5% 정도에 해당하는 129제 163수이다. 다만 이 시들은 앞에서 살펴본 영물시의 개념과 성격 규정에 따라 제목 속에 옥동이 시에서 묘사하고자 하는 대상의 구체적인 명칭이 노출되어 있으며, 시 속에서 그 대상이 표면적인 묘사의 중심에 놓여 있는 시만 거론한 것이다. 따라서 제목 속에 묘사의 대상이 구체적으로 노출되어 있지 않거나, 묘사된 경물이 시의 중심에서 빗겨나 있는 시의 경우 이 표에서 제외되었다. 만약 제목에 묘사의 대상을 노출하지 않은 상태에서 시의 구성요소 중 하나로 대상을 차용借用한 시까지 영물시로 인정하여 포괄한다면 옥동의 영물시는 이보다 더 많아진다.

129제 163수라는 옥동 영물시의 시제詩題와 편수篇數는 그의 영물시가 연작시連作詩보다 단형시短形詩를 중심으로 하고 있음을 보여준다. 옥동의 영물시를 살펴보면 연작시는 모두 17편(제題)에 불과하고, 나머지 112편(제)의 시는 모두 단형시短形詩이다. 옥동의 영물시는 단형시를 중심으로 할 뿐만 아니라 근체시近體詩 중에서도 절구시絶句詩를 중심으로 한다. 옥동의 영물시 중 고시古詩는 4편(제) 4수에 불과한데, 이 4편(제) 4수의 고시를 제외한 125제 159수의 근체시는 대부분 절구絶句로 이루어졌다. 옥동 영물시의 이와 같은 형태적 특성은 그의 영물시가 대상을 접하고 순간적으로 얻게 된 정서와 의식을 중심으로 구성되었음을 보여주는 것이다.

이와 같은 형태적 특성을 제외하고 옥동의 영물시를 정리한 위의 표를 통해 확인할 수 있는 가장 흥미로운 것은 옥동이 인공물을 영물시의 대상으로 삼지 않았다는 것이다. 정자·누각·사당·묘·성곽 등과 같은 인공적인 건축물의 경우 대부분의 시에서 배경적인 요소나 흥취의 유발

요소로 작용하다는 점에서 영물시에 포괄하기 어려운 점이 있지만, 문방구나 악기, 의복이나 음식, 완구나 무기의 경우 문인·학자들의 일상적인 기호품으로 기능했다는 점에서 대부분의 문인들이 영물시의 소재로 흔히 사용하는 것이다. 특히 옥동의 경우 서예와 거문고에 능했다는 점에서 그가 붓이나 벼루와 같은 문방구, 거문고와 같은 악기를 가까이 하고 아꼈으리라는 것은 쉽게 짐작할 수 있다. 그런데도 불구하고 그의 영물시에서 이와 같은 기호품들이 창작의 대상에서 배제되었다는 것은 상당한 주목을 요하는 것이다.

옥동 영물시의 창작 대상을 조금 더 자세히 살펴보면 이와 유사한 특이점을 더 발견할 수 있다. 위의 표에서 확인할 수 있는 것처럼 옥동의 영물시는 자연물을 창작의 대상으로 하고 있는데, 창작 대상으로 삼은 자연물의 경우 대부분 산山(33제 41수)·수水(31제 47수)와 자연 현상(35제 40수)이다. 일반적인 문인·학자들의 영물시가 동·식물을 중심으로 하고 있는 데 비해 옥동의 영물시에서는 동물(11제 11수)이나 식물(16제 21수)을 대상으로 한 시가 상당히 적다. 조선조 성리학의 대가이자 옥동이 평생 존모尊慕했던 퇴계의 경우도 매화梅花를 대상으로 한 수많은 영물시를 창작했다는 점에서 옥동의 영물시 창작 경향은 상당히 특이한 것이다.

옥동의 영물시가 창작 대상의 선택에서 일반적인 문인·학자들의 영물시와 다른 모습을 보이는 것은 그의 영물시가 지니는 경향상의 특성과 연관되는 것이다. 옥동의 영물시는 영물시의 두 경향 중 대체로 두 번째 경향에 해당한다. 즉 옥동의 영물시는 기본적으로 시의 대상이 되는 물상의 구체적인 형태를 시로 묘사하기보다 자신이 인식하고 있는 대상의 이미지를 시로 구현한 것이다. 이 이미지는 창작 대상의 외형보다 창작 대상을 통해 드러내고자 하는 옥동 자신의 내면內面과 더 깊은 관계를 지닌다.

萬丈高峯揷入空　만길 높은 산봉우리 하늘로 치솟아
勢如兵馬下雲中　군사 군마 구름 속에서 내려오는 형세여서
千形百態俱騰踴　천만 가지 온갖 모습으로 날뛰듯 하니
造化當時幾許工　조물주 만드실 때 얼마나 애쓰셨을까.[39]

이 시는 그의 문집 권1에 수록되어 있는 〈도봉산道峯山〉이라는 시로, 숙종肅宗 15년(1689) 옥동의 나이 28세 이후 멀지 않은 어느 시기에 창작된 시라고 보인다. 이 시기는 옥동이 세상에 대한 뜻을 버리고 후사後嗣로 들어갔던 숙부 이주진李周鎭의 묘소가 있는 포천의 청량산에 은거하여 수도修道·강학講學한 지 채 10년이 되지 않았을 때였다. 아직 나이 30세가 되기 전 혈기방장하고 기개 넘치는 젊은 학자 옥동의 내면이 하늘로 치솟은 산봉우리, 구름 속에서 내닫는 듯한 기마병騎馬兵 같은 산세, 천만 갈래로 날뛰는 듯한 도봉산의 모습에 그대로 담겨있다. 그와 함께 "조물주 만드실 때 얼마나 애쓰셨을까."라고 한 부분을 통해 자연물을 존재하는 형상 그 자체로만 보지 않고 있는 옥동의 의식을 느낄 수 있다. 그런데 이 시의 경우 앞에서 살펴본 서거정의 영물시와도 유사한 경향을 보인다고 할 수 있지만, 옥동 영물시의 대부분은 이보다 더 추상적이고 관념적이다.

千里長江鏡面平　천리 멀리 뻗은 긴 강 거울처럼 잔잔한데
日波流處萬珠明　날마다 물결 흐르는 곳 온갖 보배 빛나니
一元生意無時息　큰 근원의 살리려는 뜻 멈출 때가 없어서
時觸風端浪自生　바람결이 닿을 때마다 물결 절로 일어나네.[40]

39 李漵, 〈道峯山〉, 『弘道先生遺稿』 卷1.
40 李漵, 〈詠江〉, 『弘道先生遺稿』 卷1.

이 시는 옥동의 문집 권1의 마지막에 수록되어 있는 〈영강詠江〉이라는 시이다. 이 시의 바로 앞 시가 〈미음美陰〉인데, 미음美陰은 미음渼陰과 같은 말로 지금의 경기도 남양주시 수석동 외미음 부근에 있는 곳이라는 점에서 이 시에서 묘사 대상이 되는 강은 한강漢江이라고 보인다. 이 시는 숙종 19년(1693) 옥동의 나이 35세 이후 얼마 되지 않은 시기에 창작되었다고 생각되는데, 이 시에서 볼 수 있는 한강은 묘사된 형상으로 볼 때 앞의 시 〈도봉산道峯山〉보다 더 추상적이고 관념적이다. 은거한 지 10년 이상의 시간이 지났고, 그만큼 학문과 수양이 깊어졌기 때문인지는 모르겠지만, 이 시에서 한강은 시의 중심 제재題材이지만 배경이라고 해도 이상하다고 할 수 없을 정도로 구체적인 형상 묘사가 생략되어 있다. 이런 경향은 산수山水를 대상으로 한 시에서 뿐만 아니라 자연물을 대상으로 한 시에서도 살펴볼 수 있다.

玄酒淡且淡　　현주는 맑고도 맑으니
無樽亦無杯　　술통도 술잔도 필요 없는데,
貞則復元始　　정성스럽고 곧으면 처음을 회복하니
天心先到梅　　하늘의 뜻 먼저 매화에 이르렀네.[41]

鳶盤遠勢自無爲　　멀리 깃든 소리개 절로 무위에 이르러
上下四方隨所之　　위아래 사방을 뜻대로 가니
安閒盡是隨時意　　한가하고 편안함도 모두 때를 따르려는 뜻
一息無違造化機　　한순간도 조화의 기미 어기지 않네.[42]

41 李漵, 〈詠盆梅〉, 『弘道先生遺稿』 卷1.
42 李漵, 〈詠鳶〉, 『弘道先生遺稿』 卷1.

이 두 수의 시는 제목에서 밝히고 있는 것과 같이 매화 화분과 솔개를 대상으로 하여 창작된 시이다. 매화 화분이나 솔개는 대부분의 시인들이 창작의 대상으로 삼는 영물시의 보편적인 소재라고 할 수 있는데, 이 시 속에는 매화 화분과 솔개의 구체적인 형상이 배제되어 있다. 시는 매화 화분이나 솔개의 형상보다 매화 화분과 솔개를 바라보는 작자 옥동의 의식 묘사에 주력하는 모습이다. 옥동에게는 봄이 오기 전 다른 모든 꽃에 앞서 꽃을 피우는 매화가 정성스럽고 곧은 대상으로, 저 멀리서 한가하게 앉아 쉬고 있는 솔개는 절로 무위지치無爲之治의 경지에 이른 대상으로 인식되었다. 그래서 옥동이 매화와 솔개를 시 속에 이렇게 묘사한 것이라 생각된다. 그런데 옥동의 영물시가 지니는 이와 같은 특성은 다음에 살펴볼 시에서 더욱 확대된다.

明光生戶牖	밝은 빛 창 안으로 환하게 드니
新月映簷茅	초승달 초가 처마 비추어 주고
靜來邪慮息	고요해진 뒤 사악한 생각 그치고 나니
天理自昭昭	하늘 이치 제 저절로 밝게 빛나네.[43]

朝日看山景	동 터 올라 산 경치 바라보니
山下有伏烟	산 아래 깔려 있는 안개 보이는데
潛陽爲陰抑	숨은 양기 음기에 눌려있는 듯하니
升性未得便	본성대로 하려 하지만 편치 않은 듯하네.[44]

이 두 수의 시는 달과 안개라는 자연물을 읊은 시이다. 달의 경우 특정

43 李漵, 〈夜坐見初月喜作〉, 『弘道先生遺稿』 卷1.
44 李漵, 〈見山下烟〉, 『弘道先生遺稿』 卷1.

한 형태를 지니고 있지만, 안개의 경우 구체적인 형상으로 묘사하기 어려운 자연 현상에 해당하기 때문에 기본적으로 영물시의 범주에 포괄하기 쉽지 않지만, 작자에 의해 시 속에서 일정한 형태로 묘사될 수 있다는 점에서 안개도 달과 같이 영물시의 창작 대상이 될 수 있다. 구체적인 창작 시기를 유추할 수는 없지만, 두 수의 시 모두 옥동의 나이 35세 이전에 창작된 것이라 보인다. 첫 번째 시는 한 밤 잠들지 못하고 깨어 방 안에 앉아 있으면서 창으로 비쳐 들어오는 달빛을 보고 기뻐 쓴 시이고, 두 번째 시는 이른 아침 산 아래에 깔려 있는 안개를 보고 든 생각을 읊은 시이다. 그런데 이 두 수의 시는 앞서 살펴본 산수山水나 매화 화분, 솔개를 읊은 시들과 조금 다른 양상을 보여준다.

앞서 살펴본 시들 역시 창작 대상의 구체적인 형태보다 창작 대상에 대해 옥동이 인식하고 있는 이미지를 중심으로 하고 있다는 점에서는 여기서 살펴본 두 수의 시와 다를 것이 없지만, 여기서 예로 든 두 수의 시는 대상이 지니는 이미지보다 대상에 의해 촉발된 옥동 자신의 내면內面 묘사를 중심으로 하고 있다는 점에서 앞에서 살펴본 시보다 더 추상적이고 관념적이다. 이 두 수의 시에 묘사된 대상의 형상은 묘사하고자 하는 대상의 구체적인 외면이나 이미지보다 대상에 의탁依託하여 펼치고자 하는 옥동의 내면에 더 많은 영향을 받았다.

이렇게 보았을 때 옥동의 영물시는 조선조 당대 도학자들의 영물시가 보여주는 보편적인 경향과 같이 작자인 옥동에 의해 인식되거나 관념화된 대상의 모습을 시 속에 이미지와 상징象徵으로 묘사하거나, 더 나아가 대상에 부여하고 대상을 통해 드러내고자 하는 옥동의 의식을 표출하는 수단이었다. 따라서 옥동의 영물시는 근본적으로 창작 대상의 묘사를 통한 형상의 재현보다 재인식된 창작 대상의 관념적 묘사를 통한 작자의 정서와 의식 표출에 치중할 수밖에 없는 것이었다.

옥동의 영물시는 창작 대상이 되는 '물物'의 형상 묘사보다 그 자신의 내적 지향과 정서에 주목하는 모습을 보여준다. 이런 특징은 조선조 당대 대부분의 영물시가 대상의 재현보다 대상의 묘사를 통한 작자의 정서와 의식 표출을 목적으로 한다는 점에서 영물시의 일반적인 경향과 유사한 것이다. 그러나 옥동의 영물시에서는 시 속에 묘사된 내용과 대상의 실재적 형상 사이의 거리가 당대 일반적인 영물시에서 확인할 수 있는 거리보다 더 멀다. 이 때문에 옥동의 영물시는 구체적 물상物像을 대상으로 창작되었지만 경景보다는 정情, 특히 관념적觀念的 지향성志向性과 의지적意志的 당위성當爲性을 지닌 정情을 중심으로 한다.

氤氳六合氣遲遲　온 천하에 가득한 기운 느긋하고 유연하니
鳶自戾天魚躍池　소리개 절로 하늘에서 날고 고기는 못에서 뛰어
萬物均含生意處　온갖 사물 다 같이 살려는 뜻 가지고 있지만
天心先發小桃枝　하늘의 뜻 제일 먼저 복사꽃 가지에서 피어났네.[45]

江心上下與天心　강의 뜻 하늘의 마음과 비슷해선지
日照層鱗渾是金　햇살 비친 겹진 비늘 온통 금빛 빛나는데
誰識黯然天際象　누가 알리 조용한 하늘가의 형상들이
萬歸爲一密森森　모두 하나로 되돌아와 빽빽이 가득 차 있는 줄을.[46]

이 두 수의 시는 작은 복사꽃과 지금의 노량진 근처에 있는 노호露湖를 대상으로 창작된 시이다. 첫 번째 시에서 복사꽃의 모습은 마지막 구의 꽃핀 가지로, 두 번째 시에서 노호는 햇살을 받아 금빛으로 빛나는

45 李溆, 〈詠小桃〉, 『弘道先生遺稿』 卷3.
46 李溆, 〈露湖〉, 『弘道先生遺稿』 卷3.

고기의 비늘로 묘사되었다. 이와 같은 묘사는 이 두 수의 시가 복사꽃과 노호라는 묘사해야 할 대상의 구체적인 형상을 버리고 대상의 관찰을 통해 옥동이 습득한 직관적인 인식과 이미지, 그리고 그 인식과 이미지에 의해 촉발된 옥동의 내면세계를 묘사의 중심에 두고 있음을 보여준다. 그렇기 때문에 이 시에서 묘사된 복사꽃과 노호는 보편적으로 인지되는 일반적인 복사꽃과 노호의 상징과 이미지에서 벗어나 옥동만이 인식하고 묘사할 수 있는 독특한 대상으로 전화轉化되어 나타나는 것이다.

위의 시에서 묘사된 복사꽃과 노호가 옥동만의 것이 될 수 있는 것은 묘사된 내용이 대상의 외형에 의해 촉발된 옥동의 내면세계로 전환되었기 때문인데, 이와 같은 묘사가 이루어지기 위해서는 묘사 이전 다음 몇 단계의 과정을 거쳐야 한다. 첫 번째는 대상과의 접촉이다. 언뜻 보기에 당연한 그래서 거론할 필요조차 없는 과정이라고 생각할 수 있지만, 옥동 영물시의 창작 대상으로 보아 이 접촉의 단계가 옥동에게는 중요한 의미를 지닌다. 접촉의 단계에서 옥동은 대상에 대한 선험적 인식과 경험적 지각을 바탕으로 관찰의 지속 여부를 결정한다. 이 결정은 접촉 대상의 시적 전환을 위한 기초 단계로 접촉 대상이 주는 친근함이나 기이함, 흥미나 관심과 같은 선험적이고 본능적인 요소에 영향을 받게 되지만, 그와 함께 경험과 학습을 통해 습득한 대상의 이미지나 가치와 같은 경험적 지각 요소에도 영향을 받는다. 옥동의 영물시에서 문방구나 악기와 같은 기호품들을 대상으로 한 시가 없는 것은 접촉의 단계에서 관찰이 지속되지 못했기 때문이라 생각되고, 이들에 대한 관찰의 단절은 '완물상지玩物喪志'와 같은 유가적儒家的 학습學習에 기인한 경험적 지각의 작용이 유도한 주체적 판단의 결과라 생각된다.

두 번째는 관조觀照의 단계이다. 이 단계에서는 접촉의 단계를 통해 계속적인 관찰이 결정된 대상에 대한 능동적·목적적·의식적인 파악을 통해 대상을 인식하게 된다. 이 단계를 통해 옥동은 대상의 본질을 냉정히 응시凝視하게 된다. 따라서 이 단계는 대상을 수용收容하고 향유享有하는 단계이면서 동시에 대상의 객관적 가치와 의미를 확인하는 단계이다.

세 번째는 발현發現의 단계이다. 이 단계는 관조의 단계를 통해 확인한 대상의 가치와 의미를 대상이 지닌 이미지와 상징으로 구현하는 단계이다. 그런데 관조의 단계가 깊어지면 깊어질수록 대상이 지니고 있던 상징과 이미지는 옥동의 의도에 의해 옥동의 내면과 일치하게 되어 옥동의 의지意志와 기원祈願을 발현하는 새로운 요소로 전환轉換된다. 이 단계에 이르게 되면 시적 대상은 존재하는 개체로써의 특성보다 작자의 의지를 투사하고 매개하는 투사체投射體, 매개체媒介體로 가치를 가지게 된다. 옥동의 영물시가 보여주는 모습은 그의 영물시가 이와 같은 단계를 거친 결과물임을 반증反證하는 것이다.

天有自然節　　하늘에는 자연의 절기가 있고
地有粲然文　　땅에는 찬란한 무늬 있지만
誰識神造妙　　누가 알겠나 조물주의 신묘한 솜씨는
渾然本無痕　　완벽하여 애초에 흔적 없다는 것을.[47]

衆岳峥嶸一色秋　　우뚝 솟은 수많은 산 가을빛으로 다 물들어
氤氳之意漠然收　　천지 가득한 기운들이 아득히 걷히지만
天心若自回陽道　　하늘의 뜻 절로 양의 도를 되돌리려 하여
渾體融融大化流　　온 세상에 조화롭게 자연의 변화 유행하네.[48]

47 李溆, 〈光陵楓葉〉, 『弘道先生遺稿』 卷4.
48 李溆, 〈秋過三角〉, 『弘道先生遺稿』 卷4.

昨夜秋風急	지난 밤 가을바람 사납더니
乾坤肅氣多	천지에 싸늘한 기운 가득하고
履霜氷已至	서리 밟았나 했는데 얼음 벌써 얼었으니
其奈沍寒何	그 혹심한 추위를 어찌하겠나.[49]

위에서 인용한 세 수의 시는 모두 옥동의 문집 권4에 나오는 것으로 순서대로 각각 단풍丹楓, 삼각산三角山, 가을 얼음을 대상으로 한 시이다. 창작한 시기를 특정하기는 어렵지만, 그의 문집 속 작품들이 창작 시기에 따라 순차적으로 배열되어 있다는 점에서 이 시들은 그의 만년晩年에 창작된 것이라고 할 수 있다. 시의 경향이나 창작 방법, 형상화의 기법으로 볼 때 이전까지 살펴본 시와 다른 점을 발견할 수 없다. 단풍 숲과 삼각산을 묘사한 두 수의 시에 묘사된 단풍 숲과 삼각산은 본래 형상을 확인할 수 없는 변형된 이미지의 집합으로 이루어져 있는데, 이미지의 변형 방향은 옥동의 내면세계와 일치한다. 가을 얼음을 대상으로 한 세 번째 시의 경우 가을 얼음의 이미지보다 가을 얼음에 의해 환기된 옥동의 정서가 중심이 되었고, 또 시상의 전개가 『주역周易』「곤괘坤卦」 초육初六의 "서리를 밟게 되면 두꺼운 얼음이 곧 얼게 된다[履霜堅氷至]."는 구절을 바탕으로 하고 있다는 점에서 앞의 시와 조금 다르다고 할 수도 있지만, 이 시 역시 옥동이 직접 목도目睹한 가을 얼음을 통해 야기된 정서를 서술하고 있다는 점에서 본질적으로 앞의 두 시와 다르지 않다.

이 세 수의 시에서 단풍 숲은 조물주의 신묘한 솜씨에 의해 만들어진 땅 위의 찬란한 무늬로, 가을 들어 스산한 삼각산은 양陽의 도道를 되돌리려는 하늘의 뜻을 담고 있는 자연 변화의 상징물로, 가을 얼음은 혹심

49 李漵, 〈秋氷〉, 『弘道先生遺稿』 卷4.

한 추위의 표본으로 묘사되었다. 하지만 광릉의 단풍 숲이나 가을 맞은 삼각산, 가을 얼음의 이와 같은 모습은 실재하는 모습이라기보다 옥동의 의지意志와 기원祈願 그리고 인식認識이 발현發顯된 결과 변용된 모습으로, 옥동에게는 당연히 그렇게 되어야 만 할, 그리고 그렇다고 인식되는 당위當爲의 현실現實이다.

옥동의 영물시는 창작 대상의 형상 묘사보다 그 자신의 의지意志와 기원祈願 그리고 인식認識의 발현發顯을 통해 변용된 대상의 이미지로 형상화 되어있다. 옥동의 영물시가 보여주는 이와 같은 모습은 대부분의 영물시가 대상의 외면을 묘사하여 시 속에 대상을 재현해내기 보다 작자에 의해 재인식된 대상을 시 속에 묘사함으로써 작자의 정서와 의식을 드러내고자 한다는 점에서 영물시 일반의 보편적인 성격과 동일하다고 할 수 있다. 그러나 그의 영물시 대부분이 대상에 대한 관심이나 형상화보다 대상에 의해 유도된 내적 지향과 정서에 주목하여 그 자신의 의식세계를 표출하고 있다는 점에서 일반적인 영물시보다 작자의 내면에 더욱 침잠하는 모습을 보여준다.

그와 같은 점에서 옥동의 영물시는 대상의 재현再現이라기보다 대상에 의해 촉발觸發된 작자의 정서와 의식을 표출表出한 결과물이라고 할 수 있다. 그렇기 때문에 옥동의 영물시는 수양修養을 바탕으로 확립된 자신의 내면세계나 그와 같은 수양을 추구하는 자신의 의지 그리고 당연히 이루어져야 할 지순한 이상세계를, 시의 소재題材로 이용한 대상에 의탁依託하여 구현具顯한 도덕적·도학적인 시가 된다. 옥동 영물시의 이러한 특성은 그의 시가 비比와 흥興이라는 비유比喩와 상징象徵의 기법[50]을 중심으로 하게 하였을 뿐만 아니라 그의 시를 영물시에서 내용상

50 김영봉, 「濂洛風 漢詩의 주제 표출 양상」, 『韓國言語文學』 45, 韓國言語文學會, 2005, 102~110면.

도학시道學詩로 전변轉變시키는 결정적인 이유가 된다. 실질적으로 옥동의 영물시를 보면 일반적으로 도학적인 시들이 추구할 수 있는 대부분의 내용을 담고 있으며, 도학적인 경향의 시들이 지니고 있는 보편적인 창작 목적과 형상화의 방법을 충실히 구현하고 있다.

옥동 영물시의 이와 같은 특성은 그의 시문학관과 일치한다. 그렇기 때문에 옥동이 기호품嗜好品이나 완구류玩具類를 대상으로 한 영물시를 창작하지 않았다고 볼 수 있다. 하지만 옥동의 시문학관은 그의 영물시가 대상의 재현再現이나 묘사에 의해 환기喚起된 정서의 구현具顯보다 수양을 추구하는 자신의 의식세계를 표출하는 수단으로 기능하게 했다는 문제를 지닌다. 즉 옥동의 영물시는 대상에 의해 촉발觸發된 자신의 정서와 의식을 평이하고 일상적 언어로 묘사하는데,[51] 이와 같은 표현양상은 그의 영물시에서 문학적 감수성이나 자극을 찾기 어렵게 만든다.

하지만 옥동의 영물시는 문학의 교육적·효용적 가치에 주목한 그 자신의 문학관에 따라 창작된 것이고, 비록 시적 기교와 수사를 통한 대상의 형상화에서 부족함을 지녔다고 하더라도 구체적이고 선명한 시어를 통해 그 자신의 내면세계를 분명하게 표출하여 시에 대한 이해도를 높였을 뿐만 아니라 드러내고자 하는 자신의 지향 세계를 명확히 하였다는 점에서 문학적 가치를 부정할 수 없다.

옥동 이서는 도학자였다. 그것도 유가적 도덕관념의 현재적 구현을 추구하며 스스로를 세상 교화에 일익을 담당해야 할 책임을 지닌 사람으로 인식하고 있었다. 그와 같은 인식을 지니고 있었기 때문에 옥동은 영물시를 창작하면서도 화려하고 유려한 문학적 언사와 수식을 배격하고 평이한 일상적 언어를 사용하여 시를 창작하였다. 이렇게 보았을 때

51 尹載煥, 「玉洞 李漵의 詩에 드러난 興의 情緖와 樣相」, 『東洋古典研究』 53, 東洋古典學會, 2013, 49~59면.

옥동의 영물시는 시의 기능과 역할에 대해 깊이 인지하고 있었던 옥동이 자기 자신을 다잡기 위해 사용했던 수양의 도구였다. 그렇기 때문에 그의 영물시는 미적인 효용보다 수양 의지와 이상향의 추구라는 의식세계의 표출을 중심으로 한다는 특성을 지닌다. 그러나 옥동의 영물시를 이렇게만 본다면 그의 영물시는 학습과 수양이라는 목적 달성을 위해 시의 문학성을 도외시한 수단이자 도구로 전락해 버린다. 물론 그의 영물시를 순수한 문학 행위의 결과물로만 간주하기도 쉽지 않은 것은 사실이다. 그러나 그의 영물시는 과장된 표현과 인위적인 수식修飾을 부정하고 대상에 의해 촉발된 그 자신의 내면 의식을 있는 그대로 옮겨 놓았으면서도 문학성만을 위해 창작된 여타의 시에 뒤지지 않는 문학적 성취를 보여준다.

대상 경물에 의타依託한 청정淸淨하고 고요한 의식세계와 수양의지의 담담한 묘사는 옥동의 경물시를 한 폭의 그림과 같이 맑고 깨끗하게 만들어준다. 인위적 수식修飾이나 과장된 표현을 부정하고 대상에 의해 야기된 자신의 내면을 있는 그대로 옮기고 있을 뿐이지만, 옥동의 영물시에서 느낄 수 있는 옥동의 의식과 지향세계는 문학적 수사로 점철된 시보다 더 담담하고 깊이 있게 독자에게 다가온다. 이와 같은 옥동의 영물시는 그의 시문학적 역량을 보여주는 것이라고 할 수 있으며, 바로 이 지점에 옥동 영물시의 가치와 의미가 놓여 있다고 생각된다.

3. 기행시紀行詩로 본 유산遊山 경험經驗의 시화詩化

유산遊山이나 기행紀行 또는 유람遊覽은 동양 사회 지식인의 자기 수양 방법으로 중요한 의미를 지닌다. 특히 생활 속에서의 자기 수양과 실천을 추구했던 조선조 사대부들의 기행紀行과 유람遊覽은 산수 자연 속에서 자신의 호연지기浩然之氣를 기르고 기개를 키워 세상에 나가고자 하는 유가적儒家的 수양관의 하나이다. 이런 수양관은 공자가 "동산에 올라보니 노나라가 작아 보이고 태산에 올라보니 천하가 작아 보인다."[52]고 한 이래 사대부들의 보편적 수양관으로 자리를 잡았다.

17세기 이후 조선조 사대부·문인들의 유산遊山과 기행紀行 경험은 그들에게 유산遊山과 기행紀行의 과정에서 접하는 새롭고 아름다운 경관을 통해 자신의 미감美感을 만족시키고, 이를 창작의 원천으로 삼아 작품 속에 그들이 가진 심미적 감수성을 펼쳐내게 했다. 또 험난한 산을 등정하거나 긴 여정의 유람을 통해 본원本源의 진리眞理를 탐구하는 자신의 내면을 수양하게 했다.

17세기 이후 유산遊山과 유람遊覽, 기행紀行을 배경으로 한 다양한 형식의 문학 작품들이 집중적으로 창작된 것은 조선조에 접어들면서 활발하게 진행되었던 인문지리지 편찬 작업의 결과와 밀접한 관계를 가진 것으로 생각된다. 세종世宗 연간의 『팔도지리지八道地理志』와 성종成宗 연간의 『동국여지승람東國輿地勝覽』, 중종中宗 연간의 『속동국여지승람續東國輿地勝覽』은 그 당대와 이후 문인·학자들의 유산遊山과 기행紀行 활동에 상당한 영향을 주었으리라 짐작할 수 있다.

이와 함께 이전부터 사대부·관료들을 중심으로 전해오던 유산遊山과 기행紀行의 수양 태도가 주자朱子의 『남악창수집南岳唱酬集』이 전래된 이후 당대 사대부들의 전형적인 수양방법으로 확립되었다는 것을 또 다른 이유로 들 수 있다. 주자가 그의 절친한 벗 남헌南軒 장식張栻과 함께 남악南岳과 형산衡山을 등정하면서 지은 시를 모은 『남악창수집南岳唱酬

52 「盡心」 上, 『孟子』, "孟子曰; 孔子, 登東山而小魯, 登太山而小天下."

集』의 전래는 주자 중심의 성리학이 조선의 사상계를 관류하면서, 당대 학자들에게 심성수양의 방법에서 유산遊山과 기행紀行을 빼놓을 수 없는 것으로 인식하게 만들었다고 생각된다.[53]

옥동玉洞의 금강산 기행은 유산遊山과 유람遊覽·기행紀行이 문인·학자들의 보편적 수양 방편이자 삶의 방식으로 자리 잡았던 18세기 초에 이루어졌다. 옥동의 금강산 기행은 그의 나이 38세 되던 숙종肅宗 26년(1700) 8월 17일부터 그해 10월 12일까지 행해졌는데, 이 기간 동안 그는 188수의 시와 일기체 기행문을 지었다. 불과 57일 밖에 되지 않는 기행기간 동안 모두 188수의 시를 지어 「동유록東遊錄」으로 엮었고, 이후 이 경험을 바탕으로 「동유편東遊篇」[54]을 엮어냈다는 것에서도 알 수 있듯이 옥동에게 금강산 기행은 상당히 강렬한 경험으로 자리하고 있었다.

이 두 편의 기록 가운데 「동유록東遊錄」은 금강산을 유람하고 쓴 일기체 기행시문집이지만 문文보다는 시詩를 중심으로 하여 금강산의 경치와 유람의 홍취를 밝혀 놓은 것으로, 기행시문집이라기보다는 기행시집에 가깝다. 또 「동유편東遊篇」은 「동유록東遊錄」의 경험을 한 편의 장편長篇 고잡체시古雜體詩로 옮겨 그의 금강산 유람을 도와준 처생질妻甥姪 고성高城 사군使君 권세태權世泰와 그의 두 동생에게 준 시이다. 「동유편東遊篇」은 서문序文과 발문跋文이 있는데, 서序·발문跋文을 제외한 시 본문의 내용은 「동유록東遊錄」의 경험을 20자字 10행行으로 된 31면面 1수의 장편長篇 고시古詩 속에 옮겨놓은 것이다.

53 이혜순 외, 『조선중기의 유산기 문학』, 집문당, 1997. 14~27, 114~128면.

54 원 제목은 「東遊篇 贈高城使君 權汝仰 暨其弟汝重 汝久」라고 문집 속에 기재되어 있다. 이 「東遊篇」은 「東遊錄」이 문집의 卷5에 「東遊錄」으로 독립되어 있는 것과 달리 문집의 卷3 詩의 첫 부분에 「東遊篇 贈高城使君 權汝仰 暨其弟汝重 汝久」라는 제목으로 수록되어 있다. 이것은 「東遊篇」이 문집 편재상 「東遊錄」과 같은 독립적인 篇이 아니라 詩集 속에 수록된 한 수의 시로 취급되었다는 것을 의미한다.

그런데 금강산 유람의 경험은 옥동의 이전에 그의 부친 매산梅山 이하진李夏鎭이 먼저 하였다. 매산의 금강산 기행은 그의 나이 37세 되던 현종顯宗 5년(1664) 8월 9일부터 대략 한 달 정도의 기간동안 행해졌다. 이 기간 동안 매산은 모두 63수의 시와 일기체 기행문을 지어 그의 문집 3권 속에 「금강도로기金剛途路記」로 남겼다. 매산의 금강산 기행이 불과 한 달 남짓이었고, 옥동의 기행 기간이 57일 밖에 되지 않지만 두 사람 모두 적지 않은 시문詩文을 남겼다는 점에서 볼 때, 이들에게 금강산 기행은 상당히 강렬한 경험이자 문학적 자극이었다.

매산과 옥동이 금강산을 기행한 뒤 모두 그 경험을 기행 시문집으로 엮었다는 것은 금강산 기행이 이들에게 상당히 강렬한 경험으로 남았다는 것과 함께 이들에게 일정한 수준 이상의 문학 의식이 존재했음을 의미한다. 그것은 기행紀行의 과정에서 접하는 새롭고 기이한 경관이 이들에게 단순한 호기심이나 흥밋거리를 넘어서 새로운 창작의 동기로 작용했음을 뜻하기 때문이다.

매산과 옥동이 비록 그들 당대 문학으로 상당한 명성을 얻었다고는 하지만 본격적인 문인이라고 하기는 어려운 인물이다. 매산은 문인이라기보다 관료였고, 옥동은 재야의 성리학자였다. 이들의 이런 성격은 이들의 문학관이 기본적으로 시대의 한계를 뛰어넘기 어려운 것이었음을 설명해 주는 것이다. 그래서인지 이들은 경전經典을 중심으로 한 개인의 수양에 최상의 가치를 부여했던 당대 사대부들의 보편적인 태도와 같이 문학을 부차적인 것·비본질적인 것으로 여겼다. 그러나 이들의 일생 행적과 문집을 살펴보면 이런 표면적인 의식과 달리 문학에 상당한 관심과 흥미, 그리고 자질을 가지고 있었음을 알 수 있다.

매산이 비록 표면적으로는 문학의 가치를 인정하거나 중시하지 않았지만[55] 당대 그의 명성은 문학을 통해 이루어졌고, 스스로도 적지 않은 자부심을 가졌다고 생각된다. 이것은 그의 문집과 행장行狀·묘갈명墓碣銘 속에 전하고 있는 문학에 대한 언급이나 일화를 통해 짐작할 수 있다. 현재 전하는 단편적인 자료만을 살펴보더라도 문학에 대한 매산의 관심을 충분히 읽을 수 있다. 매산은 자신이 추구하는 문예文藝에 대해 문사文辭와 성병聲病, 병려문騈儷文과 서예書藝로 나누어 설명했다.

> 文辭를 익힐 때는 한유나 유종원의 유파에 거슬러 올라가 소식, 증공 이하는 논하지 않았고, 聲病을 다스릴 때는 정원과 원화 연간을 발 돋우어 바라보아 오대 이후는 좋아하지 않았다. 四六騈儷文에서는 재주의 끝이 잠깐 노닐었고, 서예에서는 鍾繇와 王羲之를 따랐으나 붓끝은 넘어서기를 생각하였다.[56]

매산은 자신의 문학적 지향점으로 문장에서는 한유韓愈와 유종원柳宗元으로 대표되는 당송고문唐宋古文을 창작創作의 전범으로 삼아 소식蘇軾이나 증공曾鞏 이하는 논하지 않는다고 했고, 시에서는 당唐나라 정원貞元·원화元和 연간의 풍모를 지향했으며 오대五代 이후 시대의 것은 좋아하지 않는다고 했다. 병려문騈儷文은 재주의 말단이 잠시 머물렀을 뿐이고, 서예書藝에 있어서는 종요鍾繇와 왕희지王羲之를 추구하였으나 그 경지를 넘어서려 했다고 했다.[57] 매산의 이런 문학적 지향은 그가

55 梅山이 그이 「省躬篇(『六寓堂遺稿』 卷4)에서 '敬'을 추구하며 "此學似不至彌文矣"이라고 한 것이나, 아래의 59) 각주에서 星湖가 梅山의 詩에 대해 "爲詩不屑爲組織之工"이라고 한 것을 보면 표면적으로 梅山이 문학의 가치를 드러내어 인정하지 않았다고 볼 수 있다.

56 李夏鎭, 「省躬篇」, 『六寓堂遺稿』 卷4, "攻文辭, 則泝回於昌黎河東之派, 而蘇曾以下, 不論也. 治聲病, 則跂足於貞元元和之祭, 而五季以後, 不屑也. 騈四儷六, 而才刃斯游. 爾鍾汝王, 而筆穎思脫."

57 구체적인 매산의 문학관은 윤재환, 『매산 이하진의 삶과 문학 그리고 성호학의 형성(문예원, 2010.)』의 2장에서 이미 거론되었기에 여기서는 더 이상 언급하지 않기로 한다.

문학 전반에 대해 일정한 수준 이상의 이해를 가지고 있었다는 것을 의미하는 것이다.

이 중에서도 매산은 특히 시에 주목하였다고 보이는데, 그가 시에 주목한 이유는 가문의 문학 경향과 함께 자신의 문학적 감수성을 표출하기에 가장 적절한 양식으로 시를 선택한 것이라 생각된다. 그래서인지 후대 매산의 문학에 대한 평가는 대부분 시를 중심으로 한다.[58]

> 시를 짓는 것에 대해서는 조직적으로 글자를 짜 맞추는 것이라고 하여 즐기지 않았으나 붓을 대면 막히는 곳이 없어 잠깐 사이에 여러 편을 지었다. 어떤 사람이 시에 대해 물으니 대답하기를 "시는 풀이하려고 하지만 풀이되지 않는 그 사이를 높게 여기는 것."이라고 하였으니 대체로 말은 만들어낼 수 있으나 참된 느낌은 깨닫기 어렵다는 것을 말한 것이다.[59]

이 글은 매산의 막내아들 성호星湖가 부친인 매산이 평소 지녔던 시의식을 간략하게 밝힌 부분이다. 이 글을 통해 매산이 시에서 형식적 수사나 기교보다는 진실한 인간 감정의 표출을 중시했다는 것을 알 수 있다. 특히 매산이 시에 대해 '풀이하려고 하지만 풀이되지 않는 그 사이를 높게 여기는 것[欲解未解間爲高]'이라고 한 것과 '말은 말들어낼 수 있으나 참된 느낌은 깨닫기 어렵다[言語可造而眞賞難諭]'고 한 것을 통해 그가 시에서 수식의 공교로움보다는 그 속에 담긴 감정의 진실을 중시했고, 표현 기교면에서는 함축을 통한 모호성·애매성에 주목했다는 것을

58 李溆, 「梅山 行狀 草」, 『弘道先生遺稿』, 「附錄」, "考, 司憲府 大司憲. 諱夏鎭. 號梅山. 文學雅望爲世師表."

59 李瀷, 「先考司憲府大司憲君行狀」, 『星湖先生全集』 卷67, "爲詩不屑爲組織之工, 下筆源源, 頃刻累數篇. 或問詩, 應曰; 詩以欲解未解間爲高. 蓋爲言語可造, 而眞賞難諭也."

알 수 있다. 결국 매산은 시란 외물外物에 의해 촉발된 자기 내면의 진실한 감정을 표출하는 것이라고 생각했고, 이러한 인식을 기반으로 시에 대해 남다른 애착을 가졌다고[60] 생각할 수 있다.

시에 주목했던 문학적 경향 때문인지 매산은 문文보다 시詩에 뛰어났다고 평가받았다. 이런 경향은 매산의 문집 『육우당유고六寓堂遺稿』에 실려 있는 시가 1,900여 수에 이르는 데 비해 문은 겨우 111편에 불과하고, 이 111편의 문 가운데에서도 문학성을 확인할 수 있는 문학적인 글은 겨우 12편에 지나지 않는다는 시詩와 문文의 양적인 대조에서도 쉽게 알 수 있다.

매산이 지녔던 시 중심의 문학 의식은 옥동에게서도 발견할 수 있지만, 옥동의 문학관은 전반적으로 매산보다 성리학적으로 강화되어 드러난다. 옥동은 이전까지 문학 중심이었던 가문의 학문 전통을 경학 중심으로 전환시키는 계기가 된 인물로 평가받는데, 이런 평가에 걸맞게 문학에서도 철저하게 현실적 효용중심의 문학을 추구하였다. 매산 보다 한층 더 도덕적 효용을 중시하여 성리학적으로 경도되어 있는 옥동의 문학관은 시대적 흐름을 거스르는 것이라 볼 수도 있지만, 17세기 후반 이후 몰락해 가는 가문의 부지를 위해 옥동이 선택할 수 있었던 유일한 방법이 성리학적 사유세계로의 침잠일 수밖에 없었다고 할 때, 이런 현상은 옥동의 어쩔 수 없는 선택이었다고 할 수 있다.

정도의 차이는 있지만, 당대의 보편적 문학관 안에서 문학을 통한 다양한 대응을 추구했던 매산과 옥동에게 유산遊山과 기행紀行은 기본적

60 이런 매산의 의식은 그가 자신의 또 다른 호를 六寓堂이라 하고 그 호를 풀이한 다음 글에서도 확인할 수 있다. 李瀷, 「先考司憲府大司憲君行狀」, 『星湖先生全集』 卷67, "公自號梅山, 又號六寓堂. 仍又解曰; 寓形於天地, 寓心於經史, 寓趣於壺觴, 寓目於卉木, 寓興於詩句, 寓神於書法."

으로 "새롭고 아름다운 경관景觀의 문학적 표현과 험난하고 먼 여정의 기행紀行을 통한 내면의 수양"이라는 당대의 일반적 산수 기행 활동의 목적과 그 축을 같이한다. 하지만 이들의 유산遊山과 기행紀行에서 내면 수양은 그들이 추구했던 목적의 하나에 불과했기 때문에 이전 시기 성리학자들이 추구했던 수양을 위한 유산遊山이나 기행紀行과는 다르다고 할 수 있다.

> 인생은 뜻에 맞는 것을 귀하게 여긴다. 예전에 임포는 작은 배에 뜻을 두었고, 사령운은 밀납 칠한 나막신에 뜻을 두었다. 이 두 사람은 세상을 뛰어넘는 숨겨진 자질을 갖추었고, 이 때는 자신의 뜻을 이룰만한 때였지만 오히려 이런 즐거움에 빠졌는데, 하물며 이 뒷 세대 수백 년 뒤에 온갖 재앙에 얽혀 도를 행할 수 없는 때이겠는가? 우리 두 세 대부가 힘쓰는 것은 기이하고 아름다운 곳을 이리저리 쏘다녀 뒷사람들의 비웃음을 조금 풀어보는 것뿐이다.[61]

매산의 문집 안에서 문학적인 관심의 대상이 될 수 있는 글은 겨우 12편에 불과한데, 그 글들 중에서도 그가 지니고 있었던 유산遊山이나 기행紀行에 관한 의식을 구체적으로 확인할 수 있는 글을 찾기는 어렵다. 특히 매산은 금강산을 기행하고 쓴 「금강도로기」에서도 그가 지닌 유산遊山과 기행紀行에 대한 인식을 언급하지 않고 단지 여정과 경물에 대해서만 기록해 놓고 있어 이런 어려움은 더욱 커진다.

위의 글은 매산이 현종顯宗 7년(1666) 2월 보름 자신이 금강산을 유람

61 李夏鎭, 「送李正字文若重遊金剛詩序」, 『六寓堂遺稿』 卷4, "人生貴適意耳. 昔逋仙適于小舟, 謝公適于蠟屐之, 二人者, 俱以拔俗韞櫝之資, 時則可爲, 而猶然耽此樂, 矧從叔世數百年之後, 逢此百罹, 而道不可行. 唯我二三大夫, 所可勉者, 靈區放浪, 差解後人之嘲而已."

한 지 대략 반년 정도 지나 정자正字였던 이관주李觀周(문약文若)가 금강산을 다시 한 번 찾아간다고 할 때 써 준 시의 서문 앞부분이다. 자신의 유산遊山이나 기행紀行에 관한 글은 아니지만 기행紀行에 관한 매산의 기본적인 의식을 보여준다.

이 글에서 매산은 유산遊山을 임포와 사령운의 행위에 결부시키고 있는데, 이것은 매산에게 유산遊山이 그만큼 가치 있고 의미 있는 것이었다는 뜻이다. 그런데 이 글을 통해 매산에게 유산遊山과 기행紀行 활동이 의미를 지니는 것이 '적의適意' 때문이라는 것을 알 수 있다. 이런 의식은 그가 「송이정자문약중유금강산시서送李正字文若重遊金剛詩序」의 마지막 부분에서 "이제 또 내 몸을 일으켜 따라가 내 뜻에 맞추어 만족하고자 하지만 세상일 때문에 하지 못한다[方且起吾身而從, 吾所適快, 不爲世故]." 고 한 것에서도 확인할 수 있다. 이것은 매산에게 유산遊山이나 기행紀行은 개인의 심성을 수양하기 위한 수련의 방편 이상의 의미를 지니는 것이었다는 뜻으로, 그가 지니고 있었던 유산遊山 의식意識을 엿볼 수 있게 해준다. 즉 매산에게 유산遊山의 대상이 되는 자연은 자신의 내면을 의탁하고 그 속에서 흥興과 여유를 찾을 수 있는 현실의 공간으로 인식되었다는 것이다. 매산이 유산遊山의 대상을 심오한 철학적 근원이나 이치理致의 원천이 아니라 흥興과 여유의 대상으로 생각했기 때문에 그는 스스로가 겪은 유산遊山의 경험과 흥취를 그의 시문詩文 속에 있는 그대로 옮겨 놓을 수 있었다. 따라서 유산遊山과 기행紀行을 통해 일상을 벗어나 접하는 새로운 세계와 그에 대한 설렘, 그리고 그 속에서 느끼는 매산의 흥취가 그의 유산遊山 · 기행紀行 문학작품에서 접할 수 있는 대표적 모습이다.

이에 비해 옥동이 지니고 있었던 유산遊山과 기행紀行에 관한 의식은 보다 구체적이고 선명하다.

> 이것으로 무젖어들고 환하게 열어젖히는 행동도 없을 수 없다는 것을 알 수 있다. 무젖어들고 환하게 열어젖히는 것에도 절로 방법이 있으니 시를 읊거나 노래하거나 거문고를 타거나 춤을 추거나 활을 쏘거나 또는 느긋하게 구름과 물(山水自然－필자주) 사이를 쏘다니는 것이다. 詩歌는 꽉 막힌 것을 열어 펼쳐 德義를 비유하여 말하는 것이고, 거문고는 꽉 막힌 것을 펼쳐내어 사악하고 망령된 것을 금지하고 게으름을 떨쳐 일으키고 더럽고 탁한 것을 씻어버리고 찌꺼기를 녹여버리는 것이고, 舞蹈는 꽉 막혀 있는 것을 떨쳐 일으키고 힘줄과 뼈를 굳게 하는 것이니 그 위엄과 거동·움직임과 멈추는 사이를 살펴보면 예절이 존재하고 法象(禮에 합당한 용모와 행실－필자주)이 머물러 있다. 활을 쏘는 것은 두루 움직이는 것에서 그 사람의 禮를 보고 읍하고 사양하는 것에서 그 사람의 덕을 보는 것이고, 雲水(山水自然－필자주)라는 것은 바로 造化가 머물러 있는 곳이고 온갖 물상이 다 갖추어진 것이니 한마디 말로 포괄하면 仁과 智라고 할 수 있다. 이 때문에 공자님께서도 즐거워하셨다. 이것으로 살펴 보건데 詩歌·琴瑟·舞蹈·習射와 遊山은 德을 돕는 한 단서가 아니겠는가. 덕에 도움이 있을 뿐만 아니라 또 문장과 筆力에도 도움이 있다. 예전에 太史公이 서쪽으로 泰山과 隴山을 유람한 뒤 문장이 몹시 굳건해졌고 蓬萊 楊士彦이 동쪽으로 관동을 유람한 뒤 筆力이 몹시 강건해졌으니 이것이 그 징험일 것이다.[62]

이 글은 「동유편東遊篇」 서문序文의 첫 번째 단락으로 옥동이 스스로

62 李漵, 「東遊篇 幷序」, 『弘道先生遺稿』 卷3, “是知乎游泳開暢之亦不可闕也. 游泳開暢, 自有其方, 或詠詩·或歌·或琴·或舞蹈·或習射·亦或逍遙於雲水之間. 詩歌者, 開發堙鬱, 諷誦德義, 琴者, 宣暢其堙鬱, 禁止其邪妄, 振發其怠惰, 蕩滌其穢濁, 消融其査滓, 舞蹈者, 振發其鬱 固其筋骸, 觀其威儀動止之間, 禮節存焉, 法象寓焉. 射者, 周旋觀其禮, 揖讓觀其德, 雲水者, 乃造化之所在, 萬象咸備, 有一言而蔽之曰, 仁與智而已. 故宣尼樂焉. 由是觀之, 詩歌·琴瑟·舞蹈·習射·與遊山者, 其助德之一端歟. 非徒有助於德, 亦有助於文章與筆力. 昔太史公, 西遊泰隴而文大肆, 楊蓬萊, 東遊關東而筆大健. 此其驗也歟.”

유산遊山과 기행紀行의 의미를 밝힌 것이다. 이 글에서 옥동은 운수雲水라는 산수山水 자연自然이 조화가 머물러 있는 곳이고 온갖 물상이 다 갖추어진 곳으로 덕德을 돕는 곳이라고 하여 유산遊山과 기행紀行을 자기 내면의 수양을 위한 한 방법으로 제시하고 있지만, 그와 같은 정도로 문장과 필력筆力, 즉 자신의 예술 창작 활동에 미치는 유산遊山과 기행紀行의 영향력에 주목하였다.

이와 함께 이 글을 통해 알 수 있는 것은 옥동에게 유산遊山과 기행紀行이란 자신의 내면에 잠재되어 있는 울분을 털어버리고 자신의 정서를 표출하는 예술 활동과 동일한 의미를 갖는다는 것이다. 또 옥동이 예술양식과 그 효용에 대해 설명하면서 먼저 '꽉 막힌 것을 열어 펼쳐내고[開發堙鬱]', '꽉 막힌 것을 펼쳐내며[宣暢其堙鬱]', '꽉 막혀 있는 것을 떨쳐일으키고[振發其鬱]'라고 반복한 것은 그가 예술이 인간에게 해야 할 첫 번째 역할이 '침체沈滯되고 고폐固閉된 내면 정서의 표출'이라고 생각하고 있었다는 것을 보여준다.

다음으로 확인할 수 있는 것은 옥동이 지니고 있었던 다양한 예술 양식에 대한 관심이다. 이 글에서 옥동이 '무젖어들고 환하게 열어젖히는 것[游泳開暢]'을 위한 방법으로 "시를 읊거나 노래하거나 거문고를 타거나 춤을 추거나 활을 쏘거나 또는 느긋하게 구름과 물 사이를 쏘다니는 것[或詠詩 · 或歌 · 或琴 · 或舞蹈 · 或習射 · 亦或逍遙於雲水之間]"이라는 다양한 방법을 찾고 있는 것은 그것이 개인의 정서를 표출하는 일반적인 방법들이었기 때문이기도 하겠지만, 옥동이 이 모든 예술 양식에 대해 동일한 가치와 의미를 부여했다는 것은 그가 지니고 있었던 다양한 예술양식에 대한 관심과 흥미를 보여주는 것이기도 하다.

옥동에게 유산遊山과 기행紀行이란 행위는 예술과 같은 범주에서 그의 관심과 흥미를 끄는 것이었다. 유산遊山과 기행紀行은 침체된 내면의 정서를 표출하고 조화의 근원에 다가서는 행위로, 덕과 함께 문장과 필력에도 도움이 되는 것이었다. 결국 옥동에게 유산遊山과 기행紀行이란 예술 양식의 하나이면서 다른 예술 양식의 바탕을 형성하는 근본적인 경험 제공의 수단이었다.

> 나는 세상사에 아무런 뜻이 없으니 무엇을 일삼겠는가. 讀書나 할 뿐이다. 독서하는 틈에 글씨를 익히기도 하고 글씨 익히기를 쉴 때에 거문고를 연주하기도 하고 古詩賦를 읊조리기도 하고 가사를 부르기도 하고 춤을 추기도 한다. 이렇게 해서 사악한 마음을 막고 향내 속에 푹 잠기어 놀고 회포를 붙여보기도 하고 가슴 속을 쫙 펼쳐내기도 하니 이와 같을 뿐이다. 혹시라도 집안 편안하고 아무 일 없으며 날 온화하고 기후 화창할 때를 만나면 뜻 가는 대로 멋대로 쏘다니고 川石 雲水(山水自然－필자주) 사이에서 이리저리 거닐며 구속받지 않아 내 회포를 풀고 나의 지식을 넓히며 조물주와 약속하여 중후하고 신중하여 옮기지 않고 두루두루 움직여 그치지 않는 (山水의) 體貌를 맛볼 뿐이다. 이 같은 외에 다시 무엇을 일삼겠는가.[63]

이 글은 「동유편東遊篇」 서문序文의 두 번째 단락으로 옥동이 스스로 그 자신과 그의 삶에 대해 밝힌 것이다. 옥동은 이 글에서 유산遊山을 비롯하여 다양한 예술 양식에 관심을 가지고 있었던 그 자신의 삶에 대해 분명하게 밝혔다. 이 글을 통해 확인할 수 있는 옥동의 모습은 전형적인 예능인이라고 할 수 있다. 독서와 서예・거문고・시작詩作 활동과 가

63 李溆, 「東遊篇 并序」, 『弘道先生遺稿』 卷3, “余無意於世者, 夫何事焉. 惟讀書而已. 讀書之或間, 則或習筆焉, 習筆之或歇, 則或琴焉, 或諷詠古詩賦焉, 或歌辭焉, 或舞蹈焉. 以之禁止焉, 以之薰泳焉, 以之寓懷焉, 以之舒暢焉, 如斯而已. 或得家安而無事, 日和而調暢, 則隨意而逍遙 放曠於川石雲水之間, 開我之懷, 廣我之知, 與造物者爲契, 而味其厚重不遷, 周流不息之體而已. 如斯之外, 夫復何事哉.”

사歌辭·무도舞蹈를 통해 자신의 정서를 풀어내고 때때로 산수山水 자연自然에 자신의 흥취를 붙이는 삶을 살았다는 것은 그가 독서하는 지식인, 서도書道와 음악·문학을 즐긴 예술가의 삶을 영위하였다는 뜻이다.

이런 옥동에게 유산遊山과 기행紀行은 자신의 회포를 풀고 지혜를 넓히는 방법이 된다. 그것은 옥동에게 유산遊山과 기행紀行의 대상이 되는 산수山水 자연自然이 현실 공간으로 실존하면서 새로운 창작 활동의 근원을 제공하기 때문이다. 옥동은 유산遊山의 대상이 되는 산수山水 자연自然을 심오한 철학적 근원이나 이치理致의 원천으로 여기기보다는 현실적인 대상이자 공간으로 인식하고 있었다. 옥동의 이런 의식은 그가 유산遊山이나 기행紀行의 과정에서 창작한 시문詩文이 형이상학적形而上學的인 관념 세계나 불가해不可解한 이상 공간을 추구하지 않고, 그가 겪은 유산遊山과 기행紀行의 경험과 아취雅趣를 그의 시문詩文 속에 그대로 옮겨 놓게 했다. 이에 따라 유산遊山과 기행紀行을 통해 일상을 벗어나 접하는 새로운 세계와 그에 대한 관심, 그리고 그 속에서 느끼는 옥동의 아취雅趣는 그의 유산遊山과 기행紀行 문학작품에서 접할 수 있는 보편적인 모습이 된다.

매산과 옥동은 유산遊山과 기행紀行에 상당한 관심을 지니고 있었다. 그런데 유산遊山과 기행紀行을 현실적인 행위로 인식하고 있었던 이들이 유산遊山과 기행紀行의 대상으로 금강산을 선택했고, 또 금강산 기행 경험을 시문집으로 엮었다는 것은 금강산에 대해 이들이 지니고 있었던 기대를 보여주는 것이면서 실질적으로 금강산 기행이 이들에게 거대하고 새로운 경험으로 다가왔음을 의미한다.

금강산은 옛날의 蓬島이다. 만 이천 白玉峯들의 勝景은 말할 것도 없고, 옛날 진나라 때 약을 캐러 왔다 남긴 자취까지 있으니 귀신이 보호하고

> 지켜주는 곳이다. 속세 사람들이 이를 수 있는 곳이 아니다.[64]

> 우리나라의 山川을 생각해보니 형세 빼어난 풍경이 또한 없는 곳이 없으나 모두 금강산의 웅장하고 크며 맑고 굳세며 기이하고 괴이하여 온갖 모습을 다 갖춘 것 만한 것이 없다.[65]

> 그 중 가장 이름난 것은 개골산이다. 개골산은 금강산이라고도 하는데, 금강산은 또 다른 이름을 봉래산이라고 한다. 그 산은 형세가 지극히 기이하고 장엄하며 신비로움이 지극히 빼어나고 기세가 지극히 맑고 굳세어 곧 우리나라의 첫째가는 명승지이다. 그 이름이 중국에 전해져 '고려국에 태어나 금강산 한 번 보고자 하네.'라는 시구까지 있다. 내가 들은 지 오래되었고, 꿈꾼 지 오래되어서 한 번 가고자 했으나 마침 아직까지 실행하지 못했다.[66]

이 글은 매산과 옥동이 지니고 있었던 금강산에 대한 인식을 잘 보여주고 있는 글이다. 이 글에서 매산과 옥동은 모두 금강산을 귀신이 지켜주는 신령한 곳, 중국인들조차 꿈에 그리던 곳으로 의식하고 있었음을 알 수 있다. 하지만 이런 공통점과 함께 매산의 의식이 추상적이고 관념적임에 비해 옥동의 의식은 보다 구체적이라는 차이점도 확인할 수 있다. 이런 차이점은 매산에 비해 옥동이 유산遊山과 기행紀行을 보다 구체적인 경험 행위로 인식하고 있었다는 유산遊山과 기행紀行에 대한 의식

64 李夏鎭, 「送李正字文若重遊金剛詩序」, 『六寓堂遺稿』 卷4, "金剛古蓬島也. 卽無論萬二千白玉峯巒之勝, 猶有秦時採藥遺躅, 神呵鬼護, 非俗人可得以涉涉也."

65 李漵, 「東遊篇 幷序」, 『弘道先生遺稿』 卷3, "竊想我東山川, 形勝風景, 亦無處無之, 而皆不若金剛之雄豪淸健, 奇奇怪怪, 百態俱備者也."

66 李漵, 「東遊錄」, 『弘道先生遺稿』 卷5, "其最名勝者, 皆骨, 皆骨者, 金剛, 金剛亦一名蓬萊云. 其山也, 形至奇壯, 神至秀拔, 氣至淸健, 乃東國之第一勝也. 其名傳于中國, 有願生高麗國, 一見金剛山之句. 余聞之者久, 慕之者久, 願一訪, 而適未能焉."

의 차이에서 비롯된 것이라 생각된다.

특히 인용한 두 번째와 세 번째 글은 「동유편東遊篇」 서문序文의 다섯 번째 단락과 「동유록東遊錄」의 앞부분으로 옥동이 지니고 있었던 금강산에 대한 인식과[67] 함께 그 인식이 가지고 있는 매산과의 차이를 잘 보여준다. 우리나라의 첫 번째 명승지로 중국인들조차 이 땅에 태어나 금강산을 한 번 보고자 했을 정도로 뛰어난 경관을 가진 곳, 온갖 모습을 다 갖추었으면서 범접하지 못할 기상과 위엄을 가진 금강산은 유산遊山과 기행紀行의 대상이 되는 산수山水 자연自然을 현실적인 실존 공간으로 인식하면서, 이 공간에 대한 기행紀行 경험을 통해 자신을 수양하고 새로운 창작 활동의 동력을 얻고자 했던 옥동에게는 반드시 가 보아야 할 곳이었다. 그래서 옥동은 오랜 시간동안 금강산을 꿈꿔왔던 것이다.

> 내가 엎드려 숨어 산지도 오랜 시간이 흘렀다. 품은 생각은 토로할 곳이 없고 맺힌 울분은 열어 펼칠 곳이 없어서 한갓 스스로 산수 사이에 정신을 놀리고 그 두 즐거움(金剛山과 高城 遊覽－필자주)의 아취를 상상할 뿐이었다. 이제 집안에는 마침 일이 없고 몸에는 마침 병이 없으며, 天氣는 맑고 화창한 날을 나에게 빌려 주고 山川은 바람과 안개로 나를 이끌어 마침내 금강산 일만 이천 봉우리의 기이하고 장엄한 모습과 동해 수만 리의 넓고 큰 모습을 떠올리게 되었다. 마침내 인간 세상의 자잘한 일들은 다 버리고 옷을 떨치며 느긋하게 길을 떠나게 되었다. 칼 하나, 시 주머니 하나, 종 셋, 말 두 필 이것이 행장이다. 곧 抱川·永平·金化·金城을

67 금강산에 대한 옥동의 이런 인식은 「東遊篇」의 본문에서 옥동이 금강산에 대해 읊은 다음 부분에도 나와 있다. “三韓本自形勝窟, 靈境處處多壯觀, 仙區何處最淸奇, 玉立萬二金剛山, 包羅之形萬象備, 巖巖其勢浮天崇, 岷山千里勢亘天, 對此不敢誇其雄, 天台四萬八千丈, 對此直欲稱兒童, 千圍簇擁粉屛障, 半天散落金芙蓉, 其中毘盧最高壯, 特立撐支人馬宮, 雄奇巧怪無不備, 人哉妙哉神明功, 神明精力於斯窮, 神明技能於斯殫.”

> 거쳐 오 일 뒤에 처음으로 단발령을 넘어 금강산에 들어가 내외의 여러 산을 두루 유람한 뒤 그 흥을 끌고 동쪽으로 가니 바다와 산 빼어난 경치가 또렷하고 또 희미하게 모두가 한 눈 속에 들어왔다. 그제야 산이 산이 되고 물이 물이 되는 이유를 알았으니 仁인가 智인가. 두텁고 무거워 옮기지 않는 것인가, 두루 흘러서 멈추지 않는 것인가. 넓고 크며 아련하고 어렴풋해 사람의 意象을 끝없이 하고 興趣를 한없이 하니 이것이 동유편을 지은 까닭이다.[68]

이 글도 앞의 글과 같이 「동유편東遊篇」 서문序文의 다섯 번째 단락이면서, 옥동이 스스로 금강산 기행紀行의 경험을 「동유편東遊篇」으로 옮기게 된 이유를 밝힌 글이다. 이 글에서 옥동은 그가 「동유편東遊篇」을 엮게 된 것이 스스로도 어찌할 수 없는 흥회興懷의 결과임을 밝혔다. 끝없는 의상意象과 한없는 흥취興趣는 그 자신을 주체할 수 없게 만들었고 결국 옥동은 자신의 경험을 「동유편東遊篇」으로 엮게 된 것이다. 하지만 옥동의 「동유편東遊篇」 발문跋文을 보면 「동유편東遊篇」의 저술이 그 스스로가 밝힌 것과 같이 주체할 수 없는 흥취의 결과에 의한 것 만이라고 보기는 어렵다.

> 말은 마음의 신표이고 글은 말을 갈고 닦은 것이다. 옛사람들이 내면에 학문을 쌓아두어, 가슴에 안고 있는 것은 있으나 겉으로 펼쳐내는 것이

68 李漵, 「東遊篇 幷序」, 『弘道先生遺稿』 卷3, "余蟄伏多年, 懷無所吐, 鬱無所開, 徒自遊神於山水之間, 想其兩樂之趣而已. 今也, 家適無事, 身適無病, 天氣假我以淸和, 山川引我以風烟, 遂憶金剛萬二千峯之奇壯, 桑海幾萬里之浩大. 遂掃除人間小小之故, 遂拂衣, 悠然而行, 劒一, 奚囊一, 奴三, 馬二, 是行裝也. 乃由抱川·永平·金化·金城, 曁五日始踰斷髮嶺, 遂入金剛, 遍踏內外諸山, 遂引興而東, 海山形勝, 歷歷森森, 都在一眼之中矣. 始知山之爲山, 水之爲水, 仁耶智耶, 厚重而不遷耶, 周流而不息耶. 浩浩焉, 蕩蕩焉, 惚惚乎, 恍恍乎, 使人意象無窮, 興趣無涯. 此東遊篇之所由以作也."

없다면 무엇을 어떻게 하겠는가. 후학들을 끌어 나아가게 하고 한 세상을 열고 이끄는 것으로 마음을 삼을 뿐이다. 이 마음은 끝이 없는 것이니 어떻게 한낱 당대에 그칠 수 있겠는가. 또 후세와 천하를 근심하는 것이니 이것이 글을 짓지 않을 수 없는 이유이다. 그 글을 살펴보면 내가 몹시 슬퍼진다. 그 정서가 서글프고 그 말이 은밀하니 어찌 쇄락한 세상의 뜻이 아니겠는가. 무엇을 슬프다고 하는가. 슬프고 또 슬퍼하는 모습이다. 무엇을 은밀하다고 하는가. 뜻이 깊고 완곡한 것이다. 그렇다면 저 뜻이 깊고 완곡한 것은 어째서 그런 것인가. 반드시 까닭이 있을 것이다. 만약 뜻이 깊고 완곡할 뿐이라면 그 정서를 뿜어내고 그 회포를 말하기에 부족한 것이다. 이것이 寓風과 假托의 방법을 사용하는 이유이다. 그러므로 神仙에 의탁하여 말을 붙이기도 하고 山川에 가탁하여 회포를 붙이기도 한다. 이것이 『離騷經』의 「蜀道難」을 지은 방법이다. 혹은 없는 말을 만들어 말을 붙이기도 하니 이것이 「逍遙遊」 篇을 지은 방법이다. 혹 고인의 말을 빌려 머리를 감추고 은밀히 드러내기도 하고, 혹 비루한 시골 법도에 어긋난 말을 빌려다가 나타내고 가라앉다 저 멀리 숨어버리니 이것이 「伯夷傳」 「遠別離」를 지은 방법이다. 그 방법에 偏中이나 正邪의 구분이 없을 수는 없으나 그 본의는 한가지이다. 군자가 말을 가지고 생각을 해치지 않고 생각을 가지고 품은 뜻을 가리지 않는다면 남의 생각을 체득했다고 할 수 있을 것이니 이와 같다면 무엇을 근심하겠는가. 말을 알지 못한다는 것은 말을 살피지 못한다는 것을 비꼰 것이다.[69]

69 李溆, 「東遊篇 幷序」, 『弘道先生遺稿』 卷3, 「屬跋」, "言者心之符也, 文者言之修也. 古人積學于中, 有所抱而無所施, 則夫何爲哉. 唯以引進後學, 開導一世, 爲心而已. 此心無已, 豈徒當世而已, 亦慮夫後世天下. 此文之所以不得不作也. 觀其文, 余甚悼焉. 其情也哀, 其辭也隱, 豈衰世之意耶. 何謂哀也, 惻怛也. 何謂隱也, 微婉也. 然彼微婉者, 其何爲而然, 必有所以也. 若但微婉之而已, 則不足以洩其情而道其懷. 此寓風假托之所由以設也. 故或托神仙而寓言焉, 或托山川而寓懷焉, 此離騷蜀道難之作也. 或設所無之辭而寓言焉, 此逍遙遊之作也. 或借古人之言, 藏頭而隱顯之, 或借俚野不經之言, 出沒而遁眩之, 此伯夷傳, 遠別離之作也. 其法不能無偏中·邪正之分, 然其本意則一也. 君子不以辭害意, 不以意蔽志, 則可謂能體人之意, 如此則何憂乎. 不知言, 不察言之譏乎."

이 글은 「동유편東遊篇」의 발문으로 「동유편東遊篇」에 대한 전체적인 해명을 의도한 글이라 보인다. 그런데 이 글을 보면 옥동이 「동유편東遊篇」을 지은 이유가 앞서 서문의 다섯 번째 단락에서 그가 스스로 밝힌 것과 같이 '주체할 수 없는 흥취의 결과'에 의한 것이라고만 볼 수 없다는 생각을 갖게 한다. 오히려 그것보다는 "저 뜻이 깊고 완곡한 것은 어째서 그런 것인가. 반드시 까닭이 있을 것이다. 만약 뜻이 깊고 완곡할 뿐이라면 그 정서를 뿜어내고 그 회포를 말하기에 부족한 것이다[然彼微婉者, 其何爲而然, 必有所以也. 若但微婉之而已, 則不足以洩其情而道其懷]."라고 한 것이나 "신선에 의탁하여 말을 붙이기도 하고 산천에 가탁하여 회포를 붙이기도 한다[托神仙而寓言, 托山川而寓懷].", "없는 말을 만들어 말을 붙이기도 하고[設所無之辭而寓言]", "고인의 말을 빌려[借古人之言]", "비루한 시골 법도에 어긋난 말을 빌려다가[借俚野不經之言]"라고 한 것을 통해 「동유편東遊篇」의 저작은 그가 자신의 내면을 풀어내는 과정에서 이루어진 것이라는 생각하게 된다.

옥동은 조선 중기 이후 정국이 노론老論 중심으로 정리되어 가던 시기, 섬계剡溪 이잠李潛의 동생으로 또, 성호星湖 이익李瀷의 형으로 당대 유력한 남인南人 가문家門의 일원으로 살았던 인물이다. 이런 옥동의 출생 환경은 비록 그가 한평생을 처사處士로 살았다고는 하더라도 그의 생애가 지녔을 고뇌를 충분히 유추할 수 있게 한다. 인조반정 이후의 정치적 파란과 노론계의 집권 이후 일어난 가문의 몰락, 그의 나이 20세 때 경험한 부친의 유배지에서의 죽음. 언뜻 생각하기만 해도 옥동은 당대 그와 그의 가문에 불어 닥친 정치적 한파를 정면에서 맞으며 가슴 속으로 수 없는 울분을 삭혔으리라 생각할 수 있다. 따라서 그가 표면적으로는 당대 그의 가문이 처했던 정치적 상황에서 한 걸음 비켜나 그다지 굴곡진 삶을 살지 않을 수 있었다고는 하지만 그 삶의 내면도 반드시 그러했다고 단정할 수는 없을 것이다.

이런 유추는 앞에서 옥동이 '꽉 막힌 것을 열어 펼쳐내고[開發堙鬱]', '꽉 막힌 것을 펼쳐내며[宣暢其堙鬱]', '꽉 막혀 있는 것을 떨쳐 일으키고[振發其鬱]'라고 반복하여 예술이 인간에게 해야 할 첫 번째 역할로 침체沈滯되고 고폐固閉된 내면 정서의 표출을 든 것에서도 짐작할 수 있다. 결국 옥동의 금강산 유람은 그의 내면 수양과 새로운 창작의 동력 확보와 함께 막힌 그의 가슴을 풀어내기 위한 방편의 하나였고, 「동유록東遊錄」과 「동유편東遊篇」이라는 두 편의 금강산 기행 시문집이 나오게 된 것은 그가 금강산 기행을 통해 끝없는 의상意象과 한없는 흥취興趣를 느꼈다는 것과 함께 풀어내고자 하는 내면의 억압된 의식이 그만큼 많았었다고도 볼 수 있다. 이것은 옥동에게 금강산 기행紀行이라는 행위가 그 만큼 큰 감동과 자극을 주었다는 것을 말해주는 것이면서 이와 함께 그의 가슴 속에는 산수山水에 가탁假托하지 않으면 도저히 풀어낼 수 없는 많은 것들이 담겨 있었음을 의미한다.[70]

이렇게 본다면 「동유록東遊錄」과 「동유편東遊篇」 속에는 유산遊山이나 유람遊覽의 흥취와 함께 현실에 대한, 세상에 대한 옥동의 강한 비판과 넘치는 울분이 드러나 있어야 한다. 그런데 실질적으로 옥동의 「동유록東遊錄」과 「동유편東遊篇」을 읽어보면 세상과 현실에 대한 옥동의 비판이나 울분은 찾아보기 어렵다. 이런 현상은 우선 옥동의 심성 수양이

70 이런 의구심을 버리지 못하는 이유는 「東遊篇」의 序文에 옥동이 스스로 이 글은 寓意와 假托에 의해 이루어진 것이라는 점을 밝힌 부분이 너무 자주 나온다는 것이다. 만약 그 寓意와 假托이 심성 수양을 위한 것을 의미했다면 이렇게까지 번잡하게 반복할 필요가 있었을까하는 의문을 지울 수 없다. 李漵, 「東遊篇 幷序」, 『弘道先生遺稿』 卷3, "此篇也, 擧多寓借托之體. 其欲隱微之也. 其中有朝北極沖碧落等之說, 其寓合天道之義耶. 多借仙而寓言焉, 其有欽艷異端之意耶 其無意於世之意耶 抑是欲救躐等駕空者不踐實地之弊耶. 抑以其將吾所知所得 質諸天地神明之意耶 ……(중략)…… 此篇也, 所含無限, 不可以已上數語盡也. 此所謂書不盡言, 圖不盡意者耶."

이룩한 경지를 말해주는 것이다. 하지만 이와 함께 그를 둘러싼 주변 상황이 그만큼 어려웠고 자기 검열의 과정이 철저했음을 의미하는 것으로 이해할 수도 있다. 옥동은 스스로 수없이 많은 할 말이 있었음에도 불구하고 「동유록東遊錄」과 「동유편東遊篇」 속에서 조차 그 말을 있는 그대로 터뜨리거나, 우의寓意하거나 가탁假托하지 못했다고 볼 수 있다.[71] 그것은 옥동의 자기 수양과 함께 그를 둘러싼 꽉 막힌 현실적 상황과 자기 검열이 스스로에게 감정의 절제, 정서의 내면화를 요구했다고 생각되기 때문이었다.

옥동은 문장이 현실 사회에 미치는 영향에 대해 깊이 이해하고 현실적으로 가치 있고 의미 있는 문장을 짓기 위해서는 어떻게 해야 하는가에 대해 실질적으로 많은 고민을 한 인물이었다. 옥동은 문학의 현실에 대한 대응과 반응에 주목하였는데, 문학의 현실적 효용을 강조한 옥동은 문장의 기본적 역할을 실상의 정확한 전달, 의미의 분명한 표현에 두었다. 따라서 험벽한 고사의 사용이나 지나친 수사의 구사는 배격해야 할 첫 번째 창작 방법이었다. 옥동의 문학관은 금강산을 기행하며 엮어낸 「동유록東遊錄」과 「동유편東遊篇」의 기술에도 그대로 적용되었다. 이런 문장의 기술 방법에 대해 옥동은 「동유편東遊篇」의 서문에서 "이 편에는 크고 작은 샘과 바위들이 모두 그 자세한 모양에 따라 상세히 설명되어 있으니 그 사물을 각각 그 사물의 설명에 부합시키고자 한 뜻이 아니겠는가[此篇也, 凡大小泉石, 皆因其精狀而詳說之, 其物各付物之義耶]."라고 하

71 이 부분에 대해서는 보다 세밀하고 주의 깊은 분석이 필요하다고 생각된다. 쉽게 단정하기는 어렵지만 옥동은 寓意와 假托을 위주로 하여 「東遊錄」과 「東遊篇」을 엮어, 후에 그 자신의 글과 처지를 진정으로 알아줄 사람을 기다렸다고 생각된다. 그렇지만 「東遊錄」과 「東遊篇」 속에는 그가 실질적으로 느끼고 있는 현실에 대한 울분이나 비판은 물론이고 이를 빗대어 寓意하거나 假托했다고 유추해 볼 수 있는 어떤 것도 찾아보기 어렵다. 이런 현상에 대한 解明은 옥동을 비롯하여 당대 정권에서 소외된 북인·남인·소론계열 문인의 문학적 특성을 정리하는 작업에 중요한 열쇠가 될 것이라 생각한다.

여 구체적으로 밝혀 놓았다. 특히 「동유록東遊錄」은 일기체 기행시문집이라는 글 자체의 특성 때문에 옥동이 기행紀行한 여정旅程에서부터 만난 사람과 접한 경치, 머문 곳과 들은 이야기에 이르기까지 금강산 기행의 전 과정을 그가 경험한 것에 따라 빠짐없이 있는 그대로 자세하게 기록하고 있다.

> 창도역을 지나다가 권량중과 흥을 느껴 古賦詩 몇 편을 읊었으니 이 또한 한 가지 좋은 일이다. 마침내 말을 몰아 기성촌에 들어가려고 했는데, 길에서 사주 동지 우정신을 만나 그와 함께 가보니 모두 우씨였다. 그 사람은 평소 호걸이라고 불렸는데 나이 여든 여덟이지만 정신이나 보고 듣는 것, 근력이 여전히 강건하여 쇠하지 않았다. 글을 조금 알았고 또 가무를 잘 했다. 그 아들 凝積이 읍의 哨官으로 있었다. 마침내 그 집에 말을 묶어두고 편지를 써서 먼저 고성에 알렸다. ……(중략)…… 날이 저물어 장평리 회정으로 가 차일현의 집에서 묵었다. 그 아들 哭弘의 용모가 제법 清秀했고 또 글자를 알았다. 스스로 말하기를 "寓人 李俊에게 배웠습니다."라고 했는데, 俊이 와서 만나보니 "京城 안의 明禮洞에서 살았었는데 가난 때문에 이곳에 流落하게 되었습니다."라고 했다. 마을 사람 이기하와 이중건이 찾아와 만났는데 마음 씀씀이가 몹시 따뜻했다. 다음날 辛巳일 새벽에 길을 떠나려고 하는데 俊이 찾아와 작별했다.[72]

이 글은 옥동이 길을 떠난 지 4일째 되는 8월 20일 경진일庚辰日의

72 李漵, 「東遊錄」, 『弘道先生遺稿』 卷5, "過昌道驛, 與權生亮仲乘興, 咏古賦詩數篇, 亦一好事也. 遂驅馬將投于岐城村. 路逢舍主同知禹廷臣, 與之, 偕禹也. 素稱豪傑, 年方八十八, 精神視聽筋力, 尙强健不衰, 稍解字. 且善歌舞, 其子凝積, 爲邑哨官. 遂秣馬于其舍, 作書先通于高城 ……(중략)…… 日暮投長坪里檜亭, 宿車一賢家. 其子哭弘, 形貌稍淸秀, 且識字. 自言受學于寓人李俊云. 旣俊來見, 自云居京中明禮洞, 因貧喪, 流落于此云. 村人李箕夏·李重建來見, 情甚款. 越明日辛巳, 曉將發, 俊也來別."

기사 중 일부분이다. 이 날 옥동의 일정은 이주량李柱良의 집을 떠나는 것에서 시작하여 차일현의 집에서 묵는 것으로 마무리된다. 그 사이에 옥동은 정배령定配嶺·농령籠嶺·부려령富麗嶺을 넘어 창도역昌道驛에 들렀다가 오후에 기성촌 사주 동지 우정신의 집에 잠시 머물렀다. 저녁에 동구東口 사창협私倉峽을 지나 밤이 되어 장평리 회정으로 가 차일현의 집에서 묵었다. 또 이 하루 동안 옥동은 모두 10수의 시를 써서 자신의 감회를 나타내거나 경치를 읊었다.

이 기록은 8월 20일 하루의 여정 중 두 장면에 해당하는 것인데, 이 기록을 살펴보면 옥동이 어디에서 무엇을 했는지, 또 누구를 만나 어떤 이야기를 주고받았는지에 대한 상세한 재구再構가 가능하다. 이런 경험 위주의 사실적 기술 방법은 「동유록東遊錄」의 문장 기술에서 찾아볼 수 있는 첫 번째 특징이다. 이런 특징은 그가 겪은 여정의 기술에서만 찾아볼 수 있는 것이 아니라 그가 접한 금강산의 풍경風景이나 기행紀行 도중 전해들은 이야기의 기술에서도 볼 수 있는데, 부친 매산의 「금강도로기」 역시 그와 같은 방법으로 기술되었다.

> 巳時에 단발령에 뛰어 올라 회양의 서쪽 끝에서부터 마침내 金剛山을 바라보았다. 아득하고 은은한 것이 하늘 끝에 곧장 닿아 있는 듯했다. 그 꼭대기는 모두가 희어서 마치 허공에 매달린 폭포가 흰 눈을 내 뿜어서 겹겹으로 얼어붙은 얼음들이 햇빛에 비치는 것 같았다. 그 중에서 가장 큰 것만 든다면, 衆香城과 毘盧峰, 穴望峰, 望高臺였다. 나무와 산들이 차례로 눈앞에 늘어서 있고, 단풍잎은 비단을 펼친 듯 아름다웠으며 구름과 놀도 맑고 고와서 사람으로 하여금 황홀하게 하니, 놀랍고도 이상하였다. 아직 그 사이에 다가가지도 않았는데, 이미 절로 飄然한 기상이 있었다. 길 좌우를 굽어보니, 서릿발을 업신여기는 늙은 회나무가 특별히 자리잡고 자라 8, 90장까지 되는 것이 있었다. 폭포가 흘러 길과 엇갈리고 구름

이 피어올라 절구질을 하는 듯하니, 거의 사람이 사는 세상에서는 볼 수 없는 광경이었다.[73]

> 단발령 꼭대기에 올라보니 금강산 만 이천 봉우리가 뚜렷하고 분명하게 눈앞에 늘어서 있었다. 그 신령함은 맑고 빼어나고, 그 기개는 기이하고 웅장하며, 그 형태는 가파르게 겹쳐져 있고, 그 형세는 우뚝 빼어나 있다. 그 아취는 깊고 은근하며 그 국량은 모든 것을 감싸 안아 사람의 정신을 황홀하게 한다. 기이하고 또 장엄하구나. 내가 형상할 수 없으니 이곳은 참으로 중국에서 봉래라고 하는 곳이 아니겠는가. 그렇지 않다면 어찌 이렇게 神異함이 심할 수 있는가. 신기루의 조화나 뜬구름의 변화가 아니겠는가. 참으로 천하의 정미함을 모아놓은 곳이요 神明이 보호하는 곳이다.[74]

이 글은 매산과 옥동이 금강산의 첫 관문이라고 할 단발령에 올라 금강산을 바라보고 쓴 글이다. 이 글을 읽는 사람들은 누구나 매산과 옥동이 바라본 금강산의 모습이 어떠했는지 쉽게 알 수 있다. 눈앞에 가득

73 李夏鎭, 「金剛途路記」, 『六寓堂遺稿』 卷3, "巳時走登斷髮嶺, 從淮陽西境, 遂望金剛山. 遙遙隱隱, 直貼天際, 其頂皆皓白, 如懸瀑噴雪, 層氷映日. 擧其最大者, 衆香城·毘盧峯·穴望·望高, 木山次苐羅列於眼前, 紅葉鋪錦, 雲霞澄鮮, 使人怳惚驚怪. 未造其間, 已自有飄飄然氣像. 俯視路左右, 凌霜老檜, 特地而生, 有至八九十丈者. 瀑流交道, 雲碓齊舂, 殆非人世間所見也."

74 李漵, 「東遊錄」, 『弘道先生遺稿』 卷5, "登嶺上, 金剛萬二千峯, 歷歷森森, 列于眼前. 其神也淸秀, 其氣也奇壯, 其形也崢嶸重疊, 其勢也巍屹卓犖. 其趣也深隱, 其量也包含. 使人精神惚怳. 奇乎壯乎. 吾不可以狀. 此眞中國所謂蓬萊者也耶. 不然此何神異之甚也. 無乃蜃氣之化耶, 浮雲之變耶. 眞天下之所取精 神明之所呵護也." 이에 대해 「東遊篇」에는 다음과 같이 기술되어 있다. "庚辰之歲秋八月, 秋光無處不助興, 萬水千山恣超越, 雲烟收拾五日間, 曉日來登斷髮嶺, 丹霞深鎖白玉巒 朦朧乍露浮空影, 須臾日出霞氣散, 祥光照耀東天邊, 眞形森森歷歷畢, 露出恰似萬群, 戈戟千朶蓮, 畵耶夢耶不可狀, 使我一覩神怳然, 俄然息定望山頂, 彩雲千片來回旋, 興來逸氣如濤湧, 筆下萬千生風煙, 頓驚洪子興, 依然生我篇, 山與雲俱白, 依微不辨容, 雲收山亦露 一萬二千峯." 이렇게 「東遊篇」의 기술은 「東遊錄」과 별다른 차이점이나 특이점을 보이지 않는다. 따라서 앞으로는 「東遊錄」 만을 예로 들도록 한다.

펼쳐진 치솟은 금강산의 모습이 이들을 숨 막히게 했으리라는 것을 이 글을 읽는 누구나 짐작할 수 있게 이들은 묘사하였다. 이 글에서 살펴본 것처럼 매산이나 옥동은 모두 금강산의 모습을 서술하기 위해 그 모습을 과장하거나 수식·미화하지 않고 자신들의 눈에 들어온 금강산의 모습을 있는 그대로 차례차례 옮기고 있을 뿐이다. 그런데 조금 더 구체적으로 살펴보면 매산의 금강산 기술은 단발령에서 멀리 바라본 금강산의 모습을 원근법에 따라 멀리서 가까이 점차적으로 서술하는 공간적 서술 기법을 사용하고 있는 반면, 옥동의 금강산 기술은 그 자신의 눈에 들어온 금강산의 모습과 그를 통해 얻게 된 자신의 정서적 반응을 함께 기술하고 있다는 차이점을 볼 수 있다. 두 사람의 기술 방법과 차이는 금강산 유람 이후 찾아간 고성高城의 경치를 묘사한 부분에서도 찾아볼 수 있다.

> 해안을 따라 바닷가로 들어가면 狎戎鎭이라고 불렀던 곳의 터가 있다. 평소 해가 떠오르는 海棠에 가보면 暘谷과 아무런 차이가 없는 곳이다. 나는 솟아오르는 해를 보았는데, 바다의 빛은 먼저 열렸지만 인간 세상은 아직도 밝지 않았다. 해가 처음 솟아오를 때가 되어서는 그 광채가 붉으면서도 길어 곧장 사람의 눈으로 쏘아들었다. 해 바퀴는 진홍색이었고, 그 크기도 평상시보다 배는 더 컸다. 광채가 채 퍼지기 전이어서인지 바라볼 때 눈을 깜빡이지 않고 자세히 살펴서 볼 수 있었다. 그 모습은 붉은 구름이 둘러 싼 그 속에 붉은 쟁반 하나를 받들어 올리는 듯했다. 그 쟁반은 조롱박 모양과 흡사했고, 또 세상에서 銀錠이라고 하는 은으로 만든 등잔과도 비슷했다. 해가 수 장 솟아 오른 뒤에는 번쩍이는 빛을 볼 수 없었다.[75]

75 李夏鎭, 「金剛途路記」, 『六寓堂遺稿』 卷3, "循岸而入于海上, 有所謂狎戎鎭廢址. 平臨日出之海棠, 與暘谷, 無有阻隔處. 余觀其金烏欲上處, 海色先開, 而人間尙未曉也. 及其初昇, 光彩赤而長, 直射人眼. 輪色正紅, 其大倍於常. 光暉未辰, 視之而目亦不瞬, 可以細審. 其狀絳雲周繞之中, 捧以一紅盤. 盤足如葫蘆樣, 亦似俗所云銀錠者.

> 새벽에 동구암에 올라 일출을 보았다. 붉은 물결이 만경이나 되는데 영롱한 빛이 물결에 흔들리고, 자색 빛이 천장이나 되는데 번쩍이는 빛이 환히 비췄다. 상서로운 구름은 빽빽이 모여들고 서기어린 노을이 가득했다. 하늘의 빛은 아득히 이어지고 바다색은 흐리게만 보이는데, 붉은 빛 한 줄기가 오르내리고 나타났다 사라지는 것이 무수한 화룡이 뛰어오르고 서리어 휘감은 듯하더니 별안간 거대한 火輪 하나를 받들고 나와 서서히 올라갔다. 그 빛이 비추는 것이 큰 거울이 어리듯 엉기어 유리 빛과 같았는데 삽시간에 해가 수면을 떠나니 그 거울의 빛이 번쩍하더니 갑자기 바다 밑으로 떨어졌다. 장엄하고도 장엄하구나. 참으로 천하의 장관이다.[76]

인용한 첫 번째 글은 매산이 금강산의 유람을 마치고 강원도 고성의 학포鶴浦로 가서 그곳에서 동해의 일출을 보고 쓴 글이고, 두 번째 글은 옥동이 고성의 동구암東龜巖에 올라 일출을 바라보고 쓴 글이다. 두 글의 기술 장소가 정확하게 일치하지는 않지만 모두 강원도 고성에 있는 곳이고, 기술의 대상이 일출이라는 점에서 비교가 가능하리라 생각한다.

이 글에서 매산과 옥동은 처음 보는 동해 일출의 장엄한 광경에 압도당하고 있는 자신들의 모습을 일출의 상황을 세밀하게 묘사함으로서 드러내었다. 이 글을 통해 처음 보는 동해 일출의 장엄한 모습에 스스로 왜소함까지 느꼈을 매산과 옥동의 모습을 떠올릴 수 있다. 이 글에서 매산과 옥동은 일출의 기술 방법으로 변화하는 해의 모습을 시간에 따라 순차적으로 묘사하는 서술 방법을 택하였는데, 이것은 해의 모습이 시간

既高數丈, 而後閃爍無見焉."

76 李漵, 「東遊錄」, 『弘道先生遺稿』 卷5, "曉乃登東龜巖, 觀日出. 紅波萬頃, 玲瓏蕩漾, 紫光千丈, 閃爍照耀. 祥雲葱葱, 瑞靄籠籠. 天光迢迢, 海色黯黯, 紅光一道, 高下出沒, 恰似無數火龍, 騰躍盤拏, 須臾奉出一大火輪, 冉冉而上. 其光所照, 凝作一大鏡暈, 恰似琉璃之色, 須臾日離於波面, 其鏡之光, 閃忽墜落於水底. 壯哉壯哉. 眞天下壯觀也."

에 따라 변화한다는 점에서 일출을 묘사하는 보편적인 방법이다. 그런데 매산과 옥동의 기술은 처음 보는 동해 일출의 모습을 묘사하면서 그 속에서 느끼는 자신의 경이로운 심사를 글의 표면에서 배제하고 있다는 공통적인 특징을 보여준다.

매산과 옥동 모두 일출의 기술에서 우선적으로 해의 색감 변화에 주목하고 있고, 자신이 알고 있는 해와 비슷한 모양의 물체에 견주어 해의 모습을 비유하였다. 매산이 쟁반이나 조롱박, 등잔에 해를 비유한 것이나, 옥동이 솟구쳐 오르는 화룡이나 거울에 해의 모습을 비유하고 있는 것은 비유를 통해 문학성을 획득하기 위한 의도적 행위가 아니라 그 자신의 눈에 든 해의 모습을 설명하기 위한 방편에 불과한 것이었고, 그 비유도 자신들의 눈에 들어온 태양의 모습 그대로였다. 매산과 옥동은 처음 접하는 동해 일출의 모습을 시간의 경과에 따라 자신이 목도한 그대로 묘사했다. 철저하게 경험에 근거한 사실적 기술 태도를 유지하고 있는 것이다.

매산과 옥동의 일출 기술 방법은 이들이 개인적 경험을 바탕으로 그 경험의 대상을 가능한 한 사실적으로 기술하고자 하는 객관적 관찰과 서술 태도를 지니고 있었음을 보여주는 것이다. 그렇지만 조금 더 구체적으로 비교해 보면 여전히 옥동보다 매산이 보다 객관화된 서술 태도를 유지하고 있다는 것을 보게 된다. 그것은 매산이 일출의 묘사가 끝날 때까지 그 자신의 개인적인 정서를 글의 표면에 노출시키지 않은 것에 비해 옥동은 글의 마지막 부분에서 자신도 모르게 그 스스로의 감정을 문장의 표면에 노출시키고 있기 때문이다. 이런 차이점은 매산과 옥동이 지니고 있었던 유산遊山과 기행紀行에 관한 의식의 차이에서 비롯되는 것이라 생각된다.

하지만 옥동의 기술이 매산 보다 주관적이고 감상적인 모습을 보인다고는 하지만, 그 차이는 그다지 크지 않다. 오히려 금강산의 풍경을 기술하고 있는 옥동의 「동유록東遊錄」은 자신의 심미안과 흥취를 바탕으로 하고 있지만 개인적인 감상 보다는 실경實景을 묘사하기 위해 노력했다. 유산遊山과 기행紀行 도중 접한 풍광을 있는 그대로 묘사하는 옥동의 기술 태도는 금강산 기행 도중 접한 주변 사람들의 경물景物에 대한 설명과 묘사에서도 그대로 유지된다. 특히 옥동은 다양한 분야에 대해 폭넓은 관심을 가진 인물이었다. 그래서 그는 여정의 곳곳에 있는 새로운 경물에 대해 늘 주변 사람들에게 묻고 답을 들은 뒤 그 경물을 다시 관찰하고 그에 해당하는 내용을 기술한 뒤 시를 썼다.

> 오후에 큰 내 하나를 건넜다. 사람들이 말하기를 이 물은 안변 철령 유포리 비탈령에서 시작한다고 했다.[77]

> 곧 절을 떠나 망고대를 들러 명연담에 이르렀다. 스님이 바위 사이의 작은 굴 하나를 가리키며 "이곳이 바로 신룡이 또아리를 틀던 곳입니다." 했다. 내가 괴이하게 여겨 찾아가보니 과연 구불구불 굽은 흔적이 있었다.[78]

> 또 못 옆에 바위 하나가 있는 것이 보였는데, 거북이 모양과 비슷한 것이 못 주위에 엎드려 있었다. 이것 때문에 못을 龜潭이라고 부른다고 했다.[79]

위에 기술되어 있은 기사들은 모두 옥동이 금강산 기행 도중 전해들은

---

77 李溆, 「東遊錄」, 『弘道先生遺稿』 卷5, "午涉一大川. 人云, 此水出安邊鐵嶺由甫里飛脫嶺云."

78 李溆, 「東遊錄」, 『弘道先生遺稿』 卷5, "乃離寺, 過望高臺, 至鳴淵潭. 僧指巖間一小窟曰, 此乃神龍所盤處. 余怪而訪之, 果有蜿蜒屈曲之痕."

79 李溆, 「東遊錄」, 『弘道先生遺稿』 卷5, "又見一潭有一石, 恰似龜形, 伏於潭邊, 潭因是名龜云."

이야기이다. 첫 번째 기사記事는 기성촌岐城村을 나와 동구東口 사창협私倉峽으로 가는 도중 건너간 내의 시점始點을 밝힌 것이고, 두 번째 기사記事는 장안사長安寺를 떠나 표훈사表訓寺로 가는 도중 명연담鳴淵潭에 잠깐 들러 바위 사이에 있는 작은 굴에 대한 설명을 듣고 기이함을 느껴 기술한 것이다. 세 번째 기사記事는 표훈사表訓寺에서 만폭동萬瀑洞으로 가 주변을 유람하다가 발견한 못의 이름에 관한 유래담을 듣고 기술한 것이다.

이 세 기사記事는 모두 옥동이 전해들은 이야기를 바탕으로 주변을 살펴본 뒤 그것을 그대로 글로 옮긴 것이다. 옥동은 이야기의 근거가 되는, 존재하는 경물 그 자체나 전해들은 이야기를 그대로 옮기고 있을 뿐이다. 전해들은 이야기에 대해 평가하거나 따지지 않았다. 특히 두 번째 기사記事는 일반적으로 납득할 수 없는 불가해不可解한 내용이지만, 옥동은 신룡이 살던 곳이라는 이야기를 듣고 그곳에 가보니 "과연 꾸불꾸불 굽은 흔적이 있었다."고만 기술하였다. 옥동의 이런 기술 태도는 다음에 살펴볼 기사記事의 기술 태도와는 상당한 차이를 보인다.

> 또 바위 속에 나 있는 구멍을 보니 동이와 같았다. 스님에게 물어보니 "관음보살이 얼굴을 씻던 동이입니다."라고 했다. 마침내 시 한 수를 지어 그 그릇되고 망령된 것을 비꼬았다.80

> 송림굴을 찾아가 돌 봉우리 하나를 바라다보니 깎아지른 듯 높은 것이 천 길이나 되었다. 바위 아래에 절 하나가 있고, 절 옆에 석굴이 있는데 석굴 속에는 예순 여섯 개의 작은 불상이 있고 그 가운데 금불상 하나를

80 李溆, 「東遊錄」, 『弘道先生遺稿』 卷5, "又見巖中有穴, 如盆. 問諸僧, 曰觀音洗頭盆. 遂作一詩以譏其謬妄."

> 두었으니 허다한 인력이 소비되었음을 볼 수 있다. 심하구나, 불자들의 괴이함을 좋아함이여.[81]

첫 번째 기사記事는 만폭동에서 바위에 구멍이 나 있는 것을 보고 주변의 스님에게 물어서 들은 이야기를 기술한 뒤 이에 대해 비판한 것이고, 두 번째 기사記事는 유점사楡岾寺에서 원통사圓通寺로 가는 도중 송림굴松林窟에 들러 송림굴 아래에 있는 절 옆의 석굴을 보고 그 경관景觀을 기술한 뒤 이에 대해 비판한 것이다.

첫 번째 기사記事에서 옥동이 비판하고 있는 것은 이야기 그 자체의 허무맹랑함이고, 두 번째 기사記事에서 비판하고 있는 것은 사찰의 불상을 만들기 위해 허비된 인력과 이런 행위를 즐기는 불교계의 행태에 대한 것이다. 옥동의 이런 기술 태도는 그가 전해들은 이야기나 바라본 경관에 대해 가지고 있었던 인식태도를 보여주는 것이다. 옥동은 신룡의 이야기와 같이 진위여부를 판가름할 수 없는 이야기에 대해서는 괴이하다는 한 마디로 평가를 마무리하고 그가 괴이함을 느끼는 대상에 대해 객관적으로 묘사하여 글을 읽는 사람들에게 판단을 맡기지만, 스스로의 사고를 통해 받아들일 수 없거나 이해할 수 없는 상황에 대해서는 그 자리에서 비판을 서슴지 않는 단호함을 보여준다.

옥동의 이런 태도는 그가 지니고 있었던 문학관과 같은 선상에 놓여 있는 것이다. 문학의 현실적인 효용을 중시했던 옥동은 기괴하고 신비로움으로 뒤덮여 백성을 현혹하는 이야기나 설화, 또 백성들의 삶을 힘들게 하는 어떤 행위도 긍정할 수 없었다. 옥동에게 이단異端이란 유가儒家

81 李漵, 「東遊錄」, 『弘道先生遺稿』 卷5, "遂訪松林窟, 望見一石峯, 高削千丈. 巖下有寺, 寺傍有石窟, 窟中有六十三小石佛像, 中置　金佛像, 可見費得許多人力. 甚矣, 浮屠之好怪異也."

에 반反하는 종교나 사상만을 의미하는 것이 아니라 이렇게 인간의 심성 수양과 현실적인 삶을 괴롭히는 모든 행위가 이단異端으로 간주되는 것이었다.

> 차례로 만상대에 오르니 대의 다른 이름이 억경대이고 또 다른 이름이 효양대, 또 다른 이름이 효양고치였다. 효양으로 이름을 삼게 된 것은 예전에 진표율사라는 고승이 있었는데, 그가 자신의 어머니를 안심할 수 있는 곳에 두고 날마다 이 언덕을 넘어 효도하고 봉양했기 때문에 이름을 삼은 것이다. 대체로 승려들의 도는 인륜을 끊어버리는 것으로 능사를 삼는데 지금 이 승려는 인륜을 버리지 않고 효도하고 봉양했으니 타고난 선한 본성이 없어지지 않고 보존된 것을 여기에서도 볼 수 있다.[82]

> 처음으로 몽천사를 찾으니 절이 몹시 맑고 그윽하며 깨끗하고 고상하였다. 스님에게 물으니 "이 절을 처음 만들었을 때 샘이 없어 스님들이 거처할 수 없었는데 꿈에 신인이 나타나 샘이 있는 곳을 가리켜 주어 파보니 과연 샘을 얻을 수 있었습니다. 절이 이름을 얻은 것은 이것 때문입니다."라고 했다.[83]

인용한 첫 번째 기사記事는 만상대萬象臺에 올라 만상대의 명칭에 관한 이야기를 듣고 이를 기술한 뒤 자신의 평가를 더한 것이고, 두 번째 기사記事는 몽천사夢泉寺의 명칭에 관한 유래를 밝힌 것이다. 이 두 기사

82 李漵, 「東遊錄」, 『弘道先生遺稿』 卷5, "歷登萬象臺, 臺之一名億鏡臺 · 一名孝養臺 · 一名孝養高峙. 所謂孝養爲名者, 昔有高僧眞表栗師者, 置其母於安心地, 日日越此峙孝養, 故峙因以名云. 盖僧道, 以絶倫紀爲能事, 今此僧, 不棄倫紀, 而孝養. 秉彛之性, 不泯而存, 於此亦可見矣."

83 李漵, 「東遊錄」, 『弘道先生遺稿』 卷5, "始尋夢泉寺, 寺甚淸幽瀟洒. 問諸僧, 曰此寺之初創也, 無泉, 僧不能居, 夢有神人, 指泉之所在, 掘之果得泉. 寺之得名, 由於此云."

記事는 모두 불교와 관계되는 것이지만 이 두 기사記事에 대해 옥동은 어떤 비판도 가하지 않았다. 오히려 첫 번째 기사記事에서는 승려로서 인륜을 버리지 않고 효도하고 봉양했다고 진표율사眞表栗師를 치켜세웠다. 옥동의 이런 기술 태도는 대상을 표피적으로 바라보고 감각적으로 판단하는 것이 아니라 그 스스로의 논리적 사고를 통해 진위眞僞를 가리고 그에 대해 평가한 뒤 기술하는 객관적인 것이다.

인간의 의식세계와 현실세계에 긍정적으로 작용하기 위해 문학은 우선 현상을 정확하게 그려낼 수 있어야 한다고 보았던 옥동은 금강산을 기행하면서 접한 경물을 기술하면서 자신의 이런 의식을 그대로 적용했다. 옥동은 스스로 접한 경물을 기술하면서 자신의 눈에 닿는 순서에 따라 차례대로 그 경물의 외면을 있는 그대로 묘사했다. 이런 객관적이고 사실적인 문장 기술 태도는 그가 유람 도중 접한 이야기를 기술할 때에도 그대로 적용됐다. 옥동은 직접 전해들은 이야기를 중심으로 들은 이야기를 있는 그대로 옮겨 적고 그 이야기에 해당하는 경물을 탐색한 뒤, 이에 따라 이야기의 타당성을 비판하거나 긍정하는 기술記述 태도를 취했다.

옥동의 이런 기술 태도는 대상에 대한 선입견이나 감상적인 접근을 배제하고 그 자신이 직접 접한 대상에 대해 스스로의 논리적 사고에 따라 평가하는 객관적인 기술 태도를 의미하는 것이다. 따라서 이런 기술 태도에 의해 기록된 대상의 모습은 경험적이고 또 사실적일 수밖에 없다. 옥동의 「동유록東遊錄」과 「동유편東遊篇」에 묘사된 금강산은 가공되거나 미화된 허구의 세계가 아니라 그의 경험 영역을 벗어나지 않는 실존하는 세계, 존재하는 금강산 바로 그 자체이다.

매산과 옥동은 그들의 기행시문집인 「금강도로기金剛途路記」와 「동유록東遊錄」·「동유편東遊篇」 속에 다양한 방법으로 금강산을 기행하며 접한 경물과 그들이 느낀 감회를 문文과 함께 시詩로 옮겨놓았다. 이 시들은 장편長篇 고잡체시인古雜體詩인 「동유편東遊篇」에서부터 삼재체시三才體詩, 5·7언고시五·七言古詩, 절구絶句, 율시律詩에 이르기까지 다양한 형식으로 구성되어 있고, 또 다양한 내용을 담고 있다. 그런데 문장과 같이 매산과 옥동이 그들의 시문집 속에서 시를 서술하는 방법은 조금 다른 양상을 보여준다.

매산은 그 자신이 접한 경물과 여정에 대해 하나하나 문장으로 기술한 뒤 별다른 설명 없이 자신이 그 경물을 통해 느낀 감회를 시로 기술하고 있는데, 옥동은 「동유록東遊錄」 속에 기록된 188수의 시에 대해, 시를 기록하기 전에 그 시를 통해 말하고자 하는 것이 무엇인지 밝혔다. 옥동은 「동유록東遊錄」 속에서 시를 기록하기 전에 '우회寓懷'·'견흥遣興'·'사회寫懷'·'우흥寓興'·'감이작시感而作詩'라고 하거나 '기경記景'·'사형세寫形勢'·'기형記形'·'사경寫景'이라고 하여 이 시가 자신의 심사心事를 읊은 것인지 아니면 금강산을 기행하며 접한 경물을 읊은 것인지에 대해 분명히 구분하였다. 또 '기사記事'·'기지記之'·'기記'라고 하여 자신이 전해들은 이야기를 시로 옮기고, 이에 대해 '희지戱之'·'괴怪'·'우풍寓諷'·'기기류망譏其謬妄'과 같은 평가를 덧붙이기도 했다.

「동유록東遊錄」 속에 수록된 188수의 시를 창작 목적에 따라 나누어 살펴보면 우회寓懷와 같이 심경을 읊은 시가 49수, 사경寫景과 같이 경물을 읊은 시가 49수, 증贈과 같은 증여시贈與詩가 22수, 풍諷·기지譏之와 같이 풍자·비판하는 시가 10수, 계戒와 같이 자계自戒를 위한 시가 5수, 기사記事와 같이 전해들은 이야기를 읊은 시가 4수, 작시作詩 혹은 작일시作一詩라고 하여 창작 의도를 표면적으로 분명히 밝히지 않은 시가 49수이다.

옥동이 그 자신의 시에 대해 스스로 이런 용어를 사용하며 분류했다는 것은 그 스스로가 각 용어의 개념에 따라 시를 분류했다는 것을 의미한다. 이런 모습은 문장文章과 함께 시詩에서도 옥동이 문학의 현실적 효용을 강조하고 실천하기 위해 노력했음을 보여주는 것이다. 그것은 실상을 정확히 전달하고, 의미를 분명히 표현하기 위해 옥동이 시를 기록하기에 앞서 스스로 시의 내용에 따라 시를 분류한 것이라 생각되기 때문이다.

하지만 옥동의 이런 분류 의식과 달리 실질적으로 「동유록東遊錄」 속에 수록된 시를 살펴보면 우회寓懷와 사경寫景 같이 대척적對蹠的인 개념으로 규정된 시 사이에서도 내용상의 차이점을 제외하고 형상화의 기법이나 표현 양상에서 별다른 차이점을 찾기 어렵다. 이런 모습은 매산과 달리 옥동의 시가 분명한 목적의식 속에 창작된 것임을 보여주는 것으로, 옥동의 시가 대상을 내면화하여 관조한 뒤, 관조의 결과 일어나는 절제된 정감을 표출하고 있기 때문이다.

시 속에 내적 관조를 통해 절제된 정감을 표출하는 것은 옥동 시세계의 기본적인 특성이다. 옥동은 시를 예술 양식의 하나이면서 인간 수양 도구의 일종으로 생각하고 있었다. 따라서 옥동은 시 속에는 중정한 인간의 본성이 담겨 있어야 하고, 이런 시를 통해 인간을 교화시켜 참된 본성을 찾도록 만들어야 한다고 생각했었다. 옥동의 이런 시의식詩意識은 그의 금강산 기행시에서도 그대로 나타났다.

嶺頭先一笑	단발령 꼭대기서 웃음 먼저 지어보니
萬玉倚晴空	만 개의 옥 덩이들 맑은 하늘 받쳐주네.
衆練吾能馬	우리 무리 경험 많고 나는 말에 능하니
群雌爾獨雄	뭇 봉우리 계집 같은데 너 홀로 사내답네.
遠客雲霧外	멀리서 온 나그네는 구름 안개 밖에 있고
寒色雪霜中	시린 빛 산들은 눈서리 속에 있네.

何處長安近　　어느 곳이 장안사 그 부근인가
蕭蕭動夕風　　소슬한 저녁 바람 불어드네.[84]

藍輿閒逐白雲來　가마 타고 한가로이 흰 구름 좇아오니
空外蓮花萬點開　하늘 밖 연꽃들 만 송이 다 피었네.
乘風直到長安寺　바람 타고 곧장 장안사로 가
飛上毗盧萬景臺　비로봉 만경대로 날아올라 가고 싶네.[85]

이 두 수의 시는 모두 단발령을 대상으로 읊은 시이다. 앞의 시는 매산의 〈단발령차운斷髮嶺次韻〉이라는 시이고, 뒤의 시는 옥동이 단발령 정상에서 금강산을 바라본 뒤 자신의 흥을 붙여[寓興] 쓴 시이다. 이런 시속의 흥을 위해 매산은 5언율시를, 옥동은 첫 구절에서 평성平聲을 3개 연속하여 평측平仄에 구애되지 않고 시를 쓰는 차우체借寓體를 이용하여 자신들의 흥을 드러냈지만 그 흥이 주는 분위기는 사뭇 다르다. 매산의 흥이 단발령 위에 올라 뭇 산을 내려다보며 자신의 기개를 드러낸 남성적 분위기라면 옥동의 흥은 그보다는 탈속적인 선풍적仙風的 흥취 보여준다.

매산과 옥동의 시작詩作 태도는 문장文章의 작법作法에서 매산과 옥동이 가졌던 태도와 상반된 것이다. 문장文章에서 보다 객관적 묘사 태도를 유지하고 있던 매산이 시에서 그 자신의 정서를 숨기지 않았던 것은 그가 시에서 가장 중요한 것은 시인의 진실한 감정이라고 생각하고 있었음을 보여주는 것이다. 이와 달리 옥동은 우홍寓興이라고 기술한 시에서

84 李夏鎭, 〈斷髮嶺次韻〉, 『六寓堂遺稿』 卷3, 「金剛途路記」.

85 여기에서 인용한 시는 모두 매산의 「金剛途路記」와 옥동의 「東遊錄」에 수록된 것이고, 옥동의 「東遊錄」에는 별도의 제목 없이 시가 수록되어 있다. 따라서 옥동의 「東遊錄」에 수록된 금강산 기행시에 한해서는 별도의 출전을 기재하지 않는다.

조차 흥興의 감정을 조절하였는데, 이것은 대상에 의해 촉발된 정서의 즉각적인 표출이 인간의 심성 수양에 도움이 되지 않는다고 생각했던 그의 문학관에 기인한 것이다. 그러나 이런 차이점에도 불구하고 매산과 옥동의 시는 흥을 기본 정조情調로 삼고 있으면서도 그 흥의 표출을 위해 자신의 정서를 과장하거나 왜곡하지 않았다는 점에서 공통점을 보여 준다.

亂山無數夕陰收	수 없이 많은 산들 저녁 어둠이 거두니
返鳥歸雲似有求	되 오는 새와 구름 찾는 것이 있는 듯하네.
後壓層崖樓欲倒	뒤 누르는 층층 벼랑에 누각은 쓰러질 듯하고
外隣滄海地如浮	밖으로 이은 푸른 바다에 땅은 떠 있는 듯 하네.
嫣紅萬樹酣丹壑	곱게 붉은 만 그루 나무 붉은 골짜기에 무성하고
寒玉千叢稱素秋	시린 옥 같은 천 떨기 산 가을에 걸맞구나.
未放巨鼇敎戴去	이고 가라 시킨 자라 아직 풀지 않았는지
蓬萊物色短筇頭	봉래산 온갖 경치 짧은 지팡이 끝에 있네.[86]

驚起寒鍾子夜聲	어지럽게 퍼지는 시린 종소리 子夜를 울리고
霽天霜月一輪明	개인 하늘 하얀 달은 휘영청 밝게 빛나는데
月照禪窓僧入定	달 비치는 선창에는 스님 입정해 있으니
萬山岑寂磬聲淸	온 산봉우리 고요한데 경쇠 소리만 맑구나.

이 두 수의 시는 모두 장안사長安寺에서 저녁을 맞아 쓴 시이다. 앞의 시는 매산의 〈장안사차운長安寺次韻〉이라는 시이고, 뒤의 시는 옥동이 장안사長安寺에 머물며 저녁에 종소리와 경쇠 소리를 듣고 쓴 시이다. 앞에서 살펴본 시가 모두 흥을 위주로 하고 있다면, 여기에서는 매산의

86 李夏鎭, 〈長安寺次韻〉, 『六寓堂遺稿』 卷3, 「金剛途路記」.

시에서만 홍의 정조가 미약하게 시의 밑바닥에 잠겨 있을 뿐이다.

매산의 시는 순전히 장안사 주변의 풍경 묘사를 중심으로 구성되어 있다. 산 사이로 내리는 저녁과 저녁 하늘에 깔려 있는 구름, 그 사이를 나는 새의 모습, 그리고 장안사 뒤로 솟구친 벼랑과 멀리 보이는 바다의 모습, 붉게 물든 골짜기·나무와 흰 서리 깔린 산봉우리의 모습. 이 모든 것은 매산의 눈에 닿은 있는 그대로의 모습이다. 이 모습을 매산은 시 속에 그대로 옮겨 놓으면서 한 폭의 그림을 만들어 냈다. 그런데 이렇게 주변의 풍경을 시 속에 시각화 하면서 매산이 주의를 기울인 것은 색채의 대비에 의한 시의 형상화였다. 이런 색채의 대비에 의한 시의 형상화는 셋째 구절에서 붉게 물든 골짜기와 흰 산봉우리의 대조에서 분명하게 확인할 수 있다.

옥동의 시는 그가 장안사長安寺에서 머물며 저녁에 종소리와 경쇠 소리를 듣고 쓴 시이다. 옥동은 이 시의 앞에 "밤에 종소리와 경쇠 소리를 듣고 심신이 나도 모르게 맑고 담박해져서 이에 시 한 수를 지어 홍을 실어 보낸다[夜聞鍾聲磬聲, 心神不覺靜淡, 乃作一詩以遣興]."라고 이 시에 대해 설명했다. 이 시는 장안사를 청정구역으로 만들며 그 청정구역 속에 들어 있는 자신의 맑고 담담한 의식세계를 그대로 드러내고 있다. 시 속의 갠 하늘은 장안사에 와서 속세의 티끌을 벗어버린 자신을, 휘영청 빛나는 밝은 달은 자신의 마음속에 있는 도심道心을 의미한다. 옥동은 이 시 속에서 시각과 청각의 공감각적인 이미지를 사용했는데, 가을 달밤이라는 시각적인 공간의 고요함이 종소리와 경쇠 소리의 울림에 의해 깨지면서 고요함이 더욱 강조되었다.

初日露前峰	첫 해가 앞 산 위에 모습 보이니
孤帆映極浦	외론 배 먼 포구에 어리비치네.

開窓延白光　　창 열면 밝은 빛이 비추어 들고
半壁丹青古　　반벽의 단청 빛은 예스럽구나.[87]

祥雲扶日上山頭　상서로운 구름 해를 밀어 산머리에 오르니
兩岸玲瓏五色秋　언덕 양쪽 영롱하게 다섯 빛깔 가을 드는데
依然獨坐畵中畵　의연하게 홀로 앉아 그림 속 그림 되었다가
朗咏一聲山映樓　낭랑하게 한 소리로 산영루를 울리네.

이 두 수의 시는 매산과 옥동이 각각 고성의 해산정海山亭과 표훈사表訓寺 안의 산영루山映樓에 올라 쓴 시이다. 두 시의 배경이 되는 장소는 다르지만 모두 누각과 정자에 오른 뒤 쓴 시여서 함께 살펴보았다. 앞에 있는 매산의 시는 고성군에 있는 해산정海山亭에서 하루를 묵은 뒤 그곳의 풍경을 바라보며 읊은 시로, 기행紀行 시문집詩文集 안에서 특별한 제목을 붙이지 않고 있는 시이다. 이 시에서 매산은 해산정에서 바라본 경물에 대해 그 자신이 느낀 정서를 시의 표면에서 배제하고, 그가 바라본 경물 속에 포개어 시의 표면에서 경물만을 찾을 수 있게 하는 경물묘사 기법을 사용했다. 매산은 이 시의 첫 두 구에서 해산정 한 쪽으로 우뚝 솟아있는 산과 앞으로 탁 트인 바다의 모습을 그려 해산정의 주변 풍광을 서술한 다음, 이어 다음 두 구에서 밝은 햇살이 내리 비치는 고색창연한 해산정의 모습을 시각화하여 그려냈다.

두 번째 시는 옥동이 표훈사의 산영루에 올라 바라본 주변 경관을 그린 시이다. 옥동은 이 시의 앞부분에서 별다른 설명 없이 "이어 산영루에 올라가 시 한 수를 지어서 경관을 묘사했다[仍登于山映樓 作一詩以寫景]."

87 李夏鎭, 「八月二十一日」, 『六寓堂遺稿』 卷3, 「金剛途路記」. 이 시는 매산이 8월 21일 海山亭 벽 위의 시에 차운한다고 한 뒤 쓴 시로 별도의 제목이 보이지 않는다.

라고만 했다. 옥동의 이 시도 산영루 주변을 청정 지역으로 만들고 있다. 하늘 위로 올라간 구름과 다섯 빛깔 울긋불긋 곱게 물든 단풍, 그리고 그림 같은 그 상황 속에 앉아있는 옥동. 산영루에 있는 옥동의 모습은 주변 경관과 너무나 잘 어울려 마치 새로운 한 폭의 그림을 만드는 듯하다. 스스로가 그림 속의 그림이 되었다고 하는 것이 바로 이런 상황을 말한다. 이런 정적 속에서 옥동은 낭랑하게 한 소리를 울리며 그 정적을 깨뜨린다. 옥동의 이 시는 시각적 이미지가 우선되는데, 그 시각적 이미지가 주는 고요함을 깨뜨리기 위해 도입된 청각적 이미지 때문에 시 전체의 고요함이 더욱 강조된다.

南江之水接東溟　남강의 물 동쪽 바다 저 멀리 이어지고
上有奇巖削似屛　그 위로 기이한 바위 병풍처럼 깎여있는데
輕舟泛月隨流下　가벼운 배 달빛 띠고 물결 따라 흘러가니
數曲纖歌落晩汀　몇 곡조 여린 노래 저문 물가로 젖어드네.

이 시는 옥동이 금강산 유람을 마친 뒤 고성高城으로 가 고성高城 사군使君 형제와 남강南江에서 놀며 그 흥을 묘사[寫興]한 시이다. 이 시간 옥동은 고성 사군 형제와 남강 위에 배를 띄워놓고 놀고 있지만, 옥동의 시 속에서는 이 놀이가 흥겨운 잔치가 아니라 담담하게 풍겨오는 잔잔한 흥의 집합으로 그려졌다.

동쪽으로 흘러 바다로 가는 남강 양쪽으로 깎아지른 듯 높다랗게 병풍처럼 늘어서 있는 바위, 그 아래 달빛을 받으며 떠다니는 배의 모습과 그 배 위에서 흘러나오는 몇 가락의 노래 소리. 이 시에서 노래 가락은 시의 전체 분위기를 흥겹게 만들거나 역동적으로 변화시키는 요소가 아니라 조용한 공간에서 울려 퍼지는 잘 갈무리된 흥의 역할을 한다. 따라

서 이 몇 곡조 노래 가락은 시 전체의 분위기를 은근하게 만들어주는 계기가 된다.

이 시 속에서 묘사하고 있는 옥동과 고성 사군 형제의 흥은 겉으로 드러나는 호탕한 흥겨움이 아니라 가슴 속에 숨어서 속으로 퍼지는 은근한 기쁨이고 은은한 즐거움이다. 이렇게 흥취를 묘사한 시이면서도 정적인 분위기를 강하게 지니는 것 역시 옥동의 시가 지닌 대상의 내면화에 의한 절제된 정서의 표출 경향을 보여주는 것이다.

南江一帶抱城流　남강 한 줄기 성을 안고 흐르고
林外相連縹緲樓　숲 저 밖엔 아득히 집들이 이어졌네.
雲橫西嶽千蓮茁　구름 걸린 서쪽 산엔 연꽃 송이 피어나고
日照東溟一鏡浮　해 비치는 동쪽 바다 거울 하나 떠오르네.
天上應無三日浦　하늘엔 응당 삼일포 없으련만
人間還有七星洲　인간 세상 도리어 칠성주가 있다네.
長風吹散陰雲盡　긴 바람 불어와 검은 구름 다 흩치고
萬里寒聲一鴈秋　저 멀리 찬 소리 기러기 나는 가을이네.

이 시는 10월 초 2일 고성高城 태수가 옥동을 위하여 잔치를 열어주자 술기운을 머금고 고성의 풍경을 묘사한 시이다. 고성의 분위기를 한 폭의 수묵 담채화와 같이 담담하게 그려내고 있는데, 시 전체적으로 동적인 시어나 감각적인 용어를 사용하지 않고 조금 느린 듯한 무채색 계열의 용어를 많이 쓰고 있다. 이에 따라 시 속에서도 역동적이라든가 힘이나 화려함은 볼 수 없지만 조용하고 한가하면서 아늑한 강촌江村의 분위기를 잘 느낄 수 있다.

穿巖有穴酷類樽　바위 뚫은 구멍 하나 술 단지 비슷한데

云是觀音洗頭盆　관음이 머리 씻던 동이라고 말하니,
奇形偶入閒僧慕　기이한 모습 뜻밖에도 한가한 스님 사모하여
留作千秋好事言　천년 동안 두고두고 호사가의 말장난됐네.

이 시는 앞에서 살펴본 만폭동의 바위구멍 기사 다음에 나오는 시로 그릇되고 망령된 것을 비꼬기[譏其謬妄] 위해서 지은 시이다. 그런데 옥동이 이 시를 쓴 이유에 대해 스님의 그릇되고 망령된 모습을 비판하기 위해서라고 했지만 이 시에서 강한 비판 정신이나 풍자 의식을 찾기 어렵다. 그저 한승모閒僧慕와 호사언好事言이라고 해서 현상에 대해 간략하게 언급하고 있을 뿐이다. 비판과 풍자의 정신 역시 내면으로 갈무리된 것이다.

遊山雖好事　　산수 유람 비록 좋은 일이지만
好着是玩物　　지나치면 이것도 완물이라네.
玩物多喪志　　완물하면 대체로 뜻을 잃게 되니
未可太無節　　절제하지 않으면 안 된다네.

이 시는 금강산 기행을 모두 마치고 돌아오는 여정에서 쓴 것으로 옥동이 스스로를 경계[自戒]하기 위해 지은 시이다. 유람을 모두 마칠 때가 되었으니 이제 일상으로 되돌아가야 할 시간이다. 더 이상 유산遊山과 기행紀行의 낙樂에 빠지게 되면 나 자신도 모르게 스스로의 본성을 잃고 말 것이니 자신을 다잡아야 한다고 스스로에게 주의를 주고 있는 시이다. 이런 경향의 시는 옥동의 시에서 볼 수 있는 하나의 전형적인 모습이다.

매산과 옥동의 금강산 기행 시문詩文을 살펴보면 몇 가지 공통적인 모습을 확인할 수 있다. 우선적으로 확인할 수 있는 것은 묘사의 사실성

이다. 그러나 이 사실성은 시문詩文 속에 그들이 접한 대상 경물을 그대로 옮겨 놓는 대상의 사실적 재현이 아니라 그들의 경험 영역 속에서 진실한 모습이라 생각하고 있는 대상의 모습을 옮겨 놓으면서 만들어지는 것이다. 따라서 이 사실성은 객관적 사실성과는 일정한 거리를 지니고 있지만 스스로의 감정을 과장하거나 수식하지 않기 때문에 그들이 기행紀行 도중 접한 경물에서 얻은 진실한 감정을 드러내면서 그 감정의 계기가 된 경물을 묘사한다. 이런 묘사 방법 때문에 이들의 기행 시문詩文은 내적 관조에 의한 절제된 정감을 보여준다. 이것은 이들의 문학관에 기인한 것으로 보이는데, 이들의 문학관이 기행紀行의 도중에서 접한 경물을 통해 얻은 그들의 정서가 실정實情을 넘어서는 과도한 감정으로 표출되는 것을 막아주는 완충 역할을 하고 있다고 생각된다. 이에 따라 이들의 기행시紀行詩는 색채의 대비를 통한 회화적 묘사를 위주로 하여 동태적動態的 시어詩語의 사용이 적고, 작자의 감정을 시의 표면에서 절제하고 있다는 공통적인 특징을 보여준다.

특히 옥동의 금강산 기행시에서 볼 수 있는 이런 모습들은 옥동이 시를 예술 양식의 하나이자 수양의 한 방법으로 생각하고 있었음을 잘 보여주는 것이다. 그렇지만 이렇게 보았을 때 옥동이 「동유록東遊錄」과 「동유편東遊篇」의 제작 동기로 "가슴 속에 맺힌 울분을 풀어버린다."는 것이나 시가 해야 할 첫 번째 임무를 "침체沈滯되고 고폐固閉된 내면 정서의 표출"이라고 생각하고 있었다는 것을 어떻게 보아야 할 것인가가 문제로 남는다. 특히 「동유록東遊錄」 속에 수록된 시들이 내용상의 차이점을 제외하고 구성이나 시어의 사용, 재현된 이미지 등에서 별다른 차이점을 찾아보기 어렵다는 것은 「동유록東遊錄」 속에 실려 있는 시에서 볼 수 있는 특성이 옥동 시의 전형적인 모습을 보여주는 것이라 생각하게 한다.

매산과 옥동의 금강산 기행시는 이런 공통점과 함께 미세하지만 차이점 역시 보여준다. 그것은 매산의 시문詩文에 비해 옥동의 시문詩文이 보다 강한 자기 성찰과 관조에 의해 내적으로 침잠된 모습을 보여준다는 것이다. 이런 현상은 옥동의 의식이 매산보다 더 성리학적 사유세계에 경도되어 있음을 의미하는 것이다. 그렇기 때문에 옥동은 시문詩文 속에서 가능한 한 자신의 흥興을 이면화裏面化하여 최대한 노출을 자제한 것이라고 생각되고, 그에 따라 옥동의 시는 매산의 시보다 더욱 정태적靜態的이고 강한 회화성을 지니게 된다.

조선의 산수 기행문학 특히 금강산을 대상으로 한 기행문학은 17세기 중반 이후부터 서서히 많아지더니 18세기에 들어와서는 완연히 하나의 경향을 만들어내게 되었다.[88] 이런 경향의 조성에 가장 큰 영향을 미친 인물은 농암農巖 김창협金昌協과 삼연三淵 김창흡金昌翕이다. 이 두 사람의 산수 기행문학은 대개 18세기 초에 이루어졌고, 18세기 전반기에 접어들어 일대 유행을 형성하게 된다. 이들은 이전의 문인·작자들에게서는 찾아볼 수 없을 정도로 많은 양의 산수유기山水遊記와 유시遊詩를 남겼고, 이는 곧 이들의 문하생들을 중심으로 한 후학들에게 전해져 세상에 유행하게 되었다.

농암과 삼연은 산수 기행에 강한 욕구를 지녔다고 생각되는데, 이들이 지니고 있었던 산수 기행의 관념이나 목적은 이전 세대와는 다른 것이었다. 이들은 이들의 이전 세대가 산수 기행을 내면 수양을 위한 방편으로 삼았던 것과 달리 산수 그 자체의 미적 흥취에 대해 탐색했고, 이를 문학

88 역대 기행문학 작품에 대한 수집과 정리는 崔康賢, 『韓國紀行文學硏究(一志社, 1982.)』의 참고문헌에 수록되어 있는 韓國 歷代 紀行詩文 목록에 자세하게 나와 있다. 옥동의 「東遊錄」과 「東遊篇」처럼 빠져 있는 작품도 많지만, 이것은 후대 연구자들이 하나씩 채워가야 할 문제라 생각한다.

적으로 형상화 하려고 많은 노력을 했다.

매산의 금강산 기행은 농암과 삼연에 의해 기행이 하나의 경향을 이루기 이전 시기에 이들과 유사한 목적에 의해 이루어졌다. 물론 매산이 산수 그 자체를 미적 흥취의 대상으로 인식하여 이를 문학적으로 형상화 하려고 노력했다고만 하기는 어렵지만, 매산은 유산遊山과 기행紀行을 수양의 방편으로만 인식하지 않았다. 그 보다는 오히려 유산遊山의 대상이 되는 자연을 흥과 여유의 원천이라고 생각하였다. 이런 의식을 가지고 있었기 때문에 매산은 시문집詩文集 속에서 기행紀行을 통해 접한 경물과 그 경물로 인해 얻은 흥을 묘사하기는 하지만, 기행紀行으로 인한 그 자신의 내적인 수양에 대해서는 전혀 언급하지 않았다. 이런 유산遊山과 기행紀行에 대한 매산의 태도는 옥동에게서도 볼 수 있다.

하지만 이런 모습에도 불구하고 매산과 옥동의 금강산 기행 시문은 적지 않은 한계점을 보여주기도 한다. 이들의 기행紀行 시문詩文에서 발견할 수 있는 한계점은 우선 유산遊山이나 기행紀行의 목적이다. 매산과 옥동의 기행紀行은 이전 시기 개인의 내면 수양을 위한 방편에서는 한 걸음 물러서 있다고 할지라도 여기에서 완전히 벗어나지 못한 모습을 보여준다. 이런 한계는 시문詩文의 형상화 방법에서도 발견할 수 있다. 매산과 옥동은 기행紀行 도중 그들이 접한 대상 경물을 있는 그대로 옮겨 놓는 대상의 온전한 재현보다 그들의 경험 영역 속에서 진실한 모습이라 생각되는 대상의 모습을 옮겨 놓는 주관적 사실성을 주된 묘사 방법으로 택하고 있다. 이런 묘사 방법에 의해 매산과 옥동의 기행 시문에서 발견할 수 있는 대상 경물은 실상 그 자체와는 일정한 거리를 지니게 된다. 이런 한계점은 아직까지 이들의 의식이 문학의 독자적인 가치를 인정하고 문학의 영역을 넓히려는 정도에까지는 이르지 못했다는 것을 말해주는 것이라 생각된다.

그러나 이런 한계에도 불구하고 매산과 옥동의 기행紀行 시문詩文은 분명히 일정한 의미를 지닌다. 그것은 옥동의 금강산 기행 여정이 매산의 여정과 흡사하다는 것이나, 기행의 도중 접한 경물의 묘사에서 많은 부분 유사한 점을 보인다는 것, 그리고 매산의 기행시문집인 「금강도로기金剛途路記」와 옥동의 기행시문집인 「동유록東遊錄」의 편제가 거의 동일하다는 것에서 찾을 수 있다. 매산과 옥동의 기행시문집이 가지는 유사성은 옥동 당대에 존재하고 있었을 족당族黨 내부의 유산遊山과 기행紀行 그리고 기행紀行 시문詩文 창작의 전통에 대한 유추를 가능하게 하기 때문이다.

또 옥동의 금강산 기행은 농암과 삼연에 의해 기행이 하나의 경향을 이루어가던 시점에, 이들과 유사한 목적에 의해 이루어졌다. 옥동은 많은 양의 유기遊記를 남기지도 않았고, 많은 곳을 다녔다는 기록을 찾을 수도 없지만 38세 되던 숙종肅宗 26년(1700) 8월 17일부터 57일간 금강산을 기행하면서 188수의 시를 짓고 이를 바탕으로 「동유록東遊錄」과 「동유편東遊篇」이라는 두 편의 금강산 기행관련 기록을 엮었다. 옥동이 57일간 유람하며 쓴 188수의 시는 농암이나 삼연뿐만 아니라 후대 그들의 문인들과 비교해 보아도 결코 뒤지지 않는 양이다.[89] 이와 함께 옥동의 금강산 기행은 이전 시기 학자들이 추구했던 수양만을 위한 기행이 아니었다. 옥동은 수양과 함께 그 자신의 학습과 창작에 도움이 되고자 금강산 기행을 떠난 것이다.

이런 목적을 가지고 있었던 기행이었기 때문에 옥동이 금강산 기행의 경험을 기술한 문장은 자신이 접한 경물을 자신의 눈에 닿는 순서에 따라 차례대로 묘사하는 순차적이고 객관적인 기술 방법을 취하고 있다.

89 농암과 삼연 문인들의 금강산 기행과 기행후 창작한 작품의 수에 관해서는 고연희, 『조선후기 산수기행예술 연구(일지사, 2001.)』의 16~20면에 자세히 정리되어 있다.

이런 객관적 기술태도는 대상을 경험적이고 또 사실적으로 그려내게 한다. 또 옥동의 금강산 기행시는 대상을 내면화하여 관조한 뒤, 관조의 결과 일어나는 절제된 정감을 시 속에 표출하여 강한 회화성을 보여주면서 작자의 감정을 시의 표면에 드러내지 않는다.

그런 점에서 옥동의 금강산金剛山 기행紀行은 매산은 물론이고 농암이나 삼연의 기행紀行 활동과 상당부분 유사한 점을 찾을 수 있다. 특히 유산遊山과 기행紀行을 개인의 내면 수양을 위해서가 아니라 문학 창작의 계기로 사용했다는 점이나 유람遊覽의 과정에서 접한 경물景物에 대한 실경實景 위주의 묘사태도, 사경寫景을 위주로 한 시 창작 경향은 이런 유사점을 더욱 강화한다.[90] 그렇지만 이런 유사점이 보인다고 해서 옥동이 직접적으로 농암이나 삼연의 영향을 받았다고 볼 수는 없다.

옥동은 농암보다 11세, 삼연보다 9세 뒤늦고, 금강산 기행 경험에서도 농암보다는 29년이 뒤늦지만, 삼연보다는 15년이나 빠르다. 하지만 당대의 정치적 상황으로 보아 남인계열로 정치적 억압의 한가운데에 있었던 옥동이 당대 노론계열의 영수로 자리잡아가던 농암이나 삼연으로부터 영향을 받는다는 것은 불가능하기 때문이다. 이런 점에서 옥동의 금강산 기행에서 찾을 수 있는 농암이나 삼연과의 유사성은 이들 사이의 영향관계에 의한 것이 아니라 그 시대의 보편적인 경향이라고 보아야 할 것이다.

이런 생각은 옥동의 금강산 기행 시문이 농암이나 삼연과 공통점뿐만 아니라 차이점도 상당부분 보여준다는 점에서도 확인할 수 있다. 옥동과 농암·삼연의 기행시문이 가지는 차이점은 우선 유산遊山이나 기행紀行

---

90 농암과 삼연 혹은 그 문인 계열의 금강산 기행시문이 가지는 특성에 대해서는 강혜선, 「17·8세기 金剛山의 문학적 형상화에 대한 연구(『관악어문연구』 제17집, 서울대학교 국어국문학과, 1992.)」의 3장과 4장에 잘 나와 있다.

의 목적이다. 농암과 삼연은 유산遊山과 기행紀行의 목적으로 개인의 내면 수양보다 경험 영역의 확장을 통한 문학 활동의 강화에 우선을 두었다. 이와 달리 옥동은 개인의 내면 수양과 문학 활동의 바탕 형성에 고른 의미를 두었고, 또 표면적으로는 개인의 내면 수양에 우선하고 있다. 시문의 표현법에서도 농암과 삼연은 실경實景의 묘사에 충실하고 개인적인 의론議論이나 주관적인 감상感賞은 가능하면 배제하려고 했지만, 옥동은 자신이 접한 경물을 자신의 눈에 닿는 순서에 따라 차례대로 묘사하는 경험적이고 사실적인 문장 구사와 대상을 내면화하여 관조한 뒤, 관조의 결과 일어나는 절제된 정감을 시 속에 표출하는 시 작법을 사용하였다. 이에 따라 옥동의 시문詩文에서는 옥동의 감정이 시문詩文의 표면에서 드러나지 않는다고 하더라도 시문詩文 속에서 완전히 배제될 수 없었다. 따라서 옥동의 감정은 절제되고 순화된 모습으로 시문詩文 속에 모습을 드러낸다는 차이점을 보여준다.

옥동은 금강산 유람 도중 부친 매산의 흔적을 발견하고 감격하여 시를 짓기도 하는데, 옥동의 금강산 유람 여정이 매산의 금강산 유람 여정과 흡사하다는 것은, 단언하기는 어려운 일이지만 그의 금강산 유람에 이미 18년전 운명한 부친 매산의 영향력도 어느 정도 작용하고 있었다고 보아야 하지 않을까 생각된다. 또 그의 부친 매산 역시 금강산을 유람한 뒤 그 경험을 「금강도로기金剛途路記」로 엮어냈는데, 이 속에 모두 61수의 시를 싣고 있다. 이 「금강도로기金剛途路記」의 편제編制는 「동유록東遊錄」과 유사하다. 이런 점으로 보아 옥동의 금강산金剛山 기행紀行과 기행紀行의 결과를 담은 두 편의 글은 농암이나 삼연 등과 달리 그 당대 남인계열 안에서 존재했던 유산遊山과 기행紀行 그리고 그 결과를 담은 기행시문紀行詩文의 전형을 보여주는 것이라고도 할 수 있을 것이다.

4. 만시輓詩에 갈무리된 비애悲哀의 정조情調

만시輓詩는 시문학 양식의 한가지이지만, 특수한 상황과 공간에서 창작된다는 점에서 창조성보다 의례성과 관습성이 드러나기 쉬운 문학 양식이다. 그 내용 역시 비탄과 칭양의 두 층위가 대부분이다. 이 때문에 만시에는 종종 죽은 사람의 생을 과장하거나 작자의 정서를 확대하는 왜곡이 일어나기도 하는데, 세간世間에서는 과장과 확대가 구현된 만시를 좋은 만시라고 칭하는 경우도 적지 않았다.

만시輓詩란 사람의 죽음을 슬퍼하여 지은 시를 말한다. 만사輓詞나 만장輓章 등과 함께 죽은 사람을 애도하는 동양의 전통적인 문학 양식으로 그 유래가 아주 오래 되었다. 그렇지만 대부분 만시輓詩라고 하면 형식적이고 의례적인 문학 양식으로 치부해 버린다. 현재까지 남아 전하는 만시輓詩들을 보았을 때 그와 같은 평가가 일면 타당하다고 할 수는 있지만, 만시輓詩를 형식적이고 의례적인 문학 양식으로만 치부해 버리기는 어렵다.

시가 인간이 살아가는 동안 느낀 삶의 정서를 문자로 표현해 낸 것이라고 했을 때, 만시輓詩는 시의 창작 동기 중에서 가장 본질적인 것을 구현한 양식의 하나에 속한다. 그것은 한 개인이 느낄 수 있는 결핍감 중 주변 사람의 죽음이 주는 결핍은 치환置換하거나 대체代替할 수 없는 절대적인 결핍이 되기 때문이다. 이런 점에서 만시는 본질적으로 인간이 느낄 수 있는 가장 근본적인 결핍의 정서, 즉 살아남은 자의 외로움과 안타까움을 노래하는 정서적인 행위의 결과물이다. 따라서 만시는 원천적으로 죽음의 의미를 캐거나 삶과 죽음에 대한 심오한 사색의 결과를 이야기하는 관념적이고 철학적인 행위가 아니다.

이와 같은 점에서 만시에서 확인할 수 있는 작자의 기본적인 정서는 죽은 사람으로 인해 느끼게 되는 살아남은 사람의 슬픔이 된다. 최재남은 애도시哀悼詩(만시輓詩)를 그 대상에 따라 도망悼亡, 곡자哭子, 곡형제哭兄弟, 도붕悼朋으로 나누고, 그 내용으로 비탄悲嘆, 진혼鎭魂, 칭양稱揚을 들고 있지만,[91] 안대회의 말과 같이 우리나라에서 창작된 만시 가운데 진혼鎭魂을 목적으로 한 만시는 찾아보기 어렵다.[92] 또 만시 창작의 대상 역시 부인이나 자식, 형제, 친구로 제한되지 않는다. 우리나라에서 창작된 만시의 경우 그 창작의 대상 범주를 하나로 규정하기 어려울 정도로 폭넓다. 가족이나 친척 · 친지 · 선후배 · 동료 · 친구에서부터 동향同鄕이나 타향他鄕의 안면顔面 있는 인물들과 임금을 비롯한 왕족까지 만시의 창작 대상이 된다는 점에서 만시는 존재한 모든 사람들을 대상으로 창작된 문학 양식이라고까지 할 수 있다.

조선 후기로 가면서 대인만代人挽이라는 제목의 만시를 많이 보게 되는데, 이와 같은 만시의 경우 죽은 사람을 자신이 알지 못하지만, 주변에서 그를 위해 만시를 지어달라고 청하여 쓴 시일 경우가 대부분이다. 따라서 이와 같은 제목의 만시는 주변 사람들에게 문명文名을 인정받은 문인이 주로 창작하였다. 이렇게 대인만代人挽이라는 제목의 만시까지 창작되었다는 것은 만시의 창작이 관습화 · 의례화 되었음을 의미한다. 상례喪禮의 정착과 보편화로 인한 결과라 짐작되지만, 만시의 창작이 관습화 · 의례화 되면서 만시에 담기는 내용도 죽은 사람을 통해 느끼게 되는 살아남은 사람의 슬픔에서 죽은 사람에 대한 칭송稱頌으로 전환되는 경향을 보여준다. 앞서 최재남에 의해 언급되었던 만시의 내용 중 비탄悲嘆이 칭양稱揚으로 전환되는 경향을 보여준다. 만시의 내용이나

91 최재남, 『韓國哀悼詩研究』, 경남대학교출판부, 1997, 42면.

92 안대회, 「한국 한시와 죽음의 소재」, 『韓國 漢詩의 分析과 視角』, 연세대학교 출판부, 2000, 60면.

만시 속 정서의 변화는 관습화된 만시의 창작이 인간 본연의 정서를 읊어내는 자연스러운 문학 활동이 아니라 형식적이고 인위적인 의식적 행위일 수밖에 없다는 점에서 당연한 결과이다.

동양 사회에서 만시 창작의 유래는 오래되었다. 중국에서는 이미 『문선文選』의 23권에 애상哀傷이라는 분류를 두었고, 우리나라에서는 〈공무도하가公無渡河歌〉와 〈제망매가祭亡妹歌〉에서부터 그 단초를 찾을 수 있다. 한시漢詩의 경우 고려 명종明宗이 내폐內嬖 명춘明春의 죽음을 슬퍼한 도망시悼亡詩를 지었다고[93] 한 것으로 보아 일찍이 고려시대에서부터 만시를 창작해 왔음을 알 수 있다. 특히 고려 중기 이후의 문인들이 창작한 만시를 찾아볼 수 있으나 그 수효가 그다지 많지 않다. 임춘林椿이나 이규보李奎報, 이색李穡 등 고려시대 문인들의 문집 속에서도 만시를 찾아볼 수 있지만 그 수가 소략하고, 『동문선東文選』에도 임춘林椿의 〈이평장광진만사李平章光縉挽詞〉, 이인로李仁老의 〈문상국극겸만사文相國克謙挽詞〉·〈한상국문준만사韓相國文俊挽詞〉, 곽운郭珚의 〈한첨의대순만사韓僉議大淳挽詞〉, 이제현李齊賢의 〈국재권문정공만사菊齋權文正公挽詞〉 등 개인을 대상으로 하여 창작한 만시 5수와 최자崔滋의 〈원덕태후만사元德太后挽詞〉, 최해崔瀣의 〈태위왕만사太尉王挽詞〉·〈금동공주만사金童公主挽詞〉 등과 같이 왕이나 왕족을 대상으로 하여 창작된 11수의 만시가 있는 것으로 보아 소략하기는 하지만 이 시기에 이미 만시가 의식적인 창작 행위의 결과물이었음을 알 수 있다.

만시가 대량으로 창작되기 시작한 시기는 조선조, 특히 조선 중기 이후에 들어서서라고 보이고, 조선 중기 이후에 와서 만시가 시의 중요한

93 『高麗史』 卷20, 「明宗」, "庚戌內嬖明春死, 王哀戀不已失聲號哭. 太后驚駭寬譬之曰; '雖是情鍾然, 不可使聞於重房也.' 然猶嗚咽不能止, 遂親製悼亡詩, 令宗親和進以自慰."

형식 중 하나가 된 까닭은 조선 중기 이후 정착된 상례의 보편화와 관련이 있다고 생각된다. 상례에서 만시를 적은 만장의 사용이 보편화되었기 때문에 만시의 창작이 일반화되었다는 것이다. 고려시대 귀족들로 사용이 제한되어 있던 만장의 사용이 시대가 진전될수록 일반 사대부에서 서민들에게까지 확대되면서 만시의 창작이 늘어나게 된 것이다. 그것은 상喪이 나갈 때 그 뒤를 따르는 명정銘旌과 만장輓章의 수가 죽은 사람의 지위와 신분, 사회적 영향력을 상징하는 기준으로 인식되었기 때문이다.[94] 이렇게 보았을 때 한국 한시사에서 만시의 창작이 본격화된 시기는 조선 중기 이후라고 할 수 있다.

그런데, 만시의 창작이 본격화되고 관습화되면서 많은 수의 만시가 비탄에서 칭양 위주로 그 내적 정서를 바꾸었고, 상투성을 벗어나지 못하는 의례적 문학 양식으로 변모되었다. 죽은 사람과 작자가 생전에 맺었던 긴밀한 유대관계가 만시 창작의 전제가 될 때 진정한 의미에서의 만시 창작이 이루어질 수 있지만, 조선 중기 이후에 와서 많은 수의 만시가 이러한 인간적인 유대관계나 개인적인 친분보다 청탁에 의해 양산되면서 만시는 의례적 문자 행위로 변질되는 양상을 보여주게 된 것이다.

의례적이고 관습적인 행위이든, 개인적 친분 관계에 의한 창작이든 만시는 본질적으로 특유의 상투성을 지닐 수밖에 없다. 그것은 만시가 시적 대상의 죽음이라는 특별한 상황 아래에서 창작되는 특수한 문학 양식이기 때문이다. 문학적 형상화의 방법과 수사 기법의 차이에 의해 각각의 만시 작품이 지니는 문학성의 질량質量에서는 차이가 있을지 모르지만, 본질적으로 만시 속에 드러나는 작자의 정서는 동일하다. 죽은 사람의 평생을 칭송하고 드높이며 그의 죽음이 가지고 오는 사회적 결여

94 安大會, 「韓國 漢詩와 죽음의 문제」, 『韓國漢詩硏究』 3, 韓國漢詩學會, 1995, 50~51면.

와 공백을 안타까워하는 마음을 시 속에 담든, 죽은 사람으로 인해 느끼게 되는 작자 개인의 슬픔과 외로움을 담아내든 만시의 내용은 결핍을 기본적인 정조로 한다. 이렇게 창작의 배경과 내용, 작품 속에 담겨 있는 정서의 동질성이 만들어내는 상투성은 만시의 문학성을 저해하는 근원적인 문제라고 할 수 있다.

그러나 조선 중기 이후 창작된 많은 수의 만시가 상례喪禮라는 죽음의 의식을 위한 의례적인 문학행위로 변모되어갔다고 해서, 모든 만시가 상투성을 벗어나지 못했던 것은 아니었다. 물론 이와 같은 언급이 당대 모든 작자의 만시가 상투성을 벗어날 수 있었다거나, 어떤 한 작자의 만시 전체가 그와 같은 상투성을 넘어섰다고 주장할 수 있다는 것은 아니다. 하지만 죽은 사람에 대한 작자의 진솔한 정서를 담고 있는 문학적으로 뛰어난 만시가 창작되어 아직까지 독자의 심금을 울리는 경우도 적지 않다. 이렇게 본다면 대상의 죽음에 대한 작자의 진정어린 슬픔이 진솔한 문학적 표현으로 구상화 된 만시가 문학적으로 뛰어난 만시라고 할 수 있다.

옥동玉洞의 경우 모두 55제 67수의 만시輓詩를 창작했다. 그의 문집인 『홍도선생유고弘道先生遺稿』 속에 수록된 시가 모두 1,300여 수라는 점에서 옥동이 일생동안 창작한 시의 약 5% 정도가 만시에 해당한다. 많은 양이라고는 할 수 없지만, 결코 적은 양이라고 하기도 쉽지 않다. 그것은 옥동이라는 인물이 20대 후반 포천抱川의 청량포淸凉浦에 은거하여 세상과 관계를 끊은 후 집안의 대사大事가 있거나 혹은 동생 성호星湖의 교육과 권씨부인權氏夫人에게 인사를 드릴 때를 제외하고는 은거지를 떠나지 않았고, 은거지에서는 수도修道와 강학講學에만 열중한 학자學者였기 때문이다. 일반적인 문사文士의 경우 평생 67수의 만시를 지었다면 적다고 할 수 있겠지만, 은거지에서 일평생을 보낸 학자였던 옥동의 성격을 고려해 본다면 옥동이 67수의 만시를 지었다는 것을 가지고 그 수를 적다고 하기는 어려워 보인다. 오히려 이렇게 은거했던 인물인 옥동의 문집 속에도 67수의 만시가 수록되었다는 것으로 보아 옥동의 만시 창작 행위 역시 기본적으로 당대의 사회적 분위기와[95] 무관하지 않았을 것이라고 생각된다.

옥동의 경우 스스로 학자를 자처하였고, 주변에서도 그를 학자로 인정하고 따랐다는 점에서 옥동은 흔히 말하는 문사文士들과는 다른 성격을 지닌 인물이다. 대중의 도덕적 교화를 자신의 책무로 여겼고, 도덕적으로 수양된 사람들이 살아가는 사회를 만들기 위해 수양된 인물에 의한 범인凡人의 교육을 강조했던 철저한 도덕 지상주의자였다.[96] 그는 문학이 인간을 자극하고 욕구를 증폭시켜 인간의 도덕적 타락을 유도할 수도 있다는 생각 때문에 문학을 철저하게 배격한 인물이었다.[97] 옥동의 이와 같은 인식세계로 보아 그의 만시가 아무리 사회적 분위기에 연계된 상투적인 문학 양식이었다고 하더라도, 옥동의 만시는 일반적인 문사들의 만시와 다를 수 있는 충분한 가능성이 있다.

흔히 도학자 혹은 성리학자들의 만시는 표면적으로 이승과 저승이라는 서로 다른 세계가 소통하는 매개체의 역할을 하지만, 실질적으로는 유가사상儒家思想이 지니고 있는 현세적 성격으로 인해 현실적 성격을 주로 보여 준다고 한다. 도학자들은 죽음을 두고서도 시적 대상 인물이 일생 동안 보여주었던 현실적 삶의 가치를 부각하여 교시敎示의 전범典範으로 강조함으로써 만시에서 그들이 추구했던 가치와 정서를 더욱 분

95 朴浚鎬, 「惠寰 李用休 文學 研究」, 成均館大學校 博士學位論文, 1999. 10, 128면.

96 尹載煥, 「玉洞 李溆의 理 · 氣對立的 思惟樣式과 그 意味」, 『東洋古典研究』 49, 東洋古典學會, 2012, 204~211면.

97 尹載煥, 「玉洞 李溆의 文學觀 研究」, 『東方漢文學』 27, 東方漢文學會, 2004, 228~237면.

명하게 드러내고자 했다. 도학자들의 만시가 대상 인물의 죽음이라는 절대적 상황 앞에서 그들이 추구하고 구현하고자 했던 이상적 삶의 면모를 정리해서 보여 준다는 점에서 도학자들의 만시는 그들의 세계관과 내면 의식을 이해할 수 있는 매우 긴요한 자료가 된다.[98]

이와 같은 주장은 도학자들의 만시가 지니는 보편적인 속성을 말하는데, 옥동의 만시도 이 언급을 그리 벗어나지 않는다. 옥동의 만시는 만시 창작의 대상이 되는 인물의 죽음 이후 자신이 느끼는 서러움의 정서에 주목하기보다는 대상 인물이 살아왔던 삶의 과정과 정신세계에 대한 서술을 중심으로 한다. 옥동의 만시는 시의 대상이 되는 인물과 자신이 생전에 맺었던 인간관계를 진술하기도 하지만, 이 인간관계가 시의 중심에 놓이지 않는다. 다른 어떤 것보다 옥동이 만시를 창작하면서 주목했던 것은 만시 창작의 대상이 되는 인물이 보여주었던 생전의 행위와 그가 지니고 있었던 삶의 자세였다. 따라서 옥동의 만시는 비탄悲嘆보다는 칭양稱揚을 중심으로 하는 것으로, 평소 옥동이 생각하고 있었던 대상 인물에 대한 도덕적 평가가 고스란히 드러나는 것이다. 이는 다른 말로 옥동의 만시는 옥동이 생각하는 삶의 가치와 의미를 있는 그대로 보여주는 것이라고 할 수 있다.

옥동의 만시가 비탄悲嘆보다는 칭양稱揚을 중심으로 하며, 옥동이 지니고 있었던 대상 인물에 대한 도덕적 평가와 그 자신이 생각하는 삶의 가치와 의미를 있는 그대로 보여주는 것이라고 한다면, 그의 만시는 문학 행위일 뿐만 아니라 대상 인물에 대한 최종적이고 객관적인 평가 행위까지 포함한다는 것을 의미한다. 그러나 이러한 이야기는 옥동의 만시가 지니는 문학성을 부정한다는 의미가 아니다. 그것보다 옥동의 만시가

98 전재강, 「寒岡 挽詩의 성격 연구」, 『국어교육연구』 46, 국어교육학회, 2010, 247~248면.

문학성을 지닌 문학 작품인 것은 분명하지만, 옥동에게 만시의 창작이 의미 있는 행위로 간주된 것은 그것이 죽은 사람의 결핍으로 인해 자신이 느끼게 되는 서러움의 감정을 드러낼 수 있는 문학적 도구로만 기능하였기 때문이 아니라, 만시가 도덕적으로 가치 있는 삶을 살았던 한 인물의 삶을 칭양함으로써 주변에 있는 다른 사람들을 교화할 수 있는 교육적 도구로도 기능할 수 있다고 생각했기 때문이었다는 뜻이다.

이와 같이 생각하는 이유는 옥동의 만시가 지니고 있는 몇 가지 특성 때문이다. 옥동의 만시가 지니는 첫 번째 특성은 창작 대상의 선택에서 찾을 수 있다. 옥동의 문집 속에 67수의 만시가 수록되어 있는 것으로 보아 옥동의 만시 창작 역시 당대의 사회적 분위기와 무관하지 않았다고 할 수 있다. 그러나 이것은 옥동의 만시 창작 행위 자체가 당대의 보편적인 사회 분위기에서 유리될 수 없었다는 것이지 만시 창작의 대상이나 방법, 내용이 당대의 보편적인 경향과 동일하다는 것은 아니다. 오히려 옥동의 만시는 창작의 대상이나 방법, 내용에서 당대의 보편적인 경향과 적지 않은 거리를 보여준다.

우선 옥동의 만시는 1수를 제외하고는 대인만代人作의 속성을 지닌 시가 없다. 1수의 대인만代人作도 고모부[姻叔]를 대신하여 쓴 7언율시 〈대인숙제만代姻叔題挽〉이라는 점에서 당대 창작된 만시가 지니는 가장 큰 문제점인 '알지 못하는 죽은 사람을 위한 관습적인 창작'에서는 한걸음 빗겨나 있다. 이학규李學逵의 글에서 볼 수 있는 것처럼[99] 조선 후기

99 李學逵, 「與」, 『洛下生集』 10冊, 「因樹屋集」, "此鄕之人, 每遇鄰里喪死, 不論樵翁牧豎餠師酒婆, 動費一張紙本, 東西奔馳, 乞爲輓詩. 其有衣冠舊族, 城府良家, 不惟乞爲輓詩, 仍復乞爲祭文. 三家邨中稍解訓蒙者何限, 而都是胡叫杜撰, 動謂應擧時文, 或請點改, 或乞評語, 至如問喪慰疏, 求婚訊簡, 擧謂京華人定識體面, 點簿按實, 具牒紀詳, 亦謂文翰家必有見聞, 鱗集蟻附, 牢不可拒. 不謂渠所切須, 動稱爲我消遣. 假使此輩, 爲我損卻一毛, 勞卻一指, 定是掉頭亟走, 惟自秏我精光, 速我衰朽耳, 此三苦也."

에 창작된 만시의 상당수가 주위 사람들의 요청에 의해 죽은 사람과는 일면식도 없는 상태에서 창작되기도 하였는데, 이러한 만시의 창작이 가능할 수 있었던 것은 만시가 지니는 특수성에 기인하는 바가 크다. 그러나 옥동의 만시에서는 이와 같은 당대의 관습적인 창작의 예를 찾기 어렵다.

표5 옥동 이서 만시 분류표

연번	제목	수량	형식	대상	비고
1	悼尹佡丈以勉	1	7언절구	尊丈	
2	哭鄭戚丈搏	1	5언율시	尊丈	
3	挽尹誠之	1	7언고시	友人	
4	挽李奉朝賀	1	5언고시	尊丈	
5	悼楊根處士李丈保晩甫	1	5언고시	尊丈	
6	挽金處士碩堅丈	2	5언고시 7언절구	尊丈	
7	代姻叔題挽	1	7언율시	代人作	
8	哭尹友道一	2	7언절구	友人	
9	挽宗姪李夢休	2	7언율시	宗姪	
10	哭宗姪夢休	1	5언율시	宗姪	
11	望哭李鵬瑞	2	5언절구 7언절구	弟子	
12	哀兪友義重正路	1	7언절구	友人	
13	挽權安山大夫人	2	5언고시 5언율시	母夫人	
14	挽宗姪憲休	1	5언율시	宗姪	
15	挽李進士 洙	3	7언율시 7언절구	從兄弟	
16	哀崔泰仲辭	1	장단구	友人	
17	挽宗姪參判震休伯起	1	7언율시	宗姪	
18	悼沈友定齋	3	7언절구	友人	

연번	제목	수량	형식	대상	비고
19	過眞木亭悼澤甫	1	5언절구	友人	
20	看秋悼澤甫	1	5언절구	友人	
21	挽沈定齋	2	5언율시 7언절구	友人	
22	挽鄭學柱	1	5언율시	姻戚	
23	挽申淸州必淸	1	5언율시	姻戚	
24	挽曺友處士夏英	1	5언율시	友人	
25	哀崔進士錫之	1	7언절구	後學	
26	挽韓高敞	1	5언율시	友人	
27	輓金子心	1	5언율시	友人	
28	挽李進士漢導	1	5언고시	友人	
29	挽朴友誾君悅	1	7언절구	友人	
30	挽韓高城	1	5언율시	姻戚	
31	挽李處士子常	1	7언절구	後學	
32	挽鄭丈 洙閔	1	5언율시	尊丈	
33	挽鄭丈 鏛	1	5언율시	尊丈	
34	挽表堂姪李宜復	1	5언율시	堂姪	
35	挽尹恭齋	1	5언율시	後學	
36	哭內從兄際仲甫	2	7언절구	內從兄	
37	悼李生徵休	1	5언율시	宗姪	
38	悼族孫日煥	1	5언율시	族孫	
39	挽朴參奉浩然	1	5언고시	友人	
40	哀李老兄長源浩如	1	5언고시	友人	
41	挽姜仲美	1	5언율시	友人	
42	哀李丈保晩	1	5언고시	尊丈	
43	挽沈承旨直夫	2	5언율시 5언절구	友人	
44	挽崔友鎭漢	1	5언절구	友人	
45	挽許去非	1	5언율시	後學	
46	弔李宜白妻元氏	1	5언율시	姪婦	
47	懷亡友李老兄海如	1	5언고시	友人	

연번	제목	수량	형식	대상	비고
48	挽李孟元	1	5언고시	尊丈	
49	哀鄭友周瑞	1	5언고시	友人	
50	懷老尊丈李僉知公	1	5언고시	尊丈	
51	挽姊兄洪僉知	1	5언율시	姊兄	
52	挽許參奉宜	1	5언율시	友人	
53	挽權持平斗紀	1	5언율시	友人	
54	挽權參判	1	7언율시	友人	
55	挽李萬戶河濟	1	5언절구	後學	

옥동의 만시 55제 67수를 간단하게 분류해 보면 위의 표와 같이 정리가 가능한데, 그의 만시 55제 67수는 위의 표를 통해 알 수 있듯이 연작시가 거의 없다. 따라서 옥동의 만시는 대략 50여 명 정도의 인물을 대상으로 하여 창작되었다. 그의 만시 67수 중에서 2수 이상의 만시에서 창작의 대상이 된 인물들을 들어보면 윤도일尹道一(2수), 이보만李保晩(2제 2수), 이몽휴李夢休(2제 3수), 이붕서李鵬瑞(2수), 권대부인權大夫人(2수), 이수李洙(3수), 심득경沈得經(2제 5수), 이중보李仲甫(2수), 심직부沈直夫(2수)로 모두 9명이다. 이 중 권대부인은 옥동의 모부인이고, 이수와 이중보는 종형제, 이몽휴는 조카, 이보만은 옥동의 친구인 이장원李長源의 부친, 윤도일·심득경·심직부는 친구, 이붕서는 제자이다. 또 그의 만시 67수 중 〈대인숙제만代姻叔題挽〉 1수를 제외한 66수의 창작 대상들은 모두 옥동과 직접적인 관계를 맺고 있다. 이렇게 본다면 옥동의 만시 창작이 비록 당대의 보편적인 사회 분위기와 연관된 것이었다고 하더라도 옥동은 주변 사람들의 청탁에 의해 만시를 창작하지 않았다고 할 수 있다.

이와 함께 옥동의 만시 창작은 창작 대상이 되는 죽은 사람이 생전에 어떠한 삶을 살았는가 하는 삶의 내용과 상당한 관계가 있다. 옥동의 만시 중 만시의 창작 연유에 대해 밝혀 놓은 두 수의 시를 통해 이와 같은 생각을 구체적으로 확인할 수 있다. 두 수의 만시 서문과 자주自註에서 옥동은 만시의 창작 이유를 밝혔는데, 그 첫 번째 시가 〈도윤선장이면悼尹岙丈以勉〉이다. 이 시의 자주에서 옥동은 "공은 천성이 총명하고 마음 씀이 맑고 고요하였는데, 세상이 어지러워질 것을 보고서는 문을 닫고 수련하여 세상과 접하지 않았다. 경사經史와 제자백가諸子百家의 서적을 두루 보아 견식이 해박하였다. 70여 세의 나이로 천수天壽를 마쳤다[公性聰敏, 操心淸高恬靜, 見世之將亂, 杜門脩煉, 不與世接. 博覽經史百家, 見識該博. 年七十餘, 以天年終]."고 하였고, 다른 한 수의 시인 〈조이의백처원씨弔李宜白妻元氏〉의 서문에서는 "이 부인은 집안 조카 이의백의 아내이다. 용모가 몹시 빼어났으며 성품이 어질고 효도하며 예를 좋아했다. 시부모님을 모실 때에 힘과 마음을 다했으며 늘 뜻을 받드는 것으로 주를 삼아 섬겨 그 자신의 몸을 두지 않았으니 참으로 옛날의 어질고 밝은 사람과 같은 사람이다. 내가 그 덕에 감동하여 4운의 시 한 편을 지어 칭송한다[此婦人, 乃戚姪李宜白婦也. 容顔絶特, 性仁孝好禮. 事舅姑竭力盡心, 每事以養志爲主, 能不有其身, 眞古之賢哲也. 余感其德, 賦四韻一詩以頌服焉]."고 했다. 옥동의 언급을 살펴보면 옥동이 이 두 사람에 대한 만시를 창작한 이유가 이들이 유가적儒家的 도덕관념에 충실한 사람들이었기 때문이었다는 것을 알 수 있다.

이렇게 본다면 옥동의 만시는 만시의 창작 대상과 그 자신과의 관계성과 함께 만시의 창작 대상이 생전에 어떠한 삶을 살았는가 하는, 죽은 사람이 살았던 삶의 내용과 상당한 관계를 지닌다. 이것은 다른 말로 옥동에게 만시는 죽은 사람으로 인해 자신이 느끼는 서러움을 드러내는 도구이자 도덕적으로 가치 있는 삶을 살았던 인물의 삶을 칭양하여 주변의 다른 사람들을 교화하는 교육적 도구로 기능하였다는 뜻이 된다.

옥동의 만시가 지니는 두 번째 특성은 그의 만시가 비탄의 정서보다 칭양을 위주로 한다는 것이다. 그의 만시가 주변 사람들을 교화하는 교육적 도구로 기능하기 위해서는 당연히 칭양이 중심이 되어야 하기 때문이다. 따라서 이 두 번째 특성은 첫 번째 특성과 연계된 것이다.

忘年許知己	나이를 잊고서 지기로 허락하시니
終始一交情	처음부터 끝까지 사귄 정 한결같았었지.
慾寡常沉靜	욕심 적어 늘 침착하고 조용했으며
心和自正平	마음 온화해 절로 바르고 공평했었지.
謹愼寧生辱	삼가고 삼갔으니 어찌 욕될 일 있겠고
謙虛不欲名	겸손하게 낮추어 명예 구하지 않았었지.
德高無一命	덕 높아도 한 목숨 누리지 못했으니
天理儘難明	하늘의 이치 밝게 알기 참 어렵네.[100]

念昔姻兄弟	옛날 자형을 생각해보면
深情尙保全	깊은 정을 오히려 보전했었지.
一家治有法	온 집안 다스림에 법도 있었고
百行孝爲先	모든 행동에 효를 우선 삼았었지.
慮事明常照	일을 생각할 때는 밝음으로 늘 비추었고
急難義直前	급하고 어려움에도 의로 앞으로 나아갔지.
揚名身後在	이름 떨치는 건 죽고 난 다음에 있으니
德美必流傳	덕의 아름다움 반드시 흘러 전하리.[101]

두 수의 시는 모두 옥동의 문집 권4에 수록되어 있는 시로 옥동의 만시 중 32번째 시인 〈만정장 수민挽鄭丈 洙閔〉과 51번째 시인 〈만자형홍

100 李溆, 〈悼楊根處士李丈保晩甫〉, 『弘道先生遺稿』 卷1.
101 李溆, 〈挽姊兄洪僉知 諱濟〉, 『弘道先生遺稿』 卷1.

첨지 휘린挽姊兄洪僉知 諱潾〉이다. 이 두 시의 대상이 되는 정수민鄭洙閔과 홍린洪潾 중 정수민鄭洙閔은 동주東州 이민구李敏求가 쓴 「전창군 유공묘비명全昌君柳公墓碣銘」[102]과 설봉雪峯 강백년姜栢年의 「성록대부 전창군겸 오위도총부 도총관 유공 묘지명成祿大夫全昌君兼五衛都摠府都摠管柳公墓誌銘」[103]을 통해 볼 때 광덕대부光德大夫 전창군全昌君 진주유씨全州柳氏 소한당素閒堂 유정량柳廷亮(선조 24~현종 4, 1591~1663, 자字 자룡子龍, 시호諡號 효정孝貞)의 둘째 아들 군수郡守 유흡柳潝(광해군 3~미상, 1611~미상, 자字 화보和甫)의 큰 사위가 아닌가 생각되고, 홍린洪潾은 통훈대부通訓大夫로 행형조정랑行刑曹正郎에 제수된 남양홍씨南陽洪氏 홍기서洪箕敍의 큰아들(효종 1~미상, 1650~미상, 자字 정보靜甫)로 옥동의 양부인 이주진李周鎭의 사위여서 옥동의 자형이 된다.[104]

이 시들을 보면 이들은 모두 유가적 수양에 충실했던 사람들이다. 그런데 정수민鄭洙閔의 만시에서 옥동이 "나이를 잊고서 지기로 허락했다."는 내용으로 보아 옥동과 정수민鄭洙閔은 적지 않은 나이차가 있었다고 보인다. 이 두 편의 시에서 옥동이 주목한 것은 두 사람의 생전 행적과 마음 자세였다. "욕심 적어 침착하고 조용했다."거나 "마음 온화

102 李敏求, 「全昌君柳公墓碣銘」, 『東州先生文集』 卷10, "兄擧二男二女, 男長淰, 卽參判公, 次潝, 郡守, 女長適進士李重揆, 次適學諭鄭華齊. 參判六男, 以泰・以謙・以升・以井・以復・以節, 五女, 姜萬碩・朴純・沈枏・鄭來祥・一幼, 郡守二男, 以震・以鼎, 二女, 鄭洙閔・一幼, 進士二男, 玄賞・玄覺. 學諭三男, 度玄・度弘・一幼, 三女, 金文遠・趙頤壽・韓宗運."

103 姜栢年, 「成祿大夫全昌君兼五衛都摠府都摠管柳公墓誌銘」, 『雪峯遺稿』 卷28, "有二男二女, 男長淰, 卽知申公也, 次潝郡守, 女長適進士李重揆, 次適博士鄭華齊. 知申六男, 以泰・以謙・以升・以井・以復・以節, 五女姜萬碩・朴純・沈枏・鄭來祥・一幼. 郡守二男, 以震・以鼎, 二女鄭洙閔・洪始亨. 李重揆二男玄賞, 玄覺, 鄭華齊三男度玄・度弘・度絅, 三女金文遠・趙頤壽・韓宗運."

104 여주이씨 가문의 족보를 살펴보면 옥동의 양부인 李周鎭의 사위가 郡守 南陽洪氏 洪粼이라 되어 있는데, 『司馬榜目』 등의 資料를 보면 洪箕敍의 아들을 洪潾이라고 기록하고 있다. 洪潾과 洪粼은 동일 인물이라 보인다.

해 바르고 공평했다."는 언급과 "삼가고 삼갔다.", "겸손하게 낮추었다."는 표현은 정수민鄭洙閔의 생전 행적을 말해주는 것이고, "집안 다스림에 법도 있었다."거나 "모든 행동에 효를 우선 삼았다.", "일을 생각할 때는 밝음으로 비추었다.", "급하고 어려움에도 의로 나아갔다."는 표현은 옥동이 본 홍린洪潾의 삶이 어떠했었는지를 보여주는 표현이다. 그런데 이 두 사람의 죽음에 대해 옥동은 그저 "하늘의 이치 밝게 알기 참 어렵다."거나 "이름 떨치는 건 죽고 난 다음에 있으니 덕의 아름다움 반드시 흘러 전하리."라고 했을 뿐이다. 시의 표면에 드러난 언급으로만 본다면 옥동이 이들의 죽음에 대해 그리 큰 안타까움이나 서글픔을 지니고 있었다고 생각하기 어려울 정도이다. 이런 표현 방법은 옥동이 벗의 죽음을 대하고 쓴 만시에서도 확인할 수 있다.

仁壽之徵我信之	어질고 수를 누릴 그 조짐 나 믿었지만
今於正路却生疑	지금 정로 죽었으니 참 의심스럽네.
生疑人或流邪畏	의심 생겨 사람들 사악함에 흐를까 두렵지만
爲惡而生不可爲	악을 저지르며 사는 것은 해서는 안 될 일이네.[105]

一識荊州面	형주 같은 그대 한 번 만난 그 뒤로부터
常存懷抱中	언제나 마음속에 두어 왔으니
深知宰相器	宰相의 그릇이라 잘 알았고
眞有諫臣風	諫臣의 풍모를 참으로 가졌지.
神騎箕星遠	신기는 기성과 함께 멀리 달리고
名齊泰岳崇	이름은 태산과 같이 높았지.
齎心終未展	가진 마음 끝내 다 펼치지도 못했으니
千古恨無窮	천고에 그 한이 끝이 없구나.[106]

105 李溆, 〈哀兪友義重正路〉, 『弘道先生遺稿』 卷2.

天姿恬靜有廉操　천부 자질 고요한데다 청렴하고 지조 있으며
厚德朝中宿望勞　너그러운 덕 조정에서도 촉망 몹시 받았었지.
性好古書常樂志　성품은 옛 책 좋아하여 늘 뜻이 즐거웠고
藝工新篆更揮毫　기예 뛰어나 새 전서에 다시 붓을 휘둘렀지.
心存國計誠忠懇　나라 위한 계책 마음에 두어 정성과 충성 간절하고
疏抗天門事業高　대궐에 상소 올렸으니 사업이 우뚝하네.
年位莫嗟猶未滿　수명과 지위 다하지 못했다 탄식하지 말게나
美名他日定崇褒　아름다운 이름 다음에 반드시 높이 기릴 테니.[107]

이 세 수의 시는 모두 옥동과 우인관계友人關係에 있었던 인물들에 대한 만시이다. 첫 번째 시는 옥동의 문집 권2에 수록되어 있는 시로 옥동의 만시 중 12번째 시에 해당하는 〈애유우의중 정로哀兪友義重 正路〉이고 두 번째 시는 문집 권4에 있는 시로 옥동의 만시 중 53번째 시에 해당하는 〈만권지평 두기挽權持平 斗紀〉, 세 번째 시는 문집 권4에 있는 시로 옥동의 만시 중 54번째 시에 해당하는 〈만권참판 규挽權參判 珪〉이다.

첫 번째 시의 유의중兪義重은 승지承旨를 지냈던 기계유씨杞溪兪氏 유하겸兪夏謙(인조 10~숙종 17, 1632~1691, 자字 중휘仲撝·수보受甫)의 아들이자 현감縣監을 지냈던 유도중兪道重(효종 8~미상, 1657~미상, 자字 일경一卿)의 동생으로 생각되고, 두 번째 시의 권두기權斗紀는 효종 10년(1659)부터 경종 2년(1722)까지 살았던 인물로 본관은 안동安東이고 자는 숙장叔章 호는 청사晴沙이며 좌찬성을 지냈던 권벌權橃의 5대손이자 창설재蒼雪齋 권두경權斗經의 둘째 동생이고, 세 번째 시의 권규權珪는 형조판서刑曹判書를 지낸 안동권씨安東權氏 석담石潭 권대운權大運(광해군

106 李漵, 〈挽權持平斗紀〉, 『弘道先生遺稿』 卷4.
107 李漵, 〈挽權參判 珪〉, 『弘道先生遺稿』 卷4.

4~숙종 25, 1612~1699)의 아들이자 손재巽齋 권중경權重經(효종 9~영조 4, 1658~1728)의 아버지로 대사헌을 지냈으며 인조 26년(1648)부터 경종 3년(1722)까지 살았던 인물로 보인다. 권규權珪의 자字는 국서國瑞, 호號는 남록南麓이며, 전서篆書에 뛰어났다고 한다.

이들의 만시에서 볼 수 있는 정서도 역시 앞서 살펴본 시와 별반 다를 것이 없다. 다만, 권두기權斗紀와 권규權珪가 관직 생활에 종사한 인물이었기 때문에 이들의 생전 업적에 대한 설명이 신하의 직분을 중심으로 이루어져 있다는 점에서 차이를 보일 뿐이다. 특히 유의중兪義重의 만시에서 옥동은 그가 어진 사람이었지만 수를 누리지 못했다는 것이 세상 사람들을 악으로 이끄는 계기가 될까 두렵다고 하여, 개인적으로 느끼는 서러움의 감정보다 친구의 죽음이 가지고 올 수도 있는 사회적 해악害惡에 대해 경계하는 모습까지 보였다. 옥동의 만시가 보여주는 이와 같은 모습은 죽음까지도 도덕적 교육의 도구로 삼고자 했던 옥동의 의식을 보여주는 것이라고 할 수 있다.

儉而多信義	검소한데다 신의 있으니
公直出天眞	공정하고 정직한 건 천진에서 나왔으며
筆法自奇格	필법은 절로 기이한 품격 갖추었고
文才儘絶倫	글재주는 절륜함을 다했는데
孝稱今世上	효로 세상에서 일컬음 받고
學慕古賢人	학문은 옛 현인을 사모했지만
未就平生志	평생의 뜻 이루기도 전에
天胡遽奪君	하늘은 어이하여 이리 급히 그대 데려갔나.[108]

108 李漵, 〈哭宗姪夢休〉, 『弘道先生遺稿』 卷2.

生長同鄰里　　이웃 마을에서 같이 나고 자라
知君直若松　　그대 소나무 같이 곧다는 것 잘 아니
操持淸不濁　　지조는 맑아 탁해지지 않고
禀賦俊非庸　　받은 성품 뛰어나 용렬하지 않았네.
行事元無忒　　일 처리 애당초 틀리는 것 없었고
文辭亦可宗　　문장도 한 시대 으뜸 될 만 했었는데
有才其奈命　　그 재주 가졌지만 그 운명을 어찌하겠나만은
餘慶定無窮　　남은 경사 정녕코 끝이 없겠지.[109]

良順且靜正　　어질고 순후하며 또 맑고 바른데다
文華大過人　　문장 솜씨 남들을 훨씬 뛰어넘었는데
如何天降禍　　어찌하여 하늘은 재앙을 내려
亦及子之身　　그대 몸에 이렇게 미치게 하는가.

犁牛之子騂且角　　얼룩소 새끼지만 털 붉고 뿔까지 났는데
人也胡爲天禍極　　그 사람 어이하여 하늘 재앙 끝까지 다 받나.
性良慕古足文才　　진실한 성품에 옛 도를 사모하고 글재주까지 있는데
人也胡爲天禍酷　　그 사람 어이하여 하늘 재앙 혹독히 받나.[110]

위에서 인용한 시는 순서대로 옥동의 문집 권2에 실려 있는 〈곡종질몽휴哭宗姪夢休〉와 문집 권3에 실려 있는 〈만종질헌휴挽宗姪憲休〉, 그리고 문집 권2에 수록되어 있는 〈망곡이붕서望哭李鵬瑞〉 2수이다. 조카 이헌휴를 제외한 두 사람은 모두 옥동보다 어린 나이에 옥동보다 먼저 생을 마감한 인물들이다.

첫 번째 시의 대상인 이몽휴李夢休는 옥동과 동항同行인 이형李瀅의

109 李漵, 〈挽宗姪憲休〉, 『弘道先生遺稿』 卷3.
110 李漵, 〈望哭李鵬瑞 自註, 曾受業于我〉 1~2, 『弘道先生遺稿』 卷2.

아들로 자는 응서應瑞이고 현종 14년(1673) 태어나 숙종 25년(1699) 5월 16일 운명했으니 대략 27년 정도 살았다. 효행으로 특히 이름이 났으며 밀양박씨密陽朴氏와 혼인했다. 두 번째 시의 대상인 이헌휴李憲休 역시 옥동과 동항同行인 이면李沔의 아들로 자는 숭문崇文이고 효종 6년(1655) 태어나 숙종 31년(1705) 정월 17일에 운명했으니 대략 51년 정도 살았다. 문화유씨文化柳氏 정랑正郎 유축柳軸의 딸과 혼인했다. 마지막 두 시의 대상인 이붕서李鵬瑞에 대해서는 확인할 수 있는 방법이 없지만, 옥동이 이 시의 자주自註에서 "일찍이 나에게 수업을 받았다[曾受業于我]."고 한 것으로 보아 옥동의 제자인 듯하고 마지막 시에서 『논어論語』의 「옹야雍也」편篇을 인용하여 "얼룩소 새끼지만 털 붉고 뿔까지 났다."고 한 것으로 보아 이붕서李鵬瑞의 출신이 그다지 좋지 않았을 것이라고 짐작되지만 더 이상은 확인할 수 있는 방법이 없다.

여기서 인용한 시 4수의 내용이나 그 속에 담겨 있는 옥동의 정서는 앞에서 살펴본 시와 같다. 그의 조카이고 또 제자였다는 점에서 그들의 죽음은 옥동에게 많은 감개感慨를 주었을 것이고 옥동 역시 서러움을 느꼈을 것이지만, 옥동의 만시에는 그와 같은 정서에 대한 어떤 언급도 담겨 있지 않다. 이 시에는 이들의 생전 행실이 어떠했는지, 이들이 목표한 인생이 어떤 것이었는지에 대한 서술만 나올 뿐이다. 다만 이헌휴李憲休를 대상으로 한 두 번째 시에서 『논어論語』「옹야雍也」편의 "지혜로운 사람은 즐거워하고 어진 사람은 장수한다[知者樂 仁者壽]"는 구절과 『주역周易』「곤괘坤卦 · 문언文言」에 "선을 쌓은 집안에는 반드시 남은 경사가 있다[積善之家 必有餘慶]"는 구절을 인용해 이헌휴李憲休의 사람됨과 그 사람됨으로 인한 보상이 후대에 반드시 이루어질 것임을 밝혔을 뿐이다.

이렇게 살펴본 옥동 만시의 두 특성은 자연스럽게 다음 세 번째 특성을 유도한다. 옥동의 만시가 지니는 세 번째 특성은 개인 정서의 억제이다. 이 특성은 옥동의 만시가 유가적 도덕 교육의 도구로, 비탄보다 칭양을 중심으로 하고 있다는 점에서 당연한 것이라고도 할 수 있다.

옥동의 시 대부분에서 확인할 수 있는 정서가 절제된 감정이다. 그의 시에서는 개인적인 희노애락喜怒哀樂의 정서가 최대한 절제되어 표출된다. 이와 같은 정서의 표출 방법은 그의 문학론에 기인한 것이라고 생각되는데, 이런 특징이 그의 만시를 일반적인 문인들의 만시와 구분하게 만드는 본질적인 요인이라고 할 수 있다.

五齡痘夭女星英	다섯 살에 마마로 딸 성영을 잃었는데
孟敬今胡痘五齡	지금 어찌 맹경도 다섯 살에 마마로 잃나.
怳爾感從心上起	홀연히 감개가 마음 따라 일어나니
宛然形在眼中行	또렷하게 네 모습 눈에 다가드네.
星乎氷雪兼蘭蕙	성영은 얼음 눈에 난초 혜초 겸했었고
敬也聰明儘孝誠	맹경은 총명에 효도 성실 다 갖추었지.
腸若有知應裂盡	창자 만약 안다면 다 찢어질 테니
莫聽巴峽斷猿聲	파협의 장 끊는 원숭이 울음 들을 것 없으리.[111]

爾哭吾還哭	네 울음을 내가 도리어 우니
殃乎此酷然	재앙이구나 어찌 그리 혹독한가.
遊魂已碧落	떠도는 혼 이미 푸른 하늘 저 멀리 가버리고
守魄亦黃泉	머물던 백도 황천으로 가버렸을 테지만
怳爾聲遺耳	멍하니 네 목소리 귀에 남아 있고
依然面在前	옛 처럼 네 얼굴 눈앞에 있으니

111 李漵, 〈余二十二時, 以痘喪五歲女星英, 今四十三, 又以痘亦喪五歲女孟敬, 怪哉爲作一詩以識悲懷.〉, 『弘道先生遺稿』 卷3.

殀乎何所恨　　재앙이로구나 어디를 한할 것이며
命也奈蒼天　　명이로구나 푸른 하늘을 어이할까나.[112]

이 두 수의 시는 옥동의 문집 권3에 수록되어 있는 시이다. 이 두 수의 시는 가운데 〈증정혜상인贈淨慧上人〉이라는 한 수의 시를 두고 이어져 있으며, 시의 내용이 유사한 것으로 보아 비슷한 시기에 창작된 시라고 생각된다. 〈내가 스물두 살 때 천연두로 다섯 살 난 딸아이 성영을 잃었는데, 마흔 세 살이 된 지금 와서 다시 또 천연두로 다섯 살 난 딸아이 맹경을 잃었으니 괴이한 일이다. 시 한 수를 지어 비통한 마음을 표한다[余二十二時, 以痘喪五歲女星英, 今四十三, 又以痘亦喪五歲女孟敬, 怪哉. 爲作一詩, 以識悲懷].〉라는 첫 시의 제목으로 보아 이 시는 옥동의 나이 43세 되던 숙종 30년(1704) 그가 두 번째로 마마 때문에 다섯 살 된 딸 맹경孟敬을 잃은 뒤 쓴 시이고, 두 번째 시는 〈갑자기 다섯 살에 죽은 딸 맹경이 생각나서[忽思五歲死女孟敬]〉라는 제목으로 보아 역시 다섯 살에 죽은 딸 맹경孟敬이 갑자기 그리워 쓴 시이다. 두 시 모두 만시는 아니지만 죽은 딸아이를 생각해서 쓴 시이고, 옥동 시의 절제된 감정 표출 양상을 잘 보여주는 시여서 인용해 보았다.

이 두 수의 시는 모두 5살이 된 딸을 잃고 쓴 시이다. 부모의 죽음은 천붕지통天崩之痛·망극지한罔極之恨이라고 하거나 『예기禮記』「제의祭義」편을 인용하여 처창지심悽愴之心 혹은 출척지심怵惕之心[113]이라고 한다. 모두 부모의 죽음을 접한 자식의 아픈 마음을 표현한 것인데, 자식의 죽음을 표현한 용어는 그다지 많지 않다. 자하子夏가 아들을 잃고 상심

112 李漵, 〈忽思五歲死女孟敬〉, 『弘道先生遺稿』 卷3.

113 「祭義」, 『禮記』, "霜露旣降, 君子履之, 必有悽愴之心, 非其寒之謂也. 春雨露旣濡, 君子履之, 必有怵惕之心, 如將見之."

하여 눈이 멀었다는 상명喪明 정도가 있을 뿐인데, 이는 부모에 앞서 자식이 죽는 예가 그리 많지 않았기 때문이기도 하겠지만, 부모의 입장에서 자식의 죽음을 달리 표현할 수 있는 방법이 없어서이기도 할 것이다. 그래서 흔히 부모가 죽으면 자식은 부모를 땅에 묻고 자식이 죽으면 부모는 자식을 가슴에 묻는다고 한다.

위에서 인용한 두 수의 시가 자식의 죽음에 쓴 시이고, 그 두 자식이 모두 겨우 다섯 살에 마마로 죽음을 당했다는 점에서 옥동이 느낄 한의 정도를 익히 짐작할 수 있다. 두 딸을 같은 나이에 같은 병으로 잃어야 했던 옥동은 그 딸들의 모습을 잊을 수 없다. 옥동에게 그들은 떠올리기만 하면 언제나 눈앞에 다가드는 머리 속에 남아있는 자식이었다. 그렇지만 이 딸들은 살아서 다시 만날 수 있는 육신을 가진 존재가 아니었다. 언제나 떠올릴 수는 있지만 함께 할 수 없다는 자각은 옥동의 창자를 찢어지게 했고, 그 애끓는 소리는 파협의 자식 잃은 원숭이가 울던 소리를 멎게 할 수 있다고 했다. 잃어버린 두 딸에 대한 진한 부정父情을 시의 표면에서 그대로 느낄 수 있다. 그래서 옥동은 첫 시의 마지막 연에서 "장이 만약 안다면 응당 다 찢어질 테니 파협의 장 끊어진 원숭이 소리 들을 것 없다."고 했다. 그러나 다음 시에서는 다시 "재앙이로구나. 어디를 한할 것이며, 명이로구나. 푸른 하늘을 어이할까나."라고 하여 상황에 순응하는 모습을 보여준다. 감정을 절제하기 위해 노력하는 옥동의 모습을 익히 짐작할 수 있다. 자식의 죽음에서 느끼는 서러움을 절제하고자 하는 옥동의 모습이 독자에게 더 큰 감동으로 다가오기도 하지만, 옥동이 자식의 죽음이라는 극한적인 상황에서도 자신의 감정을 절제하고자 했던 것에서 평소 지니고 있었던 그의 의식을 쉽게 짐작할 수 있다. 자식의 죽음을 접하고 쓴 시에서 볼 수 있는 옥동의 의식과 정서는 그의 만시에 내포될 정서가 어떠한 것인지를 충분히 짐작하게 한다.

이와 함께 제한되고 절제된 정서를 유지하면서 교육적 효과를 증대하기 위해 옥동은 전고의 사용이라는 용사 기법을 사용하기도 했다. 제한된 글자 속에 보다 많은 내용을 응축하기 위한 보편적인 서사 기법이 전고典故의 용사用事라는 점에서 옥동의 선택은 한시 창작의 보편적인 기법의 활용이라고 할 수 있다. 그러나 이와 같은 기법의 사용은 서술의 편폭을 확장한다는 장점을 가지기는 하지만, 다른 한편으로 문학 작품이 지녀야 할 창조성·독창성·참신성을 제약하여 그의 만시가 보편적이고 상투적인 내용과 표현 속에 매몰되게 만든다.

對子之兒想子容　그대 아들 대하고서 그대 모습 떠올리니
斑斑雙袖淚龍鐘　두 소매에 얼룩덜룩 눈물 홍건하구나.
早將情曲時相啓　어려서는 간곡한 정 때로 열어 보이다가
老作隣閭日與從　늙어서는 이웃되어 날로 같이 어울렸지.
鶴去一千年不返　학은 한 번 가서는 천 년 되도 안 돌아오지만
劍離三十歲重逢　칼은 헤어진 지 삼십 년 만에 다시 만났네.
幽明自此音儀隔　이승 저승 이제부터 음성 모습 멀어지리니
泉路沉沉閑幾重　황천 길 어둑어둑 몇 겹으로 막혀 있겠지.[114]

이 시는 옥동의 문집 권2에 수록된 〈대인숙제만代姻叔題挽〉이다. 옥동의 만시 중 남을 대신하여 써 준 유일한 시라는 점에서 특이한 시이기도 하지만, 시 속에 서러움의 정서가 직접적으로 표현되어 있다는 것이 더 특징적이다. 이 시의 첫 연에서 옥동은 "그대 아들 대하고서 그대 모습 떠올리니, 두 소매에 얼룩덜룩 눈물 홍건하구나."라고 하여 죽은 자의 결여와 살아남은 그 사람의 아들을 대비시켜 존재와 상실, 생과 사의

114 李漵, 〈代姻叔題挽〉, 『弘道先生遺稿』 卷2.

대립이 주는 서러움의 감정을 자극하고 있다. 옥동은 경련頸聯에서도 최호崔顥의 〈등황학루登黃鶴樓〉 시를[115] 인용하여 천년이 되어도 돌아오지 않는 학과 삼십 년 만에 다시 만나게 된 칼을 대비하여 이별과 만남·영원과 찰라·유상과 무상의 감정을 대립시켰다.

이 시에서 옥동이 서러운 감정을 직접적으로 노출한 것은 이 시가 고모부[姻叔]를 대신하여 써 준 시이기 때문이다. 이 시는 자신의 이름으로 죽은 사람을 추모하기 위해 쓴 시가 아니라 고모부의 청탁으로 쓴 시이기 때문에 이와 같은 모습을 지니게 된 것이다. 그 자신의 이름으로 창작하여 죽은 사람의 생전 행적과 의식세계를 드러내기 보다는 고모부를 대신해 창작해야 했기 때문에 이 시는 교육적 도구라는 옥동의 만시가 지니는 또 다른 기능에서 자유로울 수 있었다. 따라서 옥동도 자신의 만시 창작 방법과 다른 방향에서 시를 지었다고 보인다.

持志常平坦	가진 뜻 언제나 평탄하여서
生平免大非	한평생 큰 잘못 면하였었지만
盤乏單蔬食	소반에는 한 그릇 밥도 없었고
身無一美衣	몸에는 좋은 옷을 걸쳐본 적 없었지.
貧窮知分義	가난하고 곤궁해도 분수 의리 알아서
靜默愼樞機	고요히 앉아서 본연의 도리 삼갔었지.
怊悵相尋地	서글프게도 그대 계신 곳 찾아와서는
含悲對夕輝	서러움 머금고 석양빛만 마주하네.[116]

才德如公未享年	재주와 덕 공 같은데도 수를 못 누리시니

115 崔灝, 〈黃鶴樓〉, "昔人已乘黃鶴去, 此地空餘黃鶴樓. 黃鶴一去不復返, 白雲千載空悠悠. 晴川歷歷漢陽樹, 芳草萋萋鸚鵡洲. 日暮鄉關何處是, 煙波江上使人愁."

116 李漵, 〈哭鄭戚丈搏〉, 『弘道先生遺稿』 卷1.

有疑無路質於天　괴이하지만 하늘에 물어볼 길이 없네.
乾坤從此知音少　이제부터 온 천하에 알아줄 이 없으리니
獨立斜陽思黯然　석양 아래 홀로 서서는 절로 서글퍼지네.[117]

이 두 수의 시는 옥동의 문집 권1에 수록된 〈곡정척장박哭鄭戚丈搏〉과 문집 권2에 수록된 〈만김처사석견장挽金處士碩堅丈〉 2수 중 두 번째 시이다. 모두 옥동의 윗사람으로, 첫 시의 정작鄭搏은 송창명宋昌明(숙종 15~미상, 1689~미상, 자字 성숙盛叔)의 장인이자 초계정씨草溪鄭氏 정헌장鄭憲章(효종 4~미상, 1653~미상, 자字 여신汝新)의 부친이 아니었는가 생각되지만, 두 번째 시의 대상인 김석견金碩堅은 누구인지 확인하기 어렵다. 다만 제목에서 처사處士라고 한 것으로 보아 세상을 피해 살았던 사람이 아닌가 생각된다.

지금까지 살펴본 시와 같이 이 시도 정박鄭搏과 김석견金碩堅의 생전 행적과 의식세계에 대한 충실한 묘사로 이루어져 있다. 이들은 가난하지만 가난에 구애되지 않고 자신이 추구했던 도를 향해 끊임없이 나아갔던 사람들이었다. 이들이 옥동 만시의 창작 대상이 될 수 있었던 것은 이러한 의식을 삶 속에서 실천하기 위해 노력했던 사람들이었기 때문이다. 옥동이 만시를 통해 이들의 삶을 묘사한 것은 그들의 삶이 주변 인물들을 교화하기에 충분했기 때문이다. 이 두 수의 시 속에서도 옥동의 정서는 절제되어 드러나지만, 첫 번째 시와 두 번째 시는 양상이 조금 다르다. 첫 번째 시에서 옥동은 "서글프게도 그대 계신 곳 찾아와서는, 서러움 머금고 석양빛만 마주하네."라고 했는데, 이렇게 표현한 이유는 자주自註에서도 밝혔듯이 "만나 뵈려고 찾아갔지만, 이미 공이 죽었기[初爲訪見而去, 公已逝矣]" 때문이었다. 그러나 두 번째 시에서 옥동은 김석견金

117 李漵, 〈挽金處士碩堅丈〉 제2수, 『弘道先生遺稿』 卷2.

碩堅의 죽음을 상당히 아쉬워하는 모습을 보이는데 그 이유는 "이제부터 온 천하에 알아줄 이 없을 것"이기 때문이다. 옥동을 알아주고 그의 삶을 인정해 주었던 사람이 김석견金碩堅이었는데, 그가 죽었기 때문에 이제부터 자신을 이해하고 인정해 줄 사람이 없다는 것이다. 이 시가 숙종 23년(1697) 옥동의 나이 36세가 되던 해에 지어진 것으로 추정된다는 점에서, 이 시는 옥동의 생애 앞부분에서 창작된 시이다. 그런 점에서 이와 같은 표현은 김석견金碩堅의 죽음에서 느끼는 옥동의 깊은 서글픔을 표현한 것이면서 동시에 이 시기까지 이루어진 옥동의 수양이 이후 시기의 시에서 볼 수 있는 감정과 욕구의 깊이 있는 절제에까지는 이르지 못한 것이 아닐까 하는 생각이 들기도 한다.

仁厚之人淨正人　어질고 너그러운 맑고도 바른 사람
人於斯世鮮其倫　이 사람 이 세상에서 짝할 사람 드문데
如何捨我先歸去　어찌하여 나 버리고 먼저 돌아가 버려
使我如亡半我身　내가 내 몸 절반을 잃은듯하게 하나.

賢如伯道又無兒　백도처럼 어질어선지 아이도 없으니
終古天心未可知　마침내 하늘 뜻을 알 수가 없구나.
堪悲吾類多零落　서럽구나 나와 같이 한 이들 거의 다 영락하니
耿耿中宵涕自垂　말똥말똥 한 밤중에 눈물만 절로 흐르네.[118]

三世通家誼　삼 대 동안 집안 우의 통해왔었고
交從竹馬時　교분은 대말 타고 놀던 그 때부터였지.
直性元無苟　굳은 성품 애초부터 구차함이 없었고
眞心自不欺　참된 마음 스스로를 속이지 않았지.

118 李漵, 〈哭尹友道一〉 1~2, 『弘道先生遺稿』 卷2.

永言生終始　　살아 처음과 끝 같이 하자 길이 말했었는데
誰知死別離　　죽어 이렇게 헤어질 줄 누가 알았으랴.
有時見令胤　　그대 자식들 만날 때가 있으면
相對涕交頤　　마주 하고 눈물만 턱에 고이리.[119]

여기서 인용한 시의 첫 두 수는 옥동의 문집 권2에 나오는 〈곡윤우도일哭尹友道一〉이고 마지막 시는 문집 권4에 나오는 〈만허참봉 의挽許參奉 宜〉이다. 이 시들의 창작 대상은 모두 옥동의 우인友人이었다고 생각되는데 윤도일尹道一은 무송윤씨茂松尹氏 윤순尹諄의 아들이자 윤도형尹道亨(선조 35～미상, 1602～미상, 자字 형보亨甫)의 동생이고, 허의許宜는 의령남씨宜寧南氏 남태계南泰堦(숙종 27～미상, 1701～미상, 자字 유승幼升)의 장인인 듯한데, 더 이상 자세한 내용은 확인하기 어렵다.

이 세 수의 시도 앞에서 살펴본 시들과 별다른 차이가 없다. 윤도일尹道一과 허의許宜의 생전 행적과 의식을 중심으로 한 생애 서술이 시의 중심이 된다. 다만 이들의 죽음에서 옥동은 적지 않은 서러움을 느꼈다고 생각되는데 그것은 옥동이 이들의 죽음을 "어찌하여 나 버리고 먼저 돌아가 버려서, 내가 내 몸 절반을 잃은 듯하게 만드나."라거나 "서럽구나. 나와 같이 한 이들 거의 다 영락하니, 말똥말똥 한 밤중에 눈물만 절로 흐르네.", "그대 자식들 만날 때가 있으면 마주 하고 눈물만 턱에 고이리."라고 하여 자신의 감정을 시 속에 직접 토로하고 있기 때문이다.

특히 윤도일尹道一의 죽음을 접하고 쓴 시의 두 번째 수에서 옥동은 진晉나라의 등유鄧攸(자字, 백도伯道)가 난적亂賊을 만났을 때 일찍 죽은 아우의 아들을 살리기 위해 자기 아들을 버리고 갔다는 고사를 인용하여 후사後嗣도 없이 죽은 윤도일尹道一의 죽음을 슬퍼하였는데, 이 두 번째

119 李漵, 〈挽許參奉 宜〉, 『弘道先生遺稿』 卷4.

수 전체가 윤도일尹道一의 죽음을 애도하는 옥동의 정서를 절제된 언어로 표현하고 있다는 점에서 이전까지 살펴본 시와 조금 다른 모습을 보이기도 한다.

文章未就九包翰	문장 아직 아홉 겹 한림에 못 나갔는데
雲鎖丹山夜月寒	구름 덮인 붉은 산에는 밤 달이 차네.
才格俊如千里馬	재주와 자질은 천리마처럼 뛰어났고
筆鋒豪作百層巒	글 솜씨는 수백 겹 층진 산같이 높았네.
傑懷落落松腸胃	큰 회포는 드높아 소나무를 장 위 삼았고
直氣森森竹肺肝	곧은 기운 우뚝하여 대나무를 폐 간 삼았네.
嗟我獨留斯世上	아아 홀로 이 세상에 남아
爾之長逝忍先看	네가 먼 길 가는 것 차마 먼저 보게 될 줄이야.

二旬之七一邯鄲	스물일곱 평생이 한단의 한 꿈 같으니
萬事人間揚鼻酸	인간 만사 모든 일이 코끝을 시큰거리네.
風撼連枝鴛失偶	바람이 흔든 가지에 원앙은 짝을 잃고
霜悲荊樹鴈驚寒	서리 슬픈 자형나무 기러기 추위에 놀라네.
奇才有地文兼筆	기이한 재주 이 땅에서 문장과 필법 겸했고
直性由天義且寬	곧은 성품 하늘에서 의로움과 너그러움 받았네.
春府可堪當歲暮	그대 아버지 올 봄을 견딜 수 있겠는가 만은
謝庭何幸一叢蘭	그대 집안에 한 떨기 난초 남아 있으니 다행일세.[120]

이 시는 옥동의 문집 권2에 수록되어 있는 〈만종질이몽휴挽宗姪李夢休〉 2수이다. 이몽휴李夢休의 죽음에 대해 옥동은 모두 3수의 만시를 지었는데, 나머지 한 수의 시는 앞에서 이미 살펴본 〈곡종질몽휴哭宗姪夢

120 李溆, 〈挽宗姪李夢休〉 1~2, 『弘道先生遺稿』 卷2.

休〉이다. 옥동이 3수의 만시를 지었다는 것은 그와 이몽휴李夢休가 상당한 친분을 지니고 있었으며, 또 이몽휴李夢休의 삶이 그만큼 드러내어 칭양할 것이 많았음을 의미하는 것이라 생각된다. 그래서인지 이 두 수의 시에서 옥동은 이몽휴李夢休의 재주와 능력 그리고 그가 품고 있었던 뜻에 대해 언급하면서 "아아 홀로 이 세상에 남아, 네가 먼 길 가는 것 차마 먼저 보게 될 줄이야."라고 하여 이몽휴李夢休의 죽음에서 느낀 자신의 서러운 상실감을 드러내기도 했다.

그러나 이 시에 묘사된 옥동의 서러운 상실감은 "코끝을 시큰거리게" 하는 것이었고, 이몽휴李夢休의 죽음을 그의 부친이 쉽게 견딜 수 없겠지만, "그의 집안에 남아 있는 한 떨기 난초"로 극복할 수 있다고 했다. 스물일곱의 젊은 나이로 세상을 떠난 어린 조카의 죽음을 대한 삼촌의 이야기로는 상당히 이성적이다.

인용한 시의 두 번째 수는 상당히 많은 고사를 인용하고 있다. 수련首聯에서는 한단몽邯鄲夢의 고사를 차용하여 이몽휴李夢休의 일생이 노생盧生이 한단邯鄲의 여관에서 꾼 한낮의 꿈과 같은 것이라고 하였고, 함련頷聯에서는 연지連枝와 중국 남조南朝 양梁나라 오균吳均의 『속제해기續齊諧記』에 나오는 자형紫荊나무 이야기를 인용하여 형제간의 우애를 설명하였고, 미련尾聯에서는 『진서晉書』 권79의 「사현열전謝玄列傳」에서 사안謝安과 그의 조카 사현謝玄이 나눈 이야기 중 사씨謝氏의 뜰이라는 말을 이용하여 이몽휴李夢休의 집안에 훌륭한 자제가 많다고 했다. 이와 같은 고사의 사용은 이몽휴李夢休라는 인물과 그의 죽음이 지니는 안타까움에 대한 서술의 범주를 확대한다는 장점이 있지만, 이몽휴李夢休의 죽음에서 느낀 옥동의 안타까운 정서를 상투화하고 관념화한다는 단점 또한 적지 않다.

옥동의 만시는 자신이 익히 알고 있는 사람들의 죽음을 대상으로 하여 비탄의 정서보다 칭양을 중심으로 하여 창작된 것이다. 이를 위해 옥동은 죽은 사람에 의해 야기되는 결핍의 정서를 조절하여 절제되고 제어된 감정을 시로 표현했고, 이와 같은 만시를 창작하여 살아있는 주변 사람들에 대한 도덕적 교육을 하고자 했다. 또 만시를 도덕적 교육의 도구로 활용하기 위해 개인적인 결핍의 정서를 억제하고 죽은 사람에 의해 일어나게 될 사회적 결여와 상실을 중심으로 만시를 서술했고, 이를 위해 고사를 사용하여 진술의 편폭을 확장했다.

옥동의 이와 같은 만시 창작 방법은 그의 사유세계와 문학관에 기인한 것인데, 옥동은 주자朱子를 거쳐 퇴계退溪에 의해 확립確立된 이기이원론적理氣二元論的인 사고를 지니고 있었다. 옥동에 의하면 이理와 기氣는 언제나 함께하는 것이지만, 경중輕重의 차이를 가지고 있는 것이다. 이에 따라 옥동은 이理를 현상의 본질이자 원칙으로 인식하고 기氣를 행위로 이해하여 이理와 기氣를 구분하여 인식했다.[121]

이러한 인식에 따라 옥동은 인간이 죽는다는 사실을 부정하거나 죽고 난 뒤의 세계에 대해서는 어떠한 언급도 하지 않았다. 이 말은 옥동이 인간계人間界와 명계冥界를 확연하게 구분하여 인식하고 있었고, 인간이라면 누구에게나 닥쳐올 수 있는 죽음이라는 상황에 대해 피할 수 없는 운명이라는 의식을 지니고 있었다는 뜻이다. 그의 만시에 보이는 "그 재주 가졌지만 그 운명을 어찌하겠나[有才其奈命]."나 "재앙이로구나. 어디를 한할 것이며, 명이로구나. 푸른 하늘을 어이할까나[殃乎何所恨, 命也奈蒼天]."와 같은 표현에서 옥동의 이와 같은 의식을 분명히 볼 수 있다.

특히 그는 인간계人間界와 명계冥界는 서로 관여할 수 없는 세상이기에 명계冥界에 들어간 인간의 혼령은 어떤 방법으로도 인간계에서 관여

121 尹載煥, 「玉洞 李漵의 理·氣對立的 思惟樣式과 그 意味」, 『東洋古典研究』 49, 東洋古典學會, 2012, 193~199면.

할 수 없다는 분명한 유명幽明 구분의식을 가지고 있었다. 따라서 옥동은 죽음 이후의 재생再生이나 환생還生과 같은 불가해不可解한 상황에 대해서는 일체 고려하지 않았다. 이와 같은 의식은 옥동의 만시에 나오는 "이승 저승 이제부터 음성 모습 멀어지리니, 황천 길 어둑어둑 몇 겹으로 막혀 있겠지[幽明自此音儀隔, 泉路沉沉閑幾重]."와 같은 표현이나 "살아 처음과 끝 같이 하자 길이 말했었는데, 죽어 이렇게 헤어질 줄 누가 알았으랴[永言生終始, 誰知死別離]."와 같은 표현을 통해 잘 알 수 있다. 이와 같은 표현은 옥동이 가지고 있었던 유명幽明 구분의식을 보여주는 것이고, "평생의 뜻 이루기도 전에, 하늘은 어이하여 이리 급히 그대 데려갔나[未就平生志, 天胡遽奪君]."나 " 어찌하여 하늘은 재앙을 내리고 또 그대 몸에 이렇게 미치게 하는가[如何天降禍, 亦及子之身]."와 같은 표현은 죽음이라는 것이 현상계現象界에 존재하는 인간의 삶을 마무리 짓는 것이고, 이 죽음 이후에 인간은 더 이상 어떠한 방법으로도 현상계에 개입할 수 없으며 반대로 살아있는 인간도 명계冥界의 혼령과 접하거나 명계冥界에 개입할 수 없다고 인식한 옥동의 아쉬움과 서글픔을 보여주는 것이다.

옥동은 죽음을 인간의 마지막으로 인식하고 있었고, 죽음 뒤에 접하게 될 명계冥界나 죽음을 극복한 재생再生 혹은 환생還生을 고려하지 않았으며, 인간의 죽음을 천명天命의 결과로 인지하고 순응順應해야 한다고 인식했다. 하지만 이와 같은 인식과 함께 옥동은 인간의 노력 여하에 따라 인간의 수명은 늘어날 수 있다고 보았고, 천명天命의 불상不祥에 의해 수양된 인간이 어쩔 수 없는 죽음을 맞이하게 되더라도 수양의 결과는 다음 세대에 영향을 미친다고 보았다.

사람과 천지는 하나의 기운이다. 그러므로 정성스러우면 감응하게 된다.

기는 반드시 같은 유를 따른다. 그러므로 마음이 바르면 상서로움이 이르는 것이다.[122]

사람이 죽으면 반드시 남은 기운이 있으니 부여받은 기의 두텁고 옅음에 따라 남은 기운의 흩어짐에 빠르고 늦음이 있다. 효자의 마음은 남은 기운이 오래 머무르게 하고자 한다. 그러므로 좋은 땅을 택하여 살아서 혼백의 기운과 산의 기운이 하나로 합해 엉기게 하고자 하는 것이다. 그러나 모든 사물이 오래되면 흩어지는 것이니 비록 천지라 하더라도 흩어진다.[123]

선을 좋아하고 악을 싫어하는 것은 이치의 떳떳함이다. 선은 양의 도이고 악은 음의 도이다. 복은 선한 응답이니 또한 양의 도이고, 재앙은 악한 응답이니 또한 음의 도이다. 같은 소리가 서로 응답하고 같은 종류가 서로 모인다. 그러므로 선한 자는 복을 받고 淫惡한 자는 재앙을 받는다. 선을 쌓은 집에는 반드시 남는 경사가 있고, 선하지 않은 것을 쌓은 집에는 반드시 남는 재앙이 있다. 혹 선을 행했으나 참혹한 재앙을 입는 자도 있으니 때를 헤아리지 못하고 삼가지 않아서 그런 것으로 불행이다. 혹 악을 행했으나 재앙을 입지 않는 자가 있으니 요행히 면한 것이다. 선한 이에게 복을 주고 淫惡한 이에게 재앙을 내리는 것은 이치의 떳떳함이고, 선한 이에게 재앙을 주고 淫惡한 이에게 복을 주는 것은 이치의 變道이다. 성인께서는 반드시 그 떳떳한 것을 말씀하시고 그 變道를 말씀하시지 않으시니 怪力亂神에 대해 말씀하시지 않으신 것으로 알 수 있다. 선한 자가 재앙을 받는 경우는 적고 악한 자가 재앙을 받는 경우는 많으니 성인께서는 반드시 많은 경우를 따르신다. 선을 쌓은 집에 남아도는 경사가 있는 경우가 많으

122 李溆, 「論天人一氣」, 『弘道先生遺稿』 卷8, "人與天地一氣. 故誠則相感. 氣必從類. 故心正則祥瑞至焉."

123 李溆, 「論死氣, 兼論地理」, 『弘道先生遺稿』 卷7, "人之死, 必有餘氣, 所禀之厚薄, 餘氣之散, 有遲速. 孝子之心, 欲餘氣之久留. 故擇吉而乘生, 使魄氣與山氣合一而凝結. 然物久則散, 雖天地亦有散."

니 떳떳한 도이기 때문이다. 선하지 않은 일을 쌓은 집에 남아도는 재앙이 없는 경우는 드무니 이 또한 떳떳한 도이기 때문이다. 선을 쌓은 집에 남아도는 경사가 없는 경우도 드무니 變道이기 때문이다.[124]

여기에서 인용한 글들은 모두 옥동의 문집 잡저편에 나오는 글들이다. 이 글을 보면 옥동은 복선화음福善禍淫이라는 유가적儒家的 응보체계應報體系를 굳건하게 믿고 있었다. 이와 함께 옥동은 인간세상에서 접하게 되는 화선복음禍善福淫의 경우에 대해 변도變道로 드문 것이라고 하여 요행을 바라는 인간의 의식이 싹트지 않도록 주의하는 데 노력했다.

인용한 첫 번째 글에서 옥동이 사람과 천지가 하나의 기운이기 때문에 정성스러우면 상서로움이 이르게 된다고 한 것이나 두 번째 글에서 효자의 노력에 대해 이야기한 것은 모두 인간의 정성에 대한 것이다. 옥동은 인간의 정성이 이르게 되면 인간은 복을 받게 된다고 생각했는데, 옥동이 생각했던 인간이 받게 되는 복에는 개인적인 수명까지 포함된다.

옥동이 그의 만시에서 한 "어질고 수를 누릴 그 조짐 나 믿었지만, 지금 정로 죽었으니 참 의심스럽네[仁壽之徵我信之, 今於正路却生疑]."라는 표현이나 "진실한 성품에 옛 도를 사모하고 글재주까지 있는데, 그 사람 어이하여 하늘 재앙 혹독히 받나[性良慕古足文才, 人也胡爲天禍酷]."라는 표현은 수양된 인간, 선을 행한 인간은 당연히 수복壽福을 받아야 한다는, 옥동이 생각했던 상도常道가 구현되지 않은 상황에 대한 안타까움과

124 李溆, 「論福善禍淫」, 『弘道先生遺稿』 卷7, "好善而惡惡, 理之常也. 善陽道也, 惡陰道也. 福善應也亦陽也, 禍惡應也亦陰也. 同聲相應, 同類相聚. 故善者福之, 淫者禍之. 積善之家, 必有餘慶, 積不善之家, 必有餘殃. 或有善而被慘禍者, 不量時而不謹也, 不幸也. 或有惡而不被禍者, 幸而免也. 福善禍淫, 理之常也, 禍善福淫, 理之變也. 聖人必論其常而不論其變, 不語怪力亂神則可知也. 禍善者寡, 禍惡者多, 聖人必從多也. 積善之家, 有餘慶者多, 常道故也. 積不善之家, 無餘殃者鮮, 亦常道故也. 積善之家, 無餘慶者亦鮮, 變道故也."

서글픔의 표현이다.

그러데 옥동이 위에서 인용한 세 번째 인용문 「논복선화음論福善禍淫」에서 강조한 여경餘慶은 현재로 한정되는, 혹은 그 자신에게 한정되는 것이라 생각되지 않는다. 그것은 그가 자신의 만시에서 "그 재주 가졌지만 그 운명을 어찌하겠나만은, 남은 경사 정녕코 끝이 없겠지[有才其奈命, 餘慶定無窮]."라거나 "이름 떨치는 건 죽고 난 다음에 있으니, 덕의 아름다움 반드시 흘러 전하리[揚名身後在, 德美必流傳].", "수명과 지위 다하지 못했다 탄식하지 말게나, 아름다운 이름 다음에 반드시 높이 기릴 테니[年位莫嗟猶未滿, 美名他日定崇褒]."라고 한 것에서도 짐작할 수 있다.

옥동의 만시에 나타나는 옥동의 의식을 사생관념死生觀念 중심으로 살펴보면 그의 만시는 유가적 의식세계에 확고했던 옥동이라는 인물이 주변 인물의 죽음을 접하고 느낀 안타까움과 함께 그가 생각하고 있었던 유가적 도를 구현하고 주변 사람들에게 이해시키기 위한 도구로 기능하고 있음을 알 수 있다. 옥동의 만시가 지니고 있는 이와 같은 모습은 일반적인 만시의 기능에서는 멀어진 것이라고 볼 수도 있지만, 다른 한편으로는 오히려 만시의 본래 기능에 충실한 것이라고도 할 수 있다. 그것은 생전에 옥동이 이들과 교유하여, 옥동이 죽은 사람의 성품과 행적을 충분히 알고 있었기 때문에, 옥동은 만시를 통해 그들이 추구하고 지향했던 세계를 분명히 밝힌 것이고, 또 이를 통해 죽은 사람을 올바른 방향에서 진심으로 애도할 수 있었을 뿐만 아니라 주변 사람들을 교화할 수도 있었기 때문이다. 그런 점에서 옥동의 만시는 그가 추구하였던 세계와 죽은 사람이 추구하였던 세계를 동시에 서술하여 죽은 사람을 칭양稱揚한 것이다.

옥동의 만시가 지니고 있는 이와 같은 특성을 옥동만의 것이라고 보기는 어렵다. 정도의 차이는 있겠지만, 옥동의 만시가 지니는 특징적인 면모는 조선조 도학자들의 만시 대부분에서 확인할 수 있는 보편적인 성격이다. 옥동의 의식세계와 삶의 궤적을 돌이켜보고, 그의 글들을 접해 보면 그가 전형적인 조선조 도학자의 한 사람이었다는 것을 확인할 수 있고, 얼마 되지 않지만 조선조 도학자들의 만시에 대한 선행 연구와[125] 옥동의 만시를 비교해 보면 그의 만시가 지니는 특성을 이렇게 이해하게 된다. 그런 점에서 옥동의 만시는 조선조 도학자들의 만시가 지니는 전형적인 모습의 하나를 확장한 것이라고 할 수 있다.

5. 사회시社會詩에 서려있는 절제節制된 비판批判

옥동玉洞은 도덕적 수양을 최상의 가치에 두고, 개인의 수양을 바탕으로 사회를 교화하기 위해 노력하였으며, 이를 위해 교육의 가치를 강조하여 수양된 개인에 의한 범인凡人과 용인庸人의 교육을 주장했다. 따라서 옥동이라는 인물의 사회시社會詩 창작은 쉽게 이해하기 어려운 것일 수 있다. 그것은 교육이라는 행위가 지니는 보수성·현실 지향성과 사회시 창작의 최종 목적인 사회 개혁과는 배치되는 부분이 적지 않기 때문이다.

사회시를 "작자의 비판정신이 작품 창작의 기저를 이루고 있으며, 예술에 대한 관심보다는 사회에 대한 관심을 표명하고 개인적인 감정보다는 개인과 상대적인 개념으로서의 사회에 대한 비판 인식을 드러낸 시"

125 조선조 도학자들의 만시에 관한 선행연구가 그리 활발하게 이루어진 것은 아니다. 여기에서는 필자가 참고한 몇 편의 논문을 소개한다. 송준호, 「儒學者 詩에 있어서 그 한 典型에 대한 考察 : 愼獨齋 金集의 詩를 中心으로」, 『인문과학』 75, 연세대학교인문과학연구소, 1997, 1~19면. ; 전재강, 「寒岡 挽詩의 성격 연구」, 『국어교육연구』 46, 국어교육학회, 2010, 245~274면. ; 최윤정, 「서계 박세당의 挽詩 연구 - 悼朋詩를 중심으로」, 『동양고전연구』 44, 동양고전학회, 2011, 79~106면.

로 보았을 때, 특히 "민중에 대한 관심과 작자의 대사회적 비판 의식을 기저로 하여 사회를 개혁改革하고자 하는 적극적인 실천 의식이 담겨 있는 시"로 규정하였을 때 옥동과 같이 수양을 추구한 도학자들에게서 사회시가 창작되기 어려운 것이 사실이다. 또 그래서라고 확언하기는 어렵지만, 조선조 도학자로 인정되는 일군의 인물들에게서 사회시를 발견하기 쉽지 않은 것도 사실이다.

그러나 그렇다고 해서 도학자 계열의 인물들이 사회시를 부정했다거나 전혀 창작하지 않았다고 보기는 어렵다. 비록 비판의식이 약화되어 있고, 묘사의 치밀성이나 사실성이 부족하다고 하더라도 그들 역시 일단의 사회시를 창작했다는 것은 분명하다. 그것은 도학자들 역시 그들 당대의 사회를 완전체完全體나 이상적理想的이라고 인지하지 않고 있었기 때문이다. 단지 그들은 도덕적 수양이 이루어진 사람들이 모여 사는 사회가 이상적인 사회라고 인식했고, 이상적인 사회의 구현을 위해서는 현실적인 사회 현상의 개혁보다 개인의 도덕적 수양이 우선되어야 한다고 여겼을 뿐이다. 이와 같은 점에서 볼 때 도학자들의 사회시가 문인 일반이나 실학자로 분류되는 일군의 인물들이 창작한 사회시와 다른 성격을 지닐 것이라고 추정할 수 있지만, 도학자로 인정되는 인물들이 사회시를 부정하거나 창작하지 않았다고 하기는 어렵다.

사회시社會詩라는 용어는 연구자들의 암묵적인 동의를 바탕으로 관습적인 사용을 인정받은 개념이다. 사회시라는 용어의 관습적인 사용이 용인된 것에는 여러 가지 이유가 있겠지만, 무엇보다 큰 이유는 현재 사회시로 간주되는 유형의 시가 창작되기 시작한 역사적 연원에 근거한 것이다. 현재 사회시로 간주되는 유형의 시들이 『시경』에서 시작했고, 중당中唐 시기에 와서 한시漢詩 문학의 중요한 창작 경향 중 하나로 사회적 인정을 받았기 때문이다.

한시 문학의 중요한 창작 경향 중 하나로 인정된 사회시는 한시 문학의 발전과 함께 지속적으로 창작되었는데, 이는 문학의 대사회적 기능에 대한 인식과 필요성 때문이었다. 따라서 한국이나 중국의 한시사에서 볼 때 혼란한 시대, 어지러운 세상을 비판하고 사회를 개혁하고자 하는 의지를 담은 시들이 끊임없이 창작되었고, 후대에 와서 이와 같은 경향의 시들을 하나로 묶어 사회시로 간주하게 되었다.

이에 따라 일찍부터 중국에서는 사회시를 정치政治의 흥망·사회의 혼란·기아와 빈곤의 고통·전쟁의 참화 등 모든 사회적 암흑을 폭로하고 민중民衆에 대한 연민과 동정을 토로한 시詩나[126] 민중들에 대한 동정심을 가지고 그들을 대신하여 그들의 고난과 괴로움을 노래한 시,[127] 또는 민간에 실재하는 고통, 사회에 실재하는 문제, 국가에 실재하는 상황 등을 표현한 시라고[128] 정의하면서 사회시를 사실주의 사회시寫實主義社會詩나 풍유시諷諭詩로 명명하기도 했다. 우리나라에서도 사회시를 사회개혁社會改革의 공구工具로, 민중의 의사를 전달하고 정부政府를 비판하고 공격하는 무기武器의 기능機能을 가진 시라고 하거나,[129] 일반 민중의 입장에서 사회社會의 비리非理를 폭로하고 하층민下層民(특히 농민農民)의 고통을 연민과 동정으로 노래한 시[130]라고 했다.

126 劉大杰, 『中國文學發展史』, 中華書局, 1973, 440면, "杜甫要把詩歌來表現實際的社會人生, 一掃宮體詩人所歌詠的色情, 與浪漫詩人所憧憬的神奇與超越, 他的取材, 是政治的興亡, 社會的雜亂, 飢餓貧窮的苦痛, 戰事徭役的罪惡, 都是黑暗的暴露與同情的表現, 因爲如此他的作品變成了歷史, 變成了時代生活的鏡子."

127 張基槿 譯, 胡雲翼 著, 『中國文學史(三民書局, 1978.)』, 文敎部, 1961, 167 ~180면.

128 胡適, 『白話文學史』, 臺南東海出版社, 1975, 221면, "八世紀下半以後, 偉大作家的文學要能表現人生, 不是那想像的人生, 是那實在的人生, 民間的實在痛苦, 社會的實在問題, 國家的實在狀況, 人生的實在希望與恐懼."

129 金相洪, 『茶山 丁若鏞 文學硏究』, 檀國大學校 出版部, 1985, 83면.

130 朴仁成, 「中唐 社會詩의 內容 小考」, 『中國學』 4, 大韓中國學會, 1988, 97면.

이렇게 본다면 사회시는 범박하게 시정時政의 폐단을 풍자하고 불합리한 사회 현실을 비판하며 민생民生의 질고疾苦를 반영한 시[131]라고 정리할 수 있다. 하지만 이렇게 개념을 규정하였을 경우 대체로 다음 두 가지의 문제가 발생할 수 있다. 첫 번째 문제는 사회시라는 용어와 개념이 일치하지 않는다는 것이다. 우리들이 영물시詠物詩·전원시田園詩·만시輓詩·자연시自然詩 또는 서정시抒情詩·서사시敍事詩라고 했을 때 그 개념은 용어가 포괄하는 대상을 제재題材로 하여 창작된 시 전체를 의미한다. 그런 점에서 사회시라고 한다면 원칙적으로 "사회 혹은 사회생활을 시의 제재題材로 하여 창작된 시 전체"를 의미하는 것이어야 한다. 그러나 이와 같은 개념 정의는 너무나 막연하고 추상적이라는 또 다른 문제를 지닌다. 특히 시가 기본적으로 작자가 지닌 인간과 사회에 대한 관심의 시적 형상화라는 점에서 사회시를 이렇게 규정한다면 순수 서정시를 제외한 거의 대부분의 시가 사회시의 영역에 포괄된다는 문제가 있다.

두 번째 문제는 현재 우리들이 묵시적으로 동의하고 있는 사회시의 개념이 명확한 정의定義와 논리적 분석에 의해 규정된 것이 아니라 지금까지 사회시로 분류되고 있는 작품들의 내용을 귀납적으로 추론하여 규정한 것이라는 데 있다. 현존하는 작품의 내용 분석에 의해 사회시라는 개념이 규정되었다는 점에서 사회시라는 용어는 개념과 범주에서 선명성을 지니지만, 이와 함께 시의 내용이 지금까지 내려온 사회시와 유사할 경우만 사회시로 인정된다는 문제가 있다. 사회시는 시기나 작자, 사건이나 상황에 관계없이 탐관오리의 가렴주구를 비판하고, 민중의 불만과 고통을 반영하며 사회의 불합리한 현실을 폭로하는 현실 비판의 결과

131 金卿東, 「元稹·白居易 社會詩 硏究」, 成均館大學校 博士學位論文, 1996, 3면.

물이 되어야만 하는 것이다. 이렇게 사회시를 규정한다면 사회시는 천편일률적인 것이 된다. 이 경우 사회시는 사회시라는 동일한 문학 전통 안에서 각각의 작품이 시대적 배경과 작자의 의식 차이에 따라 달라질 수 있다는 가능성이 말살된다.[132] 사회시는 어떤 시대, 어떤 배경을 가지고 어떤 작자가 창작하더라도 같은 것일 수밖에 없고, 사회시에 대한 접근은 비판의 대상과 작자의 창작 의도라는 측면에서만 유의미한 가치를 지닌다. 특히 사회시에 대한 이와 같은 인식과 접근은 사회시를 기능 중심으로만 보게 하여 시 자체의 문학성을 간과하게 만든다.

이와 같은 두 가지 문제점에 대한 반성에 따라 사회시를 사회문제 전반을 시의 제재題材로 삼은 시로[133] 확대하여 규정하기도 한다. 하지만 사회시의 개념을 확대한다고 했을 때 어디까지를 사회시로 포괄할 것인가 하는 사회시의 범주는 여전히 문제로 남는다. 그것은 사회시의 외연을 확대하여 사회시 자체의 문학성을 살펴보고자 할 때에도 그 시가 사회시가 될 수 있는 것은 역시 민중에 대한 관심과 작자의 대사회적 비판의식이 시 속에 존재하고 있기 때문이다. 이 말은 사회시의 외연이 작품 자체의 문학성을 포괄할 수 있는 것으로 확대되어야 하지만, 사회시가 사회시가 될 수 있는 기준은 분명히 민중에 대한 관심과 사회에 대한 비판 의식이어야 한다는 것이다. 이렇게 본다면 사회시는 "작자의 비판 정신이 작품 창작의 기저를 이루고 있으며, 예술에 대한 관심보다는 사회에 대한 관심을 표명하고, 개인적인 생활·체험·희노애락의 감정보다는 사회에 대한 비판적 인식을 시의 대상으로 한 시[134]"를 의미한다고 정의할 수밖에 없을 것이다. 그러나 이런 정의는 대사회적 관심의 문학

132 金卿東, 「元稹·白居易 社會詩 硏究」, 成均館大學校 博士學位論文, 1996, 3면.
133 宋載卲, 『茶山詩 硏究』, 창작과 비평사, 1986, 57면.
134 金卿東, 「元稹·白居易 社會詩 硏究」, 成均館大學校 博士學位論文, 1996, 9면.

적 형상화를 통해 사회시의 외연을 확장하고 사회시 작품에 대한 문학적 탐구를 추구하려는 것이지만, 결과적으로 사회시가 민중들의 질고疾苦와 사회적 비리를 고발하고자 하는 목적의식 강한 문학양식이며, 사회시에 대한 접근은 일차적으로 기능적인 면에서 이루어질 수밖에 없음을 반증하는 것이기도 하다.[135]

사회시의 개념을 우선 이렇게 정리하고 이 개념에 따라 옥동의 시문학 세계에서 사회시를 추려보면, 그의 시세계에서 사회시가 차지하는 비중이 그다지 크지 않다는 것을 확인할 수 있다. 옥동의 시문학 작품 전체 741제 1,302수 중 누가 보아도 사회시라고 인정해 줄 수 있는 시는 모두 9제 13수로 전체 시의 약 1%에 불과하다. 물론 이 사회시 계열에 포함하여 논의하기는 쉽지 않아 보이지만, 민중에 대한 옥동의 관심과 옥동의 대사회적인 비판 의식을 찾아볼 수 있는 시가 몇 수 더 있기는 하다. 특히 5언시五言詩 5수 연작의 〈교폐矯弊〉가 대표적인 작품이다.

사회시가 민중들의 질고疾苦와 사회적 비리를 고발하고자 하는 목적문학이고, 사회시에 대한 접근이 기능적인 면을 기본으로 한다고 했을 때, 〈교폐矯弊〉 5수가 민중에 대한 옥동의 관심과 옥동의 대사회적 비판 의식을 보여준다는 점에서 당연히 사회시에 포함되어야 하지만, 이 시를 사회시로 규정해도 문제가 없는 것인지는 단언하기 어렵다. 그것은 이 시가 민중에 대한 관심과 작자의 대사회적 비판 의식을 담고는 있지만, 민중들의 질고疾苦와 현실적 고난, 실재하는 사회 현상을 비판하거나 시적으로 형상화했다고 보기 쉽지 않기 때문이다. 이 시 속에 담겨 있는 옥동의 의식은 사회개혁社會改革이라는 적극적이고 실재적인 행동을 추구하는 것이 아니라 〈교폐矯弊〉라는 시의 제목과 같이 사회 구성원들의

135 尹載煥, 「茶山 社會詩의 性格 變化 檢討」, 『韓民族語文學』 50, 韓民族語文學會, 2007, 339~340면.

의식意識 교정矯正을 통해 사회 분위기를 일신一新하고자 하는 교육적인 것이었다. 옥동이 민중에 대한 관심과 사회적 비판의식을 지니고 있었다고 하더라도, 〈교폐矯弊〉라는 시 속에서 발견할 수 있는 옥동의 비판의식은 현실적이고 적극적인 사회 개혁의 의지를 동반한 것이라고 보기 어렵다. 이렇게 생각하는 또 다른 이유는 〈교폐矯弊〉에서 옥동이 비판의 대상으로 삼은 것이 현실 생활공간에 존재하는 구체적인 삶의 모습이 아니라 관념적이고 이상적인 공간에서 추구하는 도덕적 혹은 교육적 행위에 어긋나는 개인과 사회의 의식意識이기 때문이다.

終古小人儒　　예부터 소인 유학자들은
爲名巧脩餙　　명예를 위하여 교묘하게 꾸며
怒斯因侮學　　유학의 도를 나무라고 학문 업신여기니
惡紂反爲跖　　주를 싫어한다하고는 도리어 도척이 되네.

懷私爲名人　　사사로운 마음 품고 명예를 위하는 사람은
借爲覇者法　　패도하는 사람의 방법을 빌려 쓰지만
柰何世之人　　어찌하겠나 세상 사람들이
因饐而癈食　　목이 메어 밥도 먹지 못하는 것을

侮斯因侮學　　우리 도를 업신여기고 학문을 업신여기면
將至滅禮法　　예의 법도를 없애는 데 이를 것이니
老佛兵家流　　도가 불가 병가의 무리들은
乘此亂眞學　　이때를 타고 참된 학문을 어지럽히리.

惡邪須務正　　사악함을 싫어하면 바름을 힘써야 하고
惡餙須爲眞　　꾸밈을 싫어하면 참된 것을 행해야 하는데
變邪若歸悖　　사악함을 바꾸어서 패역함으로 돌아가고는

詎云善變身　　어떻게 그 몸 잘 바꾸었다고 말하는가.

惡學不律身　　배움을 싫어하면 그 몸에 법도가 없고
不律必放浪　　법도가 없으면 반드시 멋대로 흘러가며
放浪輕名教　　멋대로 흘러가면 유학의 가르침 가볍게 여기니
禮癈禍難量　　예가 폐지된 재앙은 헤아리기 어렵네.[136]

위에서 인용한 시는 옥동의 문집 권1에 수록된 〈교폐矯弊〉 5수이다. 이미 언급한 것처럼 옥동의 5수 연작시 〈교폐矯弊〉는 민중에 대한 관심을 바탕으로 사회를 고발하거나 비판하고는 있지만, 사회의 구체적인 모습을 혁신革新하고자 하는 것이라고 보기는 쉽지 않다. 또 시를 통해 옥동이 비판하거나 고발하는 것도 현실의 삶이 아니라 관념적인 의식세계이다. 이와 같은 점에서 옥동의 〈교폐矯弊〉 5수가 비록 민중에 대한 관심과 옥동의 대사회적 비판 의식을 담고 있다고는 하더라도 사회시로 보기 쉽지 않은 것이 사실이다. 하지만 옥동의 사회시뿐만 아니라 조선시대에 창작된 대부분의 사회시에는 민중에 대한 관심과 작자의 대사회적 비판 의식과 함께 사회를 교정矯正하고자 하는 적극적인 참여의식이 상당히 부족한 편이다. 특히 우리나라의 전근대시기가 중앙집권적인 봉건 전제 왕조사회였다는 사회체제의 한계 때문인지 현재까지 알려진 사회시 중에서 당대 사회를 적극적으로 바꾸어보고자 하는 의식이나 개혁하고자 하는 의지까지 담고 있는 시를 찾기는 쉽지 않다.

앞에서 살펴본 사회시의 개념 규정에 따라 옥동의 〈교폐矯弊〉 5수를 사회시로 볼 수 없다면 옥동의 사회시는 모두 9제 13수가 된다. 만약 사회시의 개념을 확장하여 옥동의 〈교폐矯弊〉 5수를 사회시로 볼 수 있

136 李漵, 〈矯弊〉 1~5, 『弘道先生遺稿』 卷1.

다면 옥동의 사회시에는 〈교폐矯弊〉 5수와 유사한 성향의 시 〈자면自勉〉 1수, 그리고 〈교폐矯弊〉 5수보다 조금 더 관념적이고 도덕적인 성향을 보이기는 하지만 이와 유사한 성격의 시인 〈계폐戒弊〉 24수까지 포함할 수 있다. 〈자면自勉〉 1수와 〈계폐戒弊〉 24수를 포함한다면 옥동의 사회시는 모두 12제 43수가 되고, 〈계폐戒弊〉 24수, 〈교폐矯弊〉 5수, 〈자면自勉〉 1수를 제외한다면 옥동의 사회시는 모두 9제 13수가 된다. 이렇게 43수에서 13수 사이에 놓여 있는 옥동의 사회시 중에서, 이 책에서는 누가 보아도 사회시라고 인정할 수 있는 13수의 시를 중심으로 논의를 진행한다.

옥동의 사회시 13수를 살펴보면 몇 가지 특징적인 모습을 발견할 수 있다. 옥동 사회시의 특징이 도학을 추구했던 도학자라는 옥동의 기본적인 성격에 기인한 것인지는 확언確言할 수 없지만, 그의 사회시가 흔히 실학자로 간주되는 인물은 물론이고 문인 일반의 사회시와도 구분되는 것은 분명하다.

옥동의 사회시는 크게 두 경향으로 구분할 수 있다. 첫 번째 경향은 인간에 의해 이루어진 현실의 부조리를 비판하는 것이고 다른 하나는 인간 사회를 엄습掩襲하는 자연 재해에 의한 삶의 질고疾苦를 토로하는 것이다. 두 경향의 시 모두 인간의 삶, 특히 가난하고 힘없는 민중의 삶을 위태롭게 하는 요소들에 대한 시적詩的 대응이라는 점에서 사회시의 영역에서 다룰 수 있지만, 두 경향의 시들은 본질적인 차이를 지닌다. 그것은 첫 번째 경향의 시에서 비판의 대상으로 삼은 것이 인간에 의해 만들어진 인위적인 현상이라는 점에서 인간을 교화하면 그 현상을 충분히 극복할 수 있지만, 두 번째 경향의 시에서 비판의 대상으로 삼은 자연 재해는 인간의 도덕적 교화를 통해 극복할 수 없다는 점에서 그렇다. 따라서 옥동은 첫 번째 경향의 시와 달리 두 번째 경향의 시에서는 비판

보다 현실적인 삶의 질고疾苦를 묘사하여, 탄식하고 안타까워하는 정서를 시 속에 표출했다.

옥동의 사회시는 시의 형상화 방법에서도 특징적인 모습을 보여주는데, 옥동 사회시의 특징으로 간주할 수 있는 형상화 방법은 대체로 세 가지이다. 이 세 가지 특징은 서로 모순되는 것처럼 보이지만, 상호간의 유기적 결합을 통해 옥동의 사회시를 만든다. 옥동 사회시의 형상 기법 중 첫 번째 특징은 풍자諷刺와 우의寓意를 배격한 직설적 묘사, 두 번째는 구체적 비판 대상의 배제排除, 세 번째는 절제된 시어詩語와 제어된 감정 표출이다. 옥동 사회시의 특징적인 형상화 방법을 이 세 가지로 정리할 수 있지만, 이 특징들은 각각의 작품 속에 통합되어 나타난다. 이 특징들이 상호 유기적인 결합을 통해 옥동만의 사회시를 만든다는 점에서 이 특징들은 구별하여 거론하기 어렵다. 현실의 부조리를 비판하는 시를 보도록 한다.

天下蒼生水火中　천하의 백성들 물불 속에 빠져 있으니
濟安深責在誰躬　세상 구제 백성 안정 그 큰 책임 누구에게 있나.
所以宣尼常惻隱　이 때문에 공자께서 늘 가엾고 애처롭게 여겨
幾年虛費轍環功　몇 년이나 세상 도는 그 공 허비 하셨던가.

鳳鳥不來河不圖　봉황새 날아오지 않고 황하에선 용마 안 나오니
孰回斯世致唐虞　그 누가 이 세상을 요순시대로 되돌릴까.
怊悵夕陽何限意　쓸쓸한 석양 아래 상념 끝이 없지만
不逢吳道定難摸　오도자를 만나지 못해 정녕 그려내기 어렵네.[137]

137 李漵, 〈述懷〉 1~2, 『弘道先生遺稿』 卷1.

이 시는 옥동의 문집 권1에 수록되어 있는 〈술회述懷〉 2수이다. 옥동의 문집 속 시 작품들은 시간의 흐름에 따라 배열되어 있는데, 이 시는 권1의 마지막 부분에 수록되어 있다. 그런데 이 시의 앞부분에 〈병자단오 어안산로상 견일하유담박물여일 엄일상탕 감이유작丙子端午, 於安山路上, 見日下有淡碧物如日, 掩日相盪, 感而有作〉이라는 시와 〈춘흥春興〉이 있고, 바로 앞에 〈피서송음 망미음우거避暑松陰, 望美陰寓居〉가 있으며 문집 권2의 세 번째 시가 〈병자추 견아표丙子秋見餓殍〉인 것으로 보아 이 작품은 숙종肅宗 22년(1696) 옥동의 나이 35세가 되던 해의 늦여름이나 초가을 무렵에 창작된 것이 아닌가 생각된다.

이시홍李是鉷이 쓴 옥동의 행장에 따르면 옥동은 23세 이후 어느 시기에 양부인 학생공 이주진李周鎭이 묻혀 있는 포천抱川의 청량포淸凉浦에 은거하여 강도講道했다고 했는데, 청량포는 지금의 포천시 군내면 직두리 수원산水源山 아래에 있는 곳이다. 이곳에 은거하여 수도修道·강학講學하며 세상 일에 관여하지 않았던 옥동이 이런 시를 썼다는 것은 당대 사회의 현실 문제나 백성들의 질고疾苦가 그만큼 컸다는 것을 암시하는 것이다.

숙종 22년은 조선 사회의 곤궁함이 극도에 달했던 때라고 보인다. 전국적으로 아사자餓死者가 수만 명에 달했고, 이 때문에 압록강 하류의 섬들을 개간하도록 허락했다는 기록[138]이나 경기 광주廣州 등 여덟 고을이 참혹한 우박의 재상災傷을 입어 비변사備邊司에서 도신道臣의 장문狀聞에 따라 전재全災를 청해 윤허했다는 『조선왕조실록朝鮮王朝實錄』의 기록으로[139] 볼 때 경기 일대를 중심으로 재해災害의 참상이 극에 달해

138 한국정신문화연구원, 『민족문화대백과사전』 26, 「연표편」, 1991. 〈1696년 숙종 22년조〉, 283면.

139 『朝鮮王朝實錄』 肅宗 22年 10月 27日, "京畿廣州等八邑, 雹災尤慘, 備邊司因道臣

있었음을 짐작할 수 있다. 이 시는 이와 같은 시대적 상황에서 창작된 것이다.

시의 첫 부분에서 옥동은 시대를 바라보는 자신의 의식을 시의 표면에 그대로 드러냈다. "천하의 백성들이 물과 불구덩이 속에 있다."는 것은 현실의 참혹함을 말하는 것이고, "세상 구제 백성 안정 그 큰 책임 누구에게 있나."라고 한 것은 당대 현실의 참혹함이 위정자의 잘못에서 기인한 것임을 분명히 한 것이다. 이와 같은 서술은 두 번째 시 첫 두 구의 "봉황새 날아오지 않고 황하에선 용마 안 나오니 그 누가 이 세상을 요순시대로 되돌릴까."라는 표현에서 다시 한 번 반복된다. 특히 "그 누가 이 세상을 요순시대로 되돌릴까."라는 구절은 그와 같은 책임을 감당할 능력을 지닌 인물이 지금 조정에는 없다는 것을 의미한다. 빗대거나 돌려 말하지 않는 직설적 표현이다.

그런데 이 시에는 옥동이 비판하고자 하는 구체적인 대상이나 악행을 행하거나 대리하는 구체적인 인물이 보이지 않는다. 따라서 이 시에서 옥동이 비판하고 개탄하는 대상은 옥동 당대의 현실이 될 수밖에 없다. 그 범주를 더 좁혀보면 당대의 위정자 정도가 될 수 있지만, 특정한 어떤 인물을 지척하여 비판하지 않았다는 점에서 위정자 일반이 비판의 대상이 된다. 비판하는 옥동의 언사나 비판의 내용 역시 제한적이다. 공자의 철환천하轍環天下를 거론하여 공자도 어찌하지 못했던 것이라는 표현은 오히려 당대 위정자들에게 일면의 정당성을 제공하기까지 한다. 두 번째 시 마지막 구절에서 "쓸쓸한 석양아래 상념 끝이 없지만 오도자를 만나지 못해 정녕 그려내기 어렵네."라고 한 것은 일차적으로 답답함의 표현이지만, 다른 한편으로는 무능함과 무력감을 바탕으로 한 자조적 표현이

狀聞, 請給全災, 允之."

라고도 볼 수 있다.

직설적으로 당대 현실을 묘사하여 개탄하였지만, 비판의 대상을 불특정 다수로 치환하여 시 속에서 배제한 이 시는 도덕적 수양을 통해 현실의 문제를 극복하고자 한 옥동의 의식을[140] 그대로 보여준다. 개인적·사회적 도덕 수양이 사회 문제의 해결과 극복을 위한 최상의 방법이라고 생각했기 때문인지 옥동은 이 시에서 치열함이나 예리함과 같은 날선 비판의식을 드러내지 않았다. 절제된 안타까움과 연민의 정서를 도덕적인 언사 속에 담아 시로 조합해 냈을 뿐이다.

堯舜之君稷契臣	요순 같은 임금님 직설 같은 신하들에
和風長作萬邦春	따뜻한 바람 길이 불어 온 나라가 봄 같은데도
如何聖世多飢歲	어찌하여 성인 세상에 주리는 해 많기도 하여
未有含哺鼓腹人	실컷 먹고 배 두드리는 사람이 없나.

八珍羅列錦衣香	여덟 진미 늘어있고 비단옷 향기로우며
花樹陰中醉百觴	꽃나무 그늘 속에서 온갖 술에 취해 있으니
如何獨享無窮樂	어찌하여 혼자서 그 끝없는 즐거움 누리고
坐見窮民死道傍	곤궁한 백성들 길옆에서 죽는 것 앉아 보고만 있나.[141]

이 시는 문집 권2에 수록된 〈병자추 견아표丙子秋見餓殍〉 2수이다. 앞의 시와 같은 해의 가을에 창작되었다는 점에서 유사한 시대적 상황 아래 나온 것이라 생각된다. 두 번째 시에 '상제공上諸公'이라는 자주自註를 달아둔 것으로 보아 남들에게 보이기 위해 쓴 시라고 할 수 있는데, 비슷

140 尹載煥, 「玉洞 李溆의 理·氣對立的 思惟樣式과 그 意味」, 『東洋古典研究』 49, 東洋古典學會, 2012, 204~211면.

141 李溆, 〈丙子秋見餓殍〉 1~2, 『弘道先生遺稿』 卷2.

한 시기에 유사한 상황을 대상으로 창작한 시이기 때문에 그런지 이 두 수의 시는 앞서 살펴본 시와 거의 같은 경향을 보여준다. 이 시에서 옥동은 연민의 정서, 안타까운 마음을 바탕으로 절제되고 간결한 언어로 당대 사회의 모습을 시로 옮겼다.

그런데 이 시를 앞의 시와 비교하여 조금 더 자세하게 살펴보면 이 시 속에는 옥동의 안타까움과 연민의 정서뿐만 아니라 대상에 대한 원망서린 비판의식까지 담겨있다. 물론 이 시에 앞서 살펴본 두 수의 시에 비판의식이 나타나지 않는다거나 여기서 인용한 시가 날선 비판의식의 결과물이라고 하기는 쉽지 않지만, 앞의 시에 비해 상대적으로 강화된 비판의식을 보여준다. 이 시에서 볼 수 있는 강화된 비판의식은 시간이 지나도 개선되지 않는 당대 사회의 질고疾苦에 기인한 것이다.

인용한 시 첫 수의 앞 두 구에서 옥동은 숙종肅宗을 요순堯舜으로, 당대 관료들을 직설稷契이라고 했다. 성군聖君과 현신賢臣들이 다스리는 나라라는 말이다. 여기에 따뜻한 바람이 불어 온 천지가 봄 같다고도 했다. 인물과 환경이 백성들에게 더없이 좋은 상황이다. 그런데 현실은 그렇지 않았다. 요순시대, 직설 같은 신하들이 정치를 한다면 백성들 모두 실컷 먹고 배를 두드릴 수 있는 태평성대를 누려야 하는데, 현실은 오히려 주리는 해가 많아 삶을 온전하게 누리지도 못한다.

당대 현실과 시를 비교해 보면 이 시의 첫 두 구는 당대 사회에 대한 역설적 표현, 혹은 위정자들을 비꼬는 언사라고 할 수 있다. 표현의 정도나 방법으로 보아 이 두 구를 풍자諷刺나 우의寓意로 보기는 쉽지 않지만, 앞 시에서보다 위정자들에 대한 비판의 강도가 커져있다. 이 시에서 옥동이 말하고자 하는 것은 다음 두 구에 담겨있다고 보인다. 성군과 현신이 다스리고 기후마저 그들을 돕는데, 왜 이렇게 주리는 해가 많으냐는 옥동의 물음은 뒤집어 당신들은 성군과 현신이 될 수 없다는 말이기도 하다.

역설적 표현으로 구성되어 있지만, 이 시의 내면에 담겨 있는 옥동의 언사는 직설적이다. 시의 표면에 드러난 역설적 표현이 누구나 짐작할 수 있는 것이라는 점에서 이 시의 역설은 역설이 아니라 강조된 직설이라고 하는 것이 더 타당할 것이다. 그러나 이 시에서 옥동이 이렇게 직설적인 역설의 표현을 사용한 것은 역설적 표현을 통한 비판의식의 강화뿐만 아니라, 시의 창작 과정에서 자기도 모르게 일어나는 자기감정의 격정을 차단하기 위해서이기도 했다. 당대 사회의 비참한 현실을 도덕적 수양으로 극복하고자 했던 옥동은 시 역시 절제된 시어를 사용하여 순화된 감정을 담아내는[142] 교육적 도구라고 생각했다. 옥동은 비판의식을 시로 표현하면서도 자기감정의 내적 격화激化를 막아야 했고, 따라서 이와 같은 표현이 불가피했을 것이라고 생각된다.

두 번째 시는 자주自註를 통해 밝힌 것처럼 남들에게 보여주기 위해 쓴 시이다. 따라서 이 시에서는 자기의식을 보다 선명하게 보여줄 필요가 있다. 이 시에서 옥동이 자신의 비판의식을 선명하게 드러내기 위해 사용한 표현법은 대비이다. 팔진미에 비단 옷, 꽃나무 그늘 속에서 취해 끝없는 즐거움을 누리고 있는 위정자들과 길옆에서 죽어가는 곤궁한 백성들의 대비는 현실의 직접적인 묘사를 넘어서 위정자들의 화려한 삶이 백성들의 죽음을 바탕으로 한다는 것을 암시하는 것이기도 하다. 위정자들이 향락에 빠지면 빠질수록 백성들의 궁핍은 심해만 간다는 것이다.

앞 시에서와 같이 이 시에서도 옥동이 비판하는 대상은 위정자이다. 그런데 옥동의 시에서는 중앙의 고위 관리이든 지방의 하급 관리이든 비판의 대상이 되는 위정자가 구체화되지 않는다. 백성의 위에서 백성을

142 尹載煥, 「玉洞 李漵의 文學觀 研究」, 『東方漢文學』 27, 東方漢文學會, 2004, 228~242면.

다스리고 또 보살피고 길러주어야 할 책임이 있다고 인정되는 모든 관료가 옥동의 시에서 비판의 대상이 된다. 옥동과 그의 가문이 당대 정치적 실권을 장악한 노론계열에 의해 다양한 곤경을 맞았고, 그 곤경 속에서 그와 그의 가문이 하루하루를 힘겹게 버텨가고 있었지만, 옥동의 시에서는 당시 실권을 장악한 인물들뿐만 아니라 경京·향직鄕職의 다양한 관리들에 이르기까지 비판의 대상으로 특정된 인물을 찾기 어렵다. 옥동 시의 이런 특징에 대해 당대 대부분의 관료가 자신의 책무를 다하지 못했기 때문에 시 속에 이렇게 묘사한 것이라고 할 수도 있지만, 다른 한편으로는 옥동이 추구했던 시세계나 시관詩觀이 그만큼 선명했음을 보여주는 것이라고도 할 수 있다. 옥동이 당대 위정자를 직접적인 비판의 대상으로 삼아 창작한 시에서도 이 시와 같은 모습을 확인할 수 있다.

罔法設陷阱	법으로 얽는 것이 함정 만드는 것 같아
掩取都民財	백성 재물 남김없이 모두 뺏으니
親眷眞爲樂	친지들 참으로 즐겁다고 하지만
下民甚可哀	아래 백성들 정말 서글프구나.[143]

이 시는 옥동의 문집 권4에 있는 〈무제無題〉라는 시이다. 〈무제無題〉라는 제목으로 4권의 중간 정도에 수록되어 있기 때문에, 옥동이 그의 생애 후반기의 어느 시점에 이 시를 창작했을 것이라고 생각되지만 구체적인 창작 시기나 동기에 대해서는 확인하기 어렵다. 다만 시의 내용으로 보아 옥동이 가지고 있었던 당대 위정자들에 대한 비판의식이 무엇 때문이었는지를 살펴볼 수 있다. 법을 만들어 백성들을 그 법으로 얽어 백성들의 재물을 빼앗아 호의호식好衣好食하며 즐거워하기 때문에 옥동

143 李漵, 〈無題〉, 『弘道先生遺稿』 卷4.

이 당대 위정자들을 비판한 것이다.

그런데 이 시에서 옥동은 위정자들의 잘못된 모습이 어떤 것이고, 그 것이 왜 잘못되었는지에 대해서는 분명히 밝혔지만, 잘못된 행위의 구체적인 예나 행위의 주체에 대해서는 전혀 언급하지 않았다. 누구의 어떤 행위가 문제가 되는지를 밝히지 않았다는 점에서 이 시는 당대 위정자 전반을 비판의 대상으로 삼고 있다고도 할 수 있을 정도로 비판의 범주가 넓다. 그렇지만 반대로 이와 같이 폭넓은 대상을 비판하고 있다는 것은 비판의 범주를 특화시키지 못했다는 점에서 비판의 기능이 약화될 수 있다는 문제가 있다. 시를 접한 위정자 대부분이 이 시의 내용을 이해하고 양심의 가책을 느낄 수는 있겠지만, 그들 가운데 누구도 이 시에서 비판하는 대상이 자신이라고 동의하기는 쉽지 않을 것이기 때문이다. 그러나 옥동의 사회시 가운데 구체적인 행위를 적시하여 비판한 시가 없는 것은 아니다. 다음에서 살펴볼 시는 옥동의 사회시 중 구체적 행위를 거론하며 비판한 거의 유일한 시라고 할 수 있다.

寒乞窮人呼哭聲　가난에 찌든 비렁뱅이 소리 높여 곡하니
聞聲不忍惻然情　그 소리 듣고서는 측은한 정 못 견디네.
白骨有徵徵及族　백골에 세금 걷다 친척들에게까지 미치니
孰哀無告彼蒼生　그 누가 하소연할 곳 없는 저 백성을 가련히 여기나.[144]

이 시는 옥동의 문집 권4에 수록되어 있는 〈애도변한걸인곡성哀道邊寒乞人哭聲〉이라는 시이다. 바로 앞에서 살펴본 시와 같이 창작 시기를 살펴볼 수 있는 단서가 없다는 점에서 옥동이 언제 이 시를 지었는지는 확인하기 어렵다. 다만 이 시 앞의 시가 〈추과삼각秋過三角〉이고, 이 시

144 李溆, 〈哀道邊寒乞人哭聲〉, 『弘道先生遺稿』 卷4.

로부터 16수 뒤에 있는 시가 〈춘흥春興〉이라는 점에서 이 시의 창작 시기를 늦가을 혹은 초겨울 정도로 유추할 수 있다.

이 시는 옥동의 사회시 중 대사회적 비판의식과 개인 정서의 표출이 가장 강한 시이다. 지금까지 살펴본 옥동의 사회시에서 드러난 옥동의 정서는 안타까움과 연민憐憫이 대부분이었지만, 이 시에서는 연민을 넘어 애상哀傷이나 애련哀憐의 정서를 보여준다. 일반적인 사회시라면 이와 같은 정서의 표출이 당연한 것이겠지만, 옥동의 사회시에서는 찾아보기 어려운 것이다. 이와 함께 이 시에는 시 창작의 계기 혹은 비판의 계기라고 할 수 있는 구체적인 상황과 비판하고자 하는 구체적인 대상이 등장한다. 늦가을 혹은 초겨울 길 가에서 들려오는 가난에 찌든 비렁뱅이의 곡소리가 시 창작의 계기이고, 멀쩡한 백성을 이와 같이 참혹한 상황으로 몰아넣는 백골징포白骨徵布가 구체적인 비판의 대상이다.

이 시에서 비판의 대상으로 삼은 백골징포白骨徵布는 황구첨정黃口簽丁과 함께 당대 학정虐政의 대표적인 예였다. 문란한 군정軍政으로 인해 죽은 사람을 산 사람인 것처럼 군적軍籍과 세금 대장에 올려놓고 포布를 징수하였기 때문에 백골징포白骨徵布라고 했고, 아직 병역 적령기에 이르지 못한 젖먹이 어린아이까지 군적軍籍에 올려 군포軍布를 징수했기 때문에 황구첨정黃口簽丁이라고 했는데, 이 두 행위 모두 당대의 백성을 도탄에 빠트리는 대표적인 것이었다. 옥동이 길 옆에서 들려오는 걸인乞人의 통곡 소리를 듣고 백골징포白骨徵布를 생각했다는 것은 그만큼 그 제도가 보편화되어 있었고, 그로 인해 고통 받는 백성들이 많았다는 뜻이다. 또 옥동이 연민憐憫을 넘어 애련哀憐과 애상哀傷의 감정을 느꼈다는 것은 그 폐해弊害의 정도가 깊었음을 말해준다.

그러나 이 시에서 옥동이 백골징포의 문제점과 그로 인해 고통 받는 백성들의 모습, 자신이 느낀 애련哀憐과 애상哀傷의 정서를 담담하지만 직설적으로 표현하여 그의 사회시 중에서 가장 강한 비판의식을 드러내고는 있지만, 이 시 역시 앞에서 살펴본 시들과 크게 다르지 않은 양상을 보여준다. 특히 옥동의 비판이 백골징포 그 자체에 머물렀다는 것은 이 시에 나타난 옥동의 비판의식이 비판이라기보다는 하소연이나 푸념에 가까운 것이라고 인식될 수도 있게 만든다. 다음으로는 옥동 사회시의 두 번째 경향인 자연 재해에 의한 삶의 질고疾苦를 토로한 시를 보도록 한다.

莫枯彼草木	저 풀과 나무를 시들게 하지 말고
莫涸彼淵川	저 시내와 연못을 마르게 하지 마라.
風雨無調順	비바람 고르지도 순탄하지도 않고
寒溫失後先	추위와 더위 앞뒤 순서를 잃어
飢荒今十載	흉년 주린 해 지금 벌써 십 년이고
疫癘又三年	돌림병 휩쓴 지도 또 벌써 삼 년
民物其奚罪	백성이나 미물들이 그 무슨 죄 있기에
漠乎彼上天	저 높은 하늘은 그저 아득하기만 하나.[145]

旱氣燥天下	가뭄 기운이 천하를 말리니
飢癘人多死	주리고 돌림병에 사람들 많이 죽었는데
餘者尙流離	살아남은 자도 오히려 떠돌아다니니
畢境何爲地	끝내 어디가 묻힐 땅이 되려나.[146]

이 두 수의 시는 모두 옥동의 문집 권2에 수록되어 있다. 첫 번째 시가 〈애인물哀人物〉이라는 시이고, 두 번째 시가 〈민한역悶旱疫〉인데, 두 시

145 李漵, 〈哀人物〉, 『弘道先生遺稿』 卷2.
146 李漵, 〈悶旱疫〉, 『弘道先生遺稿』 卷2.

모두 창작 시기를 추정하기 어렵다. 다만 첫 번째 시가 아들 이원휴李元休가 출생한 뒤에 쓴 시라는 점에서 이 두 수의 시 모두 숙종肅宗 22년(1696) 옥동의 나이 35세 이후에 창작된 것으로 보인다.

이 두 수의 시는 모두 당대를 살아가는 백성들이 느끼는 현실의 질고疾苦에 대한 서술이다. 첫 수의 제목이 애인물哀人物이라는 점에서 이 시를 지을 당시 옥동은 백성들의 삶뿐만이 아니라 당대 그의 주변에 있었던 미물들까지 불쌍히 여긴 것이라고 생각된다. 옥동이 미물들에 대해서까지 불쌍하고 애처로운 마음을 지녔던 것은 미물들이 백성들의 삶을 지탱해주는 도구가 된다고 생각했기 때문이다. 비바람과 추위·더위가 질서를 잃어 흉년이 들고 돌림병이 번진다고 한 것에서 자연 기후의 순탄함이 옥동이 바라는 세상을 만들기 위한 가장 기본적인 요소라고 할 수 있다. 그런데 십 년째 흉년이 이어지고 돌림병이 번진지도 삼 년이 되었지만, 하늘은 어떤 도움도 주지 않았다. 현실의 고난을 극복할 수 있는 방안을 찾지 못한 옥동이 할 수 있는 일은 그저 하늘을 원망하는 것뿐이었다.

두 번째 시는 가뭄에 돌림병이 도는 상황을 고민하는 자신의 마음을 읊은 시이다. 시의 배치 순서나 내용으로 보아 두 시의 창작 시기가 그리 멀리 떨어져 있지 않은 것 같다. 이 시에 묘사된 백성들의 현실은 앞의 시보다 더 비참하다. 가뭄에 굶주림, 거기에 돌림병까지 퍼져 벌써 수많은 사람들이 죽었고, 살아남은 사람들도 정착하지 못하고 이리저리 떠돌아다닌다. 옥동의 눈에 비친 백성들의 모습은 살아서 어떤 희망을 찾아가는 사람들이 아니라 죽을 때를 기다리는 사람들에 다름 아니었다.

이 두 수의 시에서 옥동은 시의 표면에 자신의 정서를 노출시키지 않고 그가 목도한 상황을 가감 없이 그저 있는 그대로 시 속에 써 내려갈 뿐이다. 그래서 시를 접하고 느끼게 되는 정서가 건조하고 생경하지만,

경우에 따라 다큐멘터리가 드라마보다 더 큰 감동을 줄 수 있는 것과 같이 수식에 의해 다양한 언어로 묘사된 시보다 당대의 참상을 더 핍진하게 느낄 수 있게 해 준다.

運屬生靈大殺關　산 백성 죄다 죽일 운세에 들어선지
飢荒癘疫十年間　흉년에 주리고 돌림병 돈지 십 년이라.
松虫熾滿山川渴　송충이 가득하고 산 개울도 마르니
不知天意果何端　하늘 뜻이 과연 어디에 있는지 모르겠네.

松虫食盡京山葉　송충이 서울 산의 나뭇잎 다 먹은 뒤에
遍邑漫郊及四邊　교외 읍에 가득하다 사방으로 퍼지니
山川枯渴乾文晦　산과 개울 다 마르고 하늘 모습도 흐릿하여
癘疫飢荒幾十年　돌림병 돌고 흉년에 주린지 거의 십 년이네.

流離無處訴　사방 떠돌아다녀도 하소연할 곳 없는
哀我四窮民　우리 곤궁한 백성 서글프다네.
五十年前事　오십 년 전의 일이
猶記惻怛仁　아직도 측은해 하는 仁으로 기억나네.[147]

殺癘甚於劒　돌림병에 죽는 것 칼보다 심하니
豺狼未足獰　승냥이 이리는 모진 것이 아니네.
山山埋白骨　산마다 백골을 묻고
道道出紅旌　길마다 붉은 깃발 내걸어
率土皆罹禍　온 땅이 모두 재앙에 걸려 있으니
仁天豈不靈　어진 하늘은 어찌 이리 신령하지 않은가.
哀哀孤寡哭　서럽고 서럽게 고아 과부 울어대니
寧欲莫聞聽　차라리 듣고 싶지 않구나.[148]

147 李溵, 〈悶〉 1~3, 『弘道先生遺稿』 卷4.

위에서 인용한 시는 문집 권4에 수록된 3수 연작시 〈민悶〉과 〈무제無題〉이다. 두 편의 시 모두 창작 시기를 확인하기 어렵지만, 마지막 시 〈무제無題〉는 다음 시가 〈도중추흥途中秋興〉이라는 점에서 가을에 들어서며, 또는 초가을 무렵에 쓴 시가 아닐까 추정된다. 〈무제無題〉와 달리 앞의 시 〈민悶〉 3수는 창작 시기를 가늠해 볼 수 있는 다른 근거를 문집 속에서 확인할 수 없다. 다만 첫 두 수의 내용으로 보아 송충이[松虫]의 피해가 극심했던 때가 아닌가 생각된다. 『조선왕조실록朝鮮王朝實錄』을 살펴보면 숙종 연간에 송충이의 피해에 관한 기사가 모두 14회 출현하여[149] 숙종대 송충이의 피해가 빈번했음을 알 수 있다. 특히 숙종 35년(1709)에는 송충이의 피해가 극심하여 포제酺祭를 지낼 것을 건의하였다는 기사가 나오는데, 삼각산三角山·목멱산木覓山·송악산宋岳山을 시작으로 하였다고[150] 한 것으로 보아 서울 인근 지역에서 송충이의 피해가 더욱 컸었다고 짐작된다. 숙종대 송충이의 피해에 관한 기사가 등장한 마지막 시기가 숙종 42년(1716)인데 옥동의 몰년이 1723년이라는 점으로 보아 단정하기는 어렵지만, 이 시의 창작 시기는 아마 옥동의 나이 50대의 어느 해 여름이 아닐까 생각된다.

여기에서 살펴본 네 수의 시는 모두 자연 재해와 돌림병에 관한 것이

148 李漵, 〈無題〉, 『弘道先生遺稿』 卷4.

149 『朝鮮王朝實錄』 肅宗 年間의 기사 중 松蟲이의 피해에 관해 거론한 기사는 다음과 같다. 肅宗 11年 8月 21日 己酉.; 肅宗 11年 9月 22日 己卯.; 肅宗 11年 9月 27日 甲申.; 肅宗 11年 10月 26日 癸丑.; 肅宗 20年 3月 13日 辛亥.; 肅宗 26年 6月 5日 丙寅.; 肅宗 28年 5月 18日 己亥.; 肅宗 28年 6月 2日 壬子.; 肅宗 29年 10月 1日 癸酉.; 肅宗 30年 5月 26日 甲子.; 肅宗 30年 8月 5日 壬申.; 肅宗 34年 5月 29日 甲辰.; 肅宗 35年 5月 25日 乙未.; 肅宗 42年 5月 2日 辛酉.

150 『朝鮮王朝實錄』 肅宗 35년 5월 25일, "引見大臣·備局諸宰. 時, 久旱, 適甘雨沛然, 上顧諸臣甚喜. 先是, 禮曹參議趙泰億以松蟲爲災, 疏請設行酺祭, 上答以量處. 左議政徐宗泰白上, 請先行於三角·木覓·松岳, 諸道則問於道臣, 隨其尤甚處設行, 上可之."

다. 자연 재해나 돌림병 역시 위정자의 노력으로 발생을 막거나 피해를 줄일 수 있겠지만, 재해의 발생 원인을 위정자의 무능無能이나 부패腐敗로 단언하기는 쉽지 않다. 그런 점에서 이 시는 당대 백성들의 질고疾苦에 대한 강한 유대의식과 동정심을 보여주는 것이라고는 할 수 있지만, 지배계급이나 위정자들에 대한 비판의식을 담고 있는 것이라고는 보기 어렵다.

옥동의 3수 연작시 〈민悶〉의 경우 송충이를 시의 중요 제재題材로 삼고 있다는 점에서 당대 집권 관료계층을 송충이에 가탁한 우화寓話나 우언시寓言詩로 볼 수도 있지만, 시 전체의 내용이나 당대의 상황으로 보아 이 시 속에 등장하는 송충이는 가탁假託된 인물로 전의轉意가 가능한 송충이라기보다는 글자 그대로 존재하는 자연물 송충이를 의미한다고 보는 것이 타당하다.

위에서 인용한 2제 4수의 시에는 당대 백성들의 고달픈 현실과 그 고달픈 현실 속에서 고통 받는 백성들을 바라보는 옥동의 안타까움이 드러나 있다. 하지만 안타까워하는 옥동의 시선만 담겨 있을 뿐이라는 점에서 이 시는 적지 않은 한계를 지닌다. 사회시를 "민중에 대한 관심과 작자의 대사회적 비판 의식"을 담고 있는 시라고 규정했을 때, 이 시들은 사회시에 완전하게 부합한다고 보기 어렵다. 그것은 이 시 속에서 민중에 대한 관심은 충분히 확인할 수 있지만, 대사회적 비판의식을 찾기는 쉽지 않기 때문이다. 그런 점에서 이 시들을 사회시로 거론하는 것이 적절하지 않을 수도 있지만, 현실의 질고疾苦를 있는 그대로 묘사하여 드러내는 것 역시 사회적 비판활동의 하나로 본다면 넓은 개념에서 사회시로 볼 수도 있다.

옥동의 사회시에는 당대 현실 속에서 고통 받는 백성들에 대한 옥동의 진한 애정이 담겨 있다. 그 애정이 옥동에게 사회시라는 양식의 시를 쓰게 하였고, 옥동은 그 시를 통해 당대 사회의 부조리를 고발하고 개선을 추구했다. 그런 점에서 옥동의 사회시가 갖는 의미는 적지 않다. 특히 옥동이 퇴계를 사표師表로 추앙하여 따르고자 했던 도학자였다는 점에서 옥동의 사회시는 도학자의 사회시가 지닐 수 있는 하나의 전형적인 모습을 보여주는 것이라고 생각된다.[151]

그러나 옥동의 사회시가 도학자의 사회시가 지닐 수 있는 하나의 전형적인 모습을 보여준다고 추정된다는 점에서 적지 않은 의미를 지니는 것은 분명하지만, 사회시의 창작 목적에서 보았을 때 적지 않은 한계를 지닌다. 옥동 사회시의 가장 큰 한계는 실질적으로 현실을 개혁하고자 하는, 혹은 현실을 개혁하게 만들고자 하는 의지가 쉽게 드러나지 않는다는 것이다. 사회시가 지녀야 할 기본적인 성격으로 "민중에 대한 관심과 작자의 대사회적 비판 의식"을 드는 것은 사회시가 일반적인 서정시와 달리 목적성 강한 문학이라는 것을 의미한다. 그렇게 보았을 때 사회시를 창작하는 근본적인 이유는 사회시를 통해 사회를 바로잡기 위해서이다. 이 때문에 사회시의 개념을 규정할 때 "민중에 대한 관심과 작자의 대사회적 비판 의식과 함께 사회를 교정矯正하고자 하는 적극적인 참여 의식이 동반되어야 한다."고 본다.

사회시에는 시적 기교와 정취, 감흥과 함께 민중에 대한 관심을 바탕으로 한 사회 비판을 통해 사회를 바로잡고자 하는 작자의 목적의식이 담겨 있어야 한다. 이런 점에서 옥동의 사회시가 풍자諷刺와 우의寓意를 배격한 직설적 묘사, 구체적 비판 대상의 배제排除, 절제된 시어詩語와 제어된 감정의 표출을 주된 표현 기법으로 하고 있다는 것은, 비록 이와

151 아직까지 도학자의 사회시에 대한 연구는 영성한 편이다. 참고할 수 있는 글로는 丁範鎭, 「退溪先生의 社會詩(『退溪學報』 68, 退溪學研究院, 1990.)」 정도가 있을 뿐인데, 이 글에서도 퇴계의 시는 몇 수만 거론되어 있다.

같은 창작 방법이 도덕적 수양을 강조하고 도덕적으로 완성된 사회가 가장 이상적이라고 생각했던 옥동의 의식을 반영하기에 가장 적절한 기법이었기 때문이라고 하더라도 그만큼 현실 개혁과는 멀어진다는 문제를 지닌다.

사회시가 사회의 교정矯正과 개혁改革이라는 현실적이고 구체적인 목적과 멀어질 때, 사회시 속에 담기는 민중에 대한 관심은 단순히 안타까움과 연민 혹은 애상哀傷과 애련哀憐으로 표출되고 만다는 한계를 가진다. 옥동의 사회시는 조선 후기 사회시가 날선 언어와 예리한 폭로, 세밀한 묘사와 사실적 표현을 통해 현실의 모순을 적극적으로 비판했던 것과는 확연한 차이를 지닌다.

조선 후기 사회시를 대표하는 작품으로 인정받는 다산의 사회시 〈애절양哀絶陽〉을 보도록 한다.

蘆田少婦哭聲長　노전마을 젊은 아낙 통곡소리 길기도 긴데
哭向縣門號穹蒼　현문을 향해 곡을 하다 하늘에 울부짖기를
夫征不復尙可有　싸움터 나간 지아비가 못 돌아오는 일 있어도
自古未聞男絶陽　예부터 남자가 양기를 잘랐단 말 못 들어 봤네
舅喪已縞兒未澡　시아버지 죽어 소복 입고 애는 배냇물도 안 말랐는데
三代名簽在軍保　삼대 이름 모두 다 군적에 실리다니
薄言往愬虎守閽　가서 아무리 호소해도 호랑이가 문지기요
里正咆哮牛去皁　이정은 호통 치며 마굿간 소 몰고가니
磨刀入房血滿席　칼을 갈아 방에 들어 자리에 피가 가득하니
自恨生兒遭窘厄　자식 낳아 곤액 당해 절로 한스러워 그랬다네
蠶室淫刑豈有辜　잠실음형 당했으니 무슨 죄가 있어선가
閩囝去勢良亦慽　민땅 자식들 거세한 것도 정말 슬픈 일인데
生生之理天所予　자식 낳고 또 낳는 이치 하늘이 준 것이니
乾道成男坤道女　하늘 닮아 아들 되고 땅을 닮아 딸이 되지

騸馬豶豕猶云悲　말 돼지 거세한 것도 오히려 서럽다 할 것인데
況乃生民思繼序　하물며 백성들 대 이을 생각하는 이들이야
豪家終歲奏管弦　부호들은 일 년 내내 풍악이나 울리는데도
粒米寸帛無所捐　낟알 한 톨 비단 한 치 바치는 일 없으니
均吾赤子何厚薄　다 같은 백성인데 왜 그리도 큰 차별할까
客窓重誦鳲鳩篇　나그네 창 아래에서 시구편만 거듭 외네.[152]

옥동도 시로 비판한 백골징포白骨徵布와 황구첨정黃口簽丁에 의해 일어난 참상에 대해 쓴 다산 정약용의 시이다. 조선 후기 사회시 계열의 대표작이라고도 인정되는데, 시 전체의 분위기가 옥동의 시 〈애도변한걸인곡성哀道邊寒乞人哭聲〉과는 확연히 다르다. 두 시의 차이가 옥동과 다산이 가지고 있었던 민중에 대한 관심의 크기나 사회적 비판 의식의 고하高下에 의해 생긴 것이라고는 보이지 않는다. 그것은 중앙집권적 봉건 전제주의 사회라는 당대 사회의 시대적 배경을 고려해 보았을 때, 이들이 사회시를 창작했다는 사실만으로도 이들은 이미 민중에 대한 관심과 사회적 비판의식을 충분히 가지고 있었다고 생각되기 때문이다. 그럼에도 불구하고 두 사람의 사회시가 현격한 차이를 보이는 것은 이들의 성장 환경과 현실적인 처지, 학습의 내용에 따른 것이 아닌가 생각된다.

옥동과 다산은 모두 명문가에서 출생했고 학습했지만, 옥동은 현실적인 여러 상황에서 벗어나 도덕적 수양을 추구했고, 이 수양을 통해 개인과 사회 나아가 인류와 온 천지를 도덕적으로 완벽한 이상사회로 만들기 위해 평생을 바친 학자였다. 반면 다산은 현실적인 다양한 곤경에도 불구하고 정치적으로 자신의 이상을 이루기 위해 노력했지만 끝내 유배를

152 丁若鏞, 〈哀絶陽〉, 『與猶堂全書』 卷4.

가서 낙척落拓한 삶을 살아야 했던 경세가經世家이자 학자學者였다. 이 차이에 의해 이들이 읊은 시는 유사한 내용을 각기 다른 방식으로 구성하게 된 것이라 생각된다.

물론 다산은 백골징포白骨徵布와 황구첨정黃口簽丁에 의한 절양絶陽이라는 있을 수 없는 상황이 발생한 바로 그 옆에 있었고,[153] 옥동은 백골징포白骨徵布와 황구첨정黃口簽丁에 의해 괴로움을 당한 사람의 울부짖음을 들었다는 점에서 두 사람이 접한 상황의 차이도 무시할 수 없을 것이다. 하지만 보다 근본적인 차이는 이들의 성장 환경에 따른 학습 내용과 그로 인해 갖추어진 인식의 차이에 의한 것이 아닐까 생각된다. 만약 다산이 옥동이 접한 도변한걸인道邊寒乞人의 곡성哭聲을 들었다면, 또는 옥동이 다산이 접한 절양絶陽의 상황에 놓여 있었다면 이들이 서로 유사한 양상의 시를 창작했을까 생각해 본다면 아니라고 할 수밖에 없다. 옥동은 그가 가진 민중에 대한 관심과 비판의식을 자신의 사회시 속에 표현하였다. 따라서 옥동의 입장에서 볼 때 옥동의 사회시는 그가 가진 대사회적 비판의식을 최대한 풀어낸 것이라고 볼 수 있지만, 사회시 일반의 창작 목적에서 본다면 옥동의 사회시는 사회시 창작의 본질적인 목적과는 멀어져 있다는 한계를 지닌다.

이처럼 옥동의 사회시는 옥동이 가지고 있었던 민중에 대한 관심과 대사회적 비판의식을 그대로 담고 있지만, 사회시 창작의 근본적인 목적과는 일정한 거리를 지닌다. 그런데 옥동의 사회시가 지니고 있는 이와 같은 한계는 옥동의 사회시에서만 볼 수 있는 것이 아니라 옥동과 같이

153 丁若鏞, 「兵典六條, 簽丁兵典第一條」, 『與猶堂全書』 卷23, 「牧民心書」 卷8, "此嘉慶癸亥秋, 余在康津作也. 時蘆田民有兒生三日, 入於軍保, 里正奪牛, 民拔刀自割其陽莖曰; '我以此物之故, 受此困厄.'其妻持其莖, 詣官門, 血猶淋淋, 且哭且訴, 閽者拒之. 余聞而作此詩."

도덕적 수양을 최상의 가치로 인식하고 있었던 당대 도학자들의 사회시가 지니는 보편적인 경향이라 보인다.

정범진丁範鎭은 퇴계의 사회시에 대해 "퇴계선생退溪先生의 시詩는 그 전체全體를 놓고 보았을 때 사회시社會詩가 차지하는 비중比重이 매우 빈약微弱하다. 현실참여現實參與보다는 선생先生은 차라리 은거隱居를 열망熱望했으니 사회시社會詩가 적은 것은 오히려 당연當然한 것으로 보여진다. 그러나 선생先生은 어지러운 정국政局, 굶주리는 백성百姓에 대해서는 무한한 우환憂患과 비통悲痛의 정情을 가지고 있었으며, 그러한 심사心思는 은연중 시詩를 통해서 나타나고 있다. 다만 현실비판現實批判은 한 구절句節도 직접적으로 보이지 않지만"[154]이라고 하여 퇴계의 사회시가 지니는 특성을 간략하게 밝혔는데, 그 특성이 대체로 옥동과 유사해 보인다. 이와 같은 점에서 옥동의 사회시는 당대 도학자들의 사회시가 지니는 보편적인 특성을 보여주는 것이라고 생각된다.

퇴계의 사회시와 같이 옥동의 사회시에는 그가 당대 사회와 민중을 바라보고 느낀 강한 우환의식憂患意識이 담겨있는데, 그 우환의식은 옥동이 당대 사회에 대해 가지고 있었던 책임감에 기인한 것이다. 옥동은 유가적儒家的 도덕규범道德規範이 구현된 사회를 이상적인 사회로 간주하고, 그와 같은 사회를 현실에서 구현하기 위해 노력했다. 이를 위해 옥동은 개인적 차원의 수양뿐만 아니라 사회적 차원의 수양까지 강조했다. 옥동은 성誠과 경敬을 통해 마음을 수양한 인간에 의한 범인凡人과 용인庸人의 교육이 반드시 이루어져야 한다고 생각했고,[155] 교육의 방법은 엄격하게 절제된 반복적인 학습이어야 한다고 강조했다.[156] 옥동의

154 丁範鎭, 「退溪先生의 社會詩」, 『退溪學報』 68, 退溪學研究院, 1990, 113면.

155 尹載煥, 「玉洞 李溆의 理·氣對立的 思惟樣式과 그 意味」, 『東洋古典研究』 49, 東洋古典學會, 2012, 199~210면.

이와 같은 의식은 그 스스로를 당대 사회를 바르게 이끌어야 할 책임을 지니고 있는 인물로 인지했었다는 뜻이다.

옥동의 사회시는 이와 같은 의식의 결과물이라고 할 수 있다. 당대 사회에 대해 강한 책임감을 지니고 있었던 옥동은 사회의 부조리와 백성들의 질고疾苦를 그냥 보아 넘길 수 없었다. 따라서 잘못된 현실을 접하고 자연스럽게 사회시를 창작했지만, 그의 사회시는 일정한 한계를 지닐 수밖에 없었다. 그것은 옥동이 바람직한 사회를 만들기 위해서는 무엇보다 개인의 인식 전환이 이루어져야 하고, 그 인식 전환은 성誠과 경敬을 통한 개개인의 내면 수양뿐만 아니라 수양된 인간에 의한 범인凡人과 용인庸人의 교육에 의해 이루어질 수 있다고 보았기 때문이다. 옥동은 사회의 변화가 현실적인 제도나 규정, 체제의 변화에 의해 이루어질 수 있는 것이 아니라 도덕적인 교육을 통한 사회 구성원의 의식 개혁에 의해 이루어지는 것이라고 인식했었다. 인간 사회에서 어떤 제도나 규정, 체제가 문제 되는 것은 그 제도나 규정, 체제 자체의 문제라기보다 그와 같은 제도들을 운영하는 인간에 의해 야기되는 경우가 대부분이라는 점에서 옥동의 인식은 타당한 것이다.

그러나 이와 같은 옥동의 인식을 뒤집어 보면 현재 사회에서 여러 가지 다양한 모순과 부조리가 일어나는 원인이 기본적으로 개개인의 도덕적 수양 부족에 의한 것이고, 그 다음으로 수양이 부족한 인간에 대한 사회적 교육이 적절하게 실행되지 못했기 때문이라는 뜻이 된다. 이렇게 본다면 현재 사회의 부조리와 모순이 일어나게 된 원인과 책임은 옥동과 같이 사회의 교화와 교육을 책임져야 할 사람들에게로 전이轉移된다. 옥동의 사회시는 바로 이 지점에서 창작된 것이다.

156 尹載煥, 「여주이씨 성호 가계 지식 전승의 일 양상」, 『민속문화연구』 60, 고려대학교 민족문화연구원, 2013, 72~77면.

옥동은 사회에 대한 강한 책임감을 바탕으로 당대 사회의 현실을 근심스럽게 바라보고 시를 지어 비판했지만, 그는 자신의 사회시를 개혁의 매개체가 아니라 인식 전환의 계기로 생각했었다. 따라서 옥동은 시를 통해 당대 사회 현실이 지니고 있는 다양한 모순과 문제점을 선명하게 보여주어야 했지만, 이와 함께 극사실적인 표현과 직접적인 비판 대상의 거론을 통한 현재 사회의 모순과 문제점의 토로는 당대 민중들의 정서를 과도하게 자극하여 오히려 사회를 올바르지 못한 방향으로 이끌게 된다고 여겼던 것이다. 이런 의식을 지니고 있었기 때문에 옥동의 사회시는 민중에 대한 관심과 작자의 대사회적 비판 의식을 바탕으로 하고는 있지만, 구체적인 현상을 지적하여 현실을 개혁하고자 하는 적극적인 의식을 드러내지 않았고, 풍자諷刺와 우의寓意를 배격한 직설적인 묘사로 구체적인 비판의 대상을 배제排除하고 절제된 시어詩語와 제어된 감정을 표현한 것이라 보인다. 그런 점에서 옥동의 사회시는 스스로 당대 사회를 교정하고 교육해야 할 책임을 지니고 있다고 생각했던 옥동이 사회를 그가 생각하고 있었던 바람직한 방향으로 이끌기 위해 창작한 교정과 교육의 수단이었다고 할 수 있다.

6. 역대가歷代歌에 드러난 역사인식歷史認識

옥동玉洞의 〈역대가歷代歌〉는 7언 526구로 구성된 장편長篇 고시古詩인데, 지금까지 알려진 〈역대가〉 계열의 작품들과 구성에서 상당한 차이를 보인다. 옥동의 〈역대가〉는 두 개의 큰 단락으로 구성되어 있다. 첫 번째 단락은 태초부터 명明나라 멸망시기까지 중국의 사적을 서술한 부분이다. 첫 번째 단락의 서술 내용만으로 볼 때 옥동의 〈역대가〉는 지금까지 알려진 한문본 〈역대가〉의 보편적인 기술 방법을 그대로 준용하고 있다고 할 수 있다. 하지만 두 번째 단락을 보면 사정은 달라진다. 옥동의 〈역대가〉 두 번째 단락은 모두 108구로 이루어져 있는데, 이 단락에서 옥동은 역사적 사건이나 사적에 대해 서술하지 않고, 당대 현실의 부조리를 서술하여 현실에 대한 비판의식을 드러내고 있다. 일반적으로 〈역대가〉 계열의 작품들이 역사적 사건을 소재로 하여 치란治亂과 흥망興亡의 사적만을 이야기하는 것과는 다른 모습이다. 그러나 이것이 옥동의 〈역대가〉를 사회시로 볼 수 있다는 의미는 아니다. 옥동의 〈역대가〉가 두 번째 단락에서 예리한 시선으로 당대 사회를 비판하고 있다고 하더라도 옥동의 〈역대가〉는 영사시詠史詩로 보아야 한다.

일반적으로 〈역대가歷代歌〉는 "대대代代로 내려온 여러 세대世代"를 뜻하는 '역대歷代'라는 말의 의미와 같이 "왕자역성수명王者易姓受命의 여러 대代, 즉 역대歷代 왕조王朝를 작품의 소재素材로 하여 창작된 시가詩歌"를 지칭하는 말이다. 그러나 이 〈역대가〉를 특정한 한 사람에 의해 창작된 개별적인 문학 작품을 지칭하는 고유명사라고 보기는 어렵다. 그것은 〈역대가〉라는 제목으로 다양한 인물들이 다수의 작품을 창작해 왔기 때문이다. 그런 점에서 〈역대가〉란 작품명이라기보다 역대歷代 왕조王朝를 소재素材로 하여 창작된 일련의 시가군詩歌群을 지칭하는 시가詩歌 유형類型의 명칭이라고 할 수 있다. 또 〈역대가〉는 〈역대전(전)리가歷代轉(典)理歌〉, 〈역대세년가歷代世年歌〉, 〈만고가萬古歌〉 등 〈역대가歷代歌〉와 유사한 의미를 지닌 일련의 제목으로도 창작되었다는 점에서 〈역대가〉 유형에 해당하는 작품들의 제목이 반드시 〈역대가〉로 제한되는 것도 아니다. 〈역대가〉 유형에 해당하는 작품들의 제목에 대한 포괄적인 허용을 인정하는 것은 〈역대가〉 혹은 그와 유사한 용어를 제목으로 삼고 있는 일련의 작품들이 지니고 있는 내용상의 유사성 때문이다.

〈역대가〉 혹은 그와 유사한 용어를 제목으로 삼고 있는 작품들은 적지 않게 발견된다. 저작 시기로 보아 가장 앞선 작품으로 이규보李奎報의 〈동명왕편東明王篇〉을 들 수 있지만, 가장 늦은 시기의 작품은 단언하기 어렵다. 확인되지 않은 작품이 얼마든지 있을 수 있기 때문이다. 다만 현재까지 확인된 가장 늦은 시기의 작품은 1920년대 초반 정재혁鄭在爀이 저작한 〈화동역대가華東歷代歌〉이다. 지금까지 발굴된 〈역대가〉류類의 작품은 옥동의 〈역대가〉를 포함하여 모두 26종種에 이르지만, 이 중 『삼국유사三國遺事』 권3 「탑상」 권4에 언급된 오세문吳世文의 〈역대가歷代歌〉나 이수광李睟光의 『지봉유설芝峯類說』에 거론된 〈역대가歷代歌〉의 경우 어떤 작품을 지칭하는 것인지 그 실체를 확인하기 어렵다.

현재 전하는 〈역대가〉 중 가장 앞선 시기의 작품으로 1194년에 저작된 이규보의 〈동명왕편〉과 1287년에 저작된 이승휴李承休의 『제왕운기帝王韻紀』를 들 수 있는데, 이 두 작품의 경우 작품의 제목이 〈역대가〉류와 다르다는 점에서 〈역대가〉로 보기 어렵다고 생각할 수도 있지만, 〈동명왕편〉의 경우 반고씨盤古氏에서부터 주몽朱蒙까지를 시의 대상으로 하고 있다는 점에서, 『제왕운기』의 경우 중국과 우리나라 역대 임금들의 사적史蹟을 시의 소재로 하고 있다는 점에서 〈역대가〉 류에 포함시켜도 내용상 별 무리가 없다. 이와 같은 점에서 세종대世宗代의 〈용비어천가龍飛御天歌〉나 1844년 한산거사漢山居士가 지은 〈한양가漢陽歌〉, 또는 1913년 사공수司空燧가 지은 『한양오백년가漢陽五百年歌』 등도 〈역대가歷代歌〉 류類에 포함된다고 볼 수 있지만, 이 노래들의 경우 조선朝鮮 당대當代만을 시가詩歌의 대상으로 하고 있다는 점에서 〈역대가〉 류에 포함시키는 것이 적절하지 않아 보인다.

현재 전하는 〈역대가〉 류는 크게 두 종류로 구분이 가능하다. 작품의 형식과 표기 수단에 따라 구분이 가능한데, 한자로 기록된 작품과 한글로 기록된 작품으로 구분하는 것이다. 한자로 기록된 작품의 경우 1371년 신득청申得淸이 창작한 〈역대전(전)리가歷代轉(典)理歌〉를 제외하고는 모두 고시古詩 형식이다. 우연인지는 모르지만, 최초의 작품인 이규보의 〈동명왕편〉과 최후의 작품인 정재혁의 〈화동역대가〉를 제외하고는 모두 7언고시라는 형식상의 공통점을 지닌다. 한글로 창작된 〈역대가〉의 경우 거의 모든 작품이 가사歌辭 형식이며, 다수의 이본異本을 지니고 있다는 특징을 지닌다. 『초당문답가草堂問答歌』 속의 〈역대가〉는 『백발편白髮編』 속의 〈역대가〉나 필사본 가집 『악부樂府』 속에 수록되어 있는 두 편의 〈역대가〉 중 첫 번째 것과 동일하고, 필사본 가집 『악부』 속의 두 번째 〈역대가〉도 다양한 필사 이본을 지니고 있다.

1371년 신득청이 창작했다고 이야기 되는 〈역대전(전)리가〉의 경우 『화해사전華海師全』 권6에 〈역대전리가歷代轉理歌〉로, 『예주세록禮州世錄』 권2에 〈역대전리가歷代典理歌〉로 표기되어 있으며[157] 한자로 기록되어 있지만, 한자로 기록되어 있는 다른 〈역대가〉 류의 작품들과 달리 한시 형식이라기보다 가사歌辭 형식에 가깝고, 이두식吏讀式 표기법表記法을 사용하여 각 구의 끝 부분에 한문漢文으로 현토懸吐하였다. 내용 역시 한자로 기록되어 있는 다른 〈역대가〉 류의 작품들이 반고盤古의 사적에서 시작하는 것과 달리 하夏나라의 걸桀로 시작한다. 이와 같은 특이점들을 고려해 볼 때 이 작품은 한자로 표기되어 있기는 하지만, 한시漢詩보다는 가사歌辭에 더 가까운 작품으로 보인다.

현재까지 확인되는 〈역대가〉 작품들을 살펴보았을 때, 한글 〈역대가〉의 경우 대부분 한글 가사歌辭 작품으로, 조선 중기 이후 활발하게 창작

157 申得淸의 「歷代轉理歌」에 대해서는 李東英, 「申得淸의 「歷代轉理歌」 攷(『교사교육연구』 31, 부산대학교 사범대학, 1995, 1~18면.)」와 李東英, 「「歷代轉理歌」 攷(『陶南學報』 14, 陶南學會, 1993, 107~124면.)」에 자세하게 나와 있다.

되어 최근세까지 지속되었음을 알 수 있다. 특히 한국사韓國史 만을 대상으로 하는 작품이 있어 우리나라 사람들의 역사歷史 교육을 위한 자료로 이용되었을 가능성이 있으며, 작자 미상의 작품이 대부분이고 다수의 필사筆寫 이본異本이 존재한다는 점에서 하나의 작품이 다양한 경로를 통해 전사轉寫·유포流布 되어 유전流轉되었을 가능성이 적지 않다.

한글 〈역대가〉와 달리 한문 〈역대가〉의 경우 대부분의 작품이 작자를 확인할 수 있는 개인 창작물이다. 〈역대가〉 류 최초의 작품이라고 할 수 있는 이규보의 〈동명왕편〉이나 이승휴의 『제왕운기』 이후 한문 〈역대가〉는 지속적으로 창작되었는데, 『역대세년가歷代世年歌』 속에 수록되어 있는 〈역대세년가歷代世年歌〉와 〈동국세년가東國世年歌〉의 경우 세종의 명에 의하여 편찬된 관찬官撰 〈역대가歷代歌〉이다. 상권의 〈역대세년가〉는 중국의 증선지曾先之가 지은 원시原詩에 윤회尹淮의 주註와 장미화張美和의 시詩를 첨가하여 중국의 역사를 서술한 것이고, 하권의 〈동국세년가〉는 권제權踶가 우리나라의 역사를 시로 지은 것이다. 또 한문본漢文本 〈역대가〉의 경우 제목에 '동국東國'이라는 단어를 사용하지 않았을 경우 모두 중국의 사적만을 대상으로 하고 있다는 특징을 보여준다. 지금까지 확인한 〈역대가〉 류의 현황을 개략적으로 정리하면 다음의 표와 같다.

표 6 〈역대가〉류 현황표

연번	제목	작가	저작연대	출전	형식	현전유무	기타	비고
1	東明王篇	李奎報	1194	東國李相國全集 卷3	5言古詩 282句	現傳	序文이 併記되어 있고, 詳註가 附記되어 있음.	高句麗史
2	歷代歌	吳世文	1219	未詳	未詳	失傳	『三國遺事』 권3 탑상 권 4에 기록이 존재함.	

3	帝王韻紀	李承休	1287	『帝王韻紀』	7言古詩 264句	現傳		韓中史
4	歷代轉(典)理歌	申得淸	1371	『華海師全』 卷6 『禮州世錄』 卷2	182구의 歌辭體 漢文懸吐本	現傳	吏讀 懸吐式 表記法 사용. 形式的으로 歌辭와 유사함.	韓中史
5	歷代世年歌	尹淮	1436	『歷代世年歌』 上	7言古詩 254句	現傳	宋나라 曾先之의 原詩에 尹淮의 註와 張美和의 詩 첨가	中國史
6	東國世年歌	權踶	1436	『歷代世年歌』 下	7言古詩 178句	現傳		韓國史
7	歷代歌	林悌	16C	『白湖全書』 卷2	7言古詩 70句	現傳		中國史
8	歷代歌	陳復昌	1563~ 67 사이	筆寫本 『역대가』로 流傳	419句의 한글 歌辭體 詩歌	現傳	다수의 異本으로 轉寫되어 전해지며, 한글 가사 「역대가」의 대표적인 작품임.	韓中史
9	歷代歌	未詳	未詳	未詳	未詳	失傳	李睟光의 『芝峯類說』에 거론된 자료이나 실체 미상임.	
10	東國歷代歌	未詳	18C 초	筆寫本 「東國歷代歌」	490句의 한글 歌辭體 詩歌	現傳	홍만종의 저작으로 추정	韓國史
11	萬古歷代詩	未詳	1743 추정	가람본 『역대세년가』	7言古詩 920句	現傳	필사자가 吳贊基로 보이지만 작자로 확정하기 어려움.	中國史
12	東國歷代詩	未詳	1743 추정	가람본 『역대세년가』	7言古詩 202句	現傳	필사자가 吳贊基로 보이지만 작자로 확정하기 어려움.	韓國史
13	歷代引	朴昌元	18C 중반	『朴澹翁集』上	7言古詩 48句	現傳		中國史
14	歷代歌	朴永錫	18C 후반	『晩翠亭遺稿』	7言古詩 16句	現傳		中國史
15	萬古歌	朴履和	18C 말	필사본 『가사책』	266句의 한글 歌辭體 詩歌	現傳	한글 歌辭로 多數의 異本이 轉寫되어 전함.	中國史
16	海東萬古歌	未詳	未詳	필사본 「海東萬古歌」	1012句의 國漢文 混用 歌辭體 詩歌	現傳	한글 歌辭로 작자를 확인하기 어려우며 필사 시기에 논란이 있음.	韓國史

17	역대가	未詳	未詳	『草堂問答歌』 등	142句의 한글 또는 國漢文 混用의 歌辭體 詩歌	現傳	한글 또는 國漢文 混用의 歌辭로 多數의 異本이 轉寫되어 전함.	韓中史
18	역대가	未詳	未詳	필사본 가집 『樂府』	168句의 한글 歌辭體 詩歌	現傳	한글 歌辭로 多數의 異本이 轉寫되어 전함.	韓國史
19	역대가	未詳	未詳	필사본 『歷代歌』	926句의 한글 歌辭體 詩歌	現傳	한글 歌辭로 多數의 異本이 轉寫되어 전함.	中國史
20	大韓五千年歌	未詳	未詳	『韓國歌詞資料集成』 卷7 (태학사, 1997.)	8094句의 한글 歌辭體 詩歌	現傳	이승만 대통령까지 소재로 삼아 창작된 최근세의 가사	韓國史
21	만고가	未詳	未詳	『韓國歌詞資料集成』 卷7 (태학사, 1997.)	292句의 한글 歌辭體 詩歌	現傳		中國史
22	역대가	未詳	未詳	『韓國歌詞資料集成』 卷7 (태학사, 1997.)	34張 68面의 한글 歌辭	現傳		韓中史
23	역대가	未詳	未詳	『韓國歌詞資料集成』 卷7 (태학사, 1997.)	720句의 한글 歌辭體 詩歌	現傳		中國史
24	만고가	未詳	未詳	『韓國歌詞資料集成』 卷9 (태학사, 1997.)	10張 20面의 한글 歌辭	現傳		中國史
25	華東歷代歌	鄭在㷲	1922~24 사이	필사 『華東歷代歌』	5言古詩 2846句	現傳		韓中史

옥동의 〈역대가〉는 그의 나이 29세가 되던 1690년에서 34세가 되던 1695년 사이에 창작된 526구의 장편 7언고시이다. 그의 문집인 『홍도선생유고弘道先生遺稿』의 권1에 수록되어 있는데, 이 시를 창작한 뒤 〈영주詠周〉, 〈열국列國〉, 〈삼환三桓〉 등의 시를 연이어 창작했다는 점에서 〈역대가〉를 창작할 무렵 옥동이 역사에 대해 상당한 관심을 지니고 있었다고 생각된다. 장편 고시이지만, 서序나 발跋을 부기附記하지 않아 옥동이 〈역대가〉를 창작하게 된 정확한 연유에 대해서는 확인하기 어렵다. 하지만 526구의 장편 고시 중에서 418구를 할애하여 중국의 사적을

서술했다는 점에서 볼 때 옥동이 〈역대가〉의 창작을 통해 중국의 역사를 개괄적으로 정리해 보고자 하는 의식을 지니고 있었다고 짐작할 수 있다.

옥동의 〈역대가〉는 평성平聲 양陽자字를 기본 운韻으로 하여, 평성平聲 강江자字와 동冬자字, 동東자字, 거성去聲 양漾자字를 운자韻字로 사용했다. 평성平聲 양陽자字 운韻으로 일운도저一韻到底하지 못한 것은 〈역대가〉가 장편 고시이기 때문이기도 했겠지만, 영사시詠史詩의 특성상 사용할 수밖에 없는 고유명사로 인해 하나의 운자韻字로 시 전체를 구성하지 못한 듯하다. 평성平聲 양陽자字 운韻 이외의 운자韻字를 사용한 부분을 들어보면 다음의 표와 같다.

표 7 옥동 〈역대가〉의 운자 구성표

韻字	詩句			비고
平聲 江字	⑯ 無限春光涵萬邦 (62) 二公才德無倫雙 (92) 陳恒豺虎兼狐猇 (126) 採藥虛駕滄溟矼 (150) 敢王私姓危宗祊 (162) 直與先后同淳厖 (256) 酒中有毒眞堪僂 (260) 亂絲無綸天下龐 (268) 天塹無如恃長江	(272) 鰈域更又誇旋幢 (276) 骨肉乃忍相擊撞 (284) 酷法無過周興缸 (302) 上下疑亂多讒哤 (304) 通宵耿耿挑孤釭 (306) 半夜宮中金皷摐 (308) 珷玞爲寶賤瑱玒 (310) 義旗揮處仁爲杠 (314) 扣頭何言更謝瀧	(316) 區畫百爲敷心腔 (328) 末終善補人心降 (360) 慝婦奸計成東窓 (362) 上見嘔逆下脫肛 (364) 白日昭昭丹滿腔 (366) 風雨崖山危一艭 (368) 九鼎坐與胡兒扛 (468) 棘樧滿地埋蘭茳	
平聲 冬字	(286) 叩頭流血天門椿 (318) 君側何人能作蹚	(472) 悶時誰追掛冠逢 (522) 山自蒼蒼水淙淙		
平聲 東字	(470) 樂禍滔滔頑且悾			
去聲 漾字	(270) 禮義掃地隋文煬 (344) 幸路猶通丁與尙 (372) 掃淸氛祲無尺障	(444) 萬姓咍怨誠堪創 (526) 皷枻乘流歌滄浪		

옥동의 〈역대가〉는 전체 두 부분으로 구성되어 있는데, 그 중 첫 부분

은 중국의 사적을 대상으로 서술한 것이다. 따라서 첫 부분만을 보았을 때 옥동의 〈역대가〉는 한문본 〈역대가〉의 일반적인 서술 경향을 그대로 따르고 있다고 할 수 있다. 하지만 옥동의 〈역대가〉는 한문본 〈역대가〉의 일반적인 양상과 달리 역사 사적을 시화詩化한 첫 번째 부분과 함께 당대 현실을 비판한 두 번째 부분으로 나누어져 구성되어 있다. 즉 옥동의 〈역대가〉는 중국의 역사 기술과 현실에 대한 자신의 비판 표출이라는 두 부분으로 나누어져 있고, 이런 점에서 옥동의 〈역대가〉는 이전까지 창작된 한글본, 또는 한문본 〈역대가〉와 상당히 다른 모습을 보여준다. 옥동의 〈역대가〉에서 볼 수 있는 이와 같은 내용 단락의 구분은 옥동의 〈역대가〉 이외의 다른 〈역대가〉 작품에서는 찾아볼 수 없는 것이다.

옥동 〈역대가〉의 첫 번째 단락은 다시 서언序言과 본사本事로 나눌 수 있다. 서언은 첫 번째 단락 전체의 서문에 해당하는 것이고, 본사本事는 중국의 역사를 각 시대별로 나누어 서술한 부분이다. 마지막에 결사結辭를 두지 않은 것은 형식적으로 첫 번째 단락과 두 번째 단락을 나누고자 하지 않아서 그런 것이라 보인다. 첫 번째 단락의 첫 부분은 태초太初에서 하夏나라 시대까지에 관한 것이고, 마지막 부분은 명明나라 시대에 관한 것이다. 두 번째 단락은 현실에 대한 비판 의식을 드러낸 부분으로 419구에서 526구까지 모두 108구로 이루어져 있다.

옥동이 전체 526구나 되는 장편 영사시詠史詩 〈역대가〉를 창작한 이유에 대해 확언하기는 힘들다. 하지만 시의 내용으로 보아 상당한 정도의 교육적인 목적이 있었던 것이 아닌가 하는 생각이 든다. 즉 옥동의 〈역대가〉는 옥동 스스로 중국의 역사를 정리한 뒤, 정리한 내용을 바탕으로 시를 창작하여 자신이 정리한 중국의 역사를 스스로 익히고 또 가르치기 위한 방편이었다고 추정된다.

이와 같이 생각하는 것은 중국의 사적을 대상으로 창작된 시의 첫 번째 단락 418구 대부분이 역사적 사건의 객관적 서술에 치중하고 있다는 것에 기인한다. 특히 옥동의 〈역대가〉 361구 "참된 원기는 한탁주, 가사도, 진의중에게서 다 없어지니[眞元耗盡韓賈陳]"나 363구 "기우는 나라 떠받치는데 육문규, 문천상, 장구성에게 힘입었으니[扶顚賴有陸文張]"에서 볼 수 있듯이 옥동은 하나의 시구 속에서 서너 명의 인명을 거론할 정도로 다양한 고사와 인명·지명을 시 속에 옮겨놓았다. 따라서 옥동의 〈역대가〉를 완전하게 이해하기 위해서는 인용된 고사와 인명 및 지명을 완벽하게 인지하고 있어야 하며, 이를 위한 노력은 자연스럽게 중국사에 대한 학습 효과를 높여주었을 것이라고 생각된다.

이와 함께 옥동의 〈역대가〉는 유가적儒家的 사유思惟를 근본적인 인식 체계로 하고 있다. 작자인 옥동이 엄격한 도학자였다는 점에서 옥동의 〈역대가〉가 유가적 사유를 바탕으로 하고 있다는 것은 당연해 보인다. 하지만 〈역대가〉 속에서 옥동은 유가의 학문체계를 선양宣揚하거나 그 가치를 확대하지 않았다. 있는 그대로, 사실 그대로 서술하였고, 유가를 다른 학문체계와 비교하지도 않았다.

이와 같은 작시作詩 태도는 유가적 사상체계가 지니고 있는 학문적 절대성에 대한 옥동의 신념을 보여주는 것이라고 생각된다. 유가儒家 이외의 다른 학문을 고려해 본 적이 없었기 때문에 옥동은 유가적 학문체계를 다른 종교나 학문 영역과 비교할 필요도 없었고, 유가적 사상체계를 선양宣揚하거나 가치의 확장을 도모할 이유도 없었던 것이다. 옥동으로서는 있는 그대로를 시 속에 옮겨놓으면 그만이었다. 이와 같이 유가적 사상체계에 기반한 옥동의 의식은 역사를 바라보는 옥동의 인식과 같은 측면에서 논의가 가능하다.

옥동은 유가적 사상체계에 뿌리박힌 굳건한 의식을 지니고 있었고, 한평생 그 의식에서 한 걸음도 물러선 적이 없는 인물이었다. 그런 만큼 옥동의 〈역대가〉 역시 기본적으로 유가적 역사관을 바탕으로 하고 있다. 옥동의 〈역대가〉가 유가적 역사관을 바탕으로 하고 있다는 것은 〈역대가〉가 '세대가 내려올수록 어지러워진다[世代漸降而亂]'는 유가적儒家的 치란의식治亂意識을 바탕으로 창작되었다는 것에서도 쉽게 알 수 있다. 그런데 전설상의 시대인 삼황오제三皇五帝 시기에 가까이 올라갈수록 치세治世이고, 현재에 가까이 내려올수록 난세亂世라는 치란의식治亂意識은 역사의 진보와 발전을 부정하게 만든다.

① 長夜乹坤鄭聲沸　긴 밤 하늘과 땅에는 정나라 소리만 넘쳐 나니
② 先王經法幾盡亡　선왕의 큰 도리와 법 거의 다 없어졌구나.
③ 王風委地數千載　선왕의 풍속 수천 년간 이 땅에 버려졌으니
④ 孰挽斯世回陶唐　그 누가 이 세상을 요임금 때로 되돌릴까.

위에서 인용한 〈역대가〉의 서언과 같이 옥동은 요堯임금 시대를 최고의 치세治世로 보았으며, 요임금 이후로부터 지금까지를 지속적으로 쇠미衰微해져 온 시대로 간주하고 있다. 이와 같은 의식은 유가儒家에서 현재를 재단裁斷하는 보편적인 사유 방식이지만, 역사의 발전과 진보는 부정된다. 그런데 〈역대가〉 전체를 다시 살펴보면 옥동이 역사歷史의 순환을 인정하고 있었음을 알 수 있다. 각 왕조의 시작을 읊고 있는 부분들을 보면 역사의 순환을 인정했던 옥동의 인식을 알 수 있는데, 여기서 수隋나라의 시작을 읊은 269구와 당唐나라의 시작을 읊은 295구, 송宋나라의 시작을 읊은 326구, 명明나라의 시작을 읊은 371구를 보면 다음과 같다.

㉖⑨ 因循逮及六朝末　이리저리 움직이다 육조의 끝 무렵이 되어
㉗⑩ 禮義掃地隋文煬　수나라 문제 양제 예와 의로 천하 쓰니

……(중략)……

㉙5 中興大業托何人 중흥의 큰 업이 누구에게 맡겨졌나
㉙6 坐見胡兒登御床 오랑캐 아이가 왕좌에 오르는 걸 앉아 보고 있으니

……(중략)……

㉜5 邇來逮及宋太祖 그 이후로 송나라 태조에 이르러
㉜6 奇瑞爭稱挾馬香 기이한 상서로움 다투어 협마향이라 했네.

……(중략)……

㊲1 洪武皇帝奮義起 홍무황제께서 의기를 떨쳐 일어나
㊲2 掃清氛祲無尺障 요망한 기운 깨끗이 쓸어 한 치의 장벽도 없애셨네.

'세대가 내려올수록 어지러워진다[世代漸降而亂]'는 유가적儒家的 치란의식治亂意識에 의해 역사를 진보와 발전의 결과라기보다는 퇴보退步와 쇠미衰微의 과정으로 인식했다면 옥동이 역사의 순환을 인정했다고 하기 어렵다. 그렇지만 위에서 살펴본 것처럼 옥동의 〈역대가〉에는 역사의 순환을 인정하고 있는 옥동의 의식이 그대로 노출되어 있다. 따라서 옥동이 '세대가 내려올수록 어지러워진다[世代漸降而亂]'는 유가적儒家的 치란의식治亂意識을 지니고 있었지만, 역사의 진보를 인정하고 있었다고 보아야 한다. 다만 옥동에게 역사의 진보 과정은 순환하는 것이고, 순환을 통해 역사는 태초의 지치시대至治時代로 되돌아가고자 노력하는 것이었다고 생각할 수 있다. 그런 점에서 옥동에게 역사의 순환과 진보는 근본적으로 반본反本과 복구復舊를 의미하는 것이었다.

옥동이 반본反本과 복구復舊를 위한 역사의 순환을 인정했다고 한다면 중요한 것은 순환의 방향, 즉 치란治亂과 흥망興亡의 방향이다. 옥동의 〈역대가〉를 보면 옥동은 치란治亂과 흥망興亡에 의한 역사의 순환이

도덕성의 유무有無와 일치한다고 생각했다. 도덕성이 제고提高되었을 때 역사는 치治와 흥興의 방향으로 움직이지만, 도덕성이 저하低下되었을 때 역사는 난亂과 망亡의 방향으로 움직인다는 것이다. 또 옥동은 도덕성의 저하는 인간의 탐욕에 의해 시작된다고 생각하고 있었다.

⑮③	文皇守成善繼述	한 문제 왕업을 계승하여 지켜서 잘 이루어 나가니
⑮④	四海晏然稱小康	천하가 편안하여 소강이라 불렸네.
⑮⑤	周官風化自儉始	주나라 관직의 교화는 검소함에서 시작하니
⑮⑥	謠俗仍傳庫與倉	풍속은 곧 곳간과 곳집으로 전해지네.
	……(중략)……	
⑰⑨	縱情無復念民生	감정을 따라서 다시 백성 위한 마음 없으니
⑱⑩	苦勞誰憐赬尾魴	수고하고 힘들지만 누가 붉은 꼬리의 방어를 불쌍히 여길까.
	……(중략)……	
⑱③	含名但自假仁義	명예 갖기는 다만 인과 의를 가탁할 뿐이고
⑱④	侈欲徒知禦嬪嬙	사치하여 한갓 후궁 다루기만을 알 뿐이며
⑱⑤	荒亡逸豫不計日	주색과 수렵 편안하게 즐겨 날을 따지지 않고
⑱⑥	誅求多儲私帑贓	벌을 주어 많은 재물을 뺏고 금고에 뇌물을 감추니
	……(중략)……	
㉜⑨	誠心培養禮樂風	진실한 마음으로 예와 악의 기풍을 기르니
㉝⑩	千載復見周文章	천년 뒤에 다시 주나라의 문장을 보는구나.
㉝①	奎纏五星何煌煌	규수의 다섯별은 어찌 그리 빛나며
㉝②	日下五雲何霙霙	태양 아래 오색구름 어찌 그리 찬란한가.

위에서 인용한 153구부터 186구까지는 한漢나라에 관한 것이고, 329구

부터 332구까지는 송宋나라에 관한 것이다. 이 중 153구부터 156구까지는 한나라의 부흥을 읊은 부분이고, 179구부터 186구까지는 한나라의 몰락에 대해 언급한 것이며, 329구부터 332구까지는 송나라의 부흥에 대해 서술한 것이다. 이렇게 보면 옥동은 역사의 순환 방향이 인간의 행위, 특히 도덕적 행위의 여부에 의해 결정된다고 인식하고 있었음을 알 수 있다. 그러나 이 시에서 이야기하고 있는 것과 같은 역사의 순환, 즉 도덕성의 여하에 따른 치란治亂과 흥망興亡의 움직임은 존재하는 역사 그 자체라고 보기 어렵다. 그것보다는 오히려 존재하는 역사에 대한 관념화된 주관적 해석이라고 보는 것이 옳다. 하지만 옥동은 그 자신의 역사 인식이 관념화된 것이라고 의식하지 못하고 있다. 관념화되었다거나 주관적이라기보다 오히려 사실적이고 객관적인 역사의 실상이라고 인식하고 있었음을 알 수 있다. 역사를 바라보는 옥동의 인식이 그만큼 유가적 기준에 매몰되어 있음을 느낄 수 있다. 이와 같은 점은 옥동의 인물 평가에서도 확인할 수 있다.

⑲309 興元事業陸與李	근본을 일으킬 사업이 육지와 이강에게 있었으니
310 義旗揮處仁爲杠	의로운 깃발 떨치는 곳에 인이 깃대 되었고
311 文興八代大儒出	팔대의 문운 흥성하여 큰 유학자 나와
312 斥佛原道扶常綱	불교를 배척하고 도에 근원하여 강상을 부지하였네.
……(중략)……	
333 終敎濂洛振儒風	마침내 염락으로 하여금 유학의 기풍을 일으키게 하여
334 禮法從容仁義場	예의와 법도 자연스럽고 인과 의 터 잡았으며
335 斯文前後大闡明	앞뒤로 유학을 크게 떨쳐 밝혔으니
336 聖敎浩蕩流無壃	성인의 가르침 호탕하여 끝없이 흘러넘치네.

⑳⑨ 王莽自是老鯨鯢	왕망은 스스로를 노련한 고래로 여겨
㉑⓪ 肆然一夕呑艅艎	거리낌 없이 하루 저녁에 왕좌라는 큰 배 삼켰지.
……(중략)……	
㉔③ 司馬之殃百餘年	사마상여 재앙은 백여 년이나 이어져
㉔④ 陸沉四海生疣瘡	온 천하 다 잠겨서 부스럼 종기 생겨났고
㉔⑤ 淸虛習成七賢風	청허 찾는 습관 이뤄 칠현의 풍습 나와서는
㉔⑥ 小視二豪如蜩螗	두 호걸 보기를 매미처럼 우습게 여겼지.
……(중략)……	
㉞⑨ 荊公用事百弊作	왕안석 하는 일 온갖 폐단 만들어
㉟⓪ 狄戎因此大被猖	북쪽 오랑캐 이 때문에 크게 날뛰었지.

위에서 인용한 부분들은 크게 두 단락으로 나누어진다. 첫 번째 단락은 309구부터 336구까지이고, 두 번째 단락은 209구부터 350구까지이다. 첫 번째 단락은 유가적儒家的 관념觀念에서 보아 도의道義를 창도唱導한 인물들에 대한 선양宣揚이고, 두 번째 단락은 예의禮儀와 도리道理를 파괴한 인물에 대한 평가이다. 첫 번째 단락에서 선양의 대상이 된 인물들은 당唐나라의 육지陸贄와 이강李絳, 한유韓愈 그리고 송宋나라의 염락관민濂洛關閩 즉 주돈이周敦頤·정호程顥·정이程頤·장횡거張橫渠 그리고 주자朱子이다. 이들은 모두 전대 성인聖人의 유업을 이어 유학의 도를 천명하여 인의仁義를 밝힌 인물들이고, 이들에 의해 유도儒道가 부흥하였다는 점에서 옥동에게는 당연히 선양과 천명의 대상이 될 수밖에 없는 인물들이다.

두 번째 단락에서 비판의 대상이 된 인물들은 한漢나라의 왕망王莽과 사마상여司馬相如, 삼국시대 진晉나라의 완적阮籍·혜강嵇康·산도山濤·향수向秀·유령劉伶·완함阮咸·왕융王戎, 송宋나라의 왕안석王安石 등이다. 이들은 유가적 도덕규범에 어긋난 인물들이거나 정치적 야욕의 실현을 위해 불의를 저지른 인물들로 중국사에서 비판의 대상이 되었던 사람들이다. 옥동이 〈역대가〉에서 이들 모두를 동일한 층위에서 비판한 것은, 옥동에게는 정치적 불의를 저지른 인물이나 유가적 도덕규범에 어긋난 인물이 모두 같은 범주에서 비판의 대상이 되었다는 것을 의미한다. 다시 말해 옥동에게는 현실적 부조리의 대상이나 도덕적·관념적 범주의 비판 대상이 동일한 의미를 지닌다는 것이다. 옥동이 전한시대前漢時代의 사마상여와 삼국시대 진나라의 죽림칠현竹林七賢까지 비판했다는 것에서 볼 때 그에게는 현실적 행위를 통한 역사적 사건의 주인공보다 학문적이고 사변적인 행동을 통해 유가적 관념에 해악害惡을 미친 인물이 더 큰 비판의 대상이 되었음을 알 수 있다.

유가적 이상에 근본하고 있는 옥동의 역사인식은 16세기 이후 조선사회에서 가장 큰 문제로 대두되었던 정통론正統論에 관한 태도에서 보다 분명하게 확인할 수 있다.

⑬③	陳王但能學狐狸	진왕은 다만 여우나 살쾡이에게 배운 것만 잘했고
⑬④	項羽謾自誇强剛	항우는 스스로 자기의 강함을 과시했었지.
⑬⑤	漢祖提義起草昧	한 고조 의기 떨쳐 이 혼란기에 일어나니
⑬⑥	瑞雲先自徵芒碭	서기로운 구름 제 먼저 스스로 탕망산에 서렸지.
	……(중략)……	
㉒③	堂堂涿郡大耳郎	당당한 탁군의 대이랑 유비는
㉒④	寶系綿綿眞天潢	끝없이 이어진 보배로운 계통 참으로 하늘의 은하수라네.
	……(중략)……	
㉓⑨	江南春色入雄心	강남의 봄빛이 간웅의 마음에 들어
㉔⓪	崔嵬銅雀臨淸漳	우뚝한 동작대가 맑은 장수 가로 이어지고
㉔①	奸雄宗此代不絶	이 간웅의 일족이 이로부터 세대 끊이지 않아

(242) 駁馬千古長騰驤	천년 세월 얼룩말이 길이 뛰어 올라 달리네.
……(중략)……	
(319) 五代以來不足道	오대 이후로는 말할 것도 없으니
(320) 不是犬彘牛與羊	개 돼지 소나 양 만도 못하네.
(321) 紛紛格鬪久未已	어지럽게 싸워서 오래 되도 끝나지 않으니
(322) 百年天地何茫茫	백년 천지가 어찌 이리 아득한가.
……(중략)……	
(365) 蒼黃一夕國運去	허겁지겁 정신없이 하루 저녁에 나라의 운 다 가버려
(366) 風雨崖山危一艘	비바람 부는 산벼랑 위태로운 한 척 배 같아
(367) 擎天無奈隻手支	높은 하늘을 한 손으로 지탱할 수 없어
(368) 九鼎坐與胡兒扛	천하를 앉아서 오랑캐 아이에게 밀어 주네.

정통론正統論이란 역사에서 포폄을 올바르게 하고 계통을 밝혀 대의명분에 충실히 한다는 것으로 중국에서는 한대漢代의 오행五行·오운설五運說에서부터 시작되었다.[158] 중국 역사상 정통의 문제에 관해 가장 논란이 된 시기는 촉蜀과 위魏에 관한 것이다. 서진西晉의 진수陳壽와 북송北宋의 사마광司馬光은 위魏를, 동진東陳의 습착치習鑿齒와 남송南宋의 주자朱子는 촉蜀을 정통으로 보았다. 이와 같은 구분은 서진과 북송의 상황이 위와, 동진과 남송의 상황이 촉과 유사하여 사가史家들이 자기 소속 왕조의 처지를 옹호하기 위해 정통을 각기 설정한 것이라 할 수 있다.[159]

그런데 우리나라에서는 유가적 역사관이 자리 잡고 주자 중심의 학문

158 李萬烈, 「17·8세기의 史書와 古代史認識」, 『韓國의 歷史認識』 下, 創作과 批評社, 1976, 338면.

159 李佑成, 「李朝後期 近畿學派에 있어서 正統論의 展開」, 『韓國의 歷史認識』 下, 創作과 批評社, 1976, 357면.

태도가 고착화되면서 자연스럽게 촉蜀에 중국의 정통을 두려는 의식이 정형화 되었다. 촉을 정통으로 삼는 의식은 촉을 세운 유비가 한나라 왕실의 후예라는 점에서 유가적 명분론상 자연스럽고 당연한 것으로 인정되었다. 위에서 인용한 223구부터 242구가 촉과 위, 유비와 조조를 대비한 것인데 전반적으로 유비를 선양하고 조조를 폄하하고 있다는 점에서 옥동이 촉을 정통에 두고 있음을 알 수 있다.

이 앞에 인용한 133구에서부터 136구까지는 항우와 유방을 대비한 것인데, 옥동은 유방에 정통을 두고 있다. 유비와 조조의 대립과 달리 유방과 항우의 대립이 유방의 승리로 끝났다는 점에서 유방 정통론은 당연한 것이라고 할 수 있지만, 여기서 주의해야 할 것은 항우에 대한 평가이다. 옥동은 정통을 유방으로 두고 있기 때문에 항우의 행위를 힘만 과신한 불의한 행동으로 폄하했다. 유방과 항우의 대립에서 항우의 행위를 건국을 위한 투쟁으로 보지 않고 정통에 대한 도전이라는 불의한 행위로 본 것이다.

유비의 촉을 정통으로 본 옥동의 의식은 중국사 전반에 걸친 정통론과도 이어진다. 그는 5대代 10국國 시대時代나 원元나라 시기를 중국사에서 국가 성립 시기가 아니라 혼란기로 규정해 버렸다. 따라서 옥동의 인식에서 이 시기는 정통을 논할 수 있는 국가 시대가 아니었다. 526구나 되는 옥동의 〈역대가〉에서 5대 10국 시대와 원나라 시기가 각각 겨우 6개의 구로 끝나버렸다는 것에서도 이 점은 충분히 유추가 가능하다.

이와 같은 점에서 옥동의 역사인식은 16세기 성리학의 확립 이후 정립된 조선의 보편적인 역사인식과 같은 궤에 놓여 있다는 것을 확인할 수 있다.[160] 특히 그의 역사인식은 기본적으로 퇴계의 역사인식과 이어지

160 16세기 성리학 정립 이후 당대 조선의 역사인식에 관해서는 李台濬, 「16세기 조선 心學의 擡頭와 역사인식의 변화(경희대학교 대학원 사학과 석사학위논문, 2011.)」에 자세하

고,[161] 왕도王道와 패도覇道, 도통道統에 관해서는 율곡과도 같은 지점에 놓여 있다.[162] 옥동의 역사인식이 퇴계·율곡과 이어진다는 것은 퇴계와 율곡의 역사인식이 16세기 이후 당대 조선의 보편적인 역사인식으로 자리 잡고 있었음을 의미한다.

역사를 바라보는 옥동의 인식이 16세기 이후 정립된 조선조 성리학적 역사인식의 보편적인 현상과 같은 것이라고 했을 때 옥동의 역사인식이나 〈역대가〉의 가치는 상당 정도 감소될 수밖에 없다. 옥동의 역사인식을 18세기에 새로운 역사인식을 바탕으로 한국사와 중국사를 바라보았던 인물들, 특히 그의 동생 성호星湖의 역사인식과 비교해 보았을 때 그 가치와 의미는 적지 않게 감소한다. 그것은 성호를 비롯한 18세기의 진보적 학자學者와 사가史家들의 역사인식이 이전과 달랐기 때문이다.

17세기까지 조선의 사가史家들이 중국 역사에 대해 가지고 있었던 가장 큰 논란은 정통正統에 관한 것이었다. 17세기까지 조선 사회는 병자호란 이후 일어난 청나라에 대한 반감으로 인해 여전히 명나라를 종주국으로 인식하고 있었으며, 명나라 멸망 이후 천하의 문명이 동방의 조선에 있다는 대명의리론大明義理論과 소중화의식小中華意識을 보편적인 인식체계로 가지고 있었다. 이 의식을 따르면 역사의 정통은 명나라 이후 청나라로 가지 않고 명나라의 유민遺民이나 조선에 귀착되어 기존의 중국사 인식과 궤를 같이 할 수 있을 뿐만 아니라 조선의 가치를 상대적으로 높일 수 있었다.

그러나 그와 같은 인식은 당대 중국과 세계의 실상을 객관적으로 인식

게 서술되어 있다.

161 李潤和, 「退溪의 理學的 歷史認識」, 『退溪學』 4, 안동대학교, 1992, 69~87면.

162 韓永愚, 「16세기 士林의 歷史敍述과 歷史認識」, 『東洋學』 10, 단국대학교 동양학연구소, 1980, 175~178면.

할 수 없게 한다는 점에서 18세기 이후 조선의 학자學者와 사가史家들에게 비판과 극복의 대상이 되었다. 성호의 경우 안정복安鼎福에게 보낸 편지에서 기존의 정통론에 회의를 표하였을 뿐만 아니라[163] 다른 글에서는 화이사상華夷思想이나 중국 중심의 세계관 자체에 대해 비판하는 언급을 하기도 했다.[164] 이와 같은 후대 사가史家와 학자學者들의 역사인식과 비교해 볼 때 옥동의 역사인식은 적지 않은 한계가 보인다.

그와 같은 점에서 옥동의 〈역대가〉가 지니는 의미는 〈역대가〉의 전반부가 아니라 후반부에서 찾을 수 있다. 옥동 〈역대가〉의 후반부에는 당대 현실을 바라보고 있는 옥동의 인식이 그대로 드러나 있다. 이 부분에서 옥동은 당대를 순환하는 역사의 한 부분으로 보고 있다. 따라서 이 부분을 통해 역사 속 현재를 바라보는 옥동의 인식과 현재, 또 현실에 대한 옥동의 평가를 오롯하게 확인할 수 있다. 그런 점에서 옥동 〈역대가〉의 진정한 가치는 바로 이 부분에 있다고 할 수 있다.

'세대가 내려올수록 어지러워진다[世代漸降而亂]'는 유가적儒家的 치란의식治亂意識을 바탕으로 역사의 순환을 인정한 옥동의 인식은 당대 현실을 긍정적으로 바라볼 수 없게 만든다. 그것은 '세대가 내려올수록 어지러워진다[世代漸降而亂]'는 유가적儒家的 치란의식治亂意識으로 볼 때 본질적으로 현재, 혹은 미래는 언제나 과거보다 타락한 시대가 될 수밖에 없고, 현재를 살아가는 인간 역시 점점 더 타락한 존재로 인식될 수밖에 없기 때문이다. 따라서 문제가 되는 것은 옥동이 바라본 부정적인

163 李瀷, 「答安百順問目」, 『星湖先生全集』 卷25, "正統之說, 終有說窮處, 仁義也則三代後無聞, 公正也則漢猶近之. 唐取於獨夫, 然畢竟資其力而奪之, 不免爲叛臣, 至趙宋公肆簒賊, 心迹可惡."

164 李瀷, 「分野」, 『星湖僿說類選』 卷1, "今中國者, 不過大地中一片土, ……(중략)…… 程子曰; '一身還有一乾坤', 一國亦然. 其上下左右, 如頭趾兩臂, ……(중략)…… 大則九州亦一國也, 小則楚亦一國也, 齊亦一國也."

현실의 모습이 어떠한 것인가 하는 것이다. 옥동이 현재의 어떤 모습을 부정적으로 바라보고 있는지에 대한 파악은 옥동의 현실 인식과 미래에 대한 전망을 유추해 볼 수 있는 중요한 단서가 된다.

⑷⑲	誰能思先睦宗族	누가 종족의 화목을 먼저 생각할 수 있는가
⑷⑳	誰能敬先勤蒸嘗	누가 종묘 제사를 부지런히 먼저 공경할 수 있는가
㊷21	誰能恥彼紅粉榜	누가 저 부정하게 급제한 귀한 집 자식을 부끄러워 할 수 있는가
422	潔身浼浼名利韁	깨끗한 몸을 명예와 이익의 굴레에 더럽히니
423	誰將王道導聖人	누가 왕도를 가지고 성인을 이끌 것이며
424	誰持正言王前敭	누가 바른 말을 지켜 왕 앞에서 펼칠 것인가.
	……(중략)……	
429	連雲歲歲甲第起	연이은 구름 해마다 해마다 으리으리한 저택에서 일어나니
430	園林處處誰家庄	곳곳에 있는 동산 숲은 누구 집 별장인가
431	浮華成風尙新巧	경박하고 화려함이 풍속 되고 새로운 기교를 숭상하니
432	百工日夜勞鐗鎊	온갖 장인들 밤낮으로 깎고 또 깎지만
433	輕賦無人念民苦	가벼이 걷는 세금들 백성 고통은 생각도 않아
434	欲說民事辛如薑	백성 사정 이야기하려니 생강처럼 맵구나.
435	農家大旱地欲裂	농촌에 든 큰 가뭄으로 땅이 터질 듯하니
436	苦待靈雨纔揷秧	신령한 비 애써 기다려 겨우 모라도 심어야겠지
437	終歲辛苦盡筋力	한 해 다 가도록 괴롭게 힘써 근육에 남은 힘 없지만
438	所儲僅能盈一筐	남는 것은 겨우 광주리 하나 채울 수 있을 정도네.
	……(중략)……	
451	軍門養兵是養禍	군대에서 병사 기르는 것 이게 화를 기르는 것

이니

452 設屯浚民民疼瘍　진지를 만드느라 백성 재물 빼앗으니 백성들 종기에 아프고

453 兒弱充丁白骨布　어린 아이 정남에 충원 되고 백골도 군포를 걷으니

454 一族呼寃涕滂滂　온 가족 원통해 하는 소리 눈물만 줄줄 흐르네.

455 一身財盡兩三役　한 몸에 가진 재물 두세 가지 노역에 다해

456 流離溝壑多顚僵　골짜기 도랑 떠돌며 대부분 쓰러졌다네.

……(중략)……

479 人之所惑唯在巫　백성들 미혹하는 것 무당에게 있고

480 人之所慕唯在娼　백성들 사모하는 것 여색에 있으니

481 正樂誰能放鄭衛　정악으로 누가 정나라 위나라 소리 좇으며

482 整苗誰能除莠稂　가지런한 싹으로 누가 강아지풀 다 뽑아버릴 수 있나.

483 無人知尊孔孟道　공자와 맹자의 도 높일 줄 아는 사람 없으니

484 不歸兵佛歸列莊　병가 불가 아니면 도가에 다 귀의하네.

……(중략)……

489 東京黨禍若水火　서울 당쟁의 화가 물과 불 같아서

490 朱門赤族迭罹殃　화려한 집안도 일족이 멸하는 재앙에 번갈아 걸리니

491 智力無如賁獲死　지혜와 힘은 재빨리 죽는 것만 못하여

492 世間公道惟北邙　세상에서는 공공연히 북망산이라 말하네.

493 若使宣尼復出世　설령 공자님을 다시 세상에 나게 해도

494 似應失志長栖遑　응당 뜻을 잃고 길이 깃들어 허둥대실 것 같으니

495 夫子之聖尙如此　부자 같은 성인도 오히려 이러하실 텐데

496 何況後生輕行藏　하물며 행하고 물러남이 가벼운 후생이야 어떠하리.

상당히 길지만 〈역대가〉의 두 번째 부분을 일부 인용해 보았는데, 이

부분을 통해 현실을 바라보는 옥동의 시선이 상당히 무겁다는 것을 알 수 있다. 당대 현실을 바라보는 옥동의 시선은 단순히 부정적이라고 말하기 어려울 정도로 심각하다. 경박하고 화려하며 새로운 기교를 숭상하는 풍속, 백성들의 고통을 고려하지 않고 걷는 세금, 한 해가 다 가도록 괴롭게 일해도 남는 것은 겨우 광주리 하나를 채울 수 있을 정도밖에 되지 않는 현실, 어린 아이가 정남丁男에 충원 되어 군역軍役을 감당해야 하고 죽어 백골白骨이 된 사람도 군포軍布를 내야만 하는 상황, 병가兵家·불가佛家 아니면 도가道家에 귀의하는 의식, 화려한 명문가도 한순간에 일족이 멸망하는 당쟁黨爭 등 옥동이 비판하고 있는 당대의 상황은 부정적이라거나 어렵다고 이야기할 수 있는 상황조차 아니었다. 견딜 수 없는, 버텨내기 어려운 현실로 그의 〈역대가〉 첫 번째 단락에서 가장 혼란했던 중국의 왕조나 시기로 묘사된 부분에서조차 쉽게 찾아볼 수 없는 상황이었다. 옥동 〈역대가〉의 두 번째 단락만 본다면 〈역대가〉는 영사시詠史詩가 아니라 사회비판시社會批判詩라고 볼 수 있을 정도이다.

그런데 이와 같은 부정적인 현실이 나타나게 된 상황에 대해 옥동은 〈역대가〉 두 번째 단락의 첫 부분에서 '종족의 화목, 공경하고 부지런한 종묘 제사, 부정한 급제를 부끄러워하는 의식, 성인을 이끄는 왕도, 왕 앞에서 펼칠 바른 말'과 같은 유가적 도덕관념의 결여를 우선적인 이유로 들었다. 이와 같은 태도는 옥동의 역사인식이 그의 사회 비판과 동일한 지점에 놓여 있음을 보여준다. 옥동은 사회의 부조리, 현실의 모순과 부패가 모두 유가적 도덕관념의 결여에 의한 것이라고 인식하고 있었다.

그렇다면 여기서 다시 생각해 볼 것은 옥동이 당대의 현실을 이와 같이 부정적으로 묘사한 이유는 무엇인가 하는 것이다. 옥동이 전체 526구의 시 중 약 20%에 해당하는 108구를 통해 당대 현실의 지독하고 강렬한 모순과 부조리를 비판한 것은 그가 시를 통해 단순히 당대 현실의 부정적인 모습을 이야기하고 싶어서라고 생각하기 어렵게 만든다. 그보다는 어떤 의도를 지닌 행위가 아닐까 생각된다.

515	誰能超然富貴上	그 누가 초연하게 부귀를 넘어서서
516	靜養山林甘玉漿	자연 속에서 조용히 심성 기르며 옥장을 달게 여길까.
517	猉獜元不踐生草	기린은 원래 살아있는 풀을 밟지 않고
518	鸞鳳何曾戀米舀米梁	난새와 봉황이 어찌 일찍이 곡식을 그리워했을까.
519	彼茅茨兮樂經史	저 허름한 띠 풀 집이여 경과 사를 즐기며
520	飯蔬食兮羹瓜瓤	성긴 밥을 먹고서 박으로 국을 끓이네.

옥동이 〈역대가〉의 두 번째 단락을 통해 이야기하고 싶었던 것은 두 번째 단락 마지막 부분의 몇 구절에서 찾을 수 있다. 옥동이 〈역대가〉의 두 번째 단락에서 현실에 대해 극단적인 비판을 가한 것은 여기에서 인용한 515구 이하의 내용을 이야기하기 위해서이다. 즉 도덕적 자질과 도덕성의 함양 여부에 따라 흥망성쇠興亡盛衰를 이어가며 순환하는 역사의 고리를 극복하기 위해서는 현실 생활 속에서 부귀를 추구하기보다 물러나 수양하며 개인의 도덕성을 갈고 닦아야 한다는 것이다. 또 그와 같은 도덕성을 갈고 닦는 가장 바른 길은 성현의 말씀인 경經과 사史를 중심으로 하여야 한다는 것이다.

이렇게 본다면 옥동의 〈역대가〉는 그 스스로의 학습과 자기 신념의 강화를 위한 수단이면서 동시에 그와 그의 주변에 있는 사람들을 위한 교육의 도구였다고 할 수 있다. 〈역대가〉의 첫 단락을 통해 중국 역대 왕조의 흥망성쇠를 서술하고 그 흥망성쇠의 원인이 도덕적 타락에 기인한 것임을 느끼게 한 다음, 두 번째 단락을 통해 현재의 삶을 돌아보게 하고 현재 사회가 지니고 있는 모순과 문제점을 노출시켜 〈역대가〉를 읽는 사람 스스로가 도덕적 수양 세계로 귀의하게 하고자 한 것이다. 이와 같은 점에서 옥동의 〈역대가〉는 단순한 영사시詠史詩가 아니라 학습과 수양을 위한 도구의 하나가 된다. 옥동의 〈역대가〉가 지니는 의미는 바로 여기에 있다.

옥동에게 중국 역대 왕조의 흥망성쇠는 역사적 사실로 의미를 지니는 것이 아니라 현재를 살아가는 사람들이 도덕적 수양을 추구해야 할 이유를 설명해 주는 도구로 의미를 지니고 또 그와 같은 기능을 했다. 옥동은 자신이 익힌 중국 역대 왕조의 흥망성쇠와 현실의 부조리에 대한 예리한 비판, 그리고 도덕적 수양의 필요성을 모두 더하여 526구의 장편 영사시 〈역대가〉를 창작했다. 옥동은 중국 역대 왕조의 흥망성쇠를 접하고 한 편의 문학 작품 이상의 기능을 할 수 있는 유의미한 결과물을 만들고자 했고, 그와 같은 의식에 따라 〈역대가〉를 창작한 것이다. 그런 점에서 옥동의 〈역대가〉는 예술성을 목적으로 하는 순수한 문학 활동의 결과물이라고 하기 쉽지 않다. 그러나 옥동의 〈역대가〉는 이전까지 저작된 여타의 〈역대가〉들과 비교해도 문학적으로 뒤지지 않는 모습을 보여준다. 특히 옥동의 〈역대가〉는 문학성과 함께 그 스스로의 학습과 자기 신념의 강화를 위한 수단이면서 동시에 그와 그의 주변에 있는 사람들을 위한 교육의 도구였다는 점에서 더 큰 의미를 지닌다. 첫 단락에 나오는 중국 역대 왕조의 흥망성쇠와 두 번째 단락의 현실 비판이 상호 연계되면서 〈역대가〉를 읽는 사람 스스로가 도덕적 수양 세계로 귀의하게 하였다는 점에서 옥동의 〈역대가〉는 단순한 영사시詠史詩가 아니라 학습과 수양을 위한 도구의 하나였다. 옥동의 〈역대가〉가 지니는 의미가 바로 여기에 있다고 생각된다.

제4부

옥동玉洞 이서李漵와 성호星湖, 성호학星湖學

조선 후기는 실학시대實學時代로 알려져 있다. 이 말은 조선 후기를 대표하는 사상이 실학사상이고, 실학사상으로 조선 후기를 해명해 낼 수 있다는 의미일 것이다. 그런데 조선 후기를 대표하는 사상이라고 알려져 있는 실학사상이 무엇인가 하는 질문에 대해 아직까지 분명하게 답하지 못하고 있다. 그것은 실학이나 실학사상이라는 용어의 개념이 정립되지 않아서가 아니라 정립된 개념의 폭과 함의가 너무 넓기 때문일 것이다. 하지만 하나의 용어에 대해 규정된 개념이 지나치게 넓고 다양한 함의를 지닌다면 이는 개념이 정립되지 않은 것과 다름없다고도 할 수 있다.

조선 후기 실학을 근기近畿 실학實學이라고도 한다. 그리고 근기 실학의 태동 혹은 시작 지점으로 반계磻溪를, 확립 지점으로 성호星湖를, 완성 혹은 정리 지점으로 다산茶山을 거론한다. 1930년대 선학先學들에서 시작하여 1950~60년대를 거쳐 현재에 이르기까지 조선 후기 실학에 대해 언급했던 대부분의 선학들이 이 논의를 그대로 인정하며 실학을 설명해 왔다. 이와 같은 실학사상의 흐름에 대해 18세기 전반 성호를 중심으로 하는 경세치용학파經世致用學派, 18세기 후반 연암燕巖을 중심으로 하는 이용후생학파利用厚生學派, 19세기 전반 완당阮堂을 중심으로 하는 실사구시학파實事求是學派로 구분하여 설명하지만,[1] 이러한 구분에도 불구하고 조선 후기朝鮮後期 실학實學은 대체로 근기近畿 실학實學이라는 용어로 지칭指稱되고 있다.

이 주장이 조선 후기 실학에 대한 보편적인 인식으로 자리 잡고 있고, 이 주장을 부정할 수 있는 명확한 근거가 존재하지 않는다는 점에서, 또 부정해야 할 특별한 이유가 없다는 점에서 이 주장은 학계와 우리 사회 지식인 대중에게 폭넓게 인정받고 있다. 하지만 이와 같은 주장이 일반적으로 인정받고 있다는 것이 이 주장의 완전성을 보장하는 것이라고 보기는 쉽지 않다. 다른 모든 주장이 그러하듯 이 주장 역시 적지 않은 의문점과 문제점을 갖기 때문이다.

전제한 주장이 가지고 있는 의문점이나 문제점은 다양하다. 실학의 명확한 개념에서부터 조선 후기 실학이나 근기 실학의 의미, 경세치용·이용후생·실사구시의 개념 구분에 이르기까지 다양한 층위에서 다기한 문제점이 있다. 특히 조선 후기 실학 또는 근기 실학이라는 용어가 적절한 것인가 하는 것은 실학이라는 용어의 개념 규정과는 다른 의미를 지닌다. 조선 후기 실학이라는 용어가 적합성을 지니기 위해서는 그 전·후 시기의 실학이 인정되어야 하며, 같은 의미에서 근기 실학이라는 용어가 적합성을 지니기 위해서는 다른 지역의 실학도 인정되어야 한다. 조선 후기는 시기, 근기는 지역을 의미하는 단어이기 때문이다. 만약 조선 후기 전·후 시기의 실학이나 근기 이외 지역의 실학이 인정되지 않는다고 한다면 조선 후기 실학이나 근기 실학이라는 용어를 사용하는 것은 적절하지 못하다. 그것은 조선 후기 실학이나 근기 실학이라는 용어가 한 시기나 한 지역의 특수한 사상이나 학문 체계를 의미하는

1 이우성, 「실학연구서설」, 『실학연구입문』, 일조각, 1978.

것이기 때문이다.

근기 실학이라는 용어는 성호를 중심으로 한 근기近畿 남인南人계열 학자들을 염두에 둔 개념이라 보인다. 그러나 근기 실학이라는 용어가 성호를 중심으로 한 하나의 학파를 지칭하는 개념이 되기 위해서, 또 성호가 근기 실학과 병칭되는 근기 남인계열을 대표하는 인물이 되기 위해서는 더 많은 증명의 과정을 거쳐야 한다. 조선 후기의 시대성, 근기의 지역성, 실학의 성격과 근기 남인계열, 그리고 성호학星湖學의 특성이 하나의 지점에서 만나야 한다.

성호가 조선 후기의 인물이고 근기 지역에서 생활했으며 당대 근기 남인계열의 종사宗師로 인정받았고 그의 학문이 실학적 성격을 지녔다는 인정을 받고 있다는 점에서 성호를 근기 남인과 근기 실학을 대표하는 인물로 설정하는 것에 별다른 문제가 없어 보이기도 한다. 그러나 다른 한편으로 근기 지역에서 조선 후기를 살았던 남인계열 인사들 중 실학적 학문태도를 지녔던 인물들을 성호가 대표할 수 있는가라고 묻는다면 쉽게 동의하기 어렵다. 그것은 아무리 남인계열 인물이라고 하더라도 조선 후기 근기 지역에서 생활하며 실학적 학문 태도를 지녔던 인물이나 그들의 학문 경향을 성호 한 사람으로 대표하기가 쉽지 않기 때문이다. 만약 근기 실학의 함의含意가 근기 남인계열을 넘어선다면 성호의 대표성 해명에는 더 큰 어려움이 따른다. 이와 같은 점에서 조선 후기 실학, 혹은 근기 실학을 정의하기는 쉽지 않다. 특히 그 학문 경향을 한 계열이나 인물로 특정하여 설명하기는 더욱 어려운 일이다.

흔히 말하는 '조선 후기 실학' 혹은 '근기 실학'이라는 용어는 간단한 듯하지만, 간단하게만 볼 수 있는 용어나 개념이 아니다. 조선 후기 실학이라고 하기 위해서는 고려나 조선 전·중기의 실학이 전제되어야 한다. 만약 고려나 조선 전·중기에 실학이라고 규정할 수 있는 학문체계나 사상이 존재하지 않는다면 조선 후기 실학이라는 용어를 사용하기 어렵다. 그것은 실학이 조선 후기에서만 확인할 수 있는 한 시대의 사상이고 학문이 되기 때문이다. 따라서 만약 실학이 조선 후기에서만 확인할 수 있는 것이라면 조선 후기 실학이라는 용어를 사용하여 불필요한 논란을 자초할 필요가 없다. 반대로 고려나 조선 전·중기에도 실학이라고 규정할 수 있는 학문체계나 사상이 존재한다면, 이 학문체계와 사상에 대해 정리하고 이 학문체계나 사상과 조선 후기의 실학이 어떤 점에서 같고 다른지 밝혀주어야 한다.

'근기 실학' 역시 마찬가지이다. 근기는 '서울에서 가까운 곳' 즉 '서울 인근 지역'을 의미한다. 구체적으로 그 지역적 범주를 얼마나 확장 혹은 축소해야 할지는 분명하지 않지만, 현재의 수도권역과 유사한 의미를 지니는 것이다. 다만 근기近畿라고 한다면 서울이 포함되지 않는다. 사전적 의미로 근기近畿는 기내畿內 지역을 의미하는데, 기내畿內 지역은 서울을 중심으로 사방 500리 이내의 땅을 의미한다. 따라서 근기 실학은 서울을 제외한 이 기내畿內 지역을 지역적 기반으로 하여 성립된 실학이라는 학문 체계를 의미한다.

우리가 흔히 실학자라고 간주하는 인물들의 생활 근거지는 대체로 서울과 그 인근 지역이었다. 그와 같은 점에서 근기 실학이라는 용어의 사용에 문제가 없어 보이기도 한다. 하지만 근기 실학이라고 할 경우 사전적 의미로만 본다면 서울 거주 실학자들을 포괄할 수 없다는 문제가 생긴다. 또 근기라는 용어의 의미를 확장하여 서울 거주 실학자들을 모두 포괄한다고 하더라도 근기라는 용어는 서울과 기내 이외의 지역에 거주했던 인물들을 포괄할 수 없다.

대부분의 실학자들이 서울과 서울 인근 지역인 근기 지역에 삶의 터전을 두고 있었다는 점에서 근기를 실학의 지역적 기반으로 규정해도 큰 문제가 없을 수 있다. 특히 천안 지역에 연고를 둔 홍대용이나 충북 제천 출신의 김정희는 물론 충청남도忠淸南道 예산군禮山郡 고덕면古德面 장천리長川里에 거주했던 성호 가문의 일부 인물들에 이르기까지 이들의 지역적 기반은 각각 천안과 제천, 예산으로 구분되지만, 실제 이들이 활동했던 주된 공간은 서울과 그 인근 지역이었다는 점에서 이와 같은 주장은 더욱 타당성을 얻는다. 그러나 그렇다고 한다면 근기를 기반으로 한 실학자들의 경우 그들의 실제 활동 공간을 근기로 규정할 수 있는가 하는 문제가 있다. 당대 근기에 삶의 터전을 두었던 대부분의 실학자들이 근기의 삶을 원했다거나 그 삶에 만족했다고 보기 어렵다. 실제적으로 이들의 활동 공간은 근기를 기반으로 하여 서울로 뻗어 있었다. 결국 이렇게 본다면 근기 실학은 서울 실학, 더 정확하게 말한다면 서울을 중심으로 한 수도권 실학의 다른 말이 되어버린다.

근기 실학이라는 용어가 서울 실학, 혹은 수도권 실학의 동의어이고, 당대 실학의 실질적인 터전이 서울을 중심으로 한 수도권 지역으로 한정된다면 구태여 근기 실학이라는 용어를 사용하여 논쟁을 자초할 필요는 없어 보인다. 그렇지만 그럼에도 불구하고 근기 실학이라는 용어가 적절하고 근기라는 지역적 기반에 대한 인식이 반드시 필요한 것이라고 한다면, 그 이유가 논리적으로 설명되어야 한다. 실학자들의 실질적인 지역적 기반이나 삶의 터전이 근기였기 때문이라고 한다면 근기 이외의 다른 지역에서는 실학을 찾아볼 수 없는가 하는 문제에 대해서도 생각해 보아야 한다. 이 문제는 현재 기호실학[2]이나 호남실학[3]이라는 용어가 사용되고 있다는 점에서 새로운 고민을 필요로 한다.

2 남명진, 「기호실학의 형성과 발전;대표적 실학자들의 현실대응론의 철학적 근거를 중심으로」, 『기호학파의 철학사상』, 예문서원, 1999.

3 안진오, 「호남의 실학」, 『호남 유학의 탐구』, 심미안, 2007.

현재 보편적으로 사용하고 있는 근기 실학이라는 용어는 근기라는 지역에 방점을 둔 것이라기보다 근기 남인계열, 특히 성호를 중심으로 한 일군의 정치적·학문적·혈연적 집단에 주목한 것이라는 느낌이 강하다. 이와 같은 생각을 갖게 되는 것은 흔히 거론하는 근기 실학자에 파주를 세거지로 한 소론계열의 달성서씨 서명응徐命膺·서호수徐浩修·서유구徐有榘나 의정부 지역에 근거한 소론계열 실학자 박세당朴世堂 등이 포함되지 않기 때문이다. 근기 실학이 근기라는 지역을 중시한 개념이라면 당연히 이들도 근기 실학자에 포함하여 근기 실학이 논의되어야 한다. 만약 앞서 언급한 것과 같은 의미로 근기 실학이라는 용어가 사용되었다면 이것은 근기 실학이 아니라 근기 남인계열 실학, 더 정확하게는 성호계열 실학이라고 지칭되어야 한다. 근기 실학과 근기 남인계열이나 성호계열 실학은 다른 의미이기 때문이다. 학문의 엄정성은 용어와 개념의 명확성을 기초로 한다는 점에서 반드시 고려해 보아야 할 문제라고 생각된다.

실학의 개념에 대한 고민은 지금까지 언급한 '조선 후기'와 '근기'라는 용어보다 더 본질적이면서 중요한 의미가 있다. 그것은 실학의 개념 설정 이전에 '우리나라에 정말 실학이 존재했는가.'라는 실학의 존재에 대한 회의부터 넘어서야 하기 때문이다. 국어사전을 살펴보면 실학은 '실생활의 유익을 목표로 한 학문'이라고 정의되어 있다. 이 개념은 글자 그대로 '실학實學'을 자의字意에 따라 풀이한 것이라 보이는데, 이 개념을 인정한다면 실학이 존재하지 않는 시대는 있을 수 없으며 모든 학문이 실학이 될 수 있지만, 다른 한 편으로 우리나라에 과연 정말 실학이 존재했다고 볼 수 있는가라는 회의를 가지고 올 수도 있다. 『민족문화대백과사전』에는 실학의 개념이 "17세기 이후에 출현한 사상으로서, 범유학적汎儒學的 탈성리학적脫性理學的 입장에 서서 선진先秦시대의 왕도정치론에 기반하여 조선 후기 당시의 사회질서를 개혁하고자 하던 이론"이라고 규정되어 있다. 이 개념은 실학을 한 시대의 산물로 본 것으로, 실학의 범주를 최소화한 개념이라고 보인다. 그러나 이 두 개념 중 어느 쪽도 현재 우리가 사용하는 실학이라는 용어의 의미와 완전하게 일치한다고 하기 어렵다. 또 이 두 개념의 간극만큼이나 현재 우리가 사용하는 실학이라는 용어의 정의는 사용자에 따라 이질적이다.

현재 실학이라는 용어는 크게 통시대적通時代的 개념과 탈시대적脫時代的 개념 두 방향으로 정의되고 있다.[4] 두 개념이 지닌 함의에서 차이점이 상당하지만, 이를 단순하게 정리하자면 통시대적 개념으로써의 실학은 "역사 발전 단계에서 언제나 존재하는 학문으로, 사상이나 이념, 또는 현실적 적용이나 이용 등에서 실질을 추구하는 학문"을 의미하는 것으로, 탈시대적 개념으로써의 실학은 "조선 후기라는 특정한 시기에 나타난 역사적 산물로, 비현실적인 주자학적 세계관에 반발하여 실용實用·실증實證을 창도唱導한 학문"을 의미하는 것으로 정리할 수 있다. 이렇게 본다면 실학이라는 용어의 개념을 정의하기 위해 가장 먼저 해야 할 것이 보편성과 특수성에 관한 다양한 개념의 정립이다.

1930년대 시작된 실학 논의는 1950년대 탈시대적 개념[5]과 통시대적 개념[6]의 논쟁을 거쳐, 1960년대 탈시대적 개념이 학계의 주도권을 확보

4 실학이라는 용어를 通時代的 개념과 脫時代的 개념으로 정리한 것은 지금까지 언급된 실학 개념을 필자가 극도로 단순화하여 정리한 것이다. 이와 같은 구분에 대해 실학박물관에서는 사전적 개념과 역사적 개념으로 정리하고 있지만, 사전적 개념과 역사적 개념이라는 두 용어의 의미가 지칭하는 층위가 다르다는 점에서 이 용어를 그대로 인정하기는 쉽지 않아 보인다. 하지만 그렇다고 해서 필자가 通時代的 개념과 脫時代的 개념이라는 용어를 주장하거나 강조하는 것은 아니다. 이 용어는 어디까지나 필자가 생각한 단순화된 정리 개념에 불과할 뿐이기 때문이다. 따라서 연구가 심화되면 보다 적절하고 보편적으로 인정받을 수 있는 용어가 찾아지리라 생각한다.

5 천관우, 「반계 유형원 연구-실학 발생에서 본 이조사회의 일단면」, 『역사학보』 2·3, 역사학회, 1952, 1953.

한 이후[7] 몇몇 학자들의 통시대적 논의가 있었지만,[8] 대체로 탈시대적 개념으로써의 실학이 현재까지 학계의 주된 견해가 되어왔다.

통시대적 개념으로 본다면 실학을 자의字意에 충실하면서도 역사적 흐름을 지닌 일정한 사상체계로 풀이할 수 있다는 장점이 있지만, 실학의 완숙기라고 할 수 있는 조선 후기의 시대 상황에 긴밀하게 연결시키기 어렵다는 단점이 있고, 탈시대적 개념으로 본다면 조선 후기라는 시대적 특수성을 온전하게 설명할 수 있다는 장점이 있지만, 자의字意와 역사적 흐름에서 멀어진다는 단점이 있다. 통시대적 개념으로써의 실학과 탈시대적 개념으로써의 실학 중 어느 것이 옳다거나 타당한 것이라고 단언하기는 어렵다. 그것은 두 개념 모두 일정한 한계를 지니고 있기 때문이다. 이와 같은 점에서 이 두 개념의 절충, 보완을 시도한 원유한의 논의는[9] 적지 않은 의미가 있다고 생각된다.

이렇게 실학이라는 용어는 다양한 논란거리를 지니고 있다. 수많은 연구자들에 의해 오랜 기간 연구되어 다양한 주장이 있어왔지만, 아직까지 명확하게 규정할 수 있는 것은 많지 않다. 하지만 조선 후기의 실학은 이전 시기의 학문 혹은 실학과는 다른 모습을 보이면서 서울을 중심으로 그 인근 지역에서 발달해 나갔다고 보인다.

6 한우근, 「이조실학의 개념에 대하여」, 『진단학보』 15, 진단학회, 1958. ; 전해종, 「석실학」, 『진단학보』 29, 진단학회, 1959.

7 이우성, 「18세기 서울의 도시적 양상-연암학과 이용후생학파의 성립」, 『향토서울』 17, 서울시사편찬위원회, 1963. ; 이우성, 「실학연구서설」, 『실학연구입문』, 일조각, 1978. ; 천관우, 「조선후기 실학의 개념 재검토」, 연세대학교 제1회 실학공개강좌, 1967. ; 『연세실학강좌』 1, 연세대학교 국학연구원 편, 2003. 재수록.

8 윤사순, 「박세당의 실학사상에 관한 연구」, 『아세아연구』 15-2, 고려대학교 아세아문화연구소, 1972. ; 박을호, 『다산의 경학사상 연구』, 을유문화사, 1966.

9 원유한, 「한국실학의 개념 모색」, 『석보 정명호교수 정년퇴임기념논총』, 정명호교수 정년퇴임기념논총 간행위원회, 혜안, 2000.

흔히 조선 후기 실학사상의 흐름을 18세기 전반의 경세치용학파經世致用學派, 18세기 후반의 이용후생학파利用厚生學派, 19세기 전반의 실사구시학파實事求是學派로 구분하여 설명한다. 이 흐름의 가장 앞에 놓인 것이 경세치용학파로 성호에 의해 개창되었다고 알려져 있다. 이들은 서울의 도시적 분위기 속에 성장한 연암 박지원의 이용후생학파에 비해 근기의 농촌 토착적 환경을 바탕으로 하고 있으며 서울과 근기 지방을 근거로 한다는 점에서 이들의 특색을 나타내기 위해 이들을 근기학파近畿學派라고 한다고 하는데,[10] 이들에 의해 제안된 학문 경향을 근기 실학이라고 한다.

이러한 논의로 보아 근기 실학이라는 용어는 근기라는 지역에 방점을 둔 것이라기보다 근기 남인계열, 특히 성호를 중심으로 한 일군의 정치적·학문적·혈연적 집단에 주목한 것이라 보인다. 근기학파 혹은 근기 실학파나 근기 실학을 이렇게 규정할 때, 이 용어나 개념들은 근기 남인계열 특히 성호계열과 불가분의 관계를 가진다. 이와 함께 성호계열이 근기 남인계열로, 근기 남인계열이 근기 실학파로 치환될 수 있다는 것은 성호라는 한 인물에 대한 파악이 근기 남인계열과 근기 실학의 성격 규명에 절대적인 전제 조건이 된다는 것이다. 이 말은 성호라는 인물의 존재로 인해 하나의 학파가 성립되었고, 그가 중심이 되었던 학파의 성격을 설명하기 위해 근기 실학이라는 용어가 사용되었다고도 할 수 있다는 것이다. 그만큼 근기 실학의 연원 속에서 성호의 위상은 절대적인 것이라고 보인다.

성호로 대표되는 근기 남인계열은 남인이라는 정치적 당파黨派를 뿌리로 하는데, 흔히 조선 후기의 정치 집단으로 인식하고 있는 당파黨派

10 이우성, 「近畿學派에 있어서의 順庵의 위치」, 『한국실학연구』 11, 한국실학학회, 1999, 37면.

는 시작부터 정치 집단으로 일어난 일군의 무리들이 아니라 동일 학맥 혹은 학파라는 학문적 특성을 함께하는 학문적 공동체였다. 현재 우리들이 이들에 대해 학문적 공통점보다 정치적 동류성을 더욱 강하게 느끼는 것은 이들 집단이 당대 현실 사회에서 자신들의 학문적 정통성을 지키기 위해 정치 세력화할 수밖에 없었고, 세력화된 정치적 역량을 바탕으로 자신들의 학문적 주장을 관철시키고 학문적 정통성과 순수성을 지키고자 했기 때문이다.

그렇기 때문에 조선 후기 당대의 사색당파四色黨派는 학문 집단이자 정치집단이라는 이중적 속성을 지닌다. 하지만 이 이중적 속성 가운데 보다 근원적인 속성은 학문적 동류집단이라는 학문적 특성에 있었다. 이에 따라 조선 후기 각 당파는 당파성의 근본을 형성하는 학맥의 정통성 확립을 무엇보다 중시하였고, 확립된 자신들의 학맥에 도전할 수 없는 절대 권위를 담아내려고 노력했다. 이와 같은 각 당파의 노력은 학맥의 정통성 확보와 학적 순수성의 유지라는 순기능을 하기도 했지만, 다른 한편으로 집단 간의 학적 폐쇄성을 불러오기도 했고, 경우에 따라서는 정치적 필요에 따라 자기 당파의 학맥을 왜곡하기도 했다.

조선 후기 근기 남인계열은 경세치용經世致用의 학풍을 특색으로 하는 근기近畿 지방의 남인 학파를 말하는데, 성호학파星湖學派가 그 중심에 놓인다. 근기 남인학파의 태두泰斗인 성호星湖 이익李瀷은 퇴계退溪 이황李滉의 학통을 이었다고 알려져 있는데, 이들 학파의 학적 계보는 일반적으로 퇴계 이황의 학통을 이은 한강寒岡 정구鄭逑와 미수眉叟 허목許穆을 거쳐 성호 이익에게 이어졌다고 인정되고 있다. 그러나 이와 같은 학맥의 전승 과정을 별다른 의문 없이 그대로 믿어주기는 쉽지 않다. 그것은 이와 같은 논의가 번암樊巖 채제공蔡濟恭(1722~1799)에 의해 공론화되었기 때문이다. 번암 채제공은 조선 후기 당대 근기 남인계열의

정신적 지주이자 정치적 버팀목이었다. 그가 쓴 「성호선생묘지명星湖李先生墓碣銘」에

> 다만 생각해보면 우리 도는 절로 계통이 있다. 퇴계 선생은 우리나라의 부자이시다. 그 도를 한강선생에게 전하셨고, 한강선생께서는 그 도를 미수선생에게 전하셨는데, 선생께서는 미수선생을 사숙하신 분으로 미수선생을 배워 퇴계선생의 계통에 접하셨다. 후대의 학자들은 우리 학문이 정통을 이어 속일 수 없음을 안 그런 뒤에야 나아가야 할 곳에 잘못되지 않을 것이다.[11]

라는 내용이 있는데, 이 글에 따라 조선 후기 근기 남인계열의 학맥이 공론화되어 남인계열 뿐만 아니라 당대 다른 계열에서까지도 이와 같은 학맥이 인정되었다고 생각된다. 하지만 이와 같은 근기 남인계열의 학맥 전승과정에 대한 번암의 언급을 아무런 의심 없이 그대로 믿어주기는 어렵다. 그것은 학맥의 전승 과정에서 직접적인 사사師事 관계關係를 찾기 어렵기 때문이다.

조선 후기 근기 남인계열 형성의 시원始原은 조선의 제14대 왕인 선조宣祖(1552~1608)의 재위在位시기까지 거슬러 올라간다. 선조는 선왕인 명종明宗이 재위 23년 만에 서거하자 16세의 어린 나이로 왕위에 오르게 되었다. 선조는 명종의 장남 순회세자順懷世子가 13세의 나이로 후사後嗣 없이 요절하자 명종의 사후 명종의 제7남이었던 덕흥대원군德興大院君 초岹의 제3남으로 왕위에 즉위한 인물이다.

명종 20년 문정왕후文定王后의 사망과 윤원형尹元衡(?~1565)의 축출

11 蔡濟恭, 「星湖李先生墓碣銘」, 『樊巖先生集』 卷51, "但念吾道自有統緖, 退溪我東夫子也. 以其道而傳之寒岡, 寒岡以其道而傳之眉叟, 先生私淑於眉叟者, 學眉叟而以接夫退溪之緖. 後之學者知斯文之嫡嫡相承有不誣者, 然後庶可以不迷趣向."

이후 계속된 사림士林 세력의 입각入閣, 그리고 선조의 즉위 과정이 지니고 있었던 특성으로 인해 선조의 즉위에는 척신戚臣 세력이나 공신功臣 세력의 개입이 존재하지 않았다. 이에 따라 선조 즉위 초년 사림 세력은 이전까지 재야에서 갈고 닦은 실력을 바탕으로 중앙 정계에 대폭 진출하여 척신의 출현을 억제하면서 조정朝廷을 장악하게 되었다. 조정을 장악하여 안정적인 세력을 확보하게 된 선조 초기의 사림 세력은 이전 시기인 명종대까지 권력을 장악하고 있었던 척신 세력의 구축驅逐에 몰두하였다. 하지만 척신을 중심으로 권력을 장악하여 사림 세력을 핍박했던 구세력의 척결剔抉 과정에서 사림 세력은 내적 분열을 일으키게 되었다.

사림 세력의 분열은 전배前輩와 후배後輩의 대립으로 정리할 수 있다. 전배는 주로 노성한 인물들로 구세력에 대해 온건한 입장을 보였지만, 후배들은 전배들에 비해 훨씬 강경한 입장을 지니고 있었으며 적극적인 개혁을 주장하였다. 전배와 후배의 대립은 문정왕후의 동생인 윤원형이 정권을 장악하고 있을 때 사림의 출사出仕를 도왔던 손암巽菴 심의겸沈義謙(1535~1587)에 대한 인식의 차이에서 극명하게 드러났다. 전배들은 대부분 윤원형을 중심으로 한 소윤小尹 세력이 권력을 장악하고 있었을 때 손암 심의겸의 도움으로 관직에 진출했던 인물들이었기 때문에, 손암 심의겸이 명종의 비妃인 인순왕후仁順王后의 동생으로 대표적인 척신이라 할 수 있지만 사림 세력의 동조자로 받아들였다. 그러나 이와 달리 소윤 세력이 몰락한 선조 이후 정계에 진출했던 후배들은 손암 심의겸 역시 구세력의 하나로 보아 축출할 것을 주장하였다.

전배와 후배의 대립은 이조전랑직吏曹銓郎職을 둘러싼 심의겸과 성암省庵 김효원金孝元(1542~1590)의 갈등으로 표면화되었다. 선조 5년 당시 이조전랑이었던 덕계德溪 오건吳健(1521~1574)이 후임으로 성암 김효원을 추천하자 평소 그에 대해 좋지 않게 생각하고 있었던 손암 심의겸이 이에 대해 반대하면서부터 성암 김효원과 손암 심의겸 사이에는 틈이 생기게 되었다. 그러나 손암 심의겸의 반대에도 불구하고 선조 7년 성암 김효원은 이조전랑이 되어 후배들의 관직 진출에 중요한 역할을 수행하였다. 성암 김효원이 이조전랑직을 수행하고 있을 때 성암 김효원의 후임으로 손암 심의겸의 아우 사양당四養堂 심충겸沈忠謙(1545~1594)이 거론되자 이번에는 성암 김효원이 사양당 심충겸을 반대하여 후임으로 동암東巖 이발李潑(1544~1589)을 추천하였고, 동암 이발이 이조전랑으로 임명된 뒤 선배와 후배의 대립은 날로 격화되어 마침내 분당分黨에 이르게 되었다.

선배와 후배의 대립은 손암 심의겸을 중심으로 한 전배가 대부분 서인西人이, 성암 김효원을 중심으로 한 후배가 동인東人이 되면서 동서분당東西分黨을 형성하게 되었다. 이들을 동인과 서인이라 명명하게 된 것은 손암 심의겸의 집이 서울 서편 정동貞洞에 있었기 때문에 이들을 서인이라 하였고, 성암 김효원의 집이 서울 동편 낙산駱山 밑 건천동乾川洞에 있었기 때문에 이들을 동인이라 하였다고 한다.

이 시기 서인의 주요 인물로는 사암思菴 박순朴淳(1523~1589)·송강松江 정철鄭澈(1536~1593)·오음梧陰 윤두수尹斗壽(1533~1601) 등을 들 수 있고, 동인의 주요 인물로는 서애西厓 유성룡柳成龍(1542~1607)·아계鵝溪 이산해李山海(1539~1609)·초당草堂 허엽許曄(1517~1580) 등을 들 수 있다. 당시 손암 심의겸을 비롯한 동인은 퇴계退溪 이황李滉(1501~1570)과 남명南冥 조식曺植(1501~1572)·화담花潭 서경덕徐敬德(1489~1546)의 문인들을 중심으로 형성되었으며, 서인은 율곡栗谷 이이李珥(1536~1584)와 우계牛溪 성혼成渾(1535~1598)을 중심으로 하여 학연성學緣性을 확고히 지니게 되었다. 이에 따라 동인과 서인의 대립은 학풍과 학연을 기반으로 한 위에 정치적 색채를 더하여 형성되었다.

동인은 주리철학적主理哲學的 도학道學을 중시하는 영남학파嶺南學派에 해당하였으므로 동인에 속하는 인물들은 대부분 퇴계 이황과 남명 조식의 제자들이었다. 이들은 심성心性을 강조하면서 훈척정치勳戚政治와의 투쟁에서 구체제에 대한 비판 의식이 강렬하였고 구세력의 인물과 체제를 급격히 청산하려는 입장을 보였다.

이 시기 손암 심의겸과 성암 김효원의 대립에서 성암 김효원이 우위를 점하고 있었다는 것에서도 알 수 있듯이 서인과 동인의 대립에서 동인이 서인에 비해 상대적인 우위를 점하고 있었다. 그러나 선조 22년(1589) 일어난 동인 정여립鄭汝立(1546~1589)의 모반 사건과 이로 인해 발생한 기축옥사己丑獄事로 인해 동인은 서인에게 정국의 주도권을 넘겨주게 되었다. 기축옥사의 처리를 담당한 서인 송강 정철은 동인 인사들을 가혹하게 다루었고, 이로 인해 동인에서는 송강 정철을 위시로 한 서인을 미워하게 되었다.

그러나 옥사를 확대하는 과정에서 서인의 세력 강화를 꺼린 선조는 동인인 아계 이산해로 하여금 제재를 가하게 하였고, 수우당守愚堂 최영경崔永慶(1529~1590)·동암 이발·남계南溪 이길李洁(1547~1589)·곤재困齋 정개청鄭介淸(1529~1590) 등의 죽음이 서인에 의한 억울한 죽음으로 인식되면서 명분상 약점을 가지게 된 서인은 송강 정철이 세자 책봉을 건의했다가 선조에 의해 축출되자 정계에서 수세에 몰리게 되었다.

이 시기 동인은 옥사의 수습 과정에서 서인에 대한 태도의 차이로 '편척서인便斥西人'을 주장하는 북인北人과 '참용피차參用彼此'를 내세우는 남인南人으로 나누어질 조짐을 보이다가, 임진왜란 말기 북인이 남인인 서애 유성룡을 탄핵하면서 확연하게 나누어졌다. 이 중 퇴계 이황의 제자들이 주로 남인을 이루었는데, 이들은 기본적으로 다른 붕당의 존재에 대해서 긍정적이었고, 붕당간의 시비是非와 정사正邪의 분별을 엄하게 하기보다는 '동인협공同寅協恭'을 강조하여 정국의 안정을 도모하려고 하였다. 이와 달리 북인은 대부분 남명 조식의 제자들로 구성되었는데, 그들은 내암來庵 정인홍鄭仁弘(1536~1623)을 제외하고는 재지기반在地基盤이 미약했으며, 학문적인 전통도 약했다. 다른 계열과 비교하여 상대적으로 세력 기반이 약했던 북인은 권력 구조면에서 왕권을 정점으로 하는 획일적인 통치 체제의 확립을 지향하였고, 다른 붕당의 존재에 대해서도 부정적이었다. 남인은 추연秋淵 우성전禹性傳(1542~1593)·서애 유성룡이 중심이 되었고, 북인은 동암 이발·아계 이산해 등이 중심이 되었다.

기축옥사에서 서인을 견제하려는 선조의 정책으로 아계 이산해가 영의정이 되어 정국을 주도했으나, 임진왜란 도중 아계 이산해와 서애 유성룡이 전란 초래의 책임으로 퇴진하자 유배 중이던 송강 정철과 오음 윤두수 등 서인이 다시 진출하게 되었다. 그러나 서인이 북상하는 왜군을 저지하지 못했던 반면 남인인 서애 유성룡·한음漢陰 이덕형李德馨(1561~1613)·주은酒隱 김명원金命元(1534~1602) 등이 명나라의 군대를 이용하여 전세를 역전시키자, 선조 26년(1593) 10월 서애 유성룡이 영의정으로 복귀하여 다시 남인 정권이 성립되었다.

처음 남인은 서인과의 공존 체제를 추구하였으나, 전란이 소강상태로 접어들어 세력 관계의 재조정이 필요해지자 송강 정철에게 수우당 최영경 옥사의 책임을 추궁하여 서인의 정치적 명분을 약화시켰다. 그 해 송강 정철이 사망하고 오음 윤두수가 외직으로 나가자 서인은 구심점을 잃었고 이후의 정국에서 주도권을 상실했다. 서인의 핵심을 정계에서 배제한 남인은 서인 가운데 비교적 지지 기반이 약하고 중도적인 입장에서 있었던 백사白沙 이항복李恒福(1556~1618)·사양당四養堂 심충겸沈忠謙(1545~1594) 등을 수용하고, 북인 중 아계 이산해·내암 정인홍 등을 배제한 나머지 인물들을 등용하여 서인·북인과의 공존을 추구하였다.

이후 남인은 화의和議를 통해서라도 전란을 종식시키려고 했으나 오히려 전란의 장기화와 정유재란을 초래하게 되었고, 남인의 재지 기반인 경상도 지역이 전란으로 심한 피해를 입어 세력 기반이 약화되었다. 임진왜란 이후에 남인 서애 유성룡이 화의和議를 주장하였다는 이유로 북인에 의해 실각하게 되자 북인 설사雪蓑 남이공南以恭(1565~1640)이 정권을 장악하여 남인은 몰락하게 되었다. 남인과 북인으로의 분리 이후로는 '동인'이라는 단일 붕당으로서의 동질성同質性이 사라졌고 '동인'이라는 명칭도 의미를 잃었다.

이 시기의 남인은 주로 동인 중 영남인 또는 남산 밑에 거주하던 사람을 가리키는 말이라고도 하며, 때로는 동인 중에서 서인에 대한 온건파가 남인이고, 강경파가 북인이라고도 한다. 따라서 이 시기 남인은 서인과 혼인 관계를 맺거나 가문간의 친교를 유지하기도 하였으므로 서인에 대해 그다지 대립적이지 않았다. 이러한 점에서 이 시기의 남인을 당쟁사상의 남인이라고 보기는 어렵다.

선조 31년(1598) 11월 왜군을 완전히 몰아낸 후 척화斥和를 견지한 북인이 정국에 대거 진출했다. 그러나 북인은 구성원간의 정치적인 지위의 차이와 전란 이후의 정국에 대한 인식의 차이로 인해 대북大北과 소북小北으로 분열되었다. 서애 유성룡을 옹호한 남인 오리梧里 이원익李元翼(1547~1634)에 대한 처리 방안을 놓고 기성세력인 아계 이산해·홍여순洪汝淳(1547~1609)과 신진 세력의 지지를 확보한 후추後瘳 김신국金藎國(1572~1657)·설사 남이공이 대립했는데, 전자의 지지 세력을 대북, 후자의 지지 세력을 소북이라고 했다. 대북과 소북은 다시 선조宣祖의 후사문제後嗣問題로 대립하다가, 대북파가 옹립한 광해군이 왕위에 오르자 대북계열이 정권을 완전히 장악하게 되었다.

광해군이 즉위하자 내암 정인홍과 관송觀松 이이첨李爾瞻(1560~1623)을 중심으로 대북 정권이 성립되었다. 대북 정권은 임진왜란에서의 활약과 광해군 즉위 과정에서 자신들이 결정적인 역할을 수행했다는 것에 바탕을 두고 자신들만을 군자당君子黨이라고 하였다. 이 시기 남인들의 종사인 회재晦齋 이언적李彦迪(1491~1553)과 퇴계 이황을 문묘文廟에 종사한 것에 대해 불만을 품은 내암 정인홍은 회재 이언적과 퇴계 이황에 대한 격하를 시도했으며, 동시에 남명 조식에 대한 존숭을 강조하여 대북계열의 학통과 도통道統을 강화하려고 시도했다. 내암 정인홍의 행위에 대한 사림들의 격렬한 반발 속에서 대북은 다시 '폐모살제廢母殺弟'를 통해 중앙 정계를 확고하게 장악하려고 했으나, 남인과 서인은 '강상윤리綱常倫理'를 내세워 반대했다. 이와 함께 대북은 소북계열을 일소하기 위해 영창대군永昌大君을 모함하여 살해하는 한편, 외척인 김제남金悌男(1562~1613)과 그 일족을 처형했다.

광해군과 대북계열의 이와 같은 행위는 그동안 대북계열에 눌려 있던 서인에게 집권의 기회를 주어 능양군陵陽君(인조仁祖)을 왕으로 옹립하는 인조반정仁祖反正이 일어났다. 인조가 왕위에 오르자 정국은 서인의 수중으로 들어갔으며, 관송 이이첨·내암 정인홍 등 대북계열 수십 명이 처형되었고, 수백 명이 유배되었다.

대후금출병對後金出兵 이후 대북계열이 상대적으로 약화된 가운데 '폐모살제'에 대한 처벌과 '존명의리尊明義理'를 내세운 인조반정仁祖反正이 성공하자, 주자학적인 명분론을 내세운 서인과 남인의 연합 세력이 분열된 지배 세력의 결속을 꾀하며 집권하게 되었다. 서인이 권력을 장악하였지만 남인인 오리 이원익이 영의정이 되어 남인이 제2의 세력으로 자리 잡게 된 것이다. 이 이후 숙종 때까지 100여 년 동안 서인과 남인의 공존을 바탕으로 한 대립이 계속되었다.

인조반정 이후 남인인 오리 이원익이 영의정으로 등용되자 남인과 서인 사이에는 정치적 연대가 이루어졌다. 인조 때 당파 세력은 서인을 중심으로 남인과 연합하는 형세였고, 북인 중 소북계열小北系列의 일부가 겨우 명맥을 유지하고 있었다. 인조 때의 남인으로는 서애 유성룡의 문인 우복愚伏 정경세鄭經世(1563~1633)를 중심으로 당시 영의정 오리 이원익과 해고海皐 이광정李光庭(1552~1627)·분사汾沙 이성구李聖求(1584~1644)·월간月澗 이준李埈(1560~1635)·여헌旅軒 장현광張顯光(1554~1637)·동계桐溪 정온鄭蘊(1569~1641) 등이 있었다. 그러나 이 시기 남인과 서인 사이의 유대 관계는 점점 이완되어 서인과의 알력이 점차 표면화되었다.

인조반정 초기 '이괄李适(1587~1624)의 난亂'과 '이인거李仁居(미상~1627) 작변作變', 인조 6년(1628)의 '유효립柳孝立(1579~1628) 옥사 사건' 등을 이용하여 대북계열을 완전 숙청한 서인은 서인·남인·소북의 3당 연합을 이어갔으나, 남인과 소북에 대한 대처 방안을 놓고 묵재默齋 이귀李貴(1557~1633)를 중심으로 하는 공서功西(강경파·훈서勳西·의서義西)와 상촌象村 신흠申欽(1566~1628)을 주축으로 하는 청서淸西(온건파)로 갈라졌다. 공서파는 다시 서인·남인과의 연합을 주장하는 북저北渚 김류金瑬(1571~1648)·상촌 신흠 등의 노서老西와 서인 일당 정권의 수립을 주장하는 묵재 이귀·구포鷗浦 나만갑羅萬甲(1592~1642) 등의 소서小西로 갈라졌다.

인조 23년(1645) 소현세자昭顯世子가 사망한지 4년 뒤(1649) 효종이 즉위하였다. 효종의 즉위로 인해 친청적親淸的인 주화파 계열은 몰락하였고 반청적인 척화파 계열이 정권을 장악하게 되었으며, 북벌론北伐論의 실질적인 성립이 이루어졌다. 효종은 북벌론에 의한 군비의 강화를 시도하였고, 이를 뒷받침하기 위해 대동법을 확대하는 등 재정 확대 정책을 시행하며 왕권 강화를 도모하였다.

재위 11년(1649~1659) 만에 효종이 승하하자 서인과 남인 사이에는 인조의 계비繼妃인 자의대비慈懿大妃 조씨趙氏가 효종의 상에서 얼마 동안 상복을 입어야 하는가 하는 문제를 두고 예송禮訟(기해예송己亥禮訟, 1차 예송) 논쟁이 일어났다. 이 논쟁은 서인 우암尤庵 송시열宋時烈(1607~1689)과 남인 하헌夏軒 윤휴尹鑴(1617~1680) 사이의 예학논의禮學論議로 시작되었지만, 이 논쟁에 미수眉叟 허목許穆(1595~1682)의 예설이 추가되면서 점차 당론으로 전환되었다. 서인과 남인계열은 이 논쟁에 정치적 사활을 걸었지만, 서인 우암 송시열의 예설이 채택되어 당대 정국에는 별다른 변화가 일어나지 않았다. 우암 송시열·동춘당同春堂 송준길宋浚吉(1606~1672) 등의 서인은 효종이 차자次子이므로 대비의 복은 기년朞年(1년)이어야 한다고 주장하며 군주의 지위를 신하들의 지위와 상대화하여 왕권을 제한하려고 했지만, 하헌 윤휴·미수 허목 등의 남인은 효종이 왕통을 이었으니 장자長子로 보아야 하며 대비의 복은 참최斬衰(3년)여야 한다고 주장했다. 따라서 이 논쟁은 단순한 복제服制 문제로 그치는 것이 아니라, 학파 사이의 이념 논쟁과 정치 세력 사이의 갈등으로 전개될 수밖에 없었다. 예설에 따른 대립과 갈등 도중 남인 고산孤山 윤선도尹善道(1587~1671)가 우암 송시열을 '이종비주貳宗卑主'로 비판하면서 이 대립은 예설 논쟁에서 정쟁으로 전환되었고, 첫 번째 논쟁에서는 우암 송시열 중심의 서인이 승리하였다.

현종 15년(1674) 효종의 비 인선왕후仁宣王后 장씨張氏가 죽자, 역시 조대비의 상복 기간을 둘러싼 논쟁이 다시 일어났다. 이 논쟁이 제2차 예송논쟁禮訟論爭(갑인예송甲寅禮訟)이다. 이 논쟁 도중 현종이 승하하고 숙종이 즉위하면서 대공大功(8개월)을 주장한 서인에게 기년복朞年服을 주장한 남인이 승리하여 서인 정권이 붕괴되고 남인 정권이 성립되었다. 예송에서 남인의 주장은 대체로 왕실의 예와 사족의 예가 다르다는 것이었는데, 이는 왕실의 위엄을 높이고 왕권을 강화하는 의미를 지니는 것이기도 했다. 우리가 흔히 말하는 당쟁사상, 혹은 진정한 의미에서 당파의 하나로 볼 수 있는 남인은 이 시기부터 시작된다고 할 수 있다.[12]

이후 남인은 서인을 배제하며 정국을 주도하였으나, 병권의 향방과 서인에 대한 대책을 둘러싸고 청남淸南과 탁남濁南으로 분열되었다. 청남淸南은 주로 우암 송시열 등에 대한 극형을 주장하는 과격파이고, 탁남濁南은 이에 반대하는 온건파로 청남은 미수 허목이 중심이 되었고 탁남은 묵재默齋 허적許積(1610~1680)이 중심이 되었다.

탁남을 중심으로 한 남인 정권은 어느 정도 독자적인 세력을 확보하면서 기반을 다져가고 있었으나 숙종 6년(1680) 복선군福善君과 묵재 허적의 서자인 허견許堅(?~1680) 등이 역모를 했다는 고변으로 인해 남인이 축출되고 서인이 재집권하는 경신대출척庚申大黜陟이 발생했다. 정권을 잃은 뒤 서인과 정쟁을 벌이는 과정에서 남인 내에서는 탁남이 사라지고 청남으로 일원화되었다.

다시 정권을 잡은 서인은 군자유君子儒에 의한 소인유小人儒의 완전한 극복이란 논리 아래 청남과 탁남을 불문하고 남인을 완전히 제거하려고 하였다. 그러나 서인은 우암 송시열 중심의 노론老論과 명재明齋 윤증尹拯(1629~1714)·남계南溪 박세채朴世采(1631~1695) 중심의 소론小論으로 분열되었다. 이 분열은 두 계열 사이의 학문적·사상적 기반 차이에서 발생한 것으로, 주자절대론과 주자상대론 간의 차이에서부터 명분론·의리론과 실리론 간의 갈등을 의미하는 것이었다.

숙종 13년(1687) 희빈 장씨가 왕자를 낳았고, 숙종 15년(1689) 숙종이 희빈 장씨의 소생을 원자로 정하려 하자 당시 집권 세력이었던 서인과

12 姜周鎭, 『李朝黨爭史硏究』, 서울大學校 出版部, 1971, 113~116면.

숙종 사이에 첨예한 대립이 일어나게 되었다. 이 대립의 와중에서 우암 송시열이 올린 원자반대 상소로 인해 서인은 정계에서 물러나고 남인이 재집권하게 되는 기사환국己巳換局이 일어났다. 기사환국 이후 남인은 노·소론의 숙청에 몰두하여, '함이완咸以完 고변사건告變事件'을 일으켰다. 그러나 기사환국 이후 불과 5년만인 숙종 20년(1694) 갑술환국甲戌換局이 일어나자 약천藥泉 남구만南九萬(1629~1711)을 중심으로 하는 소론 정권이 성립되었다.

갑술환국으로 인해 남인은 정권에서 완전히 배제되었다. 이 시기 남인은 영남과 근기 지역으로 나누어져 각자의 정치적·학문적 연계를 강화하며 존립을 모색하게 되었고, 이에 따라 영남 남인과 근기 남인의 연계는 점차 약화되었다. 결국 숙종대 이후 남인은 영남 남인과 근기 남인으로 나누어져 각각 자체 내의 학문 활동과 학통 계승을 이루어 나가게 되었고,[13] 중앙 정계에서의 활동과 새로운 사상의 탐구에는 근기 남인이 중심적인 역할을 하였다.

노·소론은 희빈 장씨의 처벌을 둘러싸고 대립하다가, 18세기에 들어서면서 노론 전제화의 방향으로 정국이 전개되었다. 이 시기의 정국은 다음 시기 우암 송시열 계열의 정통 주자학에 근거한 집단과 척신과 결탁한 노론벌열老論閥閱, 그리고 세도정권勢道政權의 창출 기반이 되었다. 이후로는 노론과 소론이 대립의 중심을 이루게 되었다.

당쟁을 몸소 체험한 뒤 왕위에 오른 영조는 당쟁의 완화와 공평한 인재 등용에 힘쓰는 '탕평책蕩平策'을 내세웠다. 이로 인해 영조의 재위 52년 동안 정쟁은 크게 완화되었다. 그러나 탕평책 속에서도 권력은 주로 노론의 수중에 있었다. 이 시기 근기 남인은 탕평책이 추진되는 동안

13 유봉학, 「南人 분열과 畿湖南人 學統의 성립」, 『조선 후기 학계와 지식인』, 신구문화사, 1998, 35면.

탕평 정국에 적극적으로 참여한 약산藥山 오광운吳光運(1689~1745) 등과 같은 인물들과 정국 참여에 소극적인 인물들로 나누어지기도 하였고, 정조正祖 연간 번암樊巖 채제공蔡濟恭(1720~1799)이 영의정에 임명되어 한 때 정국을 주도하기도 하였으나 경종景宗 이후 조선 말기까지 남인 집권기는 다시 도래하지 않았으며 남인은 중앙 정계에서 점점 더 멀어지게 되었다. 중앙 정계에서 밀려난 남인들은 근기 일부 지역과 영남을 중심으로 향촌의 기반을 유지하면서 학문에 전념할 수밖에 없었다. 이 때문에 조선 후기 실학자들 가운데는 남인계열 인사가 많았으며 천주학天主學도 일부 남인계열 인사를 중심으로 수용되었다.

조선 후기 남인계열이 성립된 첫 시기를 임진왜란 말기로 설정할 수는 있지만, 이 시기 남인계열의 경우 서인계열이나 여타 당파와 별다른 대립 관계를 형성하지 않고 있었다는 점에서 이 시기를 실질적인 남인계열의 성립 시기로 보기는 어렵다. 따라서 흔히 우리들이 말하는 정치권력, 혹은 붕당으로써의 남인계열은 이보다 훨씬 이후 시기인 현종顯宗대 예송논쟁禮訟論爭을 거치며 숙종肅宗 시기에 확립되었다고 할 수 있다. 숙종 시기 확립된 남인계열은 서인 세력과의 대립 구도 속에서 권력의 향방에 따라 부침을 거듭하다가 경신대출척庚申大黜陟과 기사환국己巳換局을 거친 뒤 마침내 갑술환국甲戌換局으로 정권을 완전히 상실하게 되는데, 이 시기에 영남 남인과 근기 남인의 분리가 이루어지게 되었다고 보인다.

이렇게 본다면 실질적인 남인계열의 성립은 아무리 빨리 잡아도 1차 예송논쟁이 일어났던 효종孝宗 10년(1659) 5월 이전으로 올라갈 수 없고, 영남 남인과 근기 남인의 확연한 분기는 숙종 20년(1694) 갑술환국甲戌換局이 일어날 무렵에 이루어졌음을 알 수 있다. 근기 남인계열의 성립 시기를 이와 같이 보았을 때 이들의 계보 형성에 학문적 계승 관계가 중요하게 작용하고 있었음을 짐작할 수 있다.

조선 후기 남인계열의 학맥은 대체로 "퇴계 이황 - 한강 정구 - 미수 허목 - 성호 이익"의 순으로 전해 내려왔다고 알려져 있다. 이와 같은 학맥의 흐름은 번암 채제공에 의해 확립된 것이라 보인다. 그러나 이 학맥의 흐름이 반드시 학문의 전수 관계와 일치한다고 볼 수 있을 지에는 의문의 여지가 있다.

근기 남인계열의 학맥은 퇴계 이황을 시원始原으로 하여 새롭게 시작된다. 그것은 포은圃隱 정몽주鄭夢周(1337~1392)를 연원으로 하여 '포은 정몽주-야은冶隱 길재吉再(1353~1419)-강호江湖 김숙자金叔滋(1389~1456)-점필재佔畢齋 김종직金宗直(1431~1492)-한훤당寒暄堂 김굉필金宏弼(1454~1504)-정암靜庵 조광조趙光祖(1482~1519)'로 전해 내려오던 조선 유학의 학맥이 기묘사화己卯士禍로 인해 단절되었기 때문이다.

퇴계 이황의 학문은 가학家學을 바탕으로 한 독서讀書를 통해 이루어졌다. 퇴계 이황은 경상북도 예안현禮安縣 온계리溫溪里(경상북도 안동시 도산면 온혜리)에서 좌찬성 이식李埴의 7남 1녀 중 막내아들로 태어났다. 생후 7개월에 아버지의 상喪을 당하여 부친에게 직접 학문을 수학할 수 없었다. 퇴계 이황은 12세에 작은아버지 이우李堣로부터 『논어』를 배웠고, 14세경부터 혼자 독서하며 학문을 익혔다. 그는 33세에 성균관에 들어가 하서河西 김인후金麟厚(1510~1560)와 교유하였고, 그 해 귀향 도중 모재慕齋 김안국金安國(1478~1543)을 만나 견문을 넓혔다.

퇴계 이황의 학문은 그가 46세(1546)가 되던 해 고향인 낙동강 상류 토계兎溪의 동암東巖에 양진암養眞庵을 얽어서 산운야학山雲野鶴을 벗 삼아 독서하면서 점차 완숙해졌다. 이때 토계를 퇴계退溪라 개칭하고, 자신의 아호로 삼았다. 퇴계 이황은 60세(1560)에 도산서당陶山書堂을 짓고 아호를 '도옹陶翁'이라 정했는데, 이때부터 7년 간 서당에 기거하면서 독서 · 수양 · 저술에 전념하는 한편 많은 제자들을 훈도하였다. 이후 70세로 운명할 때까지 수차례 관직의 부름이 있었지만 나가지 않았다. 이와 같은 퇴계 이황의 삶을 보면 그가 특별한 스승 없이 스스로의 학문을 완성시켜 갔다는 것을 알 수 있다. 퇴계 이황의 학문과 사상은 이후 영남과 근기 지방을 중심으로 후대 학자들에게 계승되어 조선 후기 가장 유력한 하나의 학파를 형성하였다. 퇴계 이황의 학통은 서애 유성룡 · 월천月川 조목趙穆(1524~1606) · 한강 정구 · 미수 허목 등 260여 명의 제자에게 전해져 다음 시기 근기 남인 학파와 영남 남인 학파의 뿌리로 기능하였다.

근기 남인 학맥의 학문적 연원 혹은 시원始原을 퇴계 이황으로 설정하는 것에 대해서는 그 당대부터 현재까지 별다른 이론이 없어 보인다. 또 퇴계 이황의 적통嫡統을 이은 인물로 한강 정구를 설정하는 것에 대해서도 별다른 이론이 제기되지 않는다. 한강 정구의 경우 17세가 되던 명종 14년(1559) 덕계德溪 오건吳健(1521~1574)을 찾아가 『주역周易』을 배웠고, 21세가 되던 명종 18년(1563) 처음으로 퇴계 이황을 찾아 스승으로 모시게 되었다. 이후 한강 정구는 24세가 되던 명종 21년(1566)에 남명 조식을 배알하였다. 이렇게 본다면 한강 정구는 세 사람의 스승을 섬겼다고 할 수 있는데, 이 세 사람의 스승 중 덕계 오건은 남명 조식의 제자였다. 이렇게 본다면 한강 정구는 남명 조식의 문하에서 학문을 시작했다고 할 수 있지만, 그에게 보다 큰 영향을 미친 인물은 퇴계 이황이었다고 생각된다. 그래서인지 퇴계 이황의 적통으로 한강 정구를 설정한 것은 남계 박세채의 『동유사우록東儒師友錄』에서부터 위암韋庵 장지연張志淵(1864~1921)의 『조선유교연원朝鮮儒教淵源』에 이르기까지 동일하다.

조선 후기 근기 남인계열의 학맥 전개에서 첫 번째로 문제가 되는 것은 한강 정구의 적통을 누가 이었는가 하는 것이다. 한강 정구의 적통을 미수 허목이 이었다고 알려져 있는 일반적인 근기 남인계열 학맥의 전개 과정에 대해 유봉학은 그의 글에서 "한강 정구의 적전嫡傳으로 미수 허목을 놓는 것은 숙종 초년 허목이 정승을 지낸 이후의 일로써, 여기에는 국왕이 개입하는 등 상당한 우여곡절이 따랐던 것을 보게 된다. 즉 한강 정구의 문인록門人錄인 「회연급문록檜淵及門錄」의 범례凡例에 의하면, 숙종의 명령에 의해 태학太學에서 작성된 문인록에 애초에는 장현광張顯光이 수제자首弟子로 실렸다가 그것이 숙종에 의해 거부당하게 되자 결국에는 허목을 수제자로서 첫머리에 두고 장현광은 연차年次에 따라 제7위第七位에 놓는 것으로 낙착되었다는 것이다."[14]라고 했다.

유봉학의 언급과 같이 「회연급문제현록檜淵及門諸賢錄」의 범례 제8조는 '한려시비寒旅是非'로 구성되어 있다. 이 시비의 내용은 여헌旅軒 장현광張顯光(1554~1637)이 한강 정구의 제자로 자처하고 인식하였는가에 관한 것이다. 한강 정구의 사후 한강 정구의 문인들과 여헌 장현광의 후손 사이에서 벌어진 문인門人 여부에 관한 시비의 문제는 그 근원이 어디에 있는지 분명히 밝히기 어렵지만, 여헌 장현광이 쓴 한강 정구의 제문祭文을 살펴보면 그 스스로 한강 정구의 제자라고 분명하게 드러내어 밝히지 않고 있다. 여헌 장현광은 한강 정구의 형 죽파竹坡 정괄鄭适의 사위였는데, 한강 정구의 제문을 쓰면서 스스로를 '질서姪壻'라고만 하여 문인으로 자처하지 않는 듯한 인상을 남겨[15] 한강 정구와 여헌 장현광의 후손 사이에 분쟁이 일어나게 되었다.

14 유봉학, 「南人 분열과 畿湖南人 學統의 성립」, 『조선후기 학계와 지식인』, 신구문화사, 1998, 37면.

15 張顯光, 「祭寒岡鄭先生文」, 『旅軒先生文集』 卷11, "顧惟愚庸, 早承贅托之義, 視實幷於子姪, 疾患頹靡, 縱不得執經於函丈, 涵濡滋益之恩, 何可量以斗斛斤鎰. 嗚呼哀哉."

이에 대해 여헌 장현광을 한강 정구의 문인이라고 보는 주장은 매산梅山 홍직필洪直弼(1776～1852)의 「제한강속집후題寒岡續集後」와 『조선왕조실록朝鮮王朝實錄』의 기사에 근거를 둔다. 매산 홍직필의 「제한강속집후」는 여헌 장현광이 한강 정구의 문인이었음을 밝히는 '9조문목九條問目'이 후손들에 의해 무흘산武屹山 장서藏書에서 발견되어 속집續集에 실리게 되었음을 강조하는 글이고,[16] 『조선왕조실록』에서는 구체적으로 여헌 장현광이 한강 정구의 제자임을 밝히고 있다.[17]

「회연급문제현록」의 범례는 여헌 장현광이 한강 정구의 문인이었는가에 관한 실상을 밝혀주기보다 미수 허목의 한강 정구 적전설嫡傳說 수립에 숙종의 개입이 상당했었다는 것을 보여주는 중요한 근거 자료라

16 洪直弼, 「題寒岡續集後」, 『梅山先生文集』 卷30, "古今書籍, 固多名眞而實僞者, 亦有喚賓而作主者. 惟在愼辨之如何. 辨有三道, 味其辭以觀其世之先後, 正其名以求其事之是非, 揆諸義以索其旨之深淺, 則何眞僞名實之可眩哉. 嘗閱寒岡續集, 有所云旅軒九條問目, 而七條名理, 咸出於沙溪先生經書辨疑及答或人書中, 屢回參繹, 疑惑滋甚. 故有所論辨矣. 寒岡後孫胄錫 · 允錫 · 浩永三人者, 抱傳家文獻而至, 出而示之曰; 先祖文穆公文集草藁, 藏在檜淵書院, 而近又搜得古本於武屹山庄藏書之所, 卽先祖在世時, 子弟之隨得隨錄者, 而參以手筆. 九條答問, 亦在其中. 與院本若合符契, 非所致疑於其然豈然者也. 余取檢原本則其紙斷爛, 而墨渝字刓, 往往不可辨. 若是者豈可曰; 後人杜撰乎. 其不從手分現化也審矣. 意者旅軒擧沙溪名論, 就質於寒岡, 而特不著誰某以致然耳. 以首條所問或問答曰之云, 而可知其援引. 餘皆蒙上文, 非欲出於混賓主之別也. 易眩者形跡, 難欺者心目, 豈爲此理外之擧哉. 向者之疑其爲贋者, 在草本未見之前. 今日之斷其爲實者, 在草本旣見之後, 余何所適莫於其間哉. 惟分其眞妄已矣. 昔內經稱黃帝, 本草稱炎帝, 汲冢稱周書者, 是猶瞽者懸破鏡於空中, 而欲自比於日月, 其誰信之哉. 若玆編者, 卽隨聞見所及而就正者, 詎容後承之矯飾哉. 摩挲其古紙破卷, 聲徽不沫, 爲之興感, 滿腔疑障, 於是焉洞豁, 更題一語於草本之尾, 不嫌前後立論之差殊云爾."

17 『朝鮮王朝實錄』, 仁祖 1년 7월 28일, "司業張顯光不赴召, 陳疏辭職. 上諭以勿辭調理上來, 顯光仁同人也. 性質寬厚, 器識弘遠, 受學於寒罔 鄭逑, 潛心力行, 尤精於『易』理, 爲世名儒. 平生未嘗言人是非, 望之德氣醉然, 學者稱爲旅軒先生. 反正後, 上備禮徵召, 不至. 至是, 又辭是職." ; 『朝鮮王朝實錄』, 孝宗 8년 10월 19일, "浚吉曰; "張顯光旣已贈諡, 則鄭逑不可不追贈耳." 上曰; "鄭逑何如人." 浚吉曰; "逑卽顯光之師, 寒岡其號也. 先朝已贈判書矣." 上曰; "旣贈判書, 則今贈議政, 未爲不可. 其令該曹擧行."

고 생각된다. 숙종은 미수 허목을 우의정으로 임명한 뒤 미수 허목의 학문 연원을 천양하기 위해 성균관에 한강 정구의 문인록을 수정하도록 하였다. 이에 성균관에서 여헌 장현광을 수제자로 하여 70여 명을 기록하여 올렸지만 숙종은 별다른 이유 없이 퇴각하였고, 이에 성균관에서는 당시 영의정이었던 묵재 허적의 조언에 따라 미수 허목을 수제자로 하여 나이순으로 다시 기술하여 올렸는데 숙종이 이를 받아들였다고[18] 한다.

여헌 장현광과 달리 미수 허목이 한강 정구의 문인이었던 것은 분명하다고 생각된다. 그러나 미수 허목이 한강 정구에게 어느 정도의 영향을 받았고, 한강 정구가 미수 허목을 어떻게 인식하고 있었는가에 대해서는 의문의 여지가 있다. 미수 허목의 연보에 그가 23세 되던 해 한강 정구를 찾아가 스승으로 섬겼다는 내용이 있지만,[19] 스스로 쓴 「한강정선생만사寒岡鄭先生挽詞」를 보면 그가 한강 정구에게서 받은 영향이 그리 크지 않았던 것이[20] 아니었나 생각된다.

18 凡例, 「檜淵及門錄」, 『寒岡全書』, "肅宗以眉叟許穆爲右議政, 欲闡揚其淵源之正, 遂下教太學曰; 卽日修正鄭寒岡門人錄以來. 太學草草略記七十餘賢, 以旅軒爲首題奉教, 肅宗無指摘可否而退却. 又精寫奉教, 又退却, 太學惶恐, 問于時領相, 許積曰; 吾意以眉叟相公爲首題, 則可合上意. 太學更以首題眉叟, 次書旅軒於第七位以進, 上曰; 可."

19 「眉叟許先生年譜」, 『記言年譜』 卷1, "丁巳. 先生二十三歲. 從議政公于居昌任所, 縣有文茅溪緯先生, 數就見尊敬之, 茅溪亦甚重先生, 不敢以年少待之. 趙龍洲絅, 亦寓居縣境, 從遊甚相樂焉. ○ 與從兄觀雪先生, 往謁寒岡鄭先生于星州, 師事之."

20 許穆, 「寒岡鄭先生挽詞」, 『記言別集』 卷13, "嗟星岳之降祥, 乃賢哲之誕生, 含元精之味, 應羌純懿而淑靈, 諒金精而玉潤, 是德宇之天成, 夙好學而厲志, 究聖賢之蘊奧, 克精思而沈潛, 玆實學而實蹈, 明誠進而敬義, 日乾乾而自强, 旣眞積而力久, 宜仁熟而義精, 窮神化而自得, 致廣大於精微, 接退陶之正脈, 亦有見而知之, 繼先脩之遺跡, 聊輯述而發揮, 實追配於古人, 前與後其一致, 嗟從政其詎幾, 曾不可以小試, 世與我而相違, 終未展夫素志, 樂天命而安義, 雖道否而心亨, 何皇天之不憖, 伊哲人之云亡, 念微言之坦絶, 固此懷之悁悁, 陶山鬱其幽幽, 汾水淡其無波, 想英靈其有托, 從先哲而靡他, 哀小子之無類, 憫昏惑而昧方, 幸承恩於下風, 慕盛德之輝光, 痛儀形之永隔, 悲此路之茫茫, 情鬱鬱其何極, 聊陳辭而永傷."

미수 허목의 한강 정구 적전 논란이 한강 정구의 문하에서만 있었던 것은 아니다. 이 문제는 미수 허목의 문인들 사이에서도 논란이 되었다. 미수 허목의 문인인 식산息山 이만부李萬敷(1664~1732)의 글에 따르면 미수 허목이 한강 정구의 적통을 이었다고 보기는 어렵다. 식산 이만부는 미수 허목이 한강 정구에게서 적지 않은 영향을 받았고 한강 정구를 몹시 존경한 것은 사실이지만, 한강 정구의 적전嫡傳이라 보기는 쉽지 않다고 주장했다.[21] 이와 같은 논란은 후대 남인계열 학자들 사이에서 또 다시 거론되었다. 이재頤齋 황윤석黃胤錫(1729~1791)은 미수 허목의 학문적 성향이 한강 정구와 다르다는 점에서 미수 허목의 한강 정구 계승에 대해 이의를 제기하기도 하였다.[22] 그에 따르면 퇴계 이황과 한강 정구가 주자학에 경도되어 있었다면, 미수 허목은 육경六經으로 소급하여 선진유학先秦儒學의 본지를 탐구하고자 하였기 때문에 학문적 연속성을 찾기 어렵다는 것이다.

이와 같은 상황에 대해 유봉학은 앞의 글에서 다시 "실상 허목(1595~1682)은 장현광(1554~1637)보다 41세 연하로 장현광에게 사사한 일이 있으므로 장현광의 제자별이 된다. 더구나 허목은 생장 및 생활 근거지가 정구나 장현광과 달리 서울과 근기近畿 지방이었으며, 정구에 입문하여

21 李萬敷, 「答上雪軒從大父」 3 別紙, 『息山先生文集』 卷3, "丁巳. 謁寒岡先生云云. 謹按, 先生覲其先考縣監公任所, 歷謁寒岡, 其後更無所質問之事, 有不可以師弟言者. 先生之於寒岡, 一見契合, 雖與他人酬酢不同. 然若謂先生之學, 盡出於寒岡, 則恐致後人之疑, 似非據實之論, 未知如何." ; 李萬敷, 「答上雪軒從大父」 5, 『息山先生文集』 卷3, "眉叟之學於寒岡, 擧世所傳之說也. 然旣無問業質疑之事, 豈以其學爲盡出岡門乎. 竊觀兩先生之學, 頗不同, 玆未信傳者之言耳. 眉叟於先輩, 最尊寒岡, 撰其遺事, 極其稱道. 且凡言語, 必擧以爲重云, 學之之說, 由此而稱之乎. 未可知矣."

22 黃胤錫, 『頤齋亂稿』 卷28, "余戲語姜上舍曰; '如尊南人一邊, 當此老論無多之會, 何不以許相及寒岡旅軒請從享文廟乎.' 姜曰; '寒岡則當矣. 而許眉叟, 理學中異人而已. 何得從享.' 余笑曰; '然則許相, 何以得諡文正耶. 無乃其時南人, 不知其爲異人而非純儒耶.'"

수학한 것도 정구 말년의 불과 몇 개월에 지나지 않는다는 점이 정구의 수제자로 오르기에 부족한 것도 사실이었다. 그럼에도 숙종대 이후 남인의 영수로 현달하고 국왕의 종용과 정구 후손들의 용인에 의해 급기야 숙종 34년(1708) 한강 정구의 회연서원檜淵書院에 배향되어서 한강寒岡의 적전嫡傳으로서의 지위가 공인되고 이에 기호남인의 학문적 구심점이라는 지위를 굳히게 되었던 것"[23]이라고 했다.

다양한 논란에도 불구하고 조선 후기에 와서 한강 정구의 학통을 미수 허목이 이었다는 근기 남인계열의 학맥 계승 관계가 확립되었지만, 이 학맥의 계승 관계를 정립하는 과정에서 '한려시비寒旅是非'와 '허목적전론許穆嫡傳論'이 등장하게 된 것이다. 여헌 장현광이 스스로를 한강 정구의 문인으로 인식하고 있었느냐의 여부, 혹은 그가 진실로 한강 정구의 수제자였지만 당대의 정치적 상황에 의해 수제자의 자리를 빼앗기고 밀려나게 되었는가의 여부, 그리고 미수 허목이 당대 한강 정구의 적전이 될 수 있는가의 여부에 대해서는 현재 분명하게 밝히기 어렵다. 그러나 미수 허목이 한강 정구의 적통으로 공인된 이후, 남인계열의 학통 내에서는 미수 허목의 위치에 대해 많은 논란과 의혹의 여지가 있음에도 불구하고 별다른 이론이 제기되지 않은 채 후대까지 이 학맥의 계승 과정이 인정되었다.

이와 같은 현상에는 미수 허목이 지니고 있었던 당대의 정치적 위상과 근기 남인계열의 학통을 정립한 번암 채제공의 노력이 상당한 작용을 하였으리라 생각된다. 결국 한강 정구에게서 미수 허목으로 이어지는 근기 남인계열 학맥의 전개는 숙종의 정치적 판단에 의해 시작되었지만, 당대 미수 허목의 정치적 위상과 다음 시기 번암 채제공의 정치적 의도

23 유봉학, 「南人 분열과 畿湖南人 學統의 성립」, 『조선후기 학계와 지식인』, 신구문화사, 1998, 37면.

에 부합하면서 점차 남인계열 내에서 정설화定說化·보편화되었다고 할 수 있다.

퇴계 이황－한강 정구－미수 허목으로 내려오던 근기 남인계열의 학맥은 번암 채제공에 의해 성호 이익이 첨가되면서 완성되었다.[24] 번암 채제공은 「성호이선생묘갈명星湖李先生墓碣銘」을 통해 성호 이익의 미수 허목 사숙私淑을 학맥의 계승 관계로 전환하여 공론화하고자 상당한 힘을 기울였다고 생각된다. 번암 채제공이 퇴계 이황－한강 정구－미수 허목－성호 이익으로 이어지는 근기 남인계열의 학맥을 정론화하고자 했던 것은 미수 허목과 성호 이익이 지니고 있었던 근기 남인계열 내에서의 정치적·학문적 위상 때문이었다고 할 수 있다. 번암 채제공은 이 정치적·학문적 위상을 자신의 계보 속으로 이끌어 오기 위해 이와 같은 학맥의 흐름을 구축한 것이라 보인다.

그러나 퇴계 이황－한강 정구－미수 허목－성호 이익의 순으로 이어진 근기 남인계열 학통의 마지막을 장식하고 있는 성호의 학문이 실제로 미수 허목을 이었다고 볼 수 있는가 하는 점에는 의문의 여지가 적지 않다. 미수의 학문을 성호가 이었다고 하는 근기 남인계열의 학맥 계승 과정은 미수가 21세 되던 광해군 7년(1615) 총산蔥山 정언옹鄭彦宮에게 『예기禮記』의 「단궁편檀弓篇」을 익혔는데,[25] 이때 성호의 조부 지평공持平公 이지안李志安(1601～1657) 형제들과 교분을 맺었다는 것에서 시작된다.[26] 성호의 글을 보면 당시 이지안은 미수보다 6살이 어렸으나 미수와

24 蔡濟恭,「星湖李先生墓碣銘」,『樊巖先生集』卷51, “但念吾道自有統緖, 退溪我東夫子也, 以其道而傳之寒岡, 寒岡以其道而傳之眉叟, 先生私淑於眉叟者. 學眉叟而以接夫退溪之緖, 後之學者, 知斯文之嫡嫡相承有不誣者. 然後庶可以不迷趣向.”

25「眉叟 年譜」,『記言』卷1, “乙卯. 先生二十一歲, 學檀弓於蔥山鄭彦宮先生.”

26 李瀷,「先考司憲府持平 贈吏曹參判府君行狀」,『星湖先生全集』卷67, “旣而登鄭蔥山彦宮之門, 同學與眉叟許公穆之倫, 咸推重焉.”

상당한 친분을 맺었다고 생각되는데, 이렇게 조부대에서 맺은 미수와의 인연이 성호의 부친인 매산梅山 이하진李夏鎭(1628~1682)을 거쳐 성호에게 이어졌다는 것이다.

물론 성호의 부친 매산의 경우 미수와 상당히 깊은 관계를 맺고 있었다. 매산은 남인이 정국의 중심에 들어선 숙종 즉위 초부터 남인계열의 중진으로 활동했다. 이 시기 매산은 중앙부처의 요직을 두루 거치면서 미수와 하헌 윤휴의 출사를 강력하게 건의하여 실행시켰고, 이들의 정국 운영에 동조했다. 당시 매산은 남인의 중진으로 병권兵權의 향배와 서인에 대한 대책을 둘러싸고 분열된 청남과 탁남 사이에서 남인의 융화를 위해 노력했지만,[27] 묵재 허적의 정치적 행적을 못마땅하게 여겨 점차 미수 중심의 청남계열에 가까워졌다. 이에 따라 성호가 미수와 상당한 친분 관계를 유지하고 있었을 것이라는 점이나[28] 성호가 미수를 근기 남인계열의 수장으로 인식하고 있었을 것이라는 점에는[29] 이론異論의 여지가 없다.

27 『朝鮮王朝實錄』 肅宗 1년 6월 4일, “穆老而巧密, 或左或右, 積尤老於涉世, 伸縮有術, 內扶大運等, 而外若中立. 宇遠初黨於鑴·穆, 後歸大運之黨. 如夏鎭·沃·威明·聃命等, 首鼠兩間, 而諂事穆·鑴尤甚.”

28 李瀷, 「答吳永伯 光運○丙辰」, 『星湖先生全集』 卷15, “當時眉老先生主張淸論, 先人實左右唯諾. 矢心扶護, 畢竟燎原雖烈, 而不至於淪胥者, 未必非其力也. 然彼旣名敗落石而加膏, 亦士大夫之羞辱. 今不欲一一追言之也.”

29 李瀷, 「遯溪集序」, 『星湖先生全集』 卷50, “我聖朝聲明丕闡, 若退溪李先生出, 而其道彬彬, 餘韻不替, 私淑者各得其一體. 如近世許先生從父帛弟者, 卽又裒然理藪矣. 帛曰; 遯溪先生, 弟曰; 眉叟先生. 眉叟之事遯溪, 如侍講之於宗丞也. 遯溪始隱居而求志, 言言語語, 步趨繩尺, 請業者盈門, 如置樽中衢, 羣飮滿腹. 至時論尙賢, 少試百里而民化. 後眉叟位陞上公, 握聖憲而論邦禮. 於是四方士推許氏爲大宗師. 瀷生也後, 未及乎鼓篋孫志, 亦曾與聞士大夫餘論當時及眉叟之門者, 莫不夐然若歷絳都而覿仙君, 愛而不敢慢. 人猶曰; 獨不見遯溪之爲楷範乎. 兩先生道相若年相近, 眉叟未嘗不敬憚如嚴師也. 眉叟要非阿好者, 其言曰; 知微知彰, 先事見幾, 學而未能, 直而寬嚴而有儀泰而能恭, 學而未能也. 君子一言以爲知, 斯足以盡之矣.”

특히 성호의 조부대에서 총산 정언웅 아래 미수와 맺은 인연은 성호 학문의 성격 규명과 성호 가학家學의 성격 파악에 중요한 의미를 지닌다. 그것은 미수가 총산 정언웅의 고제高弟로 알려졌고, 총산이 화담 문하의 고제 수암守菴 박지화朴枝華(1513~1592)의 제자로 인식되기 때문이다.[30] 이와 같은 사승 관계는 성호의 학문에 화담학파의 맥을 이어주는 것이고, 성호의 학문세계가 자득自得을 추구하게 된 하나의 원인遠因으로 설명이 가능하다. 하지만 이와 같은 사실을 밝히고 있는 글이 근거한 미수의 「소학삼체서騷學三體序」[31]나 「총산선생묘갈蔥山先生墓碣」[32]을 살펴보면 미수가 총산의 고제였음은 쉽게 확인할 수 있지만, 이 글을 통해 총산과 화담 혹은 수암과의 관계를 확인하기는 어렵다.[33] 하지만 성호가가 화담학파의 인물들과 깊은 관계를 맺고 있다는 것이나 성호의 학문에 화담학의 영향이 존재한다는 것, 그리고 성호가 미수를 존장尊丈으로 높였다는 것은 분명하다.

그러나 미수에 대한 성호의 존숭을 인정한다고 하더라도 성호가 자신의 학문 연원으로 미수를 인정하고 있었는가 하는 것은 문제로 남는다. 미수의 한강 적전설과 함께 성호의 미수 계승에 대한 확인은 지금까지

30 이성무, 「성호 이익의 가계와 학통」, 『한국실학연구』 2, 한국실학학회, 2000, 15~19면.

31 許穆, 「騷學三體序」, 『記言』 卷58, 「散稿續集 文章」.

32 許穆, 「蔥山先生墓碣」, 『記言別集』 卷20, 「丘墓文」.

33 眉叟의 「蔥山先生墓碣」에는 蔥山을 鄭彦奮이라고 하였는데 『司馬榜目』과 『芝峯類說』에는 鄭彦訥이라고 되어 있다. 鄭彦奮과 鄭彦訥을 동일 인물로 볼 수 있는가에 대해서는 의문이 적지 않다. 그것은 奮과 訥이 通用字이거나 異體字 혹은 俗子나 古字의 관계가 아니고, 眉叟의 문집에서 鄭彦奮을 鄭彦訥과 통용하여 쓴 곳이 없으며, 鄭彦奮에 관한 眉叟의 기록으로 보아 鄭彦奮과 鄭彦訥을 동일 인물로 보기 어려운 부분이 적지 않기 때문이다. 그러나 그렇다고 해서 鄭彦奮과 鄭彦訥을 다른 인물이라고 단언하기도 어렵다. 그것은 『司馬榜目』 속의 鄭彦訥에 관한 기록과 鄭彦奮에 대한 眉叟의 기록을 비교해 볼 때 두 사람의 貫鄕이 羅州, 자가 宇容으로 같고 생존 시기가 비슷해 보이기 때문이다. 이 부분에 대해서는 더 많은 검토가 필요해 보이지만 여기서는 편의상 鄭彦奮과 鄭彦訥을 동일 인물로 보도록 한다.

알려져 있는 근기 남인계열의 학맥 계승 과정이 지니는 사실성과 학맥 설정 과정의 정치적 의도성에 대한 파악이라는 점에서 중요한 시사점이 되기 때문이다.

성호는 학문의 목표를 실질實質의 구현에 두어 수기치인修己治人·경세치용經世致用과 무관한 학문은 진정한 학문이 될 수 없다고 생각하였고, 박학굉심博學宏深을 추구하여 다양한 분야에 대해 해박한 지식을 갖추었으며, 경학經學을 통한 실용實用의 추구를 학문의 목표로 삼았다. 이 때문에 성호는 조선 후기 당대 보편적인 지식인들이 추구하고 있었던 형이상학적形而上學的이고 사변적思辨的인 학문 태도를 벗어나 실용實用의 학문을 창도唱導할 수 있었다. 성호의 학문 세계는 안정복安鼎福, 황덕길黃德吉, 허전許傳에게 이어지는 학통과 권철신權哲身, 정약용丁若鏞에게 이어지는 학통, 그리고 가계 내의 여러 후손들에게 이어지는 학통으로 나누어 전해지면서 현재까지 성호를 우리 민족의 큰 스승으로 자리매김하게 하고 있다. 그러나 이와 같은 성호의 위상에도 불구하고 아직까지 성호의 학문세계가 형성된 과정이 명확하게 해명되지 않았다.

성호의 학문세계가 형성된 과정을 해명하기 어려운 것은 성호의 학문세계가 지니는 복잡하고 다양한 성격과 함께 구체적인 자료의 부족 때문이다. 성호의 학문세계는 미수眉叟 허목許穆을 거슬러 한강寒岡 정구鄭逑에게 이어지고 다시 퇴계退溪에게 접한다고 알려져 있지만, 성호의 학문세계를 미수학眉叟學이나 퇴계학退溪學의 결과로 보기는 어렵다. 그것은 성호가 이들을 직접 사사師事했다거나 성호의 학문이 퇴계나 미수의 학문세계와 같다고, 혹은 퇴계나 미수 학문 세계의 확장이나 심화로 보기 어렵고, 또 시무時務와 실용實事에서는 율곡栗谷과 반계磻溪를 추숭追崇했기 때문이다.

성호가 가계家系 외부의 누군가를 사사하지 않았다면 성호의 학문은 가학家學이나 자득自得에 의한 것이라고 생각할 수 있는데, 실제로 성호의 가계에서는 선대부터 외부에서 스승을 찾아 수학하기보다는 부형父兄이나 가계 내의 족부族父에게 학문을 익히는 가학家學의 전통을 강하게 지니고 있었다. 성호 역시 출생 다음해에 부친을 여의어 부친 매산梅山을 직접 사사할 수는 없었지만, 스스로 학습할 수 있게 될 때까지 둘째 형 섬계와 셋째 형 옥동을 통해 학문의 기초를 닦았다. 성호에 관한 여러 기록들을 살펴보면 성호의 학문이 중형 섬계剡溪 이잠李潛(1660~1706)에게서 시작하여 셋째 형 옥동玉洞 이서李漵(1662~1723)와 종형 소은素隱 이진李溍(1654~1727)의 영향을 받아 기초를 형성했다는 것을 알 수 있는데, 성호를 본격적인 학문의 길로 인도한 인물은 섬계와 옥동 두 형이다.

섬계는 성호의 둘째 형이지만, 큰 형인 청운靑雲 이해李瀣(1647~1673)가 운명한지 8년 뒤에 태어나 큰 형을 접하지 못한 성호에게는 가장 큰 형이었다. 옥동은 섬계의 바로 밑 동생으로, 섬계와 옥동은 모두 성호의 이모형異母兄이었다. 따라서 성호가 주변에서 직접적으로 학문을 전수받을 수 있었던 사람은 둘째 형 섬계剡溪와 셋째 형 옥동玉洞이었다고 할 수 있다. 성호의 동복형同腹兄인 넷째 아정鴉亭 이침李沈은 성호의 학문 형성에 별다른 영향을 미치지 않았다고 보인다.

유배지에서 태어나 이듬해에 부친을 잃은 성호는 두 형을 따라 배우면서 학문을 시작하였는데, 그 순서는 섬계에서 옥동으로 이어진 것으로 보인다. 그런데 섬계가 병술년丙戌年에 화禍를 당하자 성호는 학문을 포기하고 화에 연좌될까 두려워 몸을 피했다고 했다. 섬계가 화를 당한 병술년은 숙종 32년(1706)으로 성호의 나이 26세였을 때이다. 이 당시 성호가 얼마나 오랫동안 몸을 피해야 했었는지는 정확히 알 수 없지만 성호는 상당히 곤란한 처지에서 안산의 첨성리瞻星里로 몸을 피했던 것 같다.[34]

성호의 가장家狀에는 성호가 어려서 몸이 약해 일찍부터 글을 배우지 못했다고 했는데, 성호의 글을 살펴보면 대략 10세를 전후할 때까지 성호는 글을 익히지 못한 듯하다.[35] 이 10세를 전후한 어느 시기부터 성호는 둘째 형 섬계에게 학문을 익혔다고 생각된다. 당시 성호는 타고난 영민한 자질을 바탕으로 독서에 빠져들었는데, '박람군서博覽群書'로 그의 학습 태도를 밝히고 있는 것으로 보아 그의 가문이 지니고 있었던 학문 전통과 같이 성호도 어려서부터 박학博學에 상당한 관심을 보였다고 할 수 있다.

섬계에게 학문을 익힐 당시 셋째 형 옥동은 성호의 학습에 큰 영향을 미치지 않았다고 보인다. 옥동은 10세가 되던 해(숙종 12년, 1671)에 이미 운명한 숙부 이주진李周鎭(1633~1652)의 후사로 들어가 명례동明禮洞에 나가있으면서 부친인 매산에게 학문을 익혔다.[36] 숙부 이주진은 효종 3년(1652) 17세의 나이로 요절했는데, 옥동이 후사로 들어갔을 때 숙모 윤씨부인尹氏夫人은 41세의 나이로 혼자 지내고 있었다. 이주진의 후사로 들어간 옥동은 친부親父인 매산이 유배지인 운산雲山에서 운명하자 둘째 형 섬계와 함께 운산에서 부친 매산의 시신을 모시고 와 장례를 지냈으나, 윤부인이 연로하여 시묘살이를 하지 못하고 3년의 애도기를 보냈다. 이 3년의 애도기를 마친 뒤 옥동은 과거의 뜻을 버리고 양부養

34 李瀷, 「李司成 旌閭記」, 『星湖先生全集』, 卷53, "旣虞祔, 余西遁海上, 咸送我於山之下, 相顧爲之惻然." ; 李瀷, 「權上舍遺稿跋」, 『星湖先生全集』, 卷55, "後吾兄弟遭罹世患, 禍不測, 當是時親戚朋舊搖手諱避."

35 李瀷, 「金執義鶴皐子墓碑銘」, 『星湖先生全集』, 卷65, "幼有奇才, 八歲已能成五字詩. 余年長數歲, 猶未知讀書, 每見之懷慙也."

36 李是鉷, 「行狀草」, 『弘道先生遺稿』, 「附錄」, "十歲出爲叔父學生公後, 就養於明禮洞, 學生公十九而夭, 配尹夫人年老, 孑孑無所寓心." 이시홍은 옥동의 행장에서 이주진이 19세의 나이로 요절하였다고 했지만, 가문의 다른 기록들을 보면 이주진의 운명은 17세 되던 임진년(1652) 7월 20일이다. 이 기록은 이시홍의 착오로 보인다.

父인 이주진의 산소가 있는 포천抱川의 청량포清凉浦에 은거하여 도학道學에 몰두했다. 이 시기 성호는 겨우 4, 5세의 어린아이에 불과했고, 병약한 몸이어서 학문을 시작하지 못하고 있었으며, 옥동도 포천의 은거지를 떠나지 않았었다. 따라서 성호가 옥동과 종유하며 학문을 다듬은 것은 섬계의 화가 있고 난 뒤라고 보아야 할 듯하다. 이렇게 본다면 성호 학문의 가장 기본적인 바탕을 형성해 준 사람은 둘째 형 섬계이고, 섬계가 만들어 준 바탕을 다듬어 준 사람이 셋째 형인 옥동이라고 할 수 있다.

성호는 둘째 형인 섬계와 셋째 형인 옥동을 통해 가학을 익혔지만, 성호의 학문세계 형성에 보다 지속적인 영향을 미친 인물은 셋째 형인 옥동이었다고 생각된다. 그것은 둘째 형인 섬계가 성호가 25세 되던 해인 숙종 32년(1706) 희빈장씨禧嬪張氏의 소생인 원자元子 윤昀(경종景宗)을 부지扶持하여야 한다는 상소를 올렸다가 장살杖殺 당했기 때문이다.[37] 성호가 학문을 시작한 10세 전후시기(1691)와 섬계가 운명한 시기(1706)를 계산해 보면 성호가 둘째 형 섬계를 통해 학문을 전수받은 시기는 길게 잡아 15년 정도가 된다. 그 이후 성호는 셋째 형 옥동의 영향 아래 학문을 익혔다고 생각되는데, 성호가 본격적으로 셋째 형 옥동에게 학습했던 시기는 둘째 형 섬계의 화가 일어나 안산의 첨성리瞻星里로 몸을 피했던 26세 이후라 보인다. 물론 이 시기 이전에 성호가 옥동에게

---

37 이 상소는 『剡溪先生遺稿』 乾(乾坤 2책본; 성호古3648-62-905)과 『剡溪先生遺稿』(1책본; 성호古3648-62-907)에 「疏」라는 제목으로 수록되어 있다. 내용은 희빈장씨의 소생인 세자에 대해 노론의 宋時烈은 세자 책봉을 지연시켰으며 金春澤은 세자를 업신여길 뿐만 아니라 지위마저도 위태롭게 하고 있고 金鎭圭는 바로 전해에 세자가 숙종에게 進宴하는 것을 막고 있으며 또 張希載의 諺書 내용이 지극히 흉악하고 부도한데도 어떤 신하도 이를 언급하지 않는다는 등 당시 집권 세력인 노론계 여러 신하들을 거론하며 위험해진 세자를 보호해야 함을 역설하는 것이었는데, 이 상소 이후 섬계는 상소로 인해 鞫問을 받는 도중 杖殺되었고, 그의 가문은 累代 관직 진출에 제약을 받았다.

학습한 내용이 전혀 없었다고 단언하기는 어렵지만, 숙부 이주진李周鎭의 후사로 포천抱川의 청량포淸涼浦에 은거하여 학문에 몰두하고 있었던 옥동이 서울에 있던 성호에게 미친 영향은 제한적일 수밖에 없었을 것이다. 그러나 성호가 안산의 첨성리로 몸을 피했던 26세 이후, 성호는 전적으로 옥동에 의지하여 학습할 수밖에 없었다. 더욱이 옥동은 성호를 제외한 그의 형제들 중 가장 오래 살아남아 성호와 가문의 정신적이고 상징적인 중심 역할을 했다.[38] 이렇게 본다면 둘째 형 섬계에 의해 성호 학문의 기본 토대가 형성되었고, 그 토대 위에 옥동이 성호 학문의 골격을 만들어 주었다고 할 수 있다. 이렇게 보았을 때 성호 가계 내 가학의 전승이라는 측면에서 옥동의 위상은 상당할 수밖에 없다.

옥동은 부친 매산梅山 이하진李夏鎭의 다섯 아들 중 전배前配인 증정부인贈貞婦人 용인이씨龍仁李氏 유수留守 이후산李後山의 따님에게서 태어난 세 아들 중 세 번째이다. 성호星湖는 부친 매산의 다섯 아들 중 후배後配인 안동권씨安東權氏 권대후權大後의 따님에게서 태어난 두 아들 중 막내이다. 옥동과 성호는 매산의 다섯 아들 중 셋째와 다섯째로 19년의 나이 차이가 난다. 형제 사이로는 적지 않은 나이차가 있는데, 이 두 사람의 사이는 나이 차이만큼 멀고도 또 가까웠다.

옥동은 현종顯宗 3년(1662) 12월 초 3일 서울의 황화방皇華坊 소정동小貞洞에서 부친 매산이 35세 되던 해에 태어났다. 옥동이 태어났을 무렵 부친 매산은 비록 실직實職은 아니었지만 내시교관內侍敎官에 임명되어, 과거科擧와 관직에 대한 꿈을 한창 불태우고 있었다. 반면 성호는 숙종肅

38 玉洞 형제의 생몰년도는 다음과 같다. 靑雲 李瀣(1647~1673), 剡溪 李潛(1660~1706), 玉洞 李溆(1662~1723), 鵝亭 李沈(1671~1713), 星湖 李瀷(1681~1763). 큰형 청운은 27세의 나이로 요절했고, 둘째 형 섬계는 47세의 나이로 장살 당했다. 동생 아정은 지방에 은둔해 살다가 43세로 운명했다. 이런 점으로 보아 옥동은 성호에게 수학기뿐만 아니라 이후까지도 지속적으로 상당한 영향을 미칠 수밖에 없었으리라고 생각된다.

宗 7년(1681) 10월 18일 부친 매산의 유배지인 평안북도平安北道 운산군雲山郡에서 태어났다. 부친 매산은 성호 출생 1년 전 일어났던 경신대출척庚申大黜陟 때 대사간大司諫에서 진주목사晉州牧使 좌천左遷·파직罷職·관작삭탈官爵削奪·문외출송門外出送을 거쳐 그해 10월 2일 성호의 출생지인 평안북도 운산군으로 유배되었다. 그리고 성호 출생 이듬해인 숙종 8년(1682) 6월 14일 56세를 일기日記로 운명殞命하였다. 출생 당시의 상황뿐만 아니라 부친과 함께한 시간에서도 옥동과 성호는 비교되지 않는다. 옥동이 부친 매산과 20년을 같이 보냈던 반면, 성호는 불과 8개월만을 그것도 유배지에서 부친과 함께할 수 있었을 뿐이다.

그런데 성호 학문의 기초가 형성되는 과정을 이렇게 추정하였을 때 문제가 되는 것은 섬계와 옥동이 성호에게 전해준 학문의 내용이다. 섬계의 학문에 대해서는 확인해 볼 수 있는 구체적인 자료가 없어 무어라 말하기 어렵지만, 옥동의 경우 이전까지 그의 가문 안에서 전해지던 가학 전통에 강한 자극과 충격을 주는 변화의 시작점으로 인식되고 있다. 옥동 이전까지 그의 가문은 문학으로 성가聲價를 얻었던 문한가文翰家였다. 이 가문의 학문 경향이 옥동에 의해 경학經學 중심으로 변화되었다고 평가받는다는 점에서, 옥동이 문학 중심의 가학 전통을 경학 중심으로 전환시켜 성호에게 전했다고 생각할 수 있다. 그렇다면 여기에서 가질 수 있는 또 다른 의문은 옥동이 바꾼 가학의 성격은 어떤 것인가 하는 것이다. 이것을 문제 삼는 이유는 옥동이 비록 문학 위주의 가학 전통을 경학 중심으로 바꾸었다고 하더라도 누대 내려온 가학의 전통이 한순간 바뀌기는 어렵기 때문이다.

옥동은 62세를 일기로 생을 마칠 때까지 12권의 문집 속에 모두 1,300여 수의 시詩와 260여 편의 잡저雜著를 비롯한 다양한 형식의 다채로운 글을 남겼다. 문집 속에 수록된 시의 양은 옥동이 아무리 경학 중심의 학문관을 지니고 있었다고 하더라도 옥동에게서 문학을 배제할 수 없게 한다. 성호 역시 72권 36책의 방대한 문집 속에 38세부터 82세까지 창작한 1,178수의 시를 남겼다.[39] 옥동과 성호의 문집 속에 수록된 시의 양은 이들이 비록 경학을 전공한 경세가經世家, 경학가經學家, 성리학자性理學者였다고 하더라도 이들에게 문학이 상당한 의미로 작용하였음을 말해준다. 또 성호 이후 성호에게 큰 영향을 받았다고 알려져 있는 가계 내 후손 중 혜환惠寰과 금대錦帶 부자父子가 모두 당대 문한文翰으로 이름을 떨쳤다는 점에서 성호가星湖家의 학문 전통 중 큰 줄기는 여전히 문학에 있었다고 생각되기 때문이다.

하지만 이런 의문들에 대해 쉽게 답하기 어렵다. 그것은 가계 외부의 스승을 찾아 수학하지 않았던 성호 가문의 일반적인 학문 수학과정 때문이었는지, 아니면 조선 후기 정치적 고폐로 인한 시련 때문이었는지는 확인하기 어렵지만, 현재까지 옥동이나 성호는 물론 그들의 선조들이 학문을 한 태도나 과정, 혹은 주된 학문 경향을 확인할 수 있는 자료나 기록을 찾기가 쉽지 않기 때문이다. 성호 가문 선조들의 사적을 기록하고 있는 『여강세승驪江世乘』에서도 그들의 학문에 대해 구체적으로 밝히지 않아 그들의 학문세계를 명확히 확인할 수 없다. 그러나 대체적으로 독서讀書를 통한 박학博學을 추구하였으며, 『대학』과 『중용』을 중심으로 생활 속에서의 수양과 실천을 중시한 학문 태도나 서예書藝와 시문학詩文學을 위주로 하였던 예술관은 가문의 공통된 경향이었다고 생각

39 이 시의 양은 한국문집총간 내 『星湖全集(198~200)』 속에 수록된 시를 필자가 직접 확인한 것이다. 그러나 성호의 시가 이것으로 전부인지는 앞으로 더 확인해 보아야 할 것이라고 생각된다. 고전번역원의 『성호전집』 해제에는 『성호전집』 속에 수록된 작품의 수를 賦 5, 詩 1,178, 海東樂府 120, 書 484, 雜著 154, 序 104, 字說 10, 訓辭 4, 記 35, 題跋 178, 論 14, 銘箴贊頌 36, 祝文 4, 祭文 36, 碑文 6, 墓碣銘 75, 墓表 7, 墓誌銘 36, 行狀 23, 遺事 1, 家傳 2, 傳 20, 雜傳 2, 呈文 2편이라고 했다.

된다.

성호의 셋째 형 옥동 역시 가계 내에서 전해진 가학을 바탕으로 자기 학문의 기초를 닦았다고 생각된다. 옥동은 어려서부터 부친 매산에게 직접 학업을 전수 받았는데, 10세가 되던 숙종 12년(1671) 숙부 이주진의 후사로 들어가 명례동明禮洞에 나가게 되면서는 주기적으로 부친 매산을 찾아 학문을 익혔다. 옥동이 부친 매산에게 학습한 시기는 숙종 6년(1680) 부친 매산이 파직되어 진주목사晉州牧使로 전보되던 18세까지인데, 이 시기까지 옥동의 학습은 대부분 부친 매산을 통해 이루어졌다.

그런데 옥동은 누대累代 문학으로 명성을 얻었던 문한가文翰家라는 가학家學의 성향性向을 바꾸게 된다. 옥동의 학문이, 또 옥동 이후 전해진 가학이 문학 중심에서 경학으로 바뀌게 된 이유를 확인할 수는 없지만, 옥동이 20세가 되던 숙종 8년(1681) 운명한 부친 매산의 죽음과 44세가 되던 숙종 32년(1706) 장살당한 형 섬계의 죽음이 적지 않은 영향을 미쳤다고 추정된다.

유배지에서 운명한 부친을 모시고 와 장례지낸 후 숙모 이씨부인의 건강 때문에 부친의 3년상을 치르지 못하고 3년의 애도기만을 지낸 뒤 숙부 이주진의 산소가 있는 포천抱川의 청량포淸涼浦에 은거했던 옥동은 모부인母夫人 안동권씨安東權氏에게 문안을 드리고 동생 성호를 교육하기 위해서가 아니라면 은거지를 벗어나지 않았다. 이 시기 옥동은 부친 매산이 연경에서 사 가지고 온 책과[40] 집 안에 갖추어 진 책을 통해 자신의 학문을 갈고 닦는 자수自修의 시간을 보냈다. 이 기간을 거치면서 옥동의 학문적 성취와 명망이 같이 높아졌으나 옥동은 세상의 명리에 그다지 뜻을 두지 않고 자수自修와 후학後學의 교육敎育에 열중하였다. 따라

40 李瀷, 「先考司憲府大司憲府君行狀」, 『星湖先生全集』 卷67, "及將還, 例有饋賜銀段, 乃舉以買古書數千卷以歸."

서 이 시기 옥동이 성호에게 영향을 미칠 수 있었던 시간은 모부인母夫人 안동권씨安東權氏에게 문안을 드리고 동생 성호를 교육하기 위해 서울의 본가本家를 찾았던 때였다.

단편적이기는 하지만 옥동의 문집을 통해 부친 매산의 운명 이후 옥동의 삶은 확인해 볼 수 있지만, 형 섬계의 장살이 옥동에게 어떤 영향을 미쳤는지는 확인하기 어렵다. 그것은 옥동의 문집 속에서 형 섬계에 관한 내용이 완벽하게 빠져있기 때문이다. 1,302수의 시와 265편의 잡저雜著, 서序 3편 · 기記 2편 · 논論 1편 · 제문祭文 14편을 수록하고 있는 12권의 문집 속에서 그보다 겨우 2살 많았던, 그에게 남아 있던 유일한 동복형同腹兄 섬계剡溪에 관한 옥동의 기억과 기록을 찾아볼 수 없다는 것은 옥동의 의도적인 삭제가 아니었을까 추정된다. 만약 이와 같은 추정이 인정되고 문집 속의 기록 누락이 옥동에 의해 이루어진 의도적인 행위였다면, 이것은 당대 성호가에 불어 닥친 시련과 옥동의 위기의식이 그만큼 심각했다는 것을 보여주는 것이고, 옥동이 평생 엄청난 자기 검열 아래 살아갔음을 알 수 있게 하는 것이다.

섬계의 장살 이후 성호가에 불어 닥친 시련은 성호의 글을 통해서도 확인할 수 있다.[41] 성호의 문집을 살펴보면 이 시기 성호는 가문에 불어 닥친 화난禍難으로 인해 과거科業을 비롯한 학문의 뜻을 꺾고 있었다고 보이는데,[42] 이 시기 성호에게 학문을 위한 새로운 힘과 동기를 부여해

41 李瀷, 「答安百順 戊辰」, 『星湖先生全集』, 卷24, "瀷少壯未嘗知學, 及棄擧業, 杜門畏影, 作辛苦生活, 然猶世情險巇, 往往威怖." ; 李瀷, 「李司成 旌閭記」, 『星湖先生全集』, 卷53, "旣虞祔, 余西遁海上, 咸送我於山之下, 相顧爲之惻然."

42 李瀷, 「答息山李先生 甲辰」, 『星湖先生全集』, 卷9, "瀷衰門薄祚, 荐罹凶變, 兄喪未練, 孤姪又不起疾, 卽無論情地慘毒, 似續旣絶, 後緒靡託, 柰何柰何. ……(중략)…… 瀷念昔年迫有立, 未嘗知有此邊一事, 只奔走於應俗求名, 中罹禍難, 隕穫失圖, 便無意於擧業文字, 則其勢將杜門跧伏, 日與世齟齬."

준 사람이 옥동이었다.[43] 그러나 현재까지 확인할 수 있는 자료로는 당시 옥동이 성호에게 교육한 내용과 성호가 옥동에게 학습한 내용을 살펴볼 수 없다.

이와 같은 문제는 섬계가 성호에게 전한 것과 성호가 섬계에게 익힌 것에 대해서도 마찬가지이다. 다만 성호가 식산 이만부에게 보낸 편지에서 섬계가 만년에 경학經學과 예학禮學에 주목하였고, 이를 교육하기 위해 애썼음을 알 수 있다.[44] 그런데 옥동의 행장 초에서 옥동의 후손 이시홍李是鉷이 "성호星湖선생은 친히 그(옥동) 문하에서 공부하여 사문斯文을 크게 열어놓으셨다. ……(중략)…… 사조詞藻에 치중하던 습속을 일변시켜 시예詩禮의 집안이 된 연원을 거슬러 올라가면, 옥동선생이 그 실마리를 만들어 터전을 잡아놓은 공이 있다."[45]고 한 것이나 성호가 옥동 문집의 서문에서 "집안에서 선생을 섬겨 선생에게 받은 가르침 덕분에 스스로를 한정하여 자포자기自暴自棄하지 않을 수 있었다."[46]고 한 것으로 보아 섬계에 의해 형성된 성호 학문의 기초가 옥동에 의해 다듬

43 李秉休, 「星湖 家狀」, 『星湖先生全集』, 「附錄」 卷1, "明年丙戌仲兄遭禍, 自是無意於世, 遂棄學子業, 復從第三兄玉洞先生及從兄素隱先生遊, 慨然有求道之志." ; 尹東奎, 「星湖 行狀」, 『星湖先生全集』, 「附錄」 卷1, "丙戌仲兄罹世禍, 畏約屛居, 無意世事, 遂棄學業, 遊第三兄玉洞先生從兄素隱先生之門, 習聞爲學之方." ; 蔡濟恭, 「星湖 墓碣銘」, 『星湖先生全集』, 「附錄」 卷1, "及仲兄罹世禍, 無意於世, 棄學子業, 從第三兄玉洞從父兄素隱二公遊, 慨然有求道之志."

44 李瀷, 「上息山」, 『星湖先生全集』 卷9, "公之晩年, 頗留意經學, 每曰; 先賢註解; 要使之究極乎經文; 非欲其無輕重之別也. 今參錯混誦, 義或相掩, 故旣熟之後, 便可專心經文, 所得自別也. 其教誨蒙士, 必先正音讀, 有以立乎程規. 故執卷者一經斆導, 終身賴之. 又曰; 禮不可不習, 不習則荒. 吾欲就僻靜爲壇, 與家塾子弟行且習之, 此蓋有志未就."

45 李是鉷, 「行狀 草」, 『弘道先生遺稿』, 「附錄」, "嗚乎. 吾家性理之學, 實自先生刱始之. 星湖先生親灸其門, 而大闡斯文, ……(중략)…… 一變詞藻之習, 蔚爲詩禮之家, 溯其淵源, 則先生實有造端肇基之功云."

46 李瀷, 「弘道先生遺稿序」, 『弘道先生遺稿』, "余以藐小弟, 事先生於家塾, 只賴鞭繩之警覺, 不至於畫地, 其津津誨音, 閱三紀尙猶盈耳, 彷彿見乎忘寢忘食立人達人氣像."

어졌다고 할 수 있다. 이 때문에 성호 가계 내에서 옥동에 대해 '가학 전통 변화의 시작점'이라거나 '문학으로 성가聲價를 얻었던 가문의 학문 경향을 경학經學 중심으로 변화시키는 시작점'이라고 평가하는 것이 아닌가 생각된다.

성호 가계 내에서 이와 같은 역할을 했던 옥동의 학문 세계에 대해 성호는 "일상생활에서부터 치민治民에 이르기까지 다양한 분야에 대해 폭넓은 관심을 가지고 있었지만, 육경六經과 사서四書라는 경전에 바탕을 둔 그 자신의 확고한 기준이 있었다."[47]고 했다. 이 기준이 다양한 관심 분야 사이의 유기적 결합이나 새롭게 접하는 여러 분야에 대한 이해와 해명을 위한 기준으로 옥동에게 절대적 가치를 발휘했다고 할 수 있다.

옥동은 한평생 유가적儒家的 도덕관념道德觀念이 구현된 이상적인 사회와 인간의 모습을 추구하였다. 그가 추구한 사회는 효제孝悌·충신忠信이 구현된 사회였고, 인간은 도덕적 수양을 멈추지 않는 인간이었다. 이러한 인간과 사회를 만들기 위해 옥동은 반드시 인간 개개인의 교육과 수양이, 또 범인凡人을 대상으로 한 수양된 인간의 교육이 이루어져야 한다고 생각했었다.

옥동의 이와 같은 사유思惟는 성誠과 경敬이라는 유가적儒家的 수양관修養觀에 의한 인간 개개인의 내면 수양과 수양된 인간에 의한 범인凡人들의 교육에 의한 사회 구성원 전체의 수양이라는 두 측면으로 구분할 수 있다. 그러나 개인적 차원과 사회적 차원이라는 두 측면의 수양이

47 李漵, 「家傳」, 『弘道先生遺稿』, 「附錄」, "其學忠信爲主, 步步趨趨, 維周孔程朱, 寧守師說而未達, 不顧小道之可觀. 業著書, 卷秩溢篋, 自心身, 以外至治家治民, 汎及於律曆之書, 甘石歧黃之術, 大小相銜, 本末兼該, 無不參互著明, 歸宿於六經四子, 爲安宅正路."

모두 사회 구성원 개개인의 교육과 수양이라는 하나의 지점에서 만난다는 점에서 옥동의 사유세계와 학문의 기본 성격은 사회 구성원 개개인 즉, 인간 개개인의 교육과 수양을 근본으로 하는 것이라고 할 수 있다.[48]

옥동은 인간이 인간다운 모습을 지키기 위해, 또 인간다운 인간이 모여 사는 사회를 만들기 위해 사회 구성원 개개인의 교육과 수양을 강조했다. 이 말은 옥동의 사유세계와 학문, 그리고 인식이 모두 교육을 근본으로 하고 있으며 옥동이 인간 교육에 최상의 가치를 부여하고 있었음을 의미한다. 그렇다면 옥동이 무엇을 어떻게 교육했었는가 하는 것을 확인해 볼 필요가 있다.

옥동은 문집 속 잡저편雜著篇의 「논사論師」와 「사도師道」를 통해 덕德을 중심으로 한 스승의 책임에 대해 강조했다. 이 글들만 본다면 옥동의 의식 속에서 학습의 책임과 학생의 성취 여부는 학습자인 학생보다 교수자인 스승에게 더 크게 지워지는 것 같다.

> 도가 있는 곳이 스승이 있는 곳이니 스승은 덕으로 되는 것이지 나이로 되는 것이 아니다.[49]

> 스승이라는 것은 나를 미루어가는 방법으로 남에게 미치는 사람이니 그 도가 몹시 커서 덕을 이룬 사람이 아니라면 할 수 없는 것이다. 만약 그러한 덕이 없으면서 명예를 탐하고 이익을 좋아하여 억지로 남의 스승이 되고자하는 사람이라면 망령된 것이다.[50]

48 尹載煥, 「玉洞 李漵의 理·氣對立的 思惟樣式과 그 意味」, 『東洋古典研究』 49, 동양고전학회, 2012, 193~210면.

49 李漵, 「論師」, 『弘道先生遺稿』 卷6, 「雜著」, "道之所存, 師之所存, 師以德不以年."

50 李漵, 「師道」, 『弘道先生遺稿』 卷7, 「雜著」, "夫師者, 推己之道, 以及於人, 其道甚大, 非成德者, 不能也. 若夫無其德而貪名樂利, 强爲人師者妄也."

스승의 기본 자질로 덕德을 설정했던 옥동은 「사도師道」에서 다시 스승의 전범으로 공자와 주자를 제시했다. 이들을 본보기로 삼아 따라갈 때 훌륭한 스승이 될 수 있다는 말이다. 이 말 역시 옥동이 학생의 성취 여부와 학습의 결과가 학습자인 학생보다 교수자인 스승에게 더 크게 귀속된다고 생각하고 있었고, 수양된 선배에 의한 후학後學과 범인凡人의 교육을 중시했다고 할 수 있는 것이다.

> 효도와 공경, 예의로 가르쳐 물 뿌리고 마당 쓰는 것에서부터 이치를 궁구하고 본성을 다하는 것에 이르고, 『소학』에서부터 『대학』에 이르러 그 차례와 등급을 한결같이 부자와 주문공께서 가리키신 것을 따르니 이것을 훌륭한 스승의 길이라고 한다.[51]

그러나 「사도師道」의 다음 부분에서 옥동은 교육의 과정, 학습의 방법에 대해 논하였는데 이 부분을 살펴보면 앞부분에서 옥동이 언급한 내용은 원론적인 논설이었음을 알 수 있다. 「사도師道」의 다음 부분을 읽어보면 교육의 과정과 방법에서 옥동이 강조한 것은 절제되고 엄격한 교육과 반복적이고 지속적인 학습이었다.

> 스승의 도리는 엄격함을 위주로 하니 가르치는 방법은 반드시 과정을 엄격하게 세워 날마다 꾸준하고 부지런히 하게 하여 게으르거나 태만하거나 편벽되거나 조급한 기운이 몸에 익지 않게 하여야 하며 중정한 길로 이끌되 반드시 스승이 먼저 하여야 구제할 수 있는 것이니 자기가 바르지 않고서 남을 바룰 수 있는 사람은 없는 것이다. 그렇지만 가르침이 너무 엄격하여 한편으로는 늦추어 풀어주고 한편으로는 팽팽하게 당기는 것과

51 李溆, 「師道」, 『弘道先生遺稿』 卷7, 「雜著」, "敎之以孝悌禮義, 自灑掃至於窮理盡性, 自小學而至於大學, 其次第等級, 則一依夫子及朱文公所指也, 此之謂善師道也."

> 같은 방법이 없는 것은 지나치게 엄격하여 급박함에 구속되는 병이고 온화하게 푹 잠기어 익힘이 부족한 것이다. 이것은 빨리 가려고 하여 이르지 못하고 도리어 해만 있는 것이라고 하는 것이고 또 너무 엄격하면 떠나버린다고 하는 것이다. ……(중략)…… 배움이라는 것은 아래에서부터 배워서 위로 통달하는 것이니 반드시 하나하나 단계를 거쳐 가야 하는 것이다. 차례를 건너뛰어서는 안 되고 그 자질에 따라 도에 이롭게 하여야 한다. ……(중략)…… 스승이 제자에 대해 가르치는 방법에 다섯이 있으니 선으로 다스리는 것이 있고, 질문에 답해주는 것이 있고, 눈으로 보고 느끼게 하는 것이 있고, 전하여 듣게 하는 것이 있고, 달가워하지 않는 가르침이 있으니 이 모두가 가르치는 방법인 것이다.[52]

위에서 옥동이 언급한 내용 중 교육 방법에 관한 것만을 추려보면 다음과 같이 정리가 가능하다. ①스승의 도는 엄격함을 위주로 하니 가르치는 방법은 과정을 엄격하게 세우는 것으로 기본을 삼는다. ②날마다 일정한 양을 꾸준히 교육하여 게으르고 태만하거나 편벽되고 조급한 기운을 제거하여야 한다. ③반드시 스승이 먼저 하여 모범을 보여야 한다. ④교육 방법이 엄격하기만 하면 중도에 포기하는 경우가 생기니 느슨하게 풀어줄 때도 있어야 한다. ⑤단계를 건너뛰어서는 안 된다. ⑥교수법에는 여러 방법이 있으니 학생의 상황과 능력에 맞추어야 한다.

옥동이 덕을 스승의 기본 자질로 보고, 공자와 주자를 스승의 전범으로 삼았으면서도 스승의 도가 엄격함을 위주로 한다고 한 부분에 대해서

52 李溆, 「師道」, 『弘道先生遺稿』 卷7, 「雜著」, "凡師道主嚴, 教之之法, 必須嚴立科程, 日使孜孜, 勿令怠惰偏急之氣設於身, 誘掖以中正之道, 必須以身先之, 可以濟之, 未有己不正而能正人者也. 然教之太刻而無弛張之道, 則多嚴厲拘迫之病, 少雍容涵泳之態, 此所謂欲速不達而反有害者也, 亦所謂太嚴則離者也. ……(중략)…… 夫學下學而上達, 必須一一而進階, 不可使躐等, 因其材而利道之. ……(중략)…… 師之於弟子, 教道有五, 私淑艾者, 有答問者, 有觀感之者, 有傳聞之者, 有不屑教者, 是皆教道也."

는 옥동의 교육관과 옥동 가계의 학문 방법 확인이라는 두 측면에서 많은 고민이 필요하다. 물론 옥동이 교육 방법의 4번째에서 이장지도弛張之道에 대해서도 언급하였지만, 옥동이 언급한 교육 방법은 '이弛'가 아니라 '장張'에 중심을 두고 있어 보인다. 다음은 옥동이 자신의 교육 방법에 대해 보다 구체적으로 밝힌 부분이다.

> 해가 뜰 때에 일어나 배운 것을 읽고 아침 식사 후에 오십 자를 배운 뒤 이어 글을 읽고 저녁 식사 후에 투호를 다섯 번 하는 것이니 이를 어긴 사람은 가장 낮은 등급의 벌을 주고 낮잠을 잔 사람은 중간 등급의 벌을 준다.[53]

> 열흘에 한 번 講을 하는데, 세 章을 뽑아서 하지만 章이 크면 한 장도 괜찮다.(自註; 초열흘, 이십일, 삼십일에 한다.) 열흘에 한 번 글을 짓는다.(自註; 초오일, 십오일, 이십오일에 한다.)
>
> 도를 배울 때 학습하는 과정이 있으면 세울 수 있고, 부지런하면 이룰 수 있다. 학습하는 과정이 없으면 세울 수 없고, 게으르면 이룰 수 없다. 그러므로 이제 여덟 조목의 과정을 만들어 과정에 어긋나는 자가 있으면 學正이 기록해 두었다가 講하는 날 벌을 주도록 한다.
>
> 가장 높은 등급의 벌은 뜰에 내려가 스스로 꾸짖는 것이고, 중간 정도의 벌은 자리에서 일어나 면전에서 꾸짖음을 받는 것이고, 가장 낮은 벌은 잘못한 것을 바로잡는 것이다.
>
> 이유 없이 讀을 빼 먹거나(自註; 태형 세 대를 벌준다), 밥 먹을 때 양보하지 않거나 소리 높이고 안색을 바꾸며 성내서 싸우거나 거처에서 편안히 지내며 몸을 움직여 장난질 치거나 나이 어린 이가 어른을 능멸하거나 동생이 형을 능멸하는 것.(自註; 오른쪽 두 조목은 태형 세 대를 벌준다)

53 李溆, 「日課」, 『弘道先生遺稿』 卷8, 「雜著」, "平明而起讀所學, 食後習五十字後連讀, 夕食後投壺五次, 違者下罰, 晝寢者中罰."

오른쪽(이것－필자주)은 가장 높은 등급의 벌에 해당한다.

입으로 비루하고 이치에 어긋난 속된 말과 잡된 재주를 숭상하고 재물과 여색을 좋아하는 말을 내뱉으며 게으르고 거만하여 예를 잃는 것. 오른쪽(이것－필자주)은 중간 등급의 벌에 해당한다.

강독의 순서와 앞뒤가 어긋나고 먹어서는 안 될 음식을 부러워하며 장난이 지나친 것. 오른쪽(이것－필자주)은 가장 낮은 등급의 벌에 해당한다.

벌을 받은 뒤에도 완고하고 부끄러움이 없어 고칠 수 없는 것이 셋이면, 삼일을 내쫓는다. (自註; 쫓겨난 자와는 말을 하지 않아야 하니 말을 나눈 자는 중간 등급의 벌을 받는다.)[54]

이 두 편의 글에는 옥동의 교육 방법이 구체적으로 드러나 있다. 옥동의 교육 방법은 기본적으로 강독講讀과 제술製述로 나누어지며 열흘에 한 번 스승 앞에서 자신의 학습 내용을 시험 보도록 하는 것이었다. 그런데 옥동은 이 글에서 기본적인 교육 방법에 대해 밝힌 뒤 다시 학습 과정에 대해 언급하였다.

옥동은 학습에 일정한 과정이 없으면 어떤 성취도 이룰 수 없기 때문에 여덟 조목의 학습 과정을 만들어 과정에 어긋난 학생들을 벌준다고 하고 벌의 내용을 구체적으로 들었다. 「사도師道」에서 스승의 도가 엄격함을 위주로 하는 것이라고 한 것과 같은 측면에서 설명이 가능하지만, 옥동의 이와 같은 교육 방법은 일정한 학습 과정을 거치지 않았을 경우 인간은 어떤 것도 성취할 수 없다는 인식에 따른 방법론의 강조이다.

54 李漵, 「講法」, 『弘道先生遺稿』 卷8, 「雜著」, "十日一講, 抽栍三章, 章大一章可也.(初十日, 二十日, 三十日.) 十日一製.(初五日, 十五日, 二十五日.) 凡學道, 有課程則能立, 勤則能成. 無課程則不立, 怠則不成. 故今立八條課程, 有犯者學正記之, 講日罰. 上罰下庭自責, 中罰離次受面責, 下罰糾正. 無故闕讀(笞罰三), 臨食不讓, 聲色忿爭, 居處自便, 起身戲謔, 少凌長弟凌兄.(右二條 笞罰三) 右上罰. 口出鄙悖俚俗之言, 崇尙雜藝及好貨財色之言. 怠傲失禮, 右中罰. 講讀差錯, 欽羡不當之食, 詼諧太過, 右下罰. 凡受罰後頑然無恥, 不肯改者三, 黜三日.(黜者勿與言, 與言者, 中罰.)"

옥동의 사유세계와 학문, 그리고 인식이 모두 교육을 근본으로 하고 있는 만큼 옥동은 교육에 최상의 가치를 부여하였다. 그런데 유가의 보편적 교육관과 같이 옥동의 교육관도 단순한 문자 학습을 의미하는 것이 아니다. 옥동은 교육을 통한 심心의 수양을 교육의 최고 목적이라고 생각했다. 그것은 옥동이 심心의 수양을 '성誠과 경敬을 바탕으로 외적인 행위의 엄격한 절제를 통해 이루어진 내면의 엄숙함을 끝까지 유지하여 흔들리지 않고 일관되게 지속하는 것'이라고 보았다는 점에서도 알 수 있다. 이와 같은 모습은 도덕적道德的 완전성完全性 혹은 완결성完結性을 의미하는 것이다. 옥동이 어느 한 순간이라도 내·외면의 엄숙함이 흔들리지 않는 절대 수양과 도덕을 추구하는 것이 인간이 해야 할 일이고, 그 방법이 학습이라고 생각했다는 점에서 그의 교육 방법은 엄격한 학습의 과정을 중시하는 것일 수밖에 없다.

또 그와 같은 측면에서 옥동이 '외적인 행위의 엄격한 절제를 통해 이루어진 내면의 엄숙함을 끝까지 유지하여 흔들리지 않고 일관되게 지속하는 것'을 심心의 수양으로 보았다는 것은 인간이라는 존재가 그만큼 불완전하고 현재 사회의 모습이 부조리하다는 판단에 따른 것이다. 그렇기 때문에 옥동이 심心의 수양을 위해 '①외적 행위의 엄격한 절제, ②내면의 엄숙함 유지'를 거론한 것이라고 할 수 있다. 이와 같은 인식을 가진 옥동에게 문자의 학습은 심心의 수양을 위한 하나의 방편으로 인식될 수밖에 없다. 그렇기 때문에 옥동은 문자의 학습에 있어서도 엄격함을 위주로 하여, 절제되고 엄격한 교육 과정과 반복적이고 지속적인 학습을 중요시한 것이다. 이 과정에서 불완전한 인간의 행위와 인식을 지속적으로 교화해 나가기 위해, 또 부조리한 현실을 바로잡을 수 있는 수양된 인간으로 교육하기 위해 엄격한 학습의 과정을 지키지 못한 학생을 징계하여 본보기로 삼고자 한 것이라 보인다.

이와 같은 옥동의 학습 태도, 교육 방법은 성호와 옥동의 후손 이시홍李是鉷이 쓴 글 속에서 쉽게 찾아 볼 수 있다.

> 선생의 학문은 忠·信을 위주로 하여 지향하고 따르는 바가 오직 周公·孔子·程子·朱子였다. 차라리 師說을 지키며 통달하지 못할지언정 보기 좋은 작은 도는 돌아보지 않았다. 저서에 힘을 써서 지은 책이 상자에 넘쳐났다. (저서는) 心身으로부터 그 바깥으로 나라를 다스리고 백성을 다스리는 것, 律曆의 서책, 천문과 의학의 술수에 이르기까지 크고 작은 것들이 서로 융합되어 本末을 겸비했으니 서로 참조하여 드러내 밝히지 않은 것이 없었다. 이것이 六經과 四書에 귀결되어 그것을 安宅·正路로 삼았다. ……(중략)…… 초학자들을 가르칠 때 반드시 먼저 『소학』을 읽도록 하여 천 번을 읽으면 그제야 다른 책을 읽도록 하였다.[55]

> 선생께서는 誠과 信을 이치에 가까운 것이라 여겼다. 가르칠 때는 반드시 먼저 『소학』을 천 번 읽도록 하고 다음으로 『중용』·『대학』·『논어』·『맹자』를 읽도록 하였으니 먼저 天人·性命의 이치와 孝悌·忠信의 도를 안 뒤에 다른 책을 보도록 하신 것이다.[56]

위에서 첫 번째로 인용한 성호의 가전家傳을 통해 옥동의 학습 태도에 대해 살펴볼 수 있다. 성호는 옥동이 충忠·신信을 위주로 하였으며, 사설師說을 지키고자 했고, 다방면으로 학식이 뛰어났지만 이 모든 것이 육경六經과 사서四書에 귀결되었다고 했다. 옥동의 이와 같은 학습 태도

55 李瀷, 「家傳」, 『弘道先生遺稿』, 「附錄」, "其學忠信爲主, 步步趨趨, 維周孔程朱, 寧守師說而未達, 不顧小道之可觀. 業著書, 卷秩溢篋, 自心身, 以外至治家治民, 汎及於律曆之書, 甘石歧黃之術, 大小相銜, 本末兼該, 無不參互著明, 歸宿於六經四子, 爲安宅正路. ……(중략)…… 教初學, 必先小學, 讀至千遍, 方及他書也."

56 李是鉷, 「行狀草」, 『弘道先生遺稿』, 「附錄」, "先生以誠信近理, 爲教必使先讀小學千遍, 次讀庸學論孟, 先知天人性命之理, 孝悌忠信之道, 然後及於他書."

는 그의 교육 방법과도 같은 것이다. 이시홍李是鉷은 옥동이 성誠과 신信을 중심으로 『소학』–『중용』–『대학』–『논어』–『맹자』의 순으로 교육하였는데, 이는 천인天人·성명性命의 이치와 효제孝悌·충신忠信의 도를 먼저 하는 것이라고 했다. 즉 옥동의 교육은 심心의 수양을 바탕으로 외적인 지식과 학문을 확장해 나가는 것으로, 심心의 수양과 외적인 지식과 학문의 확장을 위해 '엄격함을 위주로 하여 절제되고 엄격한 교육 과정과 반복적이고 지속적인 학습'을 중시한 것이다. 이를 위해 『소학』–『중용』–『대학』–『논어』–『맹자』 순의 순차적인 독서를 중시했다.

옥동이 절제되고 엄격한 교육 과정과 반복적이고 지속적인 학습을 통해 『소학』–『중용』–『대학』–『논어』–『맹자』를 순차적으로 학습해야 한다고 강조했다는 점에서, 옥동의 교육 방법과 내용은 섬계의 교육 방법이나 내용과 유사한 점이 있다.

> 공은 만년에 대체로 경학에 뜻을 두었다. 늘 "선현의 주해는 경전의 문장을 깊이 연구하기 위해 필요한 것이니 輕重을 구별하지 않아서는 안 된다. 지금 엇갈려 섞이고 어지럽게 논하여 그 뜻이 서로 가리기도 한다. 그러므로 익숙해진 뒤에야 곧 경전의 문장에 마음을 오로지 할 수 있어 얻는 것이 남다를 것이다."라고 하였다. 어린 아이들을 가르칠 때 반드시 먼저 音讀을 바르게 하여서 법도를 얻을 수 있도록 하였다. 이 때문에 경전 하나에 대해서만 가르침을 받아 책을 읽은 사람이라도 종신토록 의지할 수 있었다. 또 "예는 익히지 않을 수 없으니 익히지 않으면 막되어 버린다. 내 후미지고 조용한 곳에 단을 쌓고 집안의 아이들과 예를 행하고 또 익히고 싶다."고 했다. 이 일에 뜻을 두었으나 실행하지 못했다.[57]

57 李瀷, 「上息山」, 『星湖先生全集』 卷9, "公之晩年, 頗留意經學, 每曰; 先賢註解, 要使之究極乎經文, 非欲其無輕重之別也. 今參錯混誦, 義或相掩, 故旣熟之後, 便可專心經文, 所得自別也. 其教誨蒙士, 必先正音讀, 有以立乎程規, 故執卷者一經敎導, 終身賴之. 又曰; 禮不可不習, 不習則荒, 吾欲就僻靜爲壇, 與家塾子弟行且習之, 此蓋

이 글은 성호가 식산에게 보낸 것으로 둘째 형 섬계의 학습과 교육 방법에 대해 밝힌 글이다. 소략하여 섬계의 학습과 교육의 구체적인 내용을 확인할 수는 없지만, 섬계가 성현의 경전을 기본으로 하여 한 글자 한 글자에 주목해야 한다고 한 것이나, 익숙해져 몸에 젖어들 때까지 익혀야 한다고 한 것으로 보아 그의 교육 태도나 방법 역시 옥동과 그다지 다르지 않을 것이라는 유추를 할 수 있다.

섬계와 옥동의 교육 태도와 방법이 유사하다고 한다면 단언하기는 어렵지만 이들의 교육 태도와 방법이 이들의 개별적인 특성에 의한 것이라기보다 가학의 전승 과정에서 이들이 익혀왔던 교육 태도와 방법에 의한 것이라고 볼 수 있지 않을까 생각된다.

흔히 성호 학문의 연원으로 가학家學을 거론하는데, 이와 같은 논의가 이제는 학계의 보편적인 추론을 넘어서 정설이 된 것 같다. 필자 역시 여러 편의 글을 통해 성호 학문의 연원이 가학에 있다고 언급해 왔다. 하지만 아직까지 자신 있게 주장하지 못하는 것이 그렇다면 성호가 가학을 통해 익힌 것이 어떤 것인가 하는 것이다.

> 조금 자라서 중형 剡溪公을 따라 학문을 익혔는데, 스스로 분발하여 독서에 뜻을 두었다. 여럿이 모여 학문을 익힐 때 남들은 모두 떠들고 웃으며 장난쳤으나 홀로 조용히 책을 쥐고 앉아서 종일 그만두지 않았다. 대부인께서 살펴보시고 기뻐하시며 "이 아이가 일삼아 시키기를 기다리지 않고도 배우기를 좋아하는 것이 이와 같으니 내 걱정이 없다."고 했다. 마침내 여러 책들을 널리 읽고 지나간 시기 선인들의 언행을 힘써 기억하였으며, 또 글을 잘 지어 시를 지은 것이 대부분 남을 놀라게 하는 말이었으니 함께 공부하는 여러 사람들이 모두 스스로 미칠 수 없다고 여겼다.

有志未就."

성품이 지극히 효성스러워 모든 일을 반드시 대부인의 마음에 맞추어 따라 어기는 것이 없었다. 또 어려서부터 화려하고 고운 것을 좋아하지 않아 대부인께서 억지로 새 옷을 입도록 명하시면 비록 감히 어기지는 못하였으나 곧 얼굴을 붉히며 용납되지 못하는 것처럼 부끄럽게 여겼으니 그 자질과 성품이 도에 가까운 것이 진실로 이와 같았다.

을유년 조정에서 증광시를 열어 선생께서 대책문으로 鄕試에 응시하셨으나 시험에서 이름을 기록하는 방식이 규칙에 어긋나 會試에 나아가지 못하셨다. 다음해 병술년에 중형이 화를 당하자 이로부터 세상에 뜻을 버리고 마침내 과거를 포기했다. 다시 셋째 형 玉洞先生과 종형 素隱공을 따라 노닐며 개연히 구도의 뜻을 두었다.

대부인을 모시고 집에 있으면서 昏定晨省의 예를 다하는 이외에 방에 꿇어 앉아 성현의 경전과 송나라 정주의 서적 그리고 우리나라 퇴계의 글을 가져다가 굽어 읽고 우러러 생각하여 반복하고 참고하였다. 밝은 지혜가 비추어 주는 곳과 정신을 쏟는 곳은 깊숙하여도 꿰뚫어보지 않는 것이 없었고, 은미하여도 풀지 못하는 것이 없었다. 비록 한 글자의 잘못과 한 의미의 이지러진 것도 분명히 변별하여 자세히 알지 못하는 것이 없었다.[58]

병술년에 중형이 세상의 화에 걸리자 연좌될까 두려워 숨어살며 세상의 일에 뜻을 두지 않아 마침내 과거의 뜻을 버렸다. 셋째 형 玉洞先生과 종형 素隱先生의 문하에서 따라 노닐며 익숙히 들어 아는 것으로 학문의

58 李秉休, 「星湖 家狀」, 『星湖先生全集』, 「附錄」 卷1, “稍長從仲兄剡溪公學, 則自奮刻意讀書, 群居講業, 衆皆喧笑嬉戲, 而獨默坐手卷, 終日不輟. 太夫人窺見喜曰; 是兒不待課督而嗜學如此, 吾無憂矣. 旣而博覽羣書, 强記前言往行, 又善屬文, 作詩多驚人語, 同學諸人皆自以爲莫及焉. 性至孝, 每事必順適太夫人之心, 無所違拂. 又自幼時, 不喜華美, 太夫人强令著新衣則雖不敢違, 而輒羞赧若無所容, 蓋其資性近道, 固已如此也. 乙酉朝家設增廣科, 先生以策發解, 因試所錄名違式, 不赴會試. 明年丙戌仲兄遭禍, 自是無意於世, 遂棄擧子業, 復從第三兄玉洞先生及從兄素隱先生遊, 慨然有求道之志. 奉太夫人在家, 朝夕定省之外, 危坐一室, 卽取聖經賢傳, 及有宋程朱之書, 及我國退溪之文, 俯讀仰思, 反覆參考. 蓋其明叡所照, 精神所存, 無奥不透, 無微不釋, 雖一字之訛, 一義之舛, 無不明辨詳識.”

방법으로 삼았다.[59]

> 조금 자라 중형 剡溪公을 따라 배워 마음을 오로지 학문에 힘썼다. 총명이 남보다 뛰어났고 여러 책을 널리 보았다. 중형이 세상의 화에 걸리자 세상에 대한 뜻을 버리고 科擧를 포기하였다. 셋째형 玉洞과 종형 素隱 두 사람을 따라 노닐며 개연히 구도의 뜻을 두었다.[60]

이 세 편의 글은 모두 성호의 후인들이 학습기 성호의 모습에 대해 밝힌 것이다. 이 글들을 통해 성호가 섬계와 옥동에게 학습했다는 것과 성호의 학습이 박람군서博覽群書로 정리될 수 있다는 것을 알 수 있다. 그리고 성호가 섬계에게 학습하는 동안 과거科擧의 뜻을 버리지 못하고 있었으며, 성호가 도학道學을 중심으로 학문의 내용을 전환하게 된 것은 둘째 형 섬계의 화가 일어나 학문을 전폐全廢하고 얼마의 시간이 흐른 뒤 다시 셋째 형 옥동에게 학습하게 되면서부터라는 것을 확인할 수 있다. 하지만 이 글을 통해서도 성호가 그의 두 형에게 익힌 것이 무엇이었는지는 짐작하기 어렵다. 즉 성호에게 전해진 가학의 내용이 어떤 것인지를 유추하기는 어렵다.

학습기 성호의 모습을 통해 그가 익힌 가학의 내용을 확인할 수 없다는 점에서 현재 성호가 두 형을 통해 익힌 가학의 내용을 확인할 수 있는 유일한 방법은 그의 교육 방법과 내용을 살펴보는 것뿐이다. 그것은 성호 가계의 일반적인 학습 과정과 같이 성호도 두 형 이외의 다른 스승을

59 尹東奎, 「星湖 行狀」, 『星湖先生全集』, 「附錄」 卷1, "丙戌仲兄罹世禍, 畏約屛居, 無意世事, 遂棄擧業, 遊第三兄玉洞先生從兄素隱先生之門, 習聞爲學之方."

60 蔡濟恭, 「星湖 墓碣銘」, 『星湖先生全集』, 「附錄」 卷1, "稍長從仲兄剡溪公學, 專心劬業, 聰穎絶人, 博覽群書. 及仲兄罹世禍, 無意於世, 棄擧子業, 從第三兄玉洞從父兄素隱二公遊, 慨然有求道之志."

찾아 학습한 경험이 없기 때문에, 성호가 그의 제자와 후예들에게 행한 교육 방법과 내용은 기본적으로 그 자신의 학습 방법과 내용을 바탕으로 하고 있을 것이라 생각되기 때문이다.

> 무릇 학문을 하는 데는 연속되는 공부를 중히 여기는 것이다. 혹 한 번이라도 중단이 있게 되면 정신이 새어나고 誠意가 흩어져 없어질 것이니, 어떻게 학문의 깊은 뜻을 뚫어볼 수 있겠는가? 벗끼리 서로 도와주는 것은 함께 모여서 학문을 강론하는 것보다 나은 것이 없다.[61]

> 致知와 涵養은 두 가지 병행하는 공부인데 처음 배우는 사람에게 있어서는 致知가 먼저가 된다. 치지란 글을 읽어 이치를 연구하는 것이 요점이 되는데, 어찌 오로지 함양에만 의존할 것인가. 주자가 말하기를 "사람들은 글을 읽는 데는 여유있게 玩味하여야 한다고 하지만, 이는 곧 스스로 태만하려는 말이다. 만일 종일토록 노닐면서 그것을 여유 있는 것이라고 한다면, 공부할 곳이 없는 것이다."라고 하였다. 그렇기 때문에 '驟進' 이 두 글자가 가장 잘 말한 것이니, 꼭 이렇게 하여야 한다. 마치 猛將이 군사를 쓸 때 한바탕 鏖戰하는 것같이 하고, 혹독한 관리가 법을 쓸 때 각박하여 인정이라고는 없는 것같이 하여야 한다. 모름지기 매 한 대를 때리면 흔적한 가닥이 나타나고 주먹으로 한 번 치면 손바닥의 피가 맺히는 것 같이 하는 것이 바로 힘을 쓰는 절도이다. 그렇지 않고 마치 큰 돌을 굴릴 때, 오늘에 한 번 움직여 보고 내일 한 번 움직여 보아 날마다 그 정도에서 그치고 만다면, 비록 백 천 날이 되어도 움직일 가망이 없는 것이다.[62]

61 李瀷, 「書牘勝面論」, 『星湖僿說』 卷7, 「人事門」, "凡爲學, 貴乎工夫接續. 一或間斷, 精神漏泄, 誠意消散, 如何能透看底蘊. 朋友麗澤, 宜莫如盍簪講訂."

62 李瀷, 「驟進工夫」, 『星湖僿說』 卷13, 「人事門」, "致知涵養, 是兩下功夫, 在初學致知爲先. 致知者讀書窮理爲要, 豈可專靠於涵養. 朱子曰; '人言讀書當從容玩味, 此乃自怠之一說, 若徜徉終日, 謂之從容, 却無做工夫處.' 故因歎驟進二字, 最下得好, 須是如此. 如猛將用兵, 直是鏖戰一陣, 如酷吏之用法, 深刻都沒人情, 須是一棒一條痕,

> 인도하고 권장하는 방법은 誠信이 제일이고, 名譽가 그 다음이다. 내가 고금의 인정을 살펴보니 명예로 향하는 이는 열에 여덟아홉쯤 되는데, 성신을 따르는 자는 열에 한두 명도 되지 않는다. 무엇으로 증명하느냐 하면, 지금 어린아이에게 글을 읽어 외도록 하면 아주 싫어하면서 게으름만 피우므로 매를 때려서 독려해야 한다. 조금 지각이 열린 때에 그 깨닫는 바에 따라 격려하면 아이가 곧 공부에 마음을 붙여 힘쓰게 되니, 이는 명예를 바라는 것이지 성심이 아니다. 그러나 공부에 마음을 붙여 그만두지 않으면 마침내 배움을 좋아하는 데에 이르기까지 한다. 그러므로 선을 권장하는 시초는 명예로써 하지 않으면 할 수 없으니, 揚子雲이 "명예로써 높인다."라는 말이 바로 이것이다.[63]

이 글들이 성호 교육 방법의 전부라고 하기는 어렵지만, 대체적인 틀을 확인할 수 있게 해 준다. 첫 번째 글은 반복적이고 지속적인 학습의 필요성을 역설하는 것이고, 두 번째와 세 번째 글은 엄격한 학습을 강조하는 것이다. 이로 보아 성호의 교육 방법 역시 옥동이 추구했던 "엄격함을 위주로 하여 절제되고 엄격한 교육 과정과 반복적이고 지속적인 학습"과 큰 틀에서 차이를 찾기는 쉽지 않다. 그렇다면 성호의 교육 방법은 그의 가계 내에서 전해오던 전통적인 교육 방법과 상당부분 유사한 점을 지닌 것이고, 그 스스로가 학습했던 방법을 바탕으로 한 것이라고 유추할 수도 있지 않을까 생각한다.

이와 같은 교육 방법을 통해 성호가 이르고자 한 최상의 경지는 '자득

一摑一掌血, 此乃用力節度. 不然如運大石, 今日掀動一番, 明日掀動一番, 又明日如此, 雖百千日, 無轉動之期必也."

63 李瀷, 「公孫弘」, 『星湖僿說』 卷22, 「經史門」, "凡導勸之方, 誠信爲上, 名譽次之. 余觀古今人情, 趨向名譽八九, 而誠信未或一二也. 何以明之, 今有童孩使之讀誦, 十分厭怠, 乃加鞭繩以督之. 稍至開明, 因其慧悟以激之, 兒便留心著力, 此名而非誠也. 著力不已, 遂至於好學. 故勸善之始, 非名不得, 揚子雲所謂'名譽以崇之'是也."

自得'이었다고 보인다. 이병휴李秉休의 성호星湖 「가장家狀」에서 성호의 경지에 대해 "굽어 읽고 우러러 생각하여 반복하고 참고하였으며, 밝은 지혜가 비추어 주는 곳과 정신을 쏟는 곳은 깊숙하여도 꿰뚫어보지 않는 것이 없었고, 은미하여도 풀지 못하는 것이 없었다."고 한 것이나 『순암선생문집順菴先生文集』 권16의 「함장록函丈錄」에서 성호와 순암이 나눈 대화로 보아 성호의 학문은 가학의 기틀 위에 스스로 이룩한 자득自得의 경지가 합해지면서 형성된 것이라고 보인다. 그런데 이와 같은 자득自得의 경지는 이미 성호의 두 형 섬계와 옥동에 의해 누차 강조된 내용이다.

> 중연(섬계－필자주)이 말하기를, "경문을 읽어 의리를 깨우치면 충분하니 어지러운 여러 학설들을 무엇 때문에 두루 보는가"하였다. ……(중략)…… 징숙(옥동－필자주)이 말하기를, "두 형의 말씀은 너무 고매한 것 같습니다. 그러나 책을 읽어 만약 한갓 고인의 이야기를 그대로 믿기만 하고 자득한 맛이 없다면 또한 실지로 얻은 것은 없는 것입니다." ……(중략)…… 징숙이 말하기를, "학자는 비록 멋대로 방자해서는 안 되지만 그렇지만 너무 구애되어서도 안 됩니다." ……(중략)…… 중연이 말하기를, "행동이 옛것을 본뜨지 않았어도 의에 합하고, 말이 예전을 본받지 않았어도 이치에 합당하면 이 사람이 바로 군자이지 하필이면 '정자에게 이런 행동이 있었도 주자에게 이런 말이 있었다'고 하는가." ……(중략)…… 이어 중연 형제의 재질과 학술에 대해 물으니 군서(조하주－필자주)가 말하기를, "중연은 재주가 높아 자득한 곳이 있고, 징숙은 비록 어질지만 본 것이 때로 분명하지 않은 것이 있으니 이것이 흠이다."라고 하였다. 내가 말하기를, "중연은 강개하여 기개와 절개가 있지만 그러나 재주가 너무 높다. 그러므로 또 절실하게 공을 쓰지 않으려고 한다. 징숙은 재주가 중연에 미치지는 못하지만 담당하고자 하는 뜻이 뛰어난 것 같다."[64]

64 李滿敷, 「中原講義」, 『息山先生文集』 卷12, 「雜著」, "仲淵曰; 只讀經文, 義理已足, 紛紜之說, 何以遍看. ……(중략)…… 澄叔曰; 二兄之言似過高, 然讀書若徒信古人

이 글은 섬계와 옥동이 식산息山 이만부李滿敷, 조하주曺夏疇와 문답을 나눈 내용이다. 이 글 속에서 섬계와 옥동은 전현前賢들의 이야기와 행위를 답습하는 태도에 비판적인 시각을 견지하고 있다. 이들이 '자득自得'을 학문의 최상의 경지로 인식하고 있었음을 분명하게 보여준다. 그런데 이 '자득自得'의 경지는 이들의 부친 매산에게서도 확인할 수 있는 것이다.

매산이 "책을 대하고는 반드시 자세하고 깊이 있게 봐 몸에 젖어드는 것으로 법도를 삼았다."[65]고 한 학문 태도가 매산의 아들 삼형제의 학습과 교육 태도와 같을 뿐만 아니라, 경연에서 윤휴가 『논어』의 주를 반드시 읽을 필요는 없다고 하자 검토관으로 윤휴의 말에 동조했던 일화는 '자득自得'을 최상의 목표로 추구했던 이들 부자父子가 학문의 지향점에서 동일한 궤를 달리고 있음을 보여주는 것이다.

결국 성호 스스로의 학문 태도나 방법, 그리고 교육 방법과 내용의 상당 부분이 가계 내의 두 형에 의해 그 자신에게 전해진 학문 전수 방법이나 학습 내용과 상당 부분 일치한다고 유추할 수 있다. 그러나 그렇다고 해서 성호의 학습 방법이나 교육 방법이 가계 내의 학문 전수 방법과 완전하게 일치한다고 하기는 어렵다.

> 또 평상시에 장기나 바둑 등 놀이 기구를 배척하여 멀리하였으니, 말씀하기를, "孔子께서 낮잠 자는 것을 심히 꾸짖으셨으면서도 장기나 바둑

之說, 無自得之味, 則亦非實得也. ……(중략)…… 澄叔曰; 學者雖不可放肆, 然不可太拘束也. ……(중략)…… 仲淵曰; 行不依古, 而合於義, 言不襲前, 而當於理, 則是乃君子也, 何必曰程子有此行, 朱子有此說也. ……(중략)…… 仍問仲淵兄弟質品學術, 君叙曰; 仲淵才高, 有自得處, 澄叔雖賢, 見得時有不明處, 是欠耳. 曰; 仲淵慷慨有氣節, 然才太高, 故又不肯切實用功 澄叔才不及仲淵, 而擔當之意似勝耳."

65 李瀷, 「先考司憲府大司憲君行狀」, 『星湖先生全集』 卷67, "對卷必以熟深沛然爲度."

두는 것은 오히려 낫다고 하셨으니, 이는 필시 까닭이 있어서 하신 말씀이다. 지금 보건대 한 번 장기나 바둑에 빠진 자는 정신을 소모하고 뜻이 미혹되어 방탕한 데로 흘러 돌아올 줄 모른다. 그 해악이 낮잠 자는 것보다 열 배는 되니, 결코 해서는 안 된다."고 하셨다. ……(중략)…… 이 때문에 그 문하에서 노니는 자들은 장기나 바둑을 알거나 담배를 가까이하는 자가 있지 않았다. 집안을 다스리는 것은 검소하고 절제가 있었다. ……(중략)…… 학문에 뜻을 둔 처음에는 먼저 『맹자』를 읽었다. ……(중략)…… 그 다음에는 『대학』을 읽고, 다음에는 『小學』을 읽고, 다음에는 『논어』를 읽고, 다음에는 『중용』을 읽고, 다음에는 『近思錄』 및 『心經』을 읽고, 다음에는 『역경』을 읽고, 다음에는 『서경』을 읽고, 다음에는 『시경』을 읽는다. ……(중략)…… 선생의 학문은 前說을 그대로 따르는 것을 좋아하지 않고 自得하려고 애썼다. 經文의 주석에 의심나는 것이 있으면 반드시 생각하였고 생각해서 터득하면 얼른 기록하였고 터득하지 못하면 나중에 다시 생각하여 반드시 터득해야만 그만두었다.[66]

이 글은 성호의 조카이면서 그의 수제자로 인정받는 정산 이병휴가 쓴 성호 가장家狀의 일부분이다. 이 글에 나와 있는 성호의 학습 태도는 가계 내의 보편적인 학습 방법이나 학문 경향과 유사하다. 다만 독서의 과정에서 적지 않은 차이를 보인다. 옥동의 "『소학』–『중용』–『대학』–『논어』–『맹자』"나 "『대학』·『중용』을 중심으로 한 학습"과 달리 성호의 독서는 "『맹자』–『대학』–『소학』–『논어』–『중용』–『근사록』·『심경』

66 李秉休, 「家狀」, 『星湖先生全集』, 「附錄」 卷1, "又居常斥遠博奕雜戲之具曰; 孔子甚斥晝寢, 而謂博奕者猶賢, 是必有爲而發. 以今觀之則一入博奕之場者, 耗神惑志, 蕩而不返, 其害十倍於晝寢, 斷然不可爲. ……(중략)…… 是故遊其門者, 未有識博奕近煙茶也. 其治家儉而有制. ……(중략)…… 志學之初. 先讀孟子 ……(중략)…… 次讀大學次讀小學次讀論語次讀中庸次讀近思錄及心經, 次讀易次讀書次讀詩. ……(중략)…… 先生之學 不喜依樣, 要以自得. 經文注說之間, 有疑必思, 思而得之則疾書之, 不得則後復思之, 必得乃已."

–『역경』–『서경』–『시경』"의 순서로 이루어졌다. 이와 같은 독서와 학습의 순서는 성호가 두 형을 따라 학문의 기초를 닦은 후, 스스로 자신의 학문을 심화시켜가는 과정에서 이루어진 독서와 학습의 순서였기 때문에 옥동의 교육 과정에서 확인한 독서의 순서와 다른 것이라고 생각된다. 글의 내용으로 보아 이 독서의 순서는 정산이 살펴본 성호의 독서 순서이지 후학의 교육을 위해 성호가 강조했던 독서의 순서가 아니기 때문이다.

만약 이 독서의 순서가 성호의 교육 과정에서 확인된 교육을 위한 독서의 순서라면 성호의 교육은『맹자』에서 시작하여『시경』으로 끝맺는 것이고, 이 독서의 순서가 가지는 의미는 성호가 지니고 있었던 경전에 대한 인식의 해명을 통해 파악할 수 있을 것이다. 그러나 현재 상황에서 여기까지 논하기는 어렵다. 따라서 여기에서는 성호의 학습 방법이 대체적으로 가계 내의 전통적인 교육 방법과 일치하지만, 세부적인 내용에 있어서는 조금의 차이를 지녔다고 보인다는 정도로 범박하게 정리할 수 있을 것이다.

이렇게 본다면 성호 가계의 가학 전통은 독서를 통한 박학의 추구와『대학』·『중용』을 중심으로 한 학습, 내면의 수양修養과 학문의 생활 속 실천을 중시하는 것이었고, 학문의 최상위 목표를 '자득自得'의 경지로 설정하고 있었으며, 이 경지에 올라서기 위해 절제되고 엄격한 교육 과정을 통한 반복적이고 지속적인 학습을 추구하였다고 할 수 있다.

이와 같은 성호 가계 내 가학 전통이 이후 성호에게 유자儒者가 본원의 학문으로 돌아가 경의經義에 심통心通한다는 것은 무엇보다 중요한 것이고 방증傍證도 철저히 할 일이지만 그렇다고 후대의 전주箋註에 구애되어서는 안 된다고 여기게 만들었고, 또 궁경窮經의 목적은 치용致用에 도움이 되게끔 하는데 있으므로 유자는 세무실용世務實用에 비익裨益

이 되는 학문을 해야 한다고 생각하게 만들었다고 생각된다. 특히 성호가 성현의 말이란 그 하나하나가 발휘치용發揮致用될 수 있는 것이란 점에서 경의經義의 추궁追窮·심통心通과 세무世務에의 유심留心은 다른 일이 아니라고[67] 보고 전주라는 것은 원전의 노맥路脈을 지도하는 것에 불과한 것이라 여기게[68] 한 것이라고 생각된다.

이렇게 본다면 성호의 학문은 부친 매산을 거쳐 둘째 형 섬계를 통해 기반을 구축하였고, 셋째 형 옥동을 통해 토대를 완성하였다고 할 수 있다. 이 과정에서 옥동은 이전까지 전해 내려온 가학의 전통을 성호에게 전했을 뿐만 아니라 그 스스로 갈고 닦은 성리학적 학문 경향까지 성호에게 전했다고 보인다. 따라서 성호는 옥동 이전까지 전해지던 가학의 기본 성격인 문학 중심의 학풍에 다시 옥동에 의해 심화된 성리학적 학문 경향까지 익힐 수 있었고 이를 바탕으로 독서를 통해 자득自得한 내용을 추가하여 그 자신의 학문세계를 완성했다고 할 수 있다. 결국 성호는 그 자신의 학문세계를 토대로 조선 후기 경세치용학파라는 새로운 학파를 형성하였지만, 그 학문의 바탕과 학문 세계의 형성 과정에는 가학의 전통과 영향이 뿌리 깊게 자리 잡고 있었음을 짐작할 수 있다.

이런 모습은 옥동과 성호의 문학관 비교를 통해서도 살펴볼 수 있다. 성호는 30권 30책의 『성호사설星湖僿說』을 통해 그의 문학관을 가감 없이 밝혔다. 그는 5가지 문門으로 분류한 『성호사설』에 「시문문詩文門」을 별도 항목으로 둘 정도로 문학의 가치를 적지 않게 생각하고 있었다. 전체 3,007 항목 중 378 항목이 「시문문」에 해당하는데, 주로 중국과 우

67 韓㳓劤, 『星湖李瀷硏究』, 서울대학교 출판부, 1980, 33면.

68 李瀷, '窮經', 「經史門」 『星湖僿說』 卷27, "古者取明一經以上, 爲其力專而見深資于實用也. 余晩曉讀書法, 心中雖若有見, 玩味滋久, 益覺意趣, 或今日不得, 而明日有覺, 目前不得, 而異日有得. 箋註者, 不過導而指示其路脈, 及足到心通, 則在讀者矣."

리나라 문인의 시와 문장에 대한 평으로 대부분이 시문의 교감과 시어詩語나 시구詩句의 고증 내지는 변증으로 구성되어 있다. 이와 달리 옥동은 자신의 문집에서 가급적 문학에 관한 언급을 피하고자 했다는 느낌을 받게 된다. 그의 문집 속에 있는 263제 265편의 잡저 중 문집 권7의 「논언여문시論言與文詩」·「시체詩體」, 권8의 「비조충문장가非雕虫文章家」·「논문체論文體」·「논고인시격論古人詩格」, 권9의 「논작문論作文」 6편이 문학에 관한 옥동의 인식을 유추해 볼 수 있는 글의 전부이다.

옥동의 글을 통해 확인할 수 있는 그의 문학관은 기본적으로 복고주의다. 옥동의 생존 시기였던 17세기 중반부터 18세기 초반까지 우리나라의 문단을 휩쓸고 있었던 문학사조로 명대明代 전후칠자前後七子에 의해 유도된 복고주의를 들 수 있는데, 옥동의 문학관도 근본적으로 이 복고주의를 벗어나지 못했다고 보인다.

복고주의의 기치를 가장 높이 치켜든 명대明代 후칠자後七子의 대표 주자 이몽양李夢陽이 주장한 "문장은 세대의 변화를 따르는데, 세대는 이전만 못하다[文隨世變 代不如前]"는 사상은 고도古道와 고학古學은 그 자체로 완벽한 것이고, 그 완벽한 고도古道와 고학古學의 추구는 도道와 문文이 일치될 때 이루어진다는 도문일치道文一致의 상고적尙古的 문학론文學論을 바탕으로 하는 것이다. 또 그는 이와 같은 문학론을 실행하기 위한 학습 방법으로 "문필진한文必秦漢 시필성당詩必盛唐"을 추구했고, 악부樂府·가행歌行과 고시古詩에 주목했다.

명대 전후칠자의 복고주의에 경도된 당대 우리나라의 문단은 성당盛唐의 시詩와 진한秦漢의 문文을 최상의 경지로 생각했고, 이를 익히기 위해 부단히 노력했다. 이와 같은 복고적 경향은 현재의 가치를 부정하고 과거로의 회귀를 지향하는 것이다. 옥동의 글에 현재를 부정하고 과거로의 회귀를 지향하려고 하는 모습이 보인다는 점에서 그의 문학관은 기본적으로 복고주의와 같은 궤軌에 놓여 있는 것이다. 그러나 그의 복고주의는 당대의 일반적인 복고주의와 다른 모습을 보인다.

옥동은 「비조충문장가非雕虫文章家」에서[69] 명대 복고파가 최고의 전범典範으로 삼고 있었던 진한秦漢의 대표적 작가인 사마천司馬遷을 강하게 비판하였다. 옥동은 당대 최고의 전범典範으로 추앙받던 사마천을 비판하며 그의 글이 권모술수와 이해득실을 이용하였으며 잡되다고까지 했다. 이 글에서 옥동은 문장에서 사마천을 비판했던 것을 그대로 이어 시에서 이백을 비판했다. 옥동은 이백의 시에 대해 방탕하고 조리가 없다고 했다. 옥동이 했던 것과 같은 당대 최고의 전범典範에 대한 비판은 누구에게서도 쉽게 찾아볼 수 없는 것이다.

옥동이 이들을 비판한 이유는 그들의 글이 경전의 뜻이 아니기[甚非經意] 때문이다. 이들이 당대 최고의 전범典範으로 인정받았다고 하더라도 옥동이 보기에 이들의 시문詩文은 경전에 근거하지 않고, 경전을 닮지 않았다. 따라서 이들의 시문詩文은 잘못된 것이고 당연히 비판의 대상이 되어야 한다. 옥동이 「비조충문장가非雕虫文章家」에서 한퇴지의 문장을 비판한 것도 그의 글이 『상서』와 『맹자』를 닮았다고는 하지만 종법宗法을 잃어버렸기 때문이다.

옥동이 사마천에서부터 한퇴지에 이르기까지 당대 최고의 전범典範들을 비판한 것은 문장가의 문장이 도를 해친다[文章家之害道也]는 "문장해도론文章害道論"에 근거한 것이다. 그는 문집 권8 「잡저雜著」의 「논노자겸논장자論老子兼論莊子」에서도 "경전은 도를 싣는 그릇이고, 문장가는 도를 어지럽히는 그릇이다[載道之器, 文章家, 亂道之器]."라고 했다. 옥동의 주장은 그가 문장 창작의 기준으로 경전을 두고 있었음을 보여주는

69 李溆, 「非雕虫文章家」, 『弘道先生遺稿』 卷8, 「雜著」.

것이다. 옥동은 성현의 본뜻을 그대로 담고 있는 것이 경전經典이기 때문에 문장의 전범典範은 경전經典이 되어야 한다고 여긴 것이다.

옥동이 고도古道와 고학古學을 추구했다는 것은 다양한 글을 통해 확인이 가능하다. 특히 그가 주목했던 것은 유가儒家의 성현들에 의해 저술된 경전이었다. 이런 점으로 보아 그의 복고주의는 명대 전후칠자의 복고주의라기보다 미수 허목 이래 이어져 내려온 근기 남인계열의 전통적인 상고주의尙古主義에 보다 가깝다고 생각된다. 육경六經과 제자백가諸子百家를 바탕으로 『시경詩經』과 『문선文選』을 중시하는 태도에서 이를 확인할 수 있는데, 옥동이 당대 근기 남인계열에서 학시學詩의 전범典範으로 숭상하고 있었던 두보杜甫까지 비판의 대상으로 삼고 있었다는 점에서 한층 더 완강한 상고적 관념을 보여준다. 그러나 다른 한편으로 옥동이 이와 같이 적극적으로 문장가를 비판했다는 것은 그가 당대 사회에 미치는 문장의 영향력에 대해 너무나 잘 알고 있었다는 뜻이다.

옥동은 「논언여문시論言與文詩」에서 자신이 생각하고 있었던 시문詩文의 영향력에 대해 소상하게 밝혔다.[70] 이 글을 보면 옥동에게 시문詩文은 당대 사회를 살펴볼 수 있게 해주는 하나의 기준이 아니라 당대 사회를 이끌고 교육하는 도구였다는 것을 알 수 있다. 옥동에게 시문詩文은 다른 어떤 것보다 당대 사회에 큰 영향력을 미치는 중요한 것이었다. 따라서 옥동이 생각하기에 시문詩文의 창작은 아무나 해서는 안 되는 것이고, 시문의 언어나 표현 방법 역시 비속하거나 황당한 또는 비루하거나 천박한 것이어서는 안 되는 것이었다. 이를 위해 옥동은 시문詩文의 창작 기준, 문학의 기준을 유가儒家의 성현들에 의해 저술된 경전經典에서 찾았다. 옥동의 이와 같은 문학관을 "경전經典 중심中心의 고도古道

70 李漵, 「論言與文詩」, 『弘道先生遺稿』 卷7, 「雜著」.

추구追求"로 정의할 수 있다.

성호의 문학관에 대해서는 이미 많은 선행 연구가 있는데, 대부분의 연구자들이 성호의 문학관에 대해 논하고자 할 때 인용하는 글이 아래에 있는 『성호사설』 속의 「불치하문不恥下問」과 「유교무류有教無類」이다. 이 두 편의 글을 예시로 성호의 문학관을 이야기하는 것은 성호의 문학관이 그만큼 확고한 재도론載道論에 근거하고 있다는 뜻이다.

> 文이란 道가 머무는 곳이다. 위에서 나타나는 日月과 星辰은 天文이라고 하고, 아래에서 나타나는 산천과 초목은 地文이라고 하고, 이 둘 사이에서 나타나는 禮樂刑政 · 儀章度數는 人文이라고 한다. 『주역』에서 "인문을 보아 천하를 조화하고 이룬다."는 말이 바로 이것이다.
>
> 聖人은 여러 가지의 절도를 꼭 이치에 맞도록 하고, 천하를 바른 길로 통솔하기 때문에 "글로 가르친다[文敎]."고 했는데, 文王이 그러했던 분이다. 孔子께서 지위를 얻지 못했어도 오히려 목탁이 되어 천하를 돌아다니면서 가르치셨기 때문에 道가 다 없어지지 않을 것이라는 희망을 가졌다. 그래서 "文이 여기에 있지 않느냐?[文不在玆乎]"고 하셨으나 그 뜻은 역시 슬프고도 간절한 것이다.
>
> 그러나 아주 가까운 것은 지적해서 깨우칠 수 있고, 조금 먼 것도 이야기로써 전할 수 있지만, 백 세대 뒤에는 그 뜻이 모두 없어지게 된다. 이 때문에 옛사람이 문자를 만들어서 후세 사람에게 거듭거듭 타일러 가르쳐, 이 글로 인해 道를 깨닫도록 하였으니, 이것도 역시 文이라는 것인데 이 문이란 도의 그림이다.[71]

71 李瀷, 「不恥下問」, 『星湖僿說』 卷21, "文者道之所寓也. 著於上則日月星辰, 謂之天文, 著於下則山川草木, 謂之地文, 著於兩間則禮樂刑政 · 儀章度數, 謂之人文. 易曰; '觀乎人文, 化成天下', 是也. 聖人品節得中, 率天下而歸正. 故曰; '文敎', 文王是也. 孔子不得其位, 而猶木鐸徇路, 或庶幾不盡喪於世, 故曰文不在玆乎, 其意亦悲且切矣. 然近則可以指喩, 遠猶可以言傳, 百世之下, 其意將泯. 故古之人作爲書字, 諄諄反覆以告未來生靈, 庶幾因此而有得, 亦謂之文, 文者道之畵也."

생각해 보면, 주나라 말기에 文이 편중되었으니, 문이 편중되면 質이 깎이고 질이 깎이면 허위가 자라남과 동시에 실질적인 공이 묻히게 된다. 가르침에 類를 둔 것은 문의 末弊이다. 殷나라 사람들은 질을 숭상하여 문이 오히려 번성하지 못했으니 그 기풍은 실로 탕임금으로부터 유래하였다. ……(중략)…… 漢나라가 천하를 얻자, 다스리는 이치도 돌고 돌아서 文을 버리고 忠으로 돌아와 사람으로써 다스림을 구하고 능력으로써 사람을 선택했다. 공명대신들이 대부분 幹吏나 書佐로부터 승진하였으니 그 의의가 역시 위대한 것이다.

文이란 무엇인가. 질이 밖으로 드러난 것이니, 威儀·度數의 볼만한 것이 이것이다. 문에 편중된 주나라도 오히려 자기 일신의 행동으로 말하였는데, 晉·宋·齊·梁·陳·隋나라를 거쳐 唐나라에 이르자, 문의 폐단이 극도에 달했다. 처음에 문은 道를 싣는 그릇이라고 하였는데, 얼마 지나지 않아서 그 그릇만을 취하고 그 싣는 것은 잊었으며, 끝에 가서는 그 그릇만을 쓰고 그 싣는 것을 바꾸어버려, 駁雜·淫穢·荒誕·怪奇한 물건을 문이라 잘못 알았고, 또 간간이 5~7言의 장단편 시와 詞나 律과 같은 것으로써 세상을 현란하게 하였으니, 이에 이르러 천하의 어지러움이 극도에 이르렀다.[72]

성호의 문학관은 조선 후기 근기 남인계열 작가들의 일반적인 문학관과 같이 전통적인 재도론적載道論的 문학관文學觀이다. 성호가 재도론적 문학관을 주장한 것은 문학을 시대의 혼란과 사회의 어지러움을 바로잡는 도구로 인식하고 있었기 때문이다. 따라서 그의 문학관은 도문일치道

72 李瀷, 「有敎無類」, 『星湖僿說』 卷25, "想周末文勝, 文勝則質削, 質削則虛僞長而實功埋也. 敎之有類, 文之末弊也. 殷人尙質, 文猶未熾也, 其風之所自, 實成湯爲之 ……(중략)…… 漢之得天下, 治理循環, 祛文反忠, 求治以人, 擇人以能, 其功名大臣, 多自幹吏·書佐, 其義亦偉矣. 文者何也. 質之見於外, 凡威儀·度數之可見者是也. 周之文勝, 猶以身己事言, 晉·宋·齊·梁·陳·隋至唐, 弊極矣. 始謂以載道之器, 俄而取其器而忘其載, 終焉用其器而貳其載, 駁雜·淫穢·荒誕·怪奇之物, 而誣之爲文, 又間以五七言長短篇·詞律之類, 眩燿之, 於是天下之亂極矣."

文一致의 재도론적載道論的 문학관文學觀이 될 수밖에 없다. 그는 문학의 최우선 과제로 효용성을 들었고, 문학 창작의 기본 전범으로 육경六經과 고문古文을 상정했다.

육경과 고문을 기본으로 교화를 추구한 성호 문학의 효용론은 개인의 내면 수양을 위한 개인적인 차원의 효용이 아니라 사회를 바로잡는 사회 교화라는 대 사회적인 차원의 효용성을 의미하는 것이었기 때문에 이전 시기의 문인들이 주장했던 효용론과는 일정한 거리를 지닌다. 이와 같은 문학의 효용성에 대한 인식은 성호만의 것이라기보다 당대 정치적 곤경에 처해 있었던 근기 남인계열 문인들의 공통적인 인식이라고 볼 수 있다.

조선 후기 당대 현실 정치에 대한 강한 욕구를 지녔던 근기 남인계열 인물들이 경신대출척과 갑술환국으로 정치권에서 배제된 뒤 가지게 된 현실에 대한 불만 표출과 극복의 방안으로 문학이 이용되었다는 점에서 이들의 문학관이 보여주는 재도론적 효용론은 당대 사회의 실상을 여실히 보여주는 것이다. 특히 미수 허목이 육경六經·고문古文을 기준으로 도문일치道文一致의 재도론載道論을 주장한 이후 이와 같은 문학관은 조선이 끝날 때까지 근기 남인계열 문인들의 보편적인 문학관이 되었다.

성호의 문학관을 이렇게 정리하였을 때 옥동과 성호의 문학관은 같고 다른 몇 가지 점을 보여준다. 공통점으로는 먼저 옥동과 성호 모두 당대 사회에 미치는 문학의 영향력에 대해 심각하게 인식하고 있었다는 것을 들 수 있다. 문학의 가치와 영향력에 대해 심각하게 인식했기 때문에 이들이 도문일치道文一致의 재도론載道論을 추구했고, 경세적經世的 효용론效用論을 주장했다고 생각된다. 다음으로 이들이 설정한 문학의 전범典範이 육경六經에 근본한 성현聖賢의 경전經典이라는 점에서 동일한 모습을 보인다. 그러나 이런 공통점과 함께 문학을 대하는 태도에서 옥동과 성호는 상당한 차이를 보여준다. 옥동은 성호보다 더 완강하고 엄격하게 문학을 규제하였다.

문학을 규제하고자 했던 옥동의 태도는 문학을 대하는 옥동과 성호의 자세에 근본적인 차이가 있음을 의미한다. 옥동이 부친 매산과 둘째 형 섬계의 죽음을 목도했기 때문에, 혹은 부친 매산의 운명 이후 포천抱川의 청량포淸涼浦에 은거하여 세상에 나오지 않았기 때문에 성호에 비해 문학에 훨씬 더 엄격한 기준을 적용하려고 했었는지, 아니면 성호가 옥동에게 수학한 이후 다시 미수眉叟와 퇴계退溪, 율곡栗谷과 반계磻溪를 사숙私淑했기 때문에 옥동보다 문학을 자유롭게 대할 수 있었던 것인지, 이들 사이에서 찾을 수 있는 차이점의 원인에 대해서는 단언하기 어렵다. 하지만 지금 확인되는 양상으로 볼 때 기본적으로 옥동과 성호의 문학관은 같은 것이었지만, 문학을 바라보는 자세에서 옥동이 성호보다 훨씬 더 엄격했음을 알 수 있다. 이런 차이는 옥동이 성호보다 문학의 영향력을 더 크게 인식하고 있었기 때문에 일어난 것이 아닐까 생각된다.

고도古道와 고학古學을 추구하여 유가儒家의 성현들에 의해 저술된 경전經典을 문학의 최고의 전범典範으로 인식하고 있었던 옥동이었지만, 옥동의 창작론은 의고擬古나 복고復古와는 다른 방향을 추구하는 것이었다. 그런 점에서 옥동의 창작론은 문학관과 다른 방향이다. 옥동이 성현을 전범으로 삼되 의고擬古나 복고復古를 부정한 것은 문학의 현재적 가치와 영향력에 대한 분명한 인지認知에서 비롯된 것이다. 완고한 상고적尙古的 의식을 지니고 있었지만, 상고에 치중한 문학의 현실적 한계를 고려해 본다면 옥동의 태도는 고도古道의 부활을 위한 방편적 의미를 강하게 지닌다.

옥동의 태도는 한유韓愈를 중심으로 한 당송고문가唐宋古文家들이 고문古文을 모범으로 삼아 창조적인 문장을 구사하자고 주장했던 고문운동古文運動이나 옥동의 바로 앞 시대 인물인 허균許筠에 의해 주장된 의고문擬古文을 반대하는 고문이론古文理論, 즉 금고문이론今古文理論과 일견 유사한 모습을 보이기도 한다. 그러나 옥동이 추구한 고도古道의 회복이나 경전經典의 전범화典範化는 경전의 모방模倣이나 의고擬古 또는 복고復古를 의미하는 것이 아니었다.[73] 옥동은 '자용自用'과 '구니拘泥'를 비판했다. '자용自用'이란 자신의 능력을 헤아리지 못하고 자기 마음대로 글을 짓는 것이고, '구니拘泥'는 하나의 전범에 얽매여 변통할 줄 모르는 것이다. 옥동은 문학 작품의 창작에서 전범의 학습을 통한 창조를 중요하게 여겼다. 이것을 옥동은 '변통通變'이라고 하였는데, '변통通變'은 "성현의 법을 법칙으로 삼고, 성현의 뜻을 체득하여 작용도 없고 본뜨는 것도 없는 중도의 상태[則聖賢之法, 體聖賢之意, 無作用, 無依樣, 此之謂得中]"를 의미한다.

이와 함께 옥동은 문학 작품의 창작에서 전범과의 유사성類似性이나 일치도一致度가 아니라 "수시득의隨時得宜"를 통한 시변時變과 통변通變을 추구했다.[74] 옥동이 시변과 통변을 추구한 이유는 적중適中의 묘체妙體를 얻기 위해서였다. 옥동이 생각하기에 시변과 통변을 하지 못하는 막연한 의고擬古와 복고復古는 실리實理를 알지 못하면서 고어古語를 숭상하기만 하는 것으로, 기이한 것을 좋아하는 것일 뿐이지 고인의 도는

73 李漵, 「論文體」, 『弘道先生遺稿』 卷8, 「雜著」.

74 李漵, 「論作文」, 『弘道先生遺稿』 卷9, 「雜著」, "作文言語之法, 證古酌今, 隨時得宜可也. 約言至理, 鼓動其妙, 則自有古人之體. 反覆詳說, 曉喩愚俗, 則自有近代之體. 可古則古, 可近則近, 非我故爲也, 因其時也. 不由先王之道, 則非道也. 居今之世, 反古之道, 則非中而有災矣. 對今人而語古語, 譬如對我國之人, 而語中國之語, 其能通乎. 言語文章, 貴其形容道體而明之也. 對今人而言古語, 不知實理而徒尙古語, 是尙文而好奇也, 非爲道德也. 不爲道德而虛文者, 不知古人之道, 雖欲效體, 何可得也. 不得其本意與精神, 則譬如鄕曲之人, 效京師矣. 不俗則詭, 不妄則怪, 不野則虛. 此後世虛僞之文也. 以此所見, 妄論古人, 無乃不可乎."

모르는 것이었다. 따라서 옥동이 추구한 진정한 문학은 "수시득의隨時得宜" 즉 "법고法古를 통한 창신創新"이었다고 할 수 있다.

이렇게만 본다면 옥동의 창작론은 한유의 고문운동이나 허균 등의 금고문운동과 흡사한 것이다. 하지만 옥동의 창작론을 그렇게 단정하기는 어렵다. 그것은 옥동이 "수시득의隨時得宜"를 통한 시변時變과 통변通變을 추구했고, "법고法古를 통한 창신創新"을 지향했지만, 그 과정의 적절성에도 상당한 주목을 가했기 때문이다.[75] 옥동이 시변時變과 통변通變을 추구했지만, 그는 시어의 선택과 사용이 모두 법도에 맞아야 한다고 여겼다. 이런 태도는 옥동의 창작론이 한유의 고문운동이나 허균 등의 금고문운동과 본질적인 부분에서는 같을 수 있지만, 실질적인 구현 양상에서 결코 같을 수 없음을 보여준다. 특히 시변時變을 하더라도 시문詩文의 언어와 구법句法이 아정雅正하고 체격體格에 맞아야 한다는 옥동의 생각은 어쩌면 시변時變을 불가능하게 하는 제약 조건일 수도 있다. 하지만 이와 같은 창작론을 주장한 옥동의 의식은 시문이 원론적인 구호나 표어를 넘어 현실 속에서 의미를 가지고 기능하게 만드는 기본적인 원칙이었다.

옥동의 이런 창작론은 옥동에게 영향 받은 성호星湖가 '사진寫眞을 통한 문학 작품의 현실성과 주체성'을 강조할 수 있게, 또 성호에게 영향 받은 혜환惠寰이 '진眞의 강조와 추구'나 '기奇에 의한 개성의 표출'을 주장할 수 있게 만든 바탕으로 작용했다고 생각된다.

옥동과 같이 도문일치道文一致의 재도론적載道論的 문학관文學觀을 추구하고, 문학의 최우선 과제로 사회적 차원의 효용성을 강조했던 성호

75 李漵, 「論言與文詩」, 『弘道先生遺稿』 卷7, 「雜著」, "雖是正人也, 以不經之言, 掇篇與句法, 則觀之者, 安知其不有不經之萌孽乎. 若曰, 此言不是, 必欲用不經之語法, 則觀詩知風之意, 何據而施也."

에게도 관념적이고 형식적인 문학 경향은 배격해야 할 대상이었다. 특히 성호는 과문科文을 중심으로 격식에 치중한 고답적高踏的인 문장을 철저하게 배격하고자 했다. 이와 같은 의식은 성호에게 개성적이고 현실적인 문장, 실질적이고 주체적인 문학을 추구하게 만들었다고 생각된다.

성호는 자신의 문학관을 구현하기 위해 문학 작품의 창작에서 '실實'을 추구했다. '실實'이란 기본적으로 구체적 · 물질적 대상을 의미하지만 확장해보면 추상적 · 관념적 대상까지 포함하는 개념이다. 부실不實에 대하여 성실誠實, 공상空想에 대하여 현실現實, 명목名目에 대하여 실질實質, 약한 것에 대하여 튼튼한 것, 빈껍데기에 대하여 알이 찬 속, 가假에 대하여 진眞, 미숙未熟에 대하여 성숙成熟 등의 하위 개념들을 포괄한다. 따라서 인간 · 사물 · 역사 · 사회 · 문화 · 생활 등 전반에 걸쳐 모든 부정적 요소들과 치환換置하여 설정되고, 실현되어야 할 긍정적 요소로서 가치를 갖는다.[76] 문학 작품의 창작에서 성호가 추구했던 '실實'이란 대상의 탐색과 묘사의 진실을 의미하는데, 이를 위해 성호는 회화적 표현을 통한 묘사의 사실성을 추구했다.

> 고금의 문장을 나무에 비유한다면, 唐虞 · 三代의 문장은 여름에 꽃과 잎이 무성하여 한 가지도 말라붙은 것이 없이 모두 찬란해서 볼만한 것과 같고, 秦 · 漢 시대의 문장은 가을 · 겨울 이후 꽃이 지고 열매도 떨어져 眞形만 그대로 있는 것과 같고, 후세의 문장은 丹靑과 繪畵로써 모양을 그려낸 것은 비록 비슷하다 하겠지만 생생한 뜻은 꺾여버린 것과 같으며, 우리나라의 문장은, 시골의 화공이 실물은 보지 못하고 단지 전하는 모습만을 본떠서 비슷한 것 같지만, 복숭아나무에다 버드나무 가지 · 살구나무 잎 · 아가위나무 꽃을 그려서 둥글고 곧은 것이 실물과 다르고 붉고 푸른

76 宋雋鎬, 「朝鮮朝 後期四家詩에 있어서 實學思想의 檢討」, 『淵民 李家源先生 七秩頌壽紀念論叢』, 정음사, 1987, 74면.

것이 기준이 없으므로 결국 무슨 물건인지 알 수 없는 것과 같다.[77]

소동파의 시에, "그림을 그릴 때 겉모습만 같으면 된다고 하니, 이런 소견은 이웃 아이와 같네. 시를 지을 때 같게만 그려내는 것도, 시를 알고 짓는 이가 아니네[論畵以形似, 見與兒童隣. 賦詩必此物, 定非知詩人]." 라고 하였다. 후세에 화가들은 이 시를 宗旨로 삼아 옅은 먹으로 거칠게 그리니, 이는 그 본질과 어긋나는 것이다.

지금 만약 "그림을 그릴 때 겉모습은 비슷하지 않아도 되고, 시를 지을 때 같지 않아도 된다."고 한다면 말이 되겠는가? 우리 집에 동파가 그린 墨竹 한 폭이 있는데, 가지와 잎이 모두 산 대와 꼭 같으니 이것이 寫眞이란 것이다. 精神이란 형체 속에 있는 것인데, 형체가 벌써 다르다면 정신을 제대로 전해 낼 수 있겠는가?

동파가 이렇게 시를 읊은 것은 대개 "겉모습은 비슷하게 되어도 정신이 나타나지 않으면 비록 이 물체는 있다 할지라도 광채가 없다."는 것을 말한 것이다. 내가 말하기를, "정신을 나타내되 형체가 같지 않다면 또 광채가 있어도 다른 물건이라면 어찌 이것이라 할 수 있겠는가."라고 한다.[78]

성호의 주장은 대상의 세밀한 묘사를 통한 핍진逼眞한 형상의 재현을 의미한다. 이런 주장은 세밀한 대상의 묘사를 통해 대상의 형상을 재현하고, 이를 바탕으로 대상에 대한 작자의 이미지나 감정을 형상화해야

77 李瀷, 「古今文章」, 『星湖僿說』 卷30, "古今文章, 以壽木取比, 唐虞三代之文, 如方夏花葉極盛, 無一條枯槩而燦然可觀也, 秦漢之文, 如秋冬以後, 華實摧落而眞形自在也. 後世之文, 如丹青繪畵, 摸狀雖逼, 而生意颯爾也. 我東之文, 如鄕社畵師, 不見其物, 但憑傳摸 依俙彷彿, 桃身柳枝杏葉棠花, 圓楕違眞, 丹碧無準, 不審其何物也."

78 李瀷, 「論畵形似」, 『星湖僿說』 卷5, "東坡詩云; 論畵以形似, 見與兒童隣, 賦詩必此物, 定非知詩人. 後世畵家, 得以爲宗旨, 淡墨麄畵, 與眞背馳. 今若曰; 論畵形不似, 賦詩非此物. 其成說乎. 余有家藏東坡墨竹一幅, 一枝一葉, 百分肖似, 乃所謂寫眞也. 神在形中, 形已不似神, 可得以傳耶. 此云者, 蓋謂形似而乏精神, 雖此物而無光彩也. 余則曰; 精神而形不似, 寧似光彩而他物, 寧此物."

한다는 것이다. 성호는 대상의 객관적 외면 묘사를 중시하여 대상과 작품 속에 묘사된 경물간의 외형적 일치를 지향했다.

성호에게는 시 속에 형상화된 대상의 모습이 실재하는 경물의 모습과 가까우면 가까울수록 더 큰 의미를 지니게 된다. 성호의 이런 인식 태도는 인간은 반드시 감각을 통해서만 외물을 인식할 수 있고 구체적인 상을 통해서만 외물에 대한 감각을 전달할 수 있다는 인식론의 결과이다. 따라서 성호는 대상으로부터 촉발된 감정을 직접 시 속에 노출시키기보다 감정의 원인이 되는 대상을 시 속에 제시함으로써 자신의 경험과 정서를 독자들이 인식하도록 하는 창작 방법을 추구했다. 이런 창작 방법은 성호의 시를 시각적 이미지로 만들어 준다. 따라서 성호의 시에서는 율동감이나 리듬감보다 회화성이 강하게 나타난다. 또 성호의 창작 방법과 인식론은 성호에게 시의 소재와 대상을 우리 주변에서 볼 수 있는 실제적이고 현실적인 것에서 구하게 만들었다. 그것은 실제적이지 못한 소재는 묘사할 실체를 갖지 못하여 진실한 시를 만들지 못하기 때문이다.[79]

이런 점에서 성호의 창작론이 옥동보다 훨씬 더 구체적이고 선명하다. 성호의 창작론이 옥동보다 더 구체적일 수 있었던 것은 성호가 옥동의 창작론을 자신의 생활 터전과 삶의 방식에 맞추어 변화시킨 것으로 보이기 때문이다. 물론 이 창작론의 차이를 이렇게 단순화시켜 설명하는 것에는 많은 무리가 따르기도 하지만, 성호가 추구했던 '사진寫眞'이 "수시득의隨時得宜"를 전제로 한다는 점에서 성호의 창작론은 옥동의 창작론을 성호가 자신의 현실적 상황에 맞춰 발전시킨 것이라고 생각된다. 그것은 성호의 창작론이 옥동의 창작론보다 많은 부분 발전적인 모

79 윤재환, 「시론과 시세계의 상관관계 -성호와 나산의 전가시를 중심으로-」, 『한민족어문학』 52집, 한민족어문학회, 2008, 194~195면.

습을 보이고 있지만, 거의 완벽하게 일치하는 모습도 찾아볼 수 있기 때문이다.

> 옛날 전쟁터를 조상하는 시문이 많으나, 또 비록 아무리 哀傷과 慘怛이 지극할지라도 性情의 본질에 방해되지 않아야 비로소 얻었다 할 것이다. 만약 음험하고 怪澁하기만 하다면 그 사람됨을 또 알 수 있다.
>
> 나의 집안 조카 아무개가 시에 능하였는데, 그의 절구에, "엉긴 피 파래져서 풀잎에 스며들고, 삭은 뼈 하얘져서 모래 되었네. 그늘지고 그늘진 가을비 속에, 한밤중 환한 불빛 저게 뉘 집인가[血凝碧入草, 骨爛白爲沙. 陰陰秋雨裏, 夜火是誰家]."하였는데, 읽어보면 사람에게 좋은 기상을 주지 못하더니, 그 사람은 마침내 오래 살지 못했다.
>
> 그리고 근세에 재상 아무개의 庶子가 글귀 하나를 남겼는데, "옛 물가 여윈 달빛 호젓하고 깊은 곳에, 금갑이 반짝반짝 불 가운데 누웠구려[古汀瘦月幽邃裡, 錦甲鱗鱗火中臥]." 하였으니, 이 사람 가슴속의 천만 가지 죄악을 이루 다 말할 수 있겠는가.
>
> 그 후에 또 한 절구가 있는데, "정오가 다가오니 외론 마을 밥 짓는 연기 오르고, 하늘 에운 광막한 들 낙조가 가물거리네. 한 마리 말 가을빛을 가로 뚫고 달려가니, 십 리라 평원에 서울이 바라보이네[孤村近午炊烟直, 曠野圍天落照危. 匹馬橫穿秋色去, 平原十里望京師]."하였으니, 그 詩語는 공교롭지 않는 것은 아니지만 공손하지 못한 뜻이 엄연히 잠재한다. 그 사람은 마침내 죄로써 사형을 받았다.[80]

80 李瀷, 「弔古戰場詩」, 『星湖僿說』 卷28, "弔古戰場詩文多, 亦雖哀傷慘怛之極, 而亦不害於性情之本, 方得. 若陰險怪澁, 則其人又可知矣. 余族子某, 能于詩, 其一絶云; 血凝碧入草, 骨爛白爲沙, 陰陰秋雨裏, 夜火是誰家. 讀之令人氣像便不佳, 其人竟無年. 近世宰相某, 有庶孼子, 有一句云; 古汀瘦月幽邃裡, 錦甲鱗鱗火中臥. 此人胸中, 何限千罪萬惡. 後又有一絶云; 孤村近午炊烟直, 曠野圍天落照危, 匹馬橫穿秋色去, 平原十里望京師. 語非不工, 儼有不遜之意, 竟以罪誅."

이 글에서 성호는 아무리 애상哀傷과 참달慘怛이 지극하다고 하더라도 성정性情의 본질에 해가 되지 않는 시어를 사용해야 한다고 했다. 성호가 성정을 해치는 음험하고 괴삽한 용어를 사용하는 것은 문학의 가치를 저해하는 원인이라고 본 것은 옥동이 "수시득의隨時得宜"를 통한 시변時變과 통변通變을 추구하였고 "법고法古를 통한 창신創新"을 지향하였지만, 시어의 선택과 사용이 모두 법도에 맞아야 한다고 한 것과 같은 것이다.

시어 구사에서 볼 수 있는 옥동과 성호의 공통점은 비록 성호의 창작론이 옥동보다 현실적이고 구체적이며 발전적인 모습을 보이고는 있지만, 이들의 의식세계가 동일한 범주 안에서 존재하고 있었음을 설명해주는 것이기도 하다. 시변時變을 추구하지만 시문詩文의 언어와 구법句法이 아정雅正하고 체격體格에 맞아야 한다는 옥동의 주장이나, 대상을 세밀하게 묘사하여 핍진逼眞한 형상을 재현하고 이를 통해 작자의 이미지나 감정을 진실하게 형상화하여야 하지만 성정性情의 본질을 해치지 않는 시어를 사용해야 한다고 한 성호의 의식 모두 일정한 한계를 지닌다.

옥동과 성호의 창작론이 의고擬古와 복고復古를 통한 상고적尙古的 과거 회귀를 추구했던 당대의 일반적인 문학 경향보다 조금은 발전적이고 근대적이었던 것은 분명해 보인다. 특히 "사진寫眞"을 주장한 성호의 창작론은 옥동보다 몇 걸음 더 앞서 나가있는 것으로 바로 다음 세대 혜환의 "기궤奇詭와 첨신尖新"을 이끈 근거가 되었다고 할 수 있다. 그러나 이와 같은 발전적인 모습을 지니고 있었음에도 불구하고 시어의 선택과 구사에 관한 옥동과 성호의 주장은 이들의 문학관과 창작론이 다 같이 도덕적 사유세계를 벗어나지 못하고 있었음을 보여준다. 이러한 한계는 경전經典 중심中心의 고도古道를 추구追求한 옥동이나 도문일치道文一致의 경세문학론經世文學論을 주장한 성호 모두 문학의 본질적 기능으로 재도載道를 상정하고 있었다는 점에서 당연하다고 할 수 있다.

결국 옥동과 성호의 문학관과 창작론은 기본적으로 같은 틀 안에 존재하는 것이었다고 할 수 있다. 옥동이 보다 엄격한 잣대를 가지고 문학을 대했지만 문학에 대한 기본 인식에서는 성호와 다름이 없었고, 성호가 세부적인 창작론에서 옥동보다 발전적인 모습을 보였지만 옥동에게서 발견할 수 있는 한계를 완벽하게 극복했다고 하기는 어렵다. 이와 같은 모습은 두 사람 사이의 문학적 상관성을 유추할 수 있게 하는 근거가 된다.

옥동과 성호의 시문학 작품들을 살펴보면 이들의 공통점과 차이점을 더욱 선명하게 확인할 수 있다. 옥동과 성호는 형제로 서로에게 상당한 영향을 미친 사이였다. 옥동이 성호의 학문세계 형성에 결정적인 역할을 했으며, 성호 학문의 본질적인 모습이 옥동과 닮아있다는 것은 이들의 영향관계를 실증하는 분명한 근거가 된다. 그러나 옥동의 학문으로 성호의 학문세계 전체를 설명할 수 없다. 옥동과 성호의 학문세계는 같은 만큼 다른 점을 가졌는데, 이것은 성호가 옥동을 토대로 하여 스스로 자신의 학문세계를 확장하고 심화시켰기 때문이다.

옥동과 성호의 학문세계가 같은 만큼 다르다는 것은 이들의 학문세계가 구현된 양상에서의 차이점을 말한다. 하지만 구현된 학문세계의 현상적인 모습에서 이들이 비록 같고 다른 점을 가졌지만, 학문세계의 현상적인 모습이 뿌리내리고 있는 의식세계에서는 본질적인 공통점을 가지고 있었다. 이들 모두 개인적인 심성 수양을 모든 행위의 근본으로 삼는 유학자라는 공통점을 지니고 있었다. 그런 점에서 이들의 시문학 세계를 비교해보기 위한 작품은 개인적 차원의 내면세계가 구체적으로 표상된 시들 중에서 선택하는 것이 타당해 보인다.

물론 옥동과 성호의 문학관이 모두 경세적 효용론과 연관된다는 점에서 개인적 차원의 내면세계가 구체적으로 표상된 시만 비교한다는 것은 문제가 있을 수도 있지만, 이들의 시세계가 보여주는 양상들을 선명하게 비교해 보기 위해서는 이들이 모두 가지고 있는 공통적이고 본질적인 부분을 대상으로 하는 시를 비교 대상으로 삼는 것이 타당하다고 생각된다.

曉天猶有月	새벽하늘에 아직 달 떠있고
乾坤混澹虛	하늘과 땅 뒤섞여 담박하고 여유로운데
間中無雜事	그 사이 잡된 일 하나도 없어
靜坐念經書	조용히 앉아서 경서를 읊조린다.[81]

月明風不動	달 밝고 바람은 불지도 않고
天無一點雲	하늘엔 구름도 한 점 없는데
靜極含動意	고요한 그 끝에 움직이려는 뜻 있어
森然怳有聞	오싹하게도 놀랍게 들리는 것 있네.[82]

夜深群動定	밤 깊어 온갖 움직임 멈추어 쉬니
風月自悠然	바람과 달만 제 저절로 한가로운데
靜立西亭上	조용히 서쪽 정자 위에 올라서
朗吟大雅篇	낭랑하게 대아편을 읊조리누나.[83]

夜深群生靜	밤 깊어 모든 사물 고요해질 때
帶月挾冊歸	달을 이고 책을 끼고 돌아오는데

81 李漵, 〈晨坐〉, 『弘道先生遺稿』 卷1.
82 李漵, 〈月夜〉, 『弘道先生遺稿』 卷1.
83 李漵, 〈月夜〉, 『弘道先生遺稿』 卷1.

無人如人見　　아무도 없지만 남이 보는 듯
恭立整冠衣　　공손히 서서는 의관 바룬다.[84]

이 네 수의 시는 모두 옥동이 지니고 있었던 수양 의지를 드러낸 시이다. 이 시들의 특성은 제목에서도 잘 드러나는데, 〈신좌晨坐〉와 〈월야月夜〉라는 제목에서 옥동이 위치한 시간과 공간이 그의 내면세계와 일치하고 있음을 알 수 있다. 이런 모습은 옥동의 수양이 내면 지향성을 지니고 있음을 말해주는 것이다. 이 네 수의 시에서 옥동은 철저한 심성心性 수양修養을 통해 자신의 내면을 확립해가는 구도자의 모습을 보여준다. 따라서 이 시들 속에서 볼 수 있는 옥동의 의식세계는 청정淸淨함과 고요함 그 자체이고, 이와 같은 의식세계를 묘사하기 위해 옥동의 시는 완벽하게 정태적靜態的 상태로 그려진다. 움직임과 소리를 제거한 한 폭의 그림으로 이 시간의 옥동을 그린 것이다.

山家犬吠白雲鄕　　산 집에는 개 짖고 흰 구름 떠 있는 마을에
一點輕鷗下夕陽　　한 점 갈매기 가볍게 석양에 내려오고
秋江日暮波紋滑　　해 지는 가을 강에는 물결무늬 번지는데
風送菱花滿地香　　바람은 마름꽃 보내 땅 가득 향기롭네.[85]

心隨流水淡　　마음은 흐르는 물 따라 담박하고
興與白雲長　　흥은 흰 구름과 함께 길기만 한데
隨陰移席坐　　그늘 따라 자리를 옮겨 앉아서
終日自淸涼　　온종일 제 저절로 청량함 속에 있네.[86]

84 李漵, 〈月夜〉, 『弘道先生遺稿』 卷1.
85 李漵, 〈美陰〉, 『弘道先生遺稿』 卷1.
86 李漵, 〈栗園晩興〉, 『弘道先生遺稿』 卷2.

이 두 수의 시는 모두 옥동이 자신의 생활공간을 대상으로 읊은 것이지만, 생활공간에 대한 묘사보다 옥동 개인의 내면정서 표출에 더 많은 비중을 두어 자연과 하나가 된 담담한 옥동의 내면을 그리고 있다. 이 두 수의 시에서도 옥동은 담담한 묘사 속에 은은한 홍을 드러내기 위해 동적動的인 묘사를 최대한 억제하였다. 이 두 수의 시 앞에서 살펴본 네 수의 시와 비교해 달라진 것이라고는 은은한 홍[幽興]이 내재되어 있다는 것뿐이다. 물론 이 두 수의 시는 앞에서 살펴본 네 수의 시와 달리 시가 수양의 적극적인 도구가 되었다거나 수양 의지를 표현하는 수단이 되었다고 보기 어렵다. 그러나 이 시들을 통해서도 옥동의 정화된 내면세계를 느낄 수 있다.

문학관에서 또 창작론에서 유사한 모습을 보여주지만, 성호의 시세계는 시적 형상화의 방향에서 옥동과 확연히 다른 모습이다. 옥동의 시가 내면으로 침잠하는 모습을 보이는 반면 성호의 시는 자신의 내면세계를 외부로 드러내고 있어서 감정의 편폭이 옥동보다 크게 느껴진다.

秋風秋雨盡蕭蕭	가을바람 가을비가 모두 쓸쓸하여서
催物催人暗自消	사물 사람 모두 다 몰래 절로 약해지네.
卻怪重衾茅屋底	괴이하구나 초가지붕 아래 두꺼운 이불 속에서
憂心偏學葉聲搖	근심스런 마음 유독 날리는 잎새 소리 배우는 게.[87]

渚鷗猶欠通身白	물가 갈매기도 온몸 희지는 못하며
流水難逢徹底淸	흐르는 물도 바닥이 맑은 경우는 드무네.
世事違心如許久	세상사 내 마음과 어긋난 지 오래니
偶然川上坐忘行	생각 없이 시냇가에 앉아 떠날 줄을 모르네.

87 李瀷, 〈秋夜〉, 『星湖先生全集』 卷1.

水裏遊魚時出沼　물속의 물고기 때로 물 위로 나오고
雲邊飛鳥去成行　구름 가 나는 새 줄을 맞춰 가는데
無人不道佗閒意　한가한 뜻을 말하지 않는 이 없지만
也是紛紛逐利忙　그래놓고는 어지럽게 이익 좇느라 바쁘네.[88]

囱外嚴風正怒號　창밖에 모진 바람 한창 울부짖는데
房中一燈惟孤懸　방 안에는 등불 하나 홀로 걸려 있네.
四鄰無喧萬慮空　사방 고요해 온갖 상념 사라지니
此時正好開陳篇　이때가 정녕 책 펴기 좋을 때라.
篇中不死聖賢心　책 속에는 죽지 않은 성현의 마음 있어
怳如提耳猶流傳　직접 전해 주시는 듯 귓가가 황홀하네.
我眼無珠看愈眩　내 눈에 구슬 없어 볼수록 모르겠으니
古人其柰今人蒙　옛사람이 지금 사람의 어리석음을 어이하리.
箋註留心十年久　전주에 마음을 둔 지 십 년이 되었지만
至今擿埴迷西東　지금도 허둥지둥 동서 분간 못하네.
況是乾坤正長夜　하물며 천지가 긴 어둠에 잠겼으니
冠裳毁裂隨顚風　의관을 찢고서 사나운 바람 따라가는 듯.
土中有物埋未得　흙 속에 보물 있어도 묻혀버려 못 얻지만
精光上射爲長虹　밝은 광채 위로 쏘면 긴 무지개 되네.
嗚呼此道今已矣　아아 이 도가 이제 그만일 뿐이니
掩卷不語憂心忡　책 덮고 말없이 근심에 잠기노라.[89]

看見兒童長　아이들 자라는 것 보고
推知我朽衰　내 늙어감을 미루어 아네.
慣經除夕會　제야의 모임을 익히 보아 왔으니

88 李瀷, 〈有感〉 2首, 『星湖先生全集』 卷1.
89 李瀷, 〈夜吟〉, 『星湖先生全集』 卷1.

眾樂獨含悲　　남들 다 즐거운데 나 홀로 서글프네.

十五成丁壯　　열다섯 살이면 장정이라는데
年今倍過三　　내 나이 이제 그 세 곱절이네.
晩生兒漸大　　늦둥이 아이가 점점 자라니
聊以慰懷堪　　이것 하나로 내 마음 위로가 되네.[90]

五十行年逼歲除　　쉰 살 나이에 섣달그믐 다가오니
眼昏頭白守吾廬　　침침한 눈 흰 머리로 내 집이나 지키네.
藜羹飽吃無餘念　　명아주 국이라도 배불리 먹으니 딴 생각 안나
夜聚邨童看讀書　　밤에 동네 아이 불러 글 읽는 것 본다네.[91]

인용한 시를 보면 성호의 시세계가 옥동과 확연하게 다른 모습임을 알 수 있다. 옥동과 성호의 시가 보여주는 거리는 두 사람의 문학관과 창작론이 같은 틀 안에 있다는 것을 인지하기 어려울 정도이다. 이와 같은 차이는 현실에 대한 옥동과 성호의 대응 자세의 차이에서 온 것이 아닐까 생각된다.

옥동과 성호의 시가 창작된 시·공간의 유사성과 개인의 내면 정서를 읊고 있다는 내용상의 공통점에도 불구하고 옥동과 성호의 시가 보여주는 차이에 대해서는 상당한 주의가 필요하다. 특히 옥동과 성호의 시가 이와 같이 다른 모습을 보여주고 있지만, 두 사람의 시문학 작품들이 각자가 주장한 문학관과 창작론을 어기지 않고 있다는 점에서 더 큰 주의가 필요하다. 옥동과 성호의 시가 보여주는 차이점은 문학 작품의 창작에서 본질적인 부분이 같다고 하더라도 구체적인 구현 양상은 얼마든

90 李瀷, 〈除夜〉 2首, 『星湖先生全集』 卷2.
91 李瀷, 〈五十〉, 『星湖先生全集』 卷2.

지 달라질 수 있음을 보여주는 것이다. 옥동과 성호의 시문학 작품에서 찾을 수 있는 거리의 의미를 확장한다면 동일한 가학家學 전통을 지닌 동일 가계家系의 구성원들이라고 하더라도, 그들이 지닐 수 있는 시문학 세계의 실질적인 편폭을 예측하기 어렵다는 것을 알 수 있다.

문학관과 창작론에서 동일한 틀을 지니고 있었던 옥동과 성호의 시문학 세계가 보여주는 구체적인 창작 양상의 차이는 두 사람의 사유세계나 인식세계가 지니고 있는 차이점이라기보다는 그 사유세계나 인식세계의 현실적 적용에서 일어나는 차이로 보인다. 그것은 성호 학문의 기초가 옥동에 의해 형성된 것이기 때문이다. 그런 점에서 옥동과 성호, 두 사람 사이에 존재하는 사유세계의 현실적 적용에서 일어나는 차이란 옥동과 성호가 본질적으로 동일한 의식세계를 지니고 있었지만, 그 의식세계의 구체적 운용에서 각기 방향을 달리했다는 뜻이다.

옥동이 "수시득의隨時得宜"를 통한 시변時變과 통변通變을 추구했고 "법고法古를 통한 창신創新"을 지향했지만, 그가 가장 먼저 주목했던 것은 그 자신의 수양이었다. 따라서 옥동의 시는 기본적으로 자기 내면화를 추구하여 정태적靜態的이고 그림 같은 시를 그리게 된다. 이와 달리 대상을 세밀하게 묘사하여 핍진逼眞한 형상을 재현하고 이를 통해 작자의 감정을 진실하게 형상화하고자 했던 성호의 경우 내면 감정의 외적 표출에 주목할 수밖에 없었다. 그것은 대상의 핍진逼眞한 묘사를 통해 작자의 감정을 진실하게 드러내기 위해서는 자기의 감정을 과장해서도 안 되지만 자신의 감정을 감추는 것 역시 위선僞善이나 허위虛僞가 되기 때문이다.

옥동과 성호의 시문학 세계는 기본적으로 같은 틀 안에 있었다. 하지만 그들의 시문학 세계가 놓여 있었던 틀 안에서 그들은 현실적 상황에 각기 다른 양상으로 대응하였다. 옥동과 성호의 시는 구체적인 형상화의 방향에서 상당한 거리를 가지지만, 시 속에 내재된 정서의 진실성에서는 동일한 모습을 보인다. 진실성을 유지한 채 현상에 대응하는 방법으로 옥동은 내적 침잠을, 성호는 외적 분출을 선택했다.

옥동과 성호 모두 문학의 본질적 기능으로 재도載道를 상정하고 있었다. 경전經典 중심中心의 고도古道를 추구追求한 옥동이나 도문일치道文一致의 경세문학론經世文學論을 주장한 성호는 이 점에서 동일하다. 창작론에서도 옥동이 "수시득의隨時得宜"를 통한 시변時變과 통변通變을 추구하고 "법고法古를 통한 창신創新"을 지향했지만, 이는 대상을 세밀하게 묘사하여 핍진逼眞한 형상을 재현하고 이를 통해 작자의 감정을 진실하게 형상화하고자 한 성호와 그리 큰 차이를 가지지 않는다. 그러나 이 동질성은 시문학의 창작이라는 실제적인 상황에서 각기 다른 모습으로 드러난다. 이런 차이는 문학론과 창작론을 적용하는 방법의 차이를 의미하는 것이면서 동시에 동일 가계家系와 학문 집단이 지니는 공통적 속성과 개별적 특성의 차이를 설명하는 것이기도 하다.

옥동과 성호는 동일 가계 안에서 비슷한 시기를 살았던 형제들이다. 유사한 정치적 상황 속에 놓여 있었고, 동일한 학문 전통을 수수授受받아 각자의 능력을 더해 자신만의 세계를 만들어갔다. 조금의 차이는 있겠지만, 이들은 교유관계나 사회적 입장에서도 유사한 지점에 놓여 있었다. 그런 점에서 이들의 의식세계는 동일한 근저根底를 지녔다고 할 수 있다. 그러나 더 자세하게 따져보면 이들의 개인적인 삶의 역정이 보여주는 구체적 양상은 각기 다르다. 따라서 이들의 본질적인 학문 세계나 문학관과 창작론이 비록 동일한 뿌리를 가졌다고 하더라도 구현되는 최종적인 양상에서는 차이를 가질 수밖에 없다.

옥동과 성호의 학문 세계나 문학론과 창작론의 공통점은 이들 가문의 학문 경향, 즉 가계家系 내에서 전해진 가학家學의 특성이라고 간주할 수 있고, 구체적인 구현 양상의 차이는 개인적인 삶의 역정이 지니는 간극에 바탕을 둔 개인적 차원의 특성이라고 할 수 있다. 동일한 가계 내에서 학문적 수수관계를 가졌고 비슷한 삶의 역정들을 거친 형제였다는 점에서 이들의 학문과 문학 세계는 본질적으로 공통점을 지닐 수밖에 없지만, 이 본질적인 공통점은 개인적인 학습의 과정과 개별적인 삶의 역정 속에서 현실에 대해 각기 다른 반응을 할 수밖에 없었다고 생각된다. 따라서 옥동과 성호의 학문과 문학 세계에서 동질성과 변별성을 동시에 확인할 수 있는 것은 당연하다고 할 수 있다.

성호에게 미친 옥동의 영향과 옥동과 성호의 학문과 문학 세계가 지닌 동이점을 정리해보면 성호의 학문과 문학세계가 부친 매산에게서 그의 형제들에게 이어진 가학家學을 연원으로 하고 있음을 알 수 있다. 그렇다면 성호의 학문과 문학세계의 형성에 대해 이해하기 위해 다음으로 생각해 볼 것은 가학의 전승 이외에 성호의 학문 형성에 영향을 미친 다른 누군가가 존재하는가, 특히 성호나 성호의 가계家系에서 그것을 인정하고 있는가 하는 것이다.

성호는 자신의 학문 형성에 대해 스스로 어떤 언급을 하지 않았고, 성호의 후손들은 성호의 학문 형성에 관해 모두 가학의 전승만을 이야기한다. 당대 미수 허목이 지니고 있었던 남인계열 내에서의 위상으로 보았을 때 성호가 미수의 학통을 이었다고 한다고 하더라도, 혹은 번암 채제공이 언급한 근기 남인계열의 학맥을 묵시적으로 동의한다고 하더라도 정치적으로 또는 학문적으로 성호 혹은 성호 가계에 어떤 불이익을 가져다주지는 않았으리라고 생각된다. 오히려 그 반대로 성호 가계의 학문적, 혹은 정치적 위상이 근기 남인계열 내에서 더욱 높아질 수 있었을 것이다. 그러나 성호의 후손들이 밝힌 성호의 학문과 문학세계의 형성 과정으로 보았을 때 성호의 가계 내에서는 성호와 미수의 학문적 영향 관계에 대해 그다지 긍정적이지 않았다는 인상을 가지게 된다.

미수와 성호의 관계를 정립하기 위해 우선적으로 시도된 것은 미수와 성호의 부친 매산과의 관계 설정이다. 약산 오광운이 쓴 매산의 문집 서문을[92] 보면 매산이 미수의 추중推重을 받았다는 것을 알 수 있다. 이는 학맥學脈에 관한 언급이라기보다 근기 남인의 영수로써 미수가 지닌 위상을 밝힌 것이라고 할 수 있지만, 어떤 형태로든 미수와 매산을 밀접하게 연결시키고자 했던 의도가 반영되어 있다. 이와 같은 약산 오광운의 인식이 다음 세대의 번암 채제공에게 영향을 미쳐 미수에서 성호로 이어지는 근기 남인계열 학맥이 형성되었다고 보인다.[93] 번암 채제공과 그 다음 세대인 다산 정약용의 글에서 논의된 근기 남인계열의 학맥 전수 과정은 다음과 같다.

> 우리나라의 道統을 생각해보면 절로 계통이 있다. 退溪는 우리 동방의 부자이시다. 그 도를 寒岡에게 전하셨고, 寒岡은 그 도를 眉叟에게 전하셨고 선생(성호 이익－필자주)께서는 眉叟를 사숙하셨다. 眉叟를 배워서 退溪의 계통을 이으신 것이다.[94]

> 아 우리 星湖夫子는 하늘이 내신 영걸스러우신 인재로서 도가 망하고 교화가 헤이해진 뒤에 나서서 晦齋와 退溪를 사숙하여 심성의 학문으로 날줄을 삼고 경제의 사업으로 씨줄을 삼아 수백여 편의 저서로써 후학들

92 吳光運, 「序文」, 『六寓堂遺稿』, “穆陵朝, 所謂東人本起士類, 號稱多人物, 而粹然爲近世所宗者, 眉翁也. 以眉翁後進, 而相與爲激揚, 爲眉翁所倚重者, 梅山也. 眉翁歿, 公亦擯逐以歿.”

93 김학수, 「星湖 李瀷의 學問淵源」, 『星湖學報』 1, 星湖學會, 2005, 69면.

94 蔡濟恭, 「星湖 墓碣銘」, 『星湖先生全集』, 「附錄」 卷1, “但念吾道, 自有統緖, 退溪我東夫子也. 以其道而傳寒岡, 寒岡以其道而傳眉叟, 先生私淑於眉叟者, 學眉叟而接夫退溪之緖.”

> 에게 아름다운 은혜를 베풀었으므로 학통을 이어받은 집안의 자제들과 문하에서 친히 가르침을 받은 제자들이 모두 원만한 인격을 이루어 스승의 뒤를 이어 후학을 계도하지 않은 이가 없었다.[95]

이 글을 보면 번암 채제공이나 다산 정약용 모두 성호의 학문이 시작되는 지점으로 퇴계 이황을 설정했다. 성호가 퇴계를 사숙私淑했다는 것은 성호 가문의 정치적 성향이 퇴계의 문인들이 중심이 된 근기 남인계열에 속했기 때문에 당연하다. 성호의 글을 살펴보면 성호는 퇴계를 사숙私淑하여 존숭尊崇하는 경지에까지 이르게 되었음을 알 수 있다. 성호의 「이선생예설유편서李先生禮說類編序」나 「서퇴계선생필후書退溪先生筆後」, 「도산도맥첩발陶山道脈帖跋」, 「이자수어서李子粹語序」와 같은 글을 보면 성호가 퇴계를 존숭하고 흠모했던 마음을 충분히 알 수 있다. 그런데 앞의 글에서 보다 주목해 보아야 할 것은 성호의 미수 사숙에 대해 다산이 어떤 언급도 하지 않았다는 것이다. 오히려 다산은 성호가 퇴계만을 사숙한 것이 아니라 회재晦齋 이언적李彦迪(1491~1553)까지 사숙했다고 하여 성호의 학문적 계통을 확대하였다. 이와 같은 기록은 성호의 족질族姪 정산貞山 이병휴李秉休(1711~1767)의 「자서自序」에서도 볼 수 있는 것이다.[96]

성호의 글을 보면 성호가 미수를 상당히 존경하였음을 알 수 있다. 성호가 쓴 「미수허선생신도비명眉叟許先生神道碑銘」, 「미옹예론眉翁禮

---

95 丁若鏞, 「上木齋書」, 『與猶堂全書』, 卷19, "惟我星湖夫子, 以天挺英豪之才, 生於道喪教弛之後, 得以私淑於晦退, 經之以心性之學, 緯之以經濟之業, 著書累百餘編, 以嘉惠後學, 其同堂適傳, 及門高弟, 蓋莫彬彬郁郁, 繼往開來."

96 李秉休, 「自序」, 『貞山雜著』 冊 11, "余乃往受學于季父先生, 先生之學, 卽退陶李子之學也. 先生謂我東 惟退陶李子 得朱子正學之統 步步趨趨 是效是則 亦如退陶之於朱子 而卒承其統焉."

論」, 「미수선생전예삼첩眉叟先生篆隸三帖」과 같은 글은 성호의 미수 존모尊慕를 잘 보여준다. 그러나 이와 같은 성호의 퇴계 사숙私淑과 미수 존모尊慕을 그대로 학맥學脈의 전승 과정과 일치시키는 것은 상당한 문제를 야기한다. 그것은 조선 후기 당대에 벌써 성호의 학문이 미수보다 그와 동시대를 살았던 하헌 윤휴의 영향을 받은 것이라는 주장이 있었을 뿐만 아니라[97] 성호가 퇴계의 경학관과 수양관을 중시하였으면서도 고질적인 병폐를 지니고 있었던 당대의 현실 문제를 해결하기 위한 시무時務에 있어서는 율곡 이이와 반계 유형원을 추종했기 때문이다.

> 국조 이래로 시무를 알았던 분을 손꼽아 보면 오직 李栗谷과 柳磻溪 두 분이 있을 뿐이다. 栗谷의 주장은 태반이 시행할 만한 것이고, 磻溪의 주장은 그 근원을 궁구하고 일체를 새롭게 하여 왕정의 시초를 삼으려 했으니 그 뜻이 진실로 컸다. 그러나 밭을 모조리 개간하는 것과 서울에서 벼슬하는 자가 처자를 거느리는 등의 문제는 반드시 구애되는 것이 있어 시행하기 어려울 것이고, 結負의 부세와 번갈아 숙직하는 규칙은 오히려 폐단 없이 시행할 수 있으나 어찌 이같이 할 필요가 있겠는가. 栗谷의 주장에 감사는 임기에 구애하지 말고, 작은 고을은 큰 고을에 합치고, 다 큰 종은 그 아비를 좇지 못하게 한다는 등의 말은 하나하나 사리에 합당한데 무엇을 꺼려 시행하지 않았던가. 貢案을 개정하는 한 가지 일만은 결국 시행되었으나 오히려 부역은 가볍고 조세는 과중하다는 아쉬움이 있었으니 이는 역량이 부족하고 조치하는 국량이 좁기 때문이었다. 만약 栗谷과 磻溪를 시켜 시행했더라면 반드시 볼만한 것이 있었을 것이다. 오늘날 『磻溪隨錄』 가운데 여러 가지 좋은 의론을 단 한 가지도 시험한 것이 없으니, 예나 지금이나 지사가 마음 쏟은 것을 끝내 세상 사람들이 알아주지 않으니 어떻게 하겠는가.[98]

97 丁若鏞, 「鹿菴權哲身墓誌銘」 附見聞話條, 『與猶堂全書』 卷15, “公少時慕夏軒, 嘗曰; 退溪之後, 夏軒之學, 有本有末, 夏軒之後, 星翁之學, 繼往開來. 此仲氏所聞.”

이 글에는 성호가 지니고 있었던 율곡과 반계에 대한 인식이 잘 드러나 있다. 학문이란 현실적 쓰임을 가져야 한다는 성호의 학문관은 그에게 시대의 폐단에 대해 적극적으로 대응하는 학문을 추구하게 만들었다. 성호는 당대의 정치·경제·사회·문화 제 분야의 여러 가지 모순을 신랄하게 비판하고 대안을 찾기 위해 노력했다. 성호는 학문의 효용성이란 경세經世에 있는 것이라 여겼고, 경세의 기준으로 경학經學을 중시했다. 따라서 성호의 학문은 그가 비록 퇴계의 수양관과 학문관을 이었다 하더라도 현실의 제반 문제에 대한 대응이란 측면에서는 현실적 효용을 중시하는 경세적 학문관으로 바뀌어 나타날 수밖에 없었다. 다음 글을 보면 성호의 의식을 분명하게 알 수 있다.

> 근세에 李栗谷 같은 이가 更張에 대해 많은 말을 했으나 당시에 논의하는 사람들이 바르게 여기지 않았다. 그러나 지금 살펴보면 명쾌하고 절실하여 팔구할은 실행할 수 있는 것이었다. 대체로 國朝이래로 시무를 아는 사람의 으뜸이었다. 애석하구나, 지금의 존숭이여. 그 사람은 높이지만 그 실상을 높이지 않는구나. ……(중략)…… 磻溪 柳馨遠에 이르러서는 더욱 큰 것이 있으니, 한 번 (폐습을) 씻어서 古代로 되돌아갔다. 그러나 반드시 토지를 준 뒤에 그만두고자하는 것에 이르러서는 그 뜻이 비록 좋다고는 하지만 끝내 또한 실행하기 어려운 것이다. 하지만 또 한 가지 일을 두고 편안히 경계를 정한다면 자연스럽게 법도에 맞을 것이다. 비록 당세에는 시행되지 않는다 하더라도 뒤에는 반드시 와서 법으로 취할 사람이

98 李瀷,「變法」,『星湖僿說』, 卷11,「人事門」, “國朝以來, 屈指識務, 惟李栗谷柳磻溪二公. 在栗谷太半可行, 磻溪則究到源本, 一齊刻新, 爲王政之始, 志固大矣. 然如田之盡佃, 京司之率眷之類, 必將有礙阻難擧者, 結負之稅, 遞直之規, 猶可以辨事無虧, 何必如此也. 如栗谷之監司久任, 小郡合, 大奴不從父等說, 一一中窾, 何憚而不擧. 惟改貢案一事, 畢竟施行, 猶有賦輕稅重之歎, 自是力量不大, 措置局挾故也. 苟使栗谷磻溪爲之, 必有可觀也. 今磻溪隨錄中, 鍾踵各論, 無一擧以試之, 古今志士之用心, 終無奈世人何耳.”

있을 것이니 스승 됨이 무궁할 것이다.[99]

시무를 위한 실용적 학문을 추구한 성호는 율곡과 반계의 학문에 주목했다. 성호의 이런 태도는 사단칠정四端七情의 심성론에서 율곡을 비판한 것과는 다른 모습이다.[100] 당대 정권을 장악한 서인西人들이 대부분 우계牛溪 성혼成渾과 율곡의 계통을 잇고 있었다는 점에서 정치적 고폐固閉로 인해 괴로움을 겪고 있었던 성호가 율곡의 학문을 인정한 것은 그의 객관적 학문 태도를 보여주는 것으로 시사하는 바가 크다. 반계에 대해서 성호는 『성호사설星湖僿說』에서 뿐만 아니라 문집 속에서도 여러 편의 글을 남겼다. 「반계유선생전磻溪柳先生傳」, 「반계수록서磻溪隨錄序」, 「반계유선생유집서磻溪柳先生遺集序」와 같은 것인데, 성호가 반계의 학문 세계를 접하고 이에 주목하였던 것 역시 시무를 중시했던 반계의 학문 경향 때문이다.

반계에 대한 추종과 함께 성호는 지봉芝峯 이수광李睟光의 박학에 대해서도 인정했다.[101] 지봉은 성호의 증조부 소릉少陵 이상의李尙毅(1560~1624)가 동궁면복주청사東宮冕服奏請使로 연경에 갈 때 부사로 소릉

99 李瀷, 「論更張」, 『星湖先生全集』 卷46, "如近世李栗谷, 多言更張, 當時議者不韙也. 以今考之, 明快切實, 八九可行. 蓋國朝以來, 識時務之最, 惜乎今之尊也. 尙其人, 而不尙其實. ……(중략)…… 至柳磻溪馨遠, 尤有大焉. 一洗而反乎古, 必至授田而後已, 其意雖善, 卒亦難行, 且置一事, 其佗區劃, 恰恰中窾, 雖未克見施當世, 後必有來取法者存, 而爲師于無窮也."

100 四七 心性論에 대한 星湖의 태도는 그가 문하 제자들과 주고받은 많은 편지에서 쉽게 발견할 수 있다. 특히 『星湖全書』 卷23의 愼耳老에게 답한 편지와 卷31의 禹大來에게 답한 편지에서 자세히 볼 수 있다. 金容傑, 『星湖 李瀷의 哲學思想硏究(成均館大學校大東文化硏究院, 1989.)』에 星湖가 退溪와 栗谷의 理氣·心性論에 대해 가지고 있었던 태도가 잘 설명되어 있다.

101 李瀷, 「灰酒」, 『星湖僿說』 卷4, 「萬物門」, "李芝峯引魯望詩, 謂中朝人釀酒, 多用灰. 芝峯之博, 亦不及此也." 이 글에서 星湖가 지봉이 한 주장의 오류에 대해 지적하고는 있지만, 그의 박식에 대해서는 인정하고 있었음을 알 수 있다.

공을 수행했다. 당시 지봉은 소릉의 시에 감탄했고,[102] 이후 소릉과 지봉은 지속적으로 친밀한 교분을 이어가[103] 그 교분이 후대에까지 영향을 미쳤다. 지봉과 성호의 가문이 맺었던 친분은 성호 대까지 이어져 성호는 자신의 외동딸을 지봉의 후손 이극성李克誠에게 시집보냈다.

이와 함께 성호는 식산息山 이만부李萬敷에게도 적지 않은 영향을 받았다. 성호와 식산의 교유는 성호의 형 섬계와 옥동을 매개로 하는 것이지만,[104] 본격적인 관계의 형성은 한 때 식산이 머물렀던 원주에서 이루어졌다. 이 시기 성호와 식산의 문답이 식산의 『식산선생문집息山先生文集』 속 「학성문답鶴城問答」에 남아있다. 문집의 기록을 보면 성호가 식산을 만난 시점은 셋째 형 옥동이 운명한 이후로, 성호의 나이가 최소한 40대 중반이었을 것으로 짐작된다. 그런데 글 속에서 성호는 사우師友의 도움 없이 학문하는 어려움을 말했고, 이에 대해 식산은 고인古人을 사숙하는 이로움을 말했다.[105] 이 대화를 되새겨 보면 이 시기까지 성호는

---

102 李震休, 「少陵公 家狀」, 『驪江世乘』 卷5, "秋以東宮冕服奏請使, 如京師. 時李芝峯晬光爲副, 芝峯文章士也, 以公居常謙恭, 不以翰墨自居, 故芝峯亦未深知, 至是與之酬昌, 大驚服曰; 少陵文章, 當代罕敵."

103 少陵公의 文集인 『少陵集』에는 芝峯과 주고받았거나 芝峯의 시에 차운한 少陵公의 시가 많이 나오는데, 家狀의 기록과 문집을 살펴보면 이 시들은 모두 燕行 중 少陵公이 芝峯과 주고받은 것이라 생각된다. 이로 보아 少陵公이 당시 芝峯과 친밀한 관계를 유지하고 있었음을 알 수 있다.

104 李瀷, 「上息山」, 『星湖先生全集』 卷9, "瀷記昔先生有四郡山水之遊, 與我兩兄交歡於泗上, 其心親義篤, 無與爲比. 則自此以上, 聲聞密邇, 宜莫如先生熟也. 何待乎瀷言之及."

105 李萬敷, 「鶴城問答」, 『息山先生文集』 卷12, "余行滞鶴城, 李子新適入峽, 聞余行來訪. 子新, 亡友李澄叔之少弟也. 余記其少聰穎安詳, 以弟畜之. 年來聞其力學多聞, 自洛來者, 稱道不已. 然既與吾友, 不得合并講討如少日, 而忽隔幽明, 其與子新際接尤難也. 每念之, 愴然感而已. 忽於逆旅相遇, 如見亡友, 悲喜交集. 既而, 問吾子有遠大之志, 用力既久, 所得何事. 子新曰; 無師友之益, 只從古人說話揣度, 若迷途而行者, 雖或遵大道, 忽然更惑於歧, 而崎嶇反側也, 曰; 今行自商山至中原, 熟路也. 自中原至鶴城, 初行也. 中原以前地頗遠, 然心安氣舒, 泰然無慮, 中原以後路差近. 然不

가계 내 형님들 이외의 별다른 스승이 없었고 또 그가 식산을 스승으로 삼지 않았으며, 식산도 성호를 문하 제자로 생각하지 않았음을 알 수 있다. 그렇지만 성호는 식산에게 적지 않은 영향을 받았다고 생각된다. 식산의 죽음에 쓴 만사에서 성호는 스스로에 대해 구의摳衣라고 표현했다.[106] 구의는 심의深衣의 앞자락을 걷어쥔다는 말로 스승이나 어른 앞에 나아가 강론을 듣는다는 의미로 사용하는 말이다. 이와 같은 표현의 사용은 반드시 스승으로서는 아니라고 할 수 있겠지만, 성호가 식산에게서 받은 영향이 적지 않았음을 보여주는 것이다.

그렇지만 성호의 학문 형성에는 이와 같은 여러 선배들의 영향보다 독서를 통한 자득自得이 훨씬 더 큰 영향을 미쳤다고 할 수 있다. 성호에게는 부친 매산이 연경燕京에서 사 가지고 온 수천 권의 서적이[107] 가장 큰 자극이 되었다고 생각된다. 성호의 부친 매산이 연행을 갔던 숙종 4년(1678)은 강희康熙 17년(청淸나라 성조聖祖)으로, 청나라 안에서 적극적인 학술 부흥책이 실시되고 있던 때였다. 고증학을 중심으로 고전에 대한 새로운 연구가 활발하게 진행되었고, 황종희黃宗羲·고염무顧炎武·왕부지王夫之 등이 나와 경세치용의 실용적인 학문을 주장하던 시기였

免有疑懼之心, 儘知古人沛然行之之言, 有味也. 且師友資益, 固不可廢. 然旣無其人, 則不可强得而充之, 所謂古人說話, 豈非今日之明師畏友乎. 曰; 雖有師友, 不讀書, 何以爲學. 曰; 讀書多後, 若於吾心, 無總會處. 記誦雖博, 亦徒然讀書耳. 曰; 此誠不易得矣."

106 李瀷,「挽詞」『息山先生文集』「附錄」下, "數腴顏色稱癯形, 山澤精神想典刑. 大嶺以南存法度, 眞儒去後敞門庭. 文將天喪三分在, 道與心通一點靈. 百世何人能有眼, 乾坤留卷識如馨. / 名德家庭挺碩儒, 文章天與耀南隅. 味無味作眞君子, 居廣居稱大丈夫. 我昔摳衣瞻懿範, 年今垂老困迷途. 平生叩篋因宗願, 捲付哀謳惜道孤. / 心亨跡屈到華顚, 神會前脩密付傳. 無可如何天下事, 那能不作道東編. 音徽正闊應千里, 懷仰方深遽九泉. 數十年來交契盡, 後生無淚灑空阡."

107 李瀷,「先考司憲府大司憲府君行狀」,『星湖先生全集』, 卷67, "及將還, 例有饋賜銀段, 乃擧以買古書數千卷以歸."

다.[108] 당대 청나라에서 유행하던 다양한 학풍과 매산의 박학 취향에 비추어 볼 때 당시 매산이 구해 온 서적들은 이전 시기의 문집이나 경전뿐만 아니라 당대 청나라의 새로운 학문 경향을 담고 있는 서적들도 많았을 것이라고 추정할 수 있다. 이 서적들이 성호에게 당대 만연해 있었던 주자중심의 성리학적 학풍에 대해 반발하여 실용적이고 시무에 합당한 학문을 추구하도록 자극하였다고 생각된다. 실제로 이 시기 성호가 보았던 책에는 중국의 서적뿐만 아니라 한역漢譯된 서양의 서적들도 상당히 있었다고 생각된다.[109] 성호 주변의 다양한 상황과 여건들은 성호가 학문을 계속해 나갈수록 점차 폭넓은 사고를 갖게 하여, 이후 성호가 하나의 이론이나 학설에 집착하지 않을 수 있게 만들었다고 생각된다. 특히 수학기 성호가 가장家藏 서적에 심취해 있었던 것은 그 스스로도 밝히고 있는 사실이다.

> 세속을 따라 명예를 구하는 데 분주하던 중 화난을 당하여 곤궁한 지경에 빠지고 계획이 틀어졌습니다. 그래서 다시 과거공부에는 뜻이 없었으니 그 형세가 문을 닫아걸고 엎드려 있더라도 날마다 세상과 어그러지는 것 같았습니다. 집에 장서 수천 권이 있어 때때로 반복해서 읽는 것으로 소일거리를 삼았습니다.[110]

108 金學主, 『中國文學史』, 新雅社, 1989, 537~539면.

109 李瀷, 「答鄭玄老 甲戌」, 『星湖先生全集』 卷29, “自先丈棄朋友之後, 尤覺單孑, 時有心思, 無處質問, 若適他國而中道失件也, 家有一卷外邦書交友論者, 有云友者, 第二我也, 身二而心一.” 이 글에서 外邦이라 한 것이 최소한 중국이나 일본, 혹은 동아시아 지역의 다른 국가를 의미한 것은 아니라 보인다. 그것보다는 서방을 의미한다고 보는 것이 타당하다고 생각된다.

110 李瀷, 「答息山先生 甲辰」, 『星湖先生全集』 卷9, “只奔走於應俗求名中, 罹禍難, 隕穫失圖, 便無意於擧業文字, 則其勢將杜門跧伏, 日與世齟齬, 家有藏書數千, 以時繙閱, 爲消遣之資.”

성호의 학문이 독서를 통한 자득에 의해 이룩된 것이라고 생각해서인지는 모르겠지만, 성호의 후손들은 성호의 학문 형성에 대해 퇴계의 사숙과 가학의 영향 이외에 다른 어떤 사승관계의 형성도 인정하지 않았다. 성호의 고제高弟로 인정받는 정산 이병휴의 「자서」를 살펴보면 이와 같은 성호 후손들의 인식을 분명하게 확인할 수 있다.[111]

학문적 영향 관계의 수수授受 여부는 학맥과 학통의 형성 여부를 결정하는 기본적인 요소이다. 그러나 직접적으로 학문적 영향 관계를 주고받았다고 해서 반드시 학맥과 학통을 형성하게 되는 것은 아니다. 실질적으로 어떠한 학문적 영향 관계를 주고받았다고 하더라도, 영향을 준 쪽과 영향을 받은 쪽이 상대를 어떻게 생각하고 있느냐 하는 상대에 대한 인식의 문제에 따라 학맥이나 학통이라는 사승관계가 달리 형성될 수 있는 것이다. 따라서 학맥의 설정이 실질적인 학문의 전수 관계와 다를 가능성은 언제나 존재한다. 문제는 학맥의 설정에 작용하는 학문적인 것 이외의 것이 가지는 크기와 의미이다.

성호가 스스로의 학문적 계통으로 퇴계를 설정한 것은 그의 가문이 지니고 있었던 정치적 성향과 함께 자신의 학문적 기초가 퇴계의 경학관과 수양관에 있었다고 생각했기 때문이라고 할 수 있다. 따라서 성호는 시무를 위해 율곡과 반계를 추종했지만 자신의 학문 계통으로 퇴계만을 설정한 것이라고 할 수 있다. 그러나 퇴계와 달리 미수의 경우 성호가 상당히 존경했고, 식산의 경우 학문적으로 상당한 질정叱正의 대상이 되었지만, 성호는 이들에 대해 사승관계나 학맥의 계승을 인정하지 않았

111 李秉休, 「自序」, 『貞山雜著』 冊 11, “至我叔父玉洞先生及季父星湖先生, 隱居求志, 專務爲己之學. 朝廷徵以官不就, 爲世儒宗. 此余家學之淵源也. ……(중략)…… 十三四歲當壬寅癸卯之際, 余乃往受學于季父先生, 先生之學, 卽退陶李子之學也. 先生謂我東, 惟退陶李子, 得朱子正學之統, 步步趨趨, 是效是則, 亦如退陶之於朱子, 而卒承其統焉.”

다. 이와 같은 태도는 성호가 이들에 대해 학문적 동류의식同類意識을 지니고 있었으며, 선배로서 학문적 동반자라고 인정했지만, 이들을 스승으로 여긴 것은 아니라고 생각된다. 성호의 후예들이 성호의 학맥으로 가학家學을 제외하고는 퇴계와 독서를 통한 자득自得만을 인정한 것 역시 이와 같은 이유라고 할 수 있다. 물론 여기에는 그의 후예들이 지니고 있었던 성호에 대한 존숭과 학문적 순수성, 그리고 당대 그의 가문이 놓여 있었던 정치적 상황도 일정부분 작용하였을 것이다. 그러나 이와 같은 가계 내의 인식에도 불구하고 성호의 학통은 가계 외의 근기 남인계열 인물들에 의해 미수와 이어졌다.

근기 남인계열의 학맥이 퇴계 이황–한강 정구–미수 허목–성호 이익으로 확정된 것은 번암 채제공 시기라 보인다. 번암은 근기 남인계열의 존립을 위해서는 선명한 정치적 경향과 계보의 확립이 필요하다는 인식 아래 미수를 높이고 하헌 윤휴를 배격하는 입장을 견지했으며, 자기 계열의 학문적 정통성을 보다 공공연히 하기 위해 퇴계에서 성호로 이어지는 근기 남인계열의 학맥을 설정한 것이라고 보인다.[112] 여기에는 당대 그들이 처해 있었던 정치적·학문적 처지 역시 상당한 영향을 미쳤다고 생각된다. 이렇게 본다면 퇴계에서 시작하여 성호에게까지 이어지는 근기 남인계열의 학맥에는 학문적 영향 관계의 수수 여부보다 오히려 당대 근기 남인계열이 처해 있었던 정치적 상황과 그 정치적 상황을 극복해 내고자 했던 학문 외적인 의도가 더 강하게 녹아 있다고 할 수 있다. 이 학맥의 흐름에 대해 성호의 가계 내에서 그다지 동의하지는 않았지만 여헌 장현광의 가계와 달리 큰 이론을 제기하거나 반발하지 않았던 것은 성호의 가계 내에서도 이와 같은 학맥의 흐름이 완벽하게 왜곡되지

112 김학수, 「星湖 李瀷의 學問淵源」, 『星湖學報』 1, 星湖學會, 2005, 69면.

않은 것이고, 또 그들 스스로에게 그다지 불리하지 않다는 정치적 판단에 따른 것이라 생각된다.

성호의 학문 형성에 영향을 미친 선인先人들이나 성호가 학문적으로 높인 인물들을 살펴보면 퇴계와 율곡을 제외한 모든 사람들이 성호나 성호가의 선인先人들과 직·간접적으로 다양한 관계를 맺고 있는 인물들이었음을 알 수 있다. 이와 같은 사실은 성호가 그 자신의 학문세계를 만들어가는 과정에서 다양한 인물들의 영향을 받았음을 보여주는 것이기도 하지만, 다른 한편으로 성호에게 영향을 미치고 성호의 학문세계 형성에 관여했던 인물들은 결국 그의 가계 내 인물들로 한정된다고 범박하게 정리할 수도 있게 해 준다. 결국 그렇다면 성호의 학문은 가학의 영향 아래 이루어진 자득自得의 결과물이라고 정의 가능하다.

근기 남인계열 학맥의 흐름에 작용한 정치적 영향은 성호 이후의 학맥 전승 과정에서도 확인할 수 있다. 일반적으로 성호의 학맥은 소남邵南 윤동규尹東奎(1695~1773)·순암順庵 안정복安鼎福(1712~1791)·하빈河濱 신후담愼後聃(1702~1761)을 거쳐 하려下廬 황덕길黃德吉(1750~1827), 성재性齋 허전許傳(1797~1886)에게 이어진다고 알려져 있다.[113] 하지만 이와 같은 성호 학통의 계승은 성호 학통의 다른 두 부류를 배제한 것이다. 배제된 하나의 계통은 녹암鹿庵 권철신權哲身(1736~1801) 계통이고, 다른 하나는 정산貞山 이병휴李秉休(1711~1767)를 이어 가계 내 후손들에게 전해진 계통이다. 녹암 권철신 계통은 복암茯菴 이기양李基讓(1744~1802)을 거쳐 다산 정약용에게 이어지고, 정산 이병휴 계통은 가계 내의 전승을 거쳐 후손들에게 이어진다.

113 강세구는 『성호학통 연구(혜안, 1999.)』에서 星湖學統의 系譜에 대한 여러 가지 논의들을 자세히 정리하여 설명하고 있는데, 지금까지의 대체적인 논의와 같이 강세구도 星湖學統의 嫡孫을 順庵 安鼎福 系列로 보고 있다.

성호의 학통은 소남 윤동규·정산 이병휴·순암 안정복이 생존했을 당시까지는 학통 내의 분화가 이루어지지 않았다. 그러나 소남 윤동규와 정산 이병휴가 사망한 뒤 서학西學의 수용 문제를 놓고 첨예한 대립을 계속하였고, 순암 안정복이 사망한 후 마침내 분열하게 되었다. 이에 따라 성호의 학맥은 다시 순암 안정복·녹암 권철신·정산 이병휴를 종장으로 하여 각자의 학문적 성향에 따라 나누어지게 된 것이다.

성호의 학맥이 이와 같이 세 부류로 나누어지지만, 그 가운데 후대 적통으로 인정되는 계열은 순암 안정복 계열이다. 세 계열 중 순암 계열이 적통으로 인정된 것은 당대의 정치적 역학관계에 상당한 영향을 받은 결과라고 생각된다. 물론 성재 허전의 증손자로 순암 계열의 마지막을 이었다고 인정받는 방산舫山 허훈許薰(1836~1907)이 "퇴계학을 전승한 한강 정구와 미수 허목의 학통을 성호가 전수하고 이를 순암 계열의 후학들이 이어받았다는 점"을 중시하고, "학통이 사승관계로 이어지면서 사승관계의 맥이 끊어지지 않았다는 점"을 강조하여 자신들의 학통이 성호의 적전을 이은 것이라고[114] 보았지만, 이와 같은 방산 허훈의 주장에도 불구하고 후대 근기 남인계열에서 순암 계열이 성호 학맥의 적전을 이었다고 보는 이유에는 그 시기 그들이 처한 정치적 상황이 더 큰 영향을 미쳤다고 생각된다. 그것은 녹암 권철신 계열과 정산 이병휴 계열이 모두 후대 서학西學을 수용하여 상당한 정치적 탄압을 받았기 때문이다. 따라서 녹암 계열과 정산 계열에 학맥의 정통성을 부여할 경우 성호의 학맥 전체가, 또 어떤 점에서는 근기 남인계열 학맥 전체가 정치적 탄압에 내몰릴 가능성 역시 적지 않았을 것이기 때문이다. 그러나 정치적 상황에 의해 후대 근기 남인계열 내에서 성호의 적통으로 순암 계열이

114 강세구, 『성호학통 연구』, 혜안, 1999, 31면.

인정되었던 것과 달리, 성호 가계의 학문적 전통과 학습 경향으로 보아 성호학의 적통은 죽파 이광휴에서 정산 이병휴로 이어지는 가계 내의 인물들에게 전해진 것이 아닌가 생각된다.

근기 남인계열 학맥의 형성 과정을 살펴보면 현재 알려져 있는 근기 남인계열의 학맥은 실질적인 학문의 계승 관계보다 숙종대 이후 청남계열의 정치적 입지 강화를 위해 시도된 다분히 정치적인 계보였다고 할 수 있다. 이 정치적인 계보가 영·정조대를 거치며 형성된 탕평정국蕩平政局과 연계되면서 자신들의 정치적·학문적·사상적 정통성을 확정하여 정치적 위상을 견고히 하고자 했던 당대 근기 남인계열 인사들의 의식과 결부되어 확정된 것이라 생각된다. 따라서 이 학맥의 형성이 실질적인 학문 전승의 실상과 완벽하게 부합한다고 보기는 어렵다. 하지만, 학맥의 정립이 당대 사회에서 지니고 있었던 가치와 의미로 보아 이와 같은 학맥의 형성에는 정치적 의도뿐만 아니라 당대 근기 남인계열 인사들의 기원과 의지라는 공의公議가 함께 담겨져 있는 것이라고 보아야 할 것이다.

참고문헌

1. 資料

姜栢年,『雪峯遺稿』

南鶴鳴,『晦隱集』, 경인문화사 刊, 한국역대문집총서 2389.

朴永錫,『晩翠亭遺稿』

朴昌元,『朴澹翁集』

徐居正,『四佳詩集』

申得淸,『華海師全』

安鼎福,『順菴集』

劉在建,『古今詠物近體詩』

李　溆,『弘道先生遺稿』, 국립중앙도서관소장본, 성호 古 3648-62-923.

李　溆,『弘道先生遺稿』, 한국고전번역원,『한국문집총간』 속 54, 2008.

李　瀷,『星湖僿說類選』

李　瀷,『星湖僿說』

李　瀷,『星湖全集』, 韓國文集叢刊 197~200. 民族文化推進會.

李　潛,『剡溪先生遺稿(乾坤 2冊)』, 국립중앙도서관소장본, 성호 古 3648-62-905.

李　潛,『剡溪先生遺稿(剡溪遺稿)』, 국립중앙도서관소장본, 성호 古 3648-62-906.

李　潛,『剡溪先生遺稿』, 국립중앙도서관소장본, 성호 古 3648-62-907.

李　瀣,『精神錄』, 국립중앙도서관소장본, 성호 古 3643-643.

李　瀣,『靑雲居士遺稿』, 국립중앙도서관소장본, 한古朝 46-가1812.

李奎報,『東國李相國全集』

李萬敷,『息山先生文集』

李敏求,『東州先生文集』

李秉休,『貞山雜著』

李尙毅,『少陵集』

李承休,『帝王韻紀』
李志定,『聽蟬詩稿』
李夏鎭,『六寓堂遺稿』, 국립중앙도서관소장본, 성호 古 3648-62-915.
李學逵,『洛下生集』
林　悌,『白湖全書』
張顯光,『旅軒先生文集』
鄭　逑,『寒岡全書』
丁若鏞,『與猶堂全書』
鄭在𤓰,『華東歷代歌』『歷代世年歌』, 규장각 소장본, 古貴 4300-6.
蔡濟恭,『樊巖先生集』
許　穆,『記言』
洪直弼,『梅山先生文集』
黃胤錫,『頤齋亂稿』
『高麗史』
『大東詩選』
『民族文化大百科事典』
『司馬榜目』
『剡溪遺稿』
『樂府』, 필사본 가집
『驪江世乘』
『驪州李氏世譜』
『歷代歌(필사본)』 국립중앙도서관 소장본, 한貴古朝 48-203.
『역대세년가』, 규장각 소장본, 가람 古貴 952-G995y.
『禮記』
『옥동니션싱힝녹』, 국립중앙도서관 소장본, 성호古2511-62-199,
『朝鮮王朝實錄』
『草堂問答歌』
『佩文齋詠物詩選』
『韓國歌詞資料集成』, 태학사, 1997.
『黃驪世稿』

2. 單行本

강세구, 『성호학통 연구』, 혜안, 1999.
姜周鎭, 『李朝黨爭史研究』, 서울大學校 出版部, 1971.
고연희, 『조선후기 산수기행예술 연구』, 일지사, 2001.
국학진흥연구사업추진위원회, 『驪州李氏 退老 雙梅堂 藏本』, 韓國學中央研究院, 2001.
金吉煥, 『朝鮮朝 儒學思想 研究』, 一志社, 1980.
金容傑, 『星湖 李瀷의 哲學思想研究』, 成均館大學校 大東文化研究院, 1989.
金學主, 『中國文學史』, 新雅社, 1989.
김남형, 『서예비평』, 한국서예협회, 2002.
김남형, 『성호이익 시선』, 예문서원, 2004.
金相洪, 『茶山 丁若鏞 文學研究』, 檀國大學校 出版部, 1985.
김재욱, 『목은 이색의 영물시』, 다운샘, 2009.
문정자, 『玉洞과 員嶠의 동국진체 탐구』, 도서출판 다운샘, 2001.
문정자, 『韓國書藝 先人에게 길을 묻다 : 서예이론집』, 다운샘 2013.
박을호, 『다산의 경학사상 연구』, 을유문화사, 1966.
成均館大學校 大東文化研究院 刊, 『近畿實學淵源諸賢集』, 2002.
성호기념관, 『家寶, 家學의 전통이 빛나다』, 성호기념관 · 국립민속박물관, 2014.
손혜리 · 지금완, 『서화잡지 : 조선 최고의 심미안 성해응의 못 말리는 서화 편력기』, 휴머니스트 출판그룹, 2016.
宋載卲, 『茶山詩 研究』, 창작과 비평사, 1986.
安大會, 『18세기 한국 한시사 연구』, 소명출판, 1999.
安大會, 『韓國 漢詩의 分析과 視角』, 연세대학교 출판부, 2000.
안진오, 『호남 유학의 탐구』, 심미안, 2007.
驪州李氏歷代人物誌 刊行委員會, 『驪州李氏歷代人物誌』, 1997.
연세대학교 국학연구원 편, 『연세실학강좌』 1, 혜안, 2003.
원재린, 『조선후기 성호학파의 학풍 연구』, 혜안, 2003.
劉大杰, 『中國文學發展史』, 中華書局, 1973.
유봉학, 『조선 후기 학계와 지식인』, 신구문화사, 1998.
尹絲淳, 『韓國儒學論究』, 玄岩社, 1980.

尹載煥,『매산 이하진의 삶과 문학 그리고 성호학의 형성』, 문예원, 2010.
尹載煥,『조선후기 근기 남인 시맥의 형성과 전개』, 문예원, 2012.
이돈형,『(原州梅山墓園)李夏鎭 一門의 實學思想』, 原州文化院, 1992.
이동식,『거문고 : 시공을 넘어 영원을 얻다』, 이지출판, 2016.
李相周,『澹軒 李夏坤 文學의 研究』, 이화문화출판사, 2003.
이우성,『실학연구입문』, 일조각, 1978.
이종찬,『서예란 무엇인가』, 이화문화출판사, 1998.
이쾌녕,『驪州李氏史錄』, 三空出版社, 2002.
이필웅,『驪川李氏名賢錄』, 驪川李氏水原波宗親會, 1979.
李夏鎭 著 崔康賢 譯,『매산 이하진의 금강산 도로기』, 新星出版社, 2001.
이혜순 외,『우리 한문학사의 새로운 조명』, 집문당, 1999.
이혜순 외,『조선중기의 유산기 문학』, 집문당, 1997.
張基槿 譯, 胡雲翼 著,『中國文學史』, 文教部, 1978.
전규호,『금강산 가는 길 : 우리 선현들의 명시 명문장』, 明文堂, 2019.
조민환,『(옥동 이서)「筆訣」: 조선조의 '서예란 무엇인가'에 대한 철학·미학적 답변』, 미술문화원, 2012.
崔康賢,『韓國紀行文學研究』, 一志社, 1982.
최재남,『韓國哀悼詩研究』, 경남대학교출판부, 1997.
韓沽劤,『星湖李瀷研究』, 서울대학교 출판부, 1980.
胡 適,『白話文學史』, 臺南東海出版社, 1975.

3. 論文

1) 學位論文

강성은,「李溆『筆訣』陰陽論의 書藝美學的 研究」, 성균관대학교 유학대학원 동아시아사상·문화학과 석사학위논문, 2016.
金南馨,「朝鮮後期 近畿實學派의 藝術論 研究」, 고려대학교 박사학위논문, 1988.
金 卿,「元稹·白居易 社會詩 研究」, 成均館大學校 博士學位論文, 1996.
김경미,「玉洞 李溆의 筆訣 試論 및 譯註」, 이화여자대학교 대학원 석사학위논문, 1997.
김국상,「雲菴 趙鏞敏 書藝 연구」, 전남대학교 대학원 석사학위논문, 2012.

金斗洙, 「東國眞體의 生成과 展開에 관한 硏究」, 호남대학교 대학원 미술학과 서예전공 석사학위논문, 2002.

김명숙, 「원교 이광사의 서예술에 관한 연구」, 호남대학교 대학원 석사학위논문, 2010.

김왕대, 「玉洞 李漵의 「筆訣」 硏究」, 釜山大學校 대학원 석사학위논문, 1989,

김인숙, 「옥동 이서 필결의 미학사상 고찰」, 성균관대학교 대학원 석사학위논문, 2006.

김춘자, 「玉洞 李漵 『筆訣』의 性情論的 硏究」, 성균관대학교 유학대학원 서예학·동양미학전공 석사학위논문, 2014.

문정자, 「이서와 이광사의 예술론 연구」, 단국대학교 대학원 박사학위논문, 1999.

박영기, 「창암 이삼만 서예의 독자성과 토속적 자연미에 관한 연구」, 성균관대학교 유학대학원 2006 국내석사

朴用萬, 「李用休의 詩文學 硏究」, 한국정신문화연구원 한국학대학원 박사학위논문, 2000.

박재형, 「조선후기의 필법에 관한 연구」, 계명대학교 교육대학원 석사학위논문, 2006.

朴浚鎬, 「惠寰 李用休 文學 硏究」, 成均館大學校 博士學位論文, 1999.

설경희, 「李匡師 書藝 氣韻生動의 美學的 硏究」, 성균관대학교 유학대학원 석사학위논문, 2010.

薛庚熙, 「李漵·李匡師 書藝美學의 比較 硏究 : 「筆訣」과 「書訣」을 中心으로」, 成均館大學校 大學院, 儒學科 東洋美學專攻 박사학위논문, 2015.

오명남, 「圓嶠와 秋史의 書藝 比較 硏究」, 成均館大學校 大學院 박사학위논문, 2004.

尹載煥, 「梅山 李夏鎭 詩文學硏究」, 성균관대학교 박사학위논문, 2003.

이계희, 「朝鮮 後期의 書畵敎育 硏究」, 공주대학교 교육대학원 석사학위논문, 2010.

이상만, 「石亭 李定稷의 書藝批評 硏究」, 京畿大學校 藝術大學院 석사학위논문, 2017.

이신영, 「王羲之 書藝에 關한 批評 硏究」, 경기대학교 미술디자인대학원 석사학위논문, 2013.

이윤옥, 「玉洞 李漵 書藝의 儒家美學的 考察」, 성균관대학교 유학대학원 서예학전공 석사학위논문, 2007.

이은정, 「蒼巖 書論의 漢魏 書藝美學的 硏究」, 성균관대학교 대학원 석사학위논문, 2018.

이점숙, 「蒼巖 李三晩의 藝術世界에 관한 硏究」, 湖南大學校 大學院 석사학위논문, 2005.

이신선, 「員嶠 李匡師 書藝論 硏究」, 성신여자대학교 대학원 박사학위논문, 2006.

李台濬, 「16세기 조선 心學의 擡頭와 역사인식의 변화」, 경희대학교 대학원 사학과 석사학위논문, 2011.

張志熏, 「朝鮮朝後期 書藝美學思想 硏究」, 成均館大學校 大學院, 儒學科 儒敎哲學·禮樂學專攻 박사학위논문, 2007.

전상모, 「朝鮮朝 實學派의 實心主義的 書畵美學 硏究 :星湖一門의 批評精神을 중심으로」, 성균관대학교 일반대학원 박사학위논문, 2010.

鄭永夏, 「朝鮮朝 17-18世紀 書藝의 創新論에 關한 硏究 : 許穆·李漵·李匡師를 中心으로」, 京畿大學校 藝術大學院, 書藝·文字藝術專攻 석사학위논문, 2016.

최승희, 「恭齋 尹斗緖 會畵硏究 :實學思想이 반영된 작품을 중심으로」, 淑明女子大學校 대학원 박사학위논문, 1990.

최은주, 「李匡師 「書訣」의 書藝論 硏究」, 전남대학교 대학원 석사학위논문, 2008.

한민정, 「員嶠 李匡師 書論 硏究」, 檀國大學校 大學院 석사학위논문, 2001.

한성구, 「同春堂 宋浚吉 書藝의 主敬美學的 硏究」, 성균관대학교 대학원 석사학위논문, 2015.

한영수, 「玉洞 李漵 書法 理論 硏究」, 국민대학교 교육대학원 한문교육전공 碩士학위논문, 2002.

한유리, 「退溪 書藝의 敬畏美學的 硏究」, 성균관대학교 대학원 석사학위논문, 2016.

황지영, 「朝鮮朝 東國眞體 形成에 관한 硏究 :옥동 「筆訣」과 원교 「書訣」을 중심으로」, 성신여자대학교 교육대학원 석사학위논문, 2002.

2) 一般論文

강혜선, 「17·8세기 금강산의 문학적 형상화에 대한 연구」, 『관학어문연구』 제17집, 서울대학교 국어국문학과, 1992.

강혜선, 「槎川 李秉淵의 金剛山詩 硏究」, 『한국한문학연구』 제16집, 한국한문학회, 1993.

김가희, 「鄭敾의 漢陽眞景과 李春躋 家門」, 『美術史學硏究』 279·280, 한국미술사학회, 2013.

김남형, 「조선후기 書論의 一局面 : 李漵와 李三晩의 서론이 지닌 서예사적 의의 검토를 중심으로」, 『서예학연구』 28, 한국서예학회, 2016.

김백균, 「'興', 그 우연성과 진성성에 대한 고찰」, 『철학탐구』 21, 중앙대학교 중앙철학연구소, 2007.

김연재, 「易學的 상상력에서 본 李漵의 서예미학 -美의 범주와 藝道를 중심으로」,

『人文科學』 42, 성균관대학교 인문과학연구소 2008.

김영봉, 「濂洛風 漢詩의 주제 표출 양상」, 『韓國言語文學』 45, 韓國言語文學會, 2005.

김응학, 「이서 『筆訣』에 나타난 서예의 易理的 이해」, 『현대미술연구소논문집』 9, 경희대학교 현대미술연구소, 2006.

김응학, 「李溆의 尊理論的 서예인식과 書家비평」, 『서예학연구』 19, 한국서예학회, 2011.

김의정, 「興의 정서적 측면에 대한 고찰」, 『中國語文學誌』 10, 중국어문학회, 2001.

金準玉, 「詠物詩의 性格 考察」, 『韓國言語文學』 29, 한국언어문학회, 1991.

김학수, 「星湖 李瀷의 學問淵源」, 『星湖學報』 1, 星湖學會, 2005.

羅鍾冕, 「18세기 書와 書論의 樣相」, 『東方學』 3, 한서대학교 동양고전연구소, 1997.

羅鍾冕, 「玉洞 書藝理論의 연구」, 『한국양명학회 학술대회 논문집』, 한국양명학회, 2007.

남명진, 「기호실학의 형성과 발전;대표적 실학자들의 현실대응론의 철학적 근거를 중심으로」, 『기호학파의 철학사상』, 예문서원, 1999.

맹영일, 「李匡師의 문예미학 연구」, 『한국어문학국제학술포럼 학술대회 자료집』, 한국어문학국제학술포럼, 2007.

文貞子, 「'東國眞體' 정신의 계승과 그 永久的 명칭의 摸索」, 『서예학연구』 30, 한국서예학회, 2017.

文貞子, 「'東國眞體' 書家의 개혁정신과 '眞體'의 含意」, 『서예학연구』 4, 한국서예학회, 2004.

文貞子, 「'東園眞體'에 대한 所見 : 李溆와 李匡師를 중심으로」, 『서예학연구』 1, 한국서예학회, 2000.

文貞子, 「'東國眞體' 서가의 독창적 自家體 창출에 관한 실증적 고찰」, 『서예학연구』 27, 한국서예학회, 2015.

文貞子, 「옥동 이서의 서론고 : 「필결」을 중심으로」, 『漢文學論集』 14, 근역한문학회, 1996.

文貞子, 「玉洞 李溆의 書藝審美理想과 '玉洞體'의 상관성에 관한 고찰」, 『서예학연구』 29, 한국서예학회, 2016.

文貞子, 「옥동 이서의 『필결』 에 구현된 역의 미학관념」, 『漢文學論集』 18, 근역한문학회, 2000.

文貞子, 「玉洞 李淑의 文學世界」, 『退溪學研究』 12, 단국대학교 퇴계학연구소, 1998.

文貞子, 「朝鮮朝 17·8C 東國眞體에 대한 一考察 : 玉洞·圓嶠·秋史의 書論을 중심으로」, 『동양예술』 6, 한국동양예술학회, 2002.

文貞子, 「朝鮮朝 17·8C 東國眞體에 대한 一考察 －玉洞·圓嶠·秋史의 書論을 중심으로」, 『동양예술』 6, 한국동양예술학회, 2002.

朴仁成, 「中唐 社會詩의 內容 小考」, 『中國學』 4, 大韓中國學會, 1988.

박지현, 「玉洞 李漵의 이기심성론의 특징과 한계」, 『東亞文化』 54, 서울대학교 동아문화연구소, 2016.

박희병, 「韓國 山水記 硏究」, 『고전문학연구』 제8집, 고전문학회, 1993.

宋雋鎬, 「儒學者 詩에 있어서 그 한 典型에 대한 考察 : 愼獨齋 金集의 詩를 中心으로」, 『인문과학』 75, 연세대학교인문과학연구소, 1997.

宋雋鎬, 「朝鮮朝 後期四家詩에 있어서 實學思想의 檢討」, 『淵民 李家源先生 七秩頌壽紀念論叢』, 정음사, 1987.

宋河璟, 「圓嶠의 書藝美學的 志向」, 『양명학』 9, 한국양명학회 2003.

辛恩卿, 「興과 '오카시'의 미학」, 『고전문학연구』 11, 한국고전문학회, 1996.

辛恩卿, 「興의 미학」, 『고전문학연구』 9, 한국고전문학회, 1994.

辛恩卿, 「興의 예술적·계층적·시대적 전개」, 『한국고전연구』 1, 한국고전연구학회, 1995.

安大會, 「韓國 漢詩와 죽음의 문제」, 『韓國漢詩硏究』 3, 한국한시학회, 1995.

원유한, 「한국실학의 개념 모색」, 『석보 정명호교수 정년퇴임기념논총』, 정명호교수 정년퇴임기념논총 간행위원회, 혜안, 2000.

윤사순, 「박세당의 실학사상에 관한 연구」, 『아세아연구』 46, 고려대학교 아세아문제연구소, 1972..

윤영실, 「恭齋 尹斗緖의 書藝 硏究」, 『서예학연구』 12, 한국서예학회, 2008.

尹載煥, 「「歷代歌」를 통해 본 玉洞 李漵의 歷史認識」, 『東洋古典硏究』 57, 동양고전학회, 2014.

尹載煥, 「茶山 社會詩의 性格 變化 檢討」, 『韓民族語文學』 50, 韓民族語文學會, 2007.

尹載煥, 「六悔堂 李是鉷 詩文學 硏究」, 『韓國漢詩硏究』 26, 한국한시학회, 2018.

尹載煥, 「梅山과 玉洞의 금강산 기행시문 비교 연구 －「金剛途路記」와 「東遊錄」, 「東遊篇」을 중심으로」, 『東洋學』 38, 檀國大學校 東洋學硏究所, 2005.

尹載煥, 「剡溪 詩를 통해본 挫折과 憂患意識」, 『韓國漢詩硏究』 11, 한국한시학회, 2003.

尹載煥, 「剡溪 李潛 詩世界의 一斷面」, 『漢文學報』 9, 우리한문학회, 2003.

尹載煥, 「시론과 시세계의 상관관계 –성호와 다산의 전가시를 중심으로」, 『한민족어문학』 52집, 한민족어문학회, 2008.

尹載煥, 「여주이씨 성호 가계 지식 전승의 일 양상」, 『민족문화연구』 60, 고려대학교 민족문화연구원, 2013.

尹載煥, 「玉洞 李漵의 金剛山 紀行詩文 硏究 –「東遊錄」과 「東遊篇」을 中心으로」, 『大東漢文學』 21, 大東漢文學會, 2004.

尹載煥, 「玉洞 李漵 文學 속의 道學的 思惟世界와 그 意味」, 『韓國漢詩硏究』 21, 韓國漢詩學會, 2013.

尹載煥, 「玉洞 李漵와 星湖 李瀷의 比較를 통해 본 星湖家 詩世界의 一 樣相」, 『韓民族語文學』 62, 한민족어문학회, 2012.

尹載煥, 「玉洞 李漵의 輓詩를 통해 본 朝鮮朝 輓詩의 一 樣相」, 『韓民族語文學』 65, 한민족어문학회, 2013.

尹載煥, 「玉洞 李漵의 文學觀 硏究」, 『東方漢文學』 27, 東方漢文學會, 2004.

尹載煥, 「玉洞 李漵의 社會詩를 통해 본 朝鮮朝 道學者 社會詩의 一 樣相」, 『한국실학연구』 26, 한국실학학회, 2013.

尹載煥, 「玉洞 李漵의 詩에 나타난 精神世界」, 『韓國漢詩硏究』 13, 韓國漢詩學會, 2005.

尹載煥, 「玉洞 李漵의 詩에 드러난 興의 情緒와 樣相」, 『東洋古典硏究』 53, 東洋古典學會, 2013.

尹載煥, 「玉洞 李漵의 詠物詩 硏究」, 『漢文學論集』 40, 근역한문학회, 2015.

尹載煥, 「玉洞 李漵의 理·氣 對立的 思惟 樣式과 그 意味」, 『東洋古典硏究』 49, 東洋古典學會, 2012.

尹載煥, 「青雲 李瀣 詩文學 硏究」, 『韓民族語文學』 45, 한민족어문학회, 2004.

李家源, 「옥동니션싱힝녹 逸名氏作」 『語文學』 8, 韓國語文學會, 1962.

李東英, 「「歷代轉理歌」 攷」, 『陶南學報』 14, 陶南學會, 1993.

李東英, 「申得淸의 「歷代轉理歌」 攷」, 『교사교육연구』 31, 부산대학교 사범대학, 1995.

李萬烈, 「17·8세기의 史書와 古代史認識」, 『韓國의 歷史認識』 下, 創作과 批評社, 1976.

이성무, 「성호 이익의 가계와 학통」, 『한국실학연구』 2, 한국실학학회, 2000

이승연, 「동국진체의 호남 서맥 형성과 전개 - 남도서맥을 중심으로」, 『韓國思想과 文

化』 87, 한국사상문화학회, 2017.

이신영·장지훈, 「王羲之 서예에 대한 비평론 연구」, 『서예학연구』 25, 한국서예학회, 2014.

이우성, 「18세기 서울의 도시적 양상 －연암학과 이용후생학파의 성립」, 『향토서울』 17, 서울시사편찬위원회, 1963.

이우성, 「近畿學派에 있어서의 順庵의 위치」, 『한국실학연구』 11, 한국실학학회, 1999.

이우성, 「실학연구서설」, 『실학연구입문』, 역사학회, 1978.

李佑成, 「李朝後期 近畿學派에 있어서 正統論의 展開」, 『韓國의 歷史認識』 下, 創作과 批評社, 1976.

李潤和, 「退溪의 理學的 歷史認識」, 『退溪學』 4, 안동대학교, 1992.

李鍾建, 「詠物詩考」, 『士林語文研究』 1, 창원대학교 국어국문학과 사림어문학회, 1984.

李鍾默, 「遊山의 풍속과 遊記類의 전통」, 『고전문학연구』 제12집, 고전문학회, 1997.

李鍾默, 「朝鮮前期 文人의 金剛山 유람과 그 문학」, 『한국한시연구』 제6집, 한국한시학회, 1998.

장지훈, 「玉洞과 圓嶠 書論의 自得美學」, 『서예학연구』 6, 한국서예학회, 2005.

장지훈, 「李漵의 유가적 서예미학에 관한 연구」, 『儒教文化研究』 18, 성균관대학교 유교문화연구소, 2011.

장지훈, 「조선 유학자들의 서예인식에 관한 연구」, 『陽明學』 49, 한국양명학회, 2018.

전상모, 「李漵(玉洞) 學藝精神의 家學的 淵源」, 『문화와예술연구』 2, 동방문화대학원대학교, 2013.

전상모, 「李漵 『筆訣』의 학술사상적 이해와 王羲之 인식」, 『儒學研究』 29, 忠南大學校 儒學研究所, 2013.

전상모, 「李漵(玉洞)의 성리학적 誠사상과 서예미학의 상관성 고찰」, 『동양예술』 23, 한국동양예술학회, 2013.

전성건, 「先祖의 善德과 後孫의 記憶 －驪州 李氏의 家史 繼承을 중심으로」, 『民族文化研究』 60, 고려대학교 민족문화연구소, 2013.

전성건, 「성호의 가문의식과 일상생활」, 『한국실학연구』 26, 한국실학학회, 2013.

전재강, 「寒岡 挽詩의 성격 연구」, 『국어교육연구』 46, 국어교육학회, 2010.

전해종, 「석실학」, 『진단학보』 29, 진단학회, 1959.

丁範鎭, 「退溪先生의 社會詩」, 『退溪學報』 68, 退溪學研究院, 1990.

정영하, 「朝鮮朝 17-18世紀 書藝의 創新論에 關한 考察」, 『서예학연구』 30, 한국서예학회, 2017.

鄭雨峰, 「조선 후기 詩論에 있어 興과 그 연관 개념」, 『민족문화연구』 29, 고려대학교 민족문화연구원, 1996.

정환국, 「六寓堂遺稿 解題」, 『近畿實學淵源諸賢集』 1, 成均館大學校 大東文化研究院, 2002.

曺玟煥, 「玉洞 李溆 『筆訣』의 易理的 理解」, 『한국 철학논집』 14, 한국철학사연구회, 2004.

曺玟煥, 「玉洞 李溆의 書藝美學思想」, 『東洋哲學研究』 21, 東洋哲學研究會, 1999.

曺玟煥, 「玉洞 李溆의 理氣性情論과 書藝認識 -退溪 李滉과의 관계를 중심으로」, 『退溪學報』 140, 퇴계학연구원, 2016.

曺玟煥, 「玉洞 李溆의 異端觀과 書藝認識」, 『東洋哲學研究』 100, 동양철학연구회, 2019.

曺玟煥, 「李溆 『筆訣』에 나타난 中和中心主義的 書藝認識」, 『서예학연구』 25, 한국서예학회, 2014.

曺玟煥, 「조선조 17·18세기의 서예미학」, 『儒教文化研究』 6, 성균관대학교 유교문화연구소, 2005.

曺玟煥, 「철학적 견지에서 본 한국서예정신」, 『서예학연구』 13, 한국서예학회, 2008.

조융희, 「조선 중기 '興'의 詩論과 그 적용 양상」, 『정신문화연구』 28, 한국학중앙연구원, 2005.

진재교, 「剡溪遺稿 解題」, 『近畿實學淵源諸賢集』 2, 成均館大學校 大東文化研究院, 2002.

차미애, 「近畿南人 書畵家 그룹의 系譜와 藝術 活動 -17C 말·18C 초 尹斗緖, 李溆, 李萬敷를 중심으로」, 『人文研究』 61, 영남대학교 인문과학연구소, 2011.

천관우, 「반계 유형원 연구 -실학 발생에서 본 이조사회의 일단면」, 『역사학보』 2·3, 역사학회, 1952·1953.

천관우, 「조선후기 실학의 개념 재검토」, 연세대학교 제1회 실학공개강좌, 1967.

崔慶春, 「18세기 서예론의 배경과 전개양상 일고 -李匡師, 姜世晃, 金相肅을 중심으로」, 『韓國思想과 文化』 73, 한국사상문화학회, 2014.

崔慶春, 「東國眞體 理論 再考」, 『한국민족문화』 31, 부산대학교 한국민족문화연구소, 2008.

최윤성, 「서계 박세당의 挽詩 연구-悼朋詩를 중심으로」, 『동양고전연구』 44, 동양고전학회, 2011.

韓永愚, 「16세기 士林의 歷史敍述과 歷史認識」, 『東洋學』 10, 단국대학교 동양학연구소, 1980.

한우근, 「이조실학의 개념에 대하여」, 『진단학보』 15, 진단학회, 1958.

호승희, 「조선전기 유산록 연구」, 『한국한문학연구』 제18집, 한국한문학회, 1995.

황병호, 「耳溪 洪良浩의 書論 小考」, 『동양한문학연구』 31, 동양한문학회, 2010.

황병호, 「朝鮮後期 驪州 李氏家의 書畵收藏 硏究」, 『동양한문학연구』 27, 동양한문학회, 2008.

저자 소개 **윤재환**

한국고전문학텍스트연구소장. 단국대학교 국어국문학과 교수로 단국대학교 동양학연구원 번역실장을 겸하고 있다. 星湖와 順菴, 茶山 등을 중심으로 한 조선 중·후기 근기남인들의 문학세계 연구에 주력하고 있으며, 저서로 『매산 이하진의 삶과 문학 그리고 성호학의 형성』·『조선 후기 근기 남인 시맥의 형성과 전개』, 역서로 『상소와 비답』·『국역 송당집(공역)』·『국역 인재집(공역)』·『국역 매호유고(공역)』·『창선감의록(공역)』·『춘추번로의증(공역)』·『허균이 사랑한 한시 惺叟詩話(공역)』·『주남만록(공역)』·『국역 성호선생언행록』 등이 있다.

학술연구총서 1

옥동 이서의 삶과 시세계 그리고 성호학

2020년 4월 3일 초판 발행

지은이 : 윤재환
발행인 : 김병환
발행처 : 학자원
주소 : 서울 강동구 천호대로 1121
전화 : 02 6403-1000
팩스 : 02 6338-1001
E-mail : hakjaone@daum.net
등 록 : 2011년 3월 24일 제2011-14호

ISBN 979-11-6247-177-7 94810
979-11-6247-176-0 (세트)
값 35,000원